萧山年鉴

2024

中共杭州市萧山区委党史研究室
杭州市萧山区人民政府地方志办公室
编

图书在版编目（CIP）数据

萧山年鉴 . 2024 / 中共杭州市萧山区委党史研究室，杭州市萧山区人民政府地方志办公室编 . -- 北京：方志出版社，2024. 12. -- ISBN 978-7-5144-6325-5

Ⅰ . Z525.54

中国国家版本馆 CIP 数据核字第 20246NV715 号

责任编辑：刘方圆
责任校对：张玉霞
责任印刷：梅中英
出 版 者：方志出版社
地　　址：北京市朝阳区潘家园东里 9 号（国家方志馆 4 层）
邮　　编：100021
网　　址：http://www.zgfzcb.cn
发　　行：方志出版社图书经销中心（010-67110500）
印　　刷：南京凯德印刷有限公司
开　　本：889 毫米 ×1194 毫米　1/16
印　　张：25.75 印张　　插页　3.25 印张　　地图　4 幅
字　　数：1214 千字
版　　次：2024 年 12 月第 1 版
印　　次：2024 年 12 月第 1 次印刷
定　　价：258.00 元

《萧山年鉴》编辑部

掌上萧山年鉴

《萧山年鉴》编辑部

地址：杭州市萧山区行政中心综合楼 7 楼

电话：0571-89619068

微信公众号：萧山史志

编 辑 说 明

一、《萧山年鉴》是中共杭州市萧山区委员会、杭州市萧山区人民政府主持编纂的年度资料性文献。《萧山年鉴（2024）》以马克思列宁主义、毛泽东思想、邓小平理论、“三个代表”重要思想、科学发展观、习近平新时代中国特色社会主义思想为指导，坚持辩证唯物主义和历史唯物主义的立场、观点和方法，翔实系统地记载萧山区2023年自然、政治、经济、文化和社会发展等方面的实情，旨在为广大读者认识萧山和了解萧山提供全面、准确、权威的年度信息。

二、《萧山年鉴（2024）》为第39部《萧山年鉴》，全书采用分类编辑法，主体部分由类目、分目、条目三级组成，在少数分目中增设子分目，其中条目为主要信息载体。全书类目设置如下：特载、大事记、杭州第19届亚运会 杭州第4届亚残运会、年度聚焦、区情概览、中国共产党杭州市萧山区委员会、杭州市萧山区人民代表大会、杭州市萧山区人民政府、中国人民政治协商会议杭州市萧山区委员会、中国共产党杭州市萧山区纪律检查委员会 杭州市萧山区监察委员会、民主党派·工商联、群众团体、法治、军事、经济管理、开放型经济、农业、工业、商贸服务业、对口支援与区域合作、交通、邮政·通信、建筑业·房地产业、金融业、城市建设、乡村振兴、应急管理、生态环境、教育、科技、文化·旅游、卫生健康、体育、人力资源管理、社会生活、产业平台、街道和镇（场）、人物·荣誉、调研报告选编、附录。

三、《萧山年鉴（2024）》彩页内容围绕区委、区政府中心工作，突出年度特色，设置图片专题：杭州第19届亚运会、城市发展、科技创新、产业经济、农业农村、文化生活等。2023年为纪念湘湖保护开发20周年，特设湘湖二十年专题插页以资纪念。照片由融媒体中心、区级机关各部门、各镇（街道）和热心读者提供。

四、《萧山年鉴（2024）》机构名称、重要会议、大型活动在类目中首次出现时用全称，其余部分均使用简称。缩略语随文注释，简短的在文中括注，较长的以资料形式在条目下注释，多次重复出现不注释。

五、《萧山年鉴（2024）》数字用法、标点符号用法分别采用国家标准《出版物上数字用法》（GB/T 15835—2011）、《标点符号用法》（GB/T 15834—2011），计量单位采用国家技术监督局1993年12月发布的《量和单位》系列国家标准。

六、《萧山年鉴（2024）》所用基础数据为《2023年杭州市萧山区国民经济和社会发展统计公报》数据，部分采用撰稿单位提供并经核实后的数据。统计部门2023年地区生产总值数据统计到区本级，故本卷年鉴中未记录镇（街道）地区生产总值。部分数据统计口径每年均有调整，部分增长比采用可比价作比，与上年年鉴数据对比时不宜机械作比。部分数据由于四舍五入等原因，导致合计数与分项数不一致，不再一一说明。

七、《萧山年鉴（2024）》的文字原稿由区级机关各部门、各镇（街道）及其他相关单位提供，文后署作者姓名，集体作者署单位名，图表署资料来源。文字原稿经供稿单位领导审核，由《萧山年鉴》编辑部编纂成书。

八、《萧山年鉴（2024）》先进名录收录国家级、省级重要先进集体和个人，其余荣誉根据部门提供情况随文记载。

九、《萧山年鉴（2024）》采用双重检索，书前设目录，书后设索引。正文索引按照条目主题词首字拼音字母顺序排列，表格索引按照表序排列。

杭州第 19 届亚运会

心心相融，@未来
Heart to Heart, @Future

2023 年，杭州第 19 届亚运会、杭州第 4 届亚残运会成功举办。萧山区作为亚（残）运会的主战场、主阵地，有亚运场馆、亚运村、主媒体中心、亚运会赛事总指挥部等核心涉亚点位及交通门户杭州萧山国际机场。全区深化氛围营造，全力保障亚（残）运会，展示城市形象，亚（残）运会保障工作获社会各界高度评价。

■ 2023 年 9 月 23 日晚，杭州第 19 届亚洲运动会开幕式举行 （李震宇 彭鹏　摄）

1
2 3

1 矗立在钱塘江南岸的亚运村（丁力　摄于 2023 年 4 月 9 日）

2 2023 年 6 月 15 日，杭州第 19 届亚运会倒计时 100 天。钱江世纪城上空，上千架无人机进行灯光秀表演（李震宇 彭鹏　摄）

3 萧山区在街道、公园等公共场所摆放亚运吉祥物宸宸、琮琮、莲莲，营造浓厚亚运氛围。图为杭州萧山国际机场航站楼外的亚运吉祥物（谭申捷　摄于 2023 年 9 月 10 日）

4
5
6
7

4 2023 年 2 月 10 日，萧山首家官方授权全品类亚运商品零售店在众安广场开业 。图为该店试营业期间的商品展示区 （周煜程　摄于 2022 年 12 月 27 日）

5 2023 年 6 月 16 日，杭州亚运会博物馆举行授牌暨亚奥理事会体育艺术雕塑捐赠仪式， 成为亚洲奥林匹克理事会官方认证博物馆。图为该馆展厅 （范方斌　摄）

6 杭州第 19 届亚运会秉持“绿色、智能、节俭、文明”的办会观念，以新能源技术赋能绿色亚运。图为 2023 年 8 月初，圆通速递 110 辆新能源货车在杭州亚运会物流中心投用 （刘殿君　摄）

7 2023 年 8 月 8 日，杭州亚运村电力驿站，青年志愿者为开村后的绿色低碳服务做准备工作 （姚靖霖　摄）

1
2

1 2023 年 3 月 5 日，萧山区文艺工作者原创迎亚运歌曲《放飞梦想动起来》在杭州奥体中心体育馆外进行音乐电视拍摄 （周煜程　摄）

2 亚运会让更多萧山人爱上运动。图为 2023 年 4 月 5 日，滑板爱好者在奥体中心练习滑板 （周煜程　摄）

3
4
5

3 2023 年，萧山区各亚运场馆举办一系列测试赛。图为 5 月 8 日，杭州奥体中心体育馆举行的 2022—2023 赛季 CBA 总决赛
（缪承林　摄）

4 2023 年 6 月 26 日，“韵味杭州”开元珠宝杯 2023 亚洲壁球混双比赛在杭州奥体中心国博壁球馆开赛　（范方斌　摄）

5 2023 年 5 月 1 日，“韵味杭州”肤素科技杯 2023 年全国游泳冠军赛在杭州奥体中心游泳馆开赛　（区亚运保障办　提供）

1
2

1 2023 年 3 月 7 日，“我爱杭州 奉献亚运”杭州市全民亚运誓师动员大会召开。图为萧山分会场 （区亚运保障办 提供）

2 2023 年 8 月 11 日，萧山区冲刺亚运动员大会召开 （区亚运保障办 提供）

3
4
5

4 2023 年 8 月 30 日，杭州亚运会“赛时一天”综合演练举行。图为萧山区亚运运行保障总指挥部指挥全区演练　（区亚运保障办　提供）

5 2023 年 8 月 30 日，城市侧外围保障特警演练现场　（区亚运保障办　提供）

6 2023 年 8 月 23 日，“亚运青年 V 站”志愿者正式上岗。图为“亚运青年 V 站”服务场景（区亚运保障办　提供）

1
2

1 2023 年 9 月 20 日，亚运会火炬在萧山传递
（区亚运保障办　提供）

2 2023 年 9 月 23 日晚，在杭州第 19 届亚运会开幕式上，中国体育代表团出场（李震宇 彭鹏　摄）

3
4

3 2023 年 9 月 20 日晚，杭州亚运会男子足球 D 组比赛在萧山体育中心体育场举行
（范方斌　摄）

4 2023 年 9 月 24 日上午，在瓜沥文体中心，中国选手孙培原夺得武术男子长拳项目金牌，这是在萧山亚运场馆比赛项目中诞生的首枚亚运会金牌　（范方斌　摄）

1
2

1 2023 年 9 月 26 日，杭州亚运会萧山临浦体育馆柔道比赛现场 （范方斌 摄）

2 2023 年 10 月 5 日晚，杭州亚运会篮球女子组金牌决赛在杭州奥体中心体育馆举行（旷野 摄）

3
4

3 2023 年 10 月 7 日，杭州亚运会杭州奥体中心游泳馆花样游泳双人自由自选比赛现场 （旷野　摄）
4 2023 年 10 月 7 日，杭州亚运会卡巴迪决赛在瓜沥文体中心举行 （范方斌　摄）

杭州第4届亚残运会
迈上新征程 奔竞新萧山

飞飞
Feifei
杭州第4届亚残运会
The 4th Asian Para Games
萧山国际机场交通中心欢迎您

1 4
2 5
3

❶ 2023 年 10 月 21 日上午，杭州第 4 届亚残运会火炬传递萧山站现场　（范方斌　摄）

❷ 2023 年 10 月 21 日，亚残运会火炬传递萧山站，热心市民为火炬手加油鼓劲　（区亚运保障办　提供）

❸ 2023 年 10 月 13 日，亚残运会吉祥物飞飞亮相杭州萧山国际机场　（范方斌　摄）

❹ 2023 年 10 月 19 日，亚残运会轮椅篮球项目小组赛在杭州奥体中心体育馆开赛　（范方斌　摄）

❺ 2023 年 10 月 23 日，萧山运动员徐海蛟在男子 400 米自由泳 S8、男子 200 米个人混合泳 SM8 比赛中均获金牌　（范方斌　摄）

1 杭州南站“24 小时不打烊”文明驿站 （唐柯 摄于 2023 年 9 月 13 日）

2 萧山区亚运赛时指挥调度中心 （区亚运保障办 提供）

3 2023 年 9 月 20 日，哈萨克斯坦代表团抵达杭州萧山国际机场 （谭申捷 摄）

4 2023 年 9 月 23 日，杭州国际博览中心主媒体餐厅，服务保障人员为外宾提供服务 （王星淳 摄）

5 2023 年 10 月 1 日，萧山体育场，志愿者在观众席服务 （李跃 摄）

Welcome欢迎
哈萨克斯坦
Kazakhstan

DIRECTOR

1
2

■ 亚运会期间，萧山区加强比赛场馆周边道路保洁。图为 2023 年 9 月 26 日，洒水车在萧山体育中心附近作业　　（区综合执法局　提供）

■ 2023 年 10 月 8 日，亚运场馆外，交警指挥交通　　（李跃　摄）

3
4

3 2023 年 9 月 25 日，民警在瓜沥文体中心巡逻　（李跃　摄）

4 2023 年 9 月 21 日，杭州奥体中心体育场，萧山电力保障团队对开幕式使用的大型显示屏进行红外测温调试　（姚靖霖　摄）

1 杭州亚运会开幕后，亚运灯光秀成为市民与游客的“打卡”热点（丁力 摄于2023年11月20日）

2 2023年10月5日，杭州亚运村前大片花卉盛开，吸引市民与游客观赏（彭鹏 摄）

3 2023年12月29日，由区委宣传部和浙江日报视频影像部联合举办的“迎亚运 见萧山”摄影展在地铁6号线钱江世纪城站开展（范方斌 摄）

■ 2023 年 10 月 8 日晚，随着数字火炬手返场，杭州亚运会主火炬熄灭　　（彭鹏　摄）

城市发展

1 钱江世纪城 （盈丰街道提供，摄于 2023 年 6 月 5 日）

2 晨雾中的萧山城区 （史勇　摄于 2023 年 8 月 27 日）

3 南门江附近社区 （丁力　摄于 2023 年 7 月 26 日）

4 安置房小区融泽府 （范小羊　摄于 2023 年 5 月 23 日）

“北斗七星”科创联盟

2023 年 7 月，萧山区以浙江省北大信息技术高等研究院、浙江大学杭州国际科创中心、西安电子科技大学杭州研究院、浙江大学计算机创新技术研究院、巴顿焊接技术高等研究院、湘湖高新技术应用研究院、湘湖实验室七家新型研发机构为主体，组建成立“北斗七星”创新联盟，引导科创平台与区内企业以市场化方式开展技术攻关、技术服务、技术孵化等良性互动，打造引才聚才、成果转化的主阵地　　　　（区科技局　提供）

湘湖实验室

西安电子科技大学杭州研究院

浙江大学杭州国际科创中心

湘湖高新技术应用研究院

浙江省北大信息技术高等研究院

浙江大学计算机创新技术研究院

巴顿焊接技术研究院

产业经济

1 3
2 4

1 萧山区首个村级集体旧厂房有机更新试点项目——衙前镇项漾村村级标准厂房 （范方斌　摄于 2023 年 8 月 9 日）

2 萧山西电电子产业园（西安电子科技大学杭州研究院）施工现场 （周煜程　摄于 2023 年 3 月 4 日）

3 歌礼制药有限公司的“重大疾病创新药物研发”项目入选 2023 年度第一批省“尖兵”计划。图为该公司药物研发实验室 （歌礼制药有限公司提供，摄于 2023 年 5 月）

4 2023 年 1 月 27 日，春节期间，衙前镇开氏集团全力生产赶订单 （唐柯　摄）

1	3
2	4

1 2023 年 10 月 16 日，浙江大学杭州国际科创中心建设区块一期试运行。图为该中心一期外景（范方斌　摄）

2 2023 年 11 月 16 日，顺丰速运的无人快递车在城区部分路段试运营（范方斌　摄）

3 2023 年 8 月 26 日，开市客（Costco）开业。图为该超市外景（周煜程　摄于 2023 年 7 月 19 日）

4 传化化学公司智能化车间（王炜　摄于 2023 年 2 月 14 日）

COSTCO WHOLESALE
COSTCO WHOLESALE
COSTCO
开市客杭州会员店
8/26 开幕
Grand Opening
August 26 2023

农业农村

1
2

1 围垦地区种植、养殖规模一体化发展 （丁力　摄于2023年8月27日）

2 “千万工程”源起地——瓜沥镇梅林村 （丁力　摄于2023年7月31日）

3
4
5

3 2023年1月9日，2022浙江农业博览会在杭州国际博览中心开幕。图为“萧山本味”特展馆（唐柯　摄）

4 2023年6月7日，“谢泾安·传化农创村”稻鳖综合种养获丰收（唐柯　摄）

5 非粮化整治后的党湾镇小麦田（王啸虎　摄于2023年4月12日）

文化生活

1 2023 年 7 月 16 日，来新夏书院试开馆。图为书院外景 （来新夏书院　提供）

2 2023 年 4 月 22 日，浙江省地质博物馆开馆，吸引市民参观 （范方斌　摄）

3 2023 年 10 月 10 日，浙江省油画院落成并举办“湘湖初照”开院首展 （周少伟　摄）

4 5
6

4 2023 年 7 月 9 日，新塘街道 2023 年曹娥孝善文化节开幕式在知章公园启动 （范方斌　摄）

5 2023 年 1 月 18 日，瓜沥镇七彩未来社区各社团举办 2023 年迎新春文艺晚会 （龚永灿　摄）

6 2023年7月15—29日，“球冠杯”2023戴村镇第五届村BA篮球联赛举行。图为村BA比赛现场 （丁力　郑剑平　摄）

1 2023 年 12 月 13 日，浙江省生态环境厅公布 15 个省级生物多样性体验地名单，萧山区寺坞岭生物多样性体验地名列其中。图为寺坞岭鸟瞰 （靳林杰 摄）

目　录

特　载

大事记

杭州第 19 届亚运会 杭州第 4 届亚残运会

年度聚焦

区情概览

中国共产党杭州市萧山区委员会

杭州市萧山区人民代表大会

杭州市萧山区人民政府

中国人民政治协商会议杭州市萧山区委员会

中国共产党杭州市萧山区纪律检查委员会　杭州市萧山区监察委员会

民主党派·工商联

群众团体

法 治

军　事

经济管理

开放型经济

农　业

工 业

商贸服务业

对口支援与区域合作

交 通

邮政·通信

建筑业·房地产业

金融业

城市建设

乡村振兴

应急管理

生态环境

教育

科 技

文化·旅游

卫生健康

体　育

人力资源管理

社会生活

产业平台

街道和镇（场）

人物·荣誉

调研报告选编

附　录

索　引

中共杭州市萧山区委十六届三次全体（扩大）会议暨区委经济工作会议

2023年1月9日，中共杭州市萧山区委十六届三次全体（扩大）会议暨区委经济工作会议召开。会议高举习近平新时代中国特色社会主义思想伟大旗帜，深入学习贯彻中共二十大精神，坚定践行习近平总书记对萧山工作的重要指示要求，全面落实中央经济工作会议、省委十五届二次全会和市委十三届三次全会各项决策部署，回顾总结区委十六届一次全会以来的工作，审议通过《中共杭州市萧山区委关于全面学习贯彻中共二十大精神　持续推进“产城人文”深度融合　奋力打造中国式现代化区（县）域范例的决定》（简称决定），引导全区各级党组织和广大党员干部忠诚拥护“两个确立”、坚决做到“两个维护”，忠实践行“八八战略”，以领头雁、排头兵、先行者的风姿风采，奋进新时代，迈步新征程。

区委常委会主持会议。市委常委、区委书记王敏作工作报告，并在会议结束时作总结讲话。区委副书记、区长姜永柱传达贯彻中央经济工作会议、省委经济工作会议、市委经济工作会议精神，部署2023年全区经济工作。区委副书记吴炜炜出席。与会人员分组讨论和审议了大会报告和《决定》，区委常委会集体听取了各组讨论审议情况。

会议总结区委十六届一次全会以来的工作。会议认为，新一届区委常委会坚持以习近平新时代中国特色社会主义思想为指引，对标对表习近平总书记对萧山工作的重要指示要求，深入贯彻中央和省市委决策部署，严格按照“疫情要防住、经济要稳住、发展要安全”的总体要求，团结带领全区广大干部群众，花了最大心血、下了最大功夫、出台最优政策，取得了来之不易的成绩。重点抓了七方面工作：深入学习贯彻中共二十大精神，创新求变推动经济高质量发展，借势亚运加快城市能级跃升，改革赋能提升区域治理质效，用心用情绘好民生幸福图景，抓实抓好宣传思想文化工作，坚决有力发挥党建引领作用。

会议指出，要坚持以中共二十大精神为指引，奋力打造“产城人文”深度融合的中国式现代化区（县）域范例。打造“产城人文”深度融合的中国式现代化区（县）域范例是萧山全面贯彻中共二十大精神、深刻践行总书记殷殷嘱托的必然要求，是萧山决胜竞争、制胜未来的必然要求，是萧山展现大区担当、彰显大区风采的必然要求。要牢牢把握以中国式现代化推进中华民族伟大复兴的使命任务，切实扛起萧山在这一历史征程上的责任担当，以“产城人文”深度融合为基本范式和鲜明标识，积极探索既彰显萧山辨识度、又具备普遍适用性的现代化和共同富裕路径，奋力打造中国式现代化在区（县）域层面的实践范例和展示窗口，以实际行动推动中共二十大精神在萧山落地生根、开花结果。

会议强调，要锚定目标、奋力攻坚，在新时代新征程中展现新担当、新作为。全区上下要以贯彻落实《决定》为抓手，把中共二十大精神和省市委决策部署转化为推动萧山经济社会高质量发展的生动实践和实绩实效。2023年全区经济工作的主题主线，就是“始终聚焦高质量、坚决打好翻身仗、奋力实现全年红”。全区要着力推进六方面主要任务：构建现代化产业体系，打造经济高质量发展的先行实践地。打造高能级战略平台，推动先进制造业和现代服务业联动发展，构建热带雨林式创新生态。加快现代化国际大都市中心城区建设，打造城乡区域协调发展的先行实践地。以亚运牵引城市国际化，建设一流中心城区，全面推进乡村振兴。推进现代化品质生活建设，打造共同富裕的先行实践地。打造共富标志性成果，建设全域优质“美好教育”示范区，高水平建设惠及全民的“健康萧山”，构建新时代社会保障体系。推进现代化文化文明培育，打造物质与精神文明相协调的先行实践地。践行社会主义核心价值观，传承发展优秀历史文化，推进公共文化服务高质量发展。实现现代化生态治理，打造人与自然和谐共生的先行实践地。建设全域美丽大花园，实现环境质量显著提升，构建绿色发展体系。形成现代化治理体系，打造善治智治的先行实践地。加强民主法治建设，以数字化改革撬动各领域改革，建设更高水平的平安萧山。

会议指出，要持续纵深推进全面从严治党，坚定不移以党的自我革命引领社会革命。全区各级党组织要坚决落实新时代党的建设总要求，深入推进新时代党的建设新的伟大工程，锻造忠诚过硬的政治品格、坚强有力的战斗堡垒、敢打必胜的干部铁军和海晏河清的政治生态，为打造中国式现代化的区（县）域范例提供强有力的政治保障、组织保障和纪律作风保障。

会议强调，蓝图已经绘就，奋斗正当其时。站位决定身位，要胸怀大志、敢为人先。在解放思想中统一思想，在拉高标杆中拉开架势，在放大优势中赢得胜势，把区委全会描绘的宏伟蓝图转变为美好现实。实干才有实效，要只争朝夕、踔厉笃行。新一年的工作，重点要做好“三件大事”：坚决打好经济翻身仗。在贯穿“近中远”维度的理念下，坚持平台带动、产业联动、创新驱动，抓紧运行调度，抓好营商环境，抓实要素支撑。全力办好亚运会。借赛事呈现萧山现代化成果，提升萧山城市化水平。带头走好共富路。加大探索实践力度，形成一套既具有萧山辨识度，又具有全省推广性的机制和模式，为推进中国式现代化摸索探路。落实方显担当，要人人扛责、事事尽责。全区广大党员干部要瞄准工作坐标、紧盯目标任务，以只争朝夕、奋发有为的精神，“动起来”抓落实，“细起来”抓落实，“严起来”抓落实，“活起来”抓落实，合力推动萧山各项事业再开新局、再上台阶。

会议指出，做好2023年经济工作，要对照“六个先行实践地”要求，以“再展雄风、再创辉煌”的志气勇气豪气，始终聚焦高质量、坚决打好翻身仗、奋力实现全年红。重点要聚力提升政策绩效，推动经济企稳回升，聚力优化营商环境，切实提信心增活力，聚力攻坚“百项千亿”，掀起项目建设高潮，聚力制胜产业新赛道，构建现代化产业体系，聚力实施创新驱动，强化战略支撑作用，聚力促内需拓市场，释放经济发展活力，聚力推动城乡共富，提升均衡发展水平，聚力冲刺亚运决战，放大亚运综合效应，以萧山的“稳”和“进”为省市发展大局作出更大贡献。

会议号召，要更加紧密地团结在以习近平同志为核心的党中央周围，始终坚持以习近平新时代中国特色社会主义思想为指引，全面深入贯彻落实中共二十大精神，以领头雁、排头兵、先行者的姿态，奋进新征程，交出新答卷，持续推进“产城人文”深度融合，奋力打造中国式现代化的区（县）域范例。

（“萧山发布”公众号2023年1月9日发布）

2023年1月9日，中共杭州市萧山区委十六届三次全体（扩大）会议暨区委经济工作会议召开　（范方斌　摄）

政府工作报告（摘要）

——2023年1月31日在杭州市萧山区第十七届人民代表大会第二次会议上

杭州市萧山区人民政府区长　姜永柱

一、2022年工作回顾

2022年是本届政府履职的开局之年，也是极具压力、极不寻常的一年。一年来，我们坚持以习近平新时代中国特色社会主义思想为指导，全面贯彻中共二十大精神，坚决落实"疫情要防住、经济要稳住、发展要安全"总要求，认真落实省市决策部署，在区委坚强领导下，持续推进"产城人文"深度融合，创新实施"兵团化"会战、专班化运行机制，统筹打好疫情防控、稳进提质组合拳，经受住了超预期的冲击和挑战，地区生产总值2064亿元，增长1.2%，财政总收入515.1亿元、一般公共预算收入318.3亿元，城乡居民人均可支配收入分别增长3.1%和5.6%，收入倍差缩小至1.59。

一年来，重点做了八方面工作：

（一）谋定快动、尽锐出战，重大平台蝶变跃升

大抓平台、抓大平台，"八大兵团"规模以上工业增加值增速高于全区6.3个百分点，占全区比重达40.3%，成为高质量发展的主引擎、主阵地。

杭州临空经济示范区升级提能。高规格召开建设动员大会，优化体制机制，提升管理能级，编制产业发展、国土空间、综合交通"三大规划"，制定"三年行动计划"，提出"十百千万"五年发展目标，努力将示范区建设成为战略高地、开放高地、创新高地、产业高地，打造带动城东智造大走廊高质量发展的制高点。

"萧滨一体化"强势推进。萧滨特别合作园进展顺利，三个"一体化"成效明显，签约亿元以上项目10个、总投资134亿元，成为全省高质量发展建设共同富裕示范区最佳实践。湘湖未来产业社区建设全力加速，成功入选省级首批未来产业先导区。"中国视谷"扬帆起航，正式被纳入部省新一轮整体合作协议，全力打造国家经济地理新地标和城市产业新名片。

萧山经济技术开发区争先进位。市北、桥南、科技城、绿色智造产业新城、三江创智新城齐头并进，明确"一园一主业"，聚焦产业发展，加快"双招双引"，调整优化社会事务管理，启动建设江南科技城，机器人小镇正式命名为省级特色小镇，信息港小镇连续两年获评省级优秀特色小镇，高质量发展提速增效，综合排名大幅跃升至全国第21位，跻身"第一方阵"。省级高新区排名提升至第14位。

钱江世纪城勇攀新高。规模以上服务业营业收入迈上"千亿级"台阶，财政总收入突破100亿元，首次诞生税收"5亿元楼"2幢。第六空间、新能源汽车总部等一批10亿元以上重大项目成功落地。图灵小镇正式命名为省级特色小镇。"六大亚运环境提升工程"（"路、水、灯、场、景、工地"亚运环境提升工程）全面推进，承办重大活动近40场，三大地标上榜"2022中国新时代百大建筑"，都市新封面精彩绽放。

（二）助企纾困、稳进提质，经济大盘趋稳向好

惠企助企真心实意。"最顶格＋第一时间"落实上级政策，出台萧山稳经济58条一揽子政策，全力推进"八大攻坚"行动。累计兑现扶持资金46.0亿元，减负降本121.2亿元，惠及企业近200万家次。开展"千名干部助千企"活动，解决企业难题1601个，政策兑现率、问题解决率、企业满意度省市领跑领先。"产业链供应链韧性与稳定"国际论坛在萧举办，习近平总书记发来贺信作出重要指示。迭代完善物流保通保畅机制，实施"白名单"制度和"三区"企业闭环生产管理模式。积极承办"十链百场万企"系列活动。全力抓好电力保供稳价。

重大项目提速增效。坚持"项目为王"，抢抓国家政策窗口机遇，建立重大项目协同推进机制，61个省市重大项目完成率均超100%。固定资产投资1510.6亿元、增长10.1%，总量全省第一，其中工业投资增长29.8%、高新产业投资增长64.6%。争取专项债券27.4亿元、政策性开发性金融工具2.35亿元、中央预算内投资8401万元，均居全市前列。新增建设用地指标198.93公顷，增长23%；消化处置"三块地"2200公顷，总量全市第一；85个项目被列入"三区三线"用地保障，3个项目被列入省重大产业项目，6个项目被列入"152"省市县长工程。投资70亿元的吉利新能源电子产业园项目开工建设，实现近年来50亿元以上制造业项目"零的突破"。

消费出口承压奋进。全力服务新能源汽车销售总部，发放各类消费补贴超3亿元，举办各类促消费活动60场，社会消费品零售总额突破900亿元，增长9.7%，增量贡献全省第二。紧抓工贸一体化企业、跨境电商企业"双轮驱动"，打响"Xiao往全球"外贸品牌，实现出口总额874亿元，总量全市第一，保持较强韧性。

（三）转型升级、创新求变，发展动能不断积蓄

腾笼换鸟持续攻坚。坚定不移打好"五场战役"，完成"1＋N"政策体系重塑，规模以上工业企业亩均税收提升至26.6万元，获评全省制造业高质量发展示范区和新一轮制造业"腾笼换鸟、凤凰涅槃"攻坚行动考核评价优秀。打造形成4个共计97.2公顷可连片开发区域，盘活提升低效工业用地973.33公顷，处置挪作他用123.2公顷，通过有机更新新增产业空间132万平方米，在全市率先实现到期工业用地依法收回。2个跨乡镇全域土地综合整治项目被列入省首批试点。重拳整治违法用地，完成整改694宗、441.93公顷，市级卫片整改完成率达90%以上。新增省级小微企业园8家，新增国家级单项冠军企业2家、国

家级专精特新“小巨人”企业18家。新认定省级“未来工厂”1家、省级智能工厂9家。

创新驱动赋能发展。数字经济核心产业增加值增长18.5%，战略性新兴产业增加值增长7.6%。全社会研发投入强度达3.42%，科技创新指数首次进入全省第一方阵，列全国县市科技创新百佳典范第6位，入选首批国家知识产权强区试点区。湘湖实验室落户萧山，CMOS集成电路创新平台入选省首批技术创新中心。3项科技创新成果获省科技进步奖一等奖，居全省第一。新认定国高企502家，上榜省高新企业创新能力500强17家。新认定省级企业研究院10家、省级企业研发中心49家。新增省级孵化器9家，增量全省第一。大力发展“4＋4”现代服务业，入选省现代服务业创新发展区，实现服务业增加值1203.9亿元，增长2.6%。金融机构存贷款总量1.29万亿元，居全省第一。

“双招双引”精准发力。欧美同学会海归小镇（杭州·数字医药）挂牌成立，新增省级国际联合实验室1家。博士后工作站达52家，居全省首位；院士工作站13家，居全市第一。累计柔性引进院士等顶尖人才66名，“湘湖院士岛”获评“浙江院士之家”优秀等次。引进培育领军型人才48人，人才总量突破48万人。回归恒逸全球创新中心等总部8家。新招引落地10亿元以上项目22个，其中50亿元以上制造业项目3个，居全市第一。实际利用外资10.6亿美元，创历史新高，居全省第三。外资企业总量突破1000家，新批外资企业115家，居全市首位。

（四）奋力冲刺、建管并重，城乡面貌焕然一新

亚运筹办基本就绪。17个场馆全部竣工验收，亚运三馆获“中国钢结构金奖”。推进亚运场馆惠民开放，开放数量和受惠人次全市第一。亚运主题公园、三大观赛空间和五大“最后一公里”体验区建设全面完成。通勤道路整治提升、亮化整治提升、无障碍设施建设、标识标牌整治等十大提升行动全面进入查漏补缺阶段。“一键护航”亚运安保技术获公安部科学技术奖。

城市品质提档升级。高质量划定“三区三线”，新增可利用空间51平方千米，释放空间全市第一。“22688”交通大会战捷报频传，萧山国际机场三期项目正式投运，机场轨道快线开通运营，杭甬高速抬升项目、彩虹大道、风情大道、通城大道、时代大道高架南延等建成通车，城市轨道、快速路通行里程实现“双过百”。瓜沥、临浦连续三年获评省级小城市试点优秀，11个社区入选省未来社区创建名单，3个社区获评省未来社区，2个样板区入选省城乡风貌样板区。垃圾分类获评省级优胜区。“获得电力”指数跻身全国前列。

城乡环境美丽蝶变。海塘安澜工程开工建设，永兴河流域综合治理有序推进。入选“四好农村路”全国示范县创建单位。获评美丽城镇省级样板3个，创建省级美丽宜居示范村4个。新建和改造绿道21.6千米、公园9个。完成危险废物安全专项整治三年行动，实现危险废物100%合规处置。打好蓝天保卫战，空气质量优良天数比率达80.9%。创建7条省市级“美丽河湖”，湘湖入选全省大花园耀眼明珠，连续2年捧回“大禹鼎”银鼎。获评“美丽浙江建设工作考核优秀区”和“美丽浙江十大样板地”，成功创建国家级生态文明建设示范区。

（五）数字赋能、系统变革，改革开放勇立潮头

数字化改革蹄疾步稳。全面应用“一网统管”，推进“全量信息视图2.0”建设，迭代升级“基层治理四平台”，实现“1612”体系全贯通。“萧山·红领通”入选全国城市数字化转型优秀案例，“用印智慧监督”被列入全省“一地创新、全省共享”项目，“健康大脑＋小病慢病不出村（社）”入选省数字社会“最佳应用”。文明城市数智系统获评省数字文化优秀应用。入选全省数智气象高质量发展先行试点区。“公安大脑”区县级试点实绩全省第一。

重点改革多点突破。“大综合一体化”行政执法改革成为省级典型，工作经验在《人民日报》头版刊登。探索用能预算化管理，试点“同股不同权”企业登记。新一轮国企改革稳步推进，推动国企做大做强。扎实推进强村富民乡村集成改革、农村宅基地管理改革，创新“五化同步”机制，累计盘活闲置农房5819宗，盘活收益2.6亿元。

自贸试验区引领示范。不断擦亮“临空枢纽、数字自贸、数智制造”金名片，自贸试验区建设获评全省优秀。首届全球数字贸易博览会在萧山成功举办，启用全省唯一中国（浙江）自贸展示中心，成立全省首个跨境电商品牌指导服务站。累计形成一批具有区域辨识度、全域推广性的经验，其中国家级试点6个、省自贸“十大标志性成果”和“十大进展”12个，位居全省前列。

（六）用心用情、富民惠民，民生福祉更加殷实

乡村振兴成效明显。深入实施“科技强农、机械强农”，机械化水平达91.4%。整治优化耕地“非农化”152.07公顷、粮功区“非粮化”4666.67公顷，粮食作物种植面积1.12万公顷，认定市级“菜篮子”基地24家。打响“萧山本味”公共品牌。建成省级农家乐集聚村4个，累计打造精品民宿69家。累计创建126个美丽乡村整治村、162个提升村、18个示范村。成功创建5个省级未来乡村。荣获全国“数字乡村”百强县称号。清廉村社建设全省综合比选位列第一，获评全省清廉村居建设示范县。

共富实践亮点纷呈。获评全省共同富裕示范区工作考核优秀等次。全省率先发布“共同富裕数字化地图”应用。建成市级共富村12个、共富带3条、共富联合体1个，总数居全市第一。横一村被确定为全国共同富裕基层观察点。浦阳传化共富示范点入选省共同富裕范例试点。推进南部生态共富先行区建设，创新开展“飞地抱团”项目8个，组建强村公司8家，83%行政村经营性收入达到100万元。全域推进城乡现代社区建设，启动创建引领型社区28个、示范型村（社区）55个、基础型村（社区）80个。萧龙科创园竣工投用，“产业飞地”落地建设。对口帮扶康定、旺苍进展顺利。

民生保障普惠兜底。十项民生实事全面完成。强化“综合改一次”，完成老旧小区改造7个、13.1万平方米，完成既有住宅加装电梯75台。完成14个老旧高层住宅小区二次供水改造。筹集保障性租赁住房2.9万套，竣工公租房项目10个、人才房项目1个。累计创建省、市级高质量就业村社50家，新增城镇就业4.8万人，帮扶失业人员、就业困难人员实现就业再就业2.5万人。创新打造“1＋8＋2＋X”大救助体系，发

放救助资金2.5亿元，惠及3.9万人。各类养老保险综合参保率99.4%，创历史新高。低保、特困及孤儿养育标准提高10%。

公共服务优质优享。启用学校26所，新增学位1.8万个。稳妥推进教育“双减”，规范民办义务教育。入选国家级“人工智能课程规模化应用”实验区。浙大妇院钱江院区正式启用，浙大二院总部项目加快施工，区二医院迁建项目开工建设。新增婴幼儿托位1903个、婴幼儿成长驿站38家。成功创建全国首批未成年人保护示范区。获评中长期青年发展规划县域试点全国优秀单位。凤凰村成功创建全国示范性老年友好型社区。养老服务获省政府督查激励，获评国家级智慧健康养老示范基地。成功创建全国科普示范区。

文化软实力显著增强。开展文明典范城市创建，巩固提升“萧山优礼”文明品牌。推动跨湖桥文化、宋韵文化等创造性转化和创新性发展。世界旅游联盟总部正式迁入，中国美院湘湖校区成功落户。获评省级文化传承生态保护区，新增省级非遗项目3个。建成“15分钟品质文化生活圈”143个、永兴书房13家，全域文化管家入选省共同富裕最佳实践案例。获评省级全域旅游示范区，创建15个省级景区村庄。成功创建首批省体育现代化区，累计举办赛事活动1400余场，新增全民健身设施300余处，数量全市第一。

（七）精密智控、除险保安，安全底线牢牢守住

疫情防控有序优化。坚持人民至上、生命至上，落实落细“七大机制”和“五快循环”，打赢多轮疫情阻击战。因时因势优化调整防控措施，突出保健康、防重症，最大限度扩容发热门诊，启用定点医院床位220张、亚定点医院床位2000张，配备“120”急救车69辆，加强医疗物资储备供应，做好农村地区、养老机构、福利机构等防疫工作，全力救治新冠病毒感染者，坚决守护人民群众生命健康。

平安建设见行见效。扎实开展除险保安百日攻坚行动，圆满完成平安护航中共二十大任务。入选省社会治理十佳区，获省级社区治理与服务创新试验区评估优秀。建成网格2022个、微网格1.6万个，创新推广网格智治微平台，夯实“五级基层治理”架构。推广瓜沥“综合查一次”试点经验，全区生产安全事故起数、死亡人数分别下降27.9%和32.2%。深入开展夏季治安打击整治、常态化扫黑除恶，全力开展信访积案化解专项行动，电信网络诈骗立案数下降43.2%。建成智慧消防管控平台，火警量下降25%。成功创建省食品安全示范区。成功应对“轩岚诺”“梅花”等多场台风侵袭，实现“少损失、零死亡”。积极稳妥化解风险楼盘20余个。

（八）依法行政、务实担当，履职效能整体提升

着力提升“依法办成事”水平，加快建设整体智治、唯实惟先的现代政府。

强化政治建设。把政治建设摆在首位，深入学习贯彻中共二十大精神，坚决捍卫“两个确立”、坚决做到“两个维护”。坚持完善重大事项请示报告制度，时刻牢记“党委定方向、政府抓落实”，推动重大决策部署在政府系统快落地、早见效。

强化法治建设。自觉接受人大法律监督、政协民主监督，办结人大代表建议214件、政协提案339件。严格落实重大行政决策程序，强化规范性文件合法性审查和清理。大力推进镇（街道）法治化综合改革，畅通基层行政复议渠道，实现行政争议发案量、行政诉讼败诉率、行政复议纠错率、行政诉讼调撤率“一稳两降一升”。

强化能力建设。“专班化”推进重大任务，加强和改进督查考核，推进“工作项目化、项目清单化、清单责任化、责任考核化”。推进政务服务2.0应用扩面，“一网通办”收件率达95.3%。高效做实“一件事”联办，创新推出“联报联批”服务模式。

强化作风建设。履行政府系统全面从严治党主体责任，压实领导干部“一岗双责”，配合做好省委巡视各项工作。严格落实中央八项规定精神，全力推进“七张问题清单”整改。深入开展工程建设、国企等领域突出问题治理。推进清廉单元建设，新型政商关系加快构建。严格财政支出预算管理，压减“三公”经费预算7.7%。

深入开展双拥活动，加强国防动员和后备力量建设。积极支持工青妇组织开展工作，科协、文联、残联、红十字会等群团作用有效发挥，老龄、关心下一代等事业健康发展，人防、外事、侨务、民族、宗教、台湾事务、档案、气象等工作取得新成效。

思危方能居安。我们也清醒看到，2022年主要经济指标完成情况不及预期，经济社会发展还存在不少困难和问题：经济增长速度有所回落，稳进提质的基础尚不牢固，经济韧性还需进一步增强；创新动能支撑不足，战略性新兴产业占比不高，企业创新主体作用不强，动能转换还需进一步加速；城市能级品质有待提升，优质公共服务供给仍有不足，城市国际化水平还需进一步提高；社会治理相对粗放，安全风险隐患仍然较多，应对处置风险能力亟待增强，城市本质安全水平还需进一步提升；整体营商环境与一流标准仍有一定差距，政府自身建设还需进一步加强。对此，我们会采取有力措施，切实加以解决。

二、2023年发展目标和重点工作

2023年是全面贯彻落实中共二十大精神开局之年，是“八八战略”实施20周年，是萧山打造中国式现代化区域范例的起步之年，也是萧山冲刺亚运、推进高质量发展的关键一年，今年政府工作的总体要求是：坚持以习近平新时代中国特色社会主义思想为指导，全面贯彻落实中共二十大精神，忠实践行“八八战略”，奋力打造“重要窗口”，认真落实省市和区委决策部署，对标“六个先行实践地”要求，以领头雁、排头兵、先行者的姿态，持续推进“产城人文”深度融合，始终聚焦高质量、坚决打好翻身仗、奋力实现全年红，积极探索共同富裕萧山实践，全力打造中国式现代化区域范例，努力在省市发展大局中展现更大作为、作出更大贡献！

今年经济社会发展主要预期目标为：地区生产总值增长5.5%以上；一般公共预算收入、城乡居民收入不低于经济增长水平；居民消费价格指数涨幅控制在3%以内，城镇调查失业率控制在5%以内；能源和环境指标完成省市下达目标。

重点做好十方面工作：

（一）着力打好经济翻身仗。把稳增长摆在更加突出的位置，稳中求进、稳中提质，深入推进“百千万”工程，用强有力的政策举措提振市场信心，全力以赴打好经济翻身仗。

推动政策绩效大提升。深入开展“大走访、大调研、大服

务、大解题”活动，全面落实省“8＋4”政策体系、市“抢先机、拼经济”30条政策，用好我区“奋力拼经济、勇夺开门红”28条政策，加大宣传解读力度、推动政策直达快享，力争为市场主体减负80亿元，确保制造业贷款和小微企业贷款增速均超15%、总额均不少于150亿元。积极争取国家政策和省级资源要素支持，争取专项债券和政策性开发性金融工具储备申报列全市第一。

推进项目建设大提速。坚持大抓项目、抓大项目，全力推进“百项千亿”工程，完成固定资产投资1616亿元以上，增长7%，其中工业投资增长15%、高新产业投资增长20%。优化招商机制，强化区内统筹，争取新招引落地10亿元以上项目超20个，其中50亿元以上项目5个、百亿级项目2个。建立招商引资双月调度机制、重大项目单月协调机制，重大项目开工率一季度达到30%、二季度达到65%、三季度达到85%，争取新增建设用地指标333.33公顷以上（含杭州临空经济示范区）。做深项目前期，推行“带条件”“带方案”出让，争取更多项目拿地即开工。

促进消费活力大提振。打响“亚运主赛地，消费首选地”品牌，社会消费品零售总额突破1000亿元。深化“五新消费”全省试点，大力发展新消费、新零售、夜间经济，建设省、市智慧商圈和夜间经济集聚示范区，打造示范样板农贸市场2家、“15分钟便民生活圈”220个。迭代新电商扶持政策，推动直播经济、网红经济发展。推广使用消费券，进一步扩大新能源汽车、智能家居、绿色家电等消费。强化“房地联动”，精准实施“一区一策”，促进房地产市场平稳健康发展。

开拓外贸外资新领域。推动自贸制度成果转化，加速赋能全区发展。实施“双百竞赛”行动，持续打响“Xiao往全球”外贸品牌，出口增长8%。成立出海参展服务联盟，完善一站式绿色通道服务，提供拓市场全方位支持。支持跨境电商发展，建设区对外贸易能力提升中心，加快建设“制造业＋跨境电商”孵化器。服务保障第二届全球数字贸易博览会，探索数字人民币跨境结算新模式。积极参加“杭州·全球招商季”活动，实际利用外资10.8亿美元，其中制造业占比25%。

助力民营经济新飞跃。坚持“两个毫不动摇”，聚焦“两个健康”，鼓励支持民营企业做大做强，真正把企业家当自己人，在情感上做到真心，在交往上做到公心，在制度上做到安心，擦亮萧山民营经济“金名片”。深化实施浙商回归、萧商回家工程，大力提振民营经济发展信心。支持民营企业参与重大工程和科技创新项目。建成萧山民营经济发展中心，发挥“民营企业传承与创新研究院”作用，提升新生代萧商能力素质，助推萧山民企传承创新。

（二）着力构建现代化产业体系。大力推进数字产业化和产业数字化，推动三次产业联动发展，把着力点放在实体经济上，构建支撑高质量发展的现代化产业体系

数字经济发展再提速。大力实施数字经济“一号发展工程”，数字经济核心产业增加值增长12%以上。全力建设“中国视谷”，大力发展视觉智能、集成电路、网络通信等产业，加快建设碳化硅外延及器件制造项目、矽力杰产业化基地等重大项目。前瞻布局仿生机器人、AI医药等新兴数字产业群。聚焦“产业大脑＋未来工厂”融合发展，发挥长三角（杭州）制造业数字化能力中心作用，推进九大细分行业中小企业数字化改造，新增数字化改造项目150个以上，实现规模以上工业企业数字化改造全覆盖，打造产业数字化第一区。培育省级工业互联网平台2家以上、省级“未来工厂”1家以上。

制造业结构再优化。找准省“415X”产业集群和市五大产业生态圈的细分赛道，全力打造“2＋3＋X”产业集群，培育一批具有产业链控制力的链主型企业，争取招引落地10亿元以上制造业项目10个以上。纤维新材料、智能物联、智能汽车、高端装备、生物医药产业规模分别达到1100亿元、800亿元、480亿元、380亿元、110亿元，规模以上工业增加值增长7%。持续壮大钢结构、羽绒等传统优势产业，打造具有核心竞争力的企业集群。构建产业良性生态圈，强化产业协作，支持中小微企业更好融入区域供应链体系。

服务业发展再升级。制定实施“4＋4”现代服务业三年行动计划，推动现代服务业与先进制造业融合发展，构建优质高效、结构优化、竞争力强的服务业新体系，服务业增加值增长5%。持续深化与龙头企业合作，聚力发展总部经济。推进楼宇经济发展，税收“亿元楼”达到18幢。发展壮大数字服务、金融服务、研发设计、检验检测等生产性服务业。推进健康、养老、家政等生活性服务业品质提升，增强个性化、多样化服务能力。统筹考虑亚运设施赛后利用，深化亚运惠民，推动体育产业集聚发展。

乡村产业再发力。以省级标准地改革试点为抓手，打好“标准地改革＋农业双强”组合拳。强化粮食安全保障，新建高标准农田333.33公顷，发展规模化大田农业，粮食播种面积1120公顷、蔬菜播种面积1.93万公顷。争创省级综合性农业“机器换人”高质量发展先行区，建设2个省级基地（中心）和1家省级现代化农事服务中心。优化建设农产品冷链基地3个，打造规模化“预制菜”产业链。保护挖掘乡村文化资源，推动农文旅融合。

“五企培育”再提质。组织开展“新势力”企业培育三年计划，让更多腰部企业成长为头部企业。落实“专精特新”企业培育三年计划，新增国家级制造业单项冠军企业1家、国家级专精特新“小巨人”企业15家、省“隐形冠军”企业1家、省专精特新中小企业120家。开展科技企业“倍增行动”，新认定国高企300家以上、省科技型中小企业500家以上。企业上市确保3家、力争5家。积极争创中国质量奖，“品字标”认证企业突破100家。扶持个体工商户发展，力争市场主体总量突破25万户。

“腾笼换鸟”再攻坚。坚定不移推进“腾笼换鸟、凤凰涅槃”，整治提升低效企业1000家，盘活提升低效用地666.67公顷。打造连片化产业空间133.33公顷，新增产业空间100万平方米，新增省级小微企业园6家。加快跨乡镇全域土地综合整治试点，完成投资50亿元。全面落实工业用地全过程监管，建立健全工业用地使用权到期依法收回常态化机制，持续推进工业用地挪作他用整治。

（三）着力优化发展平台。沿钱塘江串联杭州临空经济示范区、萧山经济技术开发区、钱江世纪城、湘湖国家旅游度假区·萧滨合作区等，迭代升级“兵团化”会战机制，形成“两翼齐飞、多轮驱动”发展新格局

全力建设杭州临空经济示范区。与钱塘、滨江等合力建设

城东智造大走廊，推动城西科创大走廊和城东智造大走廊“两廊联进”。全力推进杭州空港综合保税区申报建设。启动示范区重点区块拆迁，腾出产业空间3000亩。开工建设104国道河庄至衙前段、机场东路、保税大道南伸等15个交通项目。加快杭州生物科技谷、会展新客厅等三大产业园区建设。开工建设30万平方米标准厂房。力争招引落地100亿元、50亿元以上项目各1个，1亿元以上项目30个。

持续做强萧山经济技术开发区。以“科技创新＋智能制造”双轮驱动，推进江南科技城“一城、两廊、三带、四地、五链”建设；加快市北、绿色智造产业新城发展，不断提升综合竞争力，综合排名进入全国前20位。加快建设万向创新聚能城、传化年产68万吨有机硅新材料及高端精细化学品项目、希瑞新材料等重大项目。加快开市客正式营业。深入推进腾笼换鸟。力争招引落地100亿元、50亿元以上项目各1个，10亿元以上项目6个。

纵深推进“萧滨一体化”。推动湘湖国家旅游度假区·萧滨合作区跨越式发展，加快建设时代智造走廊，探索合作园扩容，形成“一廊一岛六片”链式布局。建立健全“专班＋管委会＋公司”带动镇街发展的一体化运行模式。迭代升级领导体系，加快“中国视谷”建设，争创国家视觉智能制造创新中心，启用“中国视谷”产业创新中心。建设“视谷之窗”产业综合体等一批重大项目。力争招引落地10亿元以上项目3个。

提升优化钱江世纪城。进一步提升发展能级，推动钱塘湾未来总部基地与宁围未来总部社区统筹联动、融合发展。进一步优化产业生态，重点招引各类高能级总部。大力推动数字新兴产业、高端商务中介等集聚发展。加快SKP、水云间等项目建设，加速形成都市型产业集群。进一步提升创新活力，联动大会展中心，做大会展产业。

（四）着力营建创新生态。突出科技和人才的基础性战略性支撑作用，不断增强创新发展动能

加快建好科技创新策源地。建成投用浙大杭州国际科创中心一期，启动二期建设。加快建设西电杭州研究院，高标准打造湘湖实验室。支持北大信研院、浙大计算机研究院等平台发展，推进集成电路、视觉智能、大数据智能等概念验证中心建设。深化校（院）企共建联合实验室，推进恒逸全球研发中心、传化化学总部及全球研发中心等项目建设。新增市级以上研发中心100家以上。全社会研发投入强度提升至3.8%，科技创新指数保持全省第一方阵。

全力建强成果转化首选地。深化国家知识产权强区试点区和省科技成果转移转化示范区建设，加强知识产权全链条保护，建成知识产权公共服务中心，新增发明专利授权1200件以上。强化科技金融支持，发放科技贷款100亿元，发挥产业基金撬动作用，推动创新链产业链资金链深度融合。深化“揭榜挂帅”、创新联合体机制，发挥企业创新主体作用，争取获得国家、省重大科技攻关项目10项以上，新增市级以上企业孵化器（众创空间）10家以上。

努力建优人才集聚新高地。实施更加积极开放有效的人才政策，完善全生命周期人才服务体系，大力引进培养顶尖人才、行业领军人才和青年科技人才，新增市级以上领军人才50人、青年博士生120人，招引应届大学毕业生1.6万人以上。深化“杭帮彩”服务机制，建立人才诉求线上响应闭环，优化人才创业创新环境。

（五）着力提升城市能级品质。放大亚运综合效应，大力提升综合竞争力和国际美誉度，彰显国际大都市中心城区风范风采

高水平承办亚运会。按照“简约、安全、精彩”要求，全民参与亚运筹办，强化场馆“全流程、全实景、全要素、满负荷”测试，全力构筑智能无感防控体系，全面提升办赛水平和综合服务保障能力，向世界奉献一届中国特色、浙江风采、杭州韵味、精彩纷呈的亚运盛会。开展“美丽萧山迎亚运”环境整治、迎亚运标志性成果打造、亚运萧山体验官等重点专项行动。高水平谋划“后亚运”发展路径，实现“办好一个会，提升一座城”。

高品质优化城市功能。开展规划编制攻坚行动，着力优化空间布局，形成“疏密相间、错落有致”的城市格局。深入实施综合交通“补链强链”，开工建设临浦快速路、彩虹快速路东延工程等重大交通项目，加快建设杭州地铁四期、铁路萧山机场站、杭绍甬高速、亚太路东伸（蜀山路—通城快速路互通段）及相关涉铁工程等项目。加快支小路建设，深化地铁、公交、慢行交通“三网融合”。进一步强化供电、供水、信息通信等建设，推进“电网攻坚”三年行动，重点建设500千伏江南变和220千伏花木变、新益变、沥东变等。加快海塘安澜工程、永兴河流域综合治理等项目建设。确保江南片取水口上移一期工程8月底前完成通水。全面落实“匠心提质绣杭城”行动，组织动员市民共绣美丽风景线。实施城市微改造、精提升，打造更多“动人之处”。

高标准提升城市国际化。抓住“开放办赛”机遇，多渠道开展国际传播和交流，提升国际知名度和美誉度。引进更多国际航线、国际组织、国际会展、国际赛事在萧山落地，实质性推进国际“赛”“会”之城建设。深度融入长三角一体化发展，积极参与杭州都市圈建设，推动杭绍一体化发展。加快建设一批国际化学校、医院、商业街区，推进外国高端人才集聚区建设。

（六）着力打造民生共富样板。推进共同富裕示范先行，擦亮幸福民生品牌，不断实现人民对美好生活的向往

坚持就业优先导向。健全高质量就业创业体系，实施创业扶持政策，千方百计增加就业岗位、扩大就业容量，完善灵活就业综合保障体系，大力开展技能提升，加强高校毕业生等重点群体就业创业支持。确保新增城镇就业2万人，确保零就业家庭动态清零。

提升教育医疗水平。实施新一轮学校建设三年行动计划，加快实现城乡教育均衡化发展。探索推进“教学评研”一体化改革，引育区级以上名优教师400名。巩固“双减”成果，提升教学质量，争创全国学前教育普及普惠区和全国义务教育优质均衡发展区。加强新时代萧山工匠培育，支持萧山技师学院建设全省一流技师学院。全面创建省级健康区，实施新时代区级强院建设，健全基层社区卫生服务网络，推进临浦、盈丰等社区卫生服务中心建设。加快建设浙大二院总部、区二医院迁

建等项目。建设国家慢性病综合防控示范区，积极创建市中医药综合改革先行区。

优化“一老一小”服务。推进基本养老服务体系建设，建成老年友好型社区60个，新增家庭养老床位550张以上、社区老年食堂20家以上。优化生育支持政策体系，加大新生儿疾病筛查和出生缺陷干预力度。完善3岁以下婴幼儿照护服务体系，大力发展普惠托育服务，力争每千人口托位数达到4个。

加强住房安居保障。加快建立多主体供给、多渠道保障、租购并举的住房保障体系，新开工建设公租房15万平方米、人才共有产权住房1250套，解决好新市民、青年人等住房问题。安置房新开工建设100万平方米、竣工备案150万平方米，完成回迁安置3000户。集中化解因历史遗留问题导致的不动产“办证难”问题。

加大社会保障力度。探索构建共富型大社保体系，稳妥推进社会保险精准扩面，养老保险参保率稳定在98%以上。加强社保基金监督管理，守护人民群众“养老钱”。增进医保兜底帮扶，优化提升“浙里惠民保·西湖益联保”。推进“弱有众扶”，完善大救助体系，做优“善行萧山”慈善品牌。

打造共富标志性成果。着力打造具有萧山辨识度的共同富裕建设成果，争取省市级共富试点2个以上，成为共同富裕省级样板区。全力建设南部生态先行示范区，推进13个未来乡村组团振兴示范带建设，将浦阳传化共富示范点打造成全国标杆。深化“三位一体”农合联改革，探索村级集体建设用地和宅基地制度改革，完善村级留用地开发管理政策，规范强村公司发展，实现100%行政村经营性收入达到120万元。深化全域城乡现代社区建设，启动美丽乡村20个提升村、18个示范村建设。推动“旧改+未来”深度融合，推动老旧小区专业化物业服务覆盖率达90%以上。深化与康定、旺苍的东西部协作，打造萧山—龙泉山海协作升级版。

（七）着力推动文化兴盛。围绕举旗帜、聚民心、育新人、兴文化、展形象，推进现代化文化文明培育

打响萧山文化品牌。丰富新时代萧山精神新内涵，全方位塑造“开放、包容、创新”的城市人文品格。强化历史文化遗产保护，开展文物安全大排查大整治大提升，推动大运河国家文化公园（浙东运河萧山段）建设，做好钱塘江古海塘申遗工作，积极建设浙江钱塘潮涌文化传承生态保护区。用好衙前农民运动纪念馆等资源，保护传承好红色文化。打造世界旅游博览馆、省油画院、“五馆合一”城市文化公园等重大文化地标。积极参与之江艺术长廊建设，加快中国美院湘湖校区建设。实施文化惠民工程，实现永兴书房、文化驿站镇街全覆盖。

提升萧山文明风尚。全力争创全国文明典范城市，深化百万市民“当好东道主 文明迎亚运”八大行动，深入开展“萧山优礼”品牌建设，广泛开展“润心践行”活动。深化“美德萧山”建设，推进“最美萧山人”品牌培育。持续推动移风易俗，倡导文明新风尚。加快乡村“复兴少年宫”建设。强化科普工作，推进公共场馆科普化改革全国试点。

增强萧山文创实力。加快建设浙江国家音乐产业基地萧山园区、火车西站段历史文化街区等重大文化产业项目。积极参与打造之江文化产业带、大运河文化产业带等文化平台。强化文化产业科技投入，做大做强音乐、动漫游戏、电影传媒、文化演艺等文创产业。推进文化和旅游产业深度融合发展，擦亮萧山文旅金名片。

（八）着力建设美丽新萧山。深入践行习近平生态文明思想，系统探索推进全域美丽建设的新路径，高水平绘就天蓝、地绿、水清的美丽新画卷

建设全域美丽大花园。巩固提升国家生态文明建设示范区创建成果，制定实施新一轮生态文明建设规划，深化新一轮浦阳江流域上下游生态补偿机制，全面强化“三线一单”生态空间管控。打造钱塘江、浦阳江、西山—北干山—长山等生态走廊，加强湘湖等湿地资源保护利用，全力助推杭州创建国际湿地城市。创建省级美丽河湖2条、市级美丽河湖4条。完成林道建设工程，加快竣工验收。

推进污染防治攻坚。抓好重大生态环保督察问题整改，全力消除各类生态环境风险隐患。深入实施“碧水行动”和河（湖）长制，巩固“污水零直排区”建设成果，实现区控以上断面水质Ⅲ类及以上比例高于90%。打好“蓝天保卫战”，全面加强面源管控，落实重点区域PM2.5和臭氧联防联控，加速推进挥发性有机物（VOCs）数智监管和活性炭再生中心绿岛项目建设，空气质量优良天数比率达到86%。扎实推进“净土行动”，不断改善土壤环境质量。创建生活垃圾分类标杆小区、装修垃圾规范收运小区各20个，建设大件垃圾上门收运在线预约系统。建设全域“无废城市”，加强固体废物闭环监管和医疗废物非接触式智能监管。

加快低碳绿色转型。重点提升能源资源利用效率，创建绿色工厂15家。以“双碳大脑”为载体，深化用能预算化管理，提升全社会能效。积极参与碳排放权交易，探索碳达峰碳中和有效路径。深入推进“区域环评+环境标准”改革，坚决遏制“两高”项目盲目发展。推进道林山抽水蓄能电站项目前期。加快建设新能源充电桩等设施，重点推进开发区（园区）屋顶分布式光伏开发，新增光伏发电装机容量50兆瓦以上。

（九）着力推进深层次改革。以数字化改革为牵引，深化重要领域和关键环节改革，形成更多具有萧山辨识度的标志性成果

打造数字化改革大场景。建设政务服务升级版，迭代“1612”体系构架，持续推进“萧山·红领通”等重大改革，升级一体化智能化公共数据平台，全面提升实战实效。统筹全区物联感知体系建设，构建城市数字孪生数据底座。大力推进“跨省通办”“一网通办”“一网统管”，为杭州城市大脑2.0先行探索。加强重大改革“一本账”“全周期”管理，推动改革成果直达千家万户、惠及更多百姓。

纵深推进重点领域改革。持续推进“大综合一体化”行政执法改革，夯实基层治理基础，促进行政执法提质增效。大力推进要素市场化配置改革，积极培育数据要素市场主体和应用场景。创新土地要素市场化配置机制，开展“限地价竞贡献”出让方式试点。深化国企市场化改革，聚焦主责主业，完善薪酬激励考评体系，提升资产证券化水平，推动国企做大做强做优。

争创营商环境最优区。全面承接杭州市国家营商环境创新试点，全力实施营商环境“一号改革工程”，争创全省营商环境最优区。完善审批协调代办新模式，加大“一件事一次办”推进力度，完善“办不成事”窗口运作机制。深化“减证便民”行动，推进电子证照互通共享，加大力度推进企业年报“多报合一”。严格规范涉企执法，实施包容审慎监管。推进社会信用体系建设，深化“信用＋监管”“信用＋惠民便企”等应用。

（十）着力构筑大平安格局。树立大安全大应急理念，建设“平安萧山”，全面构建风险闭环管控的大平安机制

做好新冠病毒感染防控工作。全面落实“乙类乙管”方案，突出保健康、防重症、优服务，提升扩容医疗救治资源，强化医疗物资储备保障，补齐农村疫情防控短板，科学引导群众加强个人防护，切实维护人民群众健康安全。

维护城市公共安全。深化“除险保安·平安护航亚运”行动，强化源头治理、前端处理，对道路交通、消防、建设施工等重点领域开展安全隐患排查，坚决防范遏制重特大事故发生，生产安全事故起数和死亡人数分别下降20%。切实做好防汛防台抗旱、森林防灭火、防灾减灾等工作。深化食品药品全链条闭环安全监管，巩固省级食品安全示范区创建成果。稳步化解政府隐性债务，依法稳妥处置企业债务风险，严厉打击非法集资，坚决守住不发生区域性金融风险底线。

织密社会平安网。坚持和发展新时代“枫桥经验”，深化“平安萧山”建设，进入全省平安考核第一方阵。加强和改进信访工作，深化“三源治理”，推进“五社联动”提质增效行动，争创全国“信访工作示范县”、全省“无信访积案县（市、区）”。完善“天网工程”建设，推进全国社会治安防控体系建设示范城区创建。深入开展矛盾纠纷排查化解，严厉打击电信网络诈骗、“黄赌毒”等群众反映强烈的违法犯罪活动。

各位代表，保障和改善民生是政府的天职。区政府将继续按照“群众提、大家定、政府办”的理念，进一步压实责任、强化督导、闭环管理，确保10项民生实事保质保量、限时限期完成。

1. 教育助学方面：启用12所学校（幼儿园），新增学位7200个；建成投用区青少年未来发展中心和3个镇街青少年宫分宫，构建“2中心＋13分宫”服务体系。

2. 婴幼照护方面：新增婴幼儿成长驿站32家，新增3岁以下婴幼儿托位600个，其中普惠托位360个。

3. 养老服务方面：新增认知障碍照护专区床位200张，新增持证养老护理员180名，为6000名高龄孤寡、独居、空巢老年人迭代更新“安居守护”智能安全监测设备。

4. 人才培育方面：开展职业技能培训2.6万人次以上，新增技能人才7000人，其中新增高技能人才3500人。

5. 医疗健康方面：新建（迁建、改扩建）社区卫生服务站8个；开展居家康复护理3000例，建设家庭病床1000张；为8万名70岁以上在萧浙江户籍老年人免费接种流感疫苗；新增公共场所AED（自动体外除颤仪）100台；新增应急救护持证人员1万名。

6. 帮困助残方面：帮扶1万名就业困难人员、失业人员实现就业再就业，其中新增残疾人稳定性就业80人；实施孤独症儿童康复救助100人；完善提升公共场所无障碍设施20处。

7. 住有安居方面：新启动150幢、30万平方米老旧小区综合改造提升项目；建设筹集保障性租赁住房3500套（间）；既有住宅电梯加装70台以上；完成老旧高层住宅小区二次供水设施改造6个；安装居民小区消防“生命通道”智能预警监控系统200套。

8. 交通出行方面：新增优化地铁接驳公交线路5条、城乡公交线路15条；打通城市“断头路”4条；新增地铁出入口非机动车停放点10处、非机动车停车泊位2000个；按照“四好农村路”建设标准，提升改造及维修村级公路100千米。

9. 文体设施方面：新建“15分钟品质文化生活圈”100个，文化管家社会化服务村社覆盖率达到75%，新建乡村博物馆4个；新增体育场地面积20万平方米，其中嵌入式体育场地设施6万平方米；新建社区级公园5个。

10. 共富单元方面：完成未来社区建设4个，完成城乡风貌样板区试点建设4个，完成未来乡村建设14个。

三、切实加强政府自身建设

奋进新征程、建功新时代，必须全面提升政府自身建设水平，努力造就忠诚干净担当的干部队伍，打造人民满意政府。

（一）旗帜鲜明讲政治，筑牢政治忠诚。坚定捍卫“两个确立”、坚决做到“两个维护”，对照最讲党性、最讲政治、最讲忠诚、最讲担当要求，不断提高政治判断力、政治领悟力、政治执行力，不折不扣落实习近平总书记重要指示精神和党中央大政方针，以忠实行动彰显忠诚本色。

（二）坚持依法履职，建设法治政府。牢固树立法治观念，尊崇宪法权威，切实做到“法定职责必须为、法无授权不可为”。依法接受人大法律监督，自觉接受政协民主监督，主动接受监察监督、社会监督、舆论监督，强化审计监督，确保政府工作始终在法治轨道上高效运行。

（三）恪守为民宗旨，建设服务政府。始终牢记政府前面“人民”二字，强化发展为民的价值取向，紧扣人民群众新需求新期盼，用心用情为群众办好事办实事，推进漠视侵害群众利益问题治理，推动改革发展成果更多更公平惠及全区人民，让人民生活更有品质、更加幸福。

（四）锻造一流作风，建设实干政府。把提高执行力作为政府工作的重中之重，压实工作责任，完善工作闭环。深化实践锻炼和专业训练，不断增强洞察力、判断力、应变力，提高攻坚克难的本领。发扬斗争精神，关键时刻站得出来、豁得出去。

（五）严守纪律规矩，建设清廉政府。严格履行全面从严治党主体责任，严格落实中央八项规定精神，驰而不息纠“四风”、树新风，纵深推进政府系统廉政建设，进一步构建亲清政商关系，让廉洁用权、干净干事在政府系统蔚然成风。坚持政府过紧日子，从严控制“三公”经费，把有限财力更高效用在推动高质量发展、增进民生福祉上来。

（区政府办）

责任编辑：王　鸣

大事记

1月

3 日 省委第五巡视组向杭州市萧山区委反馈巡视情况。

5 日 楼曼文故居暨中共保密教育展陈馆在楼塔镇雀山岭村开馆。

9 日 中共杭州市萧山区委十六届三次全体（扩大）会议暨区委经济工作会议召开。

11 日 江南科技城建设推进大会召开。

18 日 市委常委、区委书记王敏，区委副书记、区长姜永柱，区人大常委会主任赵立明，区政协主席叶建宏，区委副书记吴炜炜分赴联系镇（街道）检查指导新冠疫情防控工作。

同日 市委常委、区委书记王敏赴瓜沥镇开展“大走访、大调研、大服务、大解题”活动。

19 日 省人大常委会副主任暨军民到萧山区开展“大走访、大调研、大服务、大解题”活动，并开展座谈。

29 日 萧山区高质量发展暨“百千万”工程推进大会召开。

30 日至 2 月 1 日 政协第十五届萧山区委员会第二次会议召开。

31 日至 2 月 2 日 区第十七届人民代表大会第二次会议召开。

2月

3 日 萧山区政府十七届二次全体（扩大）会议召开。

8 日 萧山区红十字蓝天救援队邵江宁、王同、高以勒到达广州集结。9 日，三名队员作为中国蓝天救援队队员前往土耳其开展地震救援。17 日，三名队员返抵上海。他们所在的救援队在土耳其地震重灾区马拉蒂亚成功救出 2 名幸存者。

9 日 省人大常委会党组副书记、副主任高兴夫到萧山区调研人大财经、城建环保工作。

10 日 杭州临空经济示范区高质量发展暨决战决胜 2023 誓师大会举行。

同日 萧山经济技术开发区“当好排头兵，奋进新征程”誓师大会召开。

12 日 省委书记、省人大常委会主任易炼红，省委副书记、省长王浩在杭州调研亚运场馆、亚运村建设及赛事保障工作。

15 日 全区公安工作暨“平安亚运”工作会议召开。

17 日 中共萧山区第十六届纪律检查委员会第三次全体会议暨落实省委巡视整改工作推进会召开。

19 日 省委常委、市委书记刘捷到市人代会萧山代表团，与代表们一起审议政府工作报告及计划、预算报告等。

21 日 萧山区 2023 年一季度扩大有效投资重大项目集中开工仪式在浙江传化益迅新材料有限公司年产 68 万吨有机硅新材料及高端精细化学品项目现场举行。一季度集中开工 55 个重大项目，总投资约 500 亿元。

24 日 世界旅游联盟总部启用仪式在湘湖举行，世界旅游联盟总部正式落户杭州。以“和合共生·塑造未来旅游生态”为主题的“世界旅游联盟·湘湖对话”在萧山区开幕。文化和旅游部党组书记、部长胡和平，省委书记、省人大常委会主任易炼红，省委副书记、省长王浩，省委常委、市委书记刘捷，市委常委、区委书记王敏等省市领导出席相关活动。

3月

1 日 萧山区深化国有企业改革发展大会召开。

5—13 日 传化集团董事长徐冠巨，万向集团党委书记、董事长鲁伟鼎两名全国人大代表参加十四届全国人大一次会议。

7 日 “我爱杭州·奉献亚运”杭州市全民亚运誓师动员大会举行。市委常委、区委书记王敏，区委副书记、区长姜永柱等区四套班子领导在萧山分会场参加誓师动员大会。

同日 萧山区“决战亚运”誓师动员大会召开。

同日 萧山区·旺苍县东西部协作联席会议召开，双方就进一步做好对口协作工作、深化交流合作进行协商对接。

10日 市委常委、区委书记王敏率考察团赴绍兴市，学习借鉴当地在推进“腾笼换鸟”工作中的先进理念和经验做法。绍兴市委常委、副市长王涛，越城区、柯桥区领导，区委副书记、区长姜永柱等参加考察或座谈。

13日 省委常委、市委书记刘捷到萧山区调研，走访开发区无忧传媒和西安电子科技大学杭州研究院。

15日 省委书记、省人大常委会主任易炼红，省委副书记、省长王浩，省政协主席黄莉新等省领导到钱江世纪城亚运村地块景观绿化带参加义务植树活动。副省级领导干部，刘捷、姚高员、马卫光、马小秋等杭州市四套班子负责人，王敏、姜永柱、赵立明、叶建宏等萧山区四套班子领导，省、市、区机关干部，省军区、武警官兵代表等参加义务植树活动。

16日 市委常委、区委书记王敏专题调研非物质文化遗产保护传承发展工作。

23日 全区党管武装工作会议召开。

同日 市委常委、区委书记、杭州临空经济示范区党工委书记王敏对临空经济示范区进行专题调研。

4月

6日 区委农村工作会议召开。

7日 萧山区文旅深度融合发展大会召开。

8日 中国艺术国学门设立暨湘湖校区启动仪式在湘湖国家旅游度假区举行。中国文联副主席、省文联主席许江，省教育厅党组书记、厅长毛宏芳，文旅部科教司副司长刘冬妍，中国文联副主席陈振濂，中国书协党组书记李昕，市委常委、区委书记王敏，区委副书记、区长姜永柱，中国美术学院领导金一斌、高世名等出席启动仪式。

10日 省人大常委会副主任刘忻带队到萧山区开展《浙江省全民健身条例》执法检查。市、区领导李火林、王敏、卢春强等陪同。

12日 市委常委、区委书记王敏主持召开全区“腾笼换鸟”攻坚推进会议。

15日 2023浙江（国际）康养产业博览会在杭州国际博览中心举行。

15—16日 安徽省池州市委常委、贵池区委书记马胜利率贵池区党政代表团到萧山区考察，双方签订战略友好合作框架协议。市委常委、区委书记王敏，区委副书记、区长姜永柱等区领导参加有关活动。

20日 “味美浙江”餐饮消费欢乐季在杭州国际博览中心启动。省商务厅党组书记、厅长韩杰，市委常委、区委书记王敏等领导出席活动。

22日 “有界无域·洞视未来”中国视谷产业生态大会暨首届“中国视谷杯”创新创业挑战大赛启动仪式在萧山区举行。工业和信息化部人才交流中心党委书记、主任李学林，市委副书记、市长姚高员，市委常委、区委书记王敏，副市长孙旭东，杭州高新区（滨江）党委书记章登峰，区委副书记、区长姜永柱等领导；中国工程院院士吴剑旗，欧洲科学院外籍院士、俄罗斯自然科学院外籍院士焦李成等专家；省内外视觉智能产业链有关企业负责人、有关科研院校和金融机构代表及视觉领域青年博士等出席大会。

28日 市委常委、区委书记王敏以“四不两直”（不发通知、不打招呼、不听汇报、不用陪同接待，直奔基层、直插现场）方式深入杭州东霖染整机械有限公司、浙江武德家具有限公司、湘湖景区综合执法（管理）中心，检查督导安全生产工作，并主持召开专题会议，研究安全生产、旅游安全保障工作。

5月

1—6日 “韵味杭州”2023年全国游泳冠军赛在杭州奥体中心游泳馆举行。

4日 萧山区第九届“十大杰出青年”表彰暨“五四”主题团日活动在区体育中心体育馆举行。

6日 萧山区与传播大脑科技（浙江）股份有限公司举行签约仪式，“传播大脑”落户钱江世纪城。省委宣传部常务副部长来颖杰，市委常委、区委书记王敏，浙江日报报业集团社长、党委书记姜军出席并讲话。

7日 浙江大学医学院附属妇产科医院钱江院区建成启用。该院总面积约24万平方米，以妇科、产科、生殖科、妇科肿瘤为中心，配套相应的辅助性综合临床科室，是融教学、科研为一体的现代化妇产科医院。

20日 第五届中国国际茶叶博览会在杭州国际博览中心开幕。全国22个产茶省组团参展展销，10余个国家和地区800余家企业的上万种茶产品参展。

28日 萧山经济技术开发区成立30周年暨半年度“双招双引”项目集中签约仪式举行。市委常委、区委书记王敏出席仪式并讲话，中国开发区协会会长师荣耀出席仪式并致辞，省商务厅副厅长胡真舫，省开发区协会会长钱水凤，市投促局局长沈建及区四套班子领导叶建宏、李军等出席。总投资76亿元的两个项目落户萧山经济技术开发区。

同日 原杭州市萧山区社会治理中心和原杭州市萧山区城市智治中心合并，成立杭州市萧山区社会治理中心（城市智治中心）。

31日 市委常委、区委书记王敏到信息港小学、萧山三中调研教育工作。

6月

1日 世界旅游博览馆开馆暨2023年中国美术学院毕业展（湘湖展区）启动仪式在世界旅游博览馆举行。

6日 市委常委、区委书记王敏率萧山区党政代表团赴四川省甘孜州康定市考察对口支援工作，并举行萧山区—康定市对口支援联席会议。

7—8日　市委常委、区委书记王敏率萧山区党政代表团赴四川省广元市旺苍县考察东西部协作工作，并举行东西部协作联席会议。

9日　市委常委、区委书记王敏赴特斯拉汽车销售服务（杭州）有限公司、杭州大王椰控股集团有限公司两家重点企业，开展第一批学习贯彻习近平新时代中国特色社会主义思想主题教育课题调研。

14日　市委常委、区委书记王敏率萧山区党政代表团赴江苏省昆山市，学习借鉴当地在产业发展、城市建设等方面的先进经验，谋求两地深化合作。

15日　萧山区召开亚运倒计时100天暨“当好东道主，奋战一百天”亚运保障总动员誓师大会。

16日　萧山区召开“深入实施‘八八战略’　强力推进三个‘一号工程’”大会暨综合考核工作推进会。

18日　谢径安·传化和美乡村启航仪式在浦阳镇举行。省委副秘书长、省委政研室主任朱卫江，省委统战部副部长、省工商联党组书记徐国龙到场指导。市委常委、区委书记王敏出席活动并讲话。

19日　市委常委、区委书记王敏到盈丰街道综合行政执法队开展主题教育调研，聚焦“大综合一体化”行政执法改革和“三网融合”整体智治体系建设工作。

25日　市委常委、区委书记王敏到杭州之江有机硅化工有限公司、浙江正凯集团有限公司、金帝联合控股集团有限公司3家重点企业开展主题教育课题调研。

27日　省委常委、市委书记刘捷到萧山区调研亚运场馆和亚运文明驿站建设。

28日　西湖·湘湖“唱好‘西湘记’　缔结‘姊妹湖’”战略合作仪式在西湖畔举行。

7月

4日　2023年浙江“千项万亿”重大项目集中开工仪式在萧山区举行，共99个重大项目开工。萧山区二季度签约和开工重大项目34个，总投资862亿元。

5日　萧山区召开“腾笼换鸟·凤凰涅槃”连片腾笼现场会。

7日　浙江省暨杭州市“万岗展风采，文明迎亚运”主题活动在萧山区举行。

13日　杭州临空经济示范区企业征迁动员大会召开。

14日　湘湖智库成立仪式在世界旅游博览馆举行。

17日　省委书记、省人大常委会易炼红在杭州西站枢纽、杭州奥体中心主体育场、杭州亚运村检查亚（残）运会筹办工作。

18日　市委常委、区委书记王敏到新街街道人大代表联络中心站开展联系基层代表和人民群众活动。

19日　市委常委、区委书记王敏主持召开湘湖实验室管委会第二次全体成员会议。

20日　江苏省溧阳市党政代表团到萧山区考察经济社会发展、乡村振兴、古村落保护利用等工作。

24日　中共杭州市萧山区委十六届四次全体（扩大）会议召开。

25日　萧山区政府十七届三次全体（扩大）会议召开。

27日　市委常委、区委书记王敏围绕亚运通勤线路及“千万工程”等内容开展主题教育调研。

7—11月　杭州市文物考古研究所联合复旦大学及萧山博物馆（萧山文物保护考古研究所）共同开展沈家里遗址考古发掘工作。发掘面积325平方米，揭露出一处马家浜文化土台聚落和良渚文化石器加工厂遗迹。

8月

3日　杭州高新区（滨江）萧山特别合作园联席会议召开。

4日　萧山区现代社区建设工作现场会召开。

8日　萧山区新型工业化大会召开。

9日　市委常委、区委书记王敏调研亚运城市侧整治提升工作。

14日　市委常委、区委书记王敏赴区社会治理中心（城市智治中心），围绕数字化改革暨“三网融合”建设工作等内容开展主题教育调研。

18日　萧山区与新华三集团共建图灵小镇发布会举行。

同日　瓜沥镇获亚洲卡巴迪联合会授予的“中国卡巴迪之乡”称号。

22日　北京大学信息技术高等研究院二期签约暨北京大学留学生及港澳台学生交流实践基地揭牌仪式举行。

24日　市委常委、区委书记王敏赴江南科技城开展主题教育调研。

同日　杭州亚运会倒计时30天新闻发布会在萧山区举行，介绍亚运会各项筹备工作进展。

28日　市委常委、区委书记王敏到义桥镇开展主题教育调研。

31日　中国·杭州首届“中国视谷杯”创新创业挑战大赛总决赛颁奖仪式在萧山区举行。

9月

1日　萧山区新型研发机构创新联盟“七星论坛”启动仪式暨“产才融合”高质量发展论坛举行。

同日　全市“清廉杭州”建设现场推进会在萧山区召开。

5日　市委常委、区委书记王敏到所前镇开展主题教育调研，实地调研城南村安置房小区建设工作、环境整治提升工作、好克光电专精特新发展、三泉王村和美乡村建设等情况，并主持召开座谈会。

6日 萧山区召开决战亚运维稳安保工作推进会，专题部署维稳安保、环境整治两项重点任务。

同日 “以花为媒·情连亚洲”亚洲花卉主题园在钱江世纪城开园。该园是杭州市首个花产主题园。

10日 市委常委、区委书记王敏带队检查部分亚运接待饭店和周边配套业态。

15日 萧山区学习贯彻习近平新时代中国特色社会主义思想主题教育动员大会召开。

16日上午 杭州第19届亚运会亚运村开村仪式暨中国体育代表团欢迎仪式举行，亚运村正式投入赛时运行。国家体育总局副局长、中国体育代表团副团长周进强，省委常委、市委书记、杭州亚运会组委会副主席刘捷，副省长李岩益出席。亚洲奥林匹克理事会代理总干事维诺德·帝瓦里，市长、杭州亚运会组委会副主席兼秘书长姚高员，市人大常委会主任、亚运村运行管理中心指挥长、杭州亚运村村长李火林致辞。市领导王敏、刘嫔珺、卢春强、陈卫强参加，孙旭东主持。

16日下午 亚运会主媒体中心入驻仪式举行，中央广播电视总台多语种人文纪录片《最忆是杭州》、亚运官方纪录片《嗨，亚运》同步开机、启播。中央宣传部副部长、中央广播电视总台台长慎海雄，省长、杭州亚运会组委会主席王浩，省委常委、市委书记刘捷，省委常委、宣传部部长赵承，亚洲奥林匹克理事会代理总干事维诺德·蒂瓦里向亚运会主媒体中心入驻媒体及转播商代表颁发入驻钥匙并共同出席纪录片《最忆是杭州》《嗨，亚运》的开机、启播仪式。

同日 萧山区融媒体中心（萧山文化传媒集团）挂牌成立。

17日 杭州世纪中心（杭州之门）建成启用，浙江首家华尔道夫酒店同步签约入驻。该项目两座主楼高310米，总建筑面积53.3万平方米。

18日 亚运会赛前动员大会召开。

19日 萧山区体育中心首场亚运赛事——足球男子A组小组赛开赛。

20日 杭州亚运会火炬传递仪式最后一程举行。途经萧山区钱江世纪城的火炬传递路线为奔竞大道—博奥路—观澜路，长度3.2千米，丁浩、陆立军、石伯妹、顾志山、郭明明、施中安、胡漂、方芸、陈晓军、高英战、徐洋、郑剑锋、顾芸、韩雪芳14位萧山火炬手参与传递活动。

23日 杭州第19届亚洲运动会开幕。萧山有亚运场馆17个，其中比赛场馆9个、训练场馆8个，约占亚运场馆总数的20%。亚运村、主媒体中心、亚运赛事总指挥部等核心涉亚点位均在萧山。

26日 萧山区亚运服务保障工作推进大会召开。

27日 市委常委、区委书记王敏赴瓜沥镇梅林村开展“循迹溯源学思想促践行”现场学习。

28日 市委常委、区委书记王敏主持召开萧山区人才专家工作座谈会，与院士专家、企业家代表共商推动萧山高质量发展。

同日 市委常委、区委书记王敏带队赴浙江展览馆，参观“大道之行——‘八八战略’实施20周年大型主题展览”。

同日 市委常委、区委书记王敏到杭州亚运村、浙江广电开元名都大酒店、浙江师范大学（萧山校区）体育馆检查亚运赛事运行和服务保障工作。

10月

2日 市委常委、区委书记王敏到观潮保障指挥部、瓜沥文体中心和临浦体育馆，检查观潮安保、亚运竞赛场馆运行保障工作。

7日 市委常委、区委书记王敏主持召开萧山区亚运服务保障专项工作调度会。

8日 杭州第19届亚洲运动会闭幕。

9日 市委常委、区委书记王敏到网易云音乐、杭州恺英网络科技有限公司调研。

10日 浙江省油画院落成暨“湘湖初照”浙江省油画院开院展在湘湖国家旅游度假区举办，省、市老领导吕祖善、王新海、徐鸿道、叶明，省级有关部门领导梁群、虞汉胤、陈瑶、许江、杨守卫，市、区领导王敏、叶建宏等出席。

15—16日 省委副书记、市委书记刘捷到亚残运村和有关场馆检查亚残运会筹备工作。

16日 省委副书记、市委书记刘捷到萧山区调研，向企业宣讲习近平总书记考察浙江重要讲话精神。

同日 杭州第4届亚洲残疾人运动村举行开村暨中国体育代表团欢迎仪式，杭州亚残运村正式投入赛时运行。

同日 浙江大学杭州国际科创中心建设区块一期试运行。

17日 省委副书记、杭州市委书记刘捷到萧山区考察传化科创大厦、万向创新聚能城。

同日 中国（浙江）自贸创新中心启用仪式暨第三届湘湖自贸论坛举行。

19日 萧山区深化新时代“千万工程”推进大会召开，总结回顾萧山实施“千万工程”20年成效经验，研究部署下一步重点工作。

同日 亚残运会首场赛事——轮椅篮球项目小组赛在杭州奥体中心体育馆举行。

20日 萧山区亚残运会保障工作调度会召开。

21日 亚残运会火炬传递在萧山收官。萧山站火炬传递长度约6.1千米，均在钱江世纪城，共有128位火炬手参与传递。

22日晚 杭州第4届亚残运会开幕。萧山籍运动员王李超、徐海蛟、姚依楠作为中国代表团成员参加游泳、跆拳道等项目比赛。

23日 徐海蛟在亚残运会男子400米自由泳S8、男子200米个人混合泳SM8比赛中双获金牌。王李超在男子50米自由泳S5比赛中获银牌。

同日 湖南省人大常委会党组书记、副主任乌兰到萧山区考察。

同日 市委常委、区委书记、区委主题教育领导小组组长王敏结合“四下基层”到相关镇（街道）开展主题教育调研。

24日 姚依楠在亚残运会跆拳道女子K44—65公斤级比赛中获金牌。王李超在男子200米自由泳S5、男子50米仰泳S5比赛中分获银牌、铜牌。

同日 亚运会开（闭）幕式演出项目落户湘湖签约仪式在湘湖国家旅游度假区举行。开（闭）幕式演出及道具、主火炬等相关亚运物资永久留存湘湖。

25日 王李超在亚残运会男子100米自由泳S5、男子50米蝶泳S5比赛中双获金牌。

同日 市委常委、区委书记王敏到浙江大学医学院附属第二医院国家医学中心项目现场指挥部开展主题教育调研并现场办公解决问题。

26日 徐海蛟在亚残运会男子100米自由泳S8、男子100米蛙泳SB8比赛中双获金牌。徐海蛟与其他3位队友组成的中国队，在混合4×1000米混合泳接力赛中获金牌。

28日 杭州第4届亚残运会闭幕。

29日 中国残疾人联合会主席程凯到萧山区考察调研残疾人事业发展情况。

31日 市委常委、区委书记、区委主题教育领导小组组长王敏结合“四下基层”到相关镇（街道）开展主题教育调研。

11月

1日 “创业中华——2023侨界精英创新创业（中国·杭州）大会暨侨界青年发展大会”在萧山区开幕。中国侨联党组书记、主席万立骏出席并讲话，省委副书记、市委书记刘捷，省侨联主席庄莉萍分别致辞。

2日 市委常委、区委书记王敏会见王李超、徐海蛟、姚依楠三位参加亚残运会的萧山籍运动员。

4日 萧山区教育高质量发展大会召开。

同日 由中国摄影家协会、浙江省文联、萧山区人民政府、杭州市文联共同举办的第三届“高帆杯”全国摄影大展在湘湖高帆摄影艺术馆开幕。

10日 萧山区青少年未来发展中心（萧山青少年宫北干分宫）启用仪式举行。

11日 由萧山区人民政府、中国青年报社、中国教育电视台和北京横山书院联合主办的第十五届文化中国讲坛在湘湖畔开讲。

12日 2023中国留学生论坛在杭州国际博览中心举行。

同日 钱江世纪城星体网球中心建成启用。

21日 由省委网信办、省文明办主办，市委网信办、市文明办和区委、区政府共同承办的2023年浙江网络文明大会在萧山区举行。

同日 钱江世纪城建城20周年暨“双一流”发展规划发布大会举行。

22日 市委常委、区委书记王敏主持召开区委“兵团”和专班工作务虚会。

同日 全省清廉社会组织建设现场推进会暨评价指标发布会在萧山区举行。

同日 全区组织工作会议召开。

25日 萧山区“后亚运”经济社会高质量发展座谈会暨决策咨询委员会成立仪式举行。

27日 浙江与新加坡合作创办的临空经济管理学院揭牌。

12月

1日 以“交通新使命·产业新未来”为主题的第五届浙江国际智慧交通产业博览会在杭州国际博览中心开幕。副省长柯吉欣，交通运输部总工程师、水运局局长李天碧出席开幕式并讲话。山东大学校长、中国工程院院士李术才，市委常委、区委书记王敏，区委副书记、区长姜永柱出席活动。

2日 毛奇龄诞辰400周年学术研讨活动在萧山宾馆举行。

7日 中共杭州市委党校萧山区分校（区行政学校）新校园（位于戴村镇）建设项目开工仪式举行。

同日 省重点项目104国道杭州河庄至衙前段工程EPC-02标段首桩开钻，104国道萧山段工程一阶段全面开工。

7—11日 2023浙江农业博览会在杭州国际博览中心举行。

13日 杭州市富阳区委书记吴玉凤率党政代表团到萧山区考察产业发展、科技创新等工作。市委常委、区委书记王敏，区委副书记、区长姜永柱参加相关活动。

13—17日 2023世界羽联巡回赛总决赛在杭州奥体中心体育馆举行。

14日 市委常委、区委书记、杭州临空经济示范区党工委书记王敏到临空经济示范区调研。

15日 2023杭州国际音乐产业博览会在杭州国际博览中心举行。

18日 省人大常委会党组成员、副主任暨军民到萧山区调研人大代表联络站工作，并走访省人大代表。

同日 2023海归小镇中国高层次人才峰会暨福布斯中国·青年海归菁英100人评选颁奖典礼在江南科技城钱湾生物港举行。

22日 萧山区人民政府与中国移动通信集团浙江有限公司签署加快推进高质量发展战略合作协议。

26日 由杭州市人民政府、浙江省市场监督管理局、新华社品牌工作办公室等单位联合主办的2023平台经济与数字生态未来发展大会在萧山区举行。

28日 省人大常委会副主任赵光君到萧山区开展优化营商环境立法调研。

同日 萧山区人民政府与浙商银行股份有限公司签署全面战略合作协议。

（区委办、萧山日报社）

责任编辑：王 鸣

杭州第 19 届亚运会 杭州第 4 届亚残运会

综述

【萧山区全力保障亚运】 2023 年，杭州第 19 届亚运会（以下简称“亚运会”）、杭州第 4 届亚残运会（以下简称“亚残运会”）成功举办。杭州亚运会于 9 月 23 日开幕，10 月 8 日闭幕；杭州亚残运会于 10 月 22 日开幕，10 月 28 日闭幕。萧山有亚运场馆、亚运村、主媒体中心、亚运会赛事总指挥部等核心涉亚点位及交通门户杭州萧山国际机场。为全面展示亚运主办城市形象，萧山区开展三大提升行动，深化全域氛围营造，全力保障亚运会。该届亚运会有 45 个国家和地区的 11830 名运动员、近万名技术官员和媒体记者及 140 余万名中外游客参加。亚（残）运会期间，在萧山区举办的各类赛事在中央广播电视总台体育频道、奥运频道等国家级媒体及咪咕体育等网络平台全程直播，全网收看量（场）均超 1 亿人次。赛事暖场灯光秀、现场表演、背景音乐等在各互联网平台迅速传播，社会反响良好。萧山亚（残）运保障工作获省市高度评价。

【亚（残）运会“主阵地”在萧山】 萧山有亚运村和 17 个亚运场馆，其中竞赛场馆 9 个、训练场馆 8 个，约占赛事总场馆数的 20%，是亚（残）运会“主阵地”。自 9 月 18 日第一场足球小组赛开赛至 10 月 8 日亚运会闭幕式结束，21 天的比赛时间内，萧山区场馆完成足球、篮球、游泳、柔道、柔术、克柔术等 12 个大项 1000 余场次赛事。自 10 月 19 日第一场轮椅篮球赛开赛至 10 月 28 日亚残运会闭幕式结束，10 天的比赛时间内，萧山区场馆完成轮椅篮球、游泳、跆拳道等 380 余场次赛事。

【亚运运行保障总指挥部】 2023 年 3 月 5 日，萧山区亚运保障办公室升格成立萧山区亚运运行保障总指挥部，推进 136 个大类 485 个大项亚运保障任务。30 位区领导担任指挥层，打造“1 办 3 部 13 组”指挥架构：“1 办”为亚运保障办，“3 部”为场馆运行指挥部、环境提升指挥部、综合保障指挥部，“13 组”为通勤线路及沿线环境工作组、涉亚点位工作组、村（社区）环境工作组、市容市貌工作组、城乡风貌工作组、安全稳定工作组、全民亚运工作组、人力资源工作组、医疗卫生工作组、食品安全工作组、信息技术工作组、项目保障工作组、督查督导工作组。

（樊轶雯）

亚运筹备

【亚运筹备重要会议】 2023 年 3 月 6 日，萧山区“决战亚运”誓师动员大会召开。会议对亚运运行保障总体安排和工作任务进行部署，为 13 个工作组负责人颁授“决战亚运”任务书，并为“决战亚运”运行团队负责人授旗。3 月 7 日，“我爱杭州·奉献亚运”杭州市全民亚运誓师动员大会召开，萧山区在奥体中心体育馆设分会场，活动现场发布“我爱杭州·奉献亚运”主题活动内容，并启动“我爱杭州·奉献亚运”主题活动暨全民亚运志愿行动，市委常委、区委书记王敏带领萧山区参会人员集体表态：“亚运攻坚，用我必胜。”6 月 15 日，萧山区召开亚运倒计时 100 天暨“当好东道主，奋战一百天”亚运保障总动员誓师大会。8 月 11 日，萧山区冲刺亚运动员大会召开。

【萧山区“爱萧山·爱亚运”群众性主题活动】 2023 年 4 月 1 日，萧山区“爱萧山·爱亚运”群众性主题活动暨“村亚运·趣运动”首场活动在闻堰街道文体中心广场举行。活动现场发布“爱萧山·爱亚运”群众性主题活动，包括“花满全城·美丽萧山靓起来”“礼满全城·文明萧山益起来”“乐满全城·欢动萧山嗨起来”“情满全城·亚运萧山燃起来”四大活动板块。现场颁授活动任务书，为亚运文明驿站代表授牌，为中国国家女子棒球队教练员与运动员颁授“亚运萧山体验官”证牌，并发出“爱萧山·爱亚运”全城总动员倡议。

【萧山区落实三大提升行动】 2023年，根据省市会议精神及相关工作部署要求，萧山区纵深推进城市品质、城市治理、城市文明三大提升行动。城市品质大提升：营建市“匠心提质绣杭城”专项行动重点出彩项目14个、城市品质提升精品亮点项目40个，完成城市品质大提升行动216个任务。提升奥体中心建筑群等涉及亚运点位周边的花卉绿化、建筑立面、城市小品，提升亚运核心区夜景灯光，优化杭州萧山国际机场、机场高速、杭州南站等各大入城口景观品质。做好亚运村东侧整治、机场周边整治、第五立面整治、火车南站等场馆周边整治等重点区域整治，完成亚运村、亚运场馆等46个重点点位、28条亚运通勤路线、18条市级保障路线氛围营造。城市治理大提升：紧盯赛事安保核心部位，完善安防设施建设。推进核心部位和重点领域专项整治，推动企业安全生产主体责任落实。开展“护航亚运”网络风险排查“清雷”行动。城市文明大提升：全景式营造亚运氛围，在亚运村及亚运场馆等重要节点、亚运通勤路线、市级保障路线设置亚运道旗、亚运景观、主题墙绘、亚运宣传公交主题车等亚运宣传元素。启动“亮灯、亮屏、亮景”行动，全区51处户外电子大屏全天候滚动播放亚运主题公益宣传视频。开展“全民学英语·一起迎亚运”主题活动，启动“爱萧山·爱亚运”群众性主题活动，共4大板块13项主题。区、镇（街道）、村（社区）三级联动，举办亚运萧山体验官、湘湖半马等各类文体活动及全民健身、文艺巡演等主题活动。开展小区环境、农贸市场、交通秩序等文明攻坚十大行动，全力推进文明创建。

【亚运场馆测试赛】 2023年4月28日至7月19日，萧山区各场馆举办国际男子篮球挑战赛、亚洲壁球双打锦标赛等“韵味杭州”测试赛15场，近10万名市民群众观赛。测试赛全面参照亚运会运作模式、流程规范和竞赛标准，场馆运行团队通过压力测试，进一步发现问题、补齐短板，优化完善运行方案，确保赛时运行顺畅。测试赛期间，区亚运保障办面向全区市民群众组织开展10余场“爱萧山·爱亚运”亚运萧山体验官测试赛观赛活动，市民群众近2000人报名参与体验。

【“赛时一天”演练】 2023年8月30日，杭州亚运会“赛时一天”综合演练举行，开展安保交通、医疗急救等14类外围保障

2023年6月1—6日，“韵味杭州”航民杯2023年全国卡巴迪冠军赛在瓜沥文体中心举行（区亚运保障办　提供）

亚洲花卉主题园　（区亚运保障办提供，摄于2023年9月）

实战化综合演练。萧山区各竞赛场馆运行团队、独立训练场馆运行团队、11个涉亚点位保障团队，按照“全要素、全流程、实战化”工作要求开展演练工作。赛事侧，各场馆着重围绕赛事保障、竞赛组织、媒体服务、志愿者服务、突发事件等进行演练；城市侧着重围绕突发事件处置开展应急演练。

【亚洲花卉主题园】 2023年9月6日，杭州市首个花卉主题园——亚洲花卉主题园在钱江世纪公园开园。亚洲花卉主题园占地约2.8万平方米，汇集200余种花卉。在不改变钱江世纪公园原有景观结构的基础上，利用既有草坪、铺装、天桥通道布置花卉景观，融合杭城宋韵文化与亚洲植物文化，呈现亚洲特色花卉植物。亚（残）运会后，花卉园继续保留，成为钱江世纪公园一处景观。

（樊轶雯）

亚运保障

【亚（残）运会赛时城市侧指挥调度】 2023年，萧山区为全力做好杭州亚运会城市侧保障工作，根据亚组委办公室相关要求，在区亚运运行保障总指挥部领导架构下，构建以区指挥调度中心、11个涉亚点位保障团队为重点，22个镇（街道）保障团队为基础的城市侧指挥调度体系，在43天亚运会、亚残运会保障期间，全面做好全区赛时指挥调度和24小时值班值守等各项保障工作，确保城市运转高效、社会运行稳定、赛事组织有序。区领导全员上阵，全区统一调度指挥，11个涉亚点位保障团队据点值守，22个镇（街道）保障团队做好涉亚点位以外区域保障。

【亚（残）运城市侧外围保障】 2023年，萧山区建立亚运城市侧外围保障工作体系，划分奥体中心板块等8个保障板块，建立11个涉亚点位外围保障团队。编制《杭州亚（残）运会萧山赛区亚运点位外围保障工作总方案》等9类14项文件，绘制《杭州亚运会萧山赛区亚运点位外围保障图集》，织密安全保障、

杭州萧山国际机场内的亚运城市志愿服务“文明驿站”
（区亚运保障办　提供）

交通保障等 10 个业务领域 39 张外围保障网络。开展亚（残）运赛事外围保障工作。4 月，启动克柔术等 14 场“韵味杭州”测试赛外围保障工作；8 月，启动萧山区城市侧“赛时一天”全要素、全流程综合演练，编制《杭州亚（残）运会“赛时一天”演练方案汇编》等 5 项文件；9 月，启动一级响应及赛时指挥调度工作。亚（残）运保障历时 80 余天，实行 24 小时值班值守，依托“数智亚运驾驶舱”实现 11 个涉亚点位外围保障团队、22 个镇（街道）保障团队的“指挥—协调—服务”亚运赛时指挥调度工作。

【亚运志愿服务】 2023 年，萧山区首创亚运城市志愿服务“文明驿站”品牌，建成市级文明驿站 38 个，全域覆盖各类站点 592 个。6 月 13 日，杭州市亚运城市志愿服务站点建设现场会在萧山区召开，规范全市志愿服务阵地建设标准及志愿服务内容。亚运城市志愿者累计发放《文明亚运　有礼观赛》折页册 1.04 万册、《市民手册》5000 余册、《亚运知识　文明观赛》宣传折页册 1.25 万册。围绕“文明观赛”“文明出行”“文明居住”等主题，开展“大咖进社区”“亚运之夏”等亚运城市志愿服务主题活动 5600 余场，参与群众 5 万人次。亚运期间，萧山区有赛会志愿者 4384 名、城市侧志愿者 5000 余名。亚运城市侧各项志愿服务保障工作累计在岗志愿者 25.50 万人次，日均服务逾 9750 人次，累计服务 44.41 万人次，累计志愿服务时长 145.09 万小时。省委副书记、市委书记刘捷等省、市领导 7 次实地调研萧山区文明驿站，相关工作获《人民日报》、央视新闻等媒体多次报道。

【亚（残）运会开（闭）幕式保障】 2023 年，萧山区作为亚（残）运会“主阵地”，全力做好开（闭）幕式保障工作。组织亚运会开幕式 92 名观众引导志愿者、闭幕式 142 名观众引导志愿者，亚残运会开幕式 99 名观众引导志愿者、闭幕式 75 名观众引导志愿者。做好开（闭）幕式警卫、交通、安保、停车区域保障等工作。

【亚（残）运场馆侧赛事保障】 2023 年，萧山区全力做好亚运场馆侧赛事保障。构建萧山区奥体中心体育馆、游泳馆、综合训练馆、国博壁球馆，萧山体育中心体育场、体育馆，临浦体育馆，瓜沥文体中心体育馆 8 个主要亚运场馆指挥架构，组建 5461 人的运行团队。完成亚运会 1000 余场次赛事、亚残运会 80 余场赛事保障；接待贵宾 6471 人次、观众 55 万余人次、媒体 10.48 万人次。

【官方接待饭店保障】 2023 年，萧山区建立区级综合服务保障部，设 12 个官方接待饭店驻地运行保障组，建立 5 个由属地街道和南站管委会组成的官方接待饭店外围保障组，做好周边环境整治、安全稳定、交通秩序等外围保障服务。亚运会期间，12 家官方接待饭店共接待 36 个国家及地区的政要、NPC 邀请人员、注册媒体、转播商、技术人员等 2096 人，提供 24 小时班车服务 1659 次、抵离接送服务 203 次、接诊服务 39 人次。亚残运会期间，7 家官方接待饭店共接待各国政要、NPC 邀请人员、注册媒体、转播商、技术人员等 1320 人，为技术官员和境外媒体接待饭店加配持证医疗人员 40 名，提供 24 小时定向服务救护车 4 辆，提供交通服务 186 次。

【运动员接待饭店保障】 2023 年，萧山区成立运动员接待饭店运行团队，包括综合协调、礼宾服务、餐饮住宿等 9 个工作组 647 人。9 月 16 日，接待饭店正式运行，共运行 25 天。赛会期间，接待饭店共提供 73 场比赛和 220 余场训练、踩场、会议等活动接待服务，接待中国、印度尼西亚、孟加拉国等 46 支队伍 1121 名运动员及随队官员，提供竞赛信息服务 166 次，提供安全检测 59183 人次，提供餐饮服务 36135 人次（其中清真餐 14502 人次），提供交通抵离服务 145 次，调配比赛、训练、会议、观赛等保障用车 400 余趟次，保障 8200 余人次用车需求，接诊 86 人，转诊 22 人，实现“零故障、零事故”。

【亚运会火炬传递】 2023 年 9 月 20 日，亚运会杭州站萧山段火炬传递活动举行，传递线路为奔竞大道—博奥路—观澜路，全程 3.2 千米，火炬手 66 棒，每棒火炬手行进约 45 米。萧山区做好观众组织、安保交通、沿线环境提升等工作，配合杭州市做好设备设施安全、消防安全隐患排查以及紧急医疗、气象、电力、燃气、通信等运行保障工作，确保火炬传递活动安全有序，氛围热烈。

【亚残运会火炬传递】 2023 年 10 月 21 日，亚残运会萧山站火炬传递活动举行，传递线路为钱江世纪公园世纪广场—沿江跑道—金鸡路—利一路—民和路—平澜路—民祥路—观澜路—博奥路—奥体中心体育馆，全程 6.1 千米，火炬手 128 棒。萧山区做好起跑（钱江世纪公园世纪广场）及收火仪式（奥体中心游泳馆），传递线路沿线测量、标注，环境提升等保障工作，做好 128 位火炬手接待、彩排等工作。完成志愿者、亲友团及周边观众近 2 万人的组织调度及氛围营造等工作，做好传递区域安保、交通、应急、车辆调度、环境秩序、环卫设施等保障工作。

（樊轶雯）

亚运场馆

【杭州奥体中心体育馆、游泳馆】 杭州奥体中心体育馆、游泳馆采用双馆合一的设计理念，为连体式建筑，占地22.79万平方米，总建筑面积39.69万平方米，体育馆有座席18000个，游泳馆有座席6000个。赛会期间，杭州奥体中心体育馆是亚运会篮球、亚残运会轮椅篮球项目的比赛场馆。两项赛事累计进行18天，其中亚运会篮球项目比赛33场、亚残运会篮球项目比赛47场。杭州奥体中心游泳馆完成亚运会游泳、跳水、花样游泳及亚残运会游泳4个项目的比赛保障任务，共产生金牌151枚。其中，亚运会15天14个比赛日，设置53个单项赛事，产生金牌53枚，37个国家和地区的60支队伍（游泳37支、跳水13支、花游10支）522名运动员参加；亚残运会5天10个单元比赛，设置97个单项赛事，产生金牌98枚，26个国家和地区共计268名运动员参加。

（卜艺著）

【杭州奥体中心国博壁球馆】 杭州奥体中心国博壁球馆利用杭州国际博览中心原4D展厅改建，壁球场馆面积为9504平方米，设置8个符合国际赛事标准玻璃球场，包括4个单打预赛球场、1个单打决赛球场（独立设置）和3个双打比赛球场，总观众座位数997席。2023年9月26日至10月5日举办亚运会壁球比赛项目，16个国家和地区的92名运动员参赛，共有5个项目：混双比赛、男子单打、女子单打、男子团体、女子团体，设32个比赛单元、10个比赛日，产生金牌5枚。

（赵　妮）

【萧山体育中心场馆群】 萧山体育中心场馆群含体育场、体育馆等空间，场馆相邻而建，总占地面积7.57万平方米。其中，体育场建筑面积3.45万平方米，座席10118个；体育馆建筑面积1.1万平方米，座席1909个。2023年9月19日至10月28日，萧山体育中心场馆群完成亚运会足球和举重项目、亚残运会举重项目的赛事保障任务。其中，亚运会足球和举重项目于9月19日至10月7日举办，合计16个竞赛日；亚残运会举重项目于10月23—28日举办，合计6个竞赛日。萧山体育中心场馆群举办亚运会、亚残运会比赛共49场，539名运动员、214名随队官员、107名技术官员参与比赛，产生亚运会金牌14枚、亚残运会金牌20枚。

（马一婷）

【萧山区瓜沥文体中心体育馆】 萧山区瓜沥文体中心体育馆占地面积1.55万平方米，总建筑面积3.3万平方米。2023年9月24—28日，举办亚运会武术项目比赛，设置13个竞赛单元97场比赛，28个国家和地区的199名运动员、86名技术官员参加比赛，产生金牌15枚。10月2—7日，举办亚运会卡巴迪项目比赛，共设置31场比赛，10个国家和地区的187名运动员、70名技术官员参加比赛，产生金牌2枚。10月23—25日，举办亚残运会跆拳道项目比赛，共设置6个单元90场比赛，7个国家和地区的73名运动员、47名技术官员参加比赛，产生金牌10枚。

（瓜沥镇）

【萧山区临浦体育馆】 萧山区临浦体育馆占地面积2.66万平方米，总建筑面积2.4万平方米。2023年9月24—27日，举办亚运会柔道项目比赛，33个国家和地区的240名运动员参加个人赛、团体赛等281场比赛，产生奖牌60枚。9月30日—10月2日，举办亚运会克柔术项目比赛，21个代表团、93名运动员参加个人赛84场比赛，产生奖牌28枚。10月5—7日，举办亚运会柔术项目比赛，28个国家和地区的191名运动员参加个人赛、团体赛等208场比赛，产生奖牌32枚。10月23—25日，举办亚残运会盲人柔道项目比赛，17个国家与地区的131名运动员参加个人赛、团体赛等167场比赛，产生奖牌59枚。

（临浦镇）

【杭州奥体中心综合训练馆】 杭州奥体中心综合训练馆占地面积5.88万平方米，总建筑面积18.45万平方米，赛会期间作为训练场馆，同时承担赛事总指挥部功能。该馆承担亚运会篮球、三人篮球、排球、摔跤、空手道、卡巴迪、柔术、克柔术和手球9项赛事的训练保障任务，是承担训练任务最多的场馆。2023年9月17日至10月6日，该馆共接待35个国家和地区的参训运动员和随队官员5885人次，完成训练441场。

（卜艺著）

【亚运村、亚残运村】 亚运村总占地面积113万平方米，总建筑面积241万平方米，由运动员村、技术官员村、媒体村组成，提供住宿、餐饮、交通、医疗等服务，是亚运会最大的非竞赛场馆。2023年9月9日，亚运村预开村，9月16日正式开村，10月11日闭村，连续运行33天，接待运动员、随队官员、技术官员、媒体记者19067人。亚运村闭村后，立即实施增设盲道、轮椅安检通道等转换施工，增设分级综合中心和轮椅等辅助器具维修中心两个功能区域，转换为亚残运村。亚残运村10月14日预开村，10月16日正式开村，10月30日闭村，连续运行17天，接待运动员、随队官员等4884人。

（区融媒体中心）

责任编辑：王　鸣

2023年政府民生实事

1. 教育助学：启用12所学校（幼儿园），新增学位7200个；建成投用区青少年未来发展中心和3个镇（街道）青少年宫分宫，构建“2中心＋13分宫”服务体系。

完成情况：启用三江小学等12所学校（幼儿园），新增学位7410个；建成投用区青少年未来发展中心和盈二分宫等3个青少年宫分宫，建成“2中心＋13分宫”服务体系。

2. 婴幼照护：新增婴幼儿成长驿站32家，新增3岁以下婴幼儿托位600个，其中普惠托位360个。

完成情况：新增广德社区婴幼儿成长驿站等77家成长驿站，新增3岁以下婴幼儿托位1041个，其中普惠托位686个。

3. 养老服务：新增认知障碍照护专区床位200张，新增持证养老护理员180名，为6000名高龄孤寡、独居、空巢老年人迭代更新“安居守护”智能安全监测设备。

完成情况：新增认知障碍照护专区床位244张，新增持证养老护理员254名，为6083名高龄孤寡、独居、空巢老年人迭代更新“安居守护”智能安全监测设备。

4. 人才培育：开展职业技能培训2.6万人次以上，新增技能人才7000人，其中新增高技能人才3500人。

完成情况：开展职业技能培训37455人次，新增技能人才12469人，其中新增高技能人才5303人。

5. 医疗健康：新建（迁建、改扩建）社区卫生服务站8个；开展居家康复护理3000例，建设家庭病床1000张；为8万名70岁以上在萧浙江户籍老年人免费接种流感疫苗；新增公共场所AED（自动体外除颤仪）100台；新增应急救护持证人员1万名。

完成情况：新建（迁建、改扩建）南市社区卫生服务站等16个社区卫生服务站；开展居家康复护理5232例，建设家庭病床1471张；为70岁以上在萧浙江户籍老年人免费接种流感疫苗9.2万剂次；新增公共场所AED（自动体外除颤仪）100台；新增应急救护持证人员1.3万名。

6. 帮困助残：帮扶1万名就业困难人员、失业人员实现就业再就业，其中新增残疾人稳定性就业80人；实施孤独症儿童康复救助100人；完善提升公共场所无障碍设施20处。

完成情况：帮扶19881名就业困难人员、失业人员实现就业再就业，新增残疾人稳定性就业161人；实施孤独症儿童康复救助126人；完成区第三人民医院等23处公共场所无障碍设施完善提升。

7. 住有安居：新启动150幢、30万平方米老旧小区综合改造提升项目；建设筹集保障性租赁住房3500套（间）；既有住宅电梯加装70台以上；完成老旧高层住宅小区二次供水设施改造6个；安装居民小区消防“生命通道”智能预警监控系统200套。

完成情况：新启动371幢、72.23万平方米老旧小区综合改造提升项目；建设筹集保障性租赁住房13511套（间）；既有住宅电梯加装109台；完成绿茵园等18个老旧高层住宅小区二次供水设施改造；安装居民小区消防“生命通道”智能预警监控系统212套。

8. 交通出行：新增优化地铁接驳公交线路5条、城乡公交线路15条；打通城市“断头路”4条；新增地铁出入口非机动车停放点10处、非机动车停车泊位2000个；按照“四好农村路”建设标准，提升改造及维修村级公路100千米。

完成情况：新增优化712路等地铁接驳公交线路5条、729路等城乡公交线路15条；打通宏业路东伸等城市“断头路”4条；新增曹家桥等地铁出入口非机动车停放点10处、非机动车停车泊位2170个；按照“四好农村路”建设标准，提升改造及维修村级公路101.3千米。

9. 文体设施：新建“15分钟品质文化生活圈”100个，文化管家社会化服务村（社区）覆盖率达到75%，新建乡村博物馆4个；新增体育场地面积20万平方米，其中嵌入式体育场地设施 6 万平方米；新建社区级公园 5 个。

完成情况：新建“15 分钟品质文化生活圈”100 个，文化管家社会化服务村（社区）覆盖率达到 80%，新建杨之华故居等乡村博物馆 9 个；新增体育场地面积超 20 万平方米，其中新增嵌入式体育场地设施 6.7 万平方米；新建北干山南公园等社区级公园 5 个。

10. 共富单元：完成未来社区建设 4 个，完成城乡风貌样板区试点建设 4 个，完成未来乡村建设 14 个。

完成情况：完成湘湖未来社区等 18 个未来社区建设，完成“创新高地·钱湾智慧谷”特色产业风貌区等 6 个城乡风貌样板区试点建设，完成佛山村等 14 个未来乡村建设。

（卫志武）

杭州高新区（滨江）萧山特别合作园·中国视谷

【概况】2023 年，杭州高新区（滨江）萧山特别合作园深化“萧滨一体化”发展态势，推动中国视谷建设，打造跨区域产业共富新样板和国家地理新地标。按照“萧山打造空间、共同导入产业”模式进行资源导入和产业重塑。萧山区负责合作园的征地拆迁、基础设施建设与产业空间打造，以及招引新产业项目入驻合作园；高新区（滨江）负责已有产业向合作园的溢出转移，以及新产业项目招商推介。中国视谷建设作为推进数字经济创新提质“一号发展工程”、打造智能物联产业生态圈的重要抓手，入选首批国家区域（城市）产业名片打造计划首批试点城市、2023 年浙江省数字经济创新提质“一号发展工程”优秀案例、争当浙江高质量发展建设共同富裕示范区城市范例最佳实践等。

【空间要素保障】杭州高新区（滨江）萧山特别合作园总规划面积 13.48 平方千米，其中先行区面积 4.5 平方千米。合作园含 3 个区块：三江创智新城面积 5.36 平方千米，先行区块 1.5 平方千米；未来产业社区面积 7.13 平方千米，先行区块 2 平方千米；紫橙、蓝橙产业园及湖头陈产业园合计面积约 1 平方千米，全部为先行区块。2023 年，滨江区在 2022 年划拨给萧山区 3.6 公顷新增建设用地指标的基础上，将 7.47 公顷新增建设用地指标调配至萧山使用。风情高新科技园一期工程 7 月竣工，蓝橙国际创新中心一期、湘湖汇智科创园在建。

中国视谷形象标识　（中国视谷·萧滨一体化专班　提供）

【园区产业招商】杭州高新区（滨江）萧山特别合作园依托萧山区基础竞争力和滨江区创新引领力，发展智能物联和智能装备两大主导产业。重点招引龙头企业创新业务板块或产业链关键环节项目，产业化拓展阶段的领军企业、专精特新项目，制造基地回归项目和创新企业总部项目。2023 年，新签约亿元以上项目 18 个，总投资 161 亿元；吉利极电电子、矽力杰芯片测试、德博曼智能家居和海外总部等一批标志性项目落地。

【配套设施优化】2023 年，杭州高新区（滨江）萧山特别合作园投入 18.3 亿元开展环境综合整治，实施三江创智新城环境整治综合提升工程、两区互联互通等项目。时代大道沿线风貌提升，两区边界感逐步淡化。完善交通路网，改造提升道路 17 条，加快形成以时代高架为中轴的交通路网。布局学校、商业综合体，优化生活配套，三江创智新城 150 套人才公寓完成建设。

【中国视谷产业投资基金成立】2023 年 4 月，杭州市实业投资集团有限公司联合杭州市萧山区人民政府、滨江区人民政府共同发起设立中国视谷产业投资基金，基金总规模 30 亿元，以 4∶3∶3 的比例出资，推动中国视谷实体化建设，通过“以投促引、以投促产”的模式，围绕“中国视谷”全产业链体系进行战略配置，有效加速“资本活水”流入视觉智能产业，为“中国视谷”产业集聚点燃了“资本推进器”。

资料：

XR：Extended Reality，扩展现实技术，指通过计算机技术和可穿戴设备产生的一个真实与虚拟组合、可人机交互的环境，是 AR（Augmented Reality，增强现实）、VR（Virtual Reality，虚拟现实）、MR（Mix Reality，混合现实）等多种技术的统称，被广泛应用于娱乐、游戏、医疗保健、军事、建筑设计、教育等领域。

【政策联动推进视谷建设】2023 年，杭州市、萧山区、滨江区联合成立中国视谷专项工作组，联动出台相关文件，形成政策合力。9 月 3 日，中国视谷首个专项政策《杭州市人民政府办公厅关于高标准建设中国视谷高质量发展视觉智能产业的实施意见》正式开始实施；9 月 5 日，《杭州市萧山区建设中国视谷加快推进视觉智能产业高质量发展政策实施细则》正式发布。

【中国视谷产业招商】2023 年，中国视谷累计签约智能物联亿元以上项目 18 个，总投资 161 亿元。浙江德博曼智能制造有限公司及其海外总部、北京灵犀微光科技有限公司等一批项目落地。吉利集团极电项目、先临三维 3D 视觉项目、“视谷之窗”产业综合体 3D 产业园、杭州视觉智能研究院、云尖信息、中国电信大数据、易加三维、聚玻国检等一批重点产业项目建设有序推进。建立健全“专班＋管委会＋公司”一体化管理运作模式，由北京大学信息技术高等研究院所属公司浙江视觉智能创新中心有限公司承担中国视谷窗口园区招商任务。全年梳理可招引企业清单549家，举办4场省外招商推介活动，走访企业217家，出具招商报告137份，拟招引落地项目12个。

【视觉智能产业载体】 2023年，视谷创新中心全面启用。该中心由北京大学信息技术高等研究院牵头组建，作为中国视谷的孵化器和运营核心，围绕产业研究、招商引资、活动宣传等方面开展工作。引进浙江省制造业创新中心和市视觉智能概念验证中心，构建集聚、服、展、孵于一体的产业空间。推进“视谷之窗”产业中心、3D视觉产业园建设，在窗口园区合理布局科创空间、工业用地等产业承载空间。

【*Advanced Imaging* 期刊筹备】 2023年8月31日，中国激光杂志社、西安电子科技大学杭州研究院与萧山区委组织部举行创办高水平期刊*Advanced Imaging*签约仪式。该期刊是由中国视谷联合中国激光杂志社、西安电子科技大学杭州研究院主办的国际领先视觉英文期刊，汇集视觉成像领域前沿基础研究和应用研究进展，打造国内外视觉智能高端学术资源大汇聚的主阵地。截至年底，包含中国、美国、韩国、日本、法国、德国、新加坡等国家光电成像领域重要专家的编委会组建完成，基于中国激光杂志社国际出版平台Researching的期刊网站“Advanced Imaging”上线，组稿约稿工作有序开展。

【中国视谷以赛促产】 2023年，中国视谷举办多项全国性赛事活动，以赛会促进产业发展。3月21日，承办《虚拟现实与行业应用融合发展行动计划（2022—2026年）》华东片区政策宣贯会暨虚拟现实与文化旅游行业“双进”活动启动会；5月16日，承办浙江省“十链百场万企”系列对接活动之视觉智能产业链专场活动。4月，启动首届“中国视谷杯”创新创业挑战大赛，工业视觉、医学影像、自动驾驶、智能生活四大视觉智能领域的300余个项目报名参赛，24个项目进入决赛。8月31日，总决赛在萧山区举行，“AR光学显示技术先行者与创新者”获成长组一等奖，“新能源汽车储能与补能系统及解决方案”获初创组一等奖。8月，启动第八届“创客中国”视觉智能中小企业创新创业大赛，数字安防、工业视觉、医学影像、自动驾驶、智能生活及办公、虚拟现实及元宇宙、特殊成像七大领域200余个项目参赛。10月12日，大赛决赛在中国视谷窗口园区举行，“从专注体态识别到泛在智治”项目获企业组一等奖，又寸智能笔获创客组一等奖。通过赛事，引进云象机器人、越光智能、烟山半导体、杭瞰载荷等创新创业项目7个。

（中国视谷·萧滨一体化专班）

2023年8月31日，首届“中国视谷杯”创新创业挑战大赛总决赛现场（中国视谷·萧滨一体化专班　提供）

责任编辑：王　鸣

区情概览

自然地理

【地理位置】 萧山区位于浙江省北部、钱塘江南岸，为杭州市属区，与西湖区、上城区和嘉兴海宁市隔江相望。2021 年，杭州市部分行政区划调整，调整后萧山区区域面积 931 平方千米，东邻绍兴市柯桥区，南接诸暨市，西连杭州市富阳区，北濒钱塘江，东北部分与钱塘区相接，西北接杭州市滨江区。浙赣铁路和萧甬铁路、104 国道和 03 省道分别在境内会合。沪杭甬高速公路、杭金衢高速公路穿越境内。萧绍运河东西横贯并沟通钱塘江、曹娥江等。

【地形地貌】 萧山区地处浙东低山丘陵区北部、浙北平原区南部。地势南高北低，自西南向东北倾斜，中部略呈低洼。地貌分区特征较为明显：南部为低山丘陵地区，间有小块河谷平原；中部和北部为平原，中部间有丘陵。

全区平原占 66%，山地占 17%，水面占 17%。平原按成因可分为陆相沉积平原和海相沉积平原两类，以海相沉积平原为主。海湾堆积平原主要位于中部，地势平坦，局部稍有起伏，海拔 4.2—6.2 米，占平原面积的 1/3。三角湾堆积平原位于北部，主要由杭州湾潮流带入的泥沙堆积而成，表面平坦，海拔 5—6.3 米，占平原面积的 2/3。河谷平原散布于南部低山丘陵区，面积 58 平方千米。

山地有低山、高丘、低丘、陆屿等，海拔最高 744 米、最低 10 米。山体基本呈西南至东北方向展布，为龙门山、会稽山、天目山的分支和余脉，分别从西南部、南部、西北部入境。低山分布于萧山与诸暨、富阳接壤地区，主要山峰海拔 500 米以上，少数达 700 米，占山地面积的 15%。高丘零星分布于西南与东南部，海拔 300—500 米，占山地面积的 30%。低丘断续分布于南部，海拔 50—300 米，地形破碎，占山地面积的 35%。陆屿零星散布于海湾堆积平原和早期围垦成陆的三角湾堆积平原，共有大小不等 50 多个，海拔 10—257 米，占山地面积的 20%。

【水文】 河流按地形和流向，可分为 3 个既自成一体又互有联系的小水系，统属钱塘江水系。钱塘江自富阳长岭头附近进入区境，全为感潮河段。潮位最高纪录 9.58 米，最低 2.31 米。含砂量平均 5‰；含盐度平均 2‰，最高 11.3‰。南部水系处于南部、西南部低山丘陵与河谷平原地区，系以浦阳江为干流呈树枝状展布的河网系统，主要河流有浦阳江、永兴河、凌溪、凰桐江、径游江等。中部水系为西江塘以东、北海塘以南中部平原地区呈网状展布的河流湖泊水系，是萧绍平原水系的组成部分，主要河流（湖）有进化溪、西小江、萧绍运河、南门江、湘湖等。北部水系为北海塘以北的南沙地区和围垦区人工河网系统，呈格子状展布，主要河流有北塘河、前解放河、后解放河、先锋河、七甲直河、五堡河、长山直河、九号坝直河、大治河、永丰直河、方迁溇河、生产湾、三官埠直湾等。

（区志办）

【气候】 萧山区位于北亚热带季风气候区南缘，气候特征为：冬夏长，春秋短，四季分明；光照充足，雨量充沛，温暖湿润；冷空气易进难出，灾害性天气较多；光、温、水的地域差异明显。年平均气温 17.4℃，年平均地面温度 18.5℃，年平均降雨量 1515.6 毫米，年平均日照时数 1761.3 小时。风向随季节转换，4—8 月多西南风，9 月起东北风渐盛，10 月多北偏东风，11 月以西偏南风为主，12 月至次年 3 月多东北风。灾害性天气主要是寒潮、低温、暴雨、台风、冰雹和飑等。

（区气象局）

【自然资源】 萧山区矿藏以非金属矿为主，金属矿矿体规模小，多数不具备工业开采价值。萧山区气候温暖湿润，地貌类型多样，有利于动植物生长繁殖。处于中亚热带常绿阔叶林植被带，植物区系的温带、亚热带东亚区系成分特征显著。植被以次生性常绿落叶阔叶混交林为主，具有亚热带向暖温带交替过渡区的特点。土地植被覆盖分为自然与人工两类：低山、丘陵以次生性自然植被为主，人工栽培经济植被为辅；平原、河谷以人工栽培植被为主，具有明显的季节性变化；滨海、滩涂大部分为人工栽培植被，少量为耐盐性自然植被。有多种国家重点保护动物，其中国家一级保护动物5种：云豹、豹、黑麂、白鹤、中华鲟；国家二级保护动物33种：猕猴、穿山甲、江豚、豺、水獭、小灵猫、獐、斑嘴鹈鹕、白额雁、小天鹅、鸳鸯、鸢、栗鸢、赤腹鹰、雀鹰、松雀鹰、普通鵟、鹰雕、白头鹞、燕隼、红隼、草鸮、红角鸮、领角鸮、鸮、领鸺鹠、斑头鸺鹠、虎纹蛙、花鳗、松江鲈鱼、尖板曦箭蜓、拉步甲、中华虎凤蝶。此外，有省级保护动物如大树蛙、五步蛇、眼镜蛇、黑眉锦蛇、戴胜、寿带鸟、金裳凤蝶、宽尾凤蝶等。

（市生态环境局萧山分局）

【潮汐】 钱塘江河口以其独特的江道地形，在太阳和月亮对地球的作用及东海潮波的影响下，海水产生一种周期性升降或涨落运动，即涌潮。钱塘江涌潮，简称钱江潮，又称钱塘潮。以日夜区分，白天涌潮称潮，夜间涌潮称汐，一日两度，周而复始。钱江潮汹涌澎湃、气势磅礴，惊天动地、撼人心魄，被誉为天下奇观。世人观潮之风源于汉魏，继于南北朝，盛于唐代，宋时尤甚，当代复兴。随着钱塘江"三门演变"，萧山历史上观潮地段由渔浦、西兴、龛山等下移或改变为今赭山湾美女坝、乌龟山观潮城、仓前，以及萧围北线、东线一带。农历每月出现两次大潮汛期、两次小潮汛期。农历朔（初一）和望（十五）的后两三天，太阴潮（月球引起的潮）与太阳潮相合，出现大潮；上弦（初七、初八）或下弦（二十二、二十三）后两三天，太阴潮与太阳潮相消，出现小潮。其他时间介于上述两种情形之间，潮汐由大转小，再由小到大，随月球盈亏而变化，循环往复。每年3月下半月至9月上半月，朔汛大潮大于望汛大潮，日潮大于夜潮；9月下半月至次年3月上半月，则情况相反。春分与秋分前后潮较大，秋潮往往大于春潮，农历八月十八日或前后几天多有大潮。涌潮变幻无穷，类型众多，有一线潮、交叉潮、剪刀潮、回头潮、对接潮、冲天潮等。

（区志办）

【气象】 2023年，萧山区气候偏暖，降水量较常年偏少，日照偏少。年平均气温继续偏高，位列历史第二。8月平均气温较常年偏低，12月平均气温与常年持平，其余月份较常年偏高。5—9月出现阶段性高温天气，35℃以上高温日23天。全年最高气温≥35℃高温日23天，较常年平均32.4天偏少。全年降水量1212.1毫米，较常年平均1515.6毫米偏少；8月雨量较常年偏多，其余月份较常年偏少。梅汛期24天，较常年26天偏少2天；梅雨量201.1毫米，为常年平均322.5毫米的62.4%；最大雨量出现在盈丰街道利一家园，为242.5毫米。7—8月，受第5号台风"杜苏芮"及第6号台风"卡努"外围影响，出现风雨天气。

气温　年平均气温18.4℃，较上年偏高0.2℃，较常年偏高1℃。从季节看，春夏秋冬四季气温均偏高。年日平均＞0℃积温6740.3℃，年日平均＞10℃积温6298.2℃。夏季极端最高气温38.7℃，出现于7月12日。高温日数较常年偏少，共出现23天，较常年偏少9.4天。高温最早出现于5月28日，结束于9月19日。最长高温持续期为6天，为7月10日至15日，最高气温35.8℃—38.7℃。冬季极端最低气温-5.7℃，出现于12月22日。年冰冻日数17天，较常年偏少3天。春季气温≥10℃的回暖初日出现于3月26日，较常年推迟8天。

降水　年总降水量1212.1毫米，较上年少88.6毫米，较常年少303.5毫米。年雨（雪）日141天，较上年少9天，较常年少10.8天。城区梅雨量201.1毫米，较常年（322.5毫米）明显偏少。全年暴雨日1天，为6月24日，降雨量82.6毫米。冬季雪日8天，较常年偏多0.3天，初雪期11月30日，终雪期1月24日。

日照、大风和大雾　年日照时数1705.9小时，较上年偏多35.6小时，较常年偏少55.4小时。大风天数6天，较常年多1.7天。大雾天数27天，较常年少14.3天。

强对流天气及其影响　汛期萧山区灾害性天气多发，短时强降水、强雷电、雷雨大风等强对流天气频繁，6月23—24日、7月16—22日、8月1日、8月7日、8月17日、8月22日、8月23日、8月28日、9月13日等多次出现雷雨大风、暴雨强对流天气。其中，7月16—22日出现强对流极端天气，有92个气象站点（占比98%）累计降水超过50毫米；最大雨量为楼塔镇萧南村，309.8毫米；最大小时雨量为楼塔镇雪环桥头村，7月22日16—17时降雨量106.7毫米。

梅雨及其影响　6月17日入梅，7月11日出梅，出入梅时间均比常年偏晚（常年6月10日入梅，7月6日出梅）。梅期24天，较上年长8天，较常年偏短。梅雨量201.1毫米，较常年偏少，最大梅雨量为盈丰街道利一家园，242.5毫米。梅雨呈现不典型的特点：一是入梅时间与出梅时间均较常年偏晚，梅雨期24天，比常年偏短；二是梅雨量较常年偏少，是常年梅雨量的62.4%；三是梅中有伏，梅雨期有8天出现高温，其中7月6—8日连续3天最高气温超过35℃。经各部门咨询，未收集到有明显灾情发生。

台风及其影响　7月27—29日、8月1—3日，萧山区分别受到第5号台风"杜苏芮"和第6号台风"卡努"外围影响，出现大风、强降水天气。受台风"杜苏芮"影响，全区出现暴雨到大暴雨和6—7级大风。27日15时至29日11时，全区平均雨量49毫米，37个气象站点超过50毫米，最大雨量为河上镇下门村，66.8毫米。5个气象站点出现6级以上大风，最大风力为萧山国家气象站，14米/秒（7级）。

雨雪冰冻及其影响　受北方冷空气南下影响，年初、年末萧山区均出现连续低温雨雪冰冻。1月，主要降温过程出现在13—15日和20—25日，平均气温过程降温幅度分别为15.7℃和9.3℃；14日、15日和24日出现雨夹雪或雪天气，城市道路无明显积雪。12月，主要降温过程出现在9—12日和14—17日，平均气温过程降温幅度分别为12.5℃和17.3℃；15—16日和18—19日出现雨夹雪或雪天气，城市道路无明显积雪。

（蔡璐璐）

表 1　2023 年萧山区平均气温、日照时数、雨雪量和雨雪日一览表

要　素	年 份	1 月	2 月	3 月	4 月	5 月	6 月	7 月	8 月	9 月	10 月	11 月	12 月	全年
平均气温（℃）	2023 年	6.7	7.6	13.2	17.9	22.4	26.3	30	28.4	26.1	20.3	14.6	7.3	18.4
	2022 年	6.2	4.9	14.4	17.9	20.5	26.6	31.6	31.9	24.2	18.6	15.9	5.5	18.2
	常年	4.9	7	11.1	16.9	21.9	24.9	29.3	28.7	24.3	19.1	13.3	7.3	17.4
日照时数（小时）	2023 年	156.2	92.3	133.8	144.9	134	94.7	155.3	174.1	130.5	140.9	192.4	156.8	1705.9
	2022 年	62.6	63.5	148.1	150.3	136.1	134.8	257.2	258.6	141.9	133.5	72.6	111.1	1670.3
	常年	105.9	106.9	128.6	151.7	162.7	128.9	214.1	201.9	154.8	154.8	126.1	124.9	1761.3
雨雪量（毫米）	2023 年	48.5	75.8	74	69.9	128	183.1	172.4	226.1	114	14.2	66.7	39.4	1212.1
	2022 年	135.6	138	213.2	93.3	93.5	128.8	108.7	105.8	99.6	42	86.2	56	1300.7
	常年	96.4	91.9	136.2	115.3	129.7	255.4	173.7	175.7	119.7	74.4	79.6	67.6	1515.6
雨雪日（天）	2023 年	9	15	13	12	12	15	13	18	13	7	6	8	141
	2022 年	14	15	17	12	13	14	10	10	9	8	12	16	150
	常年	13.1	12.3	15.3	14.1	13.6	16.1	12.5	13.9	11.6	8.4	10.7	10.2	151.8

表 2　2023 年萧山区重要天气现象资料一览表

年度气象要素		2023 年	2022 年	常年
气　温	年极端最高气温（℃）	38.7	41.9	42.2
	年极端最低气温（℃）	−5.7	−2.2	−13.2
	日平均＞ 0℃正积温（℃）	6740.3	6662.5	6589.5
	日平均＞ 10℃积温（℃）	6298.2	6180.6	6038.5
	日最高≥ 35℃高温天数	23	55	32.4
	日最低≤ 0℃冰冻天数	17	14	20.0
秋季低温	23℃初日	8 月 29 日	9 月 3 日	9 月 24 日
	20℃初日	10 月 6 日	10 月 5 日	10 月 11 日

续表 2

年度气象要素		2023 年	2022 年	常年
稳定通过 10℃	初日	3 月 26 日	3 月 24 日	3 月 8 日
	终日	12 月 15 日	11 月 29 日	11 月 30 日
降　水	雪日	8	17	7.7
	最大积雪深度（厘米）	0	5	26
	暴雨日数	1	2	3.9
	最大日雨量（毫米）	82.6	54.3	261.4
梅　雨	入梅	6 月 14 日	6 月 10 日	6 月 10 日
	出梅	7 月 11 日	6 月 26 日	7 月 6 日
	梅雨量（毫米）	201.1	42.0	322.5
大雾天数		27	52	41.3
大风天数		6	15	4.3

说明：1. 气象要素“历史”为自 1954 年起
2. 气象要素值取自萧山区气象局观测值
3. 常年平均值采用 1991—2020 年的 30 年平均值；常年资料中极值采用有资料以来的极值
4. 灾情资料数据来自区应急管理局，为不完全统计数据

（资料来源：区气象局）

历史人文

【名胜古迹】 萧山区风景优美，名胜古迹遍布全区，主要有湘湖风景区、西施古迹群、萧绍运河、衙前农民运动胜迹等。湘湖历史悠久，跨湖桥遗址的发现，表明在新石器时代早期就有先民在湘湖范围生活。春秋战国时期，越国屯兵抗吴筑城堡于此。北宋政和二年（1112），邑令杨时始筑湘湖。南宋以降，湘湖为佛家所青睐，四周先后建起净土寺、隆兴寺、湘云寺、城山寺等 20 多座寺庵。历代文人墨客在湘湖留下几百首诗作，在湖畔或结庐舍或开书院，创造出湘湖风雅厚重的历史文化。西施古迹主要分布在临浦镇施家渡村周围，有苎萝山、浣纱溪、苎萝湖、洗脚潭、西施里、西施庙、苎萝亭、后江庙、范蠡庵、浴美施闸和西施亭等处。萧绍运河又称官河、西兴运河、浙东运河，全长 78.5 千米，境内长 21.6 千米，流经城厢、新塘、衙前等镇（街道）。河床面宽 30 米左右，西与湘湖、白马湖、小砾山输水工程相连，南与南门江、西小江相通。历代兴修水利与征战事迹、帝王与文人行踪等为浙东运河两岸留下了众多人文古迹，也成为历代诗人争相咏唱的题材，被称为“浙东唐诗之路”的起点。衙前农民运动胜迹包括衙前农民协会旧址（东岳庙）、衙前农村小学旧址、李成虎故居、成虎桥、衙前老街、凤凰山墓葬群、农运碑坊遗址等，分布于萧绍运河衙前段的两侧及凤凰山麓一带。衙前农民运动作为中国共产党领导的全国第一次农民运动，在中国革命史上具有重要地位，其旧址成为青少年革命传统教育基地。

【历史名人】 萧山人杰地灵，自先秦以降人才辈出，有著名诗人贺知章，名臣魏骥、朱筠、朱珪、汤金钊、朱凤标，著名师爷汪辉祖，大学者毛奇龄，画坛巨匠海上“四任”任熊、任薰、任伯年、任预，“布衣都督”汤寿潜，书法篆刻家来楚生、韩登安、傅周海，民族英雄葛云飞，革命志士朱执信、李成虎，著名科学家王烈、沈霁春、田曾垲，医家楼英、施今墨，通俗史家蔡东藩，著名学者来新夏，著名摄影家高帆，著名诗人邵燕祥，儿

童文学家任大霖，著名电影人汪洋等。在萧山历史上众多的杰出人物中，涌现出一批卓越女性，有“四大美女”之首西施，烈女沈云英，被誉为中国女性走出国门第一人的单士厘，革命志士杨之华、沈佩兰、楼曼文，著名科学家陆士嘉、高小霞等。

【物产】萧山区境内山、水、涂、田、地俱全，农业资源优势明显，名优农产品有萝卜干、霉干菜、杨梅、青梅、湘湖龙井、湘湖莼菜、萧山鸡等。

萧山萝卜干　萧山萝卜干起源于19世纪90年代，最初以农家自食为主，20世纪20年代始成商品。萧山萝卜干采用传统“风脱水”加工法，经精细加工而成，以色泽黄亮、条形均匀、肉质厚实、香气浓郁、咸淡适宜、脆嫩爽口、味道鲜美而著称，谓“色、香、甜、脆、鲜”五绝。《中国土特名产辞典》载：“萧山萝卜干，食之有消炎、防暑、开胃的作用，是早餐佐食之佳肴。”萧山萝卜干驰名中外，远销美国、澳大利亚、加拿大、日本、韩国、新加坡、马来西亚等国家。

霉干菜　霉干菜系萧山传统特产。《浙江专业之乡》称萧山为“霉干菜之乡”。霉干菜的鲜菜品种大叶芥，属芥菜中的叶用芥菜类型，多用作加工腌制干菜。萧山霉干菜香气浓郁、质嫩味美、久贮不变，是一种可常年食用的大众化干菜。

杨梅　萧山杨梅历史悠久。《浙江特产风味指南》载：“萧山、慈溪、余姚和兰溪等地都是杨梅产地，其中以萧山杨梅最负盛名。”萧山杨梅果大核小、品种繁多，有线梅、雪梅、炭梅、水晶梅、白水团梅等。

青梅　萧山大青梅以色青汁多、肉厚核小、皮薄质脆、酸味醇正而驰名，为梅中良种。20世纪80年代，萧山被列为农牧渔业部青梅商品生产基地。1981年后，青梅种植面积扩大，产区集中在进化、所前等镇。

湘湖龙井　萧山产的湘湖龙井，前身为浙江龙井，产区位于湘湖水系附近的老虎洞山、凌家坞、压乌山、黄山等地。“三山一坞”与钱塘江北的杭州狮子峰对峙，同属天目山脉，气候湿润，盛产名茶。1981年，“浙江龙井”被评为浙江省名茶之一。“浙江龙井”做工精致，素以形扁、色翠、香郁、味醇、形美而享“五绝”之称。2008年，根据龙井茶原产地域保护要求，萧山“浙江龙井”改名为“湘湖龙井”，为杭州市十大名茶之一、浙江省区域名牌农产品。

湘湖莼菜　莼菜又名“水葵”，长江以南多野生，有少量栽培。南宋嘉泰《会稽志》载：“萧山湘湖之莼特珍。”明万历《萧山县志》载：“莼出湘湖至美，较胜他产。”民国《萧山县志稿》载：“杭州盛行莼菜，西湖所产无多，皆由萧山贩往。”湘湖莼菜制成罐头销往国外始自萧山。

【方言】萧山方言属吴语区太湖片临绍小片。在萧山方言内部，大体可分为两部分：以“北海塘”古堤址一线为界，城区及其以南地区（余暨和永兴县原县域）的方言基本相同，其中南片个别村受毗邻的诸暨话和富阳话影响较大；东片［“北海塘”以北，清嘉庆（1796—1820）后形成的钱塘江南岸冲积平原，惯称沙地区］的方言则与绍兴话相近，其中沙地区西北沿江的南阳街道赭山西仓一带，原为海宁县一部分，清嘉庆年间钱塘江改道后其地离北连南成为萧山的一部分，当地居民口语方言保留苏嘉湖片海宁方言的基本特征。

【风俗】萧山风俗具有吴风越俗的一般特征。萧山风俗与绍兴风俗多有相同、相似之处，南阳街道等地因钱塘江改道，保留对岸海宁的一些风俗，南片则受古睦州、婺州风俗的某些影响。河上板龙等习俗随宋室南迁，从中原传入萧山，保留着北方民俗文化的基因。萧山人民在吸收交融诸多民俗文化元素的基础上形成自己的风俗：务本重农，耕织唯勤；尊师重教，不事奢靡；和气诚信，民风敦厚；尚礼仪，笃交亲，重祭祀。有楼塔的过半年、衙江的五月廿二划龙舟、沙地的正月十四迎紫姑烧蝗虫，以及请“赤卵”年菩萨等独特风俗。

（区志办）

建置区划

【历史沿革】2001年跨湖桥遗址考古发现，约8000年前的新石器时代早期，萧山已有人类活动。

春秋至战国初期，现境属越国；战国中期，楚威王（前339—前329）灭越，遂为楚地。

秦始皇二十六年（前221），置会稽郡，现境属之。

西汉初至元始二年（2），始建县，名余暨，属会稽郡。

新王莽始建国元年（9），改县名为余衍。

东汉建武年间（25—56），复名余暨，郡属未变。永建四年（129），会稽郡分设为吴郡、会稽两郡，余暨属会稽郡。

三国吴黄武年间（222—229），改县名为永兴，郡属未变。

西晋，永兴属会稽郡。东晋太宁二年（324），改会稽郡为会稽国，永兴属会稽国。

南朝宋永初二年（421），会稽国复为郡，至南朝终，永兴均属会稽郡。

隋开皇九年（589），废永兴县建置，并入会稽县。

唐仪凤二年（677），复设永兴县，属越州。

唐天宝元年（742），改县名为萧山，越州亦改称会稽郡。乾元元年（758），会稽郡复称越州。中和三年（883），改越州为义胜军。乾宁三年（896），又改名为镇东军。或郡，或州，或军，萧山均为其属县。

五代时，萧山属吴越国镇东军。

北宋太平兴国三年（978），吴越国除，镇东军复名越州。南宋绍兴元年（1131），改越州为绍兴府。萧山均为其属县。

元至元十三年（1276），改绍兴府为绍兴路，萧山属该路。

元至正二十六年（1366），绍兴路废，复名绍兴府，萧山属该府。

明，萧山隶属未变。

清承明制，萧山仍隶属绍兴府。咸丰十一年（1861），太平军占领萧山，为避讳改县名为莦珊。同治二年（1863），太平军撤离县境，复名萧山。

1912年，中华民国成立，废府，实行省、县两级制。民国

3年（1914），省下设道，萧山属会稽道。民国16年（1927），废道，复行省、县两级制。民国24年（1935）6月，省下设行政督察区，萧山属绍兴行政督察区。民国25年（1936）4月，绍兴行政督察区改名为第三行政督察区，萧山隶属未变。民国36年（1947）6月，萧山改为省直辖县。

【区域建置】 1949年5月5日　萧山解放，为省直属县。6月，划归绍兴专区。中华人民共和国成立后，萧山隶属未变。1952年1月，绍兴专区撤销，萧山由省直辖。1957年8月，萧山划归宁波专区。1959年1月，萧山改属杭州市。1988年1月1日，萧山撤县设市，称萧山市（县级），仍属杭州市。2001年3月25日，萧山撤市设区，称萧山区，隶属杭州市。

（区志办）

【行政区划】 2023年，萧山区设城厢、北干、蜀山、新塘、闻堰、宁围、盈丰、新街、靖江、南阳10个街道，楼塔、河上、戴村、进化、浦阳、临浦、所前、义桥、衙前、瓜沥、益农、党湾12个镇。全区有社区245个、村335个。区政府驻北干街道金城路685号。

（金　驰）

人口·民族·宗教

【人口】 2023年末，萧山区户籍登记总人口128.86万人。全年出生10893人，出生率8.54‰；死亡8565人，死亡率6.72‰；自然增长率1.82‰，比上年下降1个千分点。全年迁入19450人，其中，省内迁入6591人，省外迁入12859人；迁出1929人，其中，迁往省内748人，迁往省外1181人。年末登记在册流动人口135.42万人。根据杭州市人口变动抽样调查结果推算，2023年末，萧山区常住人口214万人，比上年增加3万人；城镇化率81.3%，比上年提高0.2个百分点。

（裘云锋）

【民族】 萧山是少数民族散杂居地区。2023年，全区常住人口中有壮族、苗族、土家族等39个少数民族，少数民族人口1.4万人；流动人口中有54个少数民族，10.8万人。

【宗教】 萧山区有佛教、道教、伊斯兰教、天主教、基督教，建有佛教协会、道教协会、天主教爱国会、基督教三自爱国运动委员会和基督教协会5个宗教团体。2023年，全区有登记宗教活动场所121处，其中佛教53处、道教26处、天主教5处、基督教37处。

（吕陈军）

经济社会建设

【经济总量】 2023年，萧山区实现地区生产总值2230.69亿元，比上年增长5.8%（按可比价格计算，下同）。其中，第一产业增加值57.05亿元，增长1.5%；第二产业增加值823.95亿元，增长3.1%；第三产业增加值1349.68亿元，增长7.9%。三次产业结构为2.6∶36.9∶60.5。按常住人口计算，全区人均地区生产总值104974元。

【数字经济】 2023年，萧山区数字经济核心产业增加值274.48亿元，比上年增长8.5%，占地区生产总值的12.3%。年末，全区有规模以上数字经济核心产业企业320家，其中工业企业171家、服务业企业149家。

【财政收支】 2023年，萧山区财政总收入566.91亿元，比上年增长10.1%，其中一般公共预算收入332亿元，增长4.3%。公共财政预算支出328.16亿元，下降4.6%。其中，用于民生支出238.08亿元，下降7.8%，占公共财政预算支出的72.5%；教育支出、城乡社区支出、卫生健康支出等民生项目支出分别为68.9亿元、39.43亿元和22.93亿元，各下降1.9%、52.4%和45.5%。

【市场价格】 2023年，萧山区居民消费价格比上年上涨0.5%。八大类商品和服务项目价格呈现六涨二跌格局。其中，教育文化和娱乐类上涨4.3%，其他用品和服务类上涨3.4%，食品烟酒类上涨1.4%，衣着类上涨1%，医疗保健类上涨0.5%，生活用品及服务类上涨0.1%，交通和通信类下跌2.1%，居住类下跌0.6%。

【劳动就业】 2023年，萧山区开展职业技能培训3.74万人次，城镇新增就业4.04万人，帮扶就业困难人员、失业人员实现就业、再就业1.98万人。最低月工资标准为2280元，非全日制工作的最低小时工资标准为22元。

【人民生活】 根据抽样调查，2023年，萧山区全体居民人均可支配收入74161元，比上年增长4.8%；人均生活消费支出47410元，增长7.8%。其中，城镇居民人均可支配收入81655元，增长4.3%；人均生活消费支出49126元，增长7.1%。农村居民人均可支配收入52719元，增长7%；人均生活消费支出42501元，增长10.1%。城镇和农村居民人均住房面积分别为55.1平方米和79.9平方米，各增长0.7%和0.9%。

【社会保障】 2023年末，萧山区参加城镇企业养老保险119.14万人，参加医疗保险161.98万人，参加工伤、失业保险人数分别为104.38万人和76.49万人。全区各类养老保险参保率99.53%，基本医疗保险户籍参保率保持在99.8%以上。全年老旧小区综合提升改造竣工40.51万平方米，既有住宅加装电梯109台。竣工安置房608万平方米，回迁安置1.15万户。新开工人才房5.3万平方米。

【社会福利】 2023年末，萧山区有社区居家养老服务照料中心501家，示范型居家养老服务中心34家。有各类养老机构36家，总床位3951张。儿童福利机构1家，床位50张。城乡居民最低生活保障标准由每人每月1216元调整为1259元，享受城乡最低生活保障11015人，全年发放最低生活保障金1.58亿元。全年共募集善款1.11亿元，救助困难群众4.51万人次，救助支出8434万元。

【城市建设】2023年末，萧山区城市建成区面积132.6平方千米。完成规划编制18个，实现重点平台规划全覆盖。完成城中村改造9个。全面启动综合交通"补链强链"行动，开工建设地铁四期（萧山段）、104国道杭州河庄至衙前段等6个重大交通项目和永兴河流域综合治理工程（先行段）等"八大百亿"重大水利项目。打通断头路4条。建成城市公园9个，新增城市绿地100万平方米。建成省级未来社区18个，创评全省首批现代社区7个。

【公用事业】2023年，萧山区全社会用电量226.47亿千瓦时，比上年增长5.1%。其中，工业用电135.86亿千瓦时，增长3.8%；城乡居民生活用电31.83亿千瓦时，下降0.1%。全年供水量3.83亿立方米，最高日供水量120万立方米；全年售水量3.34亿立方米，其中生活用水1.35亿立方米；供水能力160万立方米/日。年末，有公交线路169条，实有公交汽车1525辆，全年公交汽车客运量7334万人次。

【生态环境】2023年，萧山区规模以上工业企业单位增加值能耗下降2.6%。深化蓝天碧水净土清废行动，淘汰10台35蒸吨以下燃煤锅炉，空气优良率达83.7%，比上年提升2.8个百分点。萧山生态文明馆建成，寺坞岭获评省级生物多样性体验地。创建省级美丽河湖2条。连续3年夺得"大禹鼎"银鼎。

【安全生产】2023年，萧山区连续第19年获评"平安县（区、市）"称号。获全省首批"二星平安金鼎"。全面推进安全生产和消防安全大排查大整治，高效运行防汛防台"1833"联合指挥体系。构建"风险隐患一张图"，全面推行"大平安系统集成"，"三网融合"整体智治被列入杭州首批试点。

【农业】2023年，萧山区农林牧渔业增加值59.82亿元，比上年增长1.7%。农林牧渔业总产值92.61亿元，比上年增长1.7%。其中，农业60.97亿元，下降1%；林业1.41亿元，增长12.2%；畜牧业11.09亿元，增长20%；渔业11.23亿元，增长4.8%；农林牧渔服务业7.9亿元，增长5.4%。蔬菜、花木、畜牧、水产和茶果五大特色产业产值81.01亿元，占农业总产值87.5%。全年瓜果类产量6.1万吨，下降13.1%；水产品产量3.94万吨，增长4%。完成高标准农田新建和改造提升666.67公顷，粮食生产功能区稳定在1.04万公顷以上，收购总量创历史新高；获评省级综合性农业"机器换人"高质量发展先行县。全面深化新时代"千万工程"，获评全省建设宜居宜业和美乡村（农村人居环境提升）工作优胜县；梅林村作为"千万工程"源起地，成为全国示范样板；横一村被列入全国学习运用"千万工程"经验现场推进会考察点。创建省级和美乡村80个、省级未来乡村6个，启动首批4条未来乡村组团振兴示范带创建。成功创建"四好农村路"全国示范县。

【工业】2023年，萧山区工业增加值730.26亿元，比上年增长3.3%。其中，规模以上工业增加值597.28亿元，增长4%；规模以上制造业数字经济增加值96.68亿元，增长16.3%；高新技术产业增加值424.82亿元，增长5.7%；战略性新兴产业增加值187.78亿元，增长15.9%；装备制造业增加值257.73亿元，增长8.7%。按企业大小类型分类看，大型企业增加值127.44亿元，增长5.2%；中型企业增加值191.06亿元，增长0.5%；小微企业增加值278.77亿元，增长5.9%。全年规模以上工业企业利税总额262.06亿元，其中利润总额191.38亿元，分别比上年增长2.6%和7.2%；亏损企业391家，亏损面23.6%，亏损总额25.74亿元；营业收入利润率4.94%，增长0.44个百分点；规模以上工业企业全员劳动生产率26.1万元/人。

【建筑业】2023年，萧山区建筑业增加值94.16亿元，比上年增长0.9%。年末，全区有总承包和专业承包资格的建筑企业405家。全年完成建筑业总产值1082.56亿元，比上年增长9.3%；建筑业竣工产值471.26亿元，增长8.4%。

【固定资产投资】2023年，萧山区固定资产投资1589.25亿元，比上年增长5.2%。从产业投向看，第二产业投资160.05亿元，增长16.3%，其中完成工业技改投资81.08亿元，下降3.2%；第三产业投资1429.14亿元，增长4.1%。

【房地产业】2023年，萧山区房地产开发投资940.25亿元，比上年增长9%。房地产开发施工面积2608.89万平方米，增长3.7%；房地产新开工面积293.08万平方米，增长8.8%；房地产开发竣工面积250.49万平方米，下降8%。全年商品房销售面积250.25万平方米，下降10.5%。

【国内贸易】2023年，萧山区批发和零售业增加值202.3亿元，比上年增长3.6%。社会消费品零售总额1006.21亿元，增长11.1%。其中，限额以上社会消费品零售总额621.46亿元，增长14.6%。在限额以上单位商品零售额中，汽车类增长24.5%，化妆品类增长13%，石油及制品类下降0.2%。

【对外贸易】2023年，萧山区进出口总额1137.72亿元，增长3%。其中，进口总额227.53亿元，增长2%；出口总额910.19亿元，增长3.3%。出口总额中，机电产品297.93亿元，增长11.6%；纺织品216.03亿元，下降2.1%；羽绒及其制品33.86亿元，下降21.2%；服装35.66亿元，下降10.5%；家具38.33亿元，增长1.8%；化学品31.66亿元，下降1%。出口总额中，高新技术产品34.48亿元，增长24.9%。

【招商引资】2023年，萧山区合同利用外资53.16亿美元，比上年增长585.1%。其中，新批外商投资企业114家，新批项目合同利用外资53.09亿美元。全区实际利用外资35.16亿美元。

【交通邮电】2023年，萧山区公路通车里程1902.09千米。其中，高速公路119.59千米，一、二级等级公路565.25千米。年末，全区机动车保有量74.5万辆，其中汽车68万辆。全年快递业务量20.28亿件，比上年增长39.4%；快递业务收入163.87亿元，比上年增长17.7%。

【旅游业】2023年末，萧山区有国家AAA级以上旅游景区11个，其中国家AAAA级旅游景区5个。新增3个省级非遗项目和6个市级工坊，1个市级传统工艺工作站，25个区级非遗基地，2个非遗专题馆。亚运会主火炬塔“钱江潮涌”和开（闭）幕式演艺项目“湘湖·雅韵”永久落户。世界旅游联盟总部正式启用。

【金融业】2023年，萧山区金融业增加值255.5亿元，比上年增长10.3%。年末银行金融机构36家，金融机构本外币存款余额7326.06亿元，增长12.2%；贷款余额7293.01亿元，增长13.8%，其中住户贷款2298.64亿元，比年初增加134.36亿元，非金融企业及机关团体贷款4943.81亿元，比年初增加717.9亿元。

【教育事业】2023年，萧山区有小学84所，在校学生122241人；初中56所，在校学生45022人；普通高中13所，在校学生21184人。学前三年幼儿园净入园率99.25%，初中毕业生升入各类高中比例100%。打响“尚学萧山”品牌，建立“1＋N”教育高质量发展政策体系，高考一段上线比例创历史新高。完成学校建设项目24个，新增学位1.2万个，通过全国学前教育普及普惠区、全国义务教育优质均衡发展区省级验收。萧山区在全省率先实现“家门口青少年宫”镇（街道）全覆盖。

【科技创新】2023年，萧山区新增专利授权量13720件，其中发明专利授权2390件。落户全国首个专利密集型产品培育和推广中心。加快建设科技成果转移转化首选地，组建“北斗七星”科创联盟，举办百场“萧创汇”创新创业活动，新布局概念验证中心1家。新增省级“未来工厂”1家、工业互联网平台5家、数字化改造项目170个。新增国家级专精特新“小巨人”企业19家，累计41家；新增省级专精特新中小企业364家，累计492家。新增浙江制造“品字标”认证企业50家。2家企业获中国质量奖提名奖，4家企业入选省首批“雄鹰”企业。新增国家高新技术企业444家、省科技型中小企业946家。1家企业获中国专利奖银奖，3家企业入围全省创造力百强企业。新增国家级孵化器1家、省级孵化器（众创空间）5家。新认定市级高新技术企业研发中心106家。

【人才引进】2023年，萧山区新增高层次人才2481人、高技能人才5303人，新增35岁以下大学生4.48万人。萧山区入选全省首批外国高端人才创新集聚区。

【文化】2023年，萧山区文化产业增加值98.1亿元，比上年增长8.6%。年末图书馆藏书331.24万册。第四届联合国世界数据论坛、第二届全球数字贸易博览会成功举办。成功创建钱塘江诗路（钱塘潮涌）文化传承生态保护区，入选省级首批“非遗助力共同富裕”试点。世界旅游博览馆开馆，省油画院落成开放。大运河萧山火车西站段成为省级历史文化街区，五七公社、粮仓艺术公园等一批文创街区建成开放。新增“15分钟品质文化生活圈”100个。

【卫生】2023年末，萧山区有各类医疗卫生机构1011家，其中医院73家；床位12387张，其中医院床位11960张。有各类专业卫生技术人员19393人，其中执业（助理）医师7122人、注册护士8730人。浙江大学医学院附属妇产科医院钱江院区开业，浙江大学医学院附属第二医院总部、省皮肤病医院、萧山区第二人民医院迁建项目稳步推进。萧山区成功创建省级健康区。

【体育】2023年，萧山区新增百姓健身房22家、公共体育场地面积37.31万平方米，基本形成“10分钟健身圈”。新增等级运动员75人，其中健将级运动员4人、一级运动员35人、二级运动员36人。

注：地区生产总值和各产业增加值绝对数按现行价格计算，增长速度按不变价格计算。

（裘云锋）

责任编辑：王　鸣

中国共产党杭州市萧山区委员会

综述

【区委中心工作】 2023年，中共杭州市萧山区委坚持以中共二十大精神为指引，紧扣省委三个“一号工程”、市委“两场硬仗”部署要求，在“办好一个会、提升一座城”中高水平实现多目标动态平衡，交出稳进提质、争先进位的高分答卷。

资料：

三个“一号工程”：数字经济创新提质“一号发展工程”、营商环境优化提升“一号改革工程”、“地瓜经济”提升能级“一号开放工程”。

“两场硬仗”：经济翻身仗、亚运攻坚仗。

【亚运攻坚】 2023年，萧山区是亚运会主战场、主阵地，亚运会保障工作获中央和省、市领导高度评价，成为“付出最多、收获最大”的办赛区县。推出“iXiaoshan”国际传播品牌，海内外阅读量3.7亿人次。全区有4.7万人次参与赛事服务，保障17个场馆运转和火炬传递、开（闭）幕式、亚运会亚残运会转换等重要节点，服务2万多名运动员、技术官员、媒体记者和140万余名中外游客。

2023年10月21日，在杭州第4届亚残运会火炬传递仪式上，市民夹道欢迎火炬手入场 （范小羊 摄）

【经济发展质效提升】 2023年，萧山三个“一号工程”和“十项重大工程”五星评价数量连续两个季度位列全市第一。“大抓平台、抓大平台”成为最鲜明导向。优化完善“兵团化会战、专班化运行”机制，临空经济示范区启动区建设全面展开，机场旅客吞吐量重返“4000万级”全球最繁忙机场行列；经济技术开发区综合考评排名提升至全国第17位，欧美同学会海归小镇（杭州·数字医药）申建浙江省合成生物未来产业先导区，打造数字医药产业金名片，获国家领导人批示肯定；钱江世纪城加快奋进“双一流”，实现扩容，亿元楼宇11幢，诞生首幢“10亿元”楼，图灵小镇打造生成式人工智能产业发展先行区；湘湖·萧滨合作区持续发展，“中国视谷”入选国家区域（城市）产业名片打造计划首批试点，总规模30亿元产业基金落地。4个产业集群入选省级特色产业集群核心区、协同区创建名单，3个平台入选省级现代服务业创新发展区试点，数量均居全省第一。扩大对外开放。实际利用外资35.16亿美元，居全省第一，总投资34亿美元的荣盛—沙特阿美项目刷新民外合资新纪录。外贸出口突破900亿元，连续20年蝉联全市第一。世界旅游联盟总部、中国（浙江）自贸创新中心正式启用。承办全球数字贸易博览会、联合国世界数据论坛等世界级展会。组建“北斗七星”创新联盟，全社会研究与实验发展（R&D）经费支出占地区生产总值比重3.76%，提升度位列全市第一。持续推进数实融合，两化融合指数位居全省前三，新增省级未来工厂1家、省级工业互联网平台5家。新增省级专精特新中小企业364家、国家级“小巨人”企业19家，增量位列全省第一。持续深化营商环境改革，市场主体突破25万户，新增中国500强企业1家、上市企业3家，59家企业获评杭州市总部企业。“办不成事”反映窗口被评为全省营商环境优化提升“最佳实践案例”，促消费、知识产权保护工作获省政府督查激励。

【民生福祉持续改善】 2023年，萧山区打响“萧然共富”品牌，持续壮大“红领·共富工坊”矩阵，不断缩小“三大差距”，连续两年获全省共富考核优秀等次。所有村集体经营性收入突破120万元，全年城乡居民收入倍差缩小至1.55。“七优享”工程深入推进。打响“尚学萧山”品牌，学前教育提升行动获省政府督查激励，教育信息化发展指数排名全省第一。深化“健康萧山”建设，持续推进健康大脑应用，高水平县级医院建设工作获省政府督查激励。新增老年食堂23家，新增托位1041个，新建嵌入式体育场地设施6.7万平方米、“15分钟品质文化生活圈”100个，在全省率先实现“家门口青少年宫”镇（街道）全覆盖。创评省级现代社区7个、省级未来社区18个，数量居全省第一。全面贯彻“大平安系统集成”的理念方法，社会治理水平不断跃升。“三网融合”工作被列入杭州城市大脑2.0建设区县应用首批试点，“大综合一体化”行政执法改革综合评价成绩位居全省前列，4项工作入选全国公安厅局长座谈会现场考察点，钱江世纪城派出所获评全国“枫桥式公安派出所”，全区矛盾纠纷、欠薪事件、刑事案件、治安警情、命案数、交通事故亡人数实现“六个下降”，获评中国社会治理十强县（市、区）。

【党建引领】 2023年，萧山区发挥党总揽全局、协调各方的领导核心作用。夯实思想根基，落实“第一议题”制度，扎实开展学习贯彻习近平新时代中国特色社会主义思想主题教育，区级领导班子带头“循迹溯源学思想促践行”，开展交流研讨，实地参观“大道之行——‘八八战略’实施20周年大型主题展”，现场考察瓜沥镇梅林村、枫桥经验陈列馆等点位，深入践行“四下基层”制度，全面迭代“民情双访”，推动解决群众急难愁盼问题5216件。

（燕浏翔）

重要会议

【区委十六届三次全体（扩大）会议暨区委经济工作会议】 2023年1月9日，中共杭州市萧山区委十六届三次全体（扩大）会议暨区委经济工作会议召开。会议高举习近平新时代中国特色社会主义思想伟大旗帜，深入学习贯彻中共二十大精神，坚定践行习近平总书记对萧山工作的重要指示要求，全面落实中央经济工作会议、省委十五届二次全会和市委十三届三次全会各项决策部署，回顾总结区委十六届一次全会以来的工作，审议通过《中共杭州市萧山区委关于全面学习贯彻中共二十大精神，持续推进“产城人文”深度融合，奋力打造中国式现代化区（县）域范例的决定》，引导全区各级党组织和广大党员干部忠诚拥护“两个确立”，坚决做到“两个维护”，忠实践行“八八战略”，以领头雁、排头兵、先行者的风姿风采，奋进新时代，迈步新征程。区委常委会主持会议。市委常委、区委书记王敏作工作报告，并在会议结束时作总结讲话。区委副书记、区长姜永柱传达贯彻中央经济工作会议、省委经济工作会议、市委经济工作会议精神，部署2023年全区经济工作。区委副书记吴炜炜出席。与会人员分组讨论和审议大会报告和决定，区委常委会集体听取各组讨论审议情况。区委委员、候补委员出席会议。

【区委十六届四次全体（扩大）会议】 7月24日，中共杭州市萧山区委十六届四次全体（扩大）会议召开。会议以习近平新时代中国特色社会主义思想为指导，深入学习贯彻中共二十大精神，全面学习贯彻习近平总书记重要指示精神，认真落实省

2023年7月24日，中共杭州市萧山区委十六届四次全体（扩大）会议召开　（范方斌　摄）

委十五届三次全会和市委十三届四次全会部署，深入实施“八八战略”，奋力冲刺亚运攻坚，在新的历史起点上书写中国式现代化区（县）域范例新篇章。区委常委会主持会议。市委常委、区委书记王敏作工作报告，并在会议结束时作总结讲话。区委副书记、区长姜永柱传达市委全会精神，并部署2023年下半年工作。区委副书记李军出席。与会人员分组讨论和审议大会报告和决议，区委常委会集体听取各组讨论审议情况汇报。会议审议通过《中共杭州市萧山区委关于深入实施“八八战略”，奋力冲刺亚运攻坚，在新的历史起点上书写中国式现代化区（县）域范例新篇章的决议》。区委委员、候补委员出席会议。

【区委常委会会议】 2023年，中共杭州市萧山区委常委会召开会议34次。区委常委会以习近平新时代中国特色社会主义思想为指导，全面贯彻落实中共二十大精神，充分发挥总揽全局、协调各方的领导核心作用，对全区经济建设、政治建设、文化建设、社会建设、生态文明建设实行全面领导，就亚运保障、安全生产、助企纾困、经济运行、防汛救灾、共同富裕等重大事项进行研究。

1月19日，区委常委会召开会议，学习贯彻习近平总书记在中共中央政治局民主生活会上的重要讲话精神；传达学习省两会精神，研究部署全区贯彻落实工作。听取区人大常委会党组、区政府党组、区政协党组、区法院党组、区检察院党组工作和履行全面从严治党主体责任情况汇报，并讨论区人大常委会、区政府、区法院、区检察院提交区十七届人大二次会议的工作报告和区政协常委会提交区政协十五届二次会议的工作报告。

2月4日，区委常委会（扩大）会议召开，传达学习市委副书记、市长姚高员在区委常委会民主生活会暨省委巡视整改专题民主生活会上的重要讲话精神，研究部署全区贯彻落实工作。

2月16日，区委常委会召开会议，传达学习习近平总书记在2023年春节团拜会发表的重要讲话与向拉美和加勒比国家共同体第七届峰会视频致辞精神，研究部署全区贯彻落实意见。

2月24日，区委常委会召开（扩大）会议，传达学习市两会精神和省委常委、市委书记刘捷在参加萧山代表团审议时的讲话精神，研究部署全区贯彻落实工作。

3月9日，区委常委会召开会议，传达学习党的二十届二中全会精神，习近平总书记系列重要讲话和重要指示批示精神以及中央、省委有关会议精神等，研究部署全区贯彻落实意见。

3月14日，区委常委会召开（扩大）会议，传达学习省委常委、市委书记刘捷在调研萧山时的讲话精神，研究部署全区贯彻落实工作。

3月22日，区委常委会召开会议，传达学习习近平总书记对审计工作的重要指示批示精神，省委审计委员会第八次会议、全省审计工作会议、市委审计委员会第八次会议精神，听取全区2022年审计工作情况和2023年工作思路的汇报，研究部署全区贯彻落实工作。

4月7日，区委常委会召开会议，传达学习3月30日中共中央政治局会议精神和习近平总书记在中共中央政治局第四次集体学习时的重要讲话、在学习贯彻习近平新时代中国特色社会主义思想主题教育工作会议上的重要讲话、出访俄罗斯联邦期间发表的重要讲话、出席中国共产党与世界政党高层对话会时发表的主旨讲话和致中国发展高层论坛2023年年会贺信精神；听取全区第一季度经济运行情况分析，研究部署全区贯彻落实工作。

4月23日，区委常委会（扩大）会议暨全区“兵团”化会战双月例会召开。

5月9日，区委常委会召开会议，传达学习习近平总书记近期重要讲话、重要指示和贺信复信精神，研究部署全区贯彻落实意见。研究全区全面依法治区工作。

5月16日，区委常委会（扩大）会议暨专题研究杭州临空经济示范区高质量发展会议召开。

5月19日，区委常委会（扩大）会议召开，传达学习省委常委、市委书记刘捷在调研杭州临空经济示范区时的讲话精神，研究部署全区贯彻落实工作。

6月1日，区委常委会召开会议，传达学习习近平总书记近期重要讲话、重要指示和重要贺信回信精神，研究部署全区贯彻落实意见。

6月20日，区委常委会召开（扩大）会议，传达学习习近平总书记对省委关于浙江深入实施“八八战略”20周年情况报告的重要指示精神，研究部署全区贯彻落实意见。传达学习习近平总书记近期重要讲话、重要贺信复信精神，研究部署全区贯彻落实意见。

6月29日，区委常委会（扩大）会议暨专题研究湘湖国家旅游度假区系统提升会议召开。

7月12日，区委常委会召开会议，传达学习习近平总书记近期重要指示、重要讲话、重要回信精神，传达学习习近平总书记对安全生产和防汛救灾工作的重要指示精神，听取关于全区安全生产和防汛救灾工作情况的汇报，研究部署全区贯彻落实工作。

7月12日，区委常委会（扩大）会议召开，传达学习省委十五届三次全体（扩大）会议精神，研究部署全区贯彻落实工作。

7月21日，区委常委会召开会议，传达学习习近平总书记在中央全面深化改革委员会第二次会议上的重要讲话精神、同团中央新一届领导班子成员集体谈话时的重要讲话精神和致全球共享发展行动论坛首届高级别会议的贺信精神，研究分析全区上半年经济社会形势，对全区贯彻落实工作进行研究部署。

8月25日，区委常委会（扩大）会议暨专题研究钱江世纪城高质量发展会议召开。

9月8日，区委常委会召开会议，传达学习习近平总书记近期重要讲话、重要指示精神等；传达学习习近平总书记在全国生态环境保护大会上的重要讲话精神和在首个全国生态日之际作出的重要指示精神，研究部署全区贯彻落实意见。

9月14日，区委常委会召开会议，传达学习习近平总书记近期重要讲话指示、致辞贺信、回信复信精神，研究部署全区贯彻落实意见。

9月26日，区委常委会召开（扩大）会议，传达学习习近平总书记在浙江考察调研和出席杭州第19届亚运会有关活动时的重要讲话精神以及省委、市委相关会议精神，研究部署全区贯彻落实工作。

10月17日，区委常委会召开会议，传达学习习近平总书记近期重要讲话、重要指示精神等，传达学习中共中央政治局常委、国务院总理李强出席杭州亚运会闭幕式等活动和在浙江杭州考察调研并主持召开数字经济和新型工业化座谈会时的讲话精神，研究分析全区2023年第三季度经济形势，研究部署全区贯彻落实工作。

10月27日，区委常委会召开会议，传达学习习近平总书记近期重要讲话、主旨演讲、重要指示和重要贺信精神，研究部署全区贯彻落实意见。

11月6日，区委常委会（扩大）会议召开，结合区委主题教育第二期读书班，传达学习习近平总书记近期重要讲话、重要贺信精神，研究全区贯彻落实工作；传达学习省委十五届四次全体（扩大）会议精神，研究部署全区贯彻落实工作。

11月13日，区委常委会召开会议，传达学习习近平总书记近期重要讲话、贺信精神，研究全区贯彻落实工作；传达学习贯彻市委十三届五次全体（扩大）会议精神，研究部署全区贯彻落实工作。

12月19日，区委常委会召开会议，传达学习习近平总书记近期重要讲话、指示和贺信等精神，听取安全生产工作情况汇报，研究部署全区贯彻落实工作。

12月29日，区委常委会召开会议，传达学习习近平总书记近期重要讲话、指示和贺信精神，传达学习贯彻市委十三届六次全体（扩大）会议暨市委经济工作会议精神，研究部署全区贯彻落实工作。

（燕浏翔）

区委综合事务

【督查督办】 2023年，萧山区完成省市委主要领导涉萧批示18件、区委主要领导批示督查办理694件。区委督查室牵头组织开展十九届中央巡视反馈等五类问题、十五届省委第五巡视组巡视萧山区整改工作。牵头开展“七张问题清单”工作，完善体制机制，制订考核工作方案，实现省、市、区、镇（街）四级贯通。牵头推进全区解决形式主义突出问题为基层减负工作。对区委全会报告、亚运专项行动方案等重要会议决策部署开展分解督办。做好市《今日关注》和区级媒体曝光栏目的整改督办。

（李立刚）

【信息编报】 2023年，萧山区党委信息被中央办公厅及省、市委办公厅采用87条（篇），得到省委主要领导单篇批示肯定1次、市委市政府领导批示肯定13次；编发《萧山信息》200期；党委信息工作在年终综合考核中居全市各区（县、市）第一。用好“突发快响”平台，建立健全紧急信息报送联动机制，重大突发事件及时上报，未发生一起被上级通报事件。

（汪晨虹）

【法规工作】 2023年，萧山区委办对标对表党中央、省、市委党内法规工作部署要求，审核并推动数字经济“一号工程”、国企改革、“八八战略”总体方案等重大政策落地落实，对全区各部门报送的代拟稿提出意见建议295条，连续8年实现区委文件直接通过率、报备及时率100%，在全市“党务公开”考核中获得满分。审核季度文件目录3848条，审查报备件89件，其中要求纠正8件、书面提醒16件、告知5件、提出建议1件。完善区委法规工作系统，系统集成九大工作模块，推进备案文件数字化全生命周期管理，实现党内法规工作一键“智”达。牵头规范性文件联动审查10件次，推动党内法规工作一体协同。12月12日，萧山区作为唯一县（市、区）代表在全省第三次党内法规工作会议上作经验交流。

（徐洁莹）

【联络接待】 2023年，萧山区委、区政府接待处接待中央国家机关、省市领导、重要客商、专家学者等来宾498批次8223人，其中国家级领导14批次，省部级领导73批次，主要领导带队的省、自治区、直辖市党政代表团9批次，地级市党政代表团9批次，区县党政代表团42批次，院士专家7批次，重要客商21批次，港澳团体7批次，新加坡政务团1批次。完成区主要领导赴昆山、绍兴、康定、旺苍、龙泉等地考察活动5批次。参与亚（残）运会开（闭）幕式、火炬接力、全国学习运用“千万工程”经验现场推进会等重大活动保障工作。

（傅嘉奇）

【保密工作】 2023年，萧山区保密局从保密干部队伍建设、涉密人员管理、涉密载体管理、保密宣传教育、失泄密案件查处5个方面入手，夯实网格化监测、精细化服务、规范化建设的保密管理基础。贯彻落实上级部门有关工作要求，统筹安全与发展，不断加强保密防线的建设。在中央保密办（国家保密局）下发《关于保密宣传教育下基层活动表现突出单位予以表扬的通报》中，区保密局是杭州市唯一受表彰的单位。

（陈　敏）

全面深化改革

【概况】 2023年，萧山区委改革办深入学习贯彻习近平新时代中国特色社会主义思想，坚决落实中央和省、市委各项改革决策部署，推动各领域改革。

【全面深化改革工作】 2023年，萧山区委改革办以营商环境优化提升为主线，以增值化改革为牵引，突出“项目化管理＋专班化推进＋清单化落实”，在加强改革系统谋划、统筹协调、督导推进上下功夫，为全区经济社会高质量发展提供更多改革方案。加强改革系统谋划。牵头或配合制定一揽子改革文件，确立改革任务书、时间表、路线图，明确责任单位、责任人员和完成时限。组建由常务副区长牵头的营商环境优化提升“一号改革工程”专班，建立“改革办、发改局双牵头，各领域主责单位落实、相关部门协同”的攻坚落地机制，一体推进政务、法治，市场、经济生态、人文“五大环境”优化提升，系统部署政务服务增值化改革，打造营商环境最优区。抓好任务落实见效。完善改革推进机制，研究制定《三个“一号工程”责任分解表》《萧山区营商环境优化提升“一号改革工程”主要任务》《2023 年重大改革攻坚任务清单》，将三个“一号工程”年度工作任务细化为营商环境优化提升“一号改革工程”五大领域 215 项改革任务、数字经济创新提质“一号发展工程”八大攻坚行动 97 项工作任务以及“地瓜经济”提能升级“一号开放工程”八大升级行动 57 项具体举措，确保任务可量化、可落地、可考核。组织召开区委全面深化改革委员会暨社会治理体系改革和“三网融合”整体智治建设动员部署会、全区深入实施“八八战略”强力推进三个“一号工程”大会、4 次营商环境优化提升专题会以及全区深化国有企业改革发展大会等，在重要节点、关键环节推动改革工作落实。强化督察考评联动。建立靶向督帮考一体联动机制，利用《创新深化改革简报》《萧山改革》等刊物载体及时进行通报。根据省、市改革考核意见，起草形成《区级改革攻坚（营商环境优化提升“一号改革工程”）考核操作细则》，明确当年改革考核的方向、重点。树选一批先进典型。作为区县代表，在全省深入实施“八八战略”强力推进创新深化改革攻坚开放提升工作例会暨上半年经济社会形势分析会上发言。组织开展省级营商环境优化提升最佳实践案例申报工作，《萧山区设立三级联办“办不成事”反映窗口以便民助企“小切口”推动营商环境“大提升”》获评省级优化提升营商环境最佳实践案例，《推进新生代企业家成长“薪火计划”，“四个一”破局民营企业“新老交替”》入选省营商环境“微改革”名单。《杭州市萧山区深化“小病不出村（社）”改革提升基层医疗健康管理服务水平》《杭州市萧山区深化重大项目审批协调代办机制助推企业发展驶向“快车道”》《杭州市萧山区多措并举优化老年人不动产登记服务体验》《杭州市萧山区全域升级“诉求兜底”专区健全三级联办响应服务机制》《杭州市萧山区积极构建“平台＋”增值服务体系构建科教融合人才培养新格局》5 篇信息被省委改革办《竞跑者》刊发。宁围街道入选 2023 年国家智慧健康养老应用试点示范名单，城厢街道湘湖社区入选国家完整社区建设试点名单。

【重要政策意见制定】 2023 年，萧山区委改革办牵头制定《萧山区深入实施“八八战略”，强力推进创新深化改革攻坚开放提升工作总体方案》《关于强力推进改革攻坚，加快打造高质效改革先行区的实施意见》《杭州市萧山区营商环境优化提升“一号改革工程”实施方案》《萧山区关于推进政务服务增值化改革的实施意见》《关于坚决落实大兴调查研究部署，深化推进调查研究工作规范化制度化的实施方案》。

【重大活动和调研】 2023 年，萧山区委改革办围绕全区热点难点工作，开展《大杭州视角下湘湖未来发展战略研究》《湘湖文化传承与利用研究》《两网融合提升数字治理能力和水平的对策研究》《“一网通办”背景下营商环境优化策略研究》《后亚运时代萧山打造国际“赛会”之城核心区的对策研究》《国际大都市视域下的萧山未来“千万工程”2.0 战略研究》《加快中国视谷建设，深化萧滨一体化的思路举措研究》《萧山区推动总部经济高质量发展的路径和举措》等年度重点课题调查研究，提出对策建议，为区委谋划重点工作提供支撑。做好改革政研考察团考察交流工作，接待到萧山调研团队 37 批次，参加部署座谈培训等 312 场次。

（孙诗青）

组织工作

【概况】 2023 年末，萧山区设党委 387 个（其中镇党委 12 个、区级单位党委 3 个）、党工委 17 个、党组 25 个、党组性质党委 21 个。新增党委、党组 20 个；减少党委、党组 10 个。全区党员总数 102063 人，比上年增加 2398 人。增加党员 6493 人，其中发展党员 931 人，转入组织关系 5562 人；减少党员 4095 人，其中转出组织关系 3091 人，出党 64 人，停止党籍 1 人，死亡 939 人。

（吕佳飞）

表 3　2023 年萧山区新增党委、党组一览表

新增党委、党组	所属党委（党工委）	新增党委、党组	所属党委（党工委）
区社会治理中心党组	区委	机器人小镇党委	萧山经济技术开发区党工委
区融媒体中心（文化传媒集团）党委	区委	钱江世纪城国资公司党委	钱江世纪城党工委
区融媒体中心（文化传媒集团）机关党委	区委直属机关工委	浙江湘旅控股集团有限公司党委	湘湖国家旅游度假区党工委
经开国控集团党委	萧山经济技术开发区党工委	区公安分局打击一部党委	区公安分局党委

续表 3

新增党委、党组	所属党委（党工委）	新增党委、党组	所属党委（党工委）
环投集团党委	区财政局党委	湖滨花园社区党委	北干街道党工委
产发集团党委	区财政局党委	金稼苑社区党委	北干街道党工委
资本集团党委	区财政局党委	众安集团有限公司党委	北干街道党工委
柏山陈社区党委	临浦镇党委	湖东村党委	蜀山街道党工委
恒逸文莱 PMB 石油化工项目党委	衙前镇党委	曹家桥社区党委	蜀山街道党工委
畈里张社区党委	北干街道党工委	景源社区党委	蜀山街道党工委

表 4　2023 年萧山区减少党委、党组一览表

减少党委、党组	所属党委（党工委）	减少党委、党组	属党委（党工委）
区融媒体中心党委	区委	环境集团党委	区财政局党委
区融媒体中心机关党委	区委直属机关工委	城投集团党委	区财政局党委
开发区市北区域化党委	萧山经济技术开发区党工委	凤凰联合党委	衙前镇党委
开发区桥南区域化党委	萧山经济技术开发区党工委	金西村党委	蜀山街道党工委
国资经营集团党委	区财政局党委	商城社区党委	新塘街道党工委

表 5　2023 年萧山区区属各党（工）委所辖基层党组织数量、党员数量一览表

单　位	所辖基层党组织情况				2023 年新发展党员数（人）	单　位	所辖基层党组织情况				2023 年新发展党员数（人）
	党委（个）	总支部（个）	支部（个）	党员数（人）			党委（个）	总支部（个）	支部（个）	党员数（人）	
合　计	387	453	4705	102063	931	区委直属机关工委	25	17	247	4784	38
楼塔镇	11	10	69	1586	16	区经信局	—	—	1	49	—
河上镇	12	9	94	2010	19	区教育局	24	22	371	7495	114
戴村镇	10	15	92	2345	18	区公安分局	3	3	63	1154	11
临浦镇	15	19	158	3692	21	区民政局	1	—	23	144	4
浦阳镇	11	9	111	2126	13	区司法局	1	—	32	347	5
进化镇	10	17	131	2780	18	区财政局	9	8	109	2328	104
所前镇	12	10	104	2561	19	区人力社保局	1	1	15	302	5

续表 5

单 位	所辖基层党组织情况				2023 年新发展党员数（人）
	党委（个）	总支部（个）	支部（个）	党员数（人）	
义桥镇	15	13	144	3261	21
衙前镇	12	11	150	2969	38
瓜沥镇	37	47	359	9687	51
益农镇	9	13	84	2101	18
党湾镇	8	14	83	2165	20
城厢街道	26	43	268	7052	14
北干街道	22	19	241	5741	18
蜀山街道	10	18	133	3329	20
新塘街道	9	34	215	4226	19
闻堰街道	8	15	88	2326	19
宁围街道	15	17	221	4298	67
盈丰街道	8	14	187	3422	29
新街街道	17	6	129	3162	20
靖江街道	4	15	90	2133	18
南阳街道	12	4	91	2216	20
萧山经济技术开发区	12	8	259	3464	36
临空经济示范区	2	3	46	772	9
钱江世纪城	2	1	10	136	4
湘湖国家旅游度假区	2	3	25	468	9

单 位	所辖基层党组织情况				2023 年新发展党员数（人）
	党委（个）	总支部（个）	支部（个）	党员数（人）	
区住建局	—	3	14	289	3
区交通局	—	2	12	164	4
区农业农村局	—	—	18	461	3
区商务局	—	2	12	210	3
区文旅局	—	—	8	161	3
区卫健局	6	3	113	2543	42
区市场监管局	2	1	33	438	2
区综合行政执法局	—	1	7	144	3
规划和自然资源萧山分局	—	—	2	54	—
区审管办	—	—	2	20	—
区供销联社	1	—	11	204	3
萧山邮政公司	1	—	10	117	2
电信萧山分公司	1	—	8	138	2
区委两新工委	1	3	12	489	6
区发改局	—	—	—	—	—
区税务局	—	—	—	—	—
区融媒体中心（文化传媒集团）	—	—	—	—	—
区应急管理局	—	—	—	—	—

表 6　2023 年萧山区党员结构一览表

党　员　结　构	人数（人）	占总数（%）
合　计	102063	100
其中，正式党员	100879	98.84
预备党员	1184	1.16
男性党员	65350	64.03
女性党员	36713	35.97
少数民族党员	386	0.38
台湾省籍	1	—
年龄：30 岁及以下	11225	11.00
31—35 岁	12853	12.59
36—40 岁	12804	12.55
41—45 岁	9237	9.05
46—50 岁	8303	8.14
51—55 岁	8404	8.23
56—60 岁	8944	8.76
61—65 岁	7319	7.17
66—70 岁	7219	7.07
71 岁及以上	15755	15.44
文化程度：研究生	5473	5.36
大学本科	36807	36.06
大专	19178	18.79
中专	3094	3.03
高中、中技	12256	12.01
初中及以下	25255	24.75
入党时间：1945 年 8 月以前		
1945 年 9 月至 1949 年 9 月	18	0.02
1949 年 10 月至 1966 年 4 月	3260	3.19

续表 6

党　员　结　构	人数（人）	占总数（%）
1966 年 5 月至 1976 年 10 月	7644	7.49
1976 年 11 月至 1978 年 12 月	1758	1.72
1979 年 1 月至 2002 年 10 月	31276	30.64
2002 年 11 月至 2012 年 10 月	34831	34.13
2012 年 11 月及以后	23276	22.81

表 7　2023 年萧山区农村党员结构一览表

党　员　结　构	人数（人）	占总数（%）
合　计	35380	34.66
年龄：35 岁及以下	7121	20.13
36—45 岁	5714	16.15
46—55 岁	4901	13.85
56—60 岁	3365	9.51
61 岁及以上	14279	40.36
文化程度：大专及以上	12836	36.28
中专	851	2.41
高中、中技	6024	17.03
初中及以下	15669	44.29
入党时间：1949 年 10 月至 1966 年 4 月	1659	4.69
1966 年 5 月至 1976 年 10 月	4230	11.96
1976 年 11 月至 1978 年 12 月	951	2.69
1979 年 1 月至 2002 年 10 月	11496	32.49
2002 年 11 月至 2012 年 10 月	11338	32.05
2012 年 11 月及以后	5706	16.13

说明：全区共有建制村党组织 335 个，其中党委 164 个、党总支 170 个、党支部 1 个

表8　2023年萧山区新发展党员结构一览表

党员结构	人数（人）	占总数（%）
合计	931	0.91
其中，女性	411	44.15
35岁及以下	624	67.02
文化程度：大专及以上	844	90.65
中专	12	1.29
高中、中技	66	7.09
初中及以下	9	0.97

（资料来源：区委组织部）

【主题教育】 2023年，萧山区围绕“学思想、强党性、重实践、建新功”总要求，突出“政治味、时代味、亚运味、基层味”，开展学习贯彻习近平新时代中国特色社会主义思想主题教育。区委常委会带头示范，6次专题研究主题教育工作，赴部门和基层分层分类指导300余次，领办并完成发展难题和民生实事各38个。做好理论学习，通过原汁原味深入学、循迹溯源贯通学、多元载体灵活学，开展集中学习1.5万余次，参与党员40余万人次，组织县处级以上领导干部和基层党组织书记开展党课宣讲5800余场次。开展调查研究，迭代升级“民情双访”机制，区级领导带头开展调研194次，形成调研报告38篇，区级部门和镇（街道）领导干部同步解决“小切口”破难项目217个，党员干部走访群众25.3万户、解决群众急难愁盼问题5216件。围绕中心推动发展，统筹推进“持正确政绩观，建为民新业绩”“明德守法，完善自我”“夯实基层、服务基层、关爱基层”“加强和改进流动党员管理”专项行动，完成亚运攻坚仗、经济翻身仗、共同富裕路重点任务，召开7场年度工作务虚会和主题教育调研成果交流会。一体贯通检视整改，结合调研发现、群众反映、巡视巡察、社会评价等途径，梳理形成问题清单，并通过领导领衔、镇（街道）和部门协同的方式，完成巡视反馈的44个问题、198条整改措施落实工作；梳理领导领办问题141条，其中四套班子领导领办问题30条，并在全市率先完成整改销号；整治“指尖上的形式主义”，推动政务应用归集精简，清理整合贯通到镇村的应用23个，削减率62%。

【村（社区）组织建设】 2023年，萧山区把抓实建强村（社区）干部队伍作为基层组织建设的重点关键，深入实施村（社区）干部“头雁领航工程”。推动作风建设向纵深发展。推进村（社区）组织换届“回头看”暨“五破五提”行动，落实落细全域全貌大起底、逐村逐人大研判、提能提质大考赛、破难破题大比拼、销账销号大整顿等重点举措，创新村（社区）党组织书记区级提级管机制，依托村（社区）全覆盖走访完成4300余名村（社区）干部“画像体检”，动态调整村（社区）书记40人次，其他村（社区）“两委”干部224人次，队伍整体年龄下降0.5岁，大专以上学历占比提升2.6%。聚焦能力培养向实战延伸。开展村（社区）党组织书记全覆盖集中轮训，承办全国村（社区）党组织书记视频培训班，迭代升级“潮学堂”村（社区）头雁班教学体系，创新村（社区）党组织书记上讲台、上擂台模式，首次开展“老带青、优带新”跟班实训，开展三大类10个子项实训主题，开展常态化比武200余场，培训2000余人次，推动村（社区）干部队伍实现理论水平、实战素养“双提升”。赋能乡村振兴向全域拓展。放大梅林村“千万工程”源起地先行优势，系统提升梅林村“梅美与共”党建品牌，制定出台《深化新时代“千万工程”，加强基层党组织建设的工作方案》，临浦镇横一村成为全国学习运用“千万工程”现场推进会参观点。持续深化全域党建联建机制，因地制宜推行强村公司、飞地抱团等管用模式，益农镇“共智富”党建联建获评第一批党建联建省级典型案例；推进后进村（社区）整固提升，开展中期现场评估，健全评估验收机制，29个后进村（社区）全部如期完成整转。深化“红盟聚力”，强化政企、村企联建共建，依托直播电商平台企业，党建“链”串起与直播电商产业的合作“链”，助农带货8000万余元，培育260余名新农人主播。

资料：

飞地抱团：一种经济发展模式，通过推动跨市、县、乡、村之间的合作，实现优势互补和资源共享。

强村公司：依照公司法有关规定，依法向登记机关申请设立登记，以助推村级集体经济发展壮大和农民增收为目的，由农村集体经济组织通过投资、参股组建公司实体或入股县、乡级联合发展平台等，以项目联建等形式统筹辖区内农村集体资产资源，实行公司化运营兼顾社会效益的企业。

【城市基层党建】 2023年，萧山区抓住现代社区建设机遇，制定《2023年萧山区现代社区建设“三张清单”》，梳理62项重点指标和28项重点任务，召开现代社区建设现场推进会，创评7个省级现代社区、18个省级未来社区、6个省级未来乡村。迭代升级“五星三色”管理系统，依托“红领通·云组工”应用，实现对81项子指标共计105项具体指标实时统计归集，动态实现“红黄黑”三色评价管理，全区四星级以上村（社区）数275个，占比49%，181个村（社区）实现升星增星。实施村（社区）惠民“双十条”举措。打造共治场景，创新构建红领物联“一心两会”机制，建成业委会（物管委）数量414个，业委会党员占比53.55%，打响小区议事“商量办”品牌，实现村（社区）“议事商量办”机制全落地。聚焦群众需求，实行社区服务“八点半”，解决社区居民想办事“上班没时间、下班没地方”的现实诉求，实现邻里食堂助餐服务村（社区）全覆盖、青少年宫全省首个镇（街道）全覆盖。加强镇（街道）便民服务中心、村（社区）便民服务站建设，完成区级服务事项下沉249项，加大社工队伍管理和培训力度，通过“项目社工”轮训、“竹计划”系列等形式培训专职社工8000余人次，社工持证率75%。

【机关党建】 2023年，萧山区推动清廉机关模范机关建设争先，发挥机关党建组织凝聚力、业务引领力、品牌影响力，推动党建引领促发展、迎亚运、助共富、优治理。推进评星晋级，有效构建“双建争先”评星晋级“能上能下”机制，出台《萧山区“建设清廉机关、创建模范机关”工作评星晋级管理办法》，综合评估“双建”工作，遴选产生28家“双建”五星级单位，26家四星级单位。实施党建项目，围绕中心和重点工作安排，聚焦党建引领业务，明确“机关党建助亚运党建、带行业党建、促二级单位党建、优机关治理”，打造“基于亚运安保任务专班化运作模式下的党建引领机制研究”等16个区级重点项目和51个部门项目，遴选并认定10个优秀党建项目，推动深化“萧燃税越”等区级优秀品牌20个，2个项目获市机关党建优秀课题研究成果奖。开展岗位建功，围绕“精彩亚运·岗位建功”大考大赛14项任务清单，统筹机关力量，护航亚运会。组织协调机关党员参与亚残运会全领域保障3.4万人次，全区在职党员进村（社区）报到参与“6＋N”服务事项24.7万人次，服务时长21.5万小时，党员家庭身份晾晒2024个，为亚运贡献86万助力值，获评杭州市“亚运群英榜”表彰先进集体15个，先进个人13人。迭代优化“民情双访”，优化升级“镇村固定日接访”和“部门全覆盖走访”双访机制，推动机关层面247个党支部与23个镇（街道、场）578个村（社区）开展结对联建。依托“民呼我为·红领通”系统，打造“问题提交—系统流转—部门承办落实—限时办结反馈”流转闭环，实现一般事件24小时内受理、7日内办结，办结回复率100%，推动解决群众急难愁盼问题5216件，联动省市相关部门解决产业招引、“中国视谷”建设等难题20余个。

资料：

“6＋N”服务事项：参与美丽创建、发放宣传资料、完成习惯打卡、投身迎亚活动、参加巡查行动、助力村（社区）建设，“N”为村（社区）结合实际提出的服务需求。

【“两新”党建】 2023年，萧山区聚焦实现“双融双强”目标，打造“融合式”党建示范矩阵。从战略目标制定、治理结构优化、

2023年，萧山区加强城市基层党建，党建引领基层治理。图为2023年9月26日，新街街道新宜社区通过省级未来社区创建验收 （蒋超 摄）

生产经营决策、技术人才培养和企业文化发展5个方面制定28条具象化标准指引，结合萧山产业发展实际，遴选首批23家“融合式”党建重点推广单位，并向重点企业选派党建工作指导员8名，培育东南网架“红领东南·网架天下”、长龙航空“党建红＋航空蓝”、圣奥集团“党建红＋圣奥绿”等一批党建特色鲜明、示范作用明显的新品牌。相关做法得到中央组织部、中央社工部肯定。实现新兴领域党建破题见效。以无忧传媒为重点，总结提炼“红领无忧·e心向党”核心党建理念，构建方向无忧、组织无忧等“五大无忧”支撑体系，引导网络主播群体实施e起来上课、e起来奋斗等“五个e起”行动。打造三色示范直播间，制定“主播第一课”标准课程体系，发布“蒲公英—云上共富”行动计划。总结提炼形成《萧山区直播电商行业党建工作“六条”指引》并全域推广，获市委主要领导批示肯定。开展“行业党建赋能促发展”行动，以区经信局、区住建局等11家涉企行业主管部门为重点，打造“红领萧商”等多个领域特色行业党建品牌，交通运输行业“货车司机党建”经验做法获全省推广。党建引领共富工坊建设，突出“扩中”“提低”，挖掘特色产业优势，打造各具特色的共富工坊，构建先富带动后富、村企优势互补、产城融合发展新格局，建成品牌带动式、产业赋能式、农旅融合式、共享农场式“共富工坊”99个，带动村民人均月增收2800元。

【基础党务工作】 2023年，萧山区做好党员进出管理、落实党员教育工作、做细流动党员排查纳管以及夯实组织体系4项基础性工作。规范党员进出管理。党员教育管理构建新闭环，严格执行政治审查制度，增加预备党员转正“二次联审”，推行预审对象区委组织部“提级审查”机制，重点审查入党程序、档案材料是否符合发展要求。在全省率先实现党员人数突破10万人，规范发展931名党员，除名8名不合格党员，有序推进党员档案区级集中管理，完成农村领域无人事档案移交工作。强化培训，落实党员教育工作。全年培训党员204376人次，建成党员干部现代远程教育终端站点582个，打造共享式“师资库”，推出“菜单式”点学模式，推动优质资源直达基层。做细流动党员排查纳管。做细2.2万余名流动党员排查纳管，出台“33453”五流聚力工作法，与10个省份的70余个地区建立“双向共管”机制，成立区级流动党员综合党委，建立303个流动党员党组织，成立区级流动党员综合党委，选好303名流动党员支部书记；做细学习，打造云端课堂，开展主题教育学习670余次，召开党性分析会120余场，走访联系流动党员1.6万余人；做细服务，成立流动党员“帮帮团”，激励流动党员融入城市治理。夯实组织体系。落实基层党委书记、组织委员（组织员）和党支部书记“三张责任清单”；选优配强配齐16名组织员，打造结构合理、业务精通、相对稳定的组织员队伍。

【亚运党建】 2023年，萧山区为打好亚运攻坚仗提供坚强组织保障。举办“红领萧山·亚运先锋”大考大赛，赛事侧创新打造“钱江驿”“亚运青年V站”等党群阵地，承办全省亚运场馆党建现场会；城市侧划定“五条赛道”，举办“十百千万”大比武2700余场，全面推行“支部建在项目上”，成立党员先锋

队、先锋岗 1200 余个，以“党建带群建”，发动 1.2 万名志愿者投身服务保障亚运会，获评市级群英榜先进集体 10 个、先锋个人 19 人，数量位列全市第一。有序开展迎亚运在职党员到村（社区）报到服务工作，围绕“三大提升行动”开展“6＋N”服务事项近 20 万人次，统筹组织全区年轻干部当好“一日网格员”，制作《先锋手册》，全员配发红马甲、红袖章，在职党员报到率 99.31%。推进“大走访、大调研、大服务、大解题”活动，固化“民情双访”好机制好做法，发动全区党员干部走访群众近 7.3 万户，解决困扰群众的难点、堵点、痛点问题 1500 余件。

（刘凯航）

【亚运会人力资源组织保障】 2023 年，萧山区委组织部抽调亚运会工作人员 4.7 万人，定向组织观众 3.4 万人，动员 8.7 万人次，总结提炼出网格管理、条块协同等可复制推广的工作经验，获区委主要领导批示肯定 3 次。

【“打好经济翻身仗”工作】 2023 年，萧山区委组织部选派 158 名干部到重点专班工作。吹响助企服务“萧螺号”，选派 574 名干部联系 1977 家企业，变助企模式从助单个企业向助产业链跃升，在全市助企服务推进会上作典型发言。聚焦干部资源服务中心大局，选配经济类干部 80 名，从“经济翻身仗”“亚运攻坚仗”一线提拔使用干部占全年总数的 76%。优化开发区干部队伍结构，达到学历提升、年龄降低的效果。

【选人用人工作】 2023 年，萧山区委组织部常态化开展以部长访谈、日常走访和政治家访等为主要内容的“三访四问”工作法，全方位近距离了解干部。迭代干部多维度评价体系，综合运用政治素质、条块评价、署名推荐、实绩比武、负面清单等信息，归集干部 5 类 25 项关键数据，形成“一人一栏、全区一表”干部五维信息图谱。树牢“四个坚持、八个不”选贤用能导向，全年提拔区管领导干部 113 人，进一步使用 18 人，交流任职及岗位调整 230 人次。完成四级调研员、四级高级警长以上职级晋升 271 人次。

【干部教育培训】 2023 年，萧山区委组织部提升干部的国际化视野、开放性思维、专业化能力、包容性文化。实施“一把手”抓“一号工程”能力提升计划，组织部门、镇（街道）、专班主要负责人 166 人次和 8 批 359 名区管干部赴北京、深圳、成都等地考察学习。举办“潮学堂”，推出潮经济、潮文旅、潮治理等课程 13 期，培训干部 5900 余人次，相关经验在全市干部教育现场会上作为典型推广。

【干部监督管理】 2023 年，萧山区委组织部以“家事家产、两圈延伸、大监督协同”为抓手，梳理 20 条监督清单，建立完善干部监督负面清单库，收集负面信息 881 条。针对选人用人突出问题，开展百日攻坚十大专项行动，结合区委巡察开展选人用人专项检查，持续巩固巡视整改成果。从严落实个人有关事项报告制度，2023 年领导干部个人有关事项随机抽查比对一致率 100%。

【年轻干部培养】 2023 年，萧山区委组织部着眼换届目标，抓实年轻干部选育管用各项举措，全年配备 6 名“85 后”区管正职和 4 名“90 后”区管副职，提前超额完成市级任务。抓好全区科级年轻干部配备，结合常态化走访开展年轻干部专题调研，分层分类建立年轻干部信息库，30 家单位通过跨部门交流实现“90 后”正科、“95 后”副科“零的突破”。举办优秀年轻干部理想信念教育培训班，择优选派 176 名优秀年轻干部到中央、省市直部门、先进地区、对口支援以及区内重点工作专班等一线历练成长。

【公务员管理】 2023 年，萧山区委组织部将招考录用作为党政机关补充新生力量的主渠道，把好调转任等重要关口，新录用公务员 88 人。迭代升级“三年助跑”行动，以领办“入职第一件事”引导新录用公务员快速转变角色。加强对驻村选调生的培养管理，搭建“1＋4＋N”（1 个班委会、4 个学习小组、N 个历练专班）自主管理架构，引入积分制。区公安分局作为全市唯一单位入选第二批公务员考核工作省级示范点，萧山区 2 人被评为杭州市“十佳公务员”。

【综合考核】 2023 年，萧山区委组织部按照综合考核“上下一体”要求，出台考核制度和指标体系。明确考核责任分工，将市对区考核指标进行分解，制发各考核牵头部门、配合部门 73 张任务清单。强化过程管控，建立“周分析、月调度、季研判”机制，实施考核指标“三色预警”，不断深化“一把手对接一把手”向上沟通机制，提升指标运行成效。

（胡　昊）

【顶尖人才引育】 2023 年，萧山区贯彻落实国家、省、市各级人才计划申报工作，实施顶尖人才、海内外高层次人才、领军型创新创业团队等引育计划，新认定杭州市 A—E 类人才 2481 人。开展“博士聚萧”行动，新建省级博士后科研工作站 4 家，建站总量 56 家，进站博士后 162 人，进站数量创历史新高。

【青年人才】 2023 年，萧山区组织云聘会及“万朵浪花”大学生实习计划，推出正式岗位 16962 个、实习岗位 9020 个。组织全国高校巡回招聘活动，组织 61 家企业赴七地 19 所高校开展招聘活动。举办 2023 海外高校青年博士“FIND HZ”活动暨高层次人才项目对接会、留学生专场招聘会等活动，推出 200 余个岗位，吸引 400 余位具有海外留学背景的本、硕、博毕业生参与。全年新引进 35 岁以下大学生 4.48 万人。

【卓越工程师培育】 2023 年，萧山区举办首届卓越工程师论坛，揭牌区首批卓越工程师培育基地与联合培养单位，创新成立卓越工程师协同创新中心。制定萧山区首批卓越工程师评选实施办法、实施细则，评选首批卓越工程师 10 人、青峻工程师 20 人，并创新发布卓越工程师培养方案，助力重点产业开启“订单式”人才培育模式。

【产才链计划】 2023 年，萧山区全面实施第三轮产才融合链“5213”专项计划，开展评选 3 轮次，征集项目 240 余个，评选落地114个，完成签约46个。出台全市首个《集成电路产业人才若干政策》，支持专项领域产业与人才同向发力、同频发展。

【赛会引才】2023年，萧山区举办首届“中国视谷杯”创新创业挑战大赛、“创客中国”视觉智能中小企业创新创业大赛等全国性赛事活动，累计征集项目500余个，决出优胜项目32个。连续三年承接办好中国留学生论坛，邀请12个不同国家（地区）留学的250余名博士回国参会。

【海归小镇】2023年，萧山区发布《欧美同学会海归小镇（杭州·数字医药）三年行动计划》，出台“海归十条”专项政策，在人才落地奖励、人才引育激励、子女入学保障、促进跨境交流、项目落地奖励、项目融资支持等十方面助力海归高端人才及产业创新要素向海归小镇集聚。

【北斗七星】2023年，萧山区成立“北斗七星”科创联盟，集聚浙江省北大信息技术高等研究院、浙江大学杭州国际科创中心、西安电子科技大学杭州研究院、浙江大学计算机创新技术研究院、巴顿焊接技术研究院、湘湖高新技术应用研究院、湘湖实验室七大高端科研平台核心资源，助力经济高质量发展。组织“北斗七星”联盟活动，组织人才座谈、创新对接、论坛讲座等活动12场，联合发布创新成果38个。

【人才服务】2023年，萧山区迭代区级人才服务中心窗口，高标准打造企业综合服务中心人才服务板块，通过设置五大类34项增值化服务事项，打造人才服务增值阵地。举办杭州人才日的院士专家人才座谈会、“青荷对对”青恋交友、“七星伴月才聚萧然”中秋晚会等活动，为到萧山的人才提供生活、社交等各方面服务，帮助“新萧山人”更好融入萧山。

（张　波　鲍锦霞）

宣传工作

【概况】2023年，萧山区理论武装持续深化、主流舆论强劲有力、亚运保障精彩纷呈、文化事业稳步推进、文明程度持续提升、意识形态领域平稳有序，《实打实的“幸福工程”——“千万工程”与梅林村的故事》获评中宣部优秀理论宣讲报告。

（汪雨恬）

【理论学习】2023年，萧山区以中共二十大精神为核心，结合学习贯彻习近平新时代中国特色社会主义思想主题教育，落实“两个毫不动摇”和区委理论学习中心组学习制度。区委理论学习中心组开展学习16次，编制印发《理论学习中心组学习参阅资料汇编》12册；落实区党委（党组）理论学习中心组巡听旁听工作制度，对全区12个镇（街道）和8个部门、单位开展理论学习中心组学习巡听旁听。形成理论调研文章90余篇，面向全区两级理论学习中心组成员发放学习读本175册，组织理论宣讲团进机关、进企业、进学校、进村（社区）等开展宣讲，开展线上线下宣讲活动7000余场次，覆盖受众65万人次，宣讲视频播放量超20万次。培育“进化论”等22个基层特色宣讲品牌，选拔宣讲人才200余人，开展主题宣讲100余场。《以“自转”带“公转”，让理论宣讲落地生根——做好“实、新、广”文章，萧山区探索“轮值制”宣讲新模式》《萧山区探索“轮值制”模式，推动党的创新理论走深走实》被《杭州宣传》《杭州宣传信息》刊发。

（郭安琪）

【主题宣传】2023年，萧山区策划推出《全力拼经济，冲刺百千万》《爱萧山·爱亚运》《“八八战略”萧山回响》《唱好“西湘记”，缔结“姊妹湖”》等系列主题报道和“‘八八战略’萧山回响”全国主流媒体萧山行活动，发布主题报道4800余条，全网总阅读量超2.1亿人次。中央及省、市主流媒体报道涉萧山内容8100余条，央视《新闻联播》以及《人民日报》《新华每日电讯》头版刊播56条（次），“学习强国”全国学习平台首页推荐57条。开设“萧山八千年”公众号，挖掘八千年文化，讲好萧山故事。

【对外传播】2023年，萧山区以贺知章为主题主线，打造独具萧山辨识度的“六个一”城市形象外宣品，在亚组委官方账号、主媒体中心、竞赛场馆、保障酒店等集中推广，其中《国风遇见亚运》系列短视频在央视频新媒体矩阵、CGTN新闻等海内外平台发布，全网浏览量1.9亿人次。推出“iXiaoshan”国际传播品牌和“萧山有约”亚运国际传播主题线路，联动央视CGTN西班牙语频道开展“亚运年遇见杭州”直播活动，参加“哥伦比亚、中国和墨西哥魔幻城市的旅游和发展”线上座谈活动，辐射西班牙、巴西、哥伦比亚等40余个国家，海内外浏览量突破2000万人次。

【媒体融合】2023年，萧山区完成区级媒体融合。“报台屏网微端”全媒体资源充分整合，“策采编审发评”流程全面打通；“萧山发布”客户端、《萧山日报》、萧山网等传播平台完成改版升级，媒体融合指数位列全省、全市第一方阵，客户端指数连续数月蝉联全省第一。萧山文化传媒集团有限公司挂牌运作，正式迈入亿元营收县域媒体行列。全区4个平台、23个镇（街道、场）融媒体分中心实现全覆盖，16个区级部门挂牌成立融媒体分中心。

（毛　越）

【城市文明】2023年，萧山区承办“我们这十年·最美杭州”巡演活动启动仪式，开展第八届萧山区美德标兵先进事迹巡演巡讲，完成全国、省、市文明指数测评，持续推广“文明云监管”平台，完成512个小区13584个楼道、172条背街小巷、46个地铁口、44个公共场所文明整治提升，区级以上文明村镇覆盖率为98%。开展“公民爱心日”行动，募集善款122万余元，援助困难未成年人等13人。持续推动新时代文明实践阵地建设提档升级，全年开展活动67868场，实现阵地结对共建全覆盖。

（李文香）

【文化阵地】 2023年，萧山区持续高标准建设国家大运河公园（浙东运河段）重点项目，完成萧山区大运河国家文化公园建设课题研究，持续建设改造二期五七公社。不断打造重大文化坐标，4月8日，中国美术学院湘湖校区启动；10月10日，浙江省油画院开院；12月4日，茅湾里印纹陶博物馆开馆。全区新增9家四星级和9家五星级农村文化礼堂。推进第二期“潮文化Park”公益文化服务项目，涵盖非遗花边、莲花落、摄影展览等6个入驻新项目。南阳街道潮都社区获评2023年度杭州市“书香社区”，萧山图书馆“‘湘湖书院’传统文化公益课堂”获评2023年度杭州市“十佳阅读品牌”。

【文艺精品】 2023年，萧山区文艺精品项目电影《明月共潮生》、绍剧《新硃砂球》入选2023年杭州市文艺精品工程扶持项目。图书《新山海经：共同富裕“浙”样走来》《鲁冠球：一位中国农民、改革者、企业家的成长史》、戏曲《秋之白华》获评杭州市第十五届精神文明建设“五个一工程”奖。

【文化惠民】 2023年，萧山区组织“你我一起·舞动亚运”萧山区第八届排舞大赛、“唱响萧然·喜迎亚运”萧山区首届村歌大赛、首届戏曲票友大赛、湘湖诗歌音雄音乐节等系列大型迎亚运文体活动。在全域范围内持续开展“全民迎亚运”主题文艺文化活动，贯通区、镇、村三级，策划开展“奋进新时代·文艺进万家”迎亚运群众性文艺巡演活动、“国风迎亚运”国风广播体操推广展演等活动，组织“爱萧山·爱亚运”主题文艺文化体育活动超3000场，活动参与超50万人次。推出迎亚运国风动漫宣传片《笑问客从何处来》。举办“伯年国艺”全国中国画（册页）写意作品展，推进第三届“高帆杯”全国摄影大展。

（靳登匀）

【新闻出版】 2023年，萧山区受理办结新闻出版行政审批项目1033件，“窗口一网通办率”“网办率”“最多跑一次”“群众满意率”均为100%。落实放映国产影片成绩突出影院资金奖励政策，对全区20家影院一次性奖励140.7万元。开展“扫黄打非”六大专项治理，开展“青少年版权保护季”行动、打击侵权盗版“剑网”2023专项行动，萧山区特色护苗品牌“绿小签”入选首批省特色“护苗”工作品牌，北干街道星都社区入选第七批全省“扫黄打非”进基层示范点。

（王清儿）

2023年9月5日，“奋进新时代 文艺进万家”萧山区迎亚运群众性文艺巡演在城厢街道开演 （唐柯 摄）

网络信息管理

【概况】 2023年，萧山区委网信办承办2023年浙江网络文明大会，创建全省网络执法规范化建设示范点，“萧山区网络安全监管指挥运营一体化解决方案”入围省数字化改革网络安全优秀案例。实施网络文明十大行动，组织各镇（街道）开展主题活动280余场。打造全省首个网络文明微表情——网络文明“萧小信”，推出“爱萧山·爱亚运”特色专辑。创新开展“主播第一课”工作，发布《萧山区直播电商行业党建工作“六条”指引》。网络文化作品《年画版冬奥会宣传片》获评省网络文明建设百佳成果、“新莓奖”浙江正能量网络精品。

【网信护航亚运】 2023年，萧山区建立“场馆直通、高校直联、网站直管”工作机制，维护杭州亚（残）运会开（闭）幕式等重要时间节点以及重要赛事网络安全。摸清全区网络资产68万余个，发现并修复隐患2万余处，实现“护航亚运”全周期网络安全“零事故”。发布《萧山区文明“云”观赛倡议书》，创作《和萧小信一起文明“云”观赛》短视频，在亚运会官方账号发布。举办“主播达人寻美杭城”主题传播活动，相关话题阅读量突破6500万人次。

【首届网络文明大会】 2023年4月17日，萧山区举办全省首个县级网络文明大会——首届萧山网络文明大会，发布《萧山网络文明公约》，68万名网民参与《清朗空间·护航亚运·全城在线》线上接力。同日，召开区网络文化协会第二届会员大会，成立网络安全、直播电商、自媒体（网络名人）三大联盟。

【依法治网】 2023年，萧山区开展“钱塘净网·从严整治‘自媒体’乱象”等专项行动，全年巡查不良信息160万余条，处置违法和不良信息举报平台投诉信息253条，依法关闭、注销网站73家。举办“萧小信”网络法治云课堂，发布亚运专题以案释法信息100余篇，浏览量超70万次。

【网络安全】 2023年，萧山区高水平建成“一芯五瓣”网络安全治理体系，全区网络安全防控水平提升。编制实施《萧山区网络安全事件应急预案》，印发《萧山区网络安全工作指南》。举办全省首个“工业互联网安全”培训班，摸清全区企业域名资产1.3万个，填补全省县域民营企业网络安全管理空白。承办“喜迎亚运盛会·共筑网络安全”杭州市网络安全宣传月启动仪式。

（邵舒骏）

统战工作

【概况】 2023年，萧山区深入学习宣传习近平同志在浙江工作期间关于统战工作的探索实践，开展统一战线“当好东道主，同心筑亚运”系列活动100余场次，完成亚运护航任务。创新

萧山民营经济发展中心　　　　　　　（董伟　摄于2023年）

推出“莲开九瓣·萧然同心”品牌，打造“同心同廉”萧山IP，民建区基层委打造“同心同廉”全国教育试点基地。牵头打造包容亲商的最优人文环境，建设“潮起萧商——萧山民营经济展示馆”，新生代企业家“薪火计划”获评全省营商环境“微改革”优秀项目。承办“创业中华——2023侨界精英创新创业暨侨界青年发展（中国·杭州）大会”，签约市域性项目43个，投资金额超198亿元。承办全市宗教事务治理现代化现场推进会，举办萧山—康定青少年交流等活动20余场。打造“湘知”文化润富实践基地，发布“之江同心·新潮澎湃”工作品牌。全区村（社区）新乡贤联谊组织实现全覆盖，领办小微事项324项，义务投入资金5800万余元，引进乡贤回归项目26个，总金额超9亿元。以基层“统战之家”品牌项目创建为抓手，提升“统战之家”质效，夯实统战工作基层基础。

【民主党派和无党派人士统战工作】 2023年，萧山区支持区民主党派、工商联、无党派人士提交提案建议200余件，参加参政议政、对口协商会议14次，收集上报社情民意120条。区委主要领导主持召开年度政党协商专题座谈会，听取区各民主党派、工商联和无党派人士代表对区委常委会意见，吸收采纳建议21条。启动支持区民主党派、工商联、无党派人士专项民主监督，就11项党委政府中心工作组建专项调研组，课题式调研、项目化推进，中标市级以上调研课题48项。

【党外代表人士队伍建设】 2023年，萧山区严格党派组织发展成员备案机制，发展党派成员60余名。发挥多党合作工作联席会议制度优势，推动民主党派组织规范化建设走深走实。做好致公党萧山区基层委届中调整主委和增补委员工作，做好党外代表人士发现、培养、使用、管理，上半年增补党外政协委员7名，调整民主党派领导班子3名，提拔使用党外区管干部6名。

【党外知识分子和新的社会阶层人士统战工作】 2023年，萧山区推进党外知识分子统战工作，举办“文以润‘湖’‘湘’得益彰——湘湖文化影响力提升”等专题微协商活动6期；开展《充分发挥链主企业在推动行业数字化过程中的作用》等专题调研活动5次，形成调研报告2篇。打造“湘知”文化润富实践基地。举办“晓晚吟歌”湘师校友手稿信札展、非遗雕版艺术展、“生长着的乡村”摄影展等活动8期，区党外知识分子联谊会获评全市同心最美团体。推进镇（街道）、平台新阶层人士“一会四联盟”组织体系建设，实现全区22个镇（街道）党外知识分子联谊会、新的社会阶层人士联谊会组织全覆盖。发布“之江同心·新潮澎湃”工作品牌，做实“五潮五新”工程，擦亮“萧帮帮”“萧西西”等公益品牌项目。打造“新耀乡村·网红农旅”“网聚共富行”网络人士共富品牌，开展系列直播活动等10余场，“无忧同心荟”获评市级“同心最美窗口”。加强“数智同心荟”应用推广，提升数智化水平。

【非公有制经济人士统战工作】 2023年，萧山区深化“二十大萧商永向党”活动，举办活动50余次，参训人数超2000人。打造并启用“潮起萧商——萧山民营经济展示馆”，成为全市民营经济首个地标性展示阵地。打造全区首个政企合作统战综合体——传化集团“统战之家”，传化集团获评全市“同心最美窗口”。聚焦“一号改革工程”，走访调研企业200余家，形成调研成果5篇。加强清廉民企建设，创建市级标杆型清廉民企6家、省级清廉民企示范单位1家。组织召开4期“亲清直通车·政企恳谈会”，协调解决企业问题建议50余条。结合“大走访大调研大服务”活动，举办经济“高质量发展镇（街道）行”主题活动3场，走访企业145家（次）。聚焦涉企纠纷化解，打造区工商联“共享法庭”，收案553件，调解成功427件，标的总额1.67亿元，区工商联“共享法庭”入选2023年区法治化营商环境改革“十大品牌项目”。弘扬义利相兼的企业家精神，组织企业家赴四川旺苍县、康定市和丽水龙泉市、杭州市山区四县等地开展帮扶工作，落实帮扶资金超650万元。打造“商会训练营”培训品牌，举办培训14期，参训1300余人次。

【民族、宗教工作】 2023年，萧山区创建省级民族团结进步创建重点培育单位1个、省级民族团结进步教育基地1个、市级“之江同心·石榴红”引领单位2个。指导开展“民族文化节”、萧山—康定青少年民族融情交流等活动20余场次。开展捐资助学、结对帮扶等少数民族困难群众帮扶工作，落实帮扶资金111万元。承办全市宗教事务治理现代化现场推进会，完成驻堂服务（区块链可信）巡检系统建设运营，萧山区数智赋能基层宗教治理获评市级“同心最美范例”。启动宗教及民间信仰场所分类整治三年提升行动，深化宗教中国化场所创建，成功创建省级3个、市级3个场所。举办省级“民间民俗·多彩浙江”曹娥孝善文化节活动，打响萧山民俗文化品牌。

【港澳统战工作】 2023年，萧山区发挥萧山旅港同乡会等团体作用，举办萧山中学学生赴以色列研学、萧山·澳门中小学足球研学交流等活动。开展“千名港澳青年浙江行”走进萧山活动，举办“小镇的青年·世界的青年”海峡两岸及港澳地区创新创业青年交流论坛，承办浙江省未来社区非遗展暨澳门文化旅游周活动，拓展萧港两地青年交流渠道。深化“萧然·紫荆育苗”公益助学活动，打造港澳统战工作最美实践范例。参与浙港专业会议“一对一”服务保障工作。

【侨务工作】 2023年，萧山区开展“助侨直通车·侨企业大走访”“新经济新业态·助推创新创业”专题调研等活动，深化新侨创新创业基地和新侨美宿建设，推动为侨工作先行示范。

【2023侨界精英创新创业（中国·杭州）大会】 2023年11月1日，萧山区举办创业中华——2023侨界精英创新创业（中国·杭州）大会暨侨界青年发展大会。本次大会以“聚焦科创新动能、打造侨创新生态”为主题，精心组织“汇聚创新力量 开启科创新篇”海外博士杭州行走进浙大杭州国际科创中心暨青年领袖学术沙龙、全球名校校友暨海外人才（侨领）杭州行走进萧山系列活动，为侨界精英更好认识杭州、共享亚运机遇提供新契机。大会开幕式现场上台签约项目9个，投资金额80亿元，行业涉及高端装备、智能物联、生物医药、绿色能源和新材料等领域。

（沈谆桢）

对台事务

【概况】 2023年，萧山区持续深化对台交流交往，开展基层交流和青少年交流。深化“东引台资”，推进萧台两地经贸融合，新增台资企业16家，注册资本913.89万美元；增资项目5个，增资额150.64万美元。全程保障亚运涉台赛事251场，确保赛事期间涉台事务安全有序。为300余名在萧山的台胞提供政策咨询、生活就业、子女服务等解困服务。

【对台经济】 2023年，萧山区配合开发区百亿级重大产业项目落地，配合完成开发区桥南区块的博琚（杭州）花园家具有限公司、浙江武德家具有限公司、杭州东霖染整机械有限公司3家台资企业搬迁签约。

【海峡两岸基层交流】 2023年，萧山区接待台湾地区交流团组12批336人次。萧山农民书画家协会、萧山晚晴书画社和萧山区台属联谊会分别与南投县鹿谷乡、台北市萧山同乡会发起共贺龙年新春活动，为岛内台胞寄送300余份新春福袋。元宵节期间，组织台北市萧山同乡会30多位乡亲参加南投元宵灯会。3月，组织鹿谷乡基层交流团参加“杭台邻里节”活动。6月，助力瓜沥镇长沙小学和台湾文昌小学联合举办“手牵手·迎亚运·向美好——长沙文昌庆‘六一’云端文艺会演”活动，800余名师生参加。同月，鹿谷乡茶产业交流团到访，在戴村镇举办“萧山鹿谷茶产业交流会暨冻顶乌龙茶品鉴会”。8月，鹿谷乡文昌小学暑期研学营应邀到访，与瓜沥镇长沙小学开展“心心相印不曾离，共筑未来无限意——长沙文昌‘共此好时光’两校结对活动”。10月，鹿谷乡青工会交流团到访，鹿谷乡狮子会与萧山狮子会开展座谈交流。11月，台北市萧山同乡会“寻根·圆梦”访亲团到访。

【亚运会涉台保障】 2023年，杭州第19届亚运会期间，萧山区有亚运涉台赛事场馆6个、比赛大项12个，参赛的中国台北运动员148人。区台办组织开展亚运涉台培训10次，500余人次参加。在亚运会中，全程保障涉台赛事251场。中国台北队在萧山赛区获奖牌12块。

【服务台商台胞】 2023年，萧山区台办协调处理台商台胞权益维护、困难求助、突发事件50余起。其中，为小微企业纾困解难10余起，处理纠纷、就医、子女就学升学、居住证办理、购房、信用卡办理等事项40余起。萧山区利用“杭州台胞之家”平台，举办“‘家在萧山’台胞台属Join第二故乡系列活动”“美丽乡村共富行”等主题活动6次，参与台胞130余人次。通过“萧山台办服务群”微信群，为300余名台商台胞提供政策咨询、生活就业、子女入学、就医等解困答疑服务500余次。开展困难台胞台属帮扶、走访慰问工作，慰问10个镇、街道定居台胞、重点及困难台属14人。

（王素涵）

信访工作

【概况】 2023年，萧山区信访总量65154人次，较近三年（2020—2022年）均值上升37.1%。其中，来信1483件，较近三年均值下降27.08%；网上信访61360件，较近三年均值上升38.39%；来访2311人次，较近三年均值上升14.63%。连续三年获评全国人民网网民留言办理工作先进单位，实现省级“无信访积案县（市、区）”创建六连冠。沈威获评浙江省委建设平安浙江领导小组颁发的重大活动突出个人，萧山区区长公开电话受理中心“综合岗”获评杭州市巾帼文明岗。

【积案清零】 2023年，萧山区按照全省关于信访积案化解动态清零工作的统一部署，第一轮150件积案（十大领域和第三批国重件），第二轮信访积案34件（国家局5月集中交办件和第五批省重件），均在8月底前实现动态清零。区信访局被授予省级“治重化积及依法维护信访秩序工作成绩突出集体”荣誉称号。

【访源治理】 2023年，萧山区落实信访分管领导和业务分管领导“双签双审”制度。实体化运作十六大信访重点领域“三专机制”，即专项调研、专题研究、专班攻坚。实现人民意见征集窗口村镇全覆盖。全面推广“萧然善治码”，分流基层事项。全域开展“信有为·商无忧”专项行动，营商环境“信访一件事”满意率100%。

【市领导接访】 2023年5月26日，杭州市委副书记、市长姚高员到萧山区接待群众来访。6月14日，市政府党组成员、秘书长，办公厅党组书记高国飞到萧山区社会治理中心开展下访接访工作。

（傅 娜）

机构编制工作

【概况】 2023年，萧山区委编办服务保障开发区体制机制优化调整，推进“大综合一体化”行政执法改革和社会治理体系改革。健全完善机构编制管理制度，优化机构编制资源配置，提高使用效率，加强机构编制监督检查。在全省率先创设新型研发机构高层次人才“编制池”，做好事业单位登记管理工作。

【基层智治体系迭代完善】 2023年，萧山区整合区社会治理中心（区综合信息指挥中心）、区城市智治中心职责，实行一套班子、三块牌子。理顺区社会治理中心（城市智治中心）与区委政法委、区委社会建设委员会、区信访局等8个部门的职责分工，进一步优化调整中心内设机构，合理配置人员编制。

【开发区及平台体制机制优化】 2023年，萧山区委编办做好萧山经济技术开发区社会事务管理职能剥离的后续工作，重新印发开发区管委会“三定”规定，优化完善科级机构设置。萧山区委编办配合区委改革办做好临空经济示范区社会事务管理职能剥离的事项清单梳理工作，形成涉及平安综治、卫生健康、城市管理等10项社会事务事项清单；通过属地街道周转用编等形式，保障社会事务平稳承接。

【民生领域机构编制保障】 2023年，萧山区批复设立12所中小学、幼儿园，按标准核定领导职数，并提前预核编，确保新建学校教学需求。顺利推进疾控体系改革，在区卫生健康局加挂区疾病预防控制局牌子，批复设立盈丰街道社区卫生服务中心，按标准核增部分区级公立医院领导职数。

【镇（街道）编制周转使用管理】 2023年，萧山区印发《杭州市萧山区镇（街道）行政事业编制周转使用管理细则（试行）》，明确申请使用的对象范围、条件、程序和监督管理等规范要求。建立镇（街道）编制“周转池”，以镇（街道）现有核定行政事业编制的5%为基数，通过深化改革、上收空编使用权等方式予以统筹调配，加大对重点镇（街道）、队伍年龄结构老化、引进高层次人才和关键性岗位接替等情形的机构编制保障力度。

【关键领域机构设置调整】 2023年，萧山区在湘湖国家旅游度假区管委会增设风景园林等内设机构，助推湘湖国家旅游度假区系统提升。通过系统内编制置换，增设区综合行政执法大队湘湖景区中队。保障益农化工区块应急消防管理，在萧山经济技术开发区管委会增加相应机构及人员编制。做好区互联网违法和不良信息举报中心、萧山区知识产权保护中心等挂牌工作，调整区级综合考评、区委财经委员会办公室等机构设置。撤销职能弱化的萧山工业研究院、清华长三角研究院萧山生物工程中心等机构，设立区战略研究中心等事业机构。配合区司法局合法性审查中心机构编制保障。

【编外用工管理】 2023年，萧山区将全区机关事业单位近三年空余编外用工管控数74名（按照闲置率50%予以收回）纳入全区编外用工管控数“周转池”，破解编制总量控制与刚性需求之间的矛盾。11月，配合中央编办、财政部编外用工联合调研组调研。

【机构编制管理制度】 2023年，萧山区印发《杭州市萧山区镇（街道）行政事业编制周转使用管理细则（试行）》《萧山区机关事业单位编制使用管理办法（试行）》《关于完善萧山区机关事业单位编外用工联动监管体系的通知》《杭州市萧山区机关事业单位编外用工管控数周转管理细则（试行）》等，推进机构编制法治化建设。

【机构编制监督检查】 2023年，萧山区根据十五届省委第一轮巡视整改工作要求，对挂牌机构和议事协调机构单独核定的领导职数全部予以核减，印发《关于调整区委办等部门单位领导职数的通知》，不再保留区委机要局副局长、区保密局副局长等9名领导职数。进一步加强与巡察机构、审计部门协作配合，与巡察同步开展机构编制监督检查，涉及区发改局、楼塔镇人民政府等16家单位；为领导干部经济责任审计提供4家单位机构编制工作情况。

【新型研发机构高层次人才“编制池”创设】 2023年，萧山区在全省率先创设新型研发机构高层次人才“编制池”，支持新型研发机构发展。萧山区明确“编制池”使用范围为专项用于登记设立在萧山区的新型研发机构引进具有区外事业身份并符合杭州市E类以上高层次人才认定标准的人才。统筹20名周转事业编制注入“编制池”，实行专编专用、动态管理。强化“编制池”规范管理，建立高层次人才入院条件、程序、待遇、保障、公共服务、流动退出等机制。完善“编制池”配套政策，牵头拟订《萧山区新型研发机构高层次人才“编制池”使用管理办法（试行）》，协助组织、人社等部门拟订萧山人才院入院人才管理办法、入院期满评估认定办法。

【事业单位登记管理】 2023年，萧山区委编办完成2022年度455家事业单位法人年度报告公示工作。全面清理应注销未注销事业单位，督促完成注销，清理完成应注销未注销事业单位25家。全区全年新设立事业单位17家，变更登记83家，注销登记27家，证书补换领114家。机关统一社会信用代码证换领25家，初领3家。

（李　健）

党校工作

【概况】 2023年，市委党校萧山分校举办培训班109期，参训1.6万人次。开设授课专题79堂，开展理论宣讲284场，受众2.5万人次。课题立项27项。论文获奖19项。发表文章18篇。出刊《领导参阅》11期。

【干部教育培训】 2023年，市委党校萧山分校举办主体班9期。3月，举办3期区管干部学习贯彻中共二十大精神专题研讨班，1174人参训。同月，举办区村（社区）党组织书记集中轮训班，564人参训。5月，举办区管干部学习贯彻习近平新时代中国特色社会主义思想进修班，40人参训。10月，举办区新录用公务员初任培训班，80人参训。10月，举办区驻村锻炼选调生素质能力提升班，37人参训。11月，举办区优秀年轻干部理想信念教育专题研讨班，31人参训。12月，举办区事业人员培训班，129人参训。会同区委组织部举办9期

2023年12月5日，中共杭州市委党校萧山区分校（区行政学校）新校区开工建设　（产发集团　提供）

萧山“潮学堂”，开展“潮治理、潮文旅、潮农村、潮经济、潮城市”等专业能力提升培训，4000人参训。

【服务基层建设】2023年，市委党校萧山分校抓好基层党员干部培训，举办10期周末党课暨城厢街道党员干部轮训，1800人参训。6月起，举办第三季村（社区）书记“头雁学堂”，开设经济研学、农村（社区）提升等7个班次，招录学员160人，开课56次。加强基层阵地建设，健全完善镇（街道）党校、村（社区）微党校、现场教学点联动机制，新增区卫健局、区第一人民医院医共体、戴村镇佛山村3家微党校。瓜沥镇梅林村、传化集团被省委组织部及省委党校评为“学习贯彻习近平新时代中国特色社会主义思想现场教学示范点”。

【教科研成果】2023年，市委党校萧山分校获全省党校系统2022—2023年度科研工作进步奖，社会组、政治组2个学科团队分别获评全市党校系统优秀创新团队、优秀科研资政团队。课题立项27项，其中，省委党校课题5项，省社会主义学院课题1项，市哲学社科规划课题1项，市委党校课题17项，市社科联课题1项，区社科联课题2项。论文获奖19项。发表文章18篇。出刊《领导参阅》11期，获领导批示17次，1篇咨政报告被省社会主义学院《咨政参考》录用。开发新课10堂，1堂课入选省委党校“浙里好课”。

【新校园建设】2023年，市委党校萧山分校新校区正式动工建设。新校址位于戴村镇，东至规划河道绿化，南至七都溪河道绿化，西至云许线，北至现状工业厂房，占地3.6万平方米，总建筑面积5.03万平方米，其中地上建筑面积3.54万平方米、地下建筑面积1.49万平方米。建有教学楼、报告厅、行政楼、学员宿舍楼、文体馆、食堂等8栋主体建筑，可同时容纳600余人学习培训。项目概算总投资4.38亿元，建安工程合同价1.985亿元，合同工期700日历天，由杭州萧山产发集团有限公司代建，浙江国丰集团有限公司中标承建，浙江元正工程管理有限公司监理。

（邹欣芮）

老干部工作

【概况】2023年末，萧山区有离休干部51人（含易地安置1人、挂靠在萧山单位1人），较上年减少28人。其中，省市垂直管理3人，杭州市属地委托管理8人，区属转制企业由老干部局直接管理11人，萧山安置到外地2人；中共党员30人，抗日战争时期参加革命3人，解放战争时期参加革命48人；经批准享受“地专级”“地专两项待遇级”政治、生活待遇1人，享受县（处）级政治、生活待遇1人，一般离休干部50人。老干部局管辖的区级退休老领导60人，其中杭州市局级退休安置到萧山2人。年内，全区离休干部和区级退休干部70余人参加健康体检。

【中国关工委领导调研萧山企业】2023年11月22日，中国关工委常务副主任鲁勇到萧山区调研民企关工委建设工作，参观考察鲁冠球精神展陈馆，了解万向集团的创业历程和创新实践，鲁冠球创业的“三创”精神、“听党话、跟党走”、反哺“三农”、践行“共富”等情怀。

【萧山区老干部迎亚运大型广场主题活动】2023年5月30日上午，“喜迎亚运，老少助力”——萧山区老干部迎亚运大型广场主题活动在萧山体育中心举行。区老干部志愿者联合会专业志愿服务队队长、志愿服务队成员、老年大学社团代表、区关工委“红领巾宣讲员”代表等400余人参加活动，发挥老干部助力亚运盛会的独特优势，营造老干部支持亚运、服务亚运、奉献亚运的浓厚氛围。

【离退休干部慰问】2023年春节和暑期高温期间，区委领导走访、看望老干部及部分困难遗属。深化局机关干部分组联系离退休干部制度，由班子成员带队分头深入离休干部家中走访了解情况，听取意见建议。全年走访慰问老同志500余人次，其中春节慰问150余人次、高温慰问80余人次，协调就医就诊70余人次。

【杭州市“游基地学党史，迎亚运展风采”“五老”宣讲员、红领巾宣讲员风采展示活动】2023年8月24日，杭州市“游基地学党史，迎亚运展风采”“五老”宣讲员、红领巾宣讲员风采展示活动在萧山举办，来自13个区、县（市）和西湖风景名胜区管委会的“五老”宣讲员和红领巾宣讲员开展宣讲。

【8个离退休干部党支部获评全省优秀】2023年，萧山区部署离退休干部“三强六好”示范党支部创建活动，杭州市公安局萧山区分局离退休干部第二党支部、杭州市萧山区市场监督管理局离退休干部第六党支部、杭州市萧山区商务局离退休干部第二党支部、杭州市萧山区文化和广电旅游体育局机关离退休党支部、杭州市萧山区人力资源和社会保障局退休干部党支部、杭州市萧山区人民检察院机关第十党支部、萧山经济技术开发

区机关退休党支部、杭州市萧山区临浦镇机关行政退休干部党支部 8 个党支部获评全省首批离退休干部“三强六好”示范党支部。

【“金秋驿站”星级评定】 2023 年 7 月，萧山区根据《萧山区离退休干部“金秋驿站”选培行动计划（2022—2025 年）》方案，出台《萧山区“金秋驿站”星级评定工作方案》，全年新建区级“金秋驿站”22 家，评定萧山区四星级“金秋驿站”9 家、三星级“金秋驿站”4 家。至年底，全区正常运行的“金秋驿站”35 家，全年围绕“党建＋正能量”主题，组织活动 1000 场次，参与老干部 2 万余人次，成为凝聚老干部力量、发挥老干部作用的重要阵地。

（汪　祥）

党史研究

【概况】 2023 年，萧山区委党史研究室精编萧山党史学习教育地方教材，转化萧山践行“八八战略”口述历史访谈成果，主办“金萧支队在杭州”学术研讨会。形成《习近平的萧山足迹》与《萧山记忆》第十三、第十四、第十五辑 4 本著作，计 48 万字。

【党史正本编研】 2023 年，萧山区委党史研究室确定《中国共产党萧山历史（1978—2012）》撰写大纲，增补 2002—2012 年基础资料，完备萧山党史理论体系。至年底，大部分内容形成初稿。

【《习近平的萧山足迹》编印】 2023 年，萧山区委党史研究室以习近平同志在浙江工作期间 17 次考察调研萧山为脉络，收集整理大量历史资料，编写《习近平的萧山足迹》，分为珍贵足迹、重要讲话、重要指示批示、深度报道、口述访谈、资料汇编 6 个部分，时间跨度为 2002 年至 2023 年 5 月，凸显习近平同志对萧山一以贯之的关心关怀，成为全区重要资政资料和学习贯彻习近平新时代中国特色社会主义思想主题教育的特色教材。打造“循迹溯源”精品路线 4 条。同步撰写《习近平的杭州足迹》萧山篇章内容。

【萧山践行“八八战略”口述历史项目成果转化】 2023 年，萧山区委党史研究室转化口述历史项目成果，全文以《萧山记忆》第十三、第十四、第十五辑的形式出版发行。选取徐冠巨、朱重庆、施加农等习近平同志调研萧山的亲历者和萧山践行“八八战略”的参与者为对象，制作萧山践行“八八战略”系列短视频，在“学习强国”学习平台发布，在“萧山发布”视频号和客户端播出，获区党建短视频大赛三等奖。在“潮新闻”客户端和“萧山发布”客户端持续刊发“口述声声廿萧山”专栏，完成全部访谈成果（节选）刊登，单篇阅读量突破 58 万人次。先进经验刊登于省委党史和文献研究室期刊《足迹》。

【“金萧支队在杭州”学术研讨会】 2023 年，萧山区委党史研究室主办“金萧支队在杭州”学术研讨会，纪念新四军浙东游击纵队金萧支队成立 80 周年暨浙东人民解放军金萧游击支队成立 75 周年，开展学术研讨，赓续红色基因。

【省党史教育基地数字化项目申报】 2023 年，萧山区委党史研究室申报省党史教育基地数字化项目，衙前农民运动纪念馆入选。至年底，完成衙前农民运动纪念馆的数字化展陈拍摄，形成视频初稿。

【《七条红色资源传承保护带》丛书撰写】 2023 年，萧山区委党史研究室参与省委党史研究室《七条红色资源传承保护带》丛书萧山内容的撰写。从简介、历史、人物、故事、传承 5 个维度，解析衙前农民运动史迹群、瓜沥镇梅林村、杭州国际博览中心、跨湖桥遗址博物馆、萧山围垦历史陈列馆、鲁冠球精神展陈馆 6 个点位。

（李　璐）

2023 年 5 月 5 日，萧山解放 74 周年纪念日，市民在金萧支队萧山纪念馆参观 （郑剑平　摄）

责任编辑：孙淑桢

杭州市萧山区人民代表大会

综述

【区人大主要工作】 2023年1月31日至2月2日，萧山区第十七届人民代表大会第二次会议召开。全年举行常委会会议10次，听取和审议专项工作报告19个，召开主任会议24次，组织视察活动4次，作出决议决定10项，任免国家机关工作人员242人次，圆满完成区十七届人大二次会议确定的各项目标任务。

【代表建议】 2023年，萧山区第十七届人民代表大会第二次会议期间，区人大代表向区政府提出建议215件，至年底全部办理完毕并书面答复代表。代表提出的问题、意见、要求，得到解决的（A类）142件，占66%；部分解决或意见被采纳并列入计划逐步解决的（B类）46件，占21.4%；因受条件限制或其他原因需要以后解决的（C类）26件，占12.1%；无法解决或留作参考的（D类）1件，占0.5%。代表对建议办理态度满意率100%，对办理结果答复满意率100%。

（金　超）

重要会议

【区第十七届人民代表大会第二次会议】 2023年1月31日至2月2日，萧山区第十七届人民代表大会第二次会议在萧山剧院召开。应出席会议代表432人，实到代表424人，列席人员

2023年1月31日，杭州市萧山区第十七届人民代表大会第二次会议开幕　（范方斌　摄）

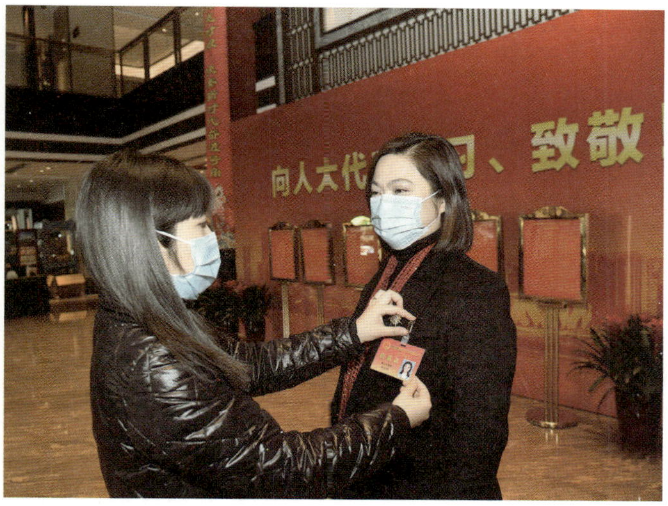

2023 年 1 月 30 日，区人大代表到两会驻地报到

（范方斌　摄）

121 人。会议听取并审议区人民政府区长姜永柱所作的《政府工作报告》，审查并批准区发展和改革局受区人民政府委托提交的《关于杭州市萧山区 2022 年国民经济和社会发展计划执行情况与 2023 年国民经济和社会发展计划草案的报告》，审查并批准区财政局受区人民政府委托提交的《关于杭州市萧山区 2022 年全区和区级预算执行情况及 2023 年全区和区级预算草案的报告》，听取和审议区人大常委会主任赵立明所作的《萧山区人民代表大会常务委员会工作报告》，听取和审议区人民法院院长何敏所作的《萧山区人民法院工作报告》，听取和审议区人民检察院检察长王玉珹所作的《萧山区人民检察院工作报告》。会议投票补选区第十七届人大常委会委员，对区政府 2022 年度民生实事项目完成情况进行满意度测评，票决产生区政府 2023 年度民生实事项目，表决通过大会各项决议和《关于开展“人大代表作表率，助力发展显担当”主题活动的决议》《杭州市萧山区人民代表大会议事规则（修订草案）》。

【区第十七届人大常委会会议】 2023 年，萧山区第十七届人大常委会召开常委会会议 10 次。1 月 17 日，区第十七届人大常委会举行第七次会议。2 月 2 日，区第十七届人大常委会举行第八次会议。2 月 28 日，区第十七届人大常委会举行第九次会议。3 月 31 日，区第十七届人大常委会举行第十次会议。5 月 31 日，区第十七届人大常委会举行第十一次会议。6 月 15 日，区第十七届人大常委会举行第十二次会议。7 月 28 日，区第十七届人大常委会举行第十三次会议。9 月 13 日，区第十七届人大常委会举行第十四次会议。11 月 29 日，区第十七届人大常委会举行第十五次会议。12 月 27 日，区第十七届人大常委会举行第十六次会议。

【人大法治讲座】 2023 年 3 月 23 日，萧山区人大常委会举行第五期法治讲座，邀请浙江天册律师事务所主任、原中华全国律师协会副会长章靖忠作题为《民营经济法律保护》的专题辅导。6 月 26 日，区人大常委会举行第六期法治讲座，邀请浙江工商大学浙商研究院副院长舒瑶芝作题为《杭州市优化营商环境条例》的专题辅导。8 月 28 日，区人大常委会举行第七期法治讲座，邀请省政府法律顾问、浙江大学法与经济研究所所长、教授翁国民作题为《科技创新的法治保障》的专题辅导。11 月 16 日，区人大常委会举办第八期法治讲座，邀请浙江立法研究院、浙江大学立法研究院院长，浙江大学光华法学院教授郑春燕作题为《公共数据处理的法治边界》的专题辅导。

（金　超）

重大事项决定

【决定召开区第十七届人民代表大会第二次会议】 2023 年 1 月 17 日，萧山区第十七届人民代表大会常务委员会第七次会议决定于 2023 年 1 月底或 2 月初在萧山剧院召开萧山区第十七届人民代表大会第二次会议。

【同意 2023 年政府本级重大投资建设项目计划】 2023 年 3 月 31 日，萧山区第十七届人民代表大会常务委员会第十次会议听取并审议《萧山区 2023 年政府本级重大投资建设项目计划（草案）》及情况说明，同意相关项目正式转入工程实施阶段。

【代表建议重点督办】 2023 年 3 月 31 日，萧山区第十七届人民代表大会常务委员会第十次会议通过《关于重点督办“打赢经济翻身仗，实现发展高质量”系列代表建议的决定》。

【批准 2022 年财政总决算和区级财政决算】 2023 年 7 月 28 日，萧山区第十七届人民代表大会常务委员会第十三次会议对 2022 年全区财政总决算和区级财政决算情况进行审查，决定批准 2022 年财政总决算和区级财政决算。

【同意 2023 年全区和区级预算调整及政府新增债务预算方案】 2023 年 9 月 13 日，萧山区第十七届人民代表大会常务委员会第十四次会议听取并审议《关于 2023 年全区和区级预算调整及政府新增债务预算方案的报告》，决定同意 2023 年全区和区级财政预算调整及政府新增债务预算方案。

【同意萧山区 2023 年政府新增债务预算调整及政府性基金预算调整方案】 2023 年 11 月 29 日，萧山区第十七届人民代表大会常务委员会第十五次会议听取并审议《关于萧山区 2023 年政府新增债务预算调整及政府性基金预算调整方案的报告》，决定同意全区 2023 年政府新增债务预算调整及政府性基金预算调整方案。

【决定召开区第十七届人民代表大会第三次会议】 2023 年 12 月 27 日，萧山区第十七届人民代表大会常务委员会第十六次会议决定于 2024 年 1 月中下旬在萧山剧院召开萧山区第十七届人民代表大会第三次会议。

（金　超）

表 9　2023 年萧山区第十七届人大常委会会议一览表

会议名称	会议时间	会　议　议　题
区第十七届人大常委会第七次会议	1 月 17 日	审议通过区第十七届人大二次会议有关事项
区第十七届人大常委会第八次会议	2 月 2 日	审议通过市第十四届人大代表辞职事项；审议通过人事任免事项
区第十七届人大常委会第九次会议	2 月 28 日	审议通过区第十七届人大监察和法制司法委、社会建设委委员任免事项；审议通过区人民代表大会社会建设委工作职责；审议并决定区第十七届人大常委会各工委委员
区第十七届人大常委会第十次会议	3 月 31 日	听取和审议区本级政府重大投资项目计划的报告；听取和审议街道人大工委年度工作报告
区第十七届人大常委会第十一次会议	5 月 31 日	听取和审议法治政府建设情况的报告并开展政府工作部门向人大常委会述法评议；听取和审议区总部经济发展情况的报告；听取和审议环境状况和环境保护目标完成情况的报告
区第十七届人大常委会第十二次会议	6 月 15 日	审议通过人事任免事项；听取和审议区人大常委会 2023 年重点督办建议办理进度情况的报告
区第十七届人大常委会第十三次会议	7 月 28 日	听取和审议“十四五”规划中期评估报告；听取和审议上半年国民经济计划执行情况的报告；听取和审议上半年财政预算执行情况的报告；听取和审议 2022 年财政总决算和区本级决算的报告；听取和审议区本级财政预算执行情况和其他财政收支审计工作的报告并开展询问；听取和审议全域推进城乡社区现代化建设三年行动计划推进情况的报告
区第十七届人大常委会第十四次会议	9 月 13 日	听取和审议刑事检察工作情况的报告并开展部分检察官履职评议；听取和审议区国有自然资源资产管理情况的报告；听取和审议全区综合交通“补链强链”情况暨临空经济示范区综合交通体系规划建设情况的报告
区第十七届人大常委会第十五次会议	11 月 29 日	听取和审议审计反映问题落实整改情况的报告；听取和审议区第十七届人大二次会议代表建议办理情况的报告并开展绩效评估；听取和审议区大运河国家文化公园建设工作推进情况的报告；听取和审议区发展壮大村级集体经济情况的报告
区第十七届人大常委会第十六次会议	12 月 27 日	审议通过关于召开区第十七届人大三次会议的决定草案；审议通过区第十七届人大三次会议指导思想草案、议程草案；审议通过人事任免事项

（资料来源：区人大常委会）

人事任免

【概况】 2023 年，萧山区人大常委会任命区人大专门委员会副主任委员 2 人、委员 2 人，免去区人大专门委员会委员 1 人；任命区人大常委会工作委员会主任 3 人、副主任 3 人，免去区人大常委会工作委员会主任 3 人、副主任 3 人；任命区人大常委会街道工作委员会主任 2 人，免去区人大常委会街道工作委员会主任 2 人；决定任命区人民政府副区长 2 人，决定免去区人民政府副区长 1 人；决定任命区人民政府组成部门主要负责人 7 人，决定免去区人民政府组成部门主要负责人 7 人；任命区监察委员会副主任1人、委员2人，免去区监察委员会副主任1人、委员2人；任命区人民法院副院长1人、审判委员会委员4人、庭长5人、副庭长17人、审判员8人，免去区人民法院副院长1人、审判委员会委员1人、庭长5人、副庭长24人、审判员10人；任命区人民检察院副检察长1人、检察委员会委员1人、检察员2人，免去区人民检察院副检察长1人、检察委员会委员2人、检察员2人。

（金　超）

表10　2023年萧山区人民政府组成人员职务任免一览表

时　间	会　　议	任免	姓　名	任　免　职　务
1月17日	区第十七届人大常委会第七次会议	免去	吴为东	区人民政府副区长
2月2日	区第十七届人大常委会第八次会议	任命	吴金炉	区科学技术局局长
2月2日	区第十七届人大常委会第八次会议	免去	汪新来	区科学技术局局长
2月28日	区第十七届人大常委会第九次会议	任命	朱国军	区人民政府副区长
6月15日	区第十七届人大常委会第十二次会议	任命	骆　军	区发展和改革局局长
6月15日	区第十七届人大常委会第十二次会议	任命	何　佳	区人力资源和社会保障局局长
6月15日	区第十七届人大常委会第十二次会议	任命	高　伟	区投资促进局局长
6月15日	区第十七届人大常委会第十二次会议	免去	俞万昌	区发展和改革局局长
6月15日	区第十七届人大常委会第十二次会议	免去	骆　军	区投资促进局局长
6月15日	区第十七届人大常委会第十二次会议	免去	吴琴芳	区人力资源和社会保障局局长
11月29日	区第十七届人大常委会第十五次会议	任命	辜应强	区人民政府副区长（贵州省来杭州挂职干部）
11月29日	区第十七届人大常委会第十五次会议	任命	鲍燚婷	区住房和城乡建设局局长
11月29日	区第十七届人大常委会第十五次会议	任命	吕　意	区市场监督管理局局长
11月29日	区第十七届人大常委会第十五次会议	任命	鲍　宋	市医疗保障局萧山分局局长
11月29日	区第十七届人大常委会第十五次会议	免去	邵生华	区住房和城乡建设局局长
11月29日	区第十七届人大常委会第十五次会议	免去	沈秋羊	区市场监督管理局局长
11月29日	区第十七届人大常委会第十五次会议	免去	张云发	市医疗保障局萧山分局局长

（资料来源：区人大常委会）

依法监督

【概况】2023年，萧山区人大常委会以高质量监督推动高质量发展。重点督办“打赢经济翻身仗，实现发展高质量”系列代表建议，围绕省委三个“一号工程”，综合运用听取审议专项报告、主题接待、课题调研等形式，跟踪建议落地落实。把听取审议法治政府建设报告与部门述法深度结合，选择区发改局、区市场监管局、规划资源萧山分局向区人大常委会报告依法行政工作。开展预算编制“三审制”工作，听取审议财政决算、计划执行、审计等报告，深化指定监督工作，听取审议国有自然资源资产管理情况报告并开展满意度测评。听取审议“十四五”规划纲要实施中期评估报告，连续两年跟进区委“兵团化”会战部署，听取临空“兵团”工作情况。

【视察调研】2023年4月19日，萧山区人大常委会视察派出所工作标准化建设情况。视察组实地查看城厢派出所、钱江世纪城派出所，听取区公安分局的情况汇报。6月7日，区人大常委会视察临空“兵团”工作情况。视察组实地查看生物科技谷征迁建设现场、杭州大会展中心一期项目现场，听取临空经济示范区有关情况汇报。7月13日，区人大常委会视察城区南部基础设施配套完善情况。视察组实地查看萧然西路提升改造及随路雨污管网建设工程、浙江大学医学院附属第二医院萧山院区建设及周边配套情况、向旭路公铁立交项目，听取区住建局的情况汇报。10月19日，区人大常委会视察区内高质量就业创业体系建设情况。视察组实地查看钱江世纪城Will Space创业陪跑空间，听取区人社局有关情况汇报。

【执法检查】2023年4月10日，萧山区人大常委会陪同省人大常委会副主任刘忻开展《浙江省全民健身条例》执法检查。执法检查组实地察看戴村滑翔伞、三清园户外公园、帐篷营地等体育产业发展情况，详细了解项目场所建设和运营情况。4月，区人大常委会开展《中华人民共和国噪声污染防治法》“一法一条例”联动执法检查，通过网络调查收集调查数据1578份，开展昼、夜实体执法检查活动2场，破解彩虹高架（涝湖村段）交通噪声扰民等问题。5月，区人大常委会开展《杭州市居家养老服务条例》执法检查活动。执法检查组实地走访区民政局和北干街道、临浦镇、盈丰街道、闻堰街道、浦阳镇等多家居家养老服务场所，与区养老行业协会、居家养老服务机构和镇（街道）分管负责人等集中座谈交流，专题听取相关部门单位职责落实情况。

【区综合行政执法局行政执法工作评议】2023年12月14日，萧山区人大常委会召开区综合行政执法局行政执法工作评议会议。会议要求，区综合行政执法局要持续巩固亚运工作成果，进一步补齐在城市面貌、城市品质等方面短板，不断提高综合行政执法水平，为萧山打造现代化国际大都市中心城区作出更大贡献。区政府要发挥好牵头抓总作用，其他相关部门要积极配合、给予支持。区人大常委会各工委、各镇（街道）人大要持续加强跟踪督导，确保工作形成闭环，取得实效。

【指定监督】2023年10月26日，萧山区第十七届人大常委会举行第41次主任会议，专题听取区财政局关于市生态环境局萧山分局部门整体支出、教育共富2个重点绩效评价项目情况的报告和区审计局关于全区区属国有企业存量土地资源情况专项审计调查报告。会议要求，区政府及相关部门对报告中指出的问题要进行全面梳理，落实主体责任，限期完成整改。健全存量土地资源开发利用区级统筹机制，定期协调、解决做地主体与其他部门、单位的问题症结，妥善解决历史遗留问题，特别是要尽快出台村级留用地开发管理政策。严格执行预算法规等法定程序，提高预算编制合理性，推进支出标准科学化。要深入分析研究典型问题，把整改结果延伸运用到其他部门，完善长效机制，堵上管理漏洞，进一步加强对财政资金的绩效管理。加强前期调研，明确专门针对合作办学和改革试验区的顶层设计、长期规划，加大考核力度，加强专项资金管理，保持教育改革创新初心，更有效地将两个项目纳入教育事业发展总体布局。

【预算草案“三审制”】2023年12月21日，萧山区人大常委会举行2024年度预算草案“三审制”工作动员会。区商务局、区卫健局、区交通运输局的2024年度财政预算草案列入区人大常委会重点审查。

（金　超）

重点督办建议

【概况】2023年，萧山区第十七届人民代表大会常务委员会第十次会议决定，将有关“打赢经济翻身仗，实现发展高质量”系列代表建议列为区人大常委会2023年重点督办建议。截至年末，19件重点督办建议全部完成答复办理。另经区人大常委会主任会议研究，确定15件建议由区人大常委会领导和各委办重点督办。

【重点督办建议专题推进会】2023年6月15日，萧山区第十七届人民代表大会常务委员会第十二次会议专题听取2023年重点督办建议办理情况。会议要求，区政府及相关承办部门要把办理好重点督办建议作为一项政治任务，持之以恒抓好办理工作，认真总结经验，建立长效机制，为人代会期间代表建议办理工作树立标杆，确保实现办理质量和办理结果满意率“双提升”；要进一步提高工作标准，强化效果导向，持续推动办理工作取得新成效，通过以点带面推动解决一批重点难点问题；要将建议办理视为落实工作的新起点，对建议办理工作开展经常性“回头看”，及时体现阶段性办理成果。

（金　超）

人大工作委员会

【监察和法制司法工作委员会】 2023年，萧山区人大常委会监察和法制司法工作委员会围绕省委三个“一号工程”和区委“打好经济翻身仗”中心工作，选择区发改局、市场监管局、规划资源局开展部门述法，以法治化手段进一步优化营商环境。抓牢司法监督工作主线，听取和审议区检察院刑事检察工作，提出多条针对性建议，着力提高刑事检察司法公信力。迭代升级常委会基层立法联系点场地建设，指导宁新村立法联系点开展工作，让“街谈巷议”成为“法言法语”。全面完善规范性文件备案审查工作程序，不断提升备案审查能力与质量，完成审查规范性文件13件。

【财政经济工作委员会】 2023年，萧山区人大常委会财政经济工作委员会进一步发挥“指定监督”作用，首次以部门整体绩效为对象，对市生态环境局萧山分局预算绩效进行评价，对高校合作办学、教育综合改革试验区项目打包进行绩效评价，督促政府举一反三予以整改落实。组织专家、相关工委对政府重大投资项目开展审查，提出优化建议91条，以清单形式要求区发改局及业主单位吸纳改进。发挥“人大＋审计”联动效应，指定审计部门对区属国有企业存量土地资源情况进行专项审计调查，调查报告获区委主要领导批示。汇总梳理“助企送服务，冲刺开门红”主题接待活动收集到的政策引导、要素保障、环境改善、企业诉求等四大类36条建议，形成专报供区委参考，交区政府落实。

【代表工作委员会】 2023年，萧山区人大常委会代表工作委员会持续深耕数字化，深化基层单元场景建设，优化升级代表履职积分赋分规则。镇（街道）人大工作应用场景通过市人大技术评估论证并在全市推广，进一步明确镇（街道）人大“必须为”和“应该为”的规定动作及流程。打造以区总站为龙头、镇（街道）中心站为辐射、村（社区）联络站为触角的代表联络站网络体系。持续深化“两个密切联系”制度，保障代表依法履职，首次对代表建议办理工作开展“回头看”，确保建议真落实、代表真满意、人民真受益。

【教育科学文化卫生和民族宗教侨务工作委员会】 2023年，萧山区人大常委会教育科学文化卫生和民族宗教侨务工作委员会组织开展“同迎亚运·共建文明”专项行动，发动全体人大代表争当文明行为“监督员”，动员代表带头参与“我为亚运添光彩”志愿者活动。赴北京大学信息技术高等研究院、省COMS集成电路创新中心、浙江大胜达包装股份有限公司、浙江地芯引力科技有限公司、西安电子科技大学杭州研究院等开展调研，调查科技成果转移转化状况。对大运河国家文化公园全线进行实地踏勘，开展座谈交流，助推大运河国家文化公园建设。

【城建环保工作委员会】 2023年，萧山区人大常委会城建环保工作委员会召开“村（社区）环境专项监督行动”推进部署会，针对市容市貌、交通违章、乱搭乱建等问题，开展常态化巡查，发现、交办、整改问题200余个，促进亚运城市侧环境提升。首次以“专题询问＋网络直播”形式听取审议环境状况和环境保护目标完成情况报告。聚焦交通强区建设，实地查看项目现场，推动萧山东部镇（街道）与主城区链接快速路和临空经济示范区主次干道建设，完善临浦镇、瓜沥镇等轨道交通规划布局等。聚焦城区南部基础设施配套，推动萧然西路建设，助力完善浙江大学医学院附属第二医院萧山院区周边配套。

【农业和农村工作委员会】 2023年，萧山区人大常委会农业和农村工作委员会开展“发展壮大村级集体经济”调研活动，促成村级集体经济发展不平衡、农业设施用地落地难、村级留用地开发建设难等问题破题，推动《萧山区强村公司规范发展指导细则》修订出台。开展农业“双强”专项调查，走访农口单位和农业经营主体，提出要重视围垦土地管理、巩固“非粮化”整治成果、完善产业用地亩均税收政策等建议，助推“科技＋农业”高质量发展。

【社会建设工作委员会】 2023年，萧山区人大常委会社会建设工作委员会围绕“构建高质量就业创业体系，打造共同富裕标志性成果”的具体要求，实地调研大学生创业园、新希望职业培训学校、零点工坊、市级创业陪跑空间等，提出完善创业扶持政策、放大就业倍增效应、发挥人才引领作用等建议。专题走访调研区民政局，组织社会建设委员会委员、专业代表开展实地调研并座谈，提出加快推动空间资源整合、健全经社分离运行机制等建议，助力高质量推进现代社区建设。

（金　超）

责任编辑：孙淑桢

杭州市萧山区人民政府

综述

【区政府主要工作】 2023年，萧山区全面贯彻中共二十大精神和习近平总书记考察浙江重要讲话精神，忠实践行“八八战略”，推进三个“一号工程”和“十项重大工程”，打好“两场硬仗”（经济翻身仗、亚运攻坚仗），干好“三件大事”（坚决打好经济翻身仗，全力保障亚运攻坚仗，加快走好共同富裕路），交出稳进提质、争先进位的高分答卷。地区生产总值2231亿元，增长5.8%；财政总收入567亿元，增长10.1%；一般公共预算收入332亿元，增长4.3%；城乡居民人均可支配收入分别为81655元、52719元，收入倍差缩小至1.55。三个“一号工程”和“十项重大工程”获评“五星”数量位居全省前列。促消费，推进质量和知识产权保护。深化县域医共体改革，推进高水平县级医院建设。实施学前教育提升行动计划4项工作，获省政府督查激励。

2023年6月15日，萧山区召开亚运倒计时100天暨“当好东道主　奋战一百天”亚运保障总动员誓师大会（范方斌　摄）

资料：

“十项重大工程”：省政府工作报告提出的扩大有效投资“千项万亿”工程、“415X”先进制造业集群培育工程、“315”科技创新体系建设工程、服务业高质量发展“百千万”工程、世界一流强港和交通强省建设工程、县城承载能力提升和深化“千村示范、万村整治”工程、跨乡镇土地综合整治工程、文旅深度融合工程、绿色低碳发展和能源保供稳价工程、公共服务“七优享”工程。

【亚运保障有力】 2023年，萧山区贯彻“简约、安全、精彩”办赛要求保障亚运会，全区17个场馆运转顺畅，11个涉亚团队、22个镇（街道）参与保障火炬传递、开（闭）幕式等重大活动。萧山亚运赛事场馆共产生金牌126枚，占金牌总数近三分之一。实施迎亚运“三大提升”（城市品质、城市文明、城市治理）行动，推进“匠心提质绣杭城”专项行动，建成亚洲花卉主题园、城市花海，打造亚运村、奥体中心等。通勤道路、高速入城口、铁路沿线、地铁口全面整治提升，天空“亚运蓝”、城市“亚运绿”成为全时常态。在全省首创“亚运文明驿站”“亚运青年V站”小屋模式，志愿者深入街头巷尾、村（社区）楼宇，累计志愿服务时长超145万小时，37.2万个家庭扮靓“美丽家园”。落实场馆赛后利用“一馆一方案”，举办世界羽联巡回赛总决赛等。萧山区入选省首批赛事集聚县（区）。亚运会主火炬塔“钱江潮涌”和开（闭）幕式演艺项目“湘湖·雅韵”永久落户。世界旅游联盟总部正式启用，第四届联合国世界数据论坛、第二届全球数字贸易博览会等举办。

【经济发展】 2023年，萧山区落实“8＋4”经济政策等一揽子政策，兑现各类政策资金196亿元；新增减税降费及退税缓费超百亿元，减轻企业负担。新增中国500强企业1家、上市企业3家。获得新增债券63.98亿元、中央预算内投资9811万元，居全市首位。4个产业集群入选省级特色产业集群核心区、

2023 年 2 月 21 日，钱江世纪城的地铁 6 号线丰北站、亚运村站正式开通（唐柯 摄）

协同区，数量居全省首位。在全省率先推出新型工业化“十大攻坚行动”，获“浙江制造天工鼎”，入选全省制造业发展示范区。新增省级专精特新中小企业 364 家，总量 492 家，增量、总量均居全省第一。“两化融合”指数（用于衡量信息化和工业化深度融合发展水平的综合性指标）位居全省前三。科技创新指数保持全省第一档次，全社会研发投入强度 3.76%，提升幅度位列全市第一。组建“北斗七星”科创联盟。新增国家高新技术企业 472 家、省科技型中小企业 947 家，新增数量位列全省前三。1 家企业获中国专利奖银奖，3 家企业入围全省创造力百强企业。入选全省首批外国高端人才创新集聚区。入选全省盘活存量资产扩大有效投资区域试点。24 个省“千项万亿”重大项目投资完成率 187.5%，获全省投资赛马激励。固定资产投资 1589.25 亿元，总量位列全省第一，其中工业投资超 160 亿元，创近 10 年新高。招引落地亿元以上项目 73 个，其中百亿级制造业项目 2 个。打响“亚运主赛地 · 消费首选地”品牌，市心路智慧商圈获评省级示范智慧商圈，社会消费品零售总额突破千亿大关，增量贡献全省第一，成为全国首批县域商业领跑县。推进“腾笼换鸟”，连片“腾笼”面积超 1.67 平方千米，工业用地出让面积超 2 平方千米，均创 2015 年以来新高。

资料：

“8 + 4”经济政策：“8”即扩大有效投资、科技创新、“415X”先进制造业集群培育、现代服务业高质量发展、世界一流强港和交通强省建设、扩大内需和对外开放、乡村振兴和城乡一体化发展、保障和改善民生等 8 个重点领域政策包；“4”即财政金融、自然资源、能源、人才等 4 张要素保障清单。

新型工业化“十大攻坚行动”：招大引强三年攻坚行动、“腾笼换鸟 · 凤凰涅槃”三年攻坚行动、工业投资三年攻坚行动、制造业数字化转型三年攻坚行动、数字贸易发展三年攻坚行动、“专精特新”企业培育三年攻坚行动、企业上市三年攻坚行动、人才引育三年攻坚行动、创新赋能三年攻坚行动、工业用地要素保障三年攻坚行动。

【共富探索持续】 2023 年，萧山区完成城中村改造 9 个。全面启动综合交通“补链强链”行动，打通断头路 4 条。建成城市公园 9 个，新增城市绿地 100 万平方米。城厢街道湘湖社区列入国家首批完整社区建设试点名单，北干街道广德社区嵌入式服务设施建设相关做法获中央广播电视总台报道。建成省级未来社区 18 个，创评全省首批现代社区 7 个。萧山区获评和美乡村工作省级优胜；瓜沥镇梅林村作为“千万工程”源起地，成为全国示范样板；临浦镇横一村被列入全国学习运用“千万工程”经验现场推进会考察点。儿童友好乡村创建获全省最佳实践案例。“谢径安 · 传化和美乡村”启动建设。创建省级和美乡村 80 个、省级未来乡村 6 个。创建“四好农村路”全国示范县，交通共富指数保持全省第一。生态环境公众满意度总得分提升幅度位居全省第一。创建省级美丽河湖 2 条，连续三年夺得“大禹鼎”银鼎。民生支出 238 亿元，占一般公共预算支出的 72.6%。城镇新增就业 4.04 万人，帮扶就业困难人员、失业人员实现就业、再就业 1.98 万人。发放救助资金 2.27 亿元。入选全省公办养老机构国企化改制试点区，养老保险参保率稳定在 99.2% 以上。打造“萧然共富”品牌，壮大“共富工坊”矩阵，缩小“三大差距”（城乡居民收入差距、地区差距、城镇贫富财产差距），创新开展“飞地抱团”（一种经济发展模式，通过推动跨市、县、乡、村之间的合作，实现优势互补和资源共享）等区域性共富项目 9 个，所有村集体经营性收入突破 120 万元，萧山区连续两年获评全省共富考核优秀等次。打响“尚学萧山”品牌，建立“1 + N”教育高质量发展政策体系，完成学校建设项目 24 个，新增学位 1.2 万个，通过全国学前教育普及普惠区、全国义务教育优质均衡发展区省级验收，教育信息化发展指数居全省第一。新增百姓健身房 22 家、公共体育场地 20 万平方米，基本形成“10 分钟健身圈”。

资料：

“1 + N”教育高质量发展政策体系：“1”指《萧山教育高质量发展行动方案（2023—2027 年）》，是总领性文件，也是未来萧山教育改革的基本设计和任务清单；“N”指推动高质量发展的一系列配套政策，从多个维度推进教育改革创新，打好教育高质量发展组合拳。

位于浦阳镇的谢径安 · 传化和美乡村项目（范方斌 摄于 2023 年 8 月 16 日）

【省、市、区三级政府民生实事】 2023年，萧山区政府完成涉及萧山的省、市民生实事79项。

省政府民生实事51项。其中，教育助学8项，包括新改扩建公办中小学校3所，符合条件的义务教育段随迁子女在家长常住地100%保障入学，为8.68万名义务教育段学生开展正脊筛查等；医疗卫生5项，包括新建ICU床位40张，新建和改扩建规范化村卫生室（社区卫生服务站）4个，为92267名老年人免费接种流感疫苗等；养老帮困7项，为31个村社居家养老服务照料中心配置智能服务终端，新增认知障碍照护专区床位244张，新增持证养老护理员218人；婴幼儿托育2项，包括新增8个托育机构，1041个托位；就业创业4项，包括开展职业技能培训4.3万人次，新增技能人才13786人，新增高技能人才5472人，建成零工市场2个；城乡宜居6项，包括新建筹集保障性租赁住房13511套（间），开工改造老旧小区10个，新改建农村生活污水处理设施16个等；交通出行4项，包括农村公路新改建8.05千米，完成农村公路养护103.87千米，开通城乡客货邮融合线路1条，新增综合性服务站点3个；文体旅游7项，包括新增“15分钟品质文化生活圈”85个，新建省级基层体育场地设施25个，新增城市书房3家等；便民服务7项，包括跨省门诊慢特病直接结算医院达到48家，新增民生药事服务站3家，创建城乡放心农贸市场8家等；除险保安1项，更新改造灌溉设施50座。

市政府民生实事28项。其中，银龄关爱3项，包括新增认知障碍照护专区床位244张，为独居老年人免费安装“安居守护”智能安全监测设备600户，免费加装燃气安全装置600户；抚幼育苗3项，包括新增托位1041个，组织婴幼儿家长养育技能提升专业课堂186场，新增学位8280个；弱有众扶3项，包括实施孤独症儿童康复救助126人，新增残疾人稳定就业125人，完成重要公共服务场所无障碍改造18处；低碳畅行5项，包括新辟优化城乡公交线路6条，实施响应式公交5条，新建和改造公共领域新能源汽车充电桩325个（城市）等；“救”在身边3项，包括新增公共场所AED（自动体外除颤仪）100台，新（改）建综合性急救站1个，举办青少年防溺水公益培训课144堂；稳岗乐业2项，包括开展职业技能培训2.71万人次，

2023年，萧山区新建77家婴幼儿成长驿站。图为戴村镇三头村婴幼儿成长驿站　　（唐柯　摄于2023年8月3日）

新增11个市级高质量就业社区（村）；安居焕新4项，包括完成城镇老旧小区改造10个，回迁安置5351户，新开工保障性住房5.53万平方米，居民住宅小区二次供水设施改造18个；舒心就医2项，包括开通“互联网+医保”移动支付定点医药机构31家，新建和改扩建规范化村卫生室（社区卫生服务站）4个；一路畅通1项，完成城区交通堵点治理5处；美好家园2项，包括推进老旧小区住宅加装电梯84台，创建“美好家园”住宅示范小区11个。

区政府民生实事十方面39项，具体见年度聚焦类目。

（卫志武）

重要会议

【区政府全体（扩大）会议】 2023年2月3日，萧山区政府十七届二次全体（扩大）会议召开。会议下发《关于分解落实2023年重点工作的通知》《关于分解落实2023年区政府民生实事项目的通知》，并交办政府重点工作任务书。临空经济示范区、区发改局、区商务局、区综合行政执法局、区民政局、临浦镇作表态发言。

会议指出，要清醒客观，正确认识萧山的所处方位。近年，在大事件加持、大平台发力、大项目带动下，萧山高质量动能加速蓄积，反映未来趋势的经济指标向好，但仍要清醒认识到萧山当前问题矛盾依然重重，面临不小的压力和挑战。政府系统更要深刻把握、坚决执行、落实到位，以实际工作成效回馈时代重托、群众期盼。

会议强调，要实干为要，迎来萧山真正的高光时刻。提高站位抓执行、抓落实，增强政治执行力。要不折不扣落实上级党委和区委部署要求，将自身工作纳入全区发展大局、发展战略，以“小干部干大事业”的豪气、“功成不必在我”的底气、“干一事成一事”的志气，努力在重点工作中创出新亮点，在为民服务中取得新成绩。聚焦关键抓执行、抓落实，增强精准行动力。紧盯指标运行、项目招引、“腾笼换鸟”、助企服务，坚决打好经济发展翻身仗，全力推进“百千万”工程；不断增强“责任感”、树牢“系统观”、坚守“人民性”，坚决打好亚运保障攻坚战，全力冲刺亚运会；始终坚持“小切口、大场景”，切实做到“政府主抓、全民参与”，坚决打好民生改善持久战，不断提升满意度。强化统筹抓执行、抓落实，增强全局统筹力。统筹所需与所能，确保资金、土地、能源、政策等资源利用效率最大化；统筹条线与区块，确保部门条线、平台镇（街道）、条线区块实现良性互动；统筹政府与市场，持续推进营商环境优化提升“一号改革工程”，调动社会机构、群众参与积极性；统筹发展与安全，抓好疫情防控，守牢安全生产，防范市场风险。完善机制抓执行、抓落实，增强制度规范力。要完善精准调度机制、清单推进机制、工作闭环机制，确保工作第一时间跟进、结果第一时间反馈，事项跟踪到底、层层落实、销号清零。强化督导抓执行、抓落实，增强指挥鞭策力。要严督查、优考评、明奖惩、破梗阻，充分调动和激发全体干部奋勇争先干事业的责任感、使命感和紧迫感，推动赶超跨越各项工作落实落地、取得实效。

会议要求，要提振精气神，形成人人抓落实的工作局面。政府系统全体干部要主动对标区委“六个先行实践地”的决策部署，以“快”的理念、“争”的勇气、“拼”的劲头、“担”的情怀、“决”的果敢狠抓落实，努力以实际行动践行初心、担当使命，把萧山各项经济社会发展工作做得更好、更实、更有效。

2023年7月25日，萧山区政府十七届三次全体（扩大）会议召开，部署落实区委十六届四次全体（扩大）会议精神，盘点总结上半年工作成绩，研究部署下半年重点任务。会议下发《杭州市萧山区“攻坚三季度、决胜全年红、打赢翻身仗”经济攻坚实施方案》，通报三个“一号工程”“十项重大工程”及上半年省、市、区三级民生实事推进落实情况和下半年工作重点，区发改局汇报上半年经济运行情况。

会议指出，要凝心聚力，全面推动区委全会精神落地落细。强化战略指引，吹响冲锋冲刺的“集结号”。悟透战略逻辑，形成战略共识，推动区委战略愿景尽快转变为萧山现实场景。细化战术安排，打好战略推进“组合拳”。始终坚持创新理念、人民至上、发扬优势、系统集成、问题导向，不断开创事业发展新局面。聚力战役突围，撕开赶超跨越的“突破口”。聚力攻坚腾笼换鸟、招大引强、产业数字化等关键战役，以一域突破带动全域提升。

会议指出，要清醒坚定，客观分析发展形势。深刻认识到，从发展趋势看，“稳”的态势仍未完全确立；从发展环境看，“安”的基础还有未知变数；从发展关系看，“竞”的形态只会更加激烈，切实增强做好各项工作的使命感和紧迫感。

会议强调，要靶向施策，全面争进位，全力夺五星。切实强化“争先进位，不夺五星誓不休”的进取心，以更大力度实施三个“一号工程”和“十项重大工程”，跑出加速度，干出显示度。放大优势，强化支撑，确保优势指标能高则高、多作贡献。聚焦社会零售、外贸、服务业、招商引资、数字经济等重点指标，做到自我加压、再接再厉、勇挑大梁。精准调度，全力挖潜，确保承压指标克服困难、保持平稳。多措并举强工业，全力以赴扩投资，深入挖潜稳收入，切实稳住全区经济大盘。补齐短板，强化弱项，确保短板指标迎头赶上、不拖后腿。完善机制、精准施策，全力推动房地产稳健发展、信息软件业集聚发展。

会议要求，要狠抓执行，确保任务高效完成。区政府系统必须“第一时间”动起来、“第一责任”抓落实、“第一现场”解难题、“一事一议”推工作，强化“两场硬仗”统筹抓执行、完善工作闭环抓执行、聚焦项目推进抓执行、突出要素保障抓执行，确保区委决策部署坚定不移落地执行，确保区政府工作任务不折不扣落实见效。

资料：

“百千万”工程：实施重大项目招引专项行动，实现百亿元产业项目零的突破；实施扩大有效投资专项行动，全年固定资产投资比上年增长7%，重点项目完成年度投资1000亿元以上；实施万亩要素保障专项行动，腾换土地1万亩以上、新增用地5000亩以上。

【区政府常务会议】 2023年，萧山区第十七届人民政府召开14次常务会议。

1月16日，区第十七届人民政府召开第十六次常务会议。会议审议《杭州市萧山区产业链链长制实施方案》《萧山区水资源节约保护和利用总体规划》《关于杭州市萧山区2022年国民经济和社会发展计划执行情况与2023年国民经济和社会发展计划（草案）的报告》《萧山区2023年政府投资项目计划（草案）》《关于萧山区加快建设现代化产业体系的若干政策意见》《萧山区经济高质量发展大会方案》《关于杭州市萧山区2022年全区和区级预算执行情况及2023年全区和区级预算草案的报告》，研究《政府工作报告（审议稿）》。

3月14日，区第十七届人民政府召开第十七次常务会议。会议学习《浙江省行政合法性审查工作规定》，审议《关于高质量推进公共文化服务现代化建设的实施办法（2022—2025年）》《杭州市萧山区城市社区配套用房建设使用管理实施办法》《萧山区镇（街道）综合行政执法事项目录清单动态调整管理办法（试行）》《北干街道荣庄村两户联建改造征迁工作事项》《杭州市萧山区政务信息化项目管理办法》《萧山区体系化推进“十项重大工程”工作实施方案》《区委区政府季度专题研究经济工作机制实施方案》《关于推动萧山区总部经济高质量发展的实施意见》《萧山区农贸市场及农副产品销售集散点改造提升三年行动实施方案（2023—2025年）》《湘湖·萧滨合作区体制机制优化方案》《钱江世纪城扩容体制机制优化方案》。

3月29日，区第十七届人民政府召开第十八次常务会议。会议审议《关于规范杭州市萧山区区属国有企业职能配置、机构设置、人员编制的实施意见》《杭州市萧山区企业国有资产监督管理暂行办法》《杭州市萧山区区属国有企业负责人综合业绩考核办法》《杭州市萧山区2023年政府投资信息化项目第一批计划》《2023年萧山区亚运应急项目审批简化流程办法》《关于支持临空经济示范区高质量发展相关政策事宜》《关于萧山区与杭州海关合作共建相关事宜》《2023年度杭州市萧山区人民政府重大行政决策事项目录》，听取关于萧山区养老服务体系建设的专题汇报。

4月26日，区第十七届人民政府召开第十九次常务会议。会议审议《关于工业经济开门红相关政策和平台镇（街道）目标任务考核办法的相关事宜》《区商务局“决胜二季度，打赢翻身仗”政策》《关于落实省CMOS集成电路成套工艺与设计技术创新中心剩余5000万元财政资金补助的相关事宜》《杭州市萧山区推进“地瓜经济”提能升级“一号开放工程”实施方案》《杭州市萧山区推进数字经济创新提质“一号发展工程”，奋力打造数字经济“新名片”实施方案》《关于“味美浙江”餐饮消费欢乐季活动费用承担的相关事宜》。

5月5日，区第十七届人民政府召开第二十次常务会议。会议审议《杭州市萧山区营商环境优化提升“一号改革工程”实施方案》《关于推动经济高质量发展的若干政策》《杭州市萧山区进一步盘活存量资产 扩大有效投资实施方案》《关于全区村级集体经济发展壮大工作的报告》。

5月30日，区第十七届人民政府召开第二十一次常务会议。会议听取《杭州市萧山区总部经济发展情况汇报》《杭州市萧山区2022年度生态环境状况和生态环境保护目标完成情况的报告》《杭州市萧山区2022年度法治政府建设情况汇报》《杭州市居家养老服务条例贯彻执行情况汇报》，审议《关于推进杭州海关钱江海关驻萧办事处办公楼资产划转的相关事宜》。

6月29日，区第十七届人民政府召开第二十二次常务会议。会议学习《杭州市优化营商环境条例》，审议《关于全面优化创新创业生态　加快建设科技创新高地的政策实施细则》《杭州市萧山区会展活动补助办法》《杭州市萧山区加快推进文旅融合和全域旅游发展专项扶持政策实施细则》《关于加快推进气象高质量发展的实施意见》《杭州市萧山区消防安全责任制规定（试行）》《杭州市萧山区落实消防安全责任制实施办法》《杭州市萧山区亚运环境空气质量保障政企协商工作方案》《杭州市萧山区政务云信创改造方案》《杭州市萧山区政府投资项目建设管理费管理细则》《杭州市萧山区政府投资项目竣工财务决算审批管理实施细则》《萧山区有关国有企业职能配置、机构设置和人员编制方案》《2023年度区属国企经营业绩考核目标任务书》。

7月20日，区第十七届人民政府召开第二十三次常务会议。会议学习《浙江省生产安全事故责任认定规定（试行）》，审议《关于进一步健全完善萧山临江高新技术产业开发区新材料产业园一体化管理的备忘录》《关于萧山临江高新技术产业开发区新材料产业园管理事宜的协议》《杭州市萧山区2023年上半年国民经济和社会发展计划执行情况的报告》《杭州市萧山区加快金融创新发展　助力构建现代产业体系的实施细则》《杭州市萧山区2022年财政决算草案及2023年上半年财政预算执行情况的报告》《关于支持临空经济示范区高质量发展的财政政策》《杭州市萧山区2022年区本级预算执行和其他财政收支的审计结果报告》《杭州市萧山区存量优质企业供地管理办法（试行）》《关于打造“2＋3＋X”先进制造业集群　推动经济高质量发展的实施意见》《杭州市萧山区违法用地清存控新长效管理机制》《杭州市萧山区环境空气质量提质进位三年行动方案（2023—2025年）》《关于萧山区现代社区建设三年行动推进情况的报告》。

8月16日，区第十七届人民政府召开第二十四次常务会议。会议审议《杭州市萧山区政府质量奖评审管理办法》《杭州市萧山区建设“中国视谷”，加快推进视觉智能产业高质量发展政策实施细则》《关于续补2022年至2023年度总集服务费用和2023年度政务云服务费用相关事宜》《杭州市萧山区2023年政务信息化项目第二批计划》。

9月12日，区第十七届人民政府召开第二十五次常务会议。会议审议《〈杭州市萧山区国民经济和社会发展第十四个五年规划和二〇三五年远景目标纲要〉实施情况中期评估报告》《关于促进杭州市萧山区生物医药产业集群高质量发展的若干措施》《关于申请正式命名“浙江绿色智造产业新城”的情况报告》《关于2023年全区和区级预算调整及政府新增债务预算方案的报告》《萧山区2022年度国有自然资源资产管理情况专项报告》《关于深化教育领域综合改革　加快建设教育强区的行动方案》，听取《关于我区跟投信泰人寿相关情况的汇报》《关于区本级重大行政决策事项管理现状及制定〈杭州市萧山区重大行政决策事项目录管理办法〉的情况汇报》。

10月30日，区第十七届人民政府召开第二十六次常务会议。会议听取关于修订《杭州市萧山区政府投资项目否定与完善实施细则》的情况汇报，审议《杭州市萧山区集成电路产业人才扶持政策》《杭州市萧山区关于深入实施知识产权、品牌、标准化战略的实施细则》《杭州市萧山区低零碳镇（村）、减污降碳协同增效奖励办法》。

11月20日，区第十七届人民政府召开第二十七次常务会议。会议听取《关于代表建议和政协提案办理工作情况的汇报》《关于我区大运河国家文化公园建设情况的汇报》《关于杭州市萧山区发展和壮大村级集体经济情况的汇报》《关于杭州市萧山区2023年政府新增债务预算调整及政府性基金预算调整方案的报告》。

11月28日，区第十七届人民政府召开第二十八次常务会议。会议审议《杭州市萧山区人民政府关于动态调整城厢街道、瓜沥镇等二十二镇（街道）综合行政执法事项目录的公告》《萧山区与利川市对口合作工作实施方案》《合作共建宿马萧山产业园区框架协议》《关于2022年度区本级预算执行及其他财政收支审计反映问题整改结果的报告》，听取《萧山区2023年对口工作情况及下阶段工作计划》。

12月28日，区第十七届人民政府召开第二十九次常务会议。会议审议《萧山区涉矿工程项目资源处置管理办法》《萧山区优化生育政策　促进人口长期均衡发展的若干措施（试行）》《杭州市萧山区2023年政务信息化项目第三批计划》，学习《中华人民共和国行政复议法》并听取关于萧山区2023年法治政府建设情况的汇报，学习《浙江省知识产权保护和促进条例》和《质量强国建设纲要》。

【区长办公会议】 2023年，萧山区第十七届人民政府召开区长办公会议20次。

1月10日，区第十七届人民政府召开第十五次区长办公会议。会议审议《杭州市萧山区人民政府、浙江省皮肤病医院合作框架协议》《杭州市萧山区创业投资引导基金实施细则（修订）》，听取关于2022年民生实事完成情况和2023年民生实事征集情况的汇报，研究《政府工作报告（征求意见稿）》，交流2023年1月重点工作。

1月16日，区第十七届人民政府召开第十六次区长办公会议。会议审议关于萧山区产业发展引导基金直投浙江长龙航空有限公司相关事宜、关于杭州睿颖生命健康基金（暂定名）申请萧山区产业发展引导基金出资相关事宜、关于向智投公司单一来源采购云服务及总集服务相关事宜。

2月3日，区第十七届人民政府召开第十七次区长办公会议。会议交流2023年2月重点工作。

2月27日，区第十七届人民政府召开第十八次区长办公会议。会议审议《萧山区“亚运主赛地、消费首选地”消费年·活力暖春汽车消费补贴发放方案》《杭州市委党校萧山区分校新校园建设项目》，交流2023年3月重点工作。

3月29日，区第十七届人民政府召开第十九次区长办公会议。会议交流2023年4月重点工作。

4月16日，区第十七届人民政府召开第二十次区长办公会议。会议审议《萧山区“亚运主赛地、消费首选地”消费年·欢购五一汽车消费补贴发放方案》。

5月5日，区第十七届人民政府召开第二十一次区长办公会议。会议交流2023年5月重点工作。

5月30日，区第十七届人民政府召开第二十二次区长办公会议。会议研究关停萧山区中医骨伤科医院、靖江空港之家、萧山泰江汇医院等亚运定点医院相关事宜，交流2023年6月重点工作。

6月29日，区第十七届人民政府召开第二十三次区长办公会议。会议审议《杭州市萧山区重点行业集中入园实施方案（试行）》，听取关于“加快盘活存量资产　扩大有效投资”的汇报，交流2023年7月重点工作。

7月20日，区第十七届人民政府召开第二十四次区长办公会议。会议审议《关于建兴基金申请萧山区产业发展引导基金出资的相关事宜》《杭州市萧山区新型工业化十大行动计划实施方案》《全区新型工业化大会会议方案》《杭州市萧山区镇（街道）工业园区提升发展三年行动计划（2023—2025年）》，听取关于全区35蒸吨/小时以下燃煤锅炉淘汰工作情况的汇报。

7月31日，区第十七届人民政府召开第二十五次区长办公会议。会议交流2023年8月重点工作。

8月16日，区第十七届人民政府召开第二十六次区长办公会议。会议审议《浦阳传化共富乡村示范点项目共建协议》《关于传化集团申请传化科创基金并表相关事宜》《关于建设国际新型商贸中心的若干实施意见》《关于支持外向型经济发展的若干实施意见》《关于支持自贸试验区萧山区块发展的意见》《关于风情大道PPP项目引入财务投资人相关事宜》。

8月21日，区第十七届人民政府召开第二十七次区长办公会议。会议审议《杭州市萧山区人民政府、北京大学关于北京大学信息技术高等研究院二期建设合作协议》，听取关于“攻坚三季度，决胜全年红”工业经济第三、四季度政策的汇报。

8月28日，区第十七届人民政府召开第二十八次区长办公会议。会议交流2023年9月重点工作。

9月12日，区第十七届人民政府召开第二十九次区长办公会议。会议审议《图灵小镇算力服务中心建设实施方案》《萧山区核酸检测费用结算方案》。

10月9日，区第十七届人民政府召开第三十次区长办公会议。会议听取关于全区林长制工作情况的汇报，关于优化舟山人才飞地处置的汇报，省、市、区三级民生实事项目三季度进展情况；审议《萧山区全域建设幸福河湖行动计划（2023—2027年）》；交流2023年10月重点工作。

10月19日，区第十七届人民政府召开第三十一次区长办公会议。会议审议《萧山区“亚运主赛地、消费首选地”消费年·乐购金秋汽车消费补贴发放方案》。

10月30日，区第十七届人民政府召开第三十二次区长办公会议。会议听取关于要求明确吉利新能源汽车电子产业园项目扶持政策承担比例的汇报，交流2023年11月重点工作。

11月28日，区第十七届人民政府召开第三十三次区长办公会议。会议听取关于全区食品药品安全工作情况的汇报、关于荣盛集团战略合作协议补助兑现有关事项的汇报，交流2023年12月重点工作。

12月28日，区第十七届人民政府召开第三十四次区长办公会议。会议听取关于2023年民生实事完成情况和2024年民生实事征集情况的汇报、关于全区疫情防控工作情况的汇报，交流2024年1月重点工作。

（卫志武）

政府综合政务

【办文办会】 2023年，萧山区政府办公室起草《政府工作报告》、政府全体会议报告等各类综合文稿340余篇，撰写会议纪要70篇。筹备组织区政府常务会议14次、区长办公会议20次、党组会议22次，提交重要事项175项，保障专题会议1660次。接收和办理文件1万余件，做到全年“零误差、零疏漏”。推进党政办公系统、公文流转系统等迭代升级，确保系统安全稳定，助力政府管理和服务智能化。

【重点工作督查】 2023年，萧山区政府办公室围绕区委、区政府工作中心，督查督办省、市、区三级民生实事及《政府工作报告》、区长交办件、区领导批示件，建议提案办理及其他专项工作等落实情况。全年督办区长交办件233件、区政府重点工作联系单83件、公文处理告知单256件。牵头办理国务院“互联网+”督查线索核查28件，督办“七张问题清单”问题整改等，会同区委办、区纪委等各部门开展联合督查。全年编发《政务督查专报》30期。

【信息工作】 2023年，萧山区政府办公室多渠道收集全区经济社会发展情况，报送优质信息，获省政务信息工作考核一等奖、杭州市政务信息工作考核二等奖。全年完成省、市、区三级信息稿件810篇（期），向省、市政府办公厅信息处上报政务信息536条（篇），被录用320条（篇），获省、市领导批示33条。其中，向省政府办公厅上报信息125条（篇），被录用24条（篇），获省领导批示13条；向市政府办公厅上报信息411条（篇），被录用296条（篇），获市领导批示20条。编发《萧山政务（情况专报）》213期、《萧山信息（本周要情）》24期、《萧山政务（工作参阅）》17期、《萧山政务（调研参阅）》20期，获区领导批示181条，区级专报批示率77.7%。

【政务信息公开】 2023年，萧山区政府办公室对照政务公开重点任务分工，推进政务公开工作。依托区政府门户网站新建专题专栏3个，主动公开政府信息9610条。围绕高质量发展、民生热点、民生实事等涉及面广、社会关注度高的领域，加大政策文件解读力度，发布图文视频等解读信息200条。公开区政府全体会议、常务会议等重大会议信息16次，公开人大建议、政协提案办理结果197条。持续推进基层政务公开标准化、规范化，新增水利领域基层政务公开标准目录。畅通信息公开申请渠道，全区收到政府信息公开申请1573件，上年结转52件，依法办结1526件，99件转下一年度办理。因政府信息公开引起行政复议 80 件，纠正 9 件；行政诉讼 53 件，纠正 2 件。完善政务新媒体运营监管机制，常态化开展脱管漏管账号自查和清理工作政务，强化政务新媒体内容动态监测、专项检查。截至年末，全区有效运营的政务新媒体账号 44 个。

【外事工作】 2023 年，萧山区政府办公室围绕区委、区政府中心工作，做好亚运保障和助力出国（境）招商等相关工作。亚运期间，在萧山区住宿的境外媒体记者约 380 人。全年办理因公出国（境）25 团 62 人次。出国（境）招商成效显著，签署协议 8 份，拜访企业（协会）19 家，举办活动 3 场，获取新项目信息 8 个。审核外国来华邀请材料 150 多份。讲好萧山“外事故事”，瓜沥梅林村推荐入选省外事亚运参访点，萧山人才俱乐部第一批入选杭州市外事参观点。

（卫志武）

行政审批服务

【概况】 2023 年，萧山区行政审批服务管理办公室（简称“区审管办”）贯彻落实省、市、区关于实施营商环境优化提升“一号改革工程”的重大决策部署，加快推进增值化改革。创新推出“办不成事”反映窗口三级联办体系、重大项目审批协调与全程代办机制等多项改革成果。获批政务服务“数智化”标准化国家级试点，获全省示范政务服务中心、“浙江有礼·四个一百”有礼窗口、杭州市“最美窗口”等荣誉。至年底，萧山区政务服务中心入驻单位 43 家，下设窗口 161 个，全年办件 241 万件，比上年增长 19.9%。

【政务服务“数智化”标准化项目获批全国试点】 2023 年，萧山区政务服务“数智化”标准化项目获批国家标准化管理委员会第九批社会管理和公共服务综合标准化试点项目，区审管办成为 2023 年全省审管系统唯一一家试点承担单位。对标试点建设要求，区审管办建立健全工作机制，组织召开动员会及专题培训会，联合市审管办制定《政务服务中心安全运行管理规范》地方标准，提升标准化服务效能。

【一站式企业综合服务中心成立】 2023 年，萧山区整合涉企服务资源，在萧山区政务服务中心设立 360° 企业综合服务中心，设置完成 1 个综合受理专区，项目服务、人才服务、科创服务、金融服务、法治服务、政策服务、开放服务、诉求兜底服务 8 个普惠类服务板块，新电商、产业链“一类事”、“市”事无忧、公安助企 4 个特色专区，为企业提供政企洽谈、人才培育等全过程、全领域、全天候服务。10 月，在萧山信息港小镇设置的企业综合服务中心启用。开设政务直播间，重点聚焦热门政策，开展线上互动式解读，直播 3 场，在线服务 6 万余人次。

【“办不成事”反映窗口设立三级联办体系】 2023 年，萧山区审管办针对政务服务领域企业群众资料完整但未办成，多次跑未办成，办事过程态度差、慢作为、不作为，需特事特办的四类“办不成事”问题，联动区纪委将“办不成事”反映窗口从区政务服务中心延伸到全区 22 个镇（街道）便民服务中心及下辖便民服务站，设立“办不成事”反映窗口区—镇—村三级联办体系，健全“分类办理、云上会诊、部门协同、纪检督办”兜底服务模式。全年解答企业群众咨询 1081 件，办结率 100%。该项改革经验获评浙江省营商环境优化提升“最佳实践案例”、省纪检监察系统 2023 年度政治监督“十佳案例”。

【重大项目审批协调全程代办服务】 2023 年，萧山区培育发展“全周期、全服务、全联动”的重大投资项目与企业服务无偿代办机制，制定《萧山区重大项目审批协调与全程代办服务实施意见》，将杭州空港现代智慧物流产业园二期等 2 批共 23 个重大项目列入 2023 年萧山区重大项目审批协调代办名录库，以一企一策、模拟审批、圆桌联席会等特色举措，破解项目落地和企业发展的难点问题。牵头召开重点项目协调会 78 次，解决项目问题 426 个，保障矽力杰产业化基地、杭州空港物流产业园等省、市、区重点项目开工建设。

【联报联批模式优化】 2023 年，萧山区聚焦政务服务高频事项，推动政务服务事项打包办理、并联审批，为企业群众提供更多套餐式、主题式集成服务，加快实现企业群众办事由“多窗多次”向“一窗一次”转变。全年优化涉及住建、公安、市民卡等 22 个部门 60 个事项的办事流程，平均缩减材料 30%。

【“就近办”再扩容】 2023 年，萧山区审管办在萧山区政务服务中心建成全市首个“政务晓屋”，联通广东、北京等 15 个省 34 个地区 4.6 万项业务，可在线完成答疑、受理、审核、办结、评价等全过程。与河北省张家口市万全区、无锡市滨湖区等 9 个地区签订跨省通办框架协议，实现 700 余项政务服务跨省可办。将区市场监管局、市医保局萧山分局等 14 个部门 249 项高频事项下放至镇（街道），将市民卡公司、区公安分局等 11 个部门 123 项高频事项下放至村（社区）。

（史　勤）

公共资源交易管理

【概况】 2023 年，萧山区行政审批服务管理办公室（萧山区建设工程招标投标管理办公室）完成建设工程公开招投标项目 306 个，交易金额 213.7 亿元；直接发包项目 186 个，发包总金额 200 亿元。

【萧山区招投标领域专项整治提升】 2023 年，萧山区成立全区招投标领域专项整治与提升行动领导小组，构建“1＋1＋6＋N”专项整治提升机制（1 个领导小组、1 个办公室、6 个专项行动组和各相关部门）。通过建立健全招标人内控机制，夯实招标人责任；应用全省统一评标专家库，扩大专家使用范围；执行“天秤码”系统，强化代理机构管理；开展多轮现场检查，严格合同履约监管；开展多跨协同打击，震慑不法行为。

【非依法必须招标项目管理】 2023年，萧山区制定出台《杭州市萧山区村级货物和服务采购管理办法》，修订《萧山区限额以下公共资源交易操作规程》，新增7类交易示范文本，创新引入招标文件公平竞争审查机制，被省市场监管局列入全省公平竞争政策先行先试改革试点。在限额以下公共资源交易平台中新增串标预警功能。

【远程异地评审构建新模式】 2023年6月，萧山区建设工程项目开启全省远程异地多点评标新阶段，实现五地线上联合评标，构建省、市、区三级联动远程异地评标新模式。建设工程项目完成32例全省远程异地评标，政府采购完成6例。

【“评定分离”改革深化】 2023年，萧山区开展第三阶段“评定分离”项目评估工作，保障项目“优中选优”。上半年，通过问卷调研综合了解“评定分离”模式应用效果、存在问题、意见建议等情况，发放调研问卷148份，回收134份，回收率90.5%，完成第三阶段“评定分离”项目评估工作。下半年，在全区范围内试点“评定分离”，合理调整指导规则并开展跟踪回访，收集反馈相关问题与建议至上级招标投标综合管理部门。持续推动技术标打分制的综合评估法的项目采用“评定分离”方式招标，截至年底，采用“评定分离”项目203个，占项目总数的61.14%；招标控制价189.6亿元，占总金额的67.16%。

【融入全市工程建设招投标“一盘棋”改革创新制度体系】 2023年，萧山区更新并应用房建市政领域省级招标文件范本。2月，应用监理企业新信用分；3月，推动“陈述与答辩”工作落实；5月，发布全区首个建筑师负责制项目的招标文件预公示；11月，组织召开关于《杭州市城乡建设委员会关于调整房屋建筑和市政基础设施项目资格后审施工类评标办法部分内容的通知（试行）》的宣传贯彻交流会，邀请业主代表学习交流，跟进应用新示范文本。

（史　勤）

气象服务

【概况】 2023年，萧山区全面实施《气象高质量发展纲要》，针对复杂天气形势，强化“梯次化”预报预警服务机制，推进“以气象预报预警为令”的极端天气应急联动机制。报送决策服务材料149期，发布预警信号81次，向全区近4000名防灾责任人发送预警短信341万条次。出台高级别预警信号主动叫应细则，叫应对象覆盖镇（街道）、相关部门和防指领导，预警信息实现村级全覆盖。成功应对“7·22”极端强降雨事件，圆满完成杭州亚（残）运会、杭州湘湖半程马拉松、春运、中高考等重大活动和节日气象保障服务，开展钱江世纪城、湘湖国家旅游度假区等重点场所强天气过程提醒。

2023年3月23日，萧山气象科普体验馆开展青少年气象科普研学活动（唐柯　摄）

【亚运气象保障服务】 2023年，萧山区亚运监测能力提升工程实现全区站网密度3千米，重点灾害易发区密度2.5千米，钱江世纪城监测密度1.4千米，完成6个主要亚运综合气象站建设，亚运村建成智慧灯杆微气象站10套，构建亚运核心区高精度立体泛在感知网。数智气象重大活动保障应用系统上线，气象数字化服务全面融入萧山数智亚运作战系统、杭州短临智能预报预警系统。持续加强覆盖办赛全周期服务需求调研，定制化、全天候开展气象服务，“一馆一策”制定赛事气象服务方案，提供精准降雨间歇预报。圆满完成杭州亚（残）运会开（闭）幕式、火炬传递、亚运村开村以及9个亚运竞赛场馆17项赛事、7场测试赛城市侧服务保障。

【智慧城市气象服务】 2023年，萧山区气象局与区城市智治中心联合发文，加强网格员预警传播工作；与区人民政府防汛防台抗旱指挥部办公室联合印发气象灾害应急预案。推进国家设施农业气象服务标准化示范基地创建工作。开展生态气候品牌创建应用，完成“中国天然氧吧”复评工作和景区村庄应用挂牌。举办第四届萧山区校园气象文化节，气象科普社会化工作获评全省气象部门创新工作，“地球与大气”科普展品获评全国气象科普优秀作品二等奖。气象科普体验馆接待团队90余批次，开展研学活动40余场次，获评杭州市最具品质体验点、杭州市儿童友好实践基地。

【气象数字化发展】 2023年，萧山区数智气象迭代升级，亚运重大活动保障系统被纳入政府城市“三网融合”治理体系任务清单，萧山城市防汛智治气象先导系统立项建设，聚焦城市内涝精细化治理。“智慧气象”App杭州版上线运行，打通信息员平台本地化入口并开展运用。“米袋子”气象服务系统融入区水稻产业大脑智稻系统，定制化推出水稻高影响天气监测预报预警、农事活动气象适宜度预报、中长期预测等农业气象服务。完成185家易燃易爆场所防雷安全现场检查全覆盖，“防雷安全风险码”应用率100%，掌上执法应用率100%，与相关部门联合开展双随机联合检查。完成省级气象防灾减灾标准化建设。

【气象高质量发展】 2023年8月20日，萧山区人民政府印发《关于加快推进气象高质量发展的实施意见》，明确七大类建设任务。区人民政府办公室出台《关于成立萧山区人工影响天气工作领导小组的通知》，持续推进人工影响天气工作。气象高质量发展指标测评连续3年位列全省区县第一。

（蒋静怡　蔡璐璐）

机关后勤

【概况】 2023年，萧山区机关事务服务中心推进机关食堂服务社会化改革，组织酒店住宿、餐饮、会场、用车、文印资料和医疗服务，保障区两会举办。预算内拨款2.35亿元，使用资金2.08亿元；保障全区性会议及重大活动120场，服务1.9万人次；门卫室登记来客2.2万人次，办理通行证1862张；处理违章停车3254次；提供医疗服务4200人次；为干部职工提供餐饮等各类服务45万人次。

【亚运保障】 2023年，萧山区机关事务服务中心在亚运办公用房、停车、物业、餐饮、办公用品购置和应急6个方面助力区亚运运行保障总指挥部办公室中心工作，总保障资金400万余元。派出12名志愿者，参与火炬传递、亚（残）运会开（闭）幕式和亚运安保等环节志愿服务。完成亚运相关装修改造项目，为区亚运运行保障总指挥部、区大平安专班新增办公用房进行装修，施工面积2738平方米。完成行政中心1号楼5层会议室装修改造，作为区行政中心主要亚运保障会议场所。保障亚运办公用房及设施设备，为区亚运兴城办专班、区亚运运行保障指挥部、区大平安专班租赁办公场地3632平方米，租赁车位66个，支付租金267.8万元。为区亚运运行保障指挥部、大平安专班采购办公家具484件，采购资金41.5万元。公物仓调剂办公设备80台次，租赁办公设备32台次，支付租赁费6.3万元。保障亚运会单双号限行期间公务活动有序进行。

【办公用房管理】 2023年，萧山区机关事务服务中心租赁办公用房13.4万平方米，租赁资金1.17亿元。为解决行政中心以外办公场地分布零散问题，租赁区科创中心办公用房并进行统筹管理，7家单位3家临时机构搬迁至区科创中心，实现集中办公，并配套科创食堂，保障餐饮服务。房屋基建维修方面，完成行政中心北广场沥青铺装、主楼外立面改造和综合楼空调改造，为18家院外单位做好6项房屋基建项目。根据区政府批示和区财政局要求，办公家具采购标准需由区机关事务服务中心审核确定，全年为8家行政事业单位审核办公家具采购方案，节省资金169万余元。根据公物仓全市域推进创新试点建设工作要求，建设工人路26号实体公仓993平方米，配套出台《杭州市萧山区区级行政事业单位公物仓管理办法（暂行）》，对区农业农村局等十余家单位资产进行统筹管理，累计为16家部门、专班保障家具设备280余件，接收符合入仓要求的办公家具248件。

【公务用车管理】 2023年，萧山区机关事务服务中心更新13家单位19辆公车，购买5辆新车，保障公务外出23万余千米，使用经费525.4万元。为统一全区实体化运作的议事协调机构租车规范，印发《杭州市萧山区业务用车租赁若干规定（试行）》，完成13家议事协调机构2051次临时租车审批。

【招标采购管理】 2023年，萧山区机关事务服务中心完成公开招标22次，涉及金额5300.35万元；组织供应商库内随机抽签13次，涉及金额1220.66万元；实施政府采购项目1457宗，成交金额685.69万元。通过政府采购云计算服务平台采购货物类1055件，金额341.16万元；服务类402件，金额344.53万元。完成合同直录备案67次，涉及金额648.84万元。7月起，库内项目招标统一在限额以下公共资源交易电子监管服务平台随机抽签，降低招投标环节“人”的因素影响，提高抽签透明度，规范限额以下公共资源交易行为。

（余兰燕）

责任编辑：孙淑桢

中国人民政治协商会议杭州市萧山区委员会

综述

【区政协组成和委员构成】 2023年，萧山区有政协委员419人。政协第十五届杭州市萧山区常务委员会组成人员67人，由主席1人、副主席6人、秘书长1人和常委59人组成。区十五届政协设办公室、提案委员会、经济和科技委员会、城建交通资源环境委员会、社会法制和港澳台侨委员会、文史和教文卫体委员会、委员和基层工作委员会。萧山区政协十五届二次全会设中共、民盟、民进、无党派、总工会、共青团、青联、妇联、工商联、经济界、科协、科学技术界、农林界、教育界、医药卫生界、文化艺术界、新闻出版界、体育界、社会科学界、侨联、台联、社会保障和社会福利界、少数民族界、宗教界、特别邀请人士25个界别。区政协委员中，中共党员149人，占35.6%；党外人士270人，占64.4%；女委员147人，占35.1%。

【思想政治引领】 2023年，萧山区政协强化思想政治引领，贯彻区委重大决策和战略部署，落实区委指示精神和工作要求，围绕区委“三件大事”，发挥专门协商机构作用。完成区委交办的各项任务，执行重大问题向区委请示报告制度。深入开展主题教育，抓好理论学习、调查研究、推动发展、检视整改、建章立制，组织学习培训、专题报告、主题宣讲32次，开展循迹溯源、交流研讨、走访调研等活动65次，形成调研报告7篇，领办发展难事、民生实事14件，完成整改整治问题8个，完善制度机制7项。落实“第一议题”制度，组织开展学习贯彻习近平总书记关于农业强国、科技创新、数字经济等重要讲话和重要指示批示精神21次，举办“崇学讲堂”等线上线下学习培训、专题报告、交流研讨活动32次，发言1300余人次。

【区委重大决策落实】 2023年，萧山区政协围绕区委“三件大事”，发挥专门协商机构作用，践行全过程人民民主，团结引领各参加单位和全体政协委员，助力萧山持续推进“产城人文”深度融合、奋力谱写中国式现代化的区（县）域范例新篇章。紧扣创新深化、改革攻坚、开放提升三个“一号工程”开展专题视察、报送协商成果。与区委、区政府分别就深入贯彻“八八战略”、加快打造中国式现代化区（县）域范例及充分发挥科创平台优势等议题，召开区政协常委会，进行议政性协商，形成调研报告，提出意见建议。根据区委决策部署，区政协担当合力攻坚亚运“主战场、主阵地”使命责任，开展“同心筑亚运·同行向未来”委员集中履职月行动，开展“同心迎亚运·委员作贡献”系列活动。联动省、市政协组织开展“三大提升行动”民主监督，组建亚运民主监督小组，开展常态化监督，提出意见建议。助力湘湖国家旅游度假区系统提升工作，开展环境风貌攻坚、水体治理清源、文旅品牌提升等八大提升行动。

【团结联谊】 2023年，萧山区政协拓展聚识平台“矩阵”，推进委员工作室“一室一特色”品牌创建，让更多界别群众走进工作室、说说心里话；组织委员宣讲团持续深入界别群众、走进基层，开展线上线下宣讲授课152次，惠及群众1.55万人次；举办“政协云厅”10期，组织政协委员就党史故事、人文社会、科技创新等方面分享交流，网络播放量累计3万余次。开展“百名政协委员帮扶旺苍百名困难学生”线上结对活动，结对280名学生，捐助善款56万元；组织委员赴四川旺苍开展“跨越山川·点亮希望”暖心助学活动，实地走访慰问困难学生家庭，现场捐赠20万余元。

（傅思慧）

重要会议

【政协第十五届萧山区委员会第二次会议】 2023年1月30日至2月1日，政协第十五届萧山区委员会第二次会议召开。会议审议批准十五届区政协主席叶建宏代表政协第十五届杭州市

2023年1月30日至2月1日，中国人民政治协商会议第十五届杭州市萧山区委员会第二次会议召开　（区政协办　提供）

萧山区委员会常务委员会所作的工作报告，审议批准十五届区政协副主席汤卫代表政协第十五届杭州市萧山区委员会常务委员会所作的提案办理工作情况的报告。会议选举政协第十五届杭州市萧山区委员会秘书长1人、常务委员5人；听取并赞同区长姜永柱所作的政府工作报告，赞同区人民法院工作报告、区人民检察院工作报告和其他报告；对萧山区工商联等10个先进界别、戴村镇政协工作联络小组等7个优秀镇（街道）政协工作联络小组（片委员组）、民盟萧山区委员提出的《关于增强自贸辨识度，推动自贸区萧山区块高质量发展的建议》等42件优秀提案、驻区税务局民主监督小组等8个优秀民主监督小组和贾丽娜等8名优秀信息员予以通报表彰。

【区政协常务委员会会议】 2023年，政协第十五届萧山区委员会常务委员会召开7次会议，就有关问题进行协商。

1月20日，区政协十五届常委会第五次会议召开。会议传达学习省两会精神，协商讨论有关事项。会议讨论通过关于召开区政协十五届二次会议的决定，区政协十五届二次会议于2023年1月30日在萧山剧院开幕；讨论通过区政协十五届二次会议议程（草案）、日程（草案）、大会秘书长和副秘书长名单、分组及召集人名单等有关事项；讨论通过《关于授权主席会议审议政协第十五届杭州市萧山区委员会常务委员会第五次会议未尽事宜的决定》。会议听取区委组织部、区委统战部有关人事事项情况说明，协商通过政协第十五届杭州市萧山区委员会有关人事事项和区政协十五届二次会议有关人员名单。

1月30日，区政协十五届常委会第六次会议召开。会议听取并协商讨论区委组织部关于政协第十五届杭州市萧山区委员会秘书长候选人提名情况的通报，听取并协商讨论区委统战部关于秘书长、常务委员候选人建议名单，讨论提出选举办法（草案）、监票人建议名单（草案）、会议决议（草案）。

1月31日，区政协十五届常委会第七次会议召开。会议听取区政协十五届二次会议各小组（联组）协商讨论情况汇报；讨论通过选举办法（草案）、监票人建议名单（草案），确定正式候选人；讨论通过会议决议（草案），听取并审议提案收集和初审情况的报告，要求将上述有关事项提交全体会议讨论通过；讨论通过《政协第十五届杭州市萧山区委员会常务委员会2023年工作要点》。

7月20日，区委、区政协常委会专题政治协商会议召开。

7月31日，区政协十五届常委会第九次会议召开。会议传达学习区委十六届四次全会精神，听取区发改局、区财政局关于上半年全区国民经济和社会发展计划执行情况、财政预算执行情况的通报，听取并讨论通过有关人事事项。

10月18日，区政府、区政协常委会专题政治协商会议召开。

11月23日，区政协十五届常委会第十一次会议召开。学习省委十五届四次全会和市委十三届五次全会精神。会议听取区政府关于区政协十五届二次会议提案办理情况的通报和区政协提案委关于重点提案督办情况的汇报。会议听取区委组织部有关人事情况说明，审议通过有关人事事项。

【区政协主席会议】 2023年，萧山区政协召开主席会议17次。1月20日，区政协召开十五届十八次主席会议，协商讨论区政协十五届二次会议有关事项。4月20日，区政协召开十五届二十二次主席会议，围绕“美丽萧山迎亚运，推进环境品质提升”建言献策。实地察看机场高速入城口整治提升情况、钱江世纪城地铁口非机动车序化管理情况，听取区综合行政执法局情况汇报，并进行协商讨论。6月8日，区政协召开十五届二十五次主席会议，围绕“推进‘地瓜经济’提能升级‘一号开放工程’，助力打造高质量发展先行实践地”开展协商议政。

视察恒逸全球创新中心，听取区商务局关于全区“地瓜经济”提能升级“一号开放工程”推过情况和总部经济专班相关工作开展情况的通报，并进行协商讨论。6月27日，区政协召开十五届二十六次主席会议，围绕“加强新时代高技能人才队伍建设”主题开展协商议政。视察萧山技师学院，听取区人社局关于全区高技能人才队伍建设情况的汇报，并进行协商讨论。

（傅思慧）

协商议政

【概况】2023年，萧山区政协推进专门协商机构建设，开展重点协商活动63场。推动政协工作向基层延伸，推进“助解急难愁盼，增进民生福祉”民生议事堂协商议事月活动，举办专题协商24场，形成意见建议215条。“协商驿站”提质增效，开展微协商1124场，推动解决一批民生“关键小事”。6个协商案例入选省市政协基层协商平台典型案例，天悦社区“协商驿站”构建“133”协商新样式，有效破解融合型社区治理难题的做法，得到市政协领导批示肯定。

资料：

“133”协商新样式：健全1套政协委员主导、社区多方力量参与、驻社单位共建的“三方协同”协商体系；紧抓问需于民、分层协商、闭环解题3个环节；成为引领社会组织共商共治的“主力军”、驱动民生关键小事落地的“大推手”、塑造基层协商治理生态的“干细胞”。

【“请你来协商”助力萧山发展】2023年，萧山区政协就助力亚运、培育扶持社区社会组织、2024年度区政府民生实事项目分别召开“请你来协商”专题恳谈会3次。3月28日，协商主题为“你我一起·精彩亚运”，委员们观看相关视频，听取区亚运保障办和区城市智治中心有关情况汇报，并与相关职能部门进行面对面协商恳谈。8月31日，协商主题为“培育扶持社区社会组织发展，助力现代社区建设”，委员们视察北干街道广德社区，听取区民政局相关工作情况汇报，并同相关区级部门、镇（街道）负责人面对面协商恳谈。12月20日，围绕遴选2024年民生实事候选项目开展协商议政，委员们提出相关意见建议。

【区委、区政协常委会专题政治协商会议】2023年7月20日，萧山区委、区政协常委会专题政治协商会议召开。市委常委、区委书记王敏出席会议并讲话，区政协主席叶建宏主持会议。7位区政协常委、委员围绕“深入贯彻‘八八战略’，加快打造中国式现代化区（县）域范例”协商主题，从加快制造业数字化改造、做大做强“地瓜经济”、放大亚运综合效应、打造营商环境最优区、推动湘湖系统提升、持续推进现代社区建设、高质量发展乡村经济等方面进行协商建言。

【区政府、区政协常委会专题政治协商会议】2023年10月18日，萧山区政府、区政协常委会专题政治协商会议召开。区委副书记、区长姜永柱出席会议并讲话，区政协主席叶建宏主持会议。区科技局通报近年全区充分发挥科创平台优势，推动创新链产业链深度融合方面的举措、成效和下步工作思路，8位区政协常委、委员围绕协商主题，从强化企业创新主体作用、打造科创人才引育高地、加强企业知识产权保护、优化营商环境、推动技术创新成果转化等方面进行协商建言。

（傅思慧）

民主监督

【概况】2023年，萧山区政协坚持协商式监督定位，就加快制造业数字化改造、打造共同富裕萧山样板、完善婴幼儿托育服务体系等议题开展专项民主监督，持续开展“迎亚运盛会，助力三大提升”专项民主监督活动。进一步加强与省、市政协三级联动，围绕亚运城市文明共建行动、美丽乡村建设、政务服务增值化改革等议题开展联动监督。发挥社情民意监督作用，收集社情民意信息401篇，向上级政协报送185篇，其中《关于释放农村特色产业发展潜能的建议》等4篇信息被全国政协录用。

【专项民主监督】2023年，萧山区政协重点关注制造业数字化改造、共同富裕萧山样板、婴幼儿托育服务体系、“八五”普法等方面工作，组织委员以监督调研、视察、座谈、明察暗访等方式开展专项民主监督。4月19日，就“实施营商环境优化提升‘一号改革工程’”，视察区政务服务中心；5月12日，就“探索建立‘托幼一体化’方案，为萧山婴幼儿托育服务体系的完善提供支持”，视察西山幼儿园、江南初中；10月20日，就“扎实推进‘八五’普法工作，提升法治萧山建设水平”，视察拱墅区运河法治文化带、浙江腾远律师事务所；11月15日，就“推进数字经济创新提质，加快制造业数智化改造”，视察浙江万向精工有限公司。

【派驻民主监督】2023年，萧山区政协继续加强派驻民主监督工作，对19个区级部门开展常态化、协商式监督，提出监督意见57条，提交民主监督建议书19份。各专委会联系指导各派驻部门的民主监督小组开展活动，开展监督活动90余场次。

（傅思慧）

视察调研

【重点课题调研】2023年，萧山区政协各专委会分别成立调研组开展重点课题调研。办公室就“深入践行全过程人民民主推动政协协商与基层协商有效衔接的思考研究”开展重点课题调研。提案委员会就“关于加快推进杭州南站新城开发建设的对策建议”开展重点课题调研。经济和科技委员会就“关于增强外贸竞争力，加速赋能全区发展的对策建议”开展重点课题调研。城建交通资源环境委员会就“关于完善我区城市社区物业管理的对策建议”开展重点课题调研。社会法制和港澳台侨委员会就“关于发展社区社会组织，助力现代社区建设的对策建议”开展重点课题调研。文史和教文卫体委员会就“关于打造‘传承性特色历史文化公园’的对策建议”开展重点课题调研。委员和基层工作委员会就“关于发挥产业基金作用，促进企业创新创强的对策建议”开展重点课题调研。

【政协委员视察】 2023 年，萧山区政协围绕区委、区政府重点工作及民生项目，组织委员走进基层视察工作。区政协主席叶建宏检查督导亚运食品安全、医疗保障、氛围营造、信息技术等综合保障工作，走访调研湘湖景区系统提升工作情况。提案委员会组织委员赴浦阳镇灵山村视察美丽乡村运维情况，赴义桥镇视察农产品自媒体销售情况；经济和科技委员会组织委员赴浙江万向精工有限公司视察制造业数智化改造情况。城建交通资源环境委员会组织委员视察中建一局浙商银行钱江世纪城总部大楼建设工地现场大气扬尘治理情况。社会法制和港澳台侨委员会组织委员赴区体育中心和区残疾人综合服务中心，视察亚（残）运会场馆建设、重要公共服务场所无障碍改造、残疾人事业展示点建设等工作情况，赴杭州湾信息港视察信息港党群工作及园区企业在产业工人队伍改革方面的工作推进情况。文史和教文卫体委员会组织委员赴萧山区第一人民医院、蜀山街道湖山春晓社区服务站、新塘街道社区卫生服务中心，视察便捷医疗服务情况。委员和基层工作委员会组织委员视察义桥镇第三小学和新街小学，助力加快中小学校提质扩面、打造基础教育高地工作。

（傅思慧）

重点督办提案

【概况】 2023 年，萧山区政协确定《关于倡导政府支持鼓励区内龙头企业、链主企业、聚能企业进行行业级工业互联网平台建设的建议》等 7 件提案为重点督办提案，涵盖工业互联网平台建设、本土共富品牌发展、湘师旧址纪念馆建设、工业垃圾有效处置、临空经济示范区高质量发展、杭州南站“产城融合”发展、南片乡村产业场景建设等多方面内容。区政协督办领导通过了解办理进展、组织实地视察、召开座谈讨论等形式，对重点提案办理落实情况进行督促，推动相关工作落实。7 月 14 日，督办陈锦波委员提出的《关于进一步提升杭州南站新城“产城人文”融合发展的建议》；7 月 27 日，督办许连江委员提出的《关于现代社区背景下南片乡村产业场景建设的建议》；7 月 28 日，督办民进界别提出的《关于加快推进临空经济示范区高质量发展，打造城东智造大走廊制高点的建议》；8 月 2 日，督办来创绩委员提出的《关于尽快解决工业垃圾处置问题的建议》；8 月 11 日，督办陈杰委员提出的《关于推动萧山本土共富品牌发展的建议》；8 月 23 日，督办方聪艺委员提出的《关于倡导政府支持鼓励区内龙头企业、链主企业、聚能企业进行行业级工业互联网平台建设的建议》；9 月 1 日，督办夏建飞委员提出的《关于加快推进定山湘师旧址纪念馆建设的建议》。

【关于倡导政府支持鼓励区内龙头企业、链主企业、聚能企业进行行业级工业互联网平台建设的建议】 提案者为方聪艺委员，督办领导为区政协主席叶建宏，主办单位为区经信局，办理类别 A 类。提案主要内容：萧山作为工业大区、强区，拥有 7 万多家制造业企业。加快工业互联网平台建设，能够推动构建覆盖全行业产业链、全价值链的全新制造和服务体系，有效促进制造业企业各类资源要素优化配置，增强企业市场竞争力。建议：支持企业加强数字化培训，加大技术研发和产学研合作力度，构建数字化人才梯队；帮助企业统筹规划数字化路径，为不同规模、不同行业的企业提出定制化的数字化转型指导方案，推动企业数字化改造持续迭代升级；鼓励企业参与行业级工业互联网平台建设，打造一批轻量级数字化应用，帮助中小企业解决数字化建设成本高、投资动力不足的问题。办理工作成效：人才梯队持续壮大。大力实施萧山区新时代智造工匠培育行动，启动共享工程师协同创新中心建设，全面推行工业企业首席信息官制度，充分发挥行业头部企业首席信息官（CIO）联盟作用，为中小企业数字化改造提供智力支撑。路径规划更加清晰。出台《萧山区制造业细分行业数字化改造扩面推进方案》，编制《萧山区制造业数字化改造操作指南》，梳理发布汽车零部件、装备制造等 5 个细分行业的数字化改造任务书，为中小企业数字化改造提供有效指导。扶持政策不断优化。印发《关于打造“2 ＋ 3 ＋ X”先进制造业集群　推动经济高质量发展的实施意见》，持续加大对工业互联网平台建设和应用推广的支持力度。

【关于推动萧山本土共富品牌发展的建议】 提案者为陈杰委员，督办领导为区政协副主席童一峰，主办单位为区发改局，办理类别 A 类。提案主要内容：重视“品牌思维”对实现共同富裕的助力，通过打造萧山本土共富品牌，可以造福百姓，达成共富。建议：成立共富品牌工作小组，其中包括经信、农业农村、商务等与工业、农业、商务服务业相关部门，也包括非体制内品牌策划、企业经营等专家；排查、保护、开发共富品牌：将有价值资源进行整合后予以保护，并开发为公益共富品牌；鼓励、引导、激励共富品牌。办理工作成效：打造“政府＋市场”联动的运营格局。依托“政府主导、国有资本运作、市场化推广”三位一体运营模式，设立工作专班。构筑线上＋线下全渠道销售模式。整合区内农业企业、家庭农场、农产品资源，引进线上运营团队进行电商销售和产品开发。搭建“龙头＋抱团”齐发力的实体平台。联合 50 余家骨干农产品加工企业、种植养殖大户成立杭州萧山农业发展有限公司，打造全产业链精细化生产经营体系。开展“定制＋引流”多元化宣传推介。开展文创产品、农事节展、媒体宣传等一系列活动；携优质农产品亮相大型农事节展活动，打造文创产品 12 款，后续陆续推出本味生活、本味家宴、本味民宿等优质品牌。

【关于加快推进定山湘师旧址纪念馆建设的建议】 提案者为夏建飞委员，督办领导为区政协副主席黄晓燕，主办单位为湘湖国家旅游度假区管委会，办理类别B类。提案主要内容：湘师即将迎来其百年诞辰，"湘湖师范旧址纪念馆（暂定名）"项目已正式立项，形成纪念馆初步设计方案，要加快推进纪念馆修缮加固工作。建议：尽快完成湘湖师范（简称"湘师"）定山旧址修缮和加固，对现有建筑物内外部状况和空间结构进行修整与提升，将其改造成符合各项现代建筑安全标准，具有陈列文物、举办公教和展览活动、接待公众参观与召开会议等功能的纪念馆式建筑。办理工作成效：优化湘师旧址维修加固方案。在区文物局组织的湘师旧址维修加固设计方案专家评审结果基础上，督促区文物局继续完善湘师旧址维修加固方案，保护湘师旧址。深化湘师文化特定展示工作。围绕湘师旧址在定山岛的独特地理优势，结合院士岛开发，深入挖掘湘师文化传承脉络，形成新时代弘扬湘师精神的合力，推动在院士岛二期设立专门展厅，介绍定山岛和湘师的历史、文化与相关工作。探索湘师精神融合传承发展。在科学、艺术与文化的融合发展上做探索，组织开展青少年文化科普教育、艺术展览、湘师专题展览，让公众以更广阔的视野了解湘师精神，促进科学、艺术赋能湘师精神，让湘师精神在新时代焕发新生机。

【关于尽快解决工业垃圾处置问题的建议】 提案者为来创绩委员，督办领导为区政协副主席施利君，主办单位为市生态环境局萧山分局，办理类别A类。提案主要内容：随着经济快速发展，全区工业企业日益增多，门类逐渐齐全，所产生的工业垃圾面广量大。有毒有害垃圾由符合资质的企业处理，但一般工业垃圾如服装、化纤类边角料等，没有规范的处置体系和处理场所，各镇（街道）平台以及企业以自行处理为主。建议：尽快建立工业垃圾处置制度；尽快建立工业垃圾处置场所；尽快推动工业垃圾源头减量。办理工作成效：抓好产废源头减量化。鼓励工业固体废物产生量大的企业开展综合利用，严格落实固废动态化清零要求。建设一般工业固废分拣中心。进一步强化监管和服务。借助智慧环保建设固体废物监管信息系统，对固废产生、转运和处置进行全程跟踪监管。规范工业固废处理体系。对工业固废实施分类回收，对工业垃圾实施应收尽收，逐步完善分类、收集、运输、分拣、处理体系和工业固废回收制度，推进工业垃圾100%无害化处理。

【关于加快推进临空经济示范区高质量发展，打造城东智造大走廊制高点的建议】 提案者为民进萧山区委，督办领导为区政协副主席陈金良，主办单位为杭州临空经济示范区管委会，办理类别B类。提案主要内容：杭州临空经济示范区已经进入最佳发展时期。建议：要紧抓战略机遇，加快把枢纽优势、区位优势、战略优势转化为发展优势；要锚定目标争创一流，全力争创一流产业高地、空港新城、开放门户、营商环境；要围绕"2＋3"现代临空产业体系（"2"即智能制造和生命健康两大千亿级临空制造业，"3"即航空服务、数字贸易、会展商务三大千亿级临空服务业），招引具有临空辨识度、产业引领性的百亿级重大项目；要重塑制造业转型升级，聚焦智能制造，带动萧山加快从制造向智造转型；要强化保障聚力实干，要争取将示范区建设纳入省级战略平台，争取重大基础项目建设、第七航权落地、综合保税区获批等支持，提升公共服务设施配套，构建高品质社区生活圈。办理工作成效：抢抓战略机遇争一流，围绕空间拓展"攻坚战"、交通建设"大会战"、项目投资"提速战"、招商引资"主动战"、营商环境"升级战"，各项开发建设事业有序、高效开展。打造新型特色产业，围绕"2＋3"现代临空产业体系，构建"一心一轴五园"发展格局。重塑制造业转型升级，牢牢把握整治低效高耗、加快科技创新、加大项目招引、提升质量效益四大攻坚抓手，深入开展工业全域治理。强化保障聚力实干，积极争创省高能级战略平台、省服务业创新发展区等省级重大平台，引导重大项目、资金、土地等优质资源向示范区集聚。

【关于进一步提升杭州南站新城"产城人文"融合发展的建议】 提案者为陈锦波委员，督办领导为区政协副主席汤卫，主办单位为杭州南站新城管理委员会，办理类别A类。提案主要内容：提升杭州南站新城"产城人文"融合发展，对萧山经济社会高质量发展意义重大。建议：站城融合，打造未来枢纽。绘制新城规划蓝图，围绕主导产业，发挥招商机制优势，积极招引城市运营商，做大做强产业园。产城融合，打造经济枢纽。紧抓行业核心龙头，突出交通枢纽特色优势，做好服务配套工作，打造生态良好、功能齐备、要素聚集、机制灵活、适宜人居的新型产城融合城区。提升档次，打造智慧枢纽。推进"数智新城·智慧南站"项目建设，打造智慧管理、智慧服务、智慧招商三大核心数字化应用场景的智慧微脑，深化智治分中心管理，构建高效协同整体智治新模式。办理工作成效：开发建设稳步推进。依托城市道路构建形成"两横四纵"主干路网络结构，完成城市设计评审方案和相契合的单元控规修编初稿，协同区环投集团完成南站水域调整可研方案和初步设计方案，完成核心区地下空间专项设计方案初稿。产业发展迈上新征程。核心区形成"三园一中心"的产业格局，围绕主导产业，创新运用产业链招商、基金招商、云招商、专业机构招商等模式，盘活资源。智慧南站提档升级。打造"1＋3＋X"站城智治体系，进入试运行阶段；对接萧山区智治分中心系统、基层治理四平台，深化杭州南站智治分中心管理，加速推进一网统管。

【关于现代社区背景下南片乡村产业场景建设的建议】 提案者为许连江委员，督办领导为区政协副主席瞿虎，主办单位为区农业农村局，办理类别A类。提案主要内容：产业场景是现代社区建设的基础和关键，更是南片农村社区建设的薄弱点和攻坚点。建议：党建统领，规划引领。发挥头雁作用，优化规划编制。重点围绕南片乡村三大资源布局大农业和大旅游业。规模发展，扎稳根基。推动土地整村流转、推进农业标准地建设、招引培育优质企业。品牌助力，扩大影响。树立品牌，打响品牌，让"萧山本味"成为乡村产业发展的有力推手。挖掘资源，深度融合。挖掘融合资源、丰富融合业态、深化融合力度，由专业运营团队帮助各村结合自身的资源特点做好微融合的文章。要素支撑，激活产业。留住"人"、用好"财"、盘整"地"，对优质乡村产业项目和企业，可给予一定的用地政策倾斜。办理工作成效：调顺产业结构，突出“融”字。结合美丽乡村建设，加快全区现代农业产业园区布局规划（南片布局规划），夯实产业发展基础，实现农村一、二、三产融合发展。调好经营模式，突出“新”字。完善并加大农业产业化扶持力度，加大与南片特色农产品结合度，打造萧山特色“爆款”产品。调优要素配置，突出“破”字。把土地、人才、资金等要素保障放在农业产业发展突出位置，以破促立，实现农业产业可持续发展。

（傅思慧）

表 11　2023 年萧山区政协优秀提案一览表

序号	案　　由	提 案 者
1	关于增强自贸辨识度，推动自贸区萧山区块高质量发展的建议	民盟萧山区委集体
2	关于规范我区群租房装修行为的建议	邬华洁
3	关于加快推进“萧滨一体化”进程的建议	民进萧山区委集体
4	关于高质量建设未来社区的意见和建议	凌国泉
5	关于汇聚慈善力量　助力共同富裕的建议	无党派人士集体
6	关于强化科创强区战略　打造萧山科创生态的建议	徐　迅
7	关于规范研学，助力“双减”，回归教育的本质和初心的建议	叶佳星
8	关于大力实施护航民营经济“亲上加清”工程的建议	曹晓行
9	关于以亚运会为契机建设萧山区国际体育赛事集聚地的建议	金　旭
10	关于加强和重视产业工人素质提升工作的建议	党　庆
11	关于加强萧山区慢性病管理智慧化的建议	来　江
12	关于儿童之家提升工程与共同富裕示范区建设融合发展的对策建议	萧山区妇联集体
13	关于打造市场化调解示范样本，优化法治营商环境的建议	周培敏
14	关于要重视退休老企业家的关爱工作的建议	方聪艺
15	关于打造一批具有全国影响力的“新星”产业集群　助推萧山经济实现新腾飞的建议	萧山区工商联集体
16	关于发展文创产业　推进萧山“产城人文”深度融合的建议	黄善提
17	关于完善老旧小区改造工作的几点建议	朱王君
18	关于防止大型车辆发生恶性交通事故的建议	曹百年
19	关于加快低效企业整治提升，推进经济高质量发展的建议	萧山区科协集体
20	共促共建，共享共富——关于乡村“美丽常态化”的若干建议	吴雪峰

续表 11

序号	案　　由	提 案 者
21	关于扩大数智应用场景，推动萧山数字化改革进程的建议	沈铁伟
22	关于以研究院为引领　打造人才高地　实现产业跃迁的建议	陈德木
23	关于强化“双碳”战略，普及清洁能源的建议	朱鹏峰
24	关于完善我区综合交通规划建设的建议	姜　楠
25	关于把湘湖打造成为宋韵文化传承和展示的“金名片”的建议	文化艺术界集体
26	关于开展城市“口袋公园”三年建设计划的建议	董可星
27	关于萧山城市建设发展与历史文化保护有机协同的建议	社会科学界集体
28	关于数智赋能，提升危房预测预警能力的建议	经济界集体
29	聚焦产业发展　共谋转型之路——关于贯彻制造业立区战略，探索中小企业抱团发展模式的建议	黄伟潮
30	关于数字赋能、光伏引领、技术创新——助力我区实现“双碳”目标的建议	丁　郡
31	关于进行永兴河（戴村—河上—楼塔全段）提标改造的建议	郦阳粟
32	关于持续深入打好蓝天保卫战，全力做好亚运大气环境质量的建议	倪建民
33	加快推进浙东运河萧山段文化带建设的建议	吴金炉
34	关于以举办亚运会、亚残运会为契机　推进“慢行交通”体系化高质量发展的建议	薛张亮
35	保障公共卫生安全，提高全民健康水平——关于建设萧山区公共卫生医疗中心的建议	顾水均
36	关于如何高效使用可变车道，有效缓解交通拥堵的建议	郭　锋
37	关于规划好　扶持好　管理好　服务好　让民营小微企业园发挥“大作用”的建议	戚天琪
38	关于提升基层医疗服务，优化社区卫生服务站建设布局的建议	戚敏敏
39	关于“双减”政策下完善学校课后服务的建议	沈蒙恩
40	关于加快民族团结进步示范区创建同心共建富裕和谐萧山大家园的建议	少数民族界集体
41	关于打造优罗山宋韵文化公园的建议	释如洲
42	关于打造“专精特新’集群，重塑制造业发展新优势的建议	沈　燕

（资料来源：区政协）

专委会工作

【提案委员会】 2023年，政协第十五届萧山区委员会第二次会议收到委员以提案形式提出的意见建议375件，立案363件，其中民主党派、工商联、无党派等界别以集体名义提出意见建议14件，委员联名提出意见建议226件，委员个人提出意见建议123件，移交区委系统办理的提案16件，移交区政府系统办理的提案347件，所有提案全部办复。从办理类别看：A类提案305件，占比84%；B类提案46件，占比12.7%；C类提案7件，占比1.9%；D类提案5件，占比1.4%。对办理态度和办理答复的满意率均为100%。做好“高质量推进美丽乡村建设”系列提案督办走访活动、提案办理“二次答复”工作。开展“关于加快推进杭州南站新城开发建设的对策建议”重点课题调研，组织召开“加强新时代高技能人才队伍建设”主席会议专题协商会，做好《关于倡导政府支持鼓励区内龙头企业、链主企业、聚能企业进行行业级工业互联网平台建设的建议》《关于进一步提升杭州南站新城“产城人文”融合发展的建议》重点提案督办，组织社会福利和社会保障界、特邀（二）界，就“优化分级诊疗，提升基层医疗服务能力”“遇见人文蜀山·预见幸福未来”，与相关部门开展界别协商。

【经济和科技委员会】 2023年，萧山区政协经济和科技委员会组织民盟、工商联、农林、科技、经济、科协等界别，就“‘奋力拼经济，勇夺开门红’，推动政策直达快享”“推进产业转型升级，构建现代产业体系”“促进民营科创园区发展”“萧山本味·和美共富——共同富裕背景下乡村振兴的路径探讨”等主题，与相关部门开展界别协商。组织委员赴北干街道湖滨花园社区、新塘街道泰和花园社区、萧山老年大学、残疾人综合服务中心儿童康复部开展志愿者服务工作。组织委员赴义桥镇开展送农技等服务活动。承办省市政协“数字经济创新提质”“加快临空经济示范区建设，打造杭州经济高质量发展新的增长极”两个子课题，撰写《关于加快制造业数字化能力培育与打造的建议》《推进自贸试验区与临空经济示范区融合发展，打造杭州对外开放新平台》调研报告。

【城建交通资源环境委员会】 2023年，萧山区政协城建交通资源环境委员会组织召开“老旧小区综合改造提升情况”专题政情通报协商会议。组织无党派、社科等界别就“高层住宅二次供水改造情况”“迎亚运改善大气环境质量”与相关部门开展界别协商。组织政协委员调研萧山体育中心“最后一公里”体验区建设情况，考察西湖区翠苑街道老旧小区物业管理工作，踏看杭州画缋美术馆、郦氏南宋官窑工作室等亚运人文体验点（非遗体验点），参观世界旅游博览馆等。

【社会法制和港澳台侨委员会】 2023年，萧山区政协社会法制和港澳台侨委员会组织召开区监委、区人民法院、区人民检察院和区公安分局工作情况通报协商会。组织共青团、青联、侨联、工会、台联、少数民族、妇联、宗教等界别，就“深化产业工人队伍建设改革，促进经济社会高质量发展”“加强宗教人才队伍建设”“推进青年发展型城市建设”等主题，与相关部门开展界别协商。组织委员赴横一村开展“守护儿童新‘柿’界，助力乡村共富裕”活动。组织委员开展“萧山优礼·委员先行”萧山区政协迎亚运通用礼仪培训。组织委员视察杭州奥体中心体育馆、游泳馆、壁球馆、综合训练馆。组织委员在亚运会、亚残运会期间赴瓜沥镇、党湾镇、益农镇开展平安巡防并慰问村（社区）工作人员。组织委员走进省重点工程、区重点招引项目——萧山西电电子科技产业园项目，为一线工人送温暖。

【文史和教文卫体委员会】 2023年，萧山区政协文史和教文卫体委员会组织召开“高质量建设健康大脑，打造共同富裕标志性成果”主席会议专题协商会，组织召开“你我一起·精彩亚运”“请你来协商”专题恳谈会，组织召开“建设‘中国视谷’，加快湘湖·萧滨合作区跨越式发展”专题政情通报协商会。组织召开“全力推进全域优质‘美好教育’示范区建设”专委会对口协商。组织教育、医卫、文艺、新闻出版、体育等界别，就“普惠型人力资源提升”“纵深推进‘互联网+医保’建设”“非遗工坊建设”，与相关部门开展界别协商。组织委员就医药创强工作等开展民主监督活动，助力创建全国中医药示范县。就学校体育场地全方位开放等开展民主监督活动，助力“后亚运时代”全民健身。会同有关单位编印《晓晚吟歌——湘湖师范校友手稿信札选》，完成《战疫长歌（萧山篇）》编辑校对工作。协同福建省将乐县政协文史委共同举办“纪念杨时诞辰970周年福建将乐·浙江萧山书画图片巡展”。持续推进“政协云厅”委员履职平台建设，丰富委员分享内容。

【委员和基层工作委员会】 2023年，萧山区政协委员和基层工作委员会组织民进、特邀（一）界别分别就“加快中小学校提质扩面建设，打造基础教育高地”“推进平安建设，打造法治政府”“打造‘进化飞鸡’品牌，促进乡村共富”与相关部门、镇（街道）开展界别协商。举办两期崇学讲堂。组织召开“钱江世纪城亚运场馆赛后利用情况”专题政情通报会。完善委员履职评价机制，推进委员工作室“一室一品牌”创建，迭代升级数字政协“云履职”系统。参加省、市政协基层协商典型案例、“助解急难愁盼，增进民生福祉”协商议事案例选送工作，有6个案例入选省、市政协典型案例。组织召开区政协民主监督员会议。组织开展基层协商平台“迎亚运盛会，助力三大提升行动”专题协商活动，22个镇（街道）联络小组累计开展25场次活动。开展“百名政协委员帮扶百名困难学生”线上结对活动，捐助价值80余万元款物。开展“崇学尚读·书香政协”系列活动、委员风采系列宣传、“你点我讲”委员宣讲、读书群线上发言活动。组织委员参与区内、市对区两级综合社会评价。运用“项目化运作”方式，向全体委员征集2024年度民生实事项目建议107条。

（傅思慧）

责任编辑：孙淑桢

中国共产党杭州市萧山区纪律检查委员会 杭州市萧山区监察委员会

综述

【区纪委区监委机构】 2023年，萧山区纪委区监委设13个内设机构和机关党委及13个派驻（出）机构，另萧山经济技术开发区管委会纪检监察工委为市纪委市监委派出机构，委托萧山管理。区纪委区监委下属事业单位萧山区法纪教育中心，负责浙江省法纪教育基地日常管理。

【“一把手”和领导班子监督】 2023年，萧山区常态化组织开展政治家访，区委书记、区长带头访，进一步深化党员干部家庭家教家风建设，切实强化对“一把手”和领导班子监督。制定《2023年度全面从严治党责任清单》，协助明确17位区领导年度全面从严治党责任清单，制定2023年党风廉政建设责任制考核细则，推动“关键少数”落实管党治党政治责任。牵头开展全面从严治党“四责联述”报告会，创新“点人+点题+点事”的方式进行“辛辣”提问，并进行现场评议、晾晒结果、当场点评、领导讲话，发送整改意见书7份，推动31个问题整改到位。同步推动分管领导“分线听”、部门镇（街道）“全面听”、二级单位“延伸听”，层层推动责任贯通和协同。举办“萧然清风·家庭助廉”活动暨新提任区管干部廉政第一课活动，通过以“案”促廉、以“书”话廉、以“诺”践廉、以“议”倡廉，织起一张党员干部家庭“互廉网”。

【亚运会筹办专项监督】 2023年亚运期间，萧山区纪委区监委按照每周“一主题、一监督、一专报”监督范式，深化“每日调度、常态跟进、定期复盘”专项监督机制，围绕网络安全、食品安全、应急保障、安全维稳等重点领域，持续打出城市侧、赛事侧分类监督组合拳，全力护航亚运盛会。共联合组织部、政法委、公安分局等部门开展监督532次，推动督促亚运村东侧外围整治、杭州南站环境提升、萧山机场沿线第五立面优化美化等311个问题全部整改到位，提出意见建议138条，批评教育和帮助处理8人次，推动完善制度19项，形成监督专报、简报21期，相关监督做法、建议多次得到区委主要领导批示肯定。

【营商环境优化提升监督】 2023年，萧山区在省内率先建立“办不成事”反映窗口三级联办体系，打造“1+22+N”延伸体系［1个区级政务服务中心、22个镇（街道）便民服务中心、N个村（社区）便民服务站］，以“小切口”推动政务服务领域“微改革”。全年解答企业、群众咨询1081件，办结率100%，提升办事效率50%以上。开展市场主体外迁问题专题调研监督，形成高质量分析报告。

【漠视侵害群众利益问题专项治理】 2023年，萧山区聚焦群众天天有感的关键小事和急难愁盼的民生实事，深化构建“群众点题、部门答题、纪委监督、社会评价”的工作机制，通过深入开展中小学食堂采购问题专项治理等10个省、市点题项目和残疾人“两项补贴”审核发放情况专项治理等8个区级点题项目，深入纠治重点行业、关键领域漠视侵害群众利益背后的作风问题。全年共查处相关腐败和作风问题21个，处理处分6人。

【“指尖上的形式主义”专项整治】 2023年，萧山区把整治工作作为深化拓展为基层减负工作的“小切口”，进一步助力干部轻装上阵干事业。整治工作期间，区级层面共删减23个贯通镇（街道）、村（社区）的应用小程序，删减率62%；解散或合并各镇（街道）、村（社区）微信工作群1768个，切实以减负实效提升基层获得感。

【纪检监察干部队伍建设】 2023年，萧山区纪委区监委统筹谋划、一体推进主题教育和教育整顿。坚持凝心铸魂筑根本，区纪委常委会严格落实“第一议题”制度，学深悟透习近平总书记考察浙江重要讲话精神，扎实组织“循迹溯源学思想促践行”活动，打造“五学五心”（学党的创新理论、学上级决策部署、学党纪国法、学纪检监察业务、学被监督单位业务；炼忠心、葆初心、树公心、铸匠心、守清心）教育阵地。坚持实战练兵强本领，通过业务沙龙、跟案学习、干部轮训等方式提升能力本领，培养一批业务尖兵，在全省纪检监察系统强化政治监督十佳案例评选、分析研判应用实战能手大比选中均列第一位。坚持动真碰硬抓整改，对市委提级巡察、上级督导和自我检视发现的问题紧抓不放，自加压力开展“五抓五清”（抓突破强化专项治理、抓统筹强化组织保障、抓规范强化学习教育、抓深入强化问题查改、抓长效强化建章立制；政治生态摸清、特色亮点弄清、问题短板看清、群众诉求探清、对策举措理清）专项行动，各类问题均已整改。敢于刀刃向内，全面起底核查涉及纪检监察干部的问题线索，严肃查处违规违纪问题。规范干部管理，完成全区监察官等级首次确定工作，切实增强履职尽责的荣誉感、使命感。

（胡超凡）

重要会议

【区纪委十六届三次全体会议】 2023年2月17日，中共萧山区第十六届纪律检查委员会第三次全体会议召开。会议回顾全区2022年纪检监察工作，部署2023年任务。市委常委、区委书记王敏出席会议并讲话，区委常委和有关区领导、有关方面负责人参加会议。会议审议通过题为《全面从严、勤廉并重，为奋力打造中国式现代化的区（县）域范例提供坚强保障》的工作报告。会议指出，要坚持以习近平新时代中国特色社会主义思想为指导，全面贯彻中共二十大精神，按照上级纪委全会和区委部署，更加深刻领悟“两个确立”的决定性意义，更加自觉增强“四个意识”、坚定“四个自信”、做到“两个维护”，坚决贯彻党的自我革命战略思想和全面从严治党战略方针，忠实履行党章和宪法赋予的职责，认真落实健全全面从严治党体系任务要求，一体推进不敢腐、不能腐、不想腐，深入开展党风廉政建设和反腐败斗争，奋力推进新时代新征程纪检监察工作高质量发展，努力打造勤廉并重的新时代清廉建设高地，争当全省排头兵。全区各级纪检监察组织必须最讲忠诚，做护航中心排头兵，把忠诚彰显在护航中，把拥护体现在行动上。围绕贯彻落实中共二十大精神这一主线，实施“监督质效提升年”“基层基础夯实年”“作风形象锤炼年”三个年活动，开展重大项目大监督、营商环境大优化、作风效能大提升、基层腐败大惩治、实干有为大激励五大行动，有力有效服务保障新征程开好局、起好步。必须敢于斗争，做担当有为排头兵。牢牢把握党中央对管党治党形势的深刻分析研判，精准把握萧山区全面从严治党的阶段性特征，清醒把握腐败滋生土壤和条件依然存在、风腐一体（指形式主义、官僚主义、享乐主义和奢靡之风的“四风”问题与腐败问题互为表里、同根同源的关系）问题易发多发、重点人群重点领域风险仍然较大等问题，把严的基调、严的措施、严的氛围长期坚持下去，一体推进不敢腐、不能腐、不想腐。持续巩固风清气正的政治生态，强化激励担当作为，做到“干事”与“干净”于一身、“勤政”与“廉政”于一体。必须人民至上，做护民生保民利排头兵。坚持监督执纪执法为民，把监督“放大镜”聚焦在群众普遍关注、反映强烈的问题上，深入整治群众身边的腐败和不正之风，以正风肃纪的实际成效厚植党执政的政治基础、群众基础。要紧紧依靠人民群众开展工作，畅通群众监督渠道，深化运用“群众点题、部门答题、纪委监督、社会评价”机制，让人民群众在全面从严治党中感受到公平正义。必须守正创新，做高质量发展排头兵。率先在区县层面完善基层监督体系，持续推进“四项监督”统筹衔接，推动各类监督贯通协调，不断释放派驻机构改革效能，以大数据撬动公权力监督，以萧山的先行先试，为省、市乃至全国纪检监察工作高质量发展提供可复制、可借鉴的模式经验。

2023年3月10日，区纪委区监委工作人员在“农家乐”检查是否存在党员干部违规参与“酒局饭局”等问题 （区纪委 提供）

【区纪委常委会会议】 2023年，十六届区纪委常委会召开常委会会议45次。主要议题内容：高举中国特色社会主义伟大旗帜，以习近平新时代中国特色社会主义思想为指导，学习贯彻上级有关党风廉政建设和反腐败工作的重要会议、文件精神，坚持不懈把全面从严治党向纵深推进；研究部署全区纪检监察工作；研究处理全区党风廉政建设重要问题；审核区委拟提拔任用领导干部和其他有关干部的廉政情况；研究决定党风廉政建设和纪检监察重要规章制度的制定及实施；讨论决定对基层上报区纪委区监委批准的违纪党员党纪处分、违法监察对象政务处分等。主要会议如下：

1月6日，区纪委常委会研究有关案件调查工作；研究有关案件审理工作；研究2022年度区纪委机关案件质量检查报告；审议省委巡视、市委提级巡察反馈意见整改任务分解情况等。

1月10日，区纪委常委会审议省委巡视、市委提级巡察反馈意见整改方案；审议2022年度全区各单位党风廉政建设责任制考核情况。

1月20日，区纪委常委会传达学习习近平总书记在二十届中央纪委二次全会上的重要讲话精神，中央纪委、省纪委全会精神等；审议区纪委十六届三次全会方案；审议2022年度优秀调研文章、信息宣传员评选结果；审议2022年度纪检监察系统年终考核、评先评优事宜及干部人事工作。

2月9日，区纪委常委会研究有关案件调查工作；审议《关于巡视巡察整改全过程闭环监督的工作方案》；审议《进一步完善容错免责机制为党员干部“有为实干”担当的实施办法（试行）》；审议2022年度监督审查调查情况分析；听取意识形态工作通报，研究相关工作；审议区纪委十六届三次全会报告；研究有关大额经费支出；研究有关干部人事工作。

2月25日，区纪委常委会传达学习贯彻落实中央八项规定实施细则的办法、区纪委议事会议规则等精神；研究有关案件调查工作；审议《关于进一步加强区纪委区监委与区审计局协作配合工作的实施意见》《区纪委区监委关于推动以案促改以案促治工作实施办法》《杭州市萧山区纪检监察机关纪律检查建议和监察建议工作实施办法（试行）》等文件。

3月7日，区纪委常委会传达学习全国、全省教育整顿推进会精神；研究有关案件审理工作。

3月29日，区纪委常委会传达学习二十届中共中央政治局第二、第三次集体学习等精神；研究有关案件调查工作；审议省委巡视整改材料、市委提级巡察整改报告；审议《2022年度纪检监察信访工作情况分析》《萧山区失实检举控告澄清工作实施办法（试行）》等。

6月15日，区纪委常委会研究有关案件调查工作；研究有关案件审理工作；审议《2023年度全面从严治党责任清单》及“萧然清风·家庭助廉”活动成果运用方案等。

7月17日，区纪委常委会传达学习《习近平关于力戒形式主义官僚主义重要论述选编》、省委十五届三次全会等精神；研究有关案件审理工作；审议2023年度萧山区党风廉政建设考核指标及计分规则。

9月28日，区纪委常委会传达学习习近平总书记在浙江考察调研时的重要讲话精神等；研究干部人事工作。

12月14日，区纪委常委会传达学习《习近平新时代中国特色社会主义思想专题摘编》中“坚决维护国家安全和社会稳定”、中共中央政治局会议等精神；研究有关案件审理工作；审议《萧山区纪委区监委干部选用管理工作办法》《萧山区纪委区监委人员借用管理工作办法》。

（胡超凡）

党风廉政建设

【概况】 2023年，萧山区纪委区监委以钉钉子精神贯彻落实中央八项规定精神，驰而不息培树新风，推进容错纠错、澄清查诬、回访教育一体发力，推动新风正气不断充盈。围绕亚运筹办、经济建设、国企改革等九大领域细化容错清单，为8名干部免责，为27人、2家单位澄清失实举报，推动提拔重用回访教育区管干部2人，实现解心结、鼓干劲的良好效果。立足基层监督治理，打通基层“神经末梢”，不断创新监督路径，在全省首创并全域推广“智慧印章”，着力提升群众获得感、认可度。保持清廉建设领跑优势，全线共进，全面提升，打造更多具有萧山辨识度的清廉建设成果。

【“四风”纠治】 2023年，萧山区纪委区监委驰而不息纠治“四风”，深入开展党员干部酒驾醉驾、违规吃喝等专项整治，做到每案必查背后“四风”问题，全年查处违反中央八项规定精神问题63起71人，严肃问责不担当、不作为、不落实行为189起301人。开展“指尖上的形式主义”专项整治，率先开展工作群清理，让干部从“指尖之困”解脱出来。

【基层监督治理】 2023年，萧山区纪委监委打通基层“神经末梢”，不断创新监督路径，提升群众获得感、认可度。紧盯监督质效提升，强化数字赋能，将5个公权力大数据监督应用场景纳入全省“一本账”，推动建设工程项目全生命周期监管系统。在全省首创并全域推广“智慧印章”，被《人民日报》等中央级媒体报道。紧盯群众急难愁盼问题，实施“点题监督”“上提下沉固定监督日”机制，有力开展残疾人“两项补贴”、环评第三方中介服务、农村回迁安置等专项治理16项，查处群众身边腐败和作风问题30起36人。扎实开展重复举报化解不力专项整治，推进“无重访单元”创建，全区检举控告、重复举报数量实现四年连降。

【清廉建设】 2023年，萧山区纪委区监委推动清廉建设保持领跑优势，全线共进，全面提升，打造更多具有萧山辨识度的清廉建设成果。深耕清廉单元建设，实施“十百千”工程，制定实施主体责任、监督责任“一表两单”，推动成立“亲清联盟”，高质量承办全省清廉社会组织、全省清廉粮仓、清廉杭州建设现场会，4家单位获评全省清廉建设成绩突出单位、12家单位获评清廉杭州建设优秀实践案例，数量均列全市区县（市）第一。深耕廉洁文化土壤，立体化放大“钱潮杯”“廉政时评300秒”等赛事品牌效应，集成化推出“西湘共潮”系列活动，在全省“基层清廉建设十大创新案例”三大榜单中均获奖项。

（胡超凡）

执纪监督与审查调查

【政治监督】 2023年，萧山区纪委区监委靠前监督、主动作为，确保政令畅通、一贯到底。聚焦亚运盛会主阵地，出台护航亚运十项战时措施，“一赛一策”“一馆一策”精准监督，形成“一主题、一监督、一专报”工作范式，以强有力监督保障“史上最成功的一届亚运会”。区纪委区监委获评亚（残）运会全省先进集体，9人获评全省先进个人。聚焦经济翻身主战场，开展调研式监督，形成市场主体外迁、企业欠薪等专题报告，有力推动工作不实、履职不力等问题整改。在全省率先探索“办不成事”反映窗口三级联办机制，获评全省营商环境优化提升“最佳实践案例”。聚焦政治责任主链条，协助区委开展政治家访、召开“四责联述”报告会，形成书记抓书记、一级抓一级的良好局面。深化政治巡察，扎实开展专题调研，推行突出共性问题通报。全区共巡察党组织242个，移交重要问题线索64条，处理处分37人，移送司法机关3人。

【“三不”一体推进】 2023年，萧山区纪委区监委坚持不敢腐、不能腐、不想腐一体推进，反腐败斗争的整体效能不断提升。

做深“后半篇文章”，落实“一案四必须”（典型案件查办后必须形成分析报告、必须召开民主生活会、必须开展警示教育、必须深化系统治理）机制，推动完善国企选人用人、招投标代理机构信用管理等制度53个。突出纪律教育，聚焦“一把手”、新任区管干部、年轻干部等关键群体，创设“985”（“晚九点打call”的温馨提示、“八小时外助廉不打烊”的家庭“廉盟”以及一场会议、一轮家访、一袋锦囊、一个学堂、一场廉展“五个一”助廉活动）家庭助廉品牌，打出专题警示展、警示教育片、庭审旁听等组合拳，教育的针对性和实效性大幅提升。面向广大党员干部，注重抓早抓小，运用“四种形态”处理1274人次，其中第一、二种形态占比91.9%，用严格教育、严明纪律管住大多数。

【案件查处】 2023年，萧山区纪委区监委突出严的基调，全区纪检监察组织共立案562件，党纪政务处分532人，采取留置措施14人，挽回经济损失4027.5万元。坚决查办区管干部职务犯罪案件，严肃查办融通农业发展公司窝串案、全市首起单位行贿案等典型案件。突出重点领域，深入推进招投标、医药、国企等领域突出问题专项治理，坚决斩断利益链条，处理处分48人。

（胡超凡）

巡察工作

【概况】 2023年，萧山区委巡察机构深入贯彻中央巡视工作方针，认真落实省、市委有关巡视巡察工作部署要求，贯彻落实区委决策部署，找准切入口和着力点，坚定不移深化政治巡察，坚持发现问题和落实整改相统一，努力实现巡察工作高质量发展。全年共完成三轮8个部门、8个镇（街道）和226个村（社区）的常规巡察；上下联动，完成8个村（社区）“百村巡察”和安全生产领域专项巡察。发现问题2042个，移交问题线索64条，提出意见建议13条，形成专项报告17篇；党纪政务处分5人次，组织处理32人次；追缴挽回经济损失6710.5万元。

【区委第四轮、第五轮、第六轮巡察】 2023年2月，十六届萧山区委第四轮巡察工作启动。区委各巡察组分别对区市监局、区工商联、区信访局、区司法局、区发改局、区统计局、区综合行政执法局、区科学技术协会等单位党组织开展巡察，巡察工作历时两个月。5月，区委第五轮巡察工作启动。区委各巡察组分别对浦阳镇党委、党湾镇党委、楼塔镇党委、戴村镇党委及74个村（社区）党组织开展巡察，巡察工作历时两个半月。11月，区委第六轮巡察工作启动。区委各巡察组分别对北干街道党工委、新塘街道党工委、蜀山街道党工委和城厢街道党工委及152个村（社区）党组织开展巡察，巡察工作历时两个半月。巡察期间，巡察组围绕“四个聚焦”，重点对被巡察党组织领导班子及其成员在坚持党的领导、全面从严治党等方面情况进行监督检查。

【镇村一体巡】 2023年，萧山区探索以“镇村一体巡”模式开展对镇（街道）和村（社区）的联动巡察。落实“强基惠民”要求，推进8个镇（街道）和226个村（社区）巡察，总共完成309个村（社区）巡察任务，覆盖率55.3%。通过驻村巡察、四问五访六必谈、村（社区）书记家访全覆盖等创新做法，紧盯村级工程管理、集体资产出租、养老指标分配等小微权力事项，关注燃气管道接通、垃圾随意堆放、土地租赁返还款等群众关切事项，第五轮和第六轮“镇村一体巡”立行立改推动解决群众反映强烈问题71个，移交问题线索38条，有效发挥巡察利剑作用，彰显为民情怀。根据市委巡察部署安排，开展“百村巡察·强基惠民”专项行动，对桃湖村等8个村开展巡察，从点到面形成具有一定辨识度的村（社区）巡察样板。

【巡察上下联动】 2023年9月，萧山区落实省委巡视安全生产领域专项巡视巡察任务安排，采取“专项巡”＋“回头看”方式开展上下联动巡察，全面查找安全生产领域存在的突出问题，立行立改一批现场检查发现的突出问题，形成快递行业专题情况报告，以强有力监督为“安全亚运”保驾护航。12月，萧山区开展十九届中央巡视反馈等五类问题整改监督检查工作。年末，萧山区“重大巡视问题清单”全省排名第16位，进入第一方阵。

【巡察机制建设】 2023年，萧山区推动巡察整改日常监督，结合巡察工作实际，形成《关于进一步强化巡察整改日常监督工作的操作办法（试行）》《中共杭州市萧山区委巡察整改回访检查操作办法（试行）》等文件，加强巡察整改日常监督和回访检查的规范化建设，推动整改日常监督落地落细。萧山区认真贯彻《中央巡视工作规划（2023—2027年）》精神，落实省、市委巡视巡察工作规划要求，结合萧山实际，修订完善《中共杭州市萧山区第十六届委员会巡察工作规划》，进一步明确奋力推进巡察全覆盖、强化巡察整改和成果运用、加强上下联动和融合贯通、夯实巡察基础建设等方面目标任务。年内，萧山区梳理十六届区委一至五轮巡察发现问题，形成7个方面、19个突出共性问题，提交区委常委会审议，经区委主要领导批示后通报，推动全区面上突出共性问题一体整改、联动整改，防止类似问题同点再生、异地发生，强化共性问题未巡先改。

【巡察内巡探索】 2023年，萧山区针对区属国企下属子公司多、资金密集、资源富集等特点，输出区委巡察工作模式、标准和方法，与财政局（国资办）共同出台《萧山区属国有企业内部巡查实施办法（试行）》，为区属国企开展内部巡查工作提供依据，探索开展国企内巡试点。

【巡察队伍建设】 2023年，围绕巡察职责使命，认真开展主题教育各项活动，开展“政治塑巡、学习塑能、团队塑优”双建争先品牌创建，制订工作计划和学习计划，开展党组理论学习中心组学习、“第一议题”等集中学习，贯彻落实巡察工作方针，推动党的理论和路线方针政策在基层落地落实。

（胡超凡）

责任编辑：马雨娇

民主党派·工商联

中国国民党革命委员会杭州市萧山区基层委员会

【概况】 2023年，中国国民党革命委员会杭州市萧山区基层委员会（简称“民革萧山区基层委”）设支部3个，有党员73人。党员中有省人大代表1人，市政协委员1人，区人大代表1人，区政协委员18人（区政协常委3人），市管领导干部1人，区管副职领导干部3人，中层正职8人，中层副职5人。民革萧山区基层委被民革浙江省委授予“2023年度民革全省组织工作先进集体”“2023年度五好党员之家”等荣誉，被民革杭州市委会授予参政议政工作先进集体一等奖等荣誉。

【组织建设】 2023年，民革萧山区基层委凝聚各方力量，创新工作思路、活动载体、方式方法，完善建设“民革·引享力”民革党建活动品牌，下设“初心·民革讲堂”“民心·建言集萃”“润心·中山书苑”“暖心·共富萧然”“连心·广联与共”5个子品牌，内容涵盖自身建设、履职建言、社会服务、联络联谊等。加强新时代民革党员干部队伍建设，科学规划干部队伍与人才队伍梯队，优化专业结构和年龄结构，选派多人参加上级党派组织、统战部和政协举办的各类党外干部培训班。组织党员参加迎亚运相关主题活动，党员李献玉创作的歌曲《难忘竹榻儿》获浙江省第二十二届群众音乐大赛金奖；李沅哲获浙江省党史好新闻三等奖，在亚运村挂职期间获“月度之星”称号，获评萧山区2023年度优秀作家；严虹燕获评2023年特级教师工作站优秀学员；沈燕获评2023年度民革全省宣传思想工作先进个人；施肖峰、严虹燕、王佳锋、姜楠、沈越天、肖艺能、吴丹、王蓉、竹婷婷、朱炜在2021—2023“双争”评比中，被民革杭州市委会评为优秀党务工作者；申旖琳先后参加民革杭州市委会、民革浙江省委组织的“时代赞歌”主题教育演讲比赛，分获一等奖、二等奖。

2023年4月16日，民革萧山区基层委党员组团参加湘湖半程马拉松欢乐跑　　（民革萧山区基层委　提供）

【自身建设】 2023年7月14日，民革萧山区基层委召开主题教育专题部署学习会，邀请民革杭师大总支部副主委，杭州师范大学人文学院教授、副院长，杭州市政协委员林航为全体党员作《奋进新征程，建功新时代——二十大报告的思想内涵和目标指向》专题讲座，学习习近平总书记浙江考察重要讲话精神、市委十三届五次全会等重要会议精神，总结思考思想政治建设、组织建设、履职能力建设、作风建设和制度建设五大方面不足。8月，民革萧山一支部全体党员赴淳安县下姜村开展主题教育，学习社会主义新农村建设先进实践经验。全年利用“党员之家”阵地和中山书苑、“民革讲堂”等载体，开展专题活动；加强作风和制度建设，响应上级民革组织和区委统战部发出“同心同廉”倡议，学习贯彻习近平总书记关于严明政治纪律和严守政治规矩系列重要论述。

【参政议政】 2023年，在萧山区两会期间，民革萧山区基层委围绕加快转型升级、提升城市品质、推动文化建设、改善民生福祉等方面，个人提交提案13件。民革萧山区基层委党员、教育界别委员严虹燕以《关于做强跨境电商创新发展先行区的建议》为题，代表基层委作大会发言；党员姜楠撰写的《关于完善我区综合交通规划建设的建议》、党员郦阳粟撰写的《关于进行永兴河（戴村—河上—楼塔全段）提标改造的建议》、以基层委重点课题调研成果为蓝本撰写的《关于打造“专精特新”集群，重塑制造业发展新优势的建议》等被评为优秀提案；党员沈燕被评为优秀信息员，受大会表彰。全年上报社情民意信息60余篇，其中被市政府录用1篇，被民革杭州市委会录用8篇，区委统战部录用5篇，党员竹婷婷撰写的《关于进一步推进我市电子营业执照、电子印章发放应用优化营商环境的建议》获市政府领导批示，党员沈燕撰写《关于护航地摊经济提升“城市烟火气”的建议》获区委主要领导批示。开展重点课题调研，《深挖平台经济，赋能实体经济提质增效》《关于推进我市儿童友好社区建设的建议》《紧跟AI发展浪潮，强基础育产业》等调研成果上报区委统战部、民革杭州市委会，服务党委政府科学决策。

【社会服务】 2023年，民革萧山区基层委推动读书学习、主题教育、文史交流等主题活动。举办系列讲座，转化党员专业专研为集体共学共识，普及专业知识，促进信息共享。在三八妇女节主题活动日，民革萧山区基层委女党员在进化吉山梅园，探讨交流进化镇共富新思路和新模式。在文化和自然遗产日到来之际，浙江筑舍建筑科技有限公司总经理、党员楼凯为党员讲述萧山地区文保古建筑保护与传承。民革萧山区基层委在戴村镇尖山下村揭牌成立“同心·共富”实践基地开展教育共富帮扶活动，以此为蓝本制作的小视频《城里的月光照进尖山下》获民革杭州市委会“‘一路欢歌’小视频大赛一等奖”。民革萧山二支部在浙江省书法家协会会员、中国民间文艺家协会会员、杭州陶瓷印艺术馆馆长党员蔡履平指导下，在中山书苑开展书法研习活动。邀请民革浙江省委会法律服务团副团长、浙江天建律师事务所主任、浙江省行政立法专家库专家徐建明律师在“民革讲堂”围绕《中华人民共和国民法典》合同编及《中华人民共和国劳动合同法》，为戴村镇民营企业负责人举办法律服务讲座，提高企业家法律意识，助推民营经济和民营企业健康发展。

（余　悦）

中国民主同盟杭州市萧山区委员会

【概况】 2023年，中国民主同盟杭州市萧山区委员会（简称“民盟萧山区委会”）设支部8个，有盟员211人。年内新发展6人，调入1人，去世1人。盟员中有杭州市人大代表1人、政协委员2人（其中常委1人），区政协委员27人（其中常委5人），区管干部5人，中层正职6人，另有10余人次被聘为区各级各类民主监督（察）员。在民盟萧山区八届三次盟员大会上，经全体盟员表决通过，成立民盟萧山区第八届委员会内部监督委员会。全年有63位盟员获各级各类荣誉，发表论文、作品174项，其中杭州市局级及以上先进、奖项86项；在杭州市局级及以上发表论文、作品33项。民盟萧山区委会被民盟浙江省委会评为盟务工作先进单位、社会服务工作先进集体，被民盟杭州市委会评为先进地方组织。民盟萧山区委会“盟员之家”被民盟浙江省委会评为“五星级盟员之家”。萧中支部被民盟浙江省委会评为2023年度“十佳示范基层组织”；萧中支部、教联二支部被民盟杭州市委会评为“五星级支部”，科技一支部被评为“四星级支部”，科技二支部、教联一支部被评为“三星级支部”。经民盟萧山区委会支部年度工作量化考核，教联二支部、科技一支部、科技二支部被民盟萧山区委会评为2023年度先进支部。钟玲芳、王鸣被民盟浙江省委会评为优秀盟员。钟玲芳、王鸣、俞益钢、李青、周雪、李琼霞、郑彭生、吴宏霞、赵华被民盟市委会评为优秀盟员。

【思想建设】 2023年，民盟萧山区委会刊发《萧山盟讯》杂志4期，刊登宣传文章210篇，其中社情民意信息141篇。召开“凝心铸魂强根基，团结奋进新征程”主题教育部署学习会议，号召支部开展各类主题教育活动20余次；召开八届十四次班子（扩大）会议，传达学习习近平总书记浙江考察重要讲话精神，发动盟员撰写心得体会20余篇。6月28日，民盟区委会策划并联合主办“跨越山海等你来”迎亚运大型音乐朗诵会，其中情景诗朗诵《西柏坡的灯光》《诗路春行》参与编排演出盟员12人，参与活动组织保障盟员近30人，观看演出盟员近60人。参加民盟省委会组织的“3·19”建盟日“之江同心·青盟大讲堂”、“学盟章、读盟史”线上知识竞赛、“共读经典·书香润盟”读书活动等。民盟萧山区委会获民盟杭州市委会2022年度宣传工作先进集体二等奖；获民盟杭州市委会铭初心、聚共识、跟党走——纪念中共中央发布“五一口号”75周年主题知识竞赛总决赛一等奖；获民盟杭州市委会“团结奋进新征程，同心起步迎亚运”趣味运动会团体二等奖。教联二支部获民盟杭州市委会支部层面宣传工作先进集体一等奖。盟员邬华洁、陈佳楠被民盟浙江省委会评为思想政治建设和宣传工作先进个

2023年6月28日，民盟萧山区委会联合举办“跨越山海等你来”迎亚运大型音乐朗诵会　（民盟萧山区委会　提供）

人，傅潇侠、李青、邵菲被民盟杭州市委会评为宣传工作积极分子。

【参政议政】 2023年，民盟萧山区委会盟员提交的《关于加快推进杭州公共文化服务接轨国际化的建议》获民盟杭州市委会2022年度优秀调研成果二等奖；《关于促进大中小企业融通发展的对策建议》《关于城镇污水治理体系数字化改革模式的建议》《关于建立健全全国统一市场主体信用制度的建议》《关于构建和谐劳动关系促进共同富裕的建议》《创建全国最优营商环境，服务全国统一大市场》《关于进一步深化农村文化礼堂建设，打造共富“文化路径”的建议》《聚集未来工厂，开展复合型技能人才培训的策略研究》获民盟杭州市委会2022年度优秀调研成果三等奖。《关于进一步深化农村文化礼堂建设，打造共富“文化路径”的建议》被民盟杭州市委会作为市政协十二届二次会议集体提案提交，作为重点提案由市委常委、宣传部部长黄海峰领办；《关于促进大中小企业融通发展的对策与建议》《关于共同富裕背景下探索教育帮扶新路径的建议》被民盟杭州市委会作为市政协十二届二次会议集体提案提交；《关于我省连片“空心村”人口老龄化与经济发展关系的探讨》被民盟浙江省委会作为2023年度立项课题；《关于平衡“亚运保障”和“民生保障”的建议》被市委统战部《建言直通车》采纳，《亚运会背景下公共场所AED图示存在的问题及对策建议》被市政协采纳。全年收到社情民意信息198篇，盟员参与率51.5%；被民盟浙江省委会采用55篇，被民盟杭州市委会采用109篇，比上年增长61.8%和29.8%；被区委统战部《民情汇》采用5篇，获区委主要领导批示。民盟萧山区委会获民盟杭州市委会2022年度调研工作先进集体二等奖、反映社情民意工作先进集体二等奖。吴菲菲、吴宏霞、赵华、朱韩苏被民盟杭州市委会评为反映社情民意工作先进个人；曾云峰、邬华洁、黄勇芳、高云翔、潘志军、郑彭生、李琼霞、王海燕、陈科杰被民盟杭州市委会评为反映社情民意工作积极分子。

【社会服务】 2023年，民盟萧山区委会组织、支持多名盟员参与亚运服务保障，参与迎亚运文化惠民演出活动50余场，组织参与迎亚运健康活动40余次。创新“向阳花”社会服务未检品牌，成立以20名盟员为主、“家人公益”等公益组织资质人员为辅的“向阳花”帮扶储备团队，有针对性地培训师资力量，深化罪错未成年人精准帮教和未成年被害人保护救助机制，参与问题未成年人心理疏导和帮扶教育，与区检察院、团区委、区妇联等单位对接联系，整合萧山区家人公益互助服务中心、萧山区吉见心理咨询服务中心等单位资源，组建“向阳花”志愿服务讲师团和“向阳花”志愿服务团队伍2支，为“向阳花”未成年人法治教育基地授牌。“向阳花”品牌全年开展未成年人帮教10名和社会调查20余次。深耕“五送五助”社会服务品牌，联合“家人公益”开展‘关爱儿童慈善行’活动，结对楼塔镇、进化镇困难儿童60名，赠送每人合计1000元的慰问金和生活学习用品；开展“新春迎亚运”全家福拍摄活动，为楼塔镇100余名村民免费拍摄、装裱赠送全家福；开展摄影、表演等公益教学200余课时，服务群众400余人次；参与区委宣传部、区文旅局举办的“你点我送·文化惠民”“戏曲进校园”“送绍剧大戏下乡”“我们的‘村’晚”及亚运倒计时200天等演出活动80余场；联合瓜沥派出所“未来警校”、七色鸟公益服务中心、优朵儿童康复发展中心等单位举办公益讲座20余次，受益家长和学生6000余人；结合世界艾滋病日、慢阻肺日等时间节点，联合区政协、区老年大学、社区等举办宣传义诊、急救知识技能培训、救护员考证等培训、健康专题讲座50余场次，发放宣传资料1200余份，受益群众2万余人；组织盟员律师、会计师、工程师等30余人次，结合萧山技师学院技术优势，赴北干、闻堰、所前等镇（街道）、村（社区）及企业、单位提供财务、法律、环保咨询等服务20余场次。推进东西部协作结对帮扶，18位盟员政协委员自愿参与区政协举办的结对四川省旺苍县困难学子慈善公益活动，每人资助困难学生2000元；盟员邵海燕担任会长的“家人公益”组织第三次赴四川省甘孜藏族自治州康定市瓦斯小学，开展“三年爱心路·浓浓公益情”捐赠活动，捐赠价值8万元的校服和学习用品，为6名困难学生每人赠送价值4000元的助学金和学习用品；盟员钟玲芳参加民盟浙江省委会赴贵州省毕节市七星关区教育帮扶活动，面向七星关区全区有关学科教师代表举办讲座；民盟萧山区委会被民盟浙江省委会评为社会服务工作先进集体。邵海燕、钟玲芳、李青被民盟浙江省委会评为社会服务工作先进个人。

【民盟萧山区第八届委员会内部监督委员会成立】 2023年4月27日，在民盟萧山区八届三次盟员大会上，经全体盟员表决通过，成立民盟萧山区第八届委员会内部监督委员会，民盟萧山区委会副主委邬华洁任内部监督委员会主任，潘志军、陈科杰任内部监督委员会副主任，李樱、赵喆、高云翔、徐箴任内部监督委员会委员。6月13日，内部监督委员会召开第一次全体会议。

（邬华洁）

中国民主建国会 杭州市萧山区基层委员会

【概况】 2023年，中国民主建国会杭州市萧山区基层委员会（简称“民建萧山区基层委”）设支部5个，有会员164人。会员中有市管干部1人，区管正职1人，区管副职3人，中层正职13人，中层副职4人；有市人大代表1人，区人大代表2人，区政协委员26人（其中常委4人）。新发展会员10人，其中非公经济领域1人、新阶层领域5人、机关事业单位4人。民建萧山区基层委“同心同廉”实践教育基地被评为萧山区“莲开九瓣·萧然同心”“同心同廉”示范教育基地，民建浦阳共富基地被评为浙江民建助力共同富裕实践基地，民建萧山区基层委被评为2023年度全区统一战线信息宣传工作成绩突出单位，下属5个支部均被民建杭州市委会评为先进支部。

【参政议政】 2023年，在萧山区两会期间，民建萧山基层委提交大会发言、议案、提案和建议36件，内容涉及高质量发展、亚运兴城、民生保障、数字经济等方面。许连江委员代表基层委作题为《现代社区背景下南片乡村产业场景建设的建议》的大会发言，被列为区重点提案。《关于规划好　扶持好　管理好　服务好　让民营小微企业园发挥“大作用”的建议》等3件提案被评为区政协优秀提案。民建萧山区基层委完成调研课题11个，其中《关于提升我区科技创新能力的建议》等3篇调研报告被评为杭州民建2023年度参政议政优秀成果。提交社情民意信息85篇，其中民建中央录用2篇，民建省委会录用8篇，民建市委会录用38篇，《民情汇》录用5篇，《关于国博壁球馆设施赛后利用的建议》等3篇信息获区委区政府主要领导批示。

【社会服务】 2023年，民建萧山区基层委开展“同心筑亚运·民建在行动”服务杭州亚运会专项活动，组织引导70余名会员至亚运场馆、交通枢纽、街道、社区等地举办亚运宣传、文明引导、法律咨询等活动，在会员中开展“我为亚运献一策”“爱‘答’亚运知识竞赛”等共襄亚运十大活动；民建萧山区基层委主要领导担任杭州奥体中心国博壁球馆运行团队常务副指挥长，被评为亚（残）运会省部级先进个人；多名会员及会员企业参与亚（残）运会相关保障及开（闭）幕式保障活动。深化建设浦阳镇共富基地，创新推出“群众点单、民建接单”新模式，开展“共富农田”“共富蜜梨”“共富文化”精准帮扶活动，全年为农户增收20万余元。助力东西部合作，开展“认养一头羊”认购活动，发动10名民建政协委员参加“萧山区百名政协委员结对旺苍县百名困难学生”公益活动。发动驰援甘肃地震捐款，民建萧山基层委“同心共富基金会”共同捐款1万元，会员盛海峰向中华思源工程基金会“彩虹赈灾”公益项目个人捐款1万元；热心社会公益，为北干街道工人路社区、靖江街道困难学生捐赠助学金；关心会员生活，为8名年满70周岁会员每人捐赠价值3000元适老化产品。一支部开展“认购共富超市，支持老年食堂”活动，二支部参与捐赠富阳区春江街道三星民工子弟学校“向日葵爱心图书馆”，三支部开展“同在蓝天下，你我共成长”萧山特殊教育学校慰问活动，四支部开展“童心观史，温暖同行”关爱建筑工人子女主题观影活动，五支部开展“服务进社区，情暖燕子河”社区服务活动等。搭建合作交流平台，召开杭州民建会员企业家联谊会萧山分会（萧山区同心汇公益服务中心）会员大会1次，会长办公会议2次，会员培训2次，走访会员企业6家。承办“浙江省民建企业家协会换届暨之江同心·经济圆桌论坛”。推荐9名会员参加民建中央、省、市企业家培训。邀请专家作《中共中央国务院关于促进民营经济发展壮大的意见》专题讲座，开展资源对接、政策解读、法律咨询等助企服务。推动清廉会员企业建设，建立“基层委推动、清单化创建、标杆式典范”特色创建模式，发布《“清廉会员企业”创建五大清单》《“会企交往”正负面清单》《企业家会员倡导清单》，打好廉洁教育、专家授课、考察学习、互学互鉴“组合拳”，指导7家会员企业创建萧山区清廉民企。会员企业被评为国家级高新技术企业、中国制造冠军企业、全国公共设施节能服务优秀企业、省专精特新企业、区百强企业等，会员高清淼被评为民建全省社会服务先进个人。

（张　莹）

中国民主促进会 杭州市萧山区委员会

【概况】 2023年，中国民主促进会杭州市萧山区委员会（简称“民进萧山区委会”）设支部11个，有会员239人。新发展6人，去世2人。1位北京会员参加萧山组织生活。会员中有市管干部1人，区管干部6人；有市人大代表2人，区人大代表10人；有市政协委员1人，区政协委员29人（其中常委4人）。民进萧山区委会制定《民进萧山区委会开展“凝心铸魂强根基、团结奋进新征程”主题教育实施方案》，召开“凝心铸魂强根基、团结奋进新征程”主题教育动员会暨“三化四力”（参政议政专业化、社会服务多元化、履职活动品牌化，提升学习力、提升创新力、提升执行力、提升凝聚力）工作推进会，班子成员带头领学领做。赴马叙伦公园、马叙伦与杭州主题展览馆开展“初心之路·正道杭行”现场教育。参观杭州“民进之家”并召开主题学习会。组织3批会员观看国内首部以多党合作史和民主党派创始人为主题的大型原创话剧《马叙伦》。14篇报道被中央级网站和报刊录用，近100篇文章和报道被民进省市区级网站、刊物和微信公众号录用。全年编印《萧山民进》4期23万余字。民进萧山区委会被民进中央宣传部、民主杂志社评为2023年度民主宣教工作优秀集体，被民进杭州市委会评为五星示范区级组织、学习宣传工作先进集体、社会服务工作先进集体，被区政协评为先进界别。城北支部被民进浙江省委会评为2023年度优秀基层组织，教育一支部、区一医院支部被民进杭州市委会评为2023年度优秀支部，机关支部、临浦支部被民进萧山区委会评为2023年度先进支部；会员孙丽萍被民进中央宣传部、民主杂志社评为2023年度《民主》宣教工作优秀个人，王丹波被民进浙江省委会评为2023年度优秀基层组织负责人。丁林燕、董柯锋撰写的论文《让班主任甘做“美好教育”中的“塔基”》被民进浙江省委会评为2023年开明教育论坛征文一等奖，朱玉蓁撰写的论文《全面推进融合教育，加快特殊教育高质量发展》被民进浙江省委会评为2023年开明教育论坛征文优秀奖。陈金良被民进杭州市委会评为2023年度“头雁领航”优秀区（县、市）级地方组织负责人，龚芳、赵海华被民进杭州市委会评为2023年度“鸿雁远航”优秀区（县、市）级基层组织负责人，丁林燕、钟妙明被民进杭州市委会评为2023年度“鸿雁远航”学习宣传工作先进个人，陈丽君、郁飞被民进杭州市委会评为2023年度“鸿雁远航”参政议政信息工作先进个人，杨勇、贺敏、秦高益被民进杭州市委会评为2023年度“鸿雁远航”社会服务工作先进个人，陈丽君被民进杭州市委会评为2023年度“鸿雁远航”综合会务工作先进个人，王磊被民进杭州市委会授予2023年度“雏雁启航”新锐会员奖。

【参政议政】2023年，在杭州市两会期间，民进萧山区委会会员提出提案《关注分级诊疗制度逐步弱化带来的医疗资源配置不合理的建议》《关于加快推进专门学校建设的建议》《更好维护老年人合法权益，持续优化消费环境》《杭州市老旧小区电梯加装建议》。在区两会期间，民进萧山区委会提交政协大会发言材料1篇，集体提案1件，委员个人提案31件，人大建议案11件。在区政协全会上，民进萧山区委会作题为《加快推进临空经济示范区高质量发展，打造城东智造大走廊制高点》的大会发言。民进萧山区委会的集体提案《关于加快推进“萧滨一体化”进程的建议》和会员凌国泉撰写的《关于高质量建设未来社区的意见和建议》被评为优秀提案；由凌国泉担任组长的萧山税务局民主监督小组被评为优秀民主监督小组；陈丽君被区政协评为优秀信息员。民进萧山区委会的《重视班主任在“美好教育”中的塔基作用，在教师职称评审中增加班主任序列》《抓好我市优质普通高中发展的关键变量实现“人才强师、赋能高质”》2个课题被民进杭州市委会立项并完成结题。《推动杭州临空经济示范区教育高质量发展的建议》课题被区委统战部列为重点课题。民进萧山区委会全年上报社情民意信息89篇，被采纳32篇次。

【社会服务】2023年，民进萧山区委会助力服务杭州亚运会。民进市、区两级联合举办“同心同行·共筑亚运”文艺展演暨趣味运动会。会员深入亚运场馆等基层一线开展赛事服务工作，发挥自身特长和优势助力亚运，参与亚运宣传、文明引导、志愿服务、值班值守等活动。以“萧山民进·公益行”品牌为重点，完善省、市、区三级同心医疗卫生服务基地和“三村一校一社”共建基地建设，推进社会服务品牌建设。联合新街街道开展“爱心·义行——走进民进共富创新实践基地”系列活动，

2023年8月10日至9月10日，《晓晚吟歌——湘湖师范校友手稿信札展》在萧山区档案馆举办。图为湘湖师范老校友参观展览　　（区档案馆　提供）

为村民们送健康、送文化、送温暖；与区知联会联合举办“晓晚吟歌——湘湖师范校友手稿信札展”，推动湘师文化研究和湘师精神弘扬。邀请专家走进乡村，助力乡村振兴和共同富裕；联合浙江开明画院举办浙江开明画院迎亚运·促共富书画作品展暨楼塔艺术中心成立仪式，依托该中心开展书画展进乡村活动，输送文化建设新动力。民进市、区两级赴桐庐县举办“开明·进取奖学金”捐赠仪式暨开明名师课，携手共推教育共富。

（陈丽君）

中国农工民主党杭州市萧山区基层委员会

【概况】2023年末，中国农工民主党杭州市萧山区基层委员会（简称“农工党萧山区基层委”）设支部8个，有农工党员192人。新发展6人，去世1人。农工党员中有市管干部1人，区管干部5人；农工党杭州市委会委员2人，市人大代表1人，市政协委员2人，区人大代表4人，区政协委员27人；萧山区各类监督员15人。在区人大届中选举中，顾水均被增补为区人大十七届常委。全年刊发稿件69篇，其中在人民网、《团结报》、人民政协网、农工党中央网站等国家级媒体刊发9篇。农工党萧山区基层委被农工党浙江省委评为2023年度宣传工作先进集体，被农工党杭州市委会评为2022—2023年度先进集体、2023年度社会服务工作先进集体。王登承、楼涵彦被农工党浙江省委评为参政议政先进个人，王高峰、王登承被农工党省委会评为反映社情民意信息工作先进个人，王高峰、谭月芳、戚敏敏、冯霄飞被农工党市委会评为反映社情民意信息工作先进个人。陈晚霞被农工党省委会评为社会服务工作先进个人。王登承被区政协评为优秀信息员，农工党萧山区基层委党员承担的16项课题获区级以上荣誉，在市级以上刊物发表论文19篇，获市级以上其他荣誉7项。

【参政议政】2023年，在区两会期间，农工党萧山区基层委党员提交提案、议案32件。徐丹代表农工党区基层委作题为《降低准入门槛，规范指导监管——保障我区托幼服务行业健康高质量发展的建议》的大会发言，夏志明代表教育界作题为《关于聚焦城乡现代社区建设，全面提升普惠性人力资本发展水平的建议》的大会发言。顾水均的《保障公共卫生安全，提高全民健康水平——关于建设萧山区公共卫生医疗中心的建议》、丁郡《关于数字赋能、光伏引领、技术创新——助力我区实现“双碳”目标的建议》被评为优秀提案。全年参加区委、区政府及区政协、区委统战部组织的民主协商会、情况通报会12次。有15人次在“请你来协商”民生恳谈会、聚焦区委“三件大事”建言座谈会等作专题发言。参与农工党杭州市委会开展的“助力打好经济翻身仗”专项民主监督工作，协助开展实地调研和监督活动，梳理问题困难8条（次），提出意见建议6条。丁郡代表农工党杭州市委会在市政协召开的“请你来协商·加快临

空经济示范区建设，打造杭州经济高质量发展新的增长极”协商座谈会上作专题发言。与区卫健局、市生态环境局萧山分局等对口联系部门，围绕民生热点问题开展座谈协商活动，并将协商成果报送相关部门。担任监督员的党员15人，开展专题视察和民主监督，在区人大、区政协专项民主监督会议上发言7人次，报送建议2条。围绕“推进中国式现代化”、数字经济创新提质、助力亚运、“提升一座城”、社区建设管理和教育卫生事业等主题开展调查研究，完成调研报告10篇，参与区政协和区委统战部重点课题调研3次、农工党杭州市委会课题调研3次。5项调研成果被农工党浙江省委或杭州市委会采用，其中《关于疫情防控形势下加快互联网医院建设的建议》以农工党浙江省委会团体提案提交省两会，《关于推进惠民商业医保可持续发展助力浙江共同富裕的建议》《关于优化产业孵化结构持续深化浙江科创发展能力的建议》等多个调研报告被市级有关部门采纳。王登承撰写的调研报告获农工党浙江省委会参政议政成果三等奖。社情民意被录用58篇。《我国治水工程建设取得重大成效但长期来看仍需关注四方面问题》《建议尽快实现全国婚姻登记信息联网》等6篇信息被全国政协和农工党中央录用，19篇信息被省级及以上部门录用。

【自身建设】 2023年，农工党萧山区基层委组织全体班子成员及部分骨干党员30余人赴金华市磐安县、丽水市缙云县开展“追寻革命足迹·赓续红色基因”现场教学和调研活动，组织党员赴嘉兴市南湖开展“红船映初心，奋进新征程”主题活动。落实发展对象考察面谈制度和培养教育期同志党章、党史测试制度，承办初始教育培训班1期，推荐18名党员参加农工党上级组织和统一战线举办的培训班。发挥市、区两级农工党“党员之家”线下阵地优势，协助农工党杭州市委会举办入党初始教育培训班3期、党史学习宣讲活动2场次、专题研讨座谈会1次。围绕“凝心铸魂强根基，团结奋进新征程”主题，多次组织学习座谈、社情民意信息沙龙、组织生活会和支部主题日等系列活动，市、区两级农工党“党员之家”全年接待参加党史党情教育近200人次。在新一轮农工党杭州市委会星级支部考核中，下属8个支部均被评为先进支部，其中第八支部被评为“五星级支部”，6个支部被评为“四星级支部”，1个支部被评为“三星级支部”。9人被农工党杭州市委会评为2022—2023年度优秀党员，9人被农工党杭州市委会评为2022—2023年度优秀党务工作者，邓丹亭被农工党浙江省委会评为宣传工作先进个人。

【社会服务】 2023年，农工党萧山区基层委响应农工党杭州市委会发出的“同心同行·共筑亚运”倡议书，在全体党员大会上举行“‘同心迎亚运，我们益起来’主题活动启动暨‘农工党萧山区基层志愿服务总队’成立仪式”，发布《护航亚运，我在其中——致全区农工党党员的倡议书》。40余名党员参与亚运场馆运营、赛事裁判、医疗保障、秩序维护、文明提升等工作。第三支部党员郑挺所经营的浙江蓝天制衣有限公司作为亚（残）运会赛时官方体育供应商，被省委、省政府授予“杭州亚运会、亚残运会浙江省先进集体”称号；郑挺以党派名义向护航亚运

2023年3月，农工党萧山区基层委与云朵公益组织走进小学，开展“远离烫烫小怪兽”安全教育进课堂主题活动

（农工党萧山区基层委　提供）

的警察队伍赠送价值16万元降温警用马甲等物资。第八支部党员张颖在保障亚运、实施铁路沿线环境整治工作中获区委主要领导批示点赞。与蜀山街道、宁围街道结对共建，通过社会服务活动开展送医疗服务、送教育资源等帮扶工作。在蜀山街道湖山社区设立“同心·共富”健康服务基地，整合各方资源力量，谋划基地工作，设立“农工党健康教育大讲堂”“农工党专家工作室”等工作载体，形成日常专家坐诊、定期健康义诊的服务模式。协助做好巩固脱贫攻坚成果和乡村振兴相结合工作，多次派党员参与农工党浙江省委、农工党杭州市委会赴贵州省大方县开展帮扶工作。党员陈晚霞捐资10万元帮助大方县三元乡困难学生，改善当地办学条件。党员林剑持续守护湖北省恩施土家族苗族自治州从江县2个村“萧山农工党希望书屋”，募集图书200余册。开展敬老助残帮扶活动，举办“全国助残日”公益行，在区残疾人托养中心成立“爱心共建基地”；联合义桥镇人民政府等多家单位，在义桥老年颐养院开展“情暖金秋·爱在重阳”主题公益行动。下属各支部建立固定服务基地。

（王登承）

中国致公党杭州市萧山区基层委员会

【概况】 2023年，中国致公党杭州市萧山区基层委员会（简称“致公党萧山区基层委”）设4个支部，有党员89人。新发展8人，从致公党其他组织转入2人。党员中有市管干部2人、区管干部4人、正副科级干部18人，致公党省委会副主委1人、委员1人，市委会会主委1人、常委1人、委员1人，省政协常委1人、市政协委员3人（其中常委1人）、区人大代表3人、区政协委员15人（其中副主席1人、常委2人）。经致公党萧山区基层委全体党员大会选举，对主委及班子成员进行届中调整，施利君当选为主委，朱王君、毛佳枫补选为委员。对各支部进行换届，经各支部党员大会选举产生新一届支部委员会。致公党萧山区基层委被致公党浙江省委评为参政议政工作、组

织工作先进集体，被致公党杭州市委会评为综合、宣传思想工作、社会服务工作先进集体。四支部被致公党杭州市委会评为同心同廉工作先进集体。

【参政议政】 2023年，在萧山区两会期间，致公党萧山区基层委党员中的人大代表、政协委员共提交建议3件、提案22件。党员陈儿在区政协大会上做题为《借亚运契机，提升城乡风貌，全力营造宜居宜业的优美环境》的发言，杜强的提案被区政协评为优秀提案。开展重点课题调研3个，形成的调研报告《我区跨境电商独立站赋能产业高质量发展情况分析及相关建议》被《萧山信息（调研专刊）》录用，获区委、区政府主要领导批示；《关于加速跨境电商独立站建设，助力企业高效出海的建议》被致公党中央录用；《加快中国视谷建设，推动智能物联产业集聚发展》《打造高端芯片设计生态圈，抢占集成电路产业制高点》分别作为致公党杭州市委会参加市政协大会发言及萧山区政党协商专题座谈会材料。向致公党杭州市委会、区委统战部提交社情民意信息55篇，其中被致公党中央录用3篇，被区委统战部《民情汇》录用4篇。朱王君被致公党中央评为参政议政工作先进个人。沈肖文参与撰写的《建议提升外币卡境内支付便捷度》获市政府主要领导批示。10月30日，开展“聚焦跨境电商，共谋经济高质量发展”主题“议政日”活动。

【社会服务】 2023年，致公党萧山区基层委围绕“喜迎亚运”，在吴越历史文书博物馆·致公之家举行“萧山体育文物迎亚运巡回展”启动仪式，到新塘街道、蜀山街道、浦阳镇、南阳街道、临浦镇、义桥镇等多个镇（街道）巡回办展；在致公学校举办“迎亚运·匠心传承进校园”活动，指导学生制作亚运吉祥物面塑。着眼“一老一小”，与浦阳镇联合组织困境、留守儿童开展“腹有诗书增智，童心学史明理”观影活动；基层委文化服务基地杭州萧山南宋官窑艺术馆开展“非遗进校园”活动，走进致公学校和南都小学，开展南宋官窑文化科普；组织致公学校学生，邀请理发师志愿者，赴萧山开元之心颐养院开展“‘敬老爱老·情暖夕阳’重阳节慰问”活动。萧山致公法律服务中心成员发挥自身特长、结合本职工作，开展送法进镇（街道）、进企业、进学校、进家庭等各类服务。参与致公党杭州市委会的“联乡结村”等共富帮扶活动，组织党员开展赴建德市航头镇航川村的“走亲连心·同心共富”消费扶贫活动。

（胡　悦）

九三学社
杭州市萧山区基层委员会

【概况】 2023年，九三学社萧山区基层委员会（简称“九三学社萧山区基层委”）设7个支社，有社员216人。新发展9人，转入3人，去世2人。社员中有市管干部1人，区管干部13人，九三学社杭州市委会委员3人（常委1人）；市人大代表2人，市政协委员3人，区人大代表6人，区政协委员25人（常委2人）。九三学社萧山区基层委被九三学社浙江省委评为2023年度组织建设先进基层组织、宣传思想工作先进集体、全省社会服务先进集体，被九三学社杭州市委会评为2023年度社务工作先进集体。“九三之家”被杭州市委会统战部评为杭州市多党合作传统（实践）教育基地。

【参政议政】 2023年，在萧山区两会期间，九三学社萧山区基层委提交提案、议案32件，其中获评优秀提案3件。在政协萧山区十五届三次会议上，社员黄山作题为《壮大“专精特新”企业梯队，赋能高质量发展》的发言。全年围绕推进产业转型升级、科创高地建设、人工智能创新、推动高质量发展、亚运场馆赛后利用等课题进行调研，中标九三学社杭州市委会课题9项、萧山区委重点课题1项。参加萧山区委召开的全会报告和《政府工作报告》征求意见座谈会、法检两院工作情况通报会、全区党风廉政建设和反腐败工作情况通报会等，就有关事项进行协商并提出相关意见建议。参加区委区政府、区政协常委会举办的专题政治协商会议，就“推进产业转型升级，构建现代产业体系”界别协商、“推进‘地瓜经济’提能升级‘一号开放工程’，助力打造高质量发展先行实践地”专题协商、“亚运场馆赛后利用”专题协商活动等主题建言。聚焦“推动流程制造业高端化、智能化、绿色化发展，提升产业链供应链韧性和安全水平”主题，加强长三角地区九三学社组织协同联动，参与沪浙联合开展的九三学社中央党派重点考察课题调研。参与在杭州城西科创大走廊举办的主题为“创新策源，成果转化——提高科研成果产业化率加快发展未来产业”的第48期“之江同心·经济圆桌会议”，助力创新策源地建设。扎实开展对口联系工作，加强与区科技局、区统计局、区住建局等对口政府部门有效工作联系，将对口联系工作与日常履职相结合，推动对口联系从知情向议政转变、从通报向合作转变。完善信息工作机制，组织信息骨干和新社员参加九三学社浙江省委、九三学社杭州市委会举办的主题议政活动、信息培训巡回课堂等培训10余次，上报信息被九三学社中央录用3篇，被浙江省委统战部录用3篇，被九三学社浙江省委录用4篇，其中1篇被九三学社浙江省委评为2023年度优秀参政议政成果，1篇被市政府专报采用，并获市政府主要领导批示。

【社会服务】 2023年，九三学社萧山区基层委投身“当好东道主，同心筑亚运”系列行动，开展“我为亚运献一策”活动，成立“九三亚运志愿服务队”。多名社员担任亚（残）运会不同保障领域负责人，姜翰青被选为亚运会火炬手。以东西部协作为契机，与九三学社四川省旺苍县基层委开展结对共建，助推旺苍县乡村振兴，针对定点帮扶村村级资产缺乏、村组织基础建设严重不足等问题，赴旺苍县开展实地调研，发动爱心企业家社员捐赠捐建，来江、方志达、俞伟良等社员捐款捐物合计近85万元；杨英、柳建森等社员向旺苍东凡中学捐赠价值5万元的体育用品和书籍等。九三科技讲堂传化基地开设讲座8次，内容涵盖专精特新、新材料技术、有机硅工业应用场景等，受益群众 600 余人次。在义咏堂国术馆建立九三学社杭州市首个非遗传承服务基地，打造非遗活态传承新平台。打造“一支社一品牌”，开展爱心传递，城建设计支社开展“网办掌办”推广活动，综合一支社联合开展金融赋能助企发展活动，教卫支社赴养老院开展“尊老爱幼，共话同心”活动，综合三支社开展爱心义诊活动，综合二支社在共建社区开展暑期公益课活动、科创支社开展“希望之星·阳光助学”活动。

（周凯航）

萧山区工商业联合会（区总商会）

【概况】 2023 年，萧山区工商业联合会（区总商会）[简称萧山区工商联（总商会）] 有执行委员 160 人，其中主席 1 人、副主席 26 人、秘书长 1 人、常委 39 人、执委 93 人，聘任副会长 16 人。基层商会 34 家，镇（街道）、平台商会 22 家，村级商会 1 家、行业商会 7 家、异地商会 4 家，会员 3574 个；省外异地商会 8 家。区工商联被全国工商联评为 2022—2023 年度全国“五好”县级工商联。

【宣传教育】 2023 年，萧山区工商联（总商会）组织开展学习贯彻中共二十大精神、习近平总书记考察浙江重要讲话精神等专题宣讲。推荐传化集团获评市级理想信念教育基地。通过会议解读、宣讲会、媒体宣传等方式，抓好全国两会，省、市党代会和民营经济最新政策等重要会议、政策等精神贯彻落实。收集整理民营企业家反响，在微信公众号刊登。加强政策宣传，会同相关部门，编制《萧山区 2023 年度惠企政策汇编》电子版、《浙江省促进中小微企业发展条例》，及时分发给会员企业。组织 30 余位企业家赴福建省宁德市古田县开展理想信念教育。

【弘扬新时代萧商精神】 2023 年，萧山区工商联（总商会）围绕“萧企同行·共筑亚运”主题，在《萧山日报》推出专栏报道，宣传山友医疗、三星羽绒、华尔达建设等 6 家区内企业赞助亚运典型事迹。配合市工商联，推荐宣传胜达集团和宝盛优鲜 2 家企业在《每日商报》上宣传。推荐 23 家区内企业成为杭州市新时代“两个健康”城市之窗联系点。出版《新萧商》杂志 4 期，推出萧山民企助力亚运专刊 2 期。举办“萧企同行·共筑亚运”萧山区民营企业羽毛球混合团体赛，营造亚运氛围，弘扬新时代“萧商精神”。参与打造“潮起萧商——民营经济展示馆”，联系区内企业征集资料和展品，配合做好布展工作，随馆设立“萧商之家”，搭建萧山民营企业家联谊互助同心驿站。

2023 年 11 月 9 日，萧山区工商联组织民营企业家开展理想信念教育（丁力　摄）

【助力共同富裕】 2023 年，萧山区工商联（总商会）发动并带领民营企业家，参与山海协作和东西部对口协作，助力共同富裕。组织企业家赴四川省旺苍县、康定市、丽水市龙泉市、杭州市山区四县等地，通过村企结对、产业对接、助农销售等方式开展帮扶工作，计 8 批次 40 人次。与桐庐县、建德市、淳安县三地 5 个村、康定 17 个村开展村企结对，帮扶资金约 45 万元。在萧山区党政代表团赴四川省甘孜州康定市对口支援活动中，区工商联、区中小企业联合商会及企业代表，为康定市新都桥“萧康友谊”幼儿园揭牌，并捐赠 600 万元。

【参政议政】 2023 年，萧山区工商联（总商会）组织政协工商联界别委员参加政协十五届二次会议，提交提案 18 件，郭昊展委员代表工商联界别作题为《探路本土经济“内循环”，把民企“链”起来——关于促进萧山民营经济高质量发展的建议》的大会发言。组织区政协工商联界别委员开展“奋力拼经济，勇夺开门红”对口协商会议、赴海南省学习考察及“同心筑亚运·同行向未来”委员集中履职月志愿活动 3 次界别活动。做好人大代表建议案、政协委员提案答复工作。

【调查研究】 2023 年，萧山区工商联（总商会）组织民营企业大调查 9 次，参与调研企业 900 余家次，企业参与调研数量和质量位于全市前列。做好“2022 年度全国上规模民营企业调研”工作，组织 72 家上规模企业参加调研，进入“2023 中国民营企业 500 强”行列企业 9 家，上榜企业数居杭州市第一，及时撰写相关情况分析报告上报区委区政府。被省工商联评为 2023 年“中国民营企业 500 强”申报先进单位、2023 年上规模民营企业调研先进单位。做好全国工商联“万家民企评营商环境”工作，组织 210 余家民营企业参评。开展民营企业社会责任调研，参与民营企业 100 余家，推荐胜达集团上报全国工商联优秀社会责任案例。联合之江创投研究院开展“提振民营企业投资信心”调研，撰写《关于加快推进创业投资改革试点，全面提振萧山区民营企业投资信心的建议》调研报告，被市工商联评为 2023 年度全市工商联系统调研成果二等奖。完成《萧山民营家族企业交接班的实践路径研究》。接待全国工商联党组书记徐乐江等全国、省、市领导到萧山调研考察 5 批次。

【政企沟通】 2023 年，萧山区工商联（总商会）会同区发改局、区经信局、区商务局、区检察院等区内部门 10 余个，牵头召开“亲清直通车·政企恳谈会”4 场，协调解决企业问题建议 50 余个。赴进化镇、瓜沥镇、所前镇开展“经济高质量发展镇（街道）行”主题活动3次。开展“大走访、大调研、大服务”活动，机关领导分5个小组带队走访企业145家次。配合区委统战部做好萧山区营商环境优化提升“一号改革工程”相关工作，构建亲清政商关系。

【清廉民企建设】 2023年，萧山区工商联（总商会）制定《萧山区清廉民企建设六张清单》，组建“亲清联盟”，通过4个工作小组开展清廉民企创建活动。工商联执委、常委会员清廉民企标准化建设单位覆盖率50%，创建区级标杆型清廉民企21家、市级标杆型清廉民企6家、省级清廉民企示范单位1家。

【法律服务】 2023年，萧山区工商联（总商会）人民调解会收案553件（法院委派377件、当事人申请176件），调解成功427件，成功标的1.67亿元，成功率77.21%。相关调解案例入选全国工商联“百佳商会调解典型案例”和杭州市中级人民法院“法护营商”最佳实践案例。区工商联“共享法庭”入选2023年萧山区法治化营商环境改革“十大品牌项目”、萧山区2023年人民调解先进单位。萧山区总商会人民调解委员会入选《商会调解培育培优行动中工作突出的商会调解组织名单》。开展年度“法律体检”活动，赴河上镇开设镇（街道）企业法律沙龙专场，组织律师团队走进海盟控股，提供“一对一”上门体检。在微信公众号上开辟《暖商护企》专栏，全年发布调解案例5篇。联合区检察院成立营商环境检察e站，为民营企业提供举报控告申诉、法律咨询、司法救济等全链条便捷服务，推进法治营商环境建设。

【培训服务】 2023年，萧山区工商联（总商会）开展“持续推进产城人文深度融合，奋力打造中国式现代化的区（县）域范例”商会训练营，举办专题培训14期，1300余人参加。组织17位企业家参加杭商大讲堂、“品质杭商”培训班。开展“读好书”活动，精选《创新与企业家精神》《聚焦》等书籍赠送执委、常委、商会秘书长。

【金融服务】 2023年，萧山区工商联（总商会）通过前期招募，组建由25家区内金融机构组成的金融助企服务团，组织成员走访执委企业30余次。与宁波银行萧山支行签订战略合作协议，联合举办“境内外专题私董会”等活动。联动人行萧山支行开展“万企评最满意银行”评选调研活动，组织区内300余家企业参与填写调研问卷。

【经贸对接】 2023年，萧山区工商联（总商会）加强与兄弟县、市、区工商联、园区以及企业联系合作，组织企业家赴安徽省宿州宿马产业园、上海市张江高科技园区等地及维亚生物科技有限公司、华数传媒网络有限公司、浙江寿仙谷医药股份有限公司、圣奥集团有限公司等企业考察，接待兄弟工商联来萧考察11次150余人次，与四川省旺苍县、成都市金牛区工商联结为友好商会。组织会员企业参加市工商联民营企业共建“一带一路”峰会，组织16家企业参加世界杭商大会，引导企业开拓国际视野。浙江恒逸集团有限公司、浙江荣盛控股集团、浙江金帝集团有限公司、浙江健盛集团股份有限公司4家企业被推荐为第一批“杭商驿站”。

【关心关爱企业家】 2023年，在萧山区工商联（总商会）十二届三次执委会上，增补企业家执委10人，对上年度先进集体和先进个人予以表彰。协助相关部门做好杰出杭商、优秀杭商等民营经济人士推荐工作，完成17个批次64位非公有制经济人士评价工作，做好企业家政治关怀。组织落实执委以上企业家和直属会员180人参加健康体检，邀请部分女企业家开展三八妇女节活动，为执委、异地商会会长、直属会员送上生日贺卡，全年寄出229份祝福。

【基层组织建设】 2023年，萧山区工商联（总商会）完善《2023年度基层商会工作目标管理考评意见》，促进基层商会工作制度化、规范化。指导推动7家商会完成换届及年会任务。组织镇（街道）统战委员赴宁波市鄞州区、镇海区，杭州市余杭区瓶窑镇商会等地考察学习商会建设。组织基层商会秘书长等30余人赴合肥市考察学习。组织召开基层商会党建专题会议，部署商会民政注册、党支部建立、清廉民企建设等工作，下发《关于加强基层商会党建工作的指导意见》，完成基层商会民政注册和商会党支部建立22个，实现商会注册和党建全覆盖；成立萧山中小企业联合商会东片分会、萧山淮滨商会；加强异地商会建设和管理，组织企业家赴海南省学习考察，就海南省萧山商会筹建进行交流座谈。加强异地商会换届工作指导，赴武汉、上海、成都、重庆和广东等地走访考察，完成异地萧山商会年度考核补助经费、党建专项经费及行业（异地）商会重点项目等申报。

（汪晓佳）

责任编辑：马雨娇

萧山区总工会

【概况】 2023年，萧山区有两级管理镇（街道）总工会22家、平台总工会4家、农场总工会1家；基层工会组织3520家（单建工会2973家、联合工会547家），涵盖单位18903家，其中机关单位90家、事业单位476家、国企44家、民营企业14389家、其他单位3904家。全区有职工76万人，其中工会会员74.4万人，职工入会率97.9%。

【产业工人队伍建设】 2023年，萧山区总工会发布《新时代萧山产业工人队伍培育三年行动计划（2023—2025年）》《新时代萧山产业工人队伍建设改革工作计划（2023—2025年）》，按照政治上保证、制度上落实、素质上提高、权益上维护的总体思路，落实加强产业工人思想政治引领、深化产业工人建功立业、提升产业工人整体素质、保障产业工人地位提升、壮大产业工人队伍等五项重点任务，构建以省级改革试点为标杆、市级试点为带动、区级试点为支撑的改革示范体系，促进全区产业工人队伍建设改革全面提质。培育区级以上产业工人队伍建设改革试点企业129家，纳入镇（街道）改革工作试点全区规模以上工业企业1500余家，覆盖率超93%。4月12—13日，非公有制企业产业工人队伍建设改革暨“十四五”全国引领性劳动和技能竞赛推进会在萧山区召开，萧山产业工人队伍建设改革工作获全国产业工人队伍建设改革协调小组肯定。区总工会被推荐为新时代浙江产业工人队伍建设改革成绩突出集体。8月9日，2023年新时代萧山产业工人队伍建设改革工作现场推进会在萧山机器人小镇召开，各镇（街道）（平台）总工会主席、副主席，局（产业）工会负责人，市级以上产改试点单位负责人、名师带徒结对代表等130余人参加。

【企业民主管理】 2023年8月9日，萧山区总工会召开萧山区厂务公开工作领导小组第一次全体会议，审议制定《2023年区推行厂务公开工作领导小组工作要点》，开展“聚合力、促发展、迎亚运、助共富”全区优秀职工代表提案征集活动，浙江申通快递有限公司《关于建立快递小哥矛盾纠纷化解枢纽站助力构建和谐劳动关系的提案》入选中国工会第十八次全国代表大会代表提案。

【新就业形态劳动者工会创建】 2023年，萧山区总工会成立全省首家县级直播电商行业工会联合会，其中单建工会17个，涵盖单位27家、直播电商联盟单位5家，有会员近5000人。全年新建工会352家，发展会员1.46万人，其中新业态工会146家，发展会员4805人。4月，在全市深化新就业形态劳动者建会入会工作推进会上作代表发言。8月，作为杭州市唯一代表在全省新就业形态劳动者工会工作现场推进会上作交流发言。

【工会“云协商”应用推广】 2023年，萧山区总工会开展工资集体协商“集中要约行动”，健全落实企业、工会、职工共同参与的三方劳动关系协商协调机制。深入推动能级工资集体协商扩面提升，实现全区各级非公产改企业能级工资集体协商全覆盖，规模以上企业覆盖率40%。优化推广工资集体协商“云协商”应用场景，全年通过应用形成集体合同1140份，覆盖职工28.08万人。该应用场景被列入萧山区法治化营商环境改革“十大品牌项目”，被市总工会列为“一地创新·全市共享”项目，获评杭州市工会改革创新优秀成果。

【劳模（工匠）服务】 2023年末，萧山区有全国劳动模范10人、省劳动模范48人、市劳动模范325人、区劳动模范891人，其他各类比照享受劳动模范待遇先进个人361人；“浙江工匠”26人、“杭州工匠”25人、“萧山工匠”80人。区劳模（工匠）协会优化劳模（工匠）服务，全年走访劳模（工匠）18名，向全区680名市级以上劳动模范发放节日慰问金46.24万元；按照3200元/人的标准向42名困难劳模（工匠）发放补助金共13.44万元，向3名省级以上困难劳模发放补助金5.3万元；组织200名劳模（工匠）赴长春市、北京市、成都市等开展五日疗休养和进化镇、瓜沥镇、楼塔镇等区内一日疗休养活动。专项制订体检工作方案，服务780名劳模（工匠）。

表12　2023年萧山区获评杭州工匠、首届杭州数字工匠一览表

荣誉称号	姓　名	工作单位	职　务
杭州工匠	李庆恒	浙江申通瑞盛快递有限公司	转运中心组长
	宋永红	杭州盈丰红健康管理咨询有限公司	技术总监
	刘自刚	浙江巴顿焊接技术研究院	智能制造主管
	赵海军	杭州大天数控机床有限公司	研发部主管
	叶佳星	浙江萧山宋代名瓷研究所	副所长
	孙建江	荣盛石化股份有限公司	设备主任
首届杭州数字工匠	李克勤	浙江省北大信息技术高等研究院	资深研究员、安全工程和云计算实验室主任
	张　伟	浙江大胜包装股份有限公司	副总经理（数字转化型）、科研实验室主任
	戴琴雅	杭州杰牌传动科技有限公司	总项目监理

（资料来源：区总工会）

【和谐劳动关系构建】 2023年，萧山区总工会构建和谐劳动关系，培育典型示范单位30家，“云协商”平台助力共商共赢、医疗互助数字化改革、“工迎亚运·身心同健”心理健康服务3大项目被市总工会列入“2023年度区县（市）构建新时代和谐劳动关系”重点项目，入选数量居全市第一。加大工会维权力度，专项设立“八五”普法免费课程109门，涉及劳动争议化解机制“前、中、后”三个环节，服务劳动关系维权队伍区域性首席维护员86人、劳动关系预警信息员267人、劳动法律监督员1702人。全市首创开展“工迎亚运·身心同健”主题广场活动，其中“迎亚运·心健身”职工心理服务行动惠及职工8万人次。

【困难职工帮扶解困】 2023年，萧山区总工会开展“春节送温暖”活动，发放各类救助金53.4万元，惠及困难职工185人次，慰问坚守一线劳动者1100人。全区各级工会慰问企业2640家，慰问职工12.8万人，发放慰问金1250万元。第二十三次“春风行动”参与机关企事业单位796家，参与职工4.5万人，收到捐款1671.81万元。

2023年6月29日，“迎亚运·百万职工来健身”萧山区职工三人制篮球比赛现场　（余欣怿　摄）

【“爱心驿家”与“职工之家”建设】 2023年，萧山区总工会布局“爱心驿家”“妈咪暖心小屋”等专项服务点73个，其中市级“爱心驿家”43个。指导基层打造一站式职工服务综合体，建立奥展实业有限公司“幸福之光邻里中心”、杰牌控股集团有限公司“1＋6”模式五星级职工家园等职工服务示范阵地。浙江申通快递有限公司工会“爱心驿家”获评全国“最美工会户外劳动者服务站点”。指导申通快递有限公司“橙心港”、楼塔画室行业联合工会“七彩驿”等活动阵地建设。上报41家基层工会为杭州市先进“职工之家”、32家分工会为杭州市先进“职工小家”，其中杰牌控股集团工会被认定为杭州市“示范职工之家”。各级工会举办职工子女暑期爱心班133个，惠及职工子女近4000人。

【职工医疗互助】 2023年，萧山区总工会首创全省在职职工医疗互助数字化系统，依托“数字大脑”简化职工申请—审核—发放补助办事流程，打通医保、卫健、工会数据查询通道，实现职工“零跑腿”、后台“一站式”，创建市总工会数字化改革创新项目，获“2023WDD全球数据资源开发者大赛”二等奖，入驻“浙里办”平台。全年在职职工医疗互助参保28.6万人次，比上年增长3.1%。

【职工职业技能培训】 2023年，萧山区入选全省“构建职工技能提升体系，推动打造职工成长型社会”县域试点。区总工会推进萧山“匠心学院”建设，构建“技能人才—高技能人才—工匠人才”三级培训培养体系，加强产教融合与分层培训，全年开展职业技能培训惠及2.87万人次，新增技能人才1.01万人。开展“强技能·迎亚运·助共富”主题技术比武活动，包括职工英语、亚运安保等项目区级职工技术比武20场、镇（街道）局产业级技术比武107场，企业级技术比武1000场，带动职工岗位练兵16万人。为200名产业工人提供学历提升专项补助每人4000元，向晋升高级工及以上技能等级职工发放新时代技能人才奖励105.09万元，惠及2006人次，为技术能手、职业技术带头人等发放特殊岗位津贴58.08万元。

【职工文体活动】 2023年3月，萧山区工人文化宫项目启动建设，截至年底，完成工程量35%。区工人文化宫临浦、瓜沥2个服务点，创新探索“市场化＋公益性”运营模式，联合朝日琴行、南宋官窑、画缋美术馆等单位开展活动基地合作，建立“萧工学堂体验点”，开展职工文体活动40场。“萧工学堂体验点”线下培训班开设“新兔春来报”“亚运夏炙风”“共赴秋之硕”系列季度课程310课次，月度体验课程5期，惠及职工4000人。举办“迎亚运·百万职工来健身”职工运动会、工匠大讲堂、“迎亚运·奔共富·向未来”送文化下基层服务活动，送公益培训下基层350课次，送趣味运动会下基层10场，送文艺演出下基层9场，惠及职工1.2万人。打造职工“悦读荟”品牌，承办“中国梦·劳动美——凝心铸魂跟党走，团结奋斗新征程”全国工会职工书屋示范性主题阅读交流活动杭州专场，并作典型发言。航民集团职工书屋获评“全国职工书屋”；杰牌控股集团职工书屋获评“浙江省职工书屋”。

【职工思想引领】 2023年，萧山区总工会举办“奔竞萧山劳动之光”庆祝五一国际劳动节、“会聚工力量 匠心迎亚运”全区职工朗诵大赛、“八八战略”在身边暨“守好红色根脉，赓续奋斗力量”萧山区职工宣讲大赛等赛事活动。开展“中国梦劳动美——凝心铸魂跟党走，团结奋进新征程”主题宣传教育。成立萧山区职工宣讲团，以宣讲志愿服务进基层活动启动仪式、线上示范宣讲、线下巡回宣讲等形式，组织宣讲团成员赴企业车间、班组开展宣讲活动670场次，参与职工4.5万人次。开展全区“守好红色根脉·班前十分钟”活动5790余场，共有497家企业23.7万人次参与。萧山区宣讲作品《我们都是追梦人》获全市“守好红色根脉·班前十分钟活动”优秀案例展演二等奖。万向集团职工、青年政治辅导员戚飞入选全省优秀领讲员，《弘扬“三个精神”建设创新型班组》入选省级优质课。

（瞿 颖）

共青团萧山区委

【概况】 2023年，共青团萧山区委有基层团委142个，派驻基层团工委27个、团总支203个、团支部3815个；团员5.57万人（当年新发展团员3238人），基层团干部8730人；少先队员10万余人，少先队辅导员3000余人。

【团员青年思想建设】 2023年，共青团萧山区委组建跨组织、跨领域青年学习小组150个，开展研讨学习1.04万场，覆盖团员青年3.5万人次。打造瓜沥镇梅林村、传化集团“循迹溯源”研学点2个。组织青年干部赴诸暨市枫桥经验陈列馆、浙东运河文化园等地，沿着习近平总书记考察浙江的足迹，感悟发展脉搏。开展“明德守法，完善自我”专项行动，开展“青年干部建树正确政绩观”“明德守法我来说”等主题交流研讨活动150次，覆盖青年干部2041人。开设“扣好廉洁从政第一粒扣子”年轻干部违纪违法案例警示展，组织区内178批次3696人次青年干部参与。培育萧山青年“青春有范”品牌，举办萧山区青年激辩大赛、“青清成长”青春大讲堂等倡廉活动150余次，覆盖青年干部1500余人。开展团员青年网络行为自查自纠，签署《网络文明承诺书》1.56万份。建设“青春萧山”新媒体矩阵，“萧山共青团”微信公众号关注量30万。

【亚运会志愿服务】 2023年，共青团萧山区委打造全市首个亚运志愿者属地品牌——“V萧”，与8家高校成立校地联盟，建立临时团委（团支部）8个，常态化召开亚运校地联盟联席会议7次，构建全民参与、精准触达志愿服务体系。赛会组织4661名志愿者保障7个场馆、亚运村及萧山运动员接待饭店，上岗7.2万人次，服务时长62.4万小时。城市侧全省首创将核酸小屋改建成亚运青年V站，组织5000余名志愿者服务亚运青年V站157个，上岗2.2万人次，服务时长6.7万小时。志愿者人数、服务竞赛场馆数、亚运青年V站站点数、志愿者服务时长均居全市第一。

【少先队工作】 2023年，共青团萧山区委实现全区中小学少先队考核单列，开展分批入队、离队入团、14岁集体生日等仪式教育，进一步引导青少年强化认同、凝聚共识。聚焦“学习二十大，争做好队员”主题教育实践活动，开展活动200场，覆盖少先队员10万人次。开展萧山区中小学校中共二十大宣讲评比活动，青少年及辅导员3000余人次参与。开展新任大队辅导员培训、骨干辅导员培训（“青马班”）、大队辅导员轮训3批次，培训辅导员200人次。举办萧山区红领巾学院第八期队长学校，培养队骨干120人。举行“路灯精神代代传”——纪念红领巾路灯点亮40周年仪式，召开“传承红领巾路灯精神宣讲”研讨会，开展“红领巾路灯”主题活动30场。发挥“红领巾讲师团”作用，开展宣讲活动350场，参与1080人次，覆盖青少年6万人次。查处全省首个涉少先队标志标识案件，罚没金额1.15万元，整改点位4处。将红领巾产品质量制度化纳入萧山区流通领域产品质量抽检年度计划，维护市场秩序。在14个镇（街道）设立研学基地28个，打造红色传承、乡村共富、民企探索、青绿探寻、浙里湘约等特色研学线路8条。开展“家门

2023年8月23日，全区“亚运青年V站”志愿者正式上岗

（周煜程 摄）

口青少年宫”研学活动22场，参与少先队员2000余人次。联合湘湖（白马湖）研究院成立“湘湖少年研究院”，教育引导少先队员参与红色研学等实践活动。

【“家门口青少年宫”建设】 2023年，萧山区建成区级青少年宫2个、镇（街道）分宫22个、村（社区）分宫4个，在全省率先实现“家门口的青少年宫”镇（街道）全覆盖，年服务青少年15.1万人次。在全市区县青少年宫首推青年学习课程23类、253班次，服务青少年1.2万人次。推出公益性低幼课程31类、2296班次，服务低龄幼儿3.5万人次。建立青少年“12355”心理咨询服务台、青少年阳光成长驿站，定期举办学生和家长专题心理讲座和培训活动，全年开展青少年心理健康公益讲座12场，覆盖青少年3000余人。

【青年人才引聚】 2023年，共青团萧山区委开展暑期“返家乡”社会实践活动，发布政务实习、实践岗位1000余个，参与大学生300余人。做优做强萧然学子联盟，截至年底，在北京大学、清华大学、香港大学等21所高校、13个省市（地区）建立萧然学子联盟工作站，发展成员5000余人。组织青年人才开展团员和青年主题教育，加强理论学习、组织交流研讨、开展实践体验、激发建功立业。实施“青蓝计划”“火鸟计划”“宁聚青”等青年人才培育项目13个。

【“亲青”系列品牌建设】 2023年，共青团萧山区委深化“亲青”系列品牌建设，“亲青筹”筹集爱心资金9.3万元；“亲青恋”开展“青春一起GO”青年交友疗休养活动7场，参与青年350人；“亲青创”提供就业岗位2000余个，并依托全球青年人才中心平台，新增大学生创业企业149家，带动就业617人；“亲青帮”普法活动覆盖青少年10万人次。

【青少年权益维护】 2023年，共青团萧山区委构建萧山区“345”青少年心理健康服务体系，印发《萧山区儿童青少年“美好成长”心理服务体系建设实施方案（2023—2025年）》，推进建好“四个中心”（热线中心、咨询中心、诊疗中心、信息中心），服务全区青少年心理健康。挂牌成立杭州市儿童青少年心理健康诊疗（促进）中心萧山分中心，为青少年护心行动提供更优质诊疗服务。开展开学法治第一课、“团队第一课”“三禁三防三自”（禁黄、禁赌、禁毒，防电信网络诈骗、防性侵、防校园欺凌，树立“自尊、自爱、自强”的健康心态）等主题活动300场，覆盖青少年20万人次。举办“六一庆法典”、暑期“亚运·法治同行”系列普法等宣传活动200场，开展防范校园欺凌、性侵害、校园贷、套路贷等法治教育。

【萧山区第九届“十大杰出青年”评选】 2023年4月11日，萧山区第九届“十大杰出青年”评选活动启动，确定正式候选人30名，在“萧山发布”微信公众号、《萧山日报》、“萧山共青团”微信公众号等公示，面向社会开展公开投票，选出方芸、牛杰、王李超、叶沣仪、李庆恒、骆楚玥、徐迅、顾芸、郭昊展、黄旭华10名“十大杰出青年”，王青韦、张祺、林景勋、陆杨洁、郑泽宇、郑鲁斌、徐兆、曹卓佺、郭秋江、蒋一冬10名“青年英才”。5月4日，萧山区第九届“十大杰出青年”表彰暨“五四”主题团日活动在区体育中心体育馆举行，区委和团市委领导为“十大杰出青年”“十大青年英才”以及区“奔竞青年”获得者颁奖。

【区青少年未来发展中心启用】 2023年11月10日，萧山区青少年未来发展中心（萧山青少年宫北干分院）启动仪式举行。该中心使用面积7800平方米，首期开班735班次，招收青少年6000余人。

（倪杰超）

萧山区妇女联合会

【概况】 2023年，萧山区有镇（街道、场）、平台妇联27个，村（社区）妇联544个。萧山区妇女联合会（简称“区妇联”）深入村（社区）、企业、商圈、楼宇开展线上线下宣讲活动1800余场，覆盖群众6万余人次。以省级巾帼爱国主义教育基地为主阵地，开展“巾帼心向党”主题教育和“红色记忆”亲子教育活动，3万余人次参与。全面推进现代社区儿童友好空间全覆盖，萧山区儿童友好乡村实践被浙江省妇女儿童工作委员会确定为浙江省儿童友好最佳实践案例；培育市级以上巾帼共富工坊示范点3个，带动就业3685人；争创省“平安家庭”家事化解“一类事”综合服务试点，区妇联反家暴工作入选《杭州市“枫桥经验”经验总结》。全年选树全国巾帼文明岗1个，省“三八红旗手”3名、“三八红旗集体”1个，推荐1名优秀行业女性参加中国妇女第十三次全国代表大会。区妇联被省妇联授予“全省妇联系统先进集体”称号。

【女性综合素养提升】 2023年4月，萧山区妇女儿童之家启用，萧山区妇联以妇女儿童之家为阵地，面向不同领域女性群体举办“美丽学堂”活动，开设音乐舞蹈、书法绘画等培训活动200余场，4000余人次参与。持续开展“迎亚运·万户家庭学英语”“迎亚运·学礼仪”系列活动，指导“巾帼头雁”文艺健身队开展亚运排舞活动，参加2023年全国妇女广场舞（健身操舞）大赛，北干街道星都社区文艺健身推广站获常青组大集体规定曲目、自选曲目2个一等奖和团体第三名。

【女性创业创新】 2023年3月，萧山区妇联以盈丰街道立涛园社区为试点，成立全省首个“人才公寓妇联”，启动“盈风时光”女性人才服务项目，建起“社区妇联＋楼宇妇联＋公寓妇联”全方位联动网络。4月1日，萧山区女企业家生物医药产业链联盟成立仪式在杭州国际博览中心举行，区妇联为萧山区女企业家生物医药产业链联盟揭牌。7月10—13日，联动区经信局举办萧山区工业企业女企业家培训班，组织30名女企业家赴上海交通大学开展培训。

【巾帼志愿服务】 2023年4月26日，萧山区妇联联合区应急管理局、区红十字会等部门在浦阳镇举办“爱萧山·爱亚运”——巾帼志愿者服务亚运应急技能比武活动，各镇（街道）、红山农场的23支巾帼志愿者队伍参加，活动现场举行全区首批100个文明实践巾帼志愿阳光站授牌仪式和全市第一支女性应急队伍——浦阳镇伊家金英应急救援队成立授旗仪式，开展“全民学英语·一起迎亚运”巾帼志愿者英语专场培训活动。11月16日，区妇联在城厢街道举办“与文明同行·志愿‘她’力量”——萧山区首届巾帼志愿服务项目创意大赛，评选出一等奖1名、二等奖3名、三等奖6名。

【儿童友好村（社区）建设】 2023年，萧山区妇联联合杭州师范大学专家团队制定发布《现代社区儿童友好场景建设导则》，打造标准化儿童友好乡村13个、社区19个。创建星级儿童友好小区，推进社区儿童友好空间建设全覆盖，全区完成儿童友好小区创建小区564个，其中三星级儿童友好小区81个、二星级儿童友好小区66个、一星级儿童友好社区417个。联合萧山区女企业家联谊会建立“向日葵妈妈·童话时光”社区绘本馆27个，培育杭州市儿童友好实践基地5个。

【美丽家园创建】 2023年，萧山区妇联完成美丽家园创建五年行动计划，组织全区600余个妇联、37.2万户家庭参与“整庭院、清阳台、美楼道”行动，开展整治行动102场，整治庭院3.2万个、阳台9800个，清除垃圾42吨。选树萧山区“美丽庭院示范户”8000户、“亚运美丽阳台”2000个，“美丽达标小区”“美丽楼道示范区域”80个。

【平安家庭建设】 2023年3月3日，“护航亚运·平安万家”——萧山区“萧家安”平安家庭品牌发布仪式暨新街街道纪念三八妇女节主题活动在萧山区新街第四小学举行。活动由区委政法委员会、区妇女联合会主办，新街街道工作委员会、办事处承办，发布“萧家安”平安家庭品牌，打造“平安家庭”萧山模式，表彰萧山区“平安家庭”示范户、2022年度萧山区婚姻家庭纠纷化解品牌工作室、新街街道“巾帼楷模”“最美家庭”，举行萧山区“平安家庭”教育研学基地授牌仪式。

【家庭文明建设】 2023年，萧山区妇联通过“建立一批服务阵地、成立一支‘红娘’队伍、建立一个交友信息库、开展一系列培训辅导、开展一系列交友活动”的“五个一”举措，开展“湘见吧”美好生活行动，倡导健康文明向上的婚恋新风。5月，联合区纪委监委、区委组织部、区委宣传部在全区开展“萧然清风里·家家有wei”之回家吃饭微作品大赛，评选视频类、文字类、图片类作品一等奖2个、二等奖3个、三等奖5个、优胜奖10个、最佳组织奖2个。8月22日，萧山区妇联联合湘湖国家旅游度假区管理委员会，在横山湘湖书院举行萧山区“湘见吧”美好生活行动启动仪式，区领导、各镇（街道）、相关部门、国有企业妇联主席、萧山区“公益红娘”志愿服务团代表等参加。

2023年3月3日，萧山区“萧家安”平安家庭品牌发布
（区妇联　提供）

（焦淑慧）

萧山区科学技术协会

【概况】 2023年，萧山区科学技术协会（简称“区科协”）下属学会、协会、研究会23家，镇（街道）农场科协、企事业单位（平台、园区）科协61家。建有区级科普示范（教育）基地63个（其中国家级1个、省级4个、市级11个）。指导3家学（协）会完成换届，对6家临近换届学（协）会发出督促函，对未正常开展各项活动的1家协会发出整改通知书。新成立协会1家、园区科协1家，区外转入协会1家。区科协被中科协评为“全国科普日优秀组织单位”“表现突出的科普中国组织单位”。专家工作站和博士创新站新建数均位列全市第二，湘湖院士岛连续两年在“浙江院士之家”年度绩效评价中获评优秀。成立全省第一家区县级青年科技工作者协会，萧山区被认定为全市第一批“科学家故事众创空间”创新试点区（县、市）。

【“科创中国”省级示范区建设】 2023年，萧山区引入中国人工智能学会、中国生物工程学会等16个全国、省级学会，到萧山区举办人工智能大模型技术高峰论坛、第十二届亚澳复合材料大会、“一带一路”国家应用科学暨堆焊及表面工程国际会议等会议及活动10场，推动中国生物多样性保护与绿色发展基金会在湘湖国家旅游度假区成立杭州服务站，推动省科协资源环境学会联合体和省数字经济学会在萧山区建立服务站。组织开展“院士专家萧山行”活动，国内外科技人才到萧开展各类科技服务活动11次，促成科技成果转化3项。区科协“科创活跃度”在全市科协重点工作中排名第一。

【“公共场馆科普化改革”全国试点区建设】 萧山区自2022年10月被中科协确认为公共场馆科普化改革全国唯一试点区（县、市）以来，将试点工作作为全民科学素质提升工作的重要抓手，并写入2023年《政府工作报告》。区科协通过召开会议、现场指导、专题培训、互学互鉴等方式推动试点工作，压实全科组各成员单位责任，全年召开全科组会、专项工作推进会、试点单位月度例会等会议15次。16家场馆和2个镇（街道）分两批先后被列入改革试点单位，22个镇（街道）“一堂两中心”完成科普化改革。区科协承办全省试点工作现场会，并在会上作经验交流；在杭州市全民科学素质工作会议、长三角城市

2023年5月26日，西电杭州研究院博士科普团成立揭牌
（区科协　提供）

科创科普游论坛上作经验介绍，获省科协分管领导专题调研与肯定。

【“一家三站”建设】 2023年，萧山区推进“一家三站”建设（“浙江院士之家”，院士工作站、专家工作站、博士创新站）。湘湖院士岛在“浙江院士之家”年度绩效评价中获评优秀，入选省科协科技交流活动新品牌“科学咖啡馆”首批共建单位。全年慰问院士144人次，指导企事业单位新建专家工作站8家、博士创新站18家，新建站数位列全市第二；申报省级院士工作站3家、省级博士创新站2家。修订完善三站建设管理办法，完成资助兑现320万元。

【建言献策】 2023年，萧山区科协助力全区经济社会科学发展，组织科技工作者开展不同层面课题研究。老科技工作者协会撰写调研报告7篇，其中《关于市心路风貌管控的对策》《关于萧山区推广建筑屋顶绿化的建议》获区政府主要领导批示肯定。2023年，在区两会期间，区政协科协界别委员提交政协提案17件。

【科普能力建设】 2023年，萧山区新建区级科普教育基地13家、市级2家，创建市农业农村科普教育基地4家，指导2家农业企业创建国家级科技小院。“科普电影大篷车”全年巡回放映693场，“你点我送”科普讲师团授课454讲，全区270个科普宣传栏更换科普主题内容8期。区科协获评2023年“表现突出的科普中国组织单位”。

【科学家精神筑基工程】 2023年，萧山区科协举办院士语录巡展和萧山籍院士展，支持和推动省地质博物馆、浙江大学杭州国际科创中心、西安电子科技大学杭州研究院3家单位获评市级科学家精神教育基地（全市首批10家），举办“钱学森科学与教育思想报告团走进萧山”活动，组织开展“科学家（精神）进校园”主题活动16场。

【“一老一小”科普行动】 2023年，萧山区科协实施2023年“全民科学素质提升行动”，围绕公共场馆科普化改革、科普助力乡村共富、亚运科普、重点人群科学素质提升等主题完成19个项目。指导西安电子科技大学杭州研究院成立博士科普团，浙江大学杭州国际科创中心设立全市第一个科学小记者站，举办第三届小小科普员讲解竞赛。联合《杭州少年学报》做优“科学色拉酱”品牌科普活动，开展青少年科普活动200场，参与青少年6000人次。“银龄跨越数字鸿沟”培训1.5万人次。联合杭州低碳科技馆开展“馆地共建”，将低碳馆资源引入萧山区2所小学共建基地，在临浦镇横一村开展“科普助力乡村振兴”生物多样性大型科普活动。

【表彰举荐】 2023年，萧山区科协举荐宣传科技人才，举荐党超群成为中国青年女科学家候选人，举荐裘忠灿获评中国农技协百强乡土人才，翁利国获评浙江省博士创新站省级技术经理人，徐李舟、姚远、路兰入选市级“青年科技人才培育工程”。张雁、张萍、俞霏、张燕子、杨军5名基层科普员获“科普中国信息员典型代表”称号。评选农民技术职称初级33人、中级11人。广泛宣传萧山优秀科技工作者先进事迹，14人被电视台、电台专题报道。

【学术交流】 2023年，萧山区科协立项重点学术活动14项、重点软课题项目18项，支持和鼓励学（协）会等基层科协申报开展市级学术活动4项；结题2022年重点软课题46项、重点学术活动项目39项。开展自然科学学术论文评选活动，评出获奖论文48篇。

【反邪教工作】 2023年，萧山区科协联合区反邪教协会举办防范邪教宣传月和“百名讲师进百村（校）”活动，全年开展各类反邪宣教活动450余场，发放宣传资料11万份，参与群众17万人次，获区政府主要领导批示肯定。

【科普宣传周】 2023年9月12日，萧山区科协举办全国科普日暨萧山区第37届科普宣传周系列活动，全区开展科普活动200余场，参与群众5万人次，其中主场活动围绕“亚运和低碳”主题在湘湖举办“中外科学对话”。区科协获评2023年全国科普日活动优秀组织单位。

【青年科技工作者协会成立】 2023年5月30日，萧山区在全省率先成立青年科技工作者协会，首批18家企事业单位和268名优秀科技工作者加入。协会与省科协党校联合举办“领航计划”青年科技领军人才国情研修班，到萧山开展现场教学；与杭州创投协会、萧山青商会建立战略合作关系，搭建青年科学家常态化路演平台，开展科创路演7场，达成战略合作协议12份。

（徐媛媛）

萧山区归国华侨联合会

【概况】 2023年，萧山区归国华侨联合会（简称“区侨联”）走访华侨华人、归侨侨眷、海归创业人员72名，侨资企业36

家。浙江大学杭州国际科创中心被评为浙江省侨联侨界创新创业基地，新街街道新街科创园、信息港湾区数字公园被评为杭州市侨联侨界创新创业基地，新塘街道“四季同心”侨胞之家、楼塔镇“燕归里”侨胞之家被评为2023年度省级“四星级侨胞之家”，新街街道“侨新里”侨胞之家、益农镇“荣心荟”侨胞之家、进化镇“吉山梅园”侨胞之家、北干街道“金泰苑社区”侨胞之家、城厢街道南市社区“蓝天侨务联谊社”、楼塔镇“禾伙人”侨胞之家、盈丰街道立涛园社区“菁英驿站”被评为2023年度省级“三星级侨胞之家”，跨湖桥遗址博物馆被评为2023年度浙江省“华侨国际文化交流基地”，任伯年纪念馆、楼塔古镇被评为2023年度杭州市“华侨国际文化交流基地”，凌飞度假庄园、河上镇梦娜斯庄园获评杭州市第二批“新侨美宿”。

【侨连五洲·海外联谊研修班】 2023年3月23日，由中国侨联主办、浙江省侨联和浙江大学承办、杭州市侨联协办的“侨连五洲·海外联谊研修班”走进萧山，近40名侨领代表参加。研修班一行到杭州国际博览中心、跨湖桥博物馆参观。

【区侨联九届四次全委（扩大）会议】 2023年4月13日，萧山区侨联在萧山区会议中心召开九届四次全委（扩大）会议。区侨联九届委员、区政协侨联界别委员、区级机关相关部门分管负责人50余人参加会议。会议总结2023年工作，部署下阶段任务，表彰2022年度先进集体，启动区侨联基层组织示范创建“揭榜挂帅”、区侨联“四个一百”（开设百节亚运会知识微课堂、组建百人亚运志愿服务队、征集百个杭州亚运会风情秀、教学百句亚运英语）侨助亚运系列活动。

【“新经济新业态，助推创新创业”专题调研活动】 2023年5月10日，萧山区侨联与盈丰街道联合开展“新经济新业态，助推创新创业”专题调研活动。区委统战部部委成员、区侨联主席孔鑫贤，盈丰街道党工委委员、区侨联常委、区侨联界别政协委员，盈丰街道侨联委员20余人参加。调研人员走访杭州无忧传媒公司和长三角（杭州）制造业数字化能力中心。

【第十一次全国侨代会精神专题学习会】 2023年9月6日，萧山区侨联在杭州欧美小镇召开第十一次全国侨代会精神专题学习会，区委统战部、区侨联主席、区侨联委员、区政协侨联界别委员等20余人参加会议。会议通报第十一次全国归侨侨眷代表大会整体情况，重点学习《为强国建设民族复兴凝聚起侨界团结奋斗的磅礴力量》，通报萧山区获奖情况。

【2023年侨界精英创新创业（中国·杭州）大会暨侨界青年发展大会在萧山举行】 2023年11月1—2日，由中国侨联、浙江省侨联、杭州市人民政府共同主办，杭州市侨联、萧山区政府等承办的“创业中华——2023侨界精英创新创业（中国·杭州）大会暨侨界青年发展大会”在萧山举行，设1个主会场和9个分会场。中国侨联党组书记、主席万立骏，省委副书记、市委书记刘捷以及市区领导、国内外专家、中国侨商联合会代表、海外高层次人才代表、长三角城市侨联及侨创联盟代表等600余人参加，围绕“聚焦科创新动能，打造侨创新生态”主题内容交流研讨。会议征集项目150余个，签约43个，投资金额198.54亿元；开幕式现场签约9个项目，签约资金80亿元，涉及高端装备、智能物联、生物医药、绿色能源和新材料等领域。

2023年11月1日，“创业中华——2023侨界精英创新创业（中国·杭州）大会暨侨界青年发展大会”开幕式举行

（区侨联　提供）

【全球名校校友暨海外人才（侨领）杭州行】 2023年11月2日，由中国侨联、浙江省侨联、杭州市人民政府主办，杭州市侨联和萧山区政府承办的峰会系列活动——“全球名校校友暨海外人才（侨领）杭州行走进萧山活动”举行。近60名海外名校校友和侨领代表参加。考察了省侨界创新创业基地——杭州湾信息港、浙江大学杭州国际科创中心，参观杭州奥体中心主体育场馆、游泳中心、杭州国际博览中心。

（张映晶）

萧山区文学艺术界联合会

【概况】 2023年，萧山区文学艺术界联合会（简称“区文联”），有作家协会、美术家协会、书法家协会、音乐舞蹈家协会、摄影家协会、戏剧家协会、曲艺家协会、民间文艺家协会、电影电视家协会9个下属文艺家协会，会员1685人，其中国家级会员89人、省级会员297人、市级会员528人。年内，各协会完成换届，推动区文联九大协会领导层年龄、学历、资历结构合理化。深入学习贯彻中共二十大精神和习近平文化思想，参与第二批主题教育，将学习范围覆盖到所属文艺家协会、基层文联和文艺“两新”组织。主题教育调研报告《农村文艺工作在推动乡村振兴促进精神共富方面的探索与实践》得到区委主要领导批示。

【亚运主题文艺创作】 2023年，萧山区文联围绕亚运主题，精心筹划，组织开展“艺起迎亚运”系列文艺创作和活动，所属9个文艺家协会运用文学、美术、书法、歌曲、摄影等艺术形式，讲好萧山故事，传递亚运精神，助力亚运保障服务。区音

2023年6月13日，“艺起迎亚运　文明进万家”——迎亚运倒计时100天主题活动暨文艺志愿服务亚运原创歌曲走进农场活动现场　（周煜程　摄）

乐工作者创作《放飞梦想动起来》《萧山等你来》《相约杭州》等9首亚运原创歌曲，4月6日集中发布，以“奋进新时代·文艺进万家”文艺巡演方式在全区进行全面推广。其中《放飞梦想动起来》成为亚运会闭幕式暖场节目之一，在亚运舞台上唱响萧山声音；影视协会员参与主创的亚运宣传短视频《丹青游》获新华社、《人民日报》、央视新闻等央媒官方微博转发，点击量超10亿次；举办“艺”起迎亚运萧山区首届戏曲票友大赛、“千米长卷迎亚运”浙江七地市农民书画展、“童说亚运”第五届“中华少年说”语言艺术展演等文艺活动，形成《亚运诗选》等文艺创作成果。

【区文联召开八届七次全委（扩大）会议】 2023年2月23日，萧山区文联召开八届七次全委（扩大）会议。会议审议全委会工作报告，吸纳基层文联为区文联团体会员，增补沈焕军为八届全委会委员，并部署有关工作。区文联八届全委会成员，各协会秘书长及文联机关全体干部参加会议。

【“伯年国艺”——全国中国画（册页）写意作品展】 2023年4月23日，由中国美术家协会、浙江省文联、萧山区人民政府主办的“伯年国艺”——全国中国画（册页）写意作品展在瓜沥镇开幕。展出的是从全国各地1931件册页作品中精心选出的127件作品。中国美术家协会分党组成员、副秘书长王平，浙江省文联二级巡视员、省美术家协会副主席骆献跃，浙江省美术家协会副主席、秘书长王敏杰，区委常委、宣传部部长周胜华，任伯年曾孙任克陆，吴昌硕曾孙吴超，吴湖帆之孙吴元京，苏渊雷之子苏春生等参加活动。

【第三届“高帆杯”全国摄影大展】 2023年11月5日，第三届“高帆杯”全国摄影大展在萧山高帆摄影艺术馆开幕。中国文联副主席、中国摄协主席李舸，浙江省文联党组成员、书记处书记赵晓刚，杭州市文联党组书记、常务副主席沈旭微等领导参加开幕式。通过立足革命精神、红色根脉、绿色发展等时代命题，围绕“亚运之城”“西湘记”“八八战略”等题材，面向全国征集来稿9.7万余幅（组），展出作品120幅（组）。展出作品关注时代发展取得成就以及人民精神风貌，讲述萧山历史、当下与未来。举办“摄影如何讲好中国故事：国家图像叙事与传播”“中国红色摄影与‘两新’群体的主题性创作”等研讨会，邀请不同领域专家就如何通过影像建构传播国家与民族精神、提升国家文化软实力等议题展开探讨。

【精品文艺创作】 2023年，萧山区文艺家坚持精品精准思路创作文艺作品，《带着故事游萧山》（三卷本）、《地气氤氲》、摄影集《见证萧山二十年》等反映宋韵文化、钱塘江文化、围垦文化、亚运文化、诗路文化的签约作品出版，故事集《梨花朵朵开缪丹新故事选》入围中国民间文艺“山花奖”。作协谢君诗歌《小镇时光》《暴风旋转》在《诗刊》发表；美协吴苗国画《古街印记》入选第四届中国画作品展，傅水明国画《慧灯长明》入选“南田秀逸”中国画展；书协陶骏、姚志篆刻作品入选全国第九届篆刻作品展，陆灿伟篆刻作品获评“陆维钊奖”第十届浙江省中青年书法篆刻大展优秀作品，沈雪晴论文《东汉洛阳刑徒砖书风浅析》在《中国书法报》2023年第32期发表；摄协范方斌《湘湖二十年》、金澍杰《湘湖》、楼颖《建设者》入围第三届“高帆杯”全国摄影大展；区戏剧家协会指导的绍剧《劈山救母》入选2023年第27届“中国少儿戏曲小梅花荟萃”小梅花集体节目；曲协蔡海滨、万玲小品《我干的》获第九届全国优秀小戏小品展演优秀剧目奖；民协戴祯桦故事《青春无悔》《李园三结义》在《民间文学》2023年第5期和2023年第10期发表，金国荣南宋官窑作品《花之语》入选中国民间文艺“山花奖”初评。

【优秀文艺作品（项目）扶持奖励】 2023年，萧山区文联修订完善《萧山区优秀文艺作品（项目）扶持实施细则》，重点扶持优秀文艺作品、重大文艺作品创作。诗歌《安桥村》等85件作品入围区第十七届文艺成果奖。对诗歌《长廊，或第三个人（诗组）》等295件优秀文艺作品、非虚构文学《一舟一世界（暂名）》等3件重大签约作品及所属9个协会、文艺“两新”（新文艺组织和新文艺群体）举办的展览、创作、演出等34项公益性文艺活动，实行年度优秀文艺作品（项目）扶持，扶持金额151.04万元。

【“艺术乡建”建设】 2023年3月14日，萧山区文联召开“艺术乡建”推进会暨基层文联工作会议。通过组建专家艺术指导团，开展镇（街道）文联工作培训，压实文艺工作考核责任，实行区级文艺家协会与镇（街道）文联结对共建等举措，推动区、镇两级文联合力践行文艺惠民，以普惠性、高质量文艺服务赋能全区公共文化服务现代化建设，实现“艺术乡建”全域化推进。全区成立镇（街道）文艺社团160余个，发展镇（街道）文艺协会会员5100余人，创立“湾众艺心”“渔渡三江”“清风仙岩”等镇（街道）文艺品牌22个；举办展览展演、文艺便民服务等活动100余场，形成《共富萧山美术作品集》、音乐电视《柿子红了》、摄影集《围垦地》等反映乡村面貌的文艺作品，所前镇金山村获评“杭州市书法之村”。探索扩大文联组织延伸覆盖，4月，衙前镇杨汛村成立全市首个村级文联。

【区文联下属各协会组织开展文艺活动】 2023年，萧山区文联带领下属各协会组织开展多样文艺活动，为群众提供丰富精神食粮。“萧然新韵”——萧山区美术家协会会员作品展，展出作品百余件，多为近年来创作的新作，展示近年来萧山区美术界的创作形态；第四届杭州三湖三江艺术名家书画作品联展，邀请100位书画家创作100件书画作品，宣传浙江践行“绿水青山就是金山银山”的理念；“乡贤陪你讲故事”楼塔镇2023乡村故事会暨第二届幸福杭州故事会萧山专场，通过打造“萧山乡村故事会”品牌，纵深推进“艺术乡建”工作，为乡村振兴塑形铸魂；“摄影进万家·温暖全家福”萧山区摄影家协会组织会员志愿者赴楼塔镇为村民拍摄全家福并现场打印装裱赠送被摄人员；开展新中国成立后首位获准进入中国拍摄的西方摄影师马克吕布100周年诞辰纪念及学术研讨等活动。

【文艺志愿服务】 2023年，萧山区文联完善文艺志愿服务机制，打通中国文联到村（社区）的六级联动体系。举办“引领时代新风尚·共筑人民幸福路”中国文联学雷锋文艺志愿服务先锋队走进瓜沥镇梅林村文艺志愿演出，推进文艺志愿服务常态化、品牌化，打造“艺”起迎亚运文艺志愿品牌。围绕亚运、共富、双拥、普法等主题，全年开展文艺志愿演出13场、文艺便民服务8场，举办文艺公益讲座、培训10场、文艺展览展演8场。

（娄　宁）

萧山区残疾人联合会

【概况】 2023年，萧山区残疾人联合会（简称“区残联”）有直属事业单位——区残疾人综合服务中心1家，区级残疾人托养中心1家，“残疾人之家”22家，残疾人工作者812人；区人民政府残疾人工作委员会成员单位24家，区级残疾人专门协会6个，镇（街道）残联22个，村（社区）残疾人协会563个。截至年底，全区有持证残疾人4.03万人，比上年增长6.1%，占全区户籍人口的3.1%。其中，视力残疾5371人、听力残疾7480人、言语残疾557人、肢体残疾1.82万人、精神残疾3315人、智力残疾3840人、多重残疾1571人。重度残疾（一级、二级）1.23万人，占持证残疾人总数的30.5%；非重度残疾人（三级、四级）2.81万人，占持证残疾人总数的69.5%。

表13　2023年萧山区残疾人分类情况一览表

单位：人

镇（街道）名称	视力残疾人数	听力残疾人数	言语残疾人数	肢体残疾人数	精神残疾人数	智力残疾人数	多重残疾人数	总　计
楼塔镇	170	151	18	529	120	134	43	1165
河上镇	221	230	20	777	106	124	71	1549
戴村镇	286	263	30	793	137	170	63	1742
临浦镇	312	322	31	868	167	230	67	1997
浦阳镇	258	241	37	605	100	145	72	1458
进化镇	466	364	31	850	154	232	81	2178
所前镇	170	159	23	588	104	129	64	1237
义桥镇	252	296	36	928	146	170	63	1891
衙前镇	118	103	7	560	59	79	40	966
益农镇	254	409	35	774	179	186	85	1922
瓜沥镇	877	2012	83	3024	543	573	214	7326
党湾镇	274	339	20	976	201	184	89	2083

续表 13

镇（街道）名称	视力残疾人数	听力残疾人数	言语残疾人数	肢体残疾人数	精神残疾人数	智力残疾人数	多重残疾人数	总　计
闻堰街道	79	68	9	381	63	66	24	690
新街街道	175	280	19	836	174	173	73	1730
宁围街道	127	153	6	522	103	128	34	1073
盈丰街道	59	107	8	382	71	78	55	760
靖江街道	150	214	6	519	127	126	67	1209
南阳街道	144	413	14	686	102	126	68	1553
城厢街道	336	531	25	1127	213	257	100	2589
北干街道	173	280	19	747	143	139	49	1550
蜀山街道	194	251	34	694	119	189	58	1539
新塘街道	256	257	44	894	174	182	82	1889
红山农场	20	37	2	128	10	20	9	226
总　计	5371	7480	557	18188	3315	3840	1571	40322

表 14　2023 年与 2022 年萧山区残疾人事业发展水平主要指标对比一览表

主要指标	2023 年发展水平	2022 年发展水平	发展水平对比（±）
持证残疾人津贴	2339 万元 /40142 人	2260 万元 /38468 人	＋ 79 万元 / ＋ 1674 人
康复补助	2754.5 万元 /10890 人	2819 万元 /10984 人	−64.5 万元 /—94 人
教育补助	659 万元 /2900 人	600 万元 /2748 人	＋ 59 万元 / ＋ 152 人
就业创业扶助	701.1 万元	928.7 万元	−227.6 万元
危房改造补助	6 户	7 户	−1 户
集中、分散就业安置	7312 人	7068 人	244 人
残疾人就业保障金征收	33281 万元	30034 万元	＋ 3247 万元
残疾人意外险	381.3 万元	381.3 万元	0 元

（资料来源：区残联）

【全省残疾人康复工作暨省政府助残民生实事康复培训班】 2023年2月22—24日，全省残疾人康复工作暨省政府助残民生实事康复项目培训班在萧山举行。培训班部署全省本年度康复工作，邀请专家从国内康复医学发展现状与趋势、社区老年残疾人管理等角度为学员作先进理论培训，从项目方案、系统操作、档案管理等方面指导2023年民生实事工作。

【优秀残疾人和助残人获表彰】 2023年3月15日，第十八届杭州市道德模范（平民英雄）、第十届"最美杭州人"举行发布仪式，宣丙水、李彩英夫妇获评第十八届杭州市道德模范（平民英雄）。3月23—25日，在第十届国际残疾人职业技能竞赛中，胡春芳获钩针编制项目金牌。4月11日，游泳运动员王李超获评萧山区第九届"十大杰出青年"。6月27—29日，第七届全国残疾人职业技能大赛在济南举行，赵俊杰以总分94分的成绩，获增材制造设备操作员L（3D打印）项目第二名。

【全区残疾人工作会议】 2023年3月23日，全区残疾人工作会议召开，副区长杨新程出席会议并讲话。瓜沥镇、北干街道、临浦镇、萧山邻家联合残疾人社区康复示范站、区无障碍环境促进会代表作交流发言。瓜沥镇、北干街道、蜀山街道、临浦镇、闻堰街道、城厢街道、党湾镇获评全区2022年度残疾人工作优秀单位。

【残疾人数据动态更新】 2023年9—10月，萧山区组织开展残疾人基本服务状况和需求信息数据动态更新工作，调查、采集、审核和上报残疾人在动态更新年度内27项基本状况与需求数据3.96万人，入户率和手机端采集率均100%。

【残疾人证申办制发】 2023年，萧山区申请残疾评定（包括类别等级变更、复评等）6018人，通过组织各类别集中残疾评定112场次，上门评残13场次，跨省通办264人次，确认达到残疾评定标准4051人，新办残疾人证3209本，变更1199本，挂失980本，残损换新101本，迁移349本、注销1659本、冻结11本。

【亚残运会保障】 2023年，在亚（残）运会期间，萧山区残联选派19名工作人员参加各比赛场馆专班、火炬专班、开（闭）幕式观众方阵等工作；组织区无障碍促进会成员到亚（残）运场馆、杭州萧山国际机场和亚（残）运会官方接待饭店等体验指导72次。组织"喜迎亚运"残疾人文体活动292场，惠及1.63万人次；开展无障碍观影活动和开（闭）幕式观演、亚运探馆等活动52场次，惠及2220余人次。打造亚残运会残疾人事业唯一展示点——区残疾人综合服务中心。推荐残疾人代表富彩霞、高宜建、胡春芳、徐海蛟4人和助残工作者徐建峰、孙海军2人当选亚残运会火炬手；发布亚（残）运热点事件、赛事成果、突出人物新闻宣传118次。在亚残运会上，徐海蛟、王李超、姚依楠3位运动员获8金2银1铜，其中2个项目打破亚残运会纪录、1个项目打破亚洲纪录。

萧山区残疾人综合服务中心外景

（区残联提供，摄于2023年7月7日）

【残疾人民生实事】 2023年，萧山区残联完成省民生实事40例，牵头完成新增残疾人稳定性就业人数161人，投入资金15.3万元，其中集中就业53人，按比例80人，公益性28人，完成率201.3%。牵头完成18处重要公共服务场所无障碍改造，投入改造资金249.3万元，完成率180%。

【"残疾人之家"建设】 2023年，萧山区残联在"残疾人之家"四星级以上全覆盖的基础上，继续开展"十进残疾人之家"（党建联动、志愿服务、康复体育、就业支持、服务清单、信息化建设、文体宣传、非遗传承、辅具共享、心理疏导）专项行动。进一步优化提升瓜沥镇、北干街道、临浦镇3家省五星级"残疾人之家"服务。

【安置残疾人就业确认】 2023年，萧山区残联确认在2022年12月31日前成立的机关、团体、企业、事业单位和民办非企业单位等各类用人单位，安置法定劳动就业年龄段内持证残疾人（含1—8级残疾军人），审核用人单位1658家，分散按比例就业残疾人5128人。

【特殊儿童康复训练】 2023年，萧山区残疾人综合服务中心服务各类特殊儿童250人，开展康复训练治疗11.34万人次。送康复进家门44人次，实施早期干预试点项目10人，开展家庭康复指导4454人次，培训家长1129人次，康复有效率95.96%，康复满意率99%，家长服务满意率100%。

【无障碍设施建设】 2023年，萧山区推进无障碍家庭改造项目，投入改造资金107.9万元，改造残疾人家庭131户。区无障碍促进会对46个新（改、扩）建项目进行无障碍体验，实地体验58次。靖江街道靖美社区创建为省无障碍社区。区残联投入财政资金251.42万元，为16周岁及以上视力、听力、言语残疾人提供通信优惠套餐，惠及8468人。

【残疾人文体事业】 2023年，萧山区残联向国家、省、市运动队输送运动员17名，运动项目涉及游泳、田径、网球、赛艇、

2023 年 10 月 23 日，萧山籍运动员徐海蛟在杭州第 4 届亚残运会男子 400 米自由泳 S8、男子 200 米个人混合泳 SM8 比赛中，均获金牌。图为比赛现场　　（范方斌　摄）

自行车、跆拳道、坐地排球、轮椅篮球和盲人篮球 9 个大项。15 名运动员代表杭州市参加省第十一届残疾人运动会田径、游泳、跆拳道、飞镖、坐排、篮球等项目比赛，获 22 金 5 银 6 铜。萧山肢残人柔力球 1 队和 2 队参加杭州市残疾人柔力球比赛，分别获自选项目一等奖、规定项目三等奖和自选项目二等奖、规定项目一等奖。王李超、徐海蛟在世界残疾人游泳锦标赛中获 1 金 3 银 3 铜。姚依楠在世跆联“主席杯”亚洲区 PRPA 跆拳道女子 65 公斤级比赛中夺得金牌。年内，党湾镇卫东桥社区文体活动中心、靖江街道靖美社区残疾人文体活动中心、河上镇伟民村文体活动中心、新街街道文体活动中心、衙前镇凤凰村文化礼堂获评第二批杭州市残疾人文体示范点。

【残疾人“康养医护”一体化建设】 2023 年，萧山区残联全面推广“康养医护”一体化建设，将残疾人社区康复站嵌入现代社区建设中，联合区发改、民政、卫健等部门实施“医康养一件事”多跨融合试点工作，全区共建成社区康复（养）站 38 家，服务残疾人 6.2 万人次。“做优四篇文章开创数智康养医护一体化，打造助残共富萧山模式”案例被评为“全省残联系统担当作为好案例”优秀案例。《人民日报》对建设“医康养一件事”，打造助残共富新模式进行报道。中国残联主席程凯对萧山区推进数智“康养医护”一体化工作做专门指示。

（孔淑敏）

萧山区红十字会

【概况】 2023 年，萧山区红十字会共募集款物 636.75 万元，使用款物 897.91 万元。培训红十字应急救护持证人员 13160 人，普及培训 163745 人。实现造血干细胞采样入库 442 例，成功捐献 5 例。人体器官（遗体、角膜）成功捐献 9 例，发展成人会员 4 万余人。组织“58 人道公益日”网络筹资和“99 公益日”网络筹资活动，全区累计捐款超 6 万人次，累计筹款近 300 万元，其中在“99 公益日”网络筹资活动中，筹资人次、筹资总额均位列杭州市第一。

【人道救助】 2023 年，萧山区持续开展东西部协作，募集结对帮扶地区援建款 285.77 万元，拨付捐赠款物 679 万元，开展助学、助村、助困、救灾等一系列特色帮扶工作。实施计划生育特殊家庭慰问项目，对计生困难人员发放生育关怀金。开展萧山区第十五批“公民爱心”援助行动，援助区内外困难人员慰问款 36 万元。开展“博爱送温暖”春节慰问资金发放工作，为 433 户困难群众发放款物合计人民币 55.2 万元。捐赠镇（街道）及部分商业单位、红十字救护站 4.5 万只 KN95 口罩。向一线医护人员捐赠 50 万元慰问金及价值 97 万元的红参饮片。开展“共护萧然困境儿童”慰问工作，为全区建档立卡困境儿童发放慰问金 59.34 万元。

【红十字应急救援】 2023 年，萧山区新增志愿服务队 3 支、救援队 1 支，分别为新希望献血志愿服务队、飞翼志愿服务队、孺子牛志愿服务队和新希望救援队，参与社区便民服务、社会宣传、文艺演出、疫情防控。为救援队队员购买人身意外险，增强应急救援队风险防控能力。丁国钢、楼志坚、章锦伟等 24 位志愿者获“浙江省红十字五星级志愿者”称号。红十字湘湖救援队副队长李波入选“浙江省红十字救援工作成绩突出个人”名单。

【亚运红十字救护】 2023 年，萧山区在奥体中心体育馆、游泳馆新建亚运场馆红十字救护站 2 个，红十字救护站标识全面进驻萧山亚运场馆。为全区亚运场馆配备自动体外除颤器（AED）25 台，组织场馆人员、涉亚酒店服务人员开展应急救护培训。为公交车站、地铁站、文明驿站、亚运 V 站、全区学校配备红十字救护箱 600 余个，为全区红十字传林车队出租车配备应急救护包 30 个。成立萧山区高校首个应急救护培训基地及高校急救侠联盟。

（富　慧）

2023 年 2 月 17 日，完成土耳其地震救援的 3 名蓝天救援队萧山队员抵达杭州东站　　（范方斌　摄）

责任编辑：马雨娇

法　治

政法委与综治

【概况】 2023年，萧山区推进平安建设，防控风险隐患。区委政法委牵头一办五部（“一办”：办公室；“五部”：维稳工作部、安保工作部、公共安全工作部、信访工作部、网络安全工作部）护航亚运。全区社会面保持和谐稳定，连续第19年被省委省政府评为平安县（市、区）。发布《2023年度萧山区平安村（社区）考评办法》《关于萧山区政法机关优化营商环境服务保障全区经济高质量发展的实施方案》等文件37个。

【社会稳定维护】 2023年，萧山区组建亚运维稳安保协调组，梳理重点要素206项。开展“平安护航”十大专项行动和城市治理大提升十大攻坚行动，排查重点矛盾纠纷1967起，化解1877起，化解率为95.4%。专项排查公共场所LED屏10463块，拆除整改218块，关停1435块。检查治安保卫重点单位544家、水电油气基础设施252处，发现整改隐患179处。亚运期间，全区有效警情比上年同期下降23.8%，刑事警情下降8.9%，治安警情下降29.9%，交通事故下降9.1%，未发生重大涉稳事件。

【“平安萧山”建设】 2023年，萧山区坚持“大平安”理念，形成涵盖安全生产、消防安全、交通安全等118项业务的镇（街道）“一本账”，推动突出问题专项整治。聚焦十大核心指标，排查整治风险隐患，排查化解矛盾纠纷，推动隐患源头治理、风险前端处置。深化“平安村（社区）”和“星级平安单元”创建，开展“红黄黑”三色晾晒评比，健全分类分级的星级单元管理体系。督导治安保卫重点单位544家、水电油气基础设施252处、重点行业单位1181家以及旅馆业、娱乐场所、寄递业，严格落实实名制登记100%，实施处罚788家，关停53家。

【基层社会治理】 2023年，萧山区围绕平安护航亚运主线，提升“萧山红领”品牌影响力，发放《致全体市民朋友的一封信》81万封，排查化解矛盾纠纷9140起，现场发现处置隐患1020起。介绍“萧山红领”经验做法的《聚合力，实干争先护亚运》在《杭州政法》予以刊登推广。开展全覆盖全天候“守护家园”行动，全区1009支小区（村）巡逻队每天开展平安巡防，50个重点点位定时驻点守护。针对交通、治安、消防等公共领域安全隐患突出问题，开展两批区级平安建设挂牌整治晾晒工作，新街新农都区块、新塘朱家坛村、所前联谊村、义桥湘东村4个市级重点整治对象开展全面整治，顺利通过评审验收。

【执法监督】 2023年，《萧山区政法部门优化法治环境促进民营经济发展壮大的实施方案》出台。常态化开展涉企执法司法提质增效、打击治理侵害企业合法权益行为、政法服务经济领域提优赋能三项专项行动。依法推进杭州生态园房屋43套“一

2023年，萧山区开展“萧山红领”全民大巡防，平安护航亚运。图为8月15日，志愿者向社区居民发放普法资料

（区委政法委　提供）

卖一抵”房屋购房人与抵押权人会商，召开专题推进会10次。全年，区委政法委协调案件27件。实施司法救助，发放救助金168万元，救助65人。持续深化常态化扫黑除恶斗争，扎实推进案件评查、行刑衔接、政法联动等各项工作，规范司法机关执法行为，提升执法司法监督质效。

（俞泽奇）

法治萧山建设

【概况】 2023年，萧山区深入学习贯彻习近平法治思想，全面推进中共二十大对法治政府建设新部署新要求在萧山落地实践。以法治赋能“坚决打好经济翻身仗，全力保障亚运攻坚仗，加快走好共同富裕路”，为萧山建设中国式现代化区（县）域范例提供法治保障。区委、区政府主要负责人带头履行法治建设第一责任人职责，召集4次府院联席会议，建立部门、镇（街道）年度法治政府建设重点工作责任书制度。坚持区委理论学习中心组学法和区政府常务会议会前学法，落实部门负责人讲法制度；举办区管干部法治政府建设专题培训班。全方位落实全国法治政府建设示范创建任务，建立工作协调机制和工作专班，实施行政规范性文件和重大行政决策档案质量提升、行政执法案卷质量提升、行政复议案卷质量提升三大行动。制定《关于加强严密法治监督体系建设的意见》，完善实绩导向的法治考评办法，对12家单位开展法治巡察，构建行政执法“公述民评”与法治巡察、法治督察、法治考评、部门述法等工作相结合的“1＋N”法治监督体系，行政执法“公述民评”获评全省县乡法治政府最佳实践。扎实推进法治人才队伍建设，建立55人区级法治人才库，全区公职律师规模增至195名。全年行政复议发案657件，审结760件，纠错40件，纠错率5.3%，调解364件，调解率37.5%。

【行政执法监督】 2023年，萧山区持续推进“大综合一体化”行政执法改革，强化区级统筹全区执法任务，发挥指挥中心、法治审核中心职能。推动39个治理事项与省执法监管数字应用数据贯通，开展消防安全、违章建筑、环境提升、违法占地4大类“综合查一次”，通过“百人百课”大讲堂提升执法能力。在食品药品等重点领域“严管重罚”，完善“行刑衔接”机制。加大行政执法指导监督力度，制定《行政执法案卷典型问题清单及整改指引》，编制行政执法十大典型案例。出台《关于进一步规范行政裁量权基准制度的通知》，临浦镇、财政局被列为行政检查裁量市级试点单位。建立全区行政执法监督联系点工作规则，在基层站所成立综合行政执法监督站。开展平台经济行政执法、涉企执法“多头检查、重复检查”、行政处罚结果信息网上公开等专项监督。

【政府法律事务】 2023年，萧山区作为全省县乡合法性审查质效提升改革攻坚试点地区，率先在全市成立并运作实体化合法性审查中心、法审员队伍，构建“1＋22”［1个区级合法性审查联动和22个镇（街道）合法审查中心］区级合法性审查中心运作机制，实施“前中后”全流程配套改革，多措并举夯实审查力量，明确13种责任追究情形和7种容错免责情形。以高质量合法性审查保障区政府出台“中国视谷”建设、生物医药产业集群高质量发展、存量优质企业供地管理、金融创新发展等专项政策，对浙江长龙航空有限公司增资、百度电商总部项目、万向集团土地转让等行政协议进行审慎审查，依法处置融望之城、所前生态园、华夏幸福PPP项目、祝家桥变项目、招投标领域整治等事项。

【区委全面依法治区委员会第五次（扩大）会议】 2023年5月9日，萧山区召开区委全面依法治区委员会第五次（扩大）会议暨区委常委会专题听取依法治区工作会议，全面总结2022年度法治萧山建设工作，系统谋划2023年及之后一个时期的法治萧山建设工作。会议听取关于2022年度法治萧山建设工作情况和2023年法治萧山建设主要任务、通报2022年度和2023年第一季度全区行政复议、行政诉讼及行政机关负责人出庭应诉情况。审议并原则通过《2023年法治萧山建设重点工作清单（审议稿）》《萧山区法治化营商环境改革工作方案（审议稿）》《萧山区全面推进镇（街道）法治化综合改革实施方案（审议稿）》《关于加强严密法治监督体系建设的意见（审议稿）》《萧山区法官、检察官、人民警察与律师交往良性互动机制（审议稿）》《萧山区法治人才库名单（审议稿）》等。

（孙 琳）

公安

【概况】 2023年，杭州市公安局萧山分局（简称“萧山区公安分局”）接各类报警76.03万起，受理刑事案件6281起、治安案件14688起，全年有效警情、治安警情分别比上年下降15.2%、13.3%，命案数、交通事故亡人数分别比上年下降50%、14.9%，获上级领导批示肯定29次。区公安分局在浙江省警源治理暨非警务事项协同处置工作现场会、浙江省县级公安机关系统性重塑整体性变革暨大部门大警种制改革现场会作交流发言。年内，获集体二等功1个、集体三等功3个、个人二等功1人、个人三等功32人。钱江世纪城派出所获评全国第三批“枫桥式公安派出所”。

【亚运会安保】 2023年，萧山区公安分局成立“一办六组13专项组”总体架构，制定出台《全区公安机关亚运安保总体方案》，有效运行“一总一分＋N”［分局安保总（基地）指挥部，前线指挥部，根据亚运场馆、涉亚点位及专项任务等实际搭建N个现场安保指挥部］战时指挥体系，投入安保力量41.2万人次。开展专项排查4轮，反复踏勘63次，设置“核心区、警戒区、控制区”防线，保障开（闭）幕式、火炬传递安保。组建安保团队12支，制订方案84份，强化周界控制、分区管控、证件查验，确保531场比赛、790场训练安全顺利，保障2.4万余名运动员、随队官员、媒体记者等参赛群体安全。启动社会治安防控一级响应，发动网格队伍、群防群治力量等，开展基础大排查，梯次启用“护城河”检查站 33 个、智能卡口 255 个，查获在逃犯罪嫌疑人 3 人。

【亚残运会安保】 2023 年，萧山区公安分局专题组织服务培训，熟悉礼仪礼节、残障人禁忌等常识，完成专用安检区、无障碍通道建设，设置无障碍安检通道指示牌和残障群体过机安检提醒标识，协同手语志愿者提供现场指引服务，帮助观赛群众解难 800 余次。采取“分类施策”安检措施，加强残障人士人性化、柔性安保服务，增设轮椅检查员、限带物品管理员、限带物品带领员等特殊岗位，安检人员 60.62 万人次、车辆 3.45 万辆次、包裹 45.52 万件，帮扶群众 3614 人次。

【公安服务改革】 2023 年，萧山区公安分局完善“一个服务中心＋28 个公安窗口＋ N 个镇（街道）延伸点”三级公安服务体系，全年办理政务服务业务 1194.86 万件，群众满意率 99.9%。吸收整合 8 个警种服务事项，迭代升级公安政务服务中心，构建公安政务服务一体化体系，形成“一网通办、一窗通办、一照通用、一站助企、一屏监测”“五个一”全贯通。完成浙江省民生实事“一窗通拍、全域应用”项目建设。

【营商环境优化提升】 2023 年，萧山区公安分局线上升级“助企云站”平台，线下拓展为企服务警务联络站，推行“一企一警”联络员机制，提供服务 680 余次，化解涉企矛盾纠纷 40 余起，传化物流园警务站获评杭州市首批“为企服务警务示范站”。注重企业合规指导，组建经侦普法宣传讲师团，编写《助企攻略》第二册，开展企业法治培训 20 余次，开展企业合规指导 35 次，排查风险隐患 13 类，解决问题 682 个。

【涉企风险排查】 2023 年，萧山区公安分局依托线上“企管家”＋线下扫楼小分队，开展涉众型金融风险隐患预警排查，采集企业信息 49171 家，发现并处置风险企业 122 家。对全区 2300 余个企业信息系统开展漏洞扫描和攻击性渗透测试，修复漏洞 1.6 万个。

【违法犯罪打击】 2023 年，萧山区公安分局统筹推进公安部“夏季行动”、省公安厅“钱潮行动”、杭州市“敲门行动”和萧山区“护航亚运行动”，全年采取刑事强制措施 2708 人、移送起诉 2276 人、行政拘留 7012 人，破获命案积案 2 起，抓获历年在逃犯罪嫌疑人 71 人。持续深化扫黑除恶斗争，侦办以卢某为首的聚义社恶势力犯罪集团、以曾某为首的强迫未成年女性卖淫团伙等涉黑恶犯罪团伙。

【重大案件侦破】 2023 年，萧山区公安分局侦破公安部交办二号专案，抓获“红通 2 号”头目和 59 名犯罪嫌疑人，侦办“浙 027”跨境赌博案、“9・20”妨害药品管理案、“4・15”环境污染案等部督案件 6 起和漆某等人贩毒案、“9・18”销售假烟案、“2・23”组织未成年人卖淫案等省标案件 9 起，曼卡龙珠宝被非法控制计算机信息系统案入选公安部打击黑客犯罪十大案例。

【侵企犯罪打击】 2023 年，萧山区公安分局严打合同诈骗、职务侵占、商业行受贿等“侵企扰商”突出犯罪，打击侵企案件 43 起，采取刑事强制措施 125 人，挽回经济损失 1.7 亿余元，成功侦破公安部督办“10・25”黑客入侵金税系统虚开增值税发票案、省公安厅督办“科百特”被侵犯商业秘密案、东南网架内部贪腐案、“箭牌”卫浴被假冒注册商标案、恺英网络被黑客攻击案、顺丰速运被诈骗案等有影响的案件。牵头开展萧山区“串通投标”“黑气”查处等专项行动，成功收网“6・20”特大串通投标案。

【电信诈骗防控】 2023 年，萧山区公安分局全面推进电信诈骗整治，建强区级反诈中心，推动“96110”话务员集中办公，在全省首创反诈“守护者”奖励办法，成功劝阻电信诈骗 1000 余起，挽回损失 2.1 亿元。拓展声纹检验、指纹自动比对等项目，在全市首先实现利用声纹技术破获百万元电诈案件。

【户政管理】 2023 年，萧山区公安分局办理出生申报 10893 人、死亡注销 8565 人、迁入 19450 人、迁出 1929 人，办理省内居民身份证 141367 张、临时居民身份证 14236 张，受理省外异地身份证 53091 张，办理身份证挂失申报 36850 张。

【出入境管理】 2023 年，萧山区公安分局受理中国公民各类因私出国（境）证件及签注申请 141710 件，受理外国人各类签证、居留许可 1409 件，完成外籍人才永居申请 4 名。查处涉外案事件 94 起，办理组织他人偷越国（边）境刑事案件 18 起，办理“三非”案件 69 起，采取强制措施 21 人，依法遣送 20 人。

【治安管理】 2023 年，萧山区公安分局制定黄赌线索排查整治、无证棋牌室集中整治等工作方案，开展集中行动 8 波次，查处黄赌嫌疑人 4834 人，易涉黄场所停业整顿 202 家、查处 110 家、转变业态 20 家，关停无照棋牌室 287 家，调控涉黄前科人员 522 人，营造风清气正的社会环境。

【重点单位安全保卫】 2023 年，萧山区公安分局依托“智慧内保”平台，对全区 544 家治安保卫重点单位和 252 个水电油气

2023 年 10 月 6 日，公安政务服务中心一窗通办窗口民警在受理群众办事（区公安分局 提供）

信等基础设施开展5轮全量、全要素基础排查，基础信息录入率、季度检查录入率100%。完成浙江省银行业金融机构第八轮安全评估。加强校园安全保卫工作，确保学校入职查询制度，实现“四个100%”（专职保安员配备、封闭化管理、一键式紧急报警和视频监控系统联网、“护学岗”设置）。

【派出所工作标准化建设】 2023年，萧山区推进派出所工作标准化建设，持续优化“两队一室”改革（社区警务队、案件办理队，综合指挥室），严格执行刑事案件办理“负面清单”，业务警种办理73%刑事案件，有效减轻派出所工作压力。钱江世纪城派出所获评全国第三批“枫桥式公安派出所”。

【警情源头治理】 2023年，萧山区公安分局梳理警情每日情况365期、每周分析50篇、月度汇总12篇，精准推进全区112个警情高发部位开展警情压降，研判分析重点纠纷警情2000余起，并纳入“红黄绿”三色分级分类管理。

【恶性案件预防】 2023年，萧山区公安分局依托“民转刑”工作室，研判自杀、情感、家暴等37条个人极端线索，制定处置流程逐一进行落地稳控，梳理重复报警、较难化解的家事、感情、婚恋等重点矛盾纠纷2716起，化解2680起，化解率98.7%。“民转刑”案件比上年下降41.6%，“刑转命”案件创历史新低。

【公安改革】 2023年，萧山区公安分局按照“市县主战、派出所主防”总体思路，推进“公安大脑”建设和大部门大警种制改革，完善合成作战中心牵引、八大部门作战、22个派出所强基的“1822”现代警务架构，建立每个部门“一个主干应用、一支专业队伍、一套工作机制’的运行体系，萧山区公安分局获评浙江省“公安大脑”建设优胜单位。22个项目入选浙江省“公安大脑”建设优秀创新案例，12个项目获浙江省“公安大脑”建设“五最”单项奖，执法办案管理中心建设获“最佳改革突破奖”，“三能”积分评价体系获“最佳机制变革奖”，系统性重塑整体性变革构建现代警务新模式获“最佳体制变革奖”，数字证书“预警宝”获省公安基层技术革新奖三等奖。

【合成作战中心建设】 2023年，萧山区公安分局设置八大功能区25个岗位，按照“平战一体转换”模式，统筹交警、巡特警、派出所等2570名警力科学动态布警，依托6个“135”（1分钟、3分钟、5分钟）快速反应点位、31个检查站和全域感知体系，落实自动预警、主动查控，推动重大警情一键启动，重大案件在线合成，重大事件警舆同步，重点指令一体联动，有力支撑各类重大警情处置771起，获评“浙江省五星级110报警服务台”。

【执法办案管理中心建设】 2023年，萧山区公安分局迭代升级集侦、审、判、执于一体的执法办案管理中心，提供一站式服务，推进一体化协同，构建全链条监督，刑事案件中心办案率91.7%，司法监督数据、执法不规范问题比上年分别下降62.5%和17.4%，入选市局2023年标志性项目，申报“一级执法办案管理中心”。萧山区公安分局执法质量连续两年位居全市第一，连续10年获评省公安机关执法质量优秀单位。

【警务督察】 2023年，萧山区公安分局推进清廉公安建设，钱江世纪城派出所获评全省清廉建设成绩突出单位，萧山区公安分局获评萧山区“建设清廉机关、创建模范机关”五星等次单位，“三能”积分评价体系创成公务员考核工作省级示范点。持续加强队伍内部风险隐患排查，常态开展“无感化督导”，发现并闭环整改问题335个。

【破获国督“浙027”跨境赌博案】 2023年7月，萧山区公安分局通过前期研判，对“浙027”跨境赌博案开展统一收网，抓获犯罪嫌疑人18人，从赌场运营、资金通道、灰黑产等多个渠道对菲律宾希拓赌博集团开展全链条打击。

【破获部督“10·25”虚开增值税专用发票案】 萧山区公安分局在前期侦查过程中发现，嫌疑人邵某等人通过破坏国家税务开票系统虚开增值税专用发票，涉及发票金额8亿余元。2023年3月，萧山区公安分局对该案进行集中收网，后成功串并江苏、辽宁等多省同类案件。

【破获非法控制计算机信息系统案】 2023年6月，萧山区公安分局破获曼卡龙珠宝股份有限公司被非法控制计算机信息系统案，抓获犯罪嫌疑人39人，查扣各类电子设备100余台，冻结现金35万元、虚拟币22.1万元。该案入选公安部2023年打击黑客犯罪十大典型案例。

（赵 斌）

检察

【概况】 2023年，萧山区人民检察院（简称“萧山区检察院”）受理公安机关移送审查逮捕577人，批准逮捕373人；受理移送审查起诉2594人，提起公诉1744人；监督立案、撤案9人，追诉漏犯80人，提出书面纠正违法6件。在民事检察方面，强化民事生效裁判监督，年度内收到法院再审改判案件23件。在行政检察方面，以行政生效裁判、行政审判和执行活动监督为重点，制发检察建议19份，均得到法院及行政机关回复采纳。在公益诉讼方面，以磋商或发出行政公益诉讼诉前检察建议形式，开展监督并得到回复整改23件，提起刑事附带民事公益诉讼2件，办理民事公益诉讼10件。7起案件获评省、市级典型案例，民事检察、刑事执行检察两部门获评全省优秀办案团队。

【涉亚（残）运检察工作】 2023年，萧山区检察院服务保障亚（残）运会，依托驻亚运村知识产权检察官办公室，办理杭州市首例伪造、销售仿冒亚运吉祥物“江南忆”文具案件，该项工作被最高人民检察院官微专题报道。

【经济领域检察工作】 2023 年，萧山区检察院依法打击各种名目非法金融活动，起诉非法吸收公众存款、集资诈骗等涉众型金融犯罪 106 人。强化企业合法权益保护，起诉职务侵占、非国家工作人员受贿等企业内部贪腐犯罪 13 人，起诉非法经营、串通投标等扰乱市场秩序犯罪 191 人。深化知识产权综合履职，办理萧山区一行业龙头民营企业注册商标被侵权案，通过跨省追诉漏犯、督促追赃挽损、民事支持起诉等方式，解决困扰企业多年的维权难题。

【民生领域检察工作】 2023 年，萧山区检察院聚焦电信网络诈骗犯罪，起诉 32 人，办理公安部督办的“3·3”“6·14”跨境电信诈骗专案。聚焦食品药品安全和个人信息安全，起诉 16 人。

【职务犯罪检察工作】 2023 年，萧山区检察院持续加强和完善监察执法与刑事司法衔接，受理监委移送职务犯罪 18 人，已起诉 17 人，其中受贿犯罪 10 人、贪污犯罪 1 人、挪用公款犯罪 1 人。与监委共同推进受贿行贿一起查，起诉行贿犯罪 5 人。对融通农业发展（杭州）有限责任公司原党委书记、执行董事李某某提起公诉。

【民事检察】 2023 年，萧山区检察院开展民事生效裁判监督，办理虚假诉讼监督案件 4 件。开展民事被执行人抗拒执行行为专项监督，搭建涉住房公积金终本执行类案监督数字模型，制发检察建议，督促冻结 170 余万元款项用于后续执行，对 6 名当事人作出罚款、拘留等处罚，协同破解执行难问题。

【行政检察】 2023 年，萧山区检察院联合多部门化解生效裁判监督类行政争议案件 4 起。办理马某某等人涉拆迁行政复议、行政赔偿监督系列案，促使 10 余件行政诉讼案件得到化解。

【公益诉讼检察】 2023 年，萧山区检察院办理涉生态环境和资源保护、食品药品安全、国有财产保护等领域公益诉讼案件 47 件。办理南部山区林地资源保护公益诉讼案，督促职能部门依法履职，推动全区专项监督检查和涉案 1.34 公顷林地生态修复，助推出台林业监管行政执法细则，实现林地资源保护长效化。

2023 年 11 月 10 日，在萧山区“锻造政法铁军，推进系统集成，打造城乡融合大区善治的社会治理萧山范例”专题学习会上，区检察院“枫桥式检察 e 站”工作在全区各镇（街道）挂牌推广 （区检察院　提供）

【数字检察】 2023 年，萧山区检察院研发“刑事下行案件”数字监督系统，监督立案 5 人。研发“轻罪多元治理”智慧系统，完善数据共享和智能辅助，探索推进轻罪治理的检察实践。开展医保诈骗、养老服务用房管理等数字检察专项监督，监督立案 2 人，制发检察建议 12 份。办理涉企刑事案件财产刑执行数字监督案，帮助企业挽回损失 400 余万元。

【未成年人检察】 2023 年，萧山区检察院“浙里花开·向阳花”未检工作品牌迭代升级，入选 2023—2024 年全国维护青少年权益岗创建单位。从严惩治侵害未成年人犯罪 72 人，开展行为矫治、心理咨询和家庭教育指导等 80 人次。在民事权益保护及旅馆业、娱乐场所、文身服务等公益诉讼领域开展监督履职 30 件。走进社区、学校开展法治宣讲 8 场次，受众 5000 余人次。

【检察环节诉源治理】 2023 年，萧山区检察院依法妥善处理各类信访案件 465 件，化解疑难重复信访积案 2 件。交通肇事案件中刑事和解率达 63.6%，开展民事和解 10 件，涉案金额 800 余万元。协同民政、妇联等部门开展联合救助，为因案致贫当事人办理国家司法救助 88 件，发放救助金 131 万余元。制发社会治理类检察建议 15 份，均获回复和采纳，推动建立长效机制 3 项。撰写的建筑施工领域刑事类案分析报告，为党委、政府社会治理决策提供参考，获区委主要领导批示。

【“检察 e 站”建设】 2023 年，萧山区检察院探索检察参与基层治理的新路径，推进“枫桥式检察 e 站”建设，召开全区专项工作推进会，完成全区镇（街道）全覆盖。在萧山经济技术开发区、区工商联等平台设立“营商环境检察 e 站”联络站，开展专题座谈和法治宣讲等。在区人武部设“军地协作检察 e 站”，强化对国防军事设施、军人军属权益的一站式保护。

（王瑞瑞）

法院

【概况】 2023 年，萧山区人民法院新收案件 3.23 万件，结案 3.24 万件，收、结案量均居全省第一；平均审理天数 55.37 天，比上年缩短 10.79 天；法官人均结案 334 件，超全省平均 101 件；一审判决案件改判发回瑕疵率为 0。

【民商事审判】 2023 年，萧山区人民法院新收一审民商事案件 1.93 万件，审结 2.04 万件，标的总额 190.73 亿元。审结涉教育培训、健身娱乐等预付式消费案件 488 件，帮助消费者追回损失 386.6 万元。审结某房地产公司“偷面积”案，判定“阳台等可以改造成房屋套内面积"的宣传系误导消费者的虚假广告，入选全国法院 2023 年度案例。发放司法救助金 93.5 万元，依法缓减免诉讼费 620.4 万元。

【刑事审判】 2023 年，萧山区人民法院新收刑事案件 1278 件 1711 人，审结 1263 件 1590 人。审结非法吸收公众存款、电信网络诈骗等案件 14 件，挽回损失 1633 万元。依法惩治贪污、贿赂等职务犯罪 9 件 10 人，追缴违法所得 1673 万元。查处扰乱诉讼秩序、虚假诉讼 264 件，罚款 72 人 71 万元，向公安部门移送涉嫌犯罪线索 10 件。

【行政审判】 2023 年，萧山区人民法院受理行政案件 311 件，审结 357 件。府院联动常态化开展通报分析、法治培训，协调化解行政争议 93 件。健全行政机关败诉风险预警机制，发送败诉预警通知 87 份，败诉率降至 7.9%，为近五年最低。联合政法委、市场监管等部门出台《非正常投诉举报人滥诉认定实施办法》，规范打击"职业打假人"滥诉行为。

【案件执行】 2023 年，萧山区人民法院受理执行案件 10533 件，执结 9890 件，执行到位 21.8 亿元。执前督促到位 4400 万元，生效判决自动履行率比上年提升 3.5 个百分点。保持失信惩戒高压态势，发布失信名单 6342 条，限制高消费 12584 人。严厉打击逃避、规避、抗拒执行行为，罚款 4626 人，拘留 119 人，以拒不执行判决裁定罪判处 22 人。

【护航平安法治亚运】 2023 年，萧山区人民法院妥善审结涉亚运案件 64 件，"擅自使用杭州亚运会特殊标识不正当竞争第一案"入选全国法院涉体育纠纷民事典型案例。创新"亚运+数字+共享"多元解纷机制，亚运村共享法庭指导化解涉亚运非诉纠纷 180 起，获评全省示范共享法庭。

【法治化营商环境】 2023 年，萧山区人民法院审结涉企纠纷 10962 件，解决商业纠纷用时比上年缩短 18 天。依法严惩某公司高管周某等人利用职务便利、虚增交易环节侵占公司财产案，入选全省民营企业刑事司法保护典型案例。盘活不良资产 2.4 亿元，释放土地 3.05 公顷，推动 12 家危困企业破产重组；全力配合临空经济示范区企业月地腾挪行动，指导化解涉征迁纠纷 30 余起。审结侵犯知识产权案件 378 件，协办网络直播知识产权保护国际交流研讨会，形成省级调研成果。妥善处理涉股东责任承担案件 140 件，判决故意延长出资期限、试图逃避公司债务的某公司股东承担清偿责任，维护诚实守信市场秩序。深入楼宇、园区等产业集群地"大走访、大调研"，为 86 家企业化解难题。

【法院助力城市提能】 2023 年，萧山区人民法院审结涉土地流转、征迁补偿、建筑施工等纠纷 870 起；依法解除对宝山地块 1.8 万平方米土地查封，助力全区首例工业用地到期成功收回。联合公安、检察、环保等部门，先予处置废旧污染物 20 余吨。

【风险防范化解】 2023 年，萧山区人民法院依托房地产项目风险处置协调机制，稳妥处置逾期交房、办证等引发的涉房案件 237 件，平稳保障 15 个风险项目顺利交房。着力维护金融安全，审结金融案件 1400 件，标的额 146.8 亿元，发送关于加强"借名借款"行为监管的司法建议。接待来访群众 236 批次，处理群众来信 196 件次，实质化解信访积案 5 件。

【民生司法保障】 2023 年，萧山区人民法院审结劳动争议类纠纷 1030 件，为 1167 名劳动者追回欠薪 1769.9 万元。审结婚姻家事纠纷 1565 件，联合区妇联出台《离婚诉讼财产申报联动机制》，依法及时签发人身安全保护令、家庭教育指导令。持续打击养老诈骗，严惩"低价旅游""养生保健""投资理财"等套路老年人诈骗行为，责令退赔被害人损失 669 万元。严惩侵害未成年人犯罪案件 56 件 62 人，对利用教职身份实施性侵行为的 2 名被告人宣告终身从业禁止。

【社会治理新"枫"景】 2023 年，萧山区人民法院强化枫桥式人民法庭建设，推动全区万人成讼率比上年下降 3.5 个百分点。成功化解一起涉 26 户村民的土地承包经营权纠纷，为 2.67 万平方米耕地抢抓晚稻种植农时，获《人民法院报》点赞"这里枫景正好"。提升共享法庭实战实效，指导调解 31423 次，化解纠纷 19169 起，普法宣传 13188 场。推广"市场化解纷"，诉前化解纠纷 1512 件。针对网约车投保不规范、农村建房审批不严等问题，向有关单位发出司法建议 19 件。选派 13 名法官担任"法治副校长""助企服务员"，开展各类法治宣传活动 107 场次。

【审判管理现代化】 2023 年，萧山区人民法院开展"百日攻坚迎亚运，打赢质效翻身仗"行动，促成 17 项重点质效指标显著优化。落实裁判文书阅核制，纳入"四类案件"（重大、疑难、复杂、敏感的案件；涉及群体性纠纷或引发广泛关注，可能影响社会稳定的案件；可能与本院或上级法院的类案裁判发生冲突的案件；有关单位或个人反映法官有违法审判行为的案件）数字监管 305 件。完善类案强制检索制度，常态化召开专业法

2023 年 7 月 26 日，萧山法院杭州亚运村共享法庭举办亲子夏令营并开展普法活动 （区法院 提供）

官会议、审判委员会会议，与公、检分别建立联席会商机制，促进办案尺度统一。

【数字法院建设】2023年，萧山区人民法院积极推进服务增值化，涉企审执智能化、办理破产“一件事”、工商联共享法庭，入选区政务服务增值化改革“一类事”清单。亚运村共享法庭入选全国政法智能化建设智慧法院创新案例，“司法公正在线”项目迭代进入“浙江全域数字法院”改革“一本账”。

【法院接受监督】2023年，萧山区人民法院贯通“民声e”与“司法公正在线”应用，便于代表线上全程参与司法。重视提案办理工作，按时办结委员提案4件。自觉接受纪检监察派驻监督，以“四种形态”教育处理干警8人。院领导每月牵头开展审务监督检查，发现、整改问题24个。高质高效办理检察建议80份，邀请检察长列席审判委员会会议5次；首次召开法检工作交流会，形成合力打击拒执、刑事案件财物联合处置等共识。推广运用“律师调查令一件事”，定期邀请律师代表座谈交流。开展公众开放日活动51次，发布新闻宣传180条。

（李怡笑）

司法行政

【概况】2023年，萧山区司法局有序统筹推进依法治区工作，法治护航亚运盛会召开，高水平推进严格执法、公正司法、全民守法。年内，萧山区司法局被省委省政府评为全省指导人民调解工作先进集体，被省司法厅评为全省司法行政系统公共法律服务工作成绩突出集体，被市人民政府授予“枫桥经验”传承工作集体三等功，被市普法办授予第七届“阿普杯”创意普法大赛优秀组织奖。区行政复议局获评市“工人先锋号”、区“三八红旗集体”。区委法治办获评2023年度法治杭州建设调研工作组织奖。区普法办获评全省亚运法律知识线上竞答活动优秀组织单位，萧山“普法十姐妹”获评杭州市首届“普法达人”。

【社区矫正】2023年，萧山区在全国首创“萧矫云哨”社区矫正预警系统，打通公安、民政、卫健等多部门数据，引入三维全量信息图，智能分析监管风险，动态精准推送预警信息，分门别类实施精准管理，确保重点对象管得住、管得好、控得牢。亚运期间，通过签订《社区矫正工作委托书》《亚运期间社区矫正安保工作责任书》，落实社区矫正值班值守及监管任务。联合检察院等政法部门开展执法检查工作，召开季度培训，抓牢社区矫正队伍建设。成立安置帮教工作督查小组，加大刑释人员走访力度，全面升级刑释人员“必接必送”制度，联合区人社局下属就业管理服务中心解决重点人员就业问题。年内，全区社区矫正对象、刑释人员均无脱管漏管、无再犯罪事件发生。

【法治宣传】2023年，萧山区制定《2023年萧山区深入推进习近平法治思想“八进”工作方案》，召开习近平法治思想学习宣传贯彻“八进”再动员会，开展习近平法治思想进机关、党校、学校、国企、社会治理中心、法律服务机构、部队、村（社区）等“八进”宣讲300余场，习近平法治思想萧山宣讲团获评萧山区理论宣讲“名师工作室”称号。举办习近平法治思想进机场暨“精彩亚运·法治护航”主题宣传活动、习近平法治思想进部队暨“八一崇军”活动、“青春讲堂·法治专题”素质课程暨萧山区新录用公务员“三年助跑”行动等活动，打造习近平法治思想基层最佳实践成果。印发《关于在全区开展法治建设社会满意度提升专项行动的通知》，召开法治建设满意度提升专项行动部署会，在全区范围内形成法治建设满意度提升宣传合力。统筹开展“两代表一委员”（党代表、人大代表、政协委员）定向走访、全媒体矩阵宣传、集中亮屏宣传、法治建设满意度评价倡议、网格员入户模拟测评、法治惠民月活动、“美好生活·民法典相伴”和“精彩亚运·法治护航”主题宣传活动、“典”亮公民法治素养观测点打卡活动等，全面提升社会公众法治获得感、满意度。

【人民调解】2023年，萧山区开展“万名调解员进万家”活动，组织动员598个调解组织针对环赛区、环核心区以及亚运通勤道路、场馆周边等重点区域和医疗卫生、征地拆迁、劳资纠纷、房地产等重点领域全面排查摸底，成立专家组、应急组以及涉外组三支队伍，集中化解亚运有关知识产权、票务、观赛和涉外等矛盾纠纷。全区有人民调解组织602个，选聘人民调解员2612人；化解各类矛盾纠纷1.95万件，为群众挽回经济损失14.97亿元。全年共受理行政调解案件4.51万件，成功3.02万件，成功率67%。

【公共法律服务】2023年，萧山区有律师事务所72家，律师872人，其中执业律师861人、公职律师204人；基层法律服务所12家，基层法律服务工作者69人。创新上线“新农村建设法律顾问管理子系统”，把全区300余名新农村法律顾问全部纳入系统管理，建立规范化服务流程，实现全流程量化考核，提升新农村法律顾问服务企业、服务基层的主动性和积极性。

【法律援助】2023年，萧山区创建法律援助“帮帮团”，建立妇女儿童维权、老年人维权、残疾人维权、进城务工人员维权、刑事辩护等法律援助“帮帮团”，本着变“被动申请”为“主动服务”的理念，分门别类开展法律服务。

【“互联网＋公证”应用】2023年，杭州市湘湖公证处将在线存证及在线申办业务整合至“湘湖公证”公众号，实现通办名录内公证事项“全省通办”100%。探索“诉讼＋公证”协同机制，在证据保全、执行查控、破产清点等全流程中提供公证服务。推进公证进部队、进社区，为退役军人选岗办理会议监督公证，为80周岁以上老人免费办理遗嘱公证，设立“不动产＋公证”窗口开展一站式服务，丰富公证惠民举措。

（孙　琳）

社会治理

【概况】 2023年5月，原区社会治理中心、区城市智治中心机构改革合署办公，设立一套班子、三块牌子（区社会治理中心、区城市智治中心、区综合信息指挥中心）。中心线下聚焦处置力量全域联动，构建“区级强指挥、部门高协同、镇（街道）重实战、村（社区）抓落地、网格快反应”的五级架构；线上聚焦数据共享，做到诉求渠道全整合、数字治理全赋能、处置过程全监管，为基层治理提供数智赋能。中心荣获亚运浙江省五一劳动奖状、全国五一劳动奖状，助力萧山获评2023年中国社会治理十强县（市、区）。参与全国信标委智慧城市标准工作组编写《智慧城市“一网统管”运营研究报告2024》《“萧山·红领通”探索数智治理新路径》被收录进《新时代“枫桥经验”浙江实践100例》。

【全域感知体系建设】 2023年，萧山区建成涵盖城市安全、城市环境、公共服务等六大领域的全域感知体系，汇聚477项城市体征指标，接入视频、物联等各类设备33万个。全区各物联感知设备产生预警154万余件（次），其中区公安分局“公安AI事件”一件事流转处置16.4万件，电动车入梯开展AI感知预警1.27万条，消防通道堵塞治理一件事生成告警事件流转处置1040件等。工业企业火灾数比上年下降28.4%，检查时间减少6.24万小时。“三网融合”智治体系（通过技术创新和体制机制创新，推动政务服务“一网通办”、城市治理“一网统管”、社会民生“一网共治”“三网融合”，坚持系统集成、数字赋能综合治理，构建线上线下联动、共建、共治、共享的整体智治体系）建设工作被列入杭州城市大脑2.0建设首批试点。

【五级治理架构】 2023年，萧山区社会治理中心以“大综合一体化”行政执法深化改革为契机，构建完善包含1个区综合信息指挥中心、25个镇（街道、平台、场）综合信息指挥室（队伍包含指挥调度岗位134人、综管处置队员375人、行政执法队员674人、纠纷调解人员2200人、网格建设力量8135人）、578个村（社区）工作站、2063个网格、1.43万个微网格和108个区级部门联动工作室的治理指挥架构。

【“综警网一体化”联动机制】 2023年，萧山区社会治理中心建立“综警网一体化”联动机制，推动综合行政执法队员、公安民辅警下沉网格，形成“网格员发现、红领通流转、执法力量协同、立案单位查处”全链条闭环体系。全区每个网格均按照“综警网一体化”标准进行力量配备。

【网格排查】 2023年，萧山区网格力量全年排查包括消防安全、生产安全、交通安全、食药安全等在内安全隐患12.5万个，排查包括河道污染、房屋外立面脏污等城市环境类问题23.1万件；排查包括邻里纠纷、家庭婚恋纠纷、劳资纠纷等在内的各类矛盾纠纷1497件；配合公安等部门排查流动人口126.4万人，常住人口122.2万人，签订消防责任书11.32万户。推广网格智治微平台，搭建政府和群众沟通的桥梁，群众累计通过平台上报诉求超3万件，群众日均上报事件量占全区事件总量的比例上升5倍，有效畅通群众诉求渠道。

【全息视图助力社会精准治理】 2023年，区社会治理中心以全量信息视图为数据底座，集成“萧消119”“数智瓶安”等多个系统数据，构建燃气钢瓶囤瓶预警、一厂多租风险预警等8类预警模型。通过对预警事件按时间、所属镇（街道）、事件类型分别进行统计，多维度展现各类预警事件的发生趋势和区域分布。在对分析结果进行综合展现的同时，将预警数据通过红领通下发，联动消防、市监、应急、镇（街道）等相关单位处置或整改，实现与行业部门的预警任务协同，打造从发现问题、推送问题到解决问题的业务闭环。

【多跨协同“一件事”改革】 推进多跨协同“一件事”集成改革是深化“县乡一体、条抓块统”改革，推动基层履职效能最大化、负担最小化的重要任务。2023年，萧山区社会治理中心推进幸“盔”有你、电动车入梯AI感知、区人防地下空间隐患一件事等42个高频多跨事项纳入基层治理“一件事”，厘清部门、镇（街道）职责边界，形成主体职责清单，提高整体治理效率。

（张朝晖）

责任编辑：马雨娇

萧山区“三网融合”整体智治系统

（区社会治理中心 提供）

军　事

萧山区人民武装部

【概况】 2023年，萧山区人民武装部（简称“区人武部”）征兵工作排名全市第一，做好兵役征集、新闻报道、思想建设、理论学习、兵役法规普及等工作，武装工作考评等位列杭州警备区第一方阵，全面建设继续走在全市前列。

【党管武装】 2023年3月23日，萧山区召开全区党管武装工作会议。会议表彰2022年度武装工作先进单位和个人，传达学习杭州警备区党委扩大会议精神，部署全区武装工作任务。12月21日，组织区委议军会暨区四套班子领导军事日活动，会议传达学习省委、市委议军会精神，汇报2022年度主要工作开展情况，赴笕桥机场参观醒村、中央航校旧址和部队史馆等，市委常委、区委书记、区人武部党委第一书记王敏出席会议并作指示。

【练兵备战】 2023年，萧山区人武部以岗位练兵考核比武为抓手，开展各类训练，加强和提升实战能力。组织专武干部、新任民兵连连长和基干民兵开展基地训练9批次。

【民兵整组】 2023年，萧山区人武部精确统筹基干民兵编建，专题召开整组业务培训会2次、专武干部例会4次。组织在行业系统和民间编组应急队伍，依托重点企业编组新质分队，组织全员集中点验，组织民兵工作检查，提升全区民兵工作质量。

【后勤保障】 2023年12月，萧山区民兵后勤保障分队完成省委四套班子军事日活动保障任务，凸显民兵支援保障职能，彰显新时代的地位与作用，树立萧山保障特色品牌。

【征兵工作】 2023年，萧山区人武部采取拍摄微视、录制征兵宣传教育课等方式开展征兵宣传。年度征兵工作实现萧山历史上首次“零退兵”，“五率”（报名率、上站率、合格率、择优率、体检通过率）考评位列全市第一，萧山区政府被省政府、省军区表彰为征兵工作先进单位，区公安分局干警王栋萍被人社部、军委政治工作部、军委国防动员部联合表彰为全国征兵工作先进个人，宁围街道专武部部长赵利培被省政府、省军区表彰为全省征兵工作先进个人。

（袁金晨）

武警杭州支队萧山中队

【概况】 2023年，武警杭州支队萧山中队（简称“武警萧山中队”）从严治军，抓好正规化管理。落实《安全工作“八个规范”》，学习贯彻《军队安全管理条例》和《安全避险手册》，开展安全大检查、保密工作“三清”、安全领域“八个过一遍”（把思想心理问题过一遍，把枪弹、危险品管理过一遍，把日常车辆管控过一遍，把用电用气用火过一遍，把小散远点位过一遍，把在外人员管理过一遍，把手机网络使用过一遍，把信息安全保密过一遍）等活动，排查安全隐患。从严训练，强化官兵体能，完成亚运安保等执勤任务。

【军事训练】 2023年，武警萧山中队严格奖惩制度，坚持从难、从严训练。利用小培训、小观摩、小竞赛、小检查、小讲评开展“五小练兵”、军事竞赛等活动，强化官兵基础体能，提升官兵遂行多样化军事任务能力。

【执勤任务】 2023年，武警萧山中队聚焦实战化训练备战，开展专哨专勤训练、情况联动处置等执勤技能训练。应急班突出人装结合、应急拉动等科目训练，执勤班突出勤务、战术、擒敌等科目训练，应急小组突出勤务研究、紧急出动、情况处置训练。组织官兵担负亚运安保任务，一名武警战士入选亚运升旗护卫队。

（寿吉焕）

军民共建

【概况】 2023年，萧山区开展省级“双拥模范城”创建，在“报、网、端、屏、窗”进行立体式宣传，《萧山日报》开辟双拥专版，杭州萧山国际机场、杭州南站、杭州地铁以及城区主要道路和基层便民服务中心等设置双拥标语和双拥橱窗。开展进法治、进健康、进文艺、进科技、进教育“五进暖兵”活动。组织现役义务兵父母进行健康体检500人次。评选萧山区首届“最美退役军人”“最美拥军人物”“最美军嫂”“最美兵妈妈”先进典型40人。

（陈珂珂）

【亚运护航】 2023年，萧山区人武部选派民兵参与亚运火炬传递外围警戒，出动民兵执行亚运会开幕式钱江世纪公园巡逻执勤。落实22个镇（街道）民兵应急分队备勤，承担志愿服务、场馆秩序、道路管控、外围警戒等任务，参加维护社会稳定和公共安全等工作。

【学生军训】 2023年8月中旬，萧山区人武部集中组织102名学生军训教练员，进行为期3天的强化训练，提高其队列指挥、组训管理和“四会”（会讲、会做、会教、会做思想工作）教学素养，采取全程淘汰方式，考核选拔91名教官承担带训任务。8月20日至9月16日，选派276人次完成18所普通高中（含职高）学校11051名学生军训任务。

2023年8月24日，萧中教育集团高一新生军训现场

（范方斌 摄）

【国防教育】 2023年，萧山区人武部开展国防教育，公布“八一光荣榜”，张榜上年度立功受奖的萧山籍官兵。为立功官兵家庭订阅《中国国防报》和《国防教育》杂志，抓好征兵宣传，扩大国防教育。

【双拥工作】 2023年，萧山区人武部与退役军人事务局、教育局、检察院等部门合作，共创省级“双拥模范城”，常态化开展走访慰问。4月21日，区双拥办组织开展“文艺演出进军营，共叙军民鱼水情”主题文艺演出，驻萧山部队官兵应邀参加。12月28日，“军地协作检察e站”于区人武部揭牌，在国防军事设施维护、军人军属权益保障等方面提供法治资源和服务。

（袁全晨）

人民防空

【概况】 2023年，萧山区人民防空办公室（简称“区人防办”）践行“战时防空、平时服务、应急支援”的使命任务，紧扣党管武装人防要点，坚持与经济建设相协调、与城市建设相结合的原则，突出主责主业，强化融合发展。

【人防宣传教育】 2023年，萧山区人防办组织开展人防进机关、进学校、进企业、进社区、进媒体“五进”工作，开展“3·1”国际民防日、“5·12”防灾减灾日、九一八事变纪念日等宣传活动，发放宣传手册1000余册。利用人防教育基地、人防救援基地等平台开展中小学生人防宣传教育工作，教育培训中学生6000余人，发放知识手册1万余册，为全面铺开人防教育提供平台保障。结合助企纾困、结对帮扶、工程巡查等走访活动，深入企业、社区和农村，开展主题党课活动，进行防空防灾知识宣传。

【亚运人防地下空间隐患智防应用场景】 2023年，区发改局（人防办）与区社会治理中心探索建立亚运人防地下空间隐患智防应用场景，为杭州第19届亚运会提供人防保障。该场景围绕亚运场馆及其周边1千米的人防空间，一周一预警，由“红领通·基层智治”综合应用任务流转，属地镇（街道）收到指令后发动网格员实地排查，并第一时间反馈。对存有问题的人防地下空间，24小时内限期整改或多跨协同相关部门综合查一次，直至隐患消除。

（戴永清）

责任编辑：马雨娇

经济管理

经济综合管理

【概况】 2023年，萧山区强化宏观政策逆周期和跨周期调节，制定新一轮经济政策体系，出台现代化产业体系建设48条、经济高质量发展72条、"奋力拼经济，勇夺开门红"28条、总部经济高质量发展、金融创新发展、现代服务业高质量发展等政策。提高经济分析与调节能力，创新搭建省级试点经济调节e本账系统，实现32项经济相关的高频指标实时监测、地区生产总值增速按月预测，及时掌握全区经济运行情况；每季监测全区400余家重点企业、中小企业运行情况，及时掌握市场微观动态；每季分析全区宏观经济运行情况，精准提出对策举措。全年完成"十四五"规划纲要和9个"十四五"专项规划中期评估，完成《萧山放大亚运势能，打造中国式现代化城区范例的行动路径研究》等22个重点课题研究。

【重点产业发展】 2023年，萧山区率先推出新型工业化"十大攻坚行动"，提出冲刺"双千亿"目标。节能与新能源汽车及零部件产业集群、机器人与数控机床产业集群、数字安防与网络通信产业集群等入选"浙江制造"省级特色产业集群协同区，现代纺织与服装产业集群入选核心区。新增中国500强企业1家、省"隐形冠军"企业1家、省级专精特新中小企业364家、国家级专精特新"小巨人"企业19家，省级及以上专精特新企业数量跃居全省第一。数字经济核心产业增加值比上年增长8.5%，占地区生产比重为12.3%；战略性新兴产业增加值、高新技术产业增加值占规模以上工业增加值比重分别提高至31.4%、71.1%。服务业增加值1349.68亿元，增长7.9%。杭州临空经济示范区等3家单位入选全省现代服务业创新发展区试点。杭州空港型国家物流枢纽入选国家发改委2023年国家物流枢纽建设名单。全区有税收"亿元楼"18栋，税收"10亿元"楼1栋。新增或迁入上市企业5家，获评全省服务业领军企业15家，获评杭州市总部企业59家。

【重要产业平台建设】 2023年，萧山经济技术开发区创建为国家级专精特新示范园区，入选国家级绿色工业园区名单。欧美同学会海归小镇（杭州·数字医药）成功申建浙江省合成生物未来产业先导区。钱江世纪城"双一流"战略发展规划发布，与新华三合作共建图灵小镇，一期基本建成。杭州临空经济示范区建设生物医药GMP标准厂房30万平方米，杭州大会展中心一期全面封顶。湘湖国家级旅游度假区以萧滨合作为基础，实施湘湖系统提升工程。"中国视谷"入选国家区域（城市）产业名片打造计划首批试点，举办首届"中国视谷杯"创新创业挑战大赛、"创客中国"视觉智能中小企业创新创业大赛两个全国性赛事。开发区高端新材料、河上镇膜材料入选全市首批"一园一主业"特色产业平台创建名单。

【重大项目建设】 2023年，萧山区推进省委三个"一号工程"、省政府"十项重大工程"重点工作。24个省"千项万亿"工程项目投资完成率187.5%；6个"152"省市县长工程项目（省、市、县各级领导负责招引的总投资分别为100亿元、50亿元、20亿元的重大产业项目），投资完成率212.5%；3个省重大产业项目，获10.4公顷土地指标奖励；16个省服务业高质量发展"百千万"工程项目，投资完成率238.3%。

【共同富裕建设】 2023年，萧山区成功创建18个省级未来社区、6个省级未来乡村、2个省市级城乡风貌样板区。组建强村公司14家，涉及村90个，注册资本7.4亿元。全区所有村村集体经营性收入突破120万元。浙江大学第二附属医院总部院区等77个教育、医疗等民生项目加速推进，其中入选省公共服务"七优享"工程（省政府"十项重大工程"之一，涉及幼有善育、学有优教、劳有所得、病有良医、老有康养、住有宜居、弱有众扶7个方面）项目9个。完成学校项目建设24个，新增学位1.1万个；省妇幼保健院钱江院区正式开业，省皮肤病医院总部选址萧山；新建嵌入式体育场地设施6.7万平方米。“映山红共富工坊”被列入全省首批共同富裕基层观察点；“中国视谷”和“南阳伞共富坊”入选市第三批共同富裕试点；“智慧印章”入选市第二批共同富裕最佳实践；瓜沥镇梅林村作为“千万工程”源起地成为全国示范样板；横一村被列入全国共同富裕实践观察地和全国学习运用“千万工程”经验现场推进会考察点。萧山区获评全省共同富裕示范区工作考核优秀等次。

【营商环境改革】 2023年，萧山区成立工作专班，推进营商环境优化提升“一号改革工程”。出台《中共杭州市萧山区委杭州市萧山区人民政府关于萧山区加快建设现代化产业体系的若干政策意见》。探索政务服务增值化改革“一平台”，融合政策发布、涉企服务、特色应用三大类22个涉企应用，初步完成企业综合服务专区建设；获批政务服务“数智化”标准化国家级试点，成为全省审管系统唯一一家试点承担单位；“四个一”破局民营企业“新老交替”列入全省营商环境“微改革”项目库；三级联办“办不成事”反映窗口获全省最佳实践案例。信息港小镇“信易＋园区”模式入选全国“信用＋”应用80个典型案例；梅林村“信用＋社会治理”获评全市“一区县一特色”特色场景。图灵小镇、信息港小镇、机器人小镇3个特色小镇和临浦、瓜沥2个小城市培育试点获评省级考核优秀。至年底，全区市场主体突破25万户。

【行政审批改革】 2023年，萧山区重大项目审批协调与全程代办机制等改革成果领跑省市，获评2023年杭州市“最美窗口”。深化应用“一图两色三协同”模式，合盛硅业等12个项目实现拿地即开工。优化政府投资项目否定与完善程序，有效缩短报批时间。强化出让工业用地项目全生命周期管理，推动项目早拿地、早竣工、早投产、早达效。

【价格监测管理】 2023年，萧山区常态开展价格监测。开展旅游景区价格信息调查、农产品成本调查、城镇供水定价成本监审和农贸市场情况调查，加强亚运及节日价格监测预警，重要民生商品保供稳价。完善红线外电力接入工程费用分担机制。修订非居民用管道燃气上下游价格联运机制，继续实行输配气降价政策，促进用气企业降本增效。调整公立医院及湘湖景区停车场收费标准、公办幼儿园保教费标准以及经济适用住房市场评估价格。完成涉案财物价格认定案件741件，认定金额4973.40万元。9月1日，非居民用管道天然气配气价格从每立方米0.68元调整为0.60元；2023年秋季学期，幼儿园保育教育费标准调整为一级幼儿园700元/（人·月）、二级幼儿园580元/（人·月）、三级幼儿园380元/（人·月）。

（万思佳）

财政

【财政收入预算执行情况】 2023年，萧山区年度一般公共预算收入预算为337.41亿元。执行结果：一般公共预算收入332亿元，为预算的98.4%，比上年增长4.3%。其中，税收收入280.48亿元，占一般公共预算收入的84.5%。财政总收入566.91亿元，增长10.1%。

【财政支出预算执行情况】 2023年，萧山区年度一般公共预算支出调整预算为333.71亿元。执行结果：一般公共预算支出328.16亿元，为调整预算的98.32%，比上年下降4.4%。其中区级支出296.51亿元，下降4.9%。

【预算收支平衡】 2023年，萧山区一般公共预算收入332亿元，加上中央税收返还收入、上级转移支付收入、一般债券转贷收入、动用预算稳定调节基金、调入资金、上年结转等转移性收入209.69亿元，收入合计541.69亿元。全区一般公共预算支出328.16亿元，加上上解上级支出、一般债务还本支出、区域间转移性支出、补充预算稳定调节基金、结转下年支出等转移性支出213.53亿元，支出合计541.69亿元。收支相抵，全区一般公共预算收支平衡。

【政府性基金预算执行情况】 2023年，萧山区政府性基金收入352.9亿元，比上年下降17.6%，其中土地出让收入334.98亿元，下降18.4%。全区政府性基金支出410.09亿元，下降6.9%，其中土地出让收入安排的支出336.56亿元，下降16.1%。全区政府性基金收入352.9亿元，加上转移性收入154.91亿元，其中上级转移支付收入6.76亿元、专项债券转贷收入87.67亿元、调入资金9.15亿元、上年累计结余51.34亿元，收入合计507.81亿元。全区政府性基金支出410.09亿元（其中专项债券支出59.98亿元），加上转移性支出97.73亿元，其中上解上级支出3.63亿元、专项债务还本支出30.8亿元、调出资金42.34亿元、年终累计结余20.96亿元，支出合计507.81亿元。

【社会保险基金预算执行情况】 2023年，萧山区机关事业单位基本养老保险收入12.30亿元，支出11.99亿元，年末滚存结余3.59亿元。企业职工基本养老保险等其他基金纳入省级统筹管理，不在区级反映。

【财政收入】 2023年，萧山区财政总收入566.91亿元，一般公共预算收入332亿元，占财政总收入的58.6%。其中税收收入280.48亿元，在一般公共预算收入中占84.5%。累计征收非税收入405.88亿元，其中纳入一般公共预算收入管理的非税收入为51.52亿元。

【财政支持经济发展】 2023年，萧山区贯彻落实省市三个“一号工程”“十项重大工程”决策部署，兑现各级涉企扶持资金43.01亿元。出台支持杭州临空经济示范区高质量发展的财政政策，完成临空建设集团22.5亿元现金出资和20亿元股权出资义务；安排专项经费1亿元支持湘湖系统提升工程；建设“中国视谷”助推萧滨一体化发展。科技支出23.35亿元，兑现科技创新专项6.34亿元，兑现各类人才政策12.36亿元，支持浙江大学杭州国际科创中心、北京大学信息技术高等研究院、湘湖实验室等高能级科创平台发展。深化政府采购金融服务，中小企业获政府采购信用融资贷款 2.14 亿元，面向中小企业采购金额 26.8 亿元，提高中小企业预付款比例至 40%，降低中小企业履约保证金至 0.3%。

【民生支出保障】 2023 年，萧山区民生支出 238.1 亿元，占一般公共预算支出的 72.6%。其中，教育支出 68.9 亿元，规范民办义务教育工作，推进教育“两区”创建，促进义务教育、学前教育优质均衡；卫生健康支出 22.93 亿元，加强基本公共卫生服务和重大传染疾病防控，助力创建国家慢性病综合防控示范区、基层中医工作示范县；社会保障和就业支出 25.75 亿元，拨付再就业资金 1.4 亿元，新增康养联合体 5 家，建设完成家庭养老床位 573 张；做好亚（残）运会资金保障，支持赛事、安保、环境提升等各个环节，完善亚运应急工程绿色通道，优化亚运项目预算安排、政府采购、项目审核、资金拨付流程；文化旅游体育与传媒支出 6.92 亿元，推动萧山文博事业发展；城乡社区支出 39.43 亿元，农林水支出 12.79 亿元，推动 14 个老旧社区片区改造，实施农综改和村级公益事业“一事一议”财政奖补政策，助力打造共富乡村。

【财政改革】 2023 年，萧山区深化预算一体化系统建设，推广运用“浙里基财”智控应用，推进“浙里报”系统迭代升级，实现数字赋能。国资数字化监管平台升级至 4.0 版本。长三角财政电子票据一体化试点实现跨省零星医保报销应用场景落地。萧山区入选全省“地瓜经济”提能升级“一号开放工程”改革项目，获评省财政厅三个“一号工程”优秀案例。“国家级美丽乡村重点县建设”“政府采购支持绿色建材促进建筑品质提升”通过部级改革试点验收，“政府投资项目管理系统迭代升级”入选全省财会监督能力提升重点试点项目。

【风险防范】 2023 年，萧山区完善新一轮镇（街道、平台）财政体制，动态调整镇（街道）收支基数，加大镇（街道）转移支付力度，全年专项转移支付 23.11 亿元。加强财政资金统筹，超额完成年度化债任务，做好债务系统动态监测，开展债务自查自纠工作，防范化债不实风险。将“三保”（保基本民生、保工资、保运转）支出在预算安排和支出顺序上予以优先保障，建立“三保”预算编制事前审核机制。

【财政监管】 2023 年，萧山区出台“过紧日子”20 条措施，建立节约型财政保障机制，全年压减非急需、非刚性、非重点项目支出 11.43 亿元。制订实施“财会监督年”活动方案，深化财巡财审协同联动机制，开展委托第三方服务等专项检查 15 个。动态调整预算执行预警规则，加强库款支出监测，实施暂付款专项清理。制定实施区政府投资项目建设管理费管理细则，规范项目建设支出标准。全年完成项目审核 426 件，涉及资金 535.69 亿元，核减各类不合理资金 59.72 亿元。

（全妍琼）

税务

【概况】 2023 年，萧山区税务局推进建立以“政府领导、部门联动、信息共享、机制保障”为主要内容的财源建设和税费共治工作体系，组织税费收入 1042.35 亿元，比上年下降 0.4%。其中税收收入 492.67 亿元，增长 13.4%。其中，增值税入库 226.82 亿元，增长 47.1%；企业所得税入库 132.09 亿元，增长 2.9%；个人所得税入库 40.76 亿元，增长 4.4%；土地增值税入库 3.72 亿元，下降 89%；契税入库 40.16 亿元，增长 18.9%。社会保险费收入 188.5 亿元，比上年增长 6.9%。非税收入 355.14 亿元，比上年下降 17.4%。其他收入 6.04 亿元，比上年增长 8.1%。

【货物和劳务税】 2023 年，萧山区先进制造业企业享受增值税加计抵减 6.1 亿元；集成电路、工业母机企业享受加计抵减 214.95 万元；生产、生活性服务业企业享受加计抵减 4.33 亿元。全年共办理留抵退税 49.41 亿元。根据资源综合利用、软件产品、安置残疾人就业等增值税即征即退政策，共办理退税 5.6 亿元。加强成品油消费税管理，基本摸清全区加油站情况，完成 88 家加油站基础信息采集，开展加油站每月销售数据软件采集，组织全区加油站税收整治工作。全年发现存在涉税问题纳税人 17 户，合计补税 840.76 万元。

【所得税】 2023 年，萧山区享受税收优惠小型微利企业 19336 户，减免所得税 12 亿元；享受减免所得税优惠高新技术企业 286 户，减免所得税 10.34 亿元；享受研发费用加计扣除企业 3279 户，加计扣除总额 156.42 亿元。个体工商户经营所得减半征收优惠政策实现个体工商户经营所得个人所得税减免税额 676.45 万元。支持居民换购住房个人所得税优惠政策实现个人所得税减免税额 3977.82 万元。年内，萧山区有 2.7 万家企业 42 万余职工参加个人所得税综合所得年度汇算，其中申报非豁免补税 2 万余人，实际补缴税款 1.2 亿元；申请退税 31 万余人，退税金额 2.3 亿元。

2023 年 11 月 28 日，区税务局工作人员走访调研传化农创村数字种苗工厂，送惠农税收政策到生产一线（区税务局　提供）

【财产和行为税】 2023年，萧山区落实增值税小规模纳税人、个体工商户、小型微利企业“六税”普惠性税收减免政策，惠及纳税人19.09万户，减征5.39亿元。其中，房产税减征1.13万户，减征1.57亿元；印花税减征7.61万户，减征1.21亿元；城镇土地使用税减征6824户，减征4300万元；耕地占用税减征163户，减征2800万元；城市维护建设税减征96399户，减征1.9亿元。落实房产税、城镇土地使用税核准减免政策，合计减免853户，减免2.76亿元。其中，减免城镇土地使用税22户，减免2300万元；减免房产税831户，减免2.53亿元。落实地方税其他重点减免税政策，减免城市维护建设税、房产税、城镇土地使用税、土地增值税、印花税、环境保护税、车船税29.51万户，减免6.92亿元。落实农村居民建房、学校幼儿园等耕地占用以及企业合并、分立、个人购买家庭唯一住房等优惠政策，减免契税、耕地占用税32966户，减免16.45亿元。

【社会保险费和非税收入】 2023年，萧山区征收社会保险费和非税收入543.64亿元（不含职业年金），其中国有土地使用权出让收入341.76亿元。全年减征失业保险费4.48亿元，涉及企业7.47万户；减征残疾人就业保障金3.31亿元，涉及用人单位6.24万户；减征文化事业建设费2280万元，涉及企业及个体户506户。落实统一社会保险费征收模式改革，完成区内61442户缴费单位精准辅导。搭建跨部门咨询应对机制，妥善处理信访投诉问题。落实森林植被恢复费划转，全年13项非税项目实现收入355.10亿元。

【办税缴费服务】 2023年，萧山区税务局围绕营商环境“一号改革工程”和“便民办税春风行动”，为纳税人提供精细化、个性化、高品质的办税缴费服务。通过征纳沟通平台定向推送消息164条，惠及纳税人46.66万户次；征纳互动精准辅导企业3657户次，兜底辅导企业1.83万户次。通过纳税人学堂“税小潮”直播间，组织7场线上政策及操作培训辅导，约2万人次观看；纳税人学堂发布学习内容154期，累计阅读22.76万户次。借力萧山人民广播电台“30秒税惠快播”发布税费政策消息广播，辐射听众100万人。印制发放宣传资料2万余份，制作的税宣长图、视频在“浙江税务”“萧山发布”等平台阅读量达4.3万人次。全年受理“12366”纳税服务热线转办单2642件，按期办结率100%。布局“税小潮”智慧服务点16个，推动二级集中处理中心与N个“税小潮”交互形成“1＋N”新型税费服务体系。加强涉税专业服务监管，全年新增涉税专业服务机构125家，开展2022年度信用评价工作，全年纳入信用管理12.78万户，其中评价11.97万户，A级纳税人1.24万户。为纳税守信企业提供信贷支持，帮助企业解决融资难问题，全年为区内企业授信贷款8016笔，总金额61.42亿元。

【征收管理】 2023年末，萧山区服务纳税人21.07万户，其中个体纳税人8.95万户，单位纳税人12.14万户；增值税一般纳税人5.7万户，小规模纳税人15.04万户。启用二级集中处理中心税费统筹应对工作机制，将8条业务线51项事项纳入统筹管理，处理任务21万条，开展风险防控任务2.72万条，共查补税款1578万元。承接国家税务总局税收行为洞察试点工作，开展行为洞察促进税款缴纳和银行存款账户备案试验，清缴欠税4347.66万元，提高存量存款账户提醒后备案比例18.2%。推进数电票扩围试点工作，全区11.49万户纳税人被纳入数电票试点范围，扩围率98.4%；纯数电户11.41万户；开具数电票486.17万份。开展房产税、土地使用税和工商业企业房产出租税收征管工作，合计补缴税款1.2亿元。

（胡文芳）

统计

【概况】 2023年，萧山区依法履行统计职能，扎实推进改革创新，压实统计防惩主体责任，推动统计监督与纪律监督、监察监督、派驻监督、巡视监督、审计监督等各类监督方式统筹衔接、有机贯通、相互协调。为萧山奋力打造新时代共同富裕新标杆提供更加坚实的统计保障。区统计局在全市统计系统综合考评中获优秀单位，在全区“双建争先”工作中获评四星优秀单位；国家统计局萧山调查队在全省调查系统综合考评中获优秀等次，获评全省调查系统“党建活动示范点”和区“三八红旗集体”。“萧山统计”微信公众号连续3年位列全国统计系统区县第一。

【现代服务型统计建设】 2023年，萧山区坚持全区“一盘棋”理念，强化与发改、经信、住建、商务等主管部门协作，部门统计合力增强，协同推进入规纳统、数字经济、商贸市场、服务业发展指数、居民人均可支配收入、农产品产值核算等。落实主要经济指标监测—汇总—分析机制，以日监测、月调度建立统计数据集成快报工作机制。围绕网红直播经济、数字经济、文创产业、总部经济等重点领域撰写调研报告40余篇。加强“小升规”（小企业升格为规模以上企业）监测，协调基本单位（项目）申报入库。全年推动新入名录库企业法人1.1万家，新增入库“四上”企业390余家，审核新入库投资项目453个，新入建筑业规模以上企业55家，在库401家。

【第五次经济普查】 2023年，萧山区组建全区普查领导小组，搭建区镇村三级“1＋2＋27＋N”组织构架，完成区级综合试点，完成92597家单位和94271家个体户清查。印发清查告知书和宣传折页34万张，发送短信、微信30万人次，186块户外大屏幕滚动播放普查宣传视频。受国家统计局之邀，制作公益宣传片《数说》、拍摄《阿康话萧山——经济普查，有你才行》宣传视频。

【统计数据质量管控】 2023年，萧山区完善统计数据核查机制，落实数据评估、数据核查、执法检查三位一体监管模式，实行月提醒、季督查、年考核闭环式工作机制，推动数据全链条监督。组织开展区级专项治理行动，共开展企业自查自纠3246家。完成第三轮统计巡查工作，延伸开展属地企业执法检查。全年核查重点企业、重点项目1109家（个），发现差错单位64家，督促其整改。完成统计执法任务150家，立案9起。

【统计法规宣传】2023年，萧山区推动统计法律法规进党校，充分利用5月《中华人民共和国民法典》宣传月、“9·20”统计开放日、“12·4”国家宪法日、“12·8”《中华人民共和国统计法》颁布纪念日等重要时间节点，通过撰写署名文章、组织专题讲座、开展知识竞答、通报典型违纪违法案例等，提升全社会统计法律法规的知晓度和统计法治实践的参与度。

【统计业务培训】2023年，萧山区采取点面结合、线上＋线下相结合的方式，分层分类、常态化开展全领域统计业务培训，开展各类培训40余场，覆盖4500余人次；打造“统计新星”训练营，组织新入库企业统计人员、镇（街道）平台新上岗统计人员岗前业务和法治培训，规范实行镇（街道）平台新任统计员到区统计局短期挂职机制。

【统计品牌建设】2023年，萧山区推出“统计有为·益企有约”服务品牌，开展走访服务300余家统计服务对象，指导并解决问题84项。钱江世纪城“世纪云想”惠企活动、蜀山街道单元活动以及新街街道、新塘街道、戴村镇、临浦镇、义桥镇、浦阳镇的“统计之家”品牌影响力不断扩大。开展“优秀单元长”和“优秀调查员”评比，全区169个统计单元全年累计开展各类活动603次，覆盖7000余人次。深化“红领蓝海·数智先锋”及调查队“萧先锋·数映民生助共富”党建品牌。依托“民调在线”，推出“营商环境”“百强发展”“满意度评价”亮点课题。

【信用建设体系】2023年，萧山区建立诚信单位动态管理机制，开展统计诚信单位评价工作，认定23家区级统计诚信单位，其中20家被市统计局进一步认定为市级统计诚信单位。萧山经济技术开发区、城厢街道在推动统计诚信单位建设工作方面分别有6家、3家企业获评市级统计诚信单位。

【共富综合评价】2023年，萧山区扩容具有辨识度的共富精准画像基础数据库。迭代升级区县级适用的共同富裕综合评价指标体系，实现各评价指标按季度可采集、可测算、可对比，指标体系其他县域可借鉴、可复制、可推广。

【农业统计调查制度改革】2023年，萧山区完成农业统计调查改革试点摸底，完成全区新型农业经营主体名录库建设工作。通过“最多报一次”平台，开展首次农业规模户数据直报，完成规模户起报的农业统计全流程路径探索。

（裘云锋）

审计

【概况】2023年，萧山区审计局完成审计项目16个，查出主要问题金额6.30亿元，其中违规金额2979万元、管理不规范金额6.00亿元。审计处理处罚金额2.27亿元；移送司法机关、纪检监察机关和有关部门处理事项10件，移送处理人员10人；审计促进整改落实有关问题金额2.44亿元。出具审计报告和专项审计调查报告21篇，被批示、采用9篇；促进被审计单位制定、完善规章制度37项；提交审计信息100篇，被批示、采用85篇。《萧山区国有平台运营情况专项审计调查》获全省优秀审计项目一等奖，区审计局获全省审计机关年度考核优秀。

【财政审计】2023年，萧山区审计局紧盯财政资金提质提效，组织实施区本级预算执行和决算草案、3个镇的财政决算以及1个街道的财政收支审计等项目，揭示收入管理、体制机制、政策执行、财政资金及支出绩效、协会经费管理、政府购买服务等方面存在的问题，并提出相应审计建议。

【投资审计】2023年，萧山区审计局紧盯重大项目和亚运场馆建设，组织实施浙江大学第二附属医院萧山院区项目、萧山城市文化公园项目、全区工程总承包（EPC）项目建设管理情况等审计项目，配合做好上级审计机关组织实施亚运会跟踪审计项目，揭示了项目规划、投资审批、征地拆迁、环境保护、工程招投标、物资采购、资金管理使用和工程质量管理等重点环节存在的问题，并提出相应审计建议。

【自然资源资产责任审计】2023年，萧山区审计局紧盯风险防范和生态文明建设，开展1个镇2名党政领导干部自然资源资产任中审计。揭示重大决策部署贯彻落实、资源环境考核评价、环境治理项目合同履约监管等方面的问题，并提出相应审计建议。

【领导干部经济责任审计】2023年，萧山区审计局开展区住建局、临浦镇等7家单位10名党政主要领导的经济责任审计，落实省审计厅“五审五评”经济责任审计工作体系。揭示了议事决策、预算绩效管理、业务管理等方面存在的问题，并提出相应审计建议。指导区人社局等8家单位，开展领导干部离任经济事项交接。

【专项审计调查】2023年，萧山区审计局组织实施农业产业高质量发展、文化产业资金、区属国有平台公司存量土地资源等经济审计调查项目，以及义务教育优质均衡发展情况、养老服务专项资金等民生审计调查项目。揭示了萧山区在农业、文化、土地、教育、养老等领域发展管理中存在的问题，并提出相应审计建议。

【审计整改落实】2023年，萧山区审计局以“重大审计问题清单”为抓手，成立工作专班，对清单工作进行专题动员和部署，建立定期分析研判报送机制。全年列入各级重大审计问题清单12个，其中省级2个、市级10个。召开全区审计整改工作会议，向50家单位下发审计整改督查督办函。截至年末，审计结果报告反映的110个问题，完成整改98个。

【研究型审计】2023年，萧山区审计局坚持高质量审计研究。创新立项研究载体，年初组织开展重点审计项目立项评审，系统谋划审计主要目标、工作切入点、分阶段任务及预期成果；

召开重点审计项目推进工作专题会议，年中对照落实省审计厅审计质量工作会议要求和优秀项目标准，查漏补缺，提高重点项目质量和成效。

（张 弦）

市场监督管理

【概况】 2023年，萧山区新增市场主体40181家，比上年增长14.4%，新增注册资本（金）1268.14亿元（美元汇率按7.1计算），下降1%。其中，新增内资企业17432家，上升12.9%；新增内资注册资本（金）1221.44亿元，下降1.4%。新增外资企业207家，上升19%；新增外资注册资本（金）6.56亿美元，上升8.1%。新增个体工商户22529家，上升15.7%。新增农民专业合作社13家，下降35%；新增农专社注册资本978万元，下降62.8%。截至年末，全区实有市场主体253546家，上升9%；注册资本（金）16032.32亿元（美元汇率按7.1计算），上升12.8%。区市场监督局全系统获全国"五一劳动奖状"，在省、市市场监管系统综合考评中获评优秀。

【市场监管护航亚运】 2023年，萧山市场监管一体推进食品药械、特种设备、产品质量、知识产权、户外广告、商品市场、网络市场等安全保障，各基层所对39个涉亚点位周边、26个重点商圈开展全时段、全覆盖、全方位巡查，实现全程安全、全量安全、全域安全，完成保障任务。萧山区承担亚运三村、主媒体中心、1家运动员接待饭店、9个竞赛场馆、12家官方接待酒店、3家集配单位和4家供亚食品生产流通企业共33个点位的食品安全保障任务。区市场监管系统组建200人的驻点监管队伍，累计开展供亚食材快检35005批次，开展定量检测260批次，保障141.59万人次安全供餐，快餐供应36.02万份，实现食品安全事故、食源性兴奋剂事件两个"零发生"目标。

2023年杭州第19届亚运会期间，区市场监管局对"赛事侧"重点场所开展食品安全监管。图为9月19日，工作人员检查亚运场馆餐厅后厨

（朱琳 摄）

【营商环境提升】 2023年，萧山区"跨部门联合双随机监管率"核心指标居全省第一方阵，企业年报数量再创新高。迭代升级商事登记"启航"服务品牌，"异地受理""午间不休""假期不歇"等增值服务助力营商环境持续优化，全区在册主体总量突破25万户。萧山区作为省级试点，开展限额以下工程类项目采购、招标文件公平竞争审查，以"微改革"赋能"统一大市场"建设。工程类项目采购、招标文件公平竞争审查创新项目入围全省"一号开放工程"试点。

【知识产权工作】 2023年，萧山区新授权发明专利2390件，比上年增长18%；新增注册商标1.5万件，有效在册商标总量达14.3万件；在省版权局共登记版权作品726件。全区有市级商业秘密保护基地4个、省级商业秘密保护示范点2个。萧山区入围国家知识产权强县建设示范县，万向一二三股份公司、万向钱潮股份公司、先临三维科技股份有限公司3家企业入围省创造力百强企业，浙江地芯引力科技有限公司的"一种认证方法及密钥对的处理方法、装置与可读存储介质"项目获中国专利银奖。

【质量强区】 2023年，萧山区新增浙江制造标准19项，49家企业获"品字标"浙江制造认证证书69张。万向集团、浙江东南网架股份有限公司2家企业获中国质量奖提名奖。

【食品药品监管】 2023年，萧山区全面落实食品安全"两个责任"（食品安全属地管理责任、食品安全企业主体责任）工作机制。完成食品安全定量抽检7192批次，食品及食用农产品定性检测75.6万批次，药品抽样273批次、医疗器械抽样70批次，化妆品抽样70批次。盈丰街道、北干街道、新街街道、闻堰街道创建为五星级镇（街道）食品安全委员会办公室，临浦镇等7家单位创建为四星级食品安全委员会办公室。

【特种设备监管】 2023年，萧山区围绕电梯、锅炉、起重机械、叉车等重点设备，气瓶充装等重点行业，开展特种设备安全隐患大排查大整治专项行动。通过排查，发现并消除隐患826项，开具安全监察指令书数108份，立案查处50起，罚没款138万元。

【农贸市场及农副产品销售集散点改造提升】 2023年，萧山区印发《杭州市萧山区农贸市场及农副产品销售集散点改造提升三年行动实施方案（2023—2025年）》通知，启动新一轮农贸市场及农副产品销售集散点提升行动。其中，23家存量市场、6家新建市场、52家农副产品销售集散点被纳入改造范围。完成3家农贸市场、4个农副产品集散点试点改造。

【执法维权】 2023年，萧山区聚焦未成年人、网络市场、食品安全、药械化安全、价格违法等民生问题，开展市场监管领域"铁腕亮剑2023"行动，办理一般程序案件2181件，大案要案360件，罚没款1217万元，移送公安机关处理15件，入围上级典型案例19件。开展医疗美容行业突出问题专项治理。民生领域案件查办“铁拳”行动获国家市场监管总局通报表扬。全年受理消费者投诉举报6.6万件，比上年增长17%，为消费者挽回经济损失600余万元。

【首届中国（萧山）生物医药产业高价值专利培育大赛】 2023年6月，首届中国（萧山）生物医药产业高价值专利培育大赛启动。大赛由杭州市萧山区人民政府、杭州市市场监督管理局（杭州市知识产权局）、浙江省知识产权协会、知识产权出版社联合主办。收到国内外共209个项目报名参赛，参赛主体涵盖上市企业、高等院校、科研院所、医疗机构等，参赛项目聚焦化学药物、生物技术、医疗设备、智慧医疗等八大领域。11月，举办决赛，决出特等奖1项、一等奖2项、二等奖5项、三等奖8项、优胜奖16项。萧山区人民政府给予特等奖项目50万元、一等奖20万元、二等奖10万元、三等奖5万元、优胜奖1万元的奖励。

【浙江专利密集型产品培育和推广中心落户萧山】 2023年11月23—27日，第二届全球数字贸易博览会在杭州国际博览中心举办。在中国专利保护协会的支持下，浙江省市场监督管理局（浙江省知识产权局）举办全国专利密集型产品实务公示会，浙江率先启动全国唯一的专利密集型产品培育和推广全国试点工作。11月24日，浙江专利密集型产品培育和推广中心正式揭牌并落户萧山区。

（冯建军）

国土资源管理

【概况】 2023年，萧山区结合完善耕保补偿机制新政，对22个镇（街道）和红山农场，以及353个村发放奖补资金，组织村级资金“亲清在线”申领发放工作，共发放奖补资金9254.6万元。优化调整“田长制”责任网格，做好耕地巡查，完成日常巡查1.66万人次；铁塔高位探头预警发现“两非”（耕地“非农化”“非粮化”）问题点位43个，闭环处置43个。完成全区非耕地图斑核实工作，核实面积2445.33公顷。对耕地和永久基本农田中的“非耕地”采取“原地恢复、异地补划”两种方式，整改恢复耕地面积5.87公顷，整改补划面积575.33公顷。

【土地综合整治】 2023年，萧山区实施楼塔镇管村村等4个村全域土地综合整治与生态修复工程，其中河上镇联发村等2个村全域土地综合整治与生态修复工程获评市级精品工程。浦阳镇、临浦镇、进化镇3个镇开展跨乡镇（街道）土地综合整治项目，杭州临空经济示范区、瓜沥镇、靖江街道、南阳街道、红山农场开展跨乡镇（街道）土地综合整治项目。全区土地综合整治投资额66.90亿元，永久基本农田集中连片整治面积8.47平方千米，高标准农田建设面积3.60平方千米，垦造耕地面积17万平方米，建设用地复垦面积38万平方米，低效工业用地整治盘活面积2.38平方千米。萧山区在第二、三季度全省“十项重点工程”土地综合整治工程星级评定中获评五星，全年获杭州市A级评定。

【土地违法查处】 2023年，萧山区整改2021—2022年部级卫片违法用地90宗耕地7.85公顷；2023年市级卫片执法整改187宗耕地13.69公顷；2022年例行督察整改47宗涉及耕地44.02公顷；2023年例行督察整改23宗耕地49.27公顷；乱占耕地建房整改13宗耕地1.44公顷；2022年耕地流向建设用地143宗耕地10.49公顷；审计发现问题9宗耕地9300平方米。全年向18个镇（街道）移交自然资源违法案件线索73件。全年有21个镇（街道）开启自然资源行政处罚业务，镇（街道）自主立案100宗。杭州市规划和自然资源局萧山分局全年作出自然资源行政处罚决定10份，其中土地类7宗，涉及土地面积4.96公顷，收缴罚款257.01万元，没收建构筑物8.5万平方米；矿产类3宗，收缴罚款31.10万元；申请法院强制执行2宗，裁定执行2宗，强制执行到位1宗。对25家企事业单位进行违法用地查处确认。

资料：

卫片执法：一种基于卫星遥感影像图片的执法检查方式，主要用于监督行政区域内土地利用和矿产资源勘查开采情况。

【信访处置】 2023年，杭州市规划和自然资源局萧山分局受理信访件4877件，按时办结率100%，网信满意率82%，均妥善处置。完成省规划和自然资源厅交办的25件“一事双交”（一件信访事项既交属地政府也交业务部门办理）信访积案主办件，信访积案“清零”。

【测绘地理信息管理】 2023年，萧山区加强测绘行业监督管理，继续开展测绘地理信息“双随机”检查工作，推进综合测绘。提高基础地理信息数据现势性，完成全区约90平方千米的1∶500和1∶2000基础地形图动态更新修测及入库，全区约70平方千米实景三维更新、应用推广和异地备份工作，约100平方千米框架、电子地图等平台数据更新及在线发布工作。高质量完成城市地下市政基础设施普查工作，7月、10月分别通过市级核查和省级验收，完成萧山城区和瓜沥镇、临浦镇亚运场馆周边216.88平方千米区域地下管线1.42万千米和地下空间196.5万平方米普查，普查量位居全省各县（市、区）第一，被省自然资源厅和省住房和城乡建设厅表扬通报为全省城市地下市政基础设施普查工作成绩突出集体。使用测绘成果提供等服务事项离线提供88批，在线提供地理信息服务，满足规划建设和经济社会发展需求。

【规划资源数字化改革】 2023年，杭州市规划和自然资源局萧山分局全力推进数字化改革特色应用场景建设，推广“数智萧山”规划资源各项应用。深化“土地全生命周期”应用场景，开发全量查询模块，实现对各业务的全过程监管，提升监管精准化、智能化水平；优化违法用地建设查处“一件事”应用场景，精准对接区“一网统管”平台，实现违法用地查处业务的跨平台流转闭环处理。建成驾驶舱“协同处置”“线索反馈”两大中心，优化调整线索推送、智判中心、考核评价三大模块；开展“地信智服”成果服务子场景省级试点，按照“省级统建、分域负责、个性迭代”建设原则，重塑成果服务“归、供、管”的业务流程，强化成果全链条闭环管理，实现地理信息成果的智慧化服务、安全化利用、智能化监管。

【审批服务优化】 2023 年，杭州市规划和自然资源局萧山分局深化工程审批制度改革。通过流程再造，提前介入，采用容缺受理方式，先行开展模拟方案审批，加强部门协同，数据共享，通过并联审批，同步核发建设用地规划许可证、不动产权证（国有建设用地使用权）、建设工程规划许可证，实行“一窗受理、一窗发件、三证齐发”。继续推进存量低效工业用地更新工作，通过盘活存量，提高容积率，进一步提高土地开发强度。持续开展“多审合一”“多证合一”，发建设项目用地预审与选址意见书“二合一”457 件，办结率 100%；建设用地规划许可与建设用地划拨审批实现 100% 并联办理，办理 327 件。

【土地征收】 2023 年，萧山区实施征地项目 304 个，签订征地协议 204 份，征收集体土地 426.93 公顷，收缴征地费用 13.41 亿元，安置失地农民 3638 人。完成 3 个批次的土地成片开发方案批复。中心城区外方案涉及 91 个片区，拟征收集体土地 554 公顷；中心城区内方案涉及 11 个片区，拟征收集体土地 47 公顷。

【地质灾害风险防范】 2023 年汛期，杭州市规划和自然资源局萧山分局机关共派出工作人员 102 人，会同相关技术支撑单位地质专家 15 人，组织 80 组次、520 余人次对全区 5 处隐患点、79 处风险防范区、33 处风险点、13 处地灾工程治理点、5 处矿山治理工地及山体周边进行全面巡查排查，发布预警短信 1600 余条，协助各镇（街道）撤离人员 159 人。等级响应解除后，会同地质专家对已撤离点开展现场踏勘，安全条件下协助撤离人员安全返回。

（朱　芸）

海关

【概况】 2023 年，钱江海关驻萧然办事处审核进出口报关单 3822 份，比上年下降 20.3%；监管进出口货值 4.2 亿美元，下降 51.2%；监管进出口货运量 2.4 万吨，下降 37.8%；征收关税和进口环节代征税 6.1 亿元，下降 13.5%；受理出入境货物检验检疫 1.0 万批，下降 41.6%；签发检验检疫证书 3.1 万份；为萧山区企业签发原产地证 4.8 万份，增长 5.7%；加工贸易合同备案 2.7 亿美元，下降 26.4%；保税仓库进出货运量 418.6 吨，货值 1.1 亿美元；保税物流中心进出口货运量 4000 吨，货值 3000 万美元；跨境电子商务业务验放 3033.6 万票，货物价值 38.4 亿元；新增海关备案企业 1335 家。“跨关区监管强化口岸功能助力临空枢纽进出口通关便利化”入选 2023 年浙江自贸试验区第二批省级制度创新案例。

【税收征管】 2023 年，钱江海关驻萧然办事处落实属地纳税人管理制度，以商品规范申报为切入点，为辖区 5 家重点纳税企业建立分层次、多维度的属地纳税人管理底账，为试点企业量身定制（RCEP）“一企一策”服务方案。推动《区域全面经济伙伴关系协定》实施，推广原产地证书“e 打印”模式，落实出口检验检疫证书“云签发”。签发原产地证书 71198 份，优惠原产地证书 53449 份，助力企业海外税收优惠金额 6126.4 万美元，其中 RCEP 原产地证书 4874 份，享惠金额 2.41 亿美元。

【检验检疫】 2023 年，钱江海关驻萧然办事处落实总体国家安全观，持续开展“国门绿盾”“跨境电商寄递‘异宠’综合治理”专项行动，推进严防外来物种入侵三年专项行动，截获植物有害生物 1 种次、外来入侵物种 1 批次。组织开展境外动植物疫情监测、入境口岸监测调查、检疫性实蝇及红火蚁等国门生物安全监测工作。推进进出口食品“国门守护”行动，检出不合格食品化妆品进口 4 批。开展重点进出口商品质量安全风险监测，检出不合格工业品 35 批。落实“打击进出口危险品伪瞒报”专项行动。深化“最多检一次”改革，海关特殊监管区实现进口食品全链条一体化监管，该项目入选浙江省“地瓜经济”提能升级“一号开放工程”试点。

【推进加工贸易提档升级】 2023 年，钱江海关驻萧然办事处贯彻落实海关总署关于推动加工贸易持续高质量发展 16 条改革举措，选取 2 家企业优化报核前申报单耗改革。在集成电路、芯片制造等重点产业领域发挥保税优势，解决帮助企业完成供应链平台整合集成，支持集成电路企业设立自用型保税仓库助力光刻机等重要设备保税进口，为企业缓税近 1 亿元，解决“卡脖子”难题，助推企业进出口供应链“稳链保链”。

【企业管理和稽查核查】 2023 年，钱江海关驻萧然办事处备案企业 1335 家，注销企业 1184 家，办理企业信息变更 863 家次。培育高级认证企业 1 家，累计有高级认证企业 13 家；办理进出口企业行政审批 11 家；规范信用等级调整操作，依规修复失信企业 4 家，开具资信证明 94 份，为企业融资提供便利支持。提档升级“十地百团助千企”“关长（主任）送政策上门”“关企直通车”等品牌，健全常态化、长效化帮扶机制，召开企业座谈会、恳谈会 17 次，调研企业 130 家，帮助解决问题 66 个，实现问题“动态清零”。核查企业 87 家次，核查有效率 68.5%，督促企业 100% 整改。推进稽查业务改革，承担主动披露作业 17 家，稽查作业 12 家，办结作业 10 家。

【“滞、瞒、逃、骗、害”综合治理】 2023 年，钱江海关驻萧然办事处根据海关总署和上级海关统一部署，落实“滞、瞒、逃、骗、害”综合治理。疏通留滞堵点，深化通关模式改革应用，推行进出口危险品检验模式改革，开展出口拼箱货物“先查验后装运”监管模式创新试点。管控瞒报风险，强化多部门数据收集，创新跨境电商支付信息、身份信息智能验核机制，推进智能化监管场景建设。封堵逃避检查行为，构建“口岸查验＋属地查检＋稽核查”三查联动协同体系，增强跨部门合作，建立全方位联防联控机制。查处欺骗造假行为，严密企业资质管理，推进“多查合一”改革，强化虚假贸易数据分析与监控。防范病害输入，加强禁限管制管理，完善检疫数据交换共享，建立国门生物安全监测预警体系。

【杭州亚（残）运会服务保障】 2023年，钱江海关驻萧然办事处服务保障杭州亚（残）运会。参与杭州海关“亚运在线”系统建设；组建物资通关监管工作专班，设置协调、通关、监管、巡查4个小组，选派陈华锋参加杭州市亚运工作机构和运行团队工作。制定全业务领域应急处置预案，全天候监控亚运进口食材专用仓食品，落实7×24小时通关承诺，保障亚运会物资进出口报关单54票、货值2504万元，进境自用物资3票、3385件。参与马术监管，助推杭州马术中心取得进出境动物指定隔离检疫场使用证、饲料和添加剂特许准入、自带饲草饲料进口免于核验动植物检疫证书。应用“赛马检疫在线”智慧化管理，参与完成112匹参赛马口岸检疫、运输监管、赛时监管到离境检疫全过程在线监管。

【海关助力民营航空发展】 2023年，钱江海关驻萧然办事处助力浙江长龙航空公司、圆通货运航空公司引进飞机5架，货值18亿元；助力长龙（杭州）航空维修工程有限公司“数字化”公用型保税仓库通过杭州海关验收并投入运营。海关根据实时互联业务系统和全覆盖视频监控，远程管理航材进出保税仓库情况。公司航材平时储于保税仓库，按需提用，出库缴税。出入库时，仓储机器人自动搬运，相关数据同步到企业仓库管理系统，生成报关数据并推送到海关，实现自动报关。

【入境特殊物品首单落地萧山】 2023年，钱江海关驻萧然办事处落实入境特殊物品安全联合监管机制，推动辖区生物医药行业高质量发展。5月，萧山区首单高风险特殊物品——安渡生物医药（杭州）有限公司300毫升用于生物医药研发的阴性血清完成属地检验检疫监管。此前，该企业列入杭州入境特殊物品安全联合监管机制“白名单”，其进口特殊物品先行获得通关证明。该监管案例破解生物医药企业血液类制品入境难题，入选浙江省“地瓜经济”提升能级“一号开放工程”首批最佳实践案例、2023年浙江自贸试验区第一、二批省级制度创新及联动创新案例、2023年杭州市自贸片区优秀案例。

2023年7月25日，萧然办事处关员核查长龙航空保税仓库（丁佳乐 摄）

【“云查检”试点】 2023年，钱江海关驻萧然办事处推行数字化改革项目“云查检”（远程音视频连线查检）试点。制订“云查检”试点工作方案，深化、细化海关端、企业端用户需求，完成系统设计和平台开发。借助“云查检”音视频监管平台，实现海关与企业、货物实时连线查检，属地查检监管无线延伸，查检效能较以往提高3—5倍。博世电动工具（中国）有限公司、杭州启明医疗器械股份有限公司、杭州友合工具有限公司3家企业列入远程属地查检监管试点。“云查检”试点被列入杭州海关承担的海关总署署级智慧属地查检监管场景建设项目。

（骆寅生）

国有资产监督管理

【概况】 2023年末，萧山区有国有企业205家，其中区属国有企业4家（下属公司146家），分别为杭州萧山产业发展集团有限公司、杭州萧山环境投资建设集团有限公司、杭州萧山交通投资集团有限公司、杭州萧山国有资本运营集团有限公司。2023年度审计报告数据显示，区属国有企业全年营业总收入170.35亿元、净利润5.21亿元，年末资产总额2732.95亿元，所有者权益993.91亿元。

【国企人员招聘】 2023年，萧山区出台《关于规范萧山区区属国有企业工作人员招聘的通知（暂行）》《萧山区区属国有企业工作人员招聘实施细则（暂行）》《关于规范区属国有企业工作人员流动管理的通知（暂行）》等文件，将区属国企、平台国企、部门下属国企等180余家国企全部纳入人事招录统一监管范围，以“统分结合、分类施策”为招聘实施路径，将国企员工招聘岗位分类Ⅰ类（管理类及专业技术类）、Ⅱ类（其他岗位），其中Ⅰ类岗位由国资办牵头组织招聘工作，严守国企行政岗位入口关；Ⅱ类岗位授权国企自行组织开展公开招聘工作。对区属国企、平台国企人员流动工作进行统一管理，建立人员交流任用机制。

【清廉国企建设】 2023年，萧山区推进清廉国企建设，成立清廉国企建设领导小组和工作专班，助推国有企业全面从严治党向纵深发展。全年创建四星、五星清廉国企25家。助推2家区属国企下属公司入选省级党建、清廉创新案例。联合派驻纪检组、各国企纪委书记，调研各个培育项目，打造萧山特色的清廉国企示范路线。

【国企改革】 2023年，萧山区在原来国资运营体系的基础上，通过跨集团战略重组，推动同一产业上下游资源向优势企业集中，打造形成由4家区属国企和3家平台下属国企为主体的“4＋3”国企新格局。健全监管体系，出台完善国有资产监督管理办法、人员招聘办法、企业“三定”方案、企业薪酬管理办法、负责人综合业绩考核办法、企业规范实施企业年金的意见及补充意见、企业资金监督管理办法等，形成国企监管领域25个配套制度。完善考核机制，以“管住一级，放开二级”为基本原则，对国企实行分级分类考核。区财政局（区国资办）负责集团本级考核，实行工资总额管理；各集团充分发挥自主能动性，负责下属企业考核和薪酬分配，按不同企业类型实行差异化考核。

【规范国有资产处置管理】 2023年，萧山区受理完成国企资产评估核准1项，国企资产处置重大事项评估备案及批复12项；国企土地、房屋、特许经营权租赁公共交易平台审批68项；行政事业单位资产处置备案及审批683项，土地房屋出租备案及审批176项。在市产权交易所公开处置存量房产175套，实际成交金额2.81亿元。在公共资源交易中心举行土地、房屋租赁权公开拍卖会68场次，累计标的401个，成交257个，流拍144个，实际成交金额7434.36万元，溢价率15.7%；完成房产征迁、设备拆除清理权及报废资产公开拍卖26项，实际成交金额18632.15万元，溢价率为89.2%；区矿产资源公开拍卖11项，实际成交金额7621.86万元，溢价率109.9%。

【股权划转及资产盘活】 2023年，萧山区推动国有经济布局优化和结构调整，划转集团间区属国企18家，完善资本结构划转部门下属国企24家。固定资产转为投资性房地产的会计调整59.14亿元，通过资产确权、接收政府划转资产评估入账24.38亿元，推进421套闲置房源去化工作，拍卖销售收入2.81亿元。

【全区深化国有企业改革发展大会】 2023年3月1日，萧山区召开全区深化国有企业改革发展大会。会议强调，要深入学习贯彻党的二十大精神，全面落实习近平总书记关于国有企业改革的重要论述，积极稳妥实施新一轮国有企业改革工作，推动萧山区国有资本和国有企业做强做优做大，为萧山打造中国式现代化的区（县）域范例作出更大贡献。区委副书记、区长姜永柱主持会议。赵立明、叶建宏等区四套班子领导出席。会议举行新成立国企揭牌仪式，发布深化国有企业改革发展方案。区财政局（国资办）、区资本集团、区环投集团、经开区国控集团、工业投资集团代表作表态发言。

（金妍琼）

国有资产经营

【萧山环投集团】 2023年末，萧山环投集团总资产1236亿元，营业收入90亿元，净利润3.5亿元。房屋资产面积196.75万平方米（不含在建项目及计划分房的安置房），土地资产1352.53公顷，建成及在建产业项目总建筑面积约90万平方米，可用于做土地出让的经营性用地221.54公顷。企业主体信用评级双AAA级。全年新增融资202.28亿元。

（黄敏超）

【萧山交投集团】 2023年末，萧山交投集团拥有出资企业31家。其中，萧山交投集团下属全资企业15家、控股企业4家、参股企业12家。日常参与运行管理企业16家，主要运营产业包括交通道路建设与管养、城市有机更新与片区开发、公共交通保障、矿山与码头运营及交通综合产业开发五大板块。年末，萧山交投集团资产总额1117.43亿元，净资产449.38亿元；全年营业总收入53.56亿元，净利润0.96亿元。信用等级2A＋。

（丁一颖）

【萧山产业发展集团】 2023年末，萧山产业发展集团有全资公司25家、控股公司2家、参股公司3家、事业单位2家，集团注册资本50亿元，实收资本47.33亿元，资产总额约337亿元。集团立足现代产业发展和民生服务保障两大职能，涵盖绿色共富发展、产业园区开发、高端智能制造、医药健康养老、商旅文创会展、数智科技创新六大产业板块。全年完成区办事服务中心、戴村民兵综合训练基地、省法纪教育基地及“一把手”警示教育陈列布展、通惠南路初中、蓝领公寓、蜀湘湾创谷、城厢A-04公租房、蜀山街道融泽府、湘竺云庭安置小区及周边配套道路、萧山民营经济南区（青少年未来发展中心）、汇利公园、博奥路南端公园等30余个项目。年末，实现营业收入30.82亿元，工业总产值18.83亿元。主体信用评级AAA级。

（汪思祺）

【萧山资本集团】 2023年4月27日，杭州萧山金融控股集团有限公司更名为杭州萧山国有资本运营集团有限公司，主营业务为基金管理、股权投资、资产管理、融资担保、政务服务五大核心板块。萧山资本集团有各类政府性基金4只、市场化基金2只；有全资子公司6家、参股企业8家。年末，萧山资本集团资产总额50.58亿元，收入1.55亿元，比上年增长13.5%；实现净利润约8319万元，增长7.3%。全年新增对外投资12.09亿元，新设立逸博基金、光速中国二期基金、容腾二号基金、视谷基金、清紫泽源基金5只子基金；实现政府性融资担保余额12.1亿元。

（张俊祎）

2023年3月1日，萧山区深化国有企业改革发展大会召开，会上举行新成立国企揭牌仪式　（萧山产发集团　提供）

责任编辑：王　鸣

开放型经济

综述

【对外经贸保持增长】 2023年，萧山区货物进出口总额1137.72亿元，比上年增长3%。其中，出口总额910.19亿元，增长3.3%；进口总额227.53亿元，增长2%。进出口总额、出口总额均位居全市第一，且为历史同期最高。服务贸易出口总额19.27亿美元，增长28.4%，规模总量、增速均位居全市第三。全区纳入社会统计的跨境电商出口交易额206亿元，增长30.3%，占全市跨境电商出口总值的14.7%。中国（浙江）自由贸易试验区杭州片区萧山区块建设稳步推进，萧山区块以全区1.7%的面积，贡献全区9.3%的税收和21.5%的进出口额。

【对外投资】 2023年，萧山区对外投资中方投资额备案额4.47亿美元，比上年增长12.9%。全年境外投资备案项目共59个，其中新设项目48个、并购项目4个、增资项目7个。

（吴艺颖）

【亿元产业项目落地】 2023年，萧山区招引落地亿元以上项目73个。从项目类别看，引进五大产业生态圈项目57个：智能物联产业项目14个、生物医药产业项目18个、高端装备产业项目9个、新材料产业项目8个、绿色能源产业项目8个。

（汪遥遥）

利用外资及港澳台资

【概况】 2023年，萧山区合同利用外资53.16亿美元。其中，新批外商投资企业114家，新批项目合同利用外资53.09亿美元。实际利用外资35.16亿美元，比上年增长231.6%，制造业实际利用外资25.4亿美元。

表15　2023年萧山区利用外资及港澳台资概况一览表

分　类	合计	新引进	增资
一、当年引进			
1. 企业数（家）	157	114	43
2. 总投资（亿美元）	32.77	33.37	2.14
3. 注册资本（亿美元）	32.65	33.26	2.01
4. 合同利用外资（亿美元）	53.16	53.09	1.62
二、历年累计引进			
1. 企业数（家）	3130	—	—
2. 总投资（亿美元）	492.53	—	—
3. 注册资本（亿美元）	359.36	—	—
其中，外方（亿美元）	275.41	—	—
4. 合同利用外资（亿美元）	318.08	—	—
三、实际利用外资			
历年累计（亿美元）	198.59	—	—
其中，当年（亿美元）	35.16	—	—

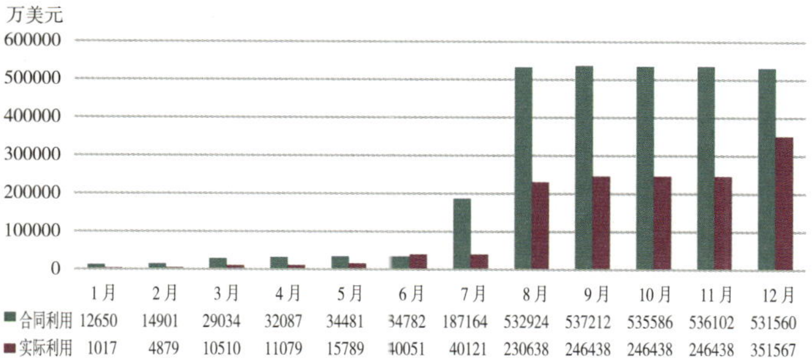

图 1　2023 年 1—12 月萧山区外商直接投资趋势图

表 16　2023 年萧山区平台、镇（街道）实际利用外资及港澳台资情况表

单位：万美元

单　位	实际利用资金
全区合计	351567.37
1. 平台	342659.13
萧山经济技术开发区	320051.43
杭州临空经济示范区	98.26
钱江世纪城	21780.83
湘湖国家旅游度假区	728.61
2. 镇（街道）	8908.24
北干街道	8899.41
新街街道	8.82

表 17　2023 年萧山区外商及港澳台商直接投资分产业情况一览表

产　业	新引进项目数（个）	占总数（%）	总投资（万美元）	占总数（%）	合同外资（万美元）	占总数（%）	实际利用外资（万美元）	占总数（%）
合　计	114	100.0	33.37	100.0	53.09	100.0	35.16	100.0
第一产业	0	0	0	0	0	0	0	0
第二产业	6	5.3	29.81	89.3	49.96	94.1	30.80	87.6
第三产业	108	94.7	3.56	10.7	3.13	5.9	4.35	12.4

表 18　2023 年萧山区外商及港澳台商直接投资资金来源情况一览表

国家（地区）	实际利用外资（万美元）
荷兰	304483.33
中国香港	44151.75
新加坡	1101.99
开曼群岛	1000.00
印度尼西亚	576.89
英属维尔京群岛	167.00
美国	66.21
日本	12.54
加拿大	7.66

表 19　2023 年萧山区外商及港澳台商直接投资分投资方式情况表

投资方式	项目数（个）	占总数（%）	投资总额（亿美元）	占总数（%）	合同外资（亿美元）	占总数（%）	实际到资（亿美元）	占总数（%）
合计	114	100.0	33.37	100.0	53.09	100.0	35.16	100.0
合资	52	45.6	15.21	45.6	34.93	65.8	33.12	94.2
独资	62	54.4	18.16	54.4	18.16	34.2	2.03	5.8

（资料来源：区投促局）

【产业空间扩容】 2023 年，萧山区下达标准厂房建设任务 155 万平方米。通过优化国有资本建设工业标准厂房审批流程，包括设计招投标前置、方案和施工图设计同步等，压缩审批时间约 75 天，提升项目建设效率。

【基金招商】 2023 年，萧山区创投基金通过与光速光合、容亿资本、矽芯资本等知名机构及头部产业投资方合作，共同组建子基金 11 个，基金总规模 99.06 亿元。全年合作机构引荐项目超 70 个。其中，落地项目 14 个，总投资超 10 亿元以上项目 6 个。

（汪遥遥）

货物贸易

【出口商品结构】2023年，萧山区出口商品结构以传统产品为主，出口比重排名前6位的商品依次为机电产品、纺织品、家具、服装、羽绒及其制品、化学品。

表20 2023年萧山区六大出口类商品情况一览表

品　名	出口额（亿元）	增幅（%）	比重（%）
机电产品	297.93	11.6	32.7
纺织品	216.03	−2.1	23.7
家　具	38.33	1.8	4.2
服　装	35.66	−10.4	3.9
羽绒及其制品	33.86	−21.3	3.7
化学品	31.66	−1.0	3.5

（资料来源：区商务局）

【出口市场格局】2023年，萧山区对亚洲市场出口325.79亿元，比上年增长2.7%，占出口总额的35.8%；对欧洲出口267.56亿元，增长8.9%，占比29.4%；对北美洲出口167.29亿元，下降6%，占比18.4%。按国家排列，美国、越南、俄罗斯、印度、德国、印度尼西亚、韩国、日本、孟加拉国、巴西居出口市场前十位。其中，对美国出口153.06亿元，下降6.6%，占比为16.8%；对俄罗斯出口41.05亿元，增长49.4%。

表21 2023年萧山区出口市场前十位情况一览表

序号	出口国家	出口额（亿元）	增幅（%）	比重（%）
1	美　国	153.06	−6.6	16.8
2	越　南	41.53	−4.2	4.6
3	俄罗斯	41.05	49.4	4.5
4	印　度	35.57	11.4	3.9
5	德　国	30.00	−13.1	3.3
6	印度尼西亚	29.61	6.5	3.3
7	韩　国	27.79	25.5	3.1
8	日　本	27.08	−0.2	3.0

续表21

序号	出口国家	出口额（亿元）	增幅（%）	比重（%）
9	孟加拉国	25.81	−8.4	2.8
10	巴　西	24.40	−5.2	2.7

（资料来源：区商务局）

【出口企业情况】2023年，萧山区出口额1000万美元以上企业233家，比上年减少16家；3000万美元以上60家，比上年减少11家；5000万美元以上29家，减少8家；1亿美元以上14家，减少1家。

【进口商品结构】2023年，萧山区进口商品以矿产品、机电设备及零件、化工产品三大类为主，占进口总额的59.1%。其中矿产品进口71.52亿元，比上年增长12.9%，占进口总额31.4%；机电设备及零件进口33.04亿元，增长13%，占进口总额的14.5%；化工产品进口29.89亿元，下降24.2%，占进口总额的13.1%。

【进口市场分布】2023年，萧山区商品进口市场以亚洲为主要进口地区，全年从亚洲进口113.38亿元，比上年下降5.4%，占进口总额49.8%。按国家排列，进口市场前十位分别是澳大利亚、印度尼西亚、日本、德国、美国、沙特阿拉伯、巴西、泰国、韩国、加拿大。其中，对加拿大进口增幅最大，增幅为367.3%。

表22 2023年萧山区进口市场前十位一览表

序号	进口国家	进口额（亿元）	增幅（%）	份额（%）
1	澳大利亚	43.05	13.4	18.9
2	印度尼西亚	29.19	40.4	12.8
3	日　本	21.71	21.2	9.5
4	德　国	14.46	90.4	6.4
5	美　国	12.77	−23.5	5.6
6	沙特阿拉伯	11.97	−52.1	5.3
7	巴　西	9.90	27.4	4.4
8	泰　国	8.73	−12.4	3.8
9	韩　国	8.35	−10.2	3.7
10	加拿大	7.69	367.3	3.4

（资料来源：区商务局）

【进出口企业培育】2023年，萧山区新增有进出口实绩企业近600家。至年底，全区共有进出口实绩企业3387家，比上年增加306家。其中，有出口实绩企业3047家，比上年增加266家。

【外贸企业出海拓展市场】2023年1月10日，萧山区在全省率先发起外贸企业出海拓市“双百竞赛”行动，打响“Xiao往全球”出海拓市品牌。举行萧山区外贸企业出海拓市暨“双百竞赛”行动动员大会，线上线下千余人参加会议。为解决企业选展会难、抢展位难等困难，萧山区商务部门联动会展机构为企业介绍优质展会，分行业、分市场、分镇（街道）组织“Xiao往全球”海外展会推介会12场，助力659家企业1393人次出海拓市。

【广交会“三包”服务】2023年4月15日至5月5日，第133届中国出口商品交易会（广交会）在广州举行。杭州交易团萧山分团参展企业169家，展位372个，参展1000余人次。广交会期间，萧山区在全市首创推出企业参加广交会政府包机、包住、包送服务，组织往返飞机8架次，助企新增广交会意向订单近6亿元。

（余　茜）

服务贸易

【概况】2023年，萧山区服务贸易出口总额19.27亿美元，比上年增长28.4%，规模总量、增速均排名全市第三。其中，服务外包离岸执行额8.34亿美元，增长16%；数字服务贸易10.12亿美元，增长0.4%，数字服务贸易占全区服务贸易出口总额52.5%。

【共建“一带一路”贸易额增长】2023年，萧山区对共建“一带一路”国家服务贸易出口额为9.97亿美元，比上年增长118.9%，占全区服务贸易出口额51.7%。印度尼西亚和乌兹别克斯坦是服务贸易出口额最多的两个国家。

【服务贸易创新发展】2023年，萧山区持续推进服务贸易创新发展。机器人小镇获评市级服贸示范园区，至年底，全区市级示范园区累计5个。境外工程承包服务发展迅速，工程服务贸易出口额6.2亿美元；杭州恺辰网络科技有限公司、杭州玉尊信息科技有限公司2家企业产生游戏产品出口589万美元，推动全区文化娱乐服务出口实现零的突破。

【服务贸易离岸市场】2023年，萧山区离岸业务发包市场前三位依次是美国、俄罗斯和印度，占全区离岸执行额的比重分别为13.6%、7%和6.7%。全区有离岸服贸企业166家，其中最大服务贸易企业是中国能源建设集团浙江火电建设有限公司，其境外工程项目主要分布在印度尼西亚、乌兹别克斯坦和埃及。

2023年11月23日，以“数字贸易　商通全球”为主题的第二届全球数字贸易博览会在杭州国际博览中心开幕。图为传化科技城（欧美同学会海归小镇）展区　（唐柯　摄）

【服务贸易离岸执行额】2023年，萧山服务贸易离岸执行额中，知识流程外包（KPO）合同接包执行额7.5亿美元，占总执行额的89.9%。信息技术外包（ITO）合同接包执行额5958.5万美元，占总执行额的7.1%。业务流程外包（BPO）接包执行额2450.3万美元，占总执行额的3%。

（朱雪丹）

跨境电子商务

【全国跨境电商综试区现场会】2023年5月30—31日，全国跨境电商综试区现场会在萧山区召开。商务部党组副书记、国际贸易谈判代表（正部长级）兼副部长王受文出席会议并讲话。会议发布2022年跨境电商综试区（简称“综试区”）考核评估结果，总结交流各综试区工作成效和经验做法，分析跨境电商发展面临形势，研究部署2023年重点工作。全国前五批跨境电商综试区城市代表考察杭州跨境电商综试区萧山园区、全球跨境电商知识服务中心和圣奥科创园等地。

（许砚杰）

【第二届全球数字贸易博览会】2023年11月23—27日，第二届全球数字贸易博览会（简称数贸会）在杭州国际博览中心举办，共有800余家参展企业，其中萧山区有13家企业线下参展。萧山区搭建萧山数贸品牌出海展，举办萧山数贸企业新品发布会、数字贸易创新大赛闭门招商对接会、数字赋能绿色发展论坛等活动，展示数字贸易领域新技术、新产品、新服务与新场景，吸引全球资源落户萧山。数贸会期间，萧山区“易查云”外贸大数据综合服务平台等6个案例入选省级数字贸易创新应用优秀案例，入选数量全省第二；浙江商汤科技开发有限公司、浙江长龙航空有限公司、杭州网易云音乐科技有限公司3家企业获第二届数贸会先锋奖（DT奖）银奖，浙江物产安橙科技有限公司获铜奖。先临三维科技股份有限公司、杭州网易云音乐科技有限公司、杭州圆通货运航空有限公司3家企业入选 2023 浙江省数字贸易百强榜单。萧山区入选全省首批数字贸易示范区。

（许砚杰 朱雪丹）

境外投资与经济合作

【概况】 2023 年，萧山区对外投资中方投资额备案额 4.47 亿美元，比上年增长 12.9%。全年境外投资备案项目共 59 个，其中新设项目 48 个、并购项目 4 个、增资项目 7 个。

【共建“一带一路”投资活跃】 2023 年，萧山区境外投资备案项目 59 个，其中 42 个项目投往共建“一带一路”国家及地区。共建“一带一路”项目中，新设项目 34 个、增资项目 6 个、并购项目 2 个。中方投资备案 3.4 亿美元，占全区境外投资中方投资总额的 76.1%。

【境外投资领域更趋多元化】 2023 年，萧山区境外投资项目最多的两个国家是美国、新加坡，各 7 个项目。境外投资结构、行业日趋多元化，新投资项目涉及人力资源管理、新能源、云计算、文化等领域。宋城集团的泰国文化演艺项目，境外投资备案 1.8 亿美元，为 2023 年杭州市投资东南亚最大的项目；祥邦科技光伏胶膜生产项目，境外投资备案约 4000 万美元，是萧山区对马来西亚投资金额最大的项目。

【本土民营跨国领航企业培育全省领先】 2023 年，万向集团公司、浙江恒逸集团有限公司、圣奥集团有限公司、浙江健盛集团股份有限公司、浙江荣盛控股集团有限公司 5 家企业被列入 2023 年浙江省本土民营跨国公司领航企业，其中圣奥首次进入榜单。萧山区企业入选数量居全省第一。恒逸和荣盛 2 家企业入选 2023 年世界 500 强企业。萧山区民营企业国际竞争力、品牌影响力、全球布局力持续提升。

（朱雪丹）

浙江自由贸易试验区杭州片区萧山区块建设

【概况】 2023 年，浙江自由贸易试验区杭州片区萧山区块（简称自贸试验区萧山区块）围绕“制度型开放”，继续聚焦临空枢纽、数智制造、数字贸易三大领域开展制度创新探索，形成改革试点经验，赋能产业高质量发展。2023 年，自贸试验区萧山区块企业共有 7800 余家，比上年新增 1200 家，税收占全区税收总额的 9.3%；进出口额 244.8 亿元，增长 9.62%，占全区进出口总额的 21.5%。自贸试验区萧山区块在全省自贸试验区考核中获评优秀，是全市唯一一个连续 3 年考核优秀的区块。

【自贸试验区制度创新】 2023 年，自贸试验区萧山区块形成制度创新案例 18 项，涉及数字航空、数字金融、数字贸易等领域，其中国家级创新案例 5 项，省、市级创新案例 8 项。落地施行“长三角财政电子票据一体化”等试点工作 8 项，复制推广“跨境数据交流专用通道”等创新举措 58 项。

【全省首单特殊物品进口“白名单”制度案例】 2023 年，自贸试验区萧山区块在贸易自由化便利化领域，创新入境特殊物品安全联合监管机制，有效解决纳入特殊物品进口“白名单”试点企业研发所需关键材料的需求。安渡生物医药（杭州）有限公司成为首个白名单企业，该公司全省首单运用“白名单”制度的血清制品通关。

【国际航线进出港全流程货物状态全球数字轨迹共享】 2023 年，位于自贸试验区萧山区块的杭州萧山国际机场联合国际航空运输协会（IATA）、菜鸟网络、翌飞锐特、中外运等多家单位，将无线射频识别（RFID）作为信息采集设备，于 3 月 28 日在全国率先启动基于 ONE Record 标准的国际航线进出港全流程货物状态全球数字轨迹共享，实现在比利时 ASL 航空杭州—列日航班上货物的运输全程可视化跟踪，开启国际出口货物从国内货站到国外货站的全链路数据共享。

【中国（浙江）自贸创新中心启用】 2023 年 10 月 17 日，中国（浙江）自贸创新中心启用。启用仪式上，发布全国首个区县级自贸试验区产业政策——《关于支持自贸试验区萧山区块发展的意见》，内容涉及建设临空枢纽、发展数字贸易、提能数智制造、配优资源要素等方面。该中心位于圣奥科创园，建筑面积 2.6 万平方米，集总部集聚、品牌出海、展览展示、知识产权及综合办事服务于一体，以“自贸方舟·无界致远”为主题展示自贸发展成果。

【自贸区萧山区块临空辨识度增强】 至 2023 年底，杭州萧山国际机场累计开通国际货运航线 17 条，客运和货运继续位列全国前十序列。杭州空港型国家物流枢纽作为浙江省内唯一上榜 2023 年国家物流枢纽建设名单。7 月，开通运行国内首个“多层结构＋智能化”国际航空货站，投运全省首家航空“数字化”保税仓。“全球智慧物流枢纽杭州 eHub 项目”等系列标志性成果入选全省自贸展。

（郑乐婷）

责任编辑：王 鸣

综述

【农林牧副渔业发展】 2023年，萧山区农林牧渔业增加值59.82亿元，比上年增长1.7%；农林牧渔业总产值92.61亿元，增长1.7%，其中农业60.97亿元，降低1%；林业1.41亿元、畜牧业11.09亿元、渔业11.23亿元、农林牧渔服务业7.9亿元，分别增长12.2%、20%、4.8%和5.4%。

【现代农业转型升级】 2023年，萧山区制定《杭州市萧山区乡村产业高质量发展项目和资金管理办法》，推进萧山浦阳传化共富乡村示范点、党湾宝盛预制菜、森宝食品生产智能化工厂项目等重大项目建设。年内，萧山区被列入全省深化“千万工程”首批试点，获评“四好农村路”全国示范县、2023年省级综合性农业“机器换人”高质量发展先行县、全省农村生活垃圾分类处理工作优胜区，获“大禹鼎”银鼎。7月6日，2023中国品牌乡村发展大会暨乡村未来产业“燎原计划”发布会在萧山举行。

【新型农业经营主体】 2023年，萧山区巩固和壮大现代新型农业经营主体，有区级以上农业龙头企业239家（其中市级以上151家）、区级以上示范性农民合作社83家、区级以上示范性家庭农场75家。新增农创客301人。

【农村产业融合发展】 2023年，萧山区以“农业+”向生态价值转化、观光休闲、文化传承等多层次产业链延伸发展，服务城市、美化乡村、富裕农民。举办杨梅节、樱桃节、丰收节、年俗文化节等文旅活动；发展“周末经济”，营造城乡“两栖生活”。全区新认定民宿5家，截至年末共有民宿75家，其中民宿示范点10家。海鸟天地、云锦民宿、云石星空、东山玫瑰园、湘湖三生一宅、云起民宿6家民宿为省级“银宿”，云锦民宿为主题文化民宿；戴村镇尖山下村、方溪村和河上镇东山村、凤凰坞村4个村为“农家乐”集聚村。

【数字农业】 2023年，萧山区推进数字农业建设，利用大棚温湿度智能控制、无人驾驶拖拉机、无人机植保、水肥一体化等数字化技术使农业生产方式、农场管理模式发生新变革，推动农业生产智能化、高效化、便捷化。整合全区农业农村数据资源，统建“惠农事”数字化平台，承接省市数字应用场景，摸清全区农业产业底数，推动产业发展、产业监测、产业经济数字化。开展水稻产业大脑开发建设，打造“蔬香萧山”数字化平台，建立从生产、质检、调运到配送全链条数字通路。年内，富伦奶牛数字牧场、博帆稻渔数字农业工厂、艾维园艺数字农业工厂获浙江省2023年数字农业工厂认定。截至年末，全区有省级现代化农事服务中心2个、省级数字农业工厂5家。

【农业科技】 2023年，萧山区分层、分类、分批选派基层农技人员49人次，以异地研修方式参加省农业农村厅统一组织的知

2023年12月19日，农技专家指导种植户对大棚蔬菜进行抗寒防冻 （唐柯 摄）

识更新培训。遴选 5 名骨干人员，参加省农业农村厅组织的脱产业务培训。推进基层农技推广体系建设，新建 3 家高品质农业科技示范基地，确定 59 名农技指导员指导联系 198 户科技示范户。以“科技强农促共富，绿色低碳迎亚运”为主题，现场组织开展以“送政策、送科技、送农资、送信息、送服务”为主要内容的“五送”服务活动，赠送毛豆、玉米等新优品种 13 个、种子 2600 包，梨苗等果树苗 400 株，辣椒、茄子等蔬菜种子种苗 4 万株，肥料 6000 千克，农药 100 千克，助力农户增产增收、提质增效。全年申报农业产业技术创新与推广服务团队项目 10 个，其中重点项目为“稻田福寿螺综合治理技术集成与应用”“新型微生物菌剂在设施芹菜上的应用技术研究”。编印项目论文汇编 200 本。

【农业政策性保险】 2023 年，萧山区开展中央、省、市和地方特色政策性农业保险 24 个，总保费逾 1.2 亿元，风险保障逾 50 亿元。省、市、区各级财政资金补贴 9927.32 万元，其中中央资金 1206.8 万元、省级资金 1216.03 万元、市级资金 2996.87 万元、区级资金 4507.62 万元。新增生猪价格指数保险和南美白对虾养殖疾病保险，生猪价格指数保险实现 6 万头投保规模，南美白对虾养殖疾病保险完成 333.33 公顷计划目标。萧山区农业政策性保险深度 2.04%，农业保险密度 2659.78 元 / 人；水稻承保面积 7420 公顷；生猪承保数量 44.68 万头。

（王丹波）

种植业

【概况】 2023 年，萧山区粮食播种面积 1.13 万公顷，总产量 7.05 万吨，其中小麦 3833 公顷，总产量 16486 吨；早稻 750 公顷，总产量 5000 吨；晚稻 5581 公顷，总产量 45184 吨；旱粮 1127 公顷，总产量 3792 吨。油菜播种面积 2719 公顷，总产量 7107 吨。

【粮食生产扶持政策落实】 2023 年，萧山区落实耕地地力保护补贴资金 1406.39 万元，补贴面积 1.46 万公顷；落实规模种植补贴资金 4918.75 万元，补贴面积 1.38 万公顷；落实水稻生态补贴资金 1932.27 万元，补贴面积 7700 公顷；落实省级规模种粮动态补贴资金 414.77 万元，补贴面积 1.38 万公顷；落实实际种粮农民一次性补贴 97.36 万元，补贴面积 1.24 万公顷。

【种植业新技术推广】 2023 年，萧山区创建省级稻麦千亩片 8 个，鲜食大豆百亩示范方 1 个，常规晚粳稻百亩攻关方 1 个，市级优质高产高效示范区 2 个。水稻示范面积 471.4 公顷，平均亩产 791.96 千克，比所在镇（街道）平均亩产高 238.06 千克；小麦示范面积 168.33 公顷，平均亩产 517.95 千克，比所在镇（街道）平均亩产高 231.25 千克。年内，举办粮油生产技术培训班 7 期，培训 870 人，实现培训到户，提高技术到位率。

【油菜种子统一免费供种】 2023 年，萧山区引进“浙油 50”“浙大 630”两种优质丰产稳产、开花期长、适应性广的常规油菜品种，适合育秧移栽；引进“越优 1510”“越优 1203”“越优花叶 15”三种高产多抗、耐寒性强、春发性好的杂交油菜品种，适合直播。全年发放“浙油 50”种子 2152 千克、“浙大 630”种子 171.5 千克、“越优 1510”种子 3051.16 千克、“越优 1203”种子 621 千克、“越优花叶 15”种子 535 千克，共发放种子 6530.66 千克，兑现油菜种子补贴 34.01 万元。

【稻米品鉴评比】 2023 年，萧山区开展优质晚稻“好味稻”品种品鉴和“好稻米”品牌评比。根据品鉴评比，评选出“上师大 19”“浙禾香 2 号”“甬优 33”“嘉禾香 1 号”“嘉 67”5 个“好味稻”品种；评选出杭州萧山凌国文家庭农场“萧博源”牌“上师大 19”鸭稻米、杭州萧山河上镇瞿锋家庭农场“济远桥”牌“浙禾香 2 号”稻米、杭州仙家坞农业开发有限公司“仙家坞”牌“浙禾香 2 号”鸭稻米、杭州萧山进化镇丰鼎家庭农场“涂川”牌“浙禾香 2 号”稻米、杭州萧然绿色发展集团有限公司“绿发高山米”“浙禾香 2 号”稻米 5 个“好稻米”品牌。杭州仙家坞农业开发有限公司“仙家坞”牌“上师大 19”稻米、杭州萧山凌国文家庭农场“萧博源”牌“上师大 19”稻米、杭州萧山绿保家庭农场“塘头钟”牌“浙禾香 2 号”稻米获评 2023 年杭州市“十大好稻米”金奖产品。

【蔬菜生产管理】 2023 年，萧山区立项市级“菜篮子”基地建设项目 7 个，投入总资金 363.8 万元，其中市级补助资金 181.89 万元。组织开展叶菜应急生产工作，杭州萧山舒兰农业有限公司等 10 家单位“菜篮子”基地入选叶菜应急生产基地，叶菜应急供应面积 94 公顷，日均供应叶菜约 20 吨，下达补助资金 70.5 万元。开展农业农村部蔬菜生产信息常态化监测调度工作，对区内 30 种主要蔬菜品种面积和产量进行旬度、月度、年度监测；对设施蔬菜主要设施类型、主要品种面积和产量进行月度及年度监测。

【蔬菜种植技术推广】 2023 年，萧山区组织各类蔬菜培训班 4 期，培训 149 人次。实施农业重大技术协同推广计划项目“耐高温叶菜品种筛选及优质栽培技术集成示范”工作。区农（林）业技术推广中心拍摄的《耐高温叶菜绿色轻简栽培技术》在第三届全国绿色园艺新模式新技术新产品短视频学习交流活动中获“最具推广价值短视频”奖。年初，中国农村专业技术协会批准浙江省设立 54 家科技小院，萧山区有 2 家：杭州佳惠农业开发有限公司的“萧山芦笋科技小院”和杭州禾美健蔬菜专业合作社的“萧山蔬菜科技小院”。

资料：

科技小院：中国农村专业技术协会组织实施，以农业、农民、农村为对象，集农业科技创新、示范推广和人才培养于一体的基层科技服务平台，是连接高校、企业、人才的纽带，科研人员驻扎在农村和生产第一线，转化科技成果，促进知识传播应用，促进产学研结合。

【精品蔬果评比】 2023年，在浙江精品西瓜评选活动中，杭州萧山益农沙地绿色纯品瓜果蔬菜实验场“拿比特”西瓜获优质奖。在杭州首届“十大精品番茄”品鉴评比中，杭州萧山农业生产资料有限公司“瓯秀红樱1号”番茄、杭州富惠现代农业有限公司“浙樱粉1号”番茄获金奖，杭州鑫灌农业科技有限公司“宝丽”番茄、杭州金迈曰种养殖有限公司“浙樱粉1号”番茄获优质奖。

【第三次土壤普查工作】 2023年，萧山区编制完成《杭州市萧山区第三次土壤普查工作实施方案》，启动第三次土壤普查外业采样、内业检测等工作，计划表层土壤调查采样398个，剖面土壤调查采样42个，新增萧山区萝卜干三普地理标志农产品点位28个。年内，完成表层土壤调查采样422个，完成剖面土壤调查采样21个。制备样品166个，完成内业检测49个。

【测土配方施肥技术推广】 2023年，萧山区推广应用测土配方施肥技术面积3.71万公顷，应用各种配方肥和按方施肥7071吨。其中，水稻、小麦、油菜等主要粮油作物推广应用补贴配方肥5823.9吨；主要粮油作物推广测土配方技术13180公顷次，测土配方施肥技术覆盖率92%。采集各类土壤样品426个，水稻植株样品52个，委托第三方开展化验检测工作，并把数据录入“浙样施”智慧施肥平台，推进精准施肥模式；发布粮油蔬菜肥料主推配方品种20个，落实补贴配方肥备案供应商3家，生产企业19家，配方肥品种71个；印刷施肥建议卡、配方肥推荐目录宣传画2000份 在全区主要种植大户、农资经营店等处上墙。开展区级测土配方施肥等技术培训5期，培训农技人员及专业农户等430人次，下发技术资料8期400余份。实施测土配方施肥作物平均亩增产55.15千克，亩增收112.25元，亩节省肥料650克（折纯），总增产3.07万吨，总节本增收6495.72万元，总节省化肥387.17吨。在靖江街道花神庙社区和义桥镇丁家庄村建立市级化肥定额制示范方2个，实施面积81.6公顷；在瓜沥等镇建立区级“三新”技术示范方3个，实施面积122.67公顷。开展典型农户化肥施用现状调查200户，依托“浙样施”平台，完成种植大户信息收集，实施“一户一业一方”定额施肥技术。

【商品有机肥推广】 2023年，萧山区推广应用商品有机肥4.31万吨，应用面积6006.67公顷，其中列入政府补贴商品有机肥13257.4吨，落实补贴资金397.7万元，涉及20个镇（街、场）62个种植大户（企业），施用面积1166.67公顷。在蔬菜作物中推广应用2.52万吨，应用面积2806.67公顷；在粮油作物中推广应用9100吨，施用面积1640公顷；在水果等其他作物中推广应用8800吨，应用面积1550公顷。

【农田土壤环境监测工作】 2023年，萧山区继续开展受污染耕地安全利用工作，安全利用面积798.2公顷，其中水稻种植安全利用面积216.87公顷，推广应用石灰型调理剂653吨、钙镁磷肥327吨、叶面阻控剂3.44吨，投入补贴资金162.91万元。继续开展农业“两区”土壤污染监测工作，对17个常规监测点、8个综合信息监测点和14个粮食生产功能区产地环境监测点进行监测。开展长期耕地监测工作，设有国家级耕地质量监测点1个，省级耕地质量监测点3个，市、区级耕地质量与环境监测点15个。全区落实80个耕地质量变更调查点，开展取样化验检测工作，更新耕地质量数据库。

【农作物病虫预警体系建设】 2023年，萧山区病虫害监测网络保持稳定，由1个区域站标准观测场、9个粮油监测点、5个蔬菜监测点、1个鼠情点、6台田间虫情测报灯（其中5台为智能虫情测报灯）、5套二化螟性诱智能测报系统、3个病虫观测圃、10个草地贪夜蛾田间虫情系统监测点、30个草地贪夜蛾性诱监测点、13台草地贪夜蛾高空灯组成。开展粮油、蔬菜病虫害和草地贪夜蛾的发生动态系统调查，为准确指导开展农作物病虫防治提供依据，全年发布病虫情报9期。

【农作物新优品种示范推广】 2023年，萧山区落实省、市、区级农作物新品种展示示范任务18个，分别是粮油9个、蔬菜7个、旱杂粮（玉米、大豆等）2个，其中省级1个、市级5个、区级12个。推介农作物主导品种88个，其中粮油作物47个、蔬菜作物41个。召开区级小麦、早稻、晚稻现场观摩会，参加人员400余人次。

【农作物病虫害统防统治】 2023年，萧山区开展统防统治工作的10家服务组织，全部经工商注册。各合作社聘用专业技术人员和防治服务人员，以“技术＋防治”的模式开展精准化防治服务。水稻统防统治实施区平均防治用药2.42次，比农户自防区减少1.07次，减幅30.6%；化学农药有效成分亩用量80.27克，比农户自防区减少47.7克，减幅37.3%；平均每亩农药防治成本79.77元，比农户自防区减少17.93元，减幅18.4%。组建无人机飞防联盟，创建飞防服务中心，拥有植保无人机132台，日飞防能力2000公顷以上。年内，萧山区被农业农村部种植业管理司评为全国农作物病虫害专业化“统防统治百强县”。

【农作物病虫害绿色防控】 2023年，萧山区推广农作物病虫害绿色防控技术应用，新建省级绿色防控（农药定额制）示范区2个。对粮食功能区内连片百亩以上水稻应用绿色防控技术的示范区继续开展相关补贴，按实施面积以奖代补形式进行补助，每亩补助60元。

【植保新技术示范推广】 2023年，萧山区引进新农药品种20余个，重点对小麦除草、小麦赤霉病、稻田除草、水稻二化螟、水稻穗期病害、十字花科蔬菜根肿病、蔬菜上黄曲条跳甲、芹菜病害、无人机颗粒剂撒施飞行参数等突出问题进行防控技术研究和药剂筛选。继续在戴村镇郁家山下村进行稻田杂草防除技术综合应用示范，集成完善稻田杂草绿色防控技术及除草剂减施技术。结合水稻重大病虫防控、统防统治、绿色防控及蔬菜安全生产工作，全区开展植保各类培训6期，培训624人次。在病虫防治关键时期，以现场会、科技下乡等形式，利用微信

杭州佳惠农业开发有限公司出产的芦笋

（施渭尧　摄于 2023 年 6 月 10 日）

推送、“农民信箱”等途径，实行线上线下联动推动病虫害防治科学指导及新技术应用。

【芦笋选育技术成果获奖】 2023 年 11 月 8 日，浙江省科学技术厅公布《2022 年度浙江省科学技术奖获奖名单（不含专用成果）》，杭州佳惠农业开发有限公司参与的“大棚芦笋新品种选育及周年绿色高效生产技术研究与应用”获三等奖，育成的 2 个优质芦笋新品种在全国推广种植。杭州佳惠农业开发有限公司创办于 2000 年 3 月，位于杭州市萧山区国家现代农业开发区中心地带，是一家集蔬果种植销售、观光体验、科技研发于一体的现代农业科技企业，生产的“佳惠”芦笋被评为浙江省名牌，连续多年获浙江省农博会金奖，获国家绿色食品认证，于 2016 年成为 G20 峰会特供产品，2023 年成为杭州亚运保供蔬菜。

（王丹波）

林业

【概况】 2023 年，萧山区持续强化营林造林，推进平原绿化，加强公益林管护。建立义务植树基地认建点、认养点 42 个。新创建“一村万树”省级示范村 1 个，创建省级森林城镇 2 个。全区完成森林抚育面积 474.6 公顷，其中重点抚育面积 342.4 公顷，补植更新面积 7.1 公顷。保护古树名木 14 株。截至年末，全区种植珍贵彩色林带长 228.1 千米，累计新建骨干林道 228.1 千米，全部浇筑沥青路面。

【苗木茶果统防统治】 2023 年，萧山区开展苗木和茶叶统防统治工作，由杭州广通植保防治服务专业合作社和杭州萧农植保服务专业合作社联合开展。苗木统防统治实施区面积 431.5 公顷，茶园统防统治实施区面积 193.33 公顷。参与统防统治的作业队 30 支，作业队员 200 余人，发送病虫情报信息 4000 余条。

【林产品品牌建设】 2023 年，萧山区通过加大技术服务力度推动产业升级，林产品品牌影响力不断增强，湘湖龙井、三清茶、美人紫葡萄、吉山梅园、依春红樱桃、明良蓝莓、传化蝴蝶兰等品牌市民知晓率提高。在杭州市第五届优质鲜桃评比活动中，杭州萧山雪芳家庭农场选送的“中桃 5 号”获金奖，浙江民望科技有限公司的“中蟠 11 号”、杭州同盘顶农业开发公司和杭州鸿创农业科技有限公司的“湖景蜜露”获银奖。在第五届杭州市名优茶品质评价活动中，萧山区选送的“大岩山冕旒”牌高山龙井茶、“同盘顶”牌龙井茶、“绿峰”牌龙井茶、“寺坞岭云雾”牌龙井茶、“萧富”牌寺坞岭高山红茶获金奖。“三清飘香”牌茶获浙江绿茶博览会金奖及“浙茶杯”红茶评比银奖。

【林业节展活动】 2023 年，萧山区举办樱桃节、蓝莓节、杨梅节、开茶节、湘湖龙井手工炒制技能大赛、全民饮茶日、梅花节等活动，发展创意林业经济。组织区内 6 家规模茶企参加第五届中国国际茶叶博览会，展示展销萧山名茶。选派优秀选手参加省市龙井茶手工炒制技能比武、机制技术比武、茶叶加工（名茶加工）职业技能竞赛等活动。

【2023 中国（萧山）花木节】 2023 年 3 月 24—26 日，“2023 中国（萧山）花木节”在浙江（中国）花木城举行。此次花木节由中国花卉协会主办，中国花卉协会绿化观赏苗木分会、中国花卉协会市场流通分会、浙江省花卉协会、上海市园林绿化行业协会共同承办，萧山区花卉协会、浙江（中国）花木城执行承办。花木节以“推进花卉业高质量发展”为主题，以“产业联动、采购交易、供需对接、设计引导”为办展理念，汇聚国内 10 余个省（区、市）200 多家花卉苗木知名企业，以及花木城 1000 多家商铺展示展销和采购洽谈。同步举办云上花木节，从开幕式到参展单位的相关产品、展会举办期间各类活动均在网络上全程直播。

【精品杨梅评比】 2023 年 6 月，萧山区举办精品杨梅评比活动，共收到 6 个品种的 27 份杨梅样品。专家评审组对杨梅甜度、风味以及外观、品质进行测定、品鉴，以最终综合得分评出金奖 5 个、银奖 5 个和优质奖 10 个。其中，杭州万康农业开发有限

2023 年清明节前，戴村镇云门寺茶场的工人在采茶

（区林业站　提供）

公司选送的白水团杨梅、进化镇华锋村章永传选送的迟色杨梅、杭州鼎金果品专业合作社选送的迟色杨梅、进化镇祝家村祝国栋选送的早色杨梅和杭州萧山伐天红家庭农场选送的迟色杨梅获金奖。杭州鼎金果品专业合作社的大棚种植的迟色杨梅在首届长三角精品杨梅推介会上获金奖。

（王丹波）

畜牧业

【概况】 2023年末，萧山区16家规模猪场共存栏生猪19.87万头，其中能繁母猪2.14万头，全年出栏34.12万头；年末存栏家禽59.35万只，全年出栏124.77万只；年末牛存栏2491头，其中奶牛2359头；羊11.27万头，全年出栏8.35万头。全年畜牧业产值11.09亿元。

【非洲猪瘟防控】 2023年，萧山区兽医实验室组织做好养殖场、屠宰企业、无害化处理中心、车辆集中消毒点的非洲猪瘟样品采集检测工作，并定期对各屠宰场检测留样进行复核，全年共检测非洲猪瘟病毒1058份。开展入场检测、专项流行病学调查等工作。年内未发生非洲猪瘟疫情。

【生猪保供】 2023年，萧山区出台“开门红”专项补助政策，对第一季度出栏肉猪，按每头100元的标准给予补助。全年拨付引种补贴、良种补贴、省市新（扩）建场以奖代补、出栏补助、“两化”（兽药减量化与饲料环保化）补助共五大类生猪保供扶持清算资金计5438.5万元。推进生猪价格保险试点，首批承保生猪6万头，5家生猪养殖企业参保，截至年末，共计理赔款311.8万元。

【兽药与饲料监管】 2023年，萧山区启动兽药减量化与饲料环保化创建行动，围绕单位动物产品用药量减量和育肥猪饲料中氮铜锌含量达标等关键目标，制订试点实施方案。年内，38家单位完成兽药减量化与饲料环保化创建，实现三年任务一年完成。全年共出动40人次，走访调查饲料生产企业6家、兽药经营企业15家，现场查勘3家新申请饲料及饲料添加剂生产许可企业和5家新办续办兽药经营许可单位。

【种禽业与特色畜牧业发展】 2023年，萧山区加大种畜禽政策扶持力度，出台新一轮区级畜禽种质资源保护利用项目资金管理办法，落实市区两级补助资金207.67万元。启动“萧山媒鸭”新资源发掘与申报前期工作；成立德兴蜂业与湘湖实验室共建技术中心；杭州庞大农业开发有限公司与中国农业大学建立湖羊育种平台，同时通过国家肉羊核心育种场生产性能测定年度专家评审。杭州萧山种鸡（萧山鸡）有限公司完成中央资金畜禽良种工程项目建设验收与资金拨付，年内完成投资1525万元（其中中央资金1037万元）。对2家奶牛场完成提升改造项目验收，合计完成投资额401万元，其中中央投资200万元，下达奶牛良种补贴6万元。市、区畜牧项目累计完成各类投资3551万元。完成2021年市级乡村振兴项目验收5家、区级农业产业化项目验收3家，完成新立项2023年区农业“三新”项目计划验收7家。

【畜禽养殖废弃物资源化利用】 2023年，萧山区加强畜禽粪污资源化利用计划和台账制作指导，对接上级部门与技术支持机构，组织畜禽规模养殖场对畜禽粪污资源化利用进行线上数据质量控制，年度工作通过农业农村部专家组检查。全区畜禽粪污资源化利用与无害化处理率达95%以上。

【动物无害化处理】 2023年，杭州萧山江南养殖有限公司动物产品交由萧山区动物无害化处理中心处理。全年，全区无害化处理养殖环节病死猪9.18万头、羊5.34万只、奶牛52头，猪动物产品56.06吨、羊动物产品3.89吨，下拨无害化补助资金1074.89万元。区动物无害化处理分中心建设项目通过验收，共拨付区级补助资金2500万元。

【重大动物疫病集中防控】 2023年，萧山区（含养殖场自购）免疫生猪口蹄疫34.5万头，免疫猪瘟28.94万头，免疫猪蓝耳病17.62万头，免疫鸡67.13万只、鸭94.98万只、鹅1.26万只、特禽10.56万只，免疫接种牛羊口蹄疫疫苗23万头，免疫接种羊小反刍兽疫疫苗16.38万头，免疫接种狂犬病疫苗4.05万只（含宠物医院免疫）。

【动物免疫效果评估】 2023年，萧山区开展春秋两季重大动物疫病防控免疫效果集中监测。高致病性禽流感抗体1221份，抗体合格率96.1%；禽流感病毒核酸466份，核酸检测均为阴性。口蹄疫抗体440份，抗体合格率85.5%；口蹄疫病原核酸130份，核酸检测均为阴性。猪瘟抗体635份，抗体合格率93.4%；猪瘟核酸60份，核酸检测均为阴性。蓝耳病抗体70份，抗体合格率96.4%；蓝耳病核酸60份，核酸检测均为阴性。羊小反刍兽疫抗体933份，抗体合格率78.2%；羊小反刍兽疫核酸665份，核酸检测均为阴性。布鲁氏菌病毒感染抗体检测10154份，阳性率为零。新城疫抗体420份，抗体合格率96.8%；牛结核病核酸3891份，均为阴性。犬狂犬病抗体20份，抗体合格率90%。

【动物诊疗管理】 2023年，萧山区有动物医院41家、动物诊所20家。全区有狂犬病强制免疫服务委托单位17家，犬、猫产地检疫相关疫病检测委托筛查点15家。全年实施狂犬免疫进口疫苗5196只、国产疫苗3451只。猫免疫数量1703只。开展犬、猫筛查，筛查犬132只、猫212只。

【亚运会无规定马属动物疫病区管理】 2023年，萧山区继续维持无规定马属疫病区运行，确保亚运会马术比赛筹备工作顺利开展。制订马属动物监测年度工作方案，落实专人负责。联合浙江农林大学为马属养殖提供技术服务，按规定时间节点做好马属及易感动物的免疫、监测、流调、处置、治疗和净化。全年实施马病监测项目9个，排查全区在册马属动物24匹，完成各类检测432份次。在生物安全通道维护方面定期开展巡查、排查，并在亚运期间增加巡查人数和频次，保障杭州桐庐马属无疫区平稳运行。

资料：

萧山区无规定马属疫病区生物安全通道范围包括杭州萧山国际机场到马术比赛场所经的机场高速、杭州湾环线高速、沪昆高速、彩虹快速路的道路及两侧各不少于1千米范围。

【兽药与饲料监管】 2023年，萧山区对全区生猪尿样、饲料、兽药、畜产品等进行抽检送样，抽查各类样品328个批次，其中生猪尿样162个批次、猪肉37个批次、猪肝19个批次，肉牛尿样16个批次、牛肉6个批次、牛肝4个批次，禽肉28批次、禽蛋23个批次。开展亚运会畜禽产品专项抽检。监督抽样饲料26批次、兽药7个批次送省检测，发现一批次兽药不合格，并作立案查处。

【动物检疫】 2023年，萧山区按照新修订的产地检疫规程、屠宰检疫规程和省市有关通知要求开展动物检疫，对检疫合格的动物和动物产品，全部通过省数字畜牧业平台签发无纸化电子动物检疫合格证明。全年产地检疫猪63车次121头，羊35车次4313只，兔2车次2只，禽类933车次399.51万羽，猫189车次189只，犬130车次130只；屠宰检疫生猪36.56万头，无害化处理病死猪568头，废弃内脏及生猪产品105.94吨，违禁药物抽检0.56万头，旋毛虫抽检1.6万头；屠宰检疫肉牛2.4万头，违禁药物检测1.45万头，布病抽检1.08万头；屠宰检疫肉羊3800头，违禁药物检测412头，布病抽检480头；屠宰检疫家禽156.77万羽，检出病死禽1.32万羽。监督屠宰场对全部病害畜禽及产品作无害化处理。区外调入动物及产品需进行备案审核，全年备案审批生猪2097批28.01万头，活牛990批2.44万头，活羊14批3700只，家禽211批47.51万羽；全年备案审批畜禽产品9095批2.29万吨，其中猪肉2280批7593.29吨，猪副产品386批54.73吨，牛肉285批664.75吨，牛副产品1批2吨，羊肉129批298.73吨，其他肉品1批1.05吨，禽产品4803批1.19万吨，禽副产品1064批767.46吨，原毛146批1593.55吨。

【畜禽屠宰监管】 2023年，萧山区加强畜禽屠宰监管。2月，召开畜禽屠宰企业负责人会议，签订《畜禽屠宰管理目标责任书》；7月，杭州市第一家牛、羊定点屠宰场杭州萧山红垦肉类加工有限公司牛、羊屠宰场通过验收；全年组织屠宰企业检验人员参加部、省培训3次。落实官方兽医驻场、非洲猪瘟检测“两项制度”。推行肉品品质检验合格证电子开证，实现“双证”无纸化。加强法律法规宣传，下发《浙江省家畜屠宰管理办法》单印本、宣传手册、图解170份，在重点镇、村张贴《浙江省家畜屠宰管理办法》宣传图30份。每月1次到场检查屠宰环节无害化处理。组织开展非洲猪瘟检测能力比对，做好生猪屠宰环节非洲猪瘟防控工作。开展生猪、牛、羊私屠滥宰排查，发放告知书48份。

（王丹波）

渔业

【概况】 2023年，萧山区水产养殖面积3919公顷，总产量3.94万吨。其中，南美白对虾养殖面积2893公顷，产量1.95万吨；龟鳖养殖面积261公顷，产量0.46万吨；其他水产养殖面积765公顷，产量1.5万吨。淡水捕捞产量366吨。全区渔业经济产值111.3亿元，比上年增长12%，其中渔业产值11.53亿元，水产品加工与渔用饲料业4.59亿元，水产品流通与休闲渔业95.18亿元。

全区渔业用船79艘，总吨位274吨，总机械动力1460千瓦。有渔业户910户，渔业人口10309人，其中传统渔民3623人，渔业从业人员10201人。

全区规模在每年1000吨以上（区级以上农业龙头企业）的水产品加工企业5家，年加工能力1.11万吨。有水产品冷库19座，日冻结能力192吨，一次冷藏能力5039吨，每日制冰能力123吨。全年加工水产品5942吨，出口水产品71吨，出口创汇123万美元。

表23 2023年萧山区淡水养殖情况表

项目	养殖区域						合计
	池塘	湖泊	水库	河沟	其他	稻田	
养殖面积（公顷）	1539	0	0	0	570	1810	3919
养殖产量（吨）	12139	0	0	0	4489	22428	39056

说明：稻田养殖面积不计入总面积

（资料来源：区农业农村局）

【绿色渔业】 2023年，萧山区有国家级水产健康养殖和生态示范区1家、部级水产健康养殖示范场6家、省级水产健康养殖示范场30家、省级低碳生态农场3家。探索农业绿色高质量发展新路径，推行稻虾轮作，稻虾、稻鳖共生等稻渔综合种养殖技术。完成创建市级新型稻渔综合种养示范基地7家，示范面积129.93公顷；开展创建第二批市级新型稻渔综合示范基地9家，创建面积118.33公顷。推进规模场的水产养殖尾水治理工作，实现规模场100%养殖尾水“零直排”。

【水产“菜篮子”基地建设】 2023年，萧山区对市级水产“菜篮子”基地加强建设与管护，完成市级水产“菜篮子”基地提升改造1家。截至年末，全区有市级水产“菜篮子”基地42个，总面积1271.93公顷，占水产养殖总面积32.5%。基地全年向市场提供优质鲜活水产品1万余吨。

【渔业养殖品种和技术推广应用】 2023年，萧山区推进水产养殖业的技术集成、模式创新、主体培育和示范推广，遴选推介发布南美白对虾、中华鳖（日本品系）、罗氏沼虾、溪流性鱼类等11个主导品种，以及虾类设施大棚养殖技术、池塘多营养层级养殖技术、水产养殖尾水生态处理技术等10项主推技术。持续开展绿色渔药及微生态制剂推广应用，规范渔业病害防治用药。推广水质在线监测系统，实现养殖水域水质实时监控自动化。

【南美白对虾病害监测】 2023年，萧山区针对近年南美白对虾养殖生产中危害较大的病害，从虾苗检测入手，委托省淡水水产研究所，对南美白对虾淡化育苗场待售虾苗进行实验室检测。14家白对虾淡化育苗单位签署诚信声明，志愿加入检测，并对检测指标结果为阳性的虾苗及时进行扑杀和无害化处理。全年检测南美白对虾苗种30期390批次，在指定的微信群发布检测信息30期，供养殖户购苗时参考。5项指标全阴性385批次，占总数的98.7%；总检苗数基数约29.98亿尾，5项指标全阴性苗数基数约29.68亿尾，占总数的99%。委托省农业科学院水生生物研究所对南美白对虾苗种培育投入品进行主要病原检测，共开展南美白对虾苗种培育投入品（丰年虫、虾片）主要病原筛查及相关配套服务总计41批次。

【水产养殖测报点建设】 2023年，萧山区有全国水产养殖动植物病情测报点7个，面积112.9公顷。其中，甲鱼病害测报点3个，面积34公顷；南美白对虾病害测报点4个，面积78.9公顷。全区有省水产养殖重点品种监测点10个，面积307.04公顷。其中，甲鱼监测点2个，面积60.51公顷；南美白对虾监测点5个，面积192.13公顷；淡水鱼监测点3个，面积54.4公顷。

【水产养殖用药减量推广】 2023年，萧山区围绕南美白对虾、中华鳖等主养品种，设立龚老汉控股集团有限公司、杭州杰虹养殖有限公司等4家企业为萧山区的水产养殖用药减量推广点。推行绿色养殖、生态防控、精准用药和统筹监管，构建各主导特色品种病害防控和用药减量技术模式。

【水产养殖培训与经验交流】 2023年，萧山区以渔业绿色发展及稻渔综合种养示范交流为重点，采用“请进来、走出去”方式开展培训与经验交流，全年组织开展渔业培训及现场交流活动6期，300余人次参与。

（王丹波）

农业机械化

【概况】 2023年，萧山区有农机总动力39.28万千瓦。其中，拖拉机423台3.21万千瓦、栽植机械268台3400千瓦、排灌机械1.42万台、机动植保机械2800台4500千瓦、联合收割机153台1万千瓦。设施农业1396.88万平方米，其中连栋温室287.9万平方米、塑料大棚1107.44万平方米。农产品初加工机械4800台4.72万千瓦、畜牧机械3700台1.18万千瓦、水产机械3.62万台7.91万千瓦、农田基本建设机械967台5.99万千瓦，植保无人机106架。萧山区被省农业农村厅认定为省级综合性农业“机器换人”高质量发展先行县。

2023年11月20日，钱江农场机械化收割水稻

（花纯浩　摄）

【农机化作业水平提升】 2023年，萧山区机耕作业面积3.63万公顷；机播面积1.25万公顷，其中水稻机械种植6300公顷；机电灌溉面积2.5万公顷；机械植保面积3.75万公顷；机械收割面积1.47万公顷，其中机收水稻7400公顷、机收小麦4400公顷、机收油菜1900公顷。机烘粮食6.31万吨。

【农机服务体系建设】 2023年，萧山区有农机专业合作社等新型农机服务主体58个，其中资产在100万元以上农机合作社36个；合作社成员367人。农机户3461户，其中专业户1746户。农机维修网点84个，农机修理人员121人，乡村农机从业人员6382人。

【机械强农行动】 2023年，萧山区按照浙江省农业“机器换人”高质量发展先行县建设指引，创建7个省级农机服务中心、9个省级全程机械化应用基地和3个省级农机创新试验基地。年内，党湾镇、浦阳镇2个现代化农事服务中心完成建设。

【农机购置补贴】 2023年，萧山区农机购置补贴农户（组织）补贴机具2100余台农机，各级补贴资金1600余万元。对2021至2023年补贴额达5000元的补贴机具进行全面核查，未发现违规问题。

【农机推广与管理】 2023年，萧山区主要农作物耕种收综合机械化率91.5%，共完成机插作业5266.67公顷。完成2023年省级水稻机插作业补贴试点项目，项目省级补贴60万元，区级补贴1153.2万元。结合区级补贴机具试验、选型需要，在粮油生产机械上，重点推广精量施肥播种机；在蔬菜机械上，重点推广蔬菜收获机；在水产机械上，重点推广水产水质在线监测仪和卵囊藻扩培机。

【农机技术与安全培训】 2023年，萧山区开展农机技术培训和农民素质培训工作，提高农机管理与操作人员的素质和业务水平。全年组织各类农机技术培训6期316人次，其中农民素质培训157人次。

（王丹波）

农业行政执法

【概况】 2023年，萧山区农业行政处罚案件96件，罚没款19.57万元。受理和规范处置各类来电、来访、“12345”交办投诉举报448件，其中一网统管75件、信访举报130件、咨询40件、“110”社会联动203件。持续开展食用农产品“治违禁控药残 促提升”行动和“护航亚运”食品安全“大排查、大整治、大巩固”专项行动，牵头整治食用农产品种植养殖，重点开展豇豆、芹菜、禽蛋、水产品整治和提质增效工作。年内，区农业农村局获评浙江省涉海涉渔安全生产暨渔业高质量发展成绩突出集体；区农业行政执法队获2023年杭州市“绿剑”护农农业投入品交叉监督抽检执法办案单项奖二等奖和团体总分奖三等奖。举办2023年“送法进乡村，普法入民心”系列普法活动，向基层群众宣传农业技术政策和相关法律法规。运用门户网站、微信公众号、视频号等新媒体，围绕重要节日、主题日开展法治宣传。

【农业行政审批】 2023年，萧山区受理农业行政审批事项申请76816项，其中占用林地许可114项、林木采伐许可61项、各类检疫证书76115项、其他农业行政许可526项，涉及占用林地许可、农药经营许可、兽药经营许可、动物诊疗许可、植物检疫证书等。

【执法监督保障】 2023年，萧山区组织开展“绿剑”护农保春耕、禁渔期非法捕捞、规范宠物诊疗秩序专项整治、安全生产月、“互联网＋监管”等执法检查。全年开展各类执法检查670次，出动执法人员2191人次，检查农资、畜禽、水利、林业等监管主体787家次。全年制发规范性文件7件。

【涉农案件审查】 2023年，萧山区审查农林水案件83件，其中行政处罚案件59件、移送案件24件。组织案审会讨论重大案件20余件。“双随机、一公开”年度计划27个，检查任务38个，抽查检查对象169家次，事项覆盖率、掌上执法应用率、检查公示率、任务完成率均为100%。开展跨部门“双随机、一公开”检查，联合市监、生态环境、人社、综合执法等部门开展检查，对养殖、种植、水利设施、林业设施等监管主体进行抽查，牵头或参与跨部门抽查任务数16个，抽查58家次，跨部门联合“双随机”监管率43.2%，对发现的问题限时整改，并按时将检查结果进行公示。

【畜牧业行政检查和行政执法工作】 2023年，萧山区开展畜牧业行政检查和行政执法，调查处理各类信访投诉80件，调解处理宠物诊疗、宠物饲料纠纷各1件，调处补偿金额4358元。组织开展“绿剑”系列、违法调运生猪牛羊和私屠滥宰、杭州桐庐无规定马属动物疫病区执法监管等专项行动6次，出动执法人员896人次，检查畜禽养殖、畜禽屠宰、动物诊疗、兽药和饲料生产经营单位、种畜禽生产经营单位等402家。发出责令改正通知书37份，复查责令改正的单位37家，立案42件（其中简易程序5件、一般程序37件），结案41件，涉案金额4.69万元。没收兽药42盒，没收饲料171千克，没收违法所得3.92万元，罚款5.99万元。移送违法线索2起、违法案件2起。

【农资市场整治】 2023年，萧山区所有农资经营企业继续被列入全省“肥药两制”（农药化肥实名制购买、定额制施用）数字化改革信息录入和上传工作，通过区农资信息化监管平台，实时推送经营信息至省“浙农优品”数字驾驶舱。区农资信息化监管平台首次启用农废回收模块，实现“肥药两制”数字化改革信息闭环。对2022年度“肥药两制”农资信息化示范店考核前25家农资经营单位，发放奖励资金15万元。强化农资市场监管，检查抽样农药、化肥、有机肥等40批次，不合格产品5个，均依法处置。

【种子市场监管】 2023年，萧山区根据省市统一部署，对浙江勿忘农种业股份有限公司、杭州钱农种子有限公司2家种子生产、经营企业开展种子样品抽查。完成4批次种子种苗样本检测和8批次种子质量监测，结果均为阴性。

【农产品质量安全追溯】 2023年，萧山区全面推行承诺达标合格证制度，开展合格证应用指导，每月发布全区规模主体承诺达标合格证应用情况。全年打印追溯二维码合格证4000批次、激活简式合格证2.2万张。

【农产品及投入品监测】 2023年，萧山区各类农产品定量检测超3000批次，合格率稳定在98.5%以上，不合格农产品处置率100%。提升镇（街道）常规农药速测能力，组织镇（街道）快检室完成升级胶体金免疫层析快检。

【绿色优质农产品建设】 2023年，萧山区新批绿色食品5只，通过中国绿色食品发展中心认证的有效期内绿色食品企业共24家、产品49只。加强农产品地理标志保护，实施“萧山萝卜干”地理标志农产品保护工程建设。

【植物重大疫情监测】 2023年，萧山区开展重大农业植物疫情防控工作，春、秋季集中防控，监测点正常运行。重新确定15个省、市、区级疫情监测点，其中省级2个、市级4个、区级9个，开展逐点巡查。结合春秋防工作，开展技术培训2次，受训70余人次。全区范围内开展加拿大一枝黄花疫情普查和集中防控行动，防除加拿大一枝黄花443.27公顷。委托省农业科学院植物保护和微生物研究所开展2023年外来有害生物红火蚁监测服务，对全区21个镇（街道）2.16万公顷范围内213个监测调查点开展8132次现场诱饵监测。

【森林消防】 2023年，萧山区开展森林消防实战演练工作，全面开展各镇（街道）的安全隐患排查整治工作。全年未发生一起森林火灾。召开全区清明期间森林防火部署会议及秋冬季森

2023年9月1日，省、市林业系统森林防火演练暨护航亚运誓师大会在萧山区浦阳镇举行　（范方斌　摄）

林防火工作部署会，制订亚运期间森林消防专项行动方案，承办杭州市林业系统森林防火演练暨护航亚运誓师大会。安装“森林智眼”高清摄像头70个，实现森林火情全天候实时监控。通过政府购买服务，组建专业护林巡护队伍，开展护林巡护专题培训，制定护林巡护工作考核办法。萧山区护林巡护工作全省排名第一。

【渔业资源保护】 2023年，萧山区开展渔业资源放流，在钱塘江和内河水域放流各类水生生物660万尾，主要品种为鳙鱼、鲢鱼、三角鲂和黄尾蜜鲴，其中赤眼鳟、唇䱻等指令性品种投放22万尾。开展打击非法捕捞专项行动，收缴电捕器具30余套；罚没款7万余元；查处案件36起，其中移送公安14起。

【渔业安全生产】 2023年，萧山区农业农村局与各有关镇（街道）签订安全责任书，镇（街道）再与渔民签订安全责任书，签订率100%。对渔民实行按片分组管理，聘请11位渔民代表为组长。通过农民信箱等渠道，发布安全生产信息1000余条，及时提醒渔民注意防台、避潮等安全事项。推进数字化管理，运用杭州市“数字渔政”监管平台，强化对渔船的动态监管。开展全区渔民培训1期。结合“春潮行动”、“一打三整治”、隐患大排查等专项行动，加大对渔船安全生产的检查力度和隐患排查力度。全年组织渔船安全检查20余次，出动执法人员100余人次，检查渔船198艘次。

【野生动物保护】 2023年，萧山区加强野生动物管理，对全区野生动物本底资源进行调查，开展“爱鸟周”“野生动植物宣传月”等主题宣传活动，在《浙江日报》、“浙江之声”等省级媒体宣传报道信息10条，制作宣传展板50块，发放宣传资料1000份，增强公众保护野生动植物意识。4月，萧山雁荡湿地入选第一批“浙江省观鸟胜地”名单。

【森林资源保护管理】 2023年，萧山区继续开展森林资源动态监测。加强森林资源违法监管，会同区综合行政执法局开展“护航亚运”森林资源违法行为专项检查行动，开展森林督查工作，发现并移交查处违法案件4个。加强生态公益林保护管理，全区公益林全部购买政策性火灾保险。开展公益林应用场景建设，实现公益林信息化管理，核实融合优化公益林面积1.27万公顷。在石牛山省级森林公园建设生物多样性长期监测样地3个。

【湿地资源保护管理】 2023年，萧山区推动湘湖省级重要湿地修复工作，发布一般湿地名录22处。开展湿地生态保护补偿项目建设工作，开展钱塘江湿地保护小区（宁围段）、浦阳江湿地保护小区（义桥段）、雁荡湿地科普宣教基地建设工作，开展湿地水质、土壤等生态状况监测评价工作和湿地资源巡护工作。联合国家林草局华东院、湘湖管委会、中国水利博物馆等单位，组织开展“世界湿地日”系列科普宣传活动，并在省、市、区级平台媒体进行宣传报道。国家林草局带领专家组考察杭州国际湿地城市创建工作，现场考察湘湖湿地。

【农机安全水平与农机安全监督管理】 2023年，萧山区未发生农机死亡事故，农机安全生产形势相对平稳。全年共发放农机反光标识8400条，农机作业警示标识121块。区农业行政执法队农机执法中队与22个镇（街道）签订《农机渔业安全生产目标管理责任书》。依法受理行政许可事项149件，其中拖拉机驾驶证业务77件、行驶证业务72件。全年开展执法和检查活动100次，出动执法人员406人次，排查整治风险隐患103处，查处违法违规案例8起；协查道路拖拉机行驶证、驾驶证35份，共年检拖拉机、联合收割机等农业机械700台，淘汰老旧农机具21台次。开展安全生产普法宣传教育1次，发放安全生产及普法资料1000余份。开展农机安全及普法培训2次，邀请全区22个镇（街道）农机管理工作人员、农机责任主体参加，集中观看并学习《农机渔业领域安全生产专题警示教育片》。

（王丹波）

责任编辑：王　鸣

工 业

综述

【工业增加值 730.26 亿元】 2023 年，萧山区实现工业增加值 730.26 亿元，比上年增长 3.3%。其中，规模以上工业增加值 597.28 亿元，增长 4%；规模以上高新技术产业增加值 424.82 亿元，增长 5.7%；战略性新兴产业增加值 187.78 亿元，增长 15.9%；装备制造业增加值 257.73 亿元，增长 8.7%。按规模以上工业企业大小类型分类看，大型企业增加值 127.44 亿元，增长 5.2%；中型企业增加值 191.06 亿元，增长 0.5%；小微企业增加值 278.77 亿元，增长 5.9%。

全区有规模以上工业企业 1655 家，利税总额 262.06 亿元，其中利润总额 191.38 亿元，分别增长 2.6% 和 7.2%。亏损企业 360 家，亏损面为 22%，亏损总额 25.74 亿元。营业收入利润率 4.94%，比上年上升 0.44 个百分点。规模以上工业企业全员劳动生产率 26.1 万元 / 人。

【特色产业集群建设】 2023 年，省制造业高质量发展领导小组办公室公布两批“浙江制造”省级特色产业集群核心区、协同区创建名单，萧山区现代纺织与服装产业集群入选核心区，节能与新能源汽车及零部件产业集群（底盘系统）、数字安防与网络通信产业集群（数字安防、网络通信）、机器人与数控机床产业集群（机器人整机）入选协同区。萧山区现代纺织与服装产业集群经过 30 余年发展，形成以化纤材料为核心，以织造印染、时尚服装为特色，以纺织机械、纤纺原料、羽绒制品等若干领域为延伸的“1 ＋ 2 ＋ X”现代纺织与服装产业集群。萧山区节能与新能源汽车及零部件产业集群已形成以制动系统、转向系统、悬架系统、传动系统和动力系统等底盘系统为主体，同步覆盖新能源客车、三电系统、汽车电子、汽车通用件、智能网联技术等相关领域的“一主多副”产业体系。萧山区机器人与数控机床产业集群集聚凯尔达机器人、钱江机器人、国辰机器人、景吾智能服务机器人、翼菲并联机器人、中开特种机器人、ABB 盈控、西门子—大唐创新中心等企业，涵盖智能制造行业解决方案供应商、机器人本体制造商、机器人核心零部件制造商、系统集成商、服务机器人等多家业内知名企业以及浙江省智能机器人研究院、中乌巴顿焊接研究院、镁时镁刻轻量化科技品创馆等创新平台。

【助企服务】 2023 年，萧山区开展“进千企强三业”精准服务活动。制定《萧山区“进千企强三业”精准服务活动实施方案》，通过加强企业服务，增强创业信心，进而做强产业体系。选派 574 名懂经济、知企业、善服务的干部全覆盖联系 1943 家区内企业，又将全区 120 家专精特新企业、26 家省级认定小微企业园运营机构、290 家“小升规”（中小企业升规模以上企业）培育工业企业全部纳入服务范围。针对全区“2 ＋ 3 ＋ X”产业集群，形成五大产业链助企团；并召开高端装备产业链，智能汽车产业链，生命健康、智能物联产业链 3 场座谈会。建立百强企业联系制度、企业问题闭环解决机制，全年搜集解决企业问题 1574 个，解决 1551 个。建立“共性问题季度调研机制”，深度攻坚全区层面的共性难题。调研企业电力问题，举办 16 家高能耗企业电力座谈会，并形成调研报告。通过内部专报、新闻媒体报道打造“萧螺号”服务品牌，发布专报《我区深入开展“进千企强三业”助企活动，吹响企呼我为“萧螺号”，打好经济发展翻身仗》，在《浙江日报·潮新闻》《杭州日报》《萧山日报》等媒体专题报道 13 篇。

【萧山获“浙江制造天工鼎”】 2023 年 5 月 18 日，全省加快建设全球先进制造业基地大会召开，萧山区获浙江制造业领域最高荣誉“浙江制造天工鼎”，成为首批“浙江制造天工鼎”获奖单位。萧山区聚焦“415X”先进制造业集群体系打造、“腾笼换鸟·凤凰涅槃”攻坚、“产业大脑＋未来工厂”体系建设、专精特新企业培育等重点工作，推进稳企业强主体和畅循环稳工业攻坚行动，强化经济运行调度，全力稳住工业经济基本盘。成功入选“现代纺织与服装”省级特色产业集群核心区、“节能与新能源汽车及零部件”省级特色产业集群协同区、高性能纤维及复合材料省级“新星”产业群培育名单，“中国视谷”被纳入部省新一轮整体合作协议，杭州高新区（滨江）萧山特别合作园成为“中国视谷”启动窗口。深入实施“腾笼换鸟”攻坚行动，系统推进全域低效整治、连片区域开发、挪作他用整治、土地到期收回、全域土地整治五场硬仗。提速推进产业数字化，出台细分行业扩面改造实施方案，推进数字化赋能平台持续发力。加快构建“五企”培育体系，建立重点梯队培育企业画像档案库，开展“千名干部助千企”活动。累计培育省“雄鹰”企业5家，各类上市企业32家，国家级单项冠军示范企业（产品）8家，省级“隐形冠军”9家、国家级专精特新“小巨人”企业42家、省级专精特新中小企业492家。

资料：

“415X”先进制造业集群：“4”是指重点发展新一代信息技术、高端装备、现代消费与健康、绿色石化与新材料等4个万亿级世界级先进产业群；“15”是指重点培育15个千亿级特色产业集群，具体为数字安防与网络通信、集成电路、智能光伏、高端软件、节能与新能源汽车及零部件、机器人与数控机床、节能环保与新能源装备、智能电气、高端船舶与海工装备、生物医药与医疗器械、现代纺织与服装、现代家具与智能家电、炼油化工、精细化工、高端新材料。“X”是指重点聚焦“互联网+”、生命健康、新材料三大科创高地等前沿领域，重点培育若干高成长性百亿级“新星”产业群，使之成为特色产业集群后备军。

【新型工业化推进】 2023年8月8日，萧山区举行新型工业化大会，提出萧山推进新型工业化的目标：通过5年努力，工业增加值突破1000亿元，工业投资累计突破1000亿元，每年招引百亿级制造业项目不少于2个。会议还提出打造以纤维新材料和智能汽车两大优势产业为主导，以智能物联、生命健康和高端装备等新兴产业为特色，以绿色能源、未来网络、元宇宙等未来产业为补充的“2＋3＋X”先进制造业集群体系。会上，萧山区发布“新型工业化十大行动”，即以招大引强、“腾笼换鸟·凤凰涅槃”、工业投资、制造业数字化转型、数字贸易发展、专精特新企业培育、企业上市、人才引育、创新赋能、工业用地要素保障十大行动为抓手加快建设先进制造业基地。大会还举行总部企业战略合作、重大招商项目、产业生态共建等签约仪式。

【《关于打造“2＋3＋X”先进制造业集群，推动经济高质量发展的实施意见》出台】 2023年8月3日，萧山区为进一步巩固和提升制造业大区和民营经济强区优势，加快建设“2＋3＋X”先进制造业集群体系，推动经济高质量发展，根据《中共杭州市萧山区委杭州市萧山区人民政府关于萧山区加快建设现代化产业体系的若干政策意见》，发布《关于打造“2＋3＋X”先进制造业集群，推动经济高质量发展的实施意见》。实施意见主要由加快建设具有萧山辨识度的先进制造业集群、推进数字经济与先进制造业深度融合、纵深推进“腾笼换鸟·凤凰涅槃”攻坚、构建大中小企业融通发展的雁阵梯队、支持企业创新驱动和转型发展、健全资源要素保障体系6个部分22条具体措施组成。鼓励企业区内产业链合作，扩大有效生产；鼓励数字经济企业规模上台阶，扩大工业有效投资；推动镇（街道）工业园区提升发展；支持领军企业跨越发展和小微企业和小微企业园发展；支持企业建设高能级科创载体和企业加快绿色低碳化转型；加强工业用地供给，加强企业家队伍、工程师和技能型人才队伍建设。实施意见自2023年9月1日起施行，施行期至2024年12月31日。

【萧山企业全国排名】 2023年9月12日，全国工商联主办的“2023中国民营企业500强”峰会召开，萧山区9家企业入围2023中国民营企业500强，占全市入围数量的21.4%（全市共入围42家），入围数量居杭州市第一位。2023中国民营企业500强榜单是在全国工商联2022年度上规模民营企业调研的基础上产生的。从入围9家企业的营业规模看，浙江荣盛控股集团有限公司、浙江恒逸集团有限公司、万向集团有限公司和传化集团有限公司分别为5796.18亿元、3856.62亿元、1904.66亿元和1450.03亿元，分别居全国第5位、第13位、第37位和第53位，4家企业已连续5年同时位居全国民营企业100强。从行业分布来看，入围的9家企业仍以制造业为主，主要集中分布在化纤、纺织、冶炼、造纸、金属制品等传统领域，其他涉及行业分布分别为建筑业1家、综合1家。同日，全国工商联还公布“2023中国民营企业制造业500强”“2023中国民营企业服务业100强”企业榜单，萧山区有10家企业入围2023中国民营企业制造业500强，1家企业入围2023中国民营企业服务业100强。9月20日，在“2023中国500强企业高峰论坛”上，中国企业联合会、中国企业家协会发布“中国企业500强”名单，萧山有5家企业入选。其中，浙江荣盛控股集团有限公司排名第40位，较上年前进19位；浙江恒逸集团有限公司排名第70位，较上年前进12位；万向集团有限公司排名第142位，较上年前进23位；传化集团有限公司排名与上年持平，排名第181位；浙江东南网架集团有限公司首次进入该榜单，排名第392位。

表24　2023年萧山区入围各类榜单企业一览表

类别	企业名称	2023年排名	2022年排名	类别	企业名称	2023年排名	2022年排名
中国企业500强	浙江荣盛控股集团有限公司	40	59	中国企业500强	万向集团公司	142	165
	浙江恒逸集团有限公司	70	82		传化集团有限公司	181	181

续表 24

类别	企业名称	2023年排名	2022年排名
中国企业500强	浙江东南网架集团有限公司	392	—
中国民营企业500强	浙江荣盛控股集团有限公司	5	10
	浙江恒逸集团有限公司	13	17
	万向集团公司	37	45
	传化集团有限公司	53	51
	浙江东南网架集团有限公司	185	251
	兴惠化纤集团有限公司	362	416
	胜达集团有限公司	410	434
	浙江协和集团有限公司	457	400
	浙江国泰建设集团有限公司	488	466
中国民营企业制造业500强	浙江荣盛控股集团有限公司	3	5
	浙江恒逸集团有限公司	9	11
	万向集团公司	26	26
	浙江东南网架集团有限公司	125	160
	兴惠化纤集团有限公司	240	256
	胜达集团有限公司	265	267
	浙江协和集团有限公司	297	247
	浙江正凯集团有限公司	342	481
	柳桥集团有限公司	362	348
	浙江航民实业集团有限公司	485	442
中国民营企业服务业100强	传化集团有限公司	12	18
浙江省百强企业	浙江荣盛控股集团有限公司	2	—
	浙江恒逸集团有限公司	4	—
	万向集团公司	11	—
	传化集团有限公司	19	—
	浙江东南网架集团有限公司	47	—
	兴惠化纤集团有限公司	80	—
	胜达集团有限公司	93	—
	浙江协和集团有限公司	99	—
浙江省制造业百强企业	浙江荣盛控股集团有限公司	1	—
	浙江恒逸集团有限公司	3	—
	万向集团公司	9	—
	浙江东南网架集团有限公司	27	—
	兴惠化纤集团有限公司	50	—
	胜达集团有限公司	58	—
	浙江协和集团有限公司	63	—
	浙江正凯集团有限公司	70	—
	万向三农集团有限公司	79	—
	浙江航民实业集团有限公司	93	—

（资料来源：区经信局）

【“小巨人”企业培育】 2023年，萧山区新增国家级专精特新“小巨人”企业19家、省级专精特新中小企业364家，增量居全省第一。至年底，全区累计培育省级专精特新中小企业492家，总量居全省第一位。萧山区立足制造优势、聚焦产业布局、锚定细分赛道，以搭建平台载体、做优政务服务、加快上下协同，增强市场主体创新活力，引导企业走“专精特新”之路。根据企业主营方向、发展阶段不同，建立ABC三级“专精特新”重点培育库，形成“头雁领航、强雁高飞、雏雁成长”的雁阵齐飞企业梯队。

【雄鹰企业培育】 2023年12月27日，浙江省制造业高质量发展领导小组办公室公布全省第一批雄鹰企业名单，萧山区企业浙江荣盛控股集团有限公司、万向集团公司、浙江恒逸集团有限公司、传化集团有限公司入选。实施“雄鹰行动”是为了培育一批资源配置能力强、国际市场占有率高、具有核心竞争力的企业。浙江荣盛控股集团有限公司依靠一体化完整产业链优势，项目投资顺利，产业基础稳固，创新赋能绿色发展，共同富裕彰显担当，展现逆势承压能力和发展韧性。浙江恒逸集团有限公司加速融入双循环发展格局，致力于绿色化学品及先进材料研发，持续实施持股计划。万向集团公司在清洁能源方面，业务领域涵盖清洁动力电池、新型储能、光伏、风电等众多领域；在动行智控领域，可提供包括能源服务、公共服务等在内的综合服务。传化集团传化化学、新安化工、传化物流、传化产城四大产业板块高质量发展。

（施　亮）

工业投资和技术升级改造

【概况】 2023年，萧山区全年完成工业投资160.07亿元，比上年增长16.2%，连续42个月保持两位数增长。年内，发布《萧山区工业投资项目协调推进例会实施办法》，出台《杭州市萧山区存量优质企业供地管理办法（试行）》，推进九大细分行业中小企业数字化改造，新增数字化改造项目150个。深化未来工厂梯度培育，按照车间级（数字化车间）、工厂级（智能工厂）、企业级（未来工厂）分级建设目标，新增56个数字化车间、6个智能工厂梯次培育项目。修订完善《杭州市萧山区"专精特新"企业梯度培育三年行动计划（2023—2025年）》。全区累计培育专精特新梯队企业548家，其中年内新增省级专精特新中小企业364家，增量位居全省第一；新增国家级专精特新"小巨人"企业19家。新增培育省级工业互联网平台6家，深化未来工厂梯度培育，新增数字化车间56个、智能工厂梯次培育项目6个。新增省级企业技术中心1家、市级企业技术中心22家。至年底，全区有国家级企业技术中心8家、省级企业技术中心47家。2项产品入选国家级首台（套）产品，9项产品入选省级首台（套）产品，入选数量全省第一。全区有有效期内国家级首台（套）产品7项、省内首台（套）产品19项。7月，全国专精特新中小企业发展大会在萧山召开。

【行业数字化改造】 2023年，萧山区从细分行业数字化改造入手，助推数字技术与实体经济融合。年内，出台《萧山区制造业细分行业数字化改造扩面推进方案》，重点围绕金属、汽车零部件、装备制造、纺丝加弹、棉纺、印染、织造、服装、家纺九大重点细分行业中小企业推进"看样学样"工作。组建由市智能制造专家委员会萧山专家组、科研院所、头部企业CIO、行业专家等构成的萧山区细分行业数字化改造专家委员会。全年全区在棉纺、金属、汽车零部件、装备制造等6个细分行业打造样本企业14家，遴选数字化试点服务商6家。召开汽车零部件、装备制造、纺丝加弹行业数字化改造推进现场会，发布汽配、装备、纺丝加弹等行业"N＋X"改造方案。组织召开40余场点对点"数改圆桌会""数改手把手"活动，全区工业企业数字化改造1.0阶段以上覆盖率达73.2%。深化未来工厂梯度培育，完善"数字车间—智能工厂—未来工厂"新智造梯队培育库，新增56个数字化车间、6个智能工厂梯次培育项目。

【产业平台向"高能级"转型】 2023年，萧山区优化完善"兵团化会战、专班化运行"机制。市、区合力共建杭州临空经济示范区，启动区建设全面展开，腾出产业空间200公顷，建设生物医药GMP标准厂房30万平方米，杭州大会展中心一期全面封顶。4月，杭州临空经济示范区发展服务中心挂牌运行，实现"办事不出示范区"。萧山经济技术开发区综合考评排名提升至全国第17位，成功创建国家级"专精特新"示范园区，入选国家级绿色工业园区名单，在欧美同学会海归小镇（杭州·数字医药）建设浙江省合成生物未来产业先导区。钱江世纪城发布"双一流"规划，打造产城人文融合特色，与新华三集团合作共建图灵小镇，一期基本建成，已形成2500P算力。以萧滨合作为基础，实施湘湖系统提升工程，唱响新时代"西湘记"。"中国视谷"入选国家区域（城市）产业名片打造计划首批试点。编制《"中国视谷"产业发展规划》，成功举办首届"中国视谷杯"创新创业挑战大赛、"创客中国"视觉智能中小企业创新创业大赛两个全国性赛事。

【61家企业入选"独角兽""准独角兽"榜单】 2023年4月10日，第七届万物生长大会在萧山开幕。2023"杭州独角兽企业榜单""杭州一亿美金以上公司（准独角兽）榜单"发布，萧山区有61家企业上榜（"独角兽"3家、"准独角兽"58家）。萧山"独角兽"企业为万向一二三股份公司（万向一二三）、微医云（杭州）控股有限公司（微医）、杭州乐刻网络技术有限公司（乐刻运动），数量与上年持平；"准独角兽"企业新增14家，行业分布在医疗健康、先进制造、人工智能等多个领域。

表25 2023年萧山区"独角兽""准独角兽"企业一览表

序号	项目名称	企 业 名 称	类别	序号	项目名称	企 业 名 称	类别
1	万向一二三	万向一二三股份公司	独角兽	9	拼便宜	杭州拼便宜网络科技有限公司	准独角兽
2	微医	微医云（杭州）控股有限公司	独角兽	10	杜比医疗	浙江杜比医疗科技有限公司	准独角兽
3	乐刻运动	杭州乐刻网络技术有限公司	独角兽	11	杭州贝康	杭州贝康健康科技集团有限公司	准独角兽
4	衣品天成	杭州全尚科技股份有限公司	准独角兽	12	美联医学	杭州美联医学检验所有限公司	准独角兽
5	聚玻网	浙江火山口网络科技有限公司	准独角兽	13	启函生物	杭州启函生物科技有限公司	准独角兽
6	天轮供应链	浙江天轮供应链管理有限公司	准独角兽	14	易现 EZXR	杭州易现先进科技有限公司	准独角兽
7	华澜微	杭州华澜微电子股份有限公司	准独角兽	15	CityDo	杭州城数控股集团有限公司	准独角兽
8	金柚网	杭州今元网络技术有限公司	准独角兽	16	高诚生物	高诚生物医药（杭州）有限公司	准独角兽

续表 25

序号	项目名称	企业名称	类别	序号	项目名称	企业名称	类别
17	尾巴生活	杭州吾尾科技有限公司	准独角兽	40	健培科技	杭州健培科技有限公司	准独角兽
18	Hibobi	杭州久龙科技有限公司	准独角兽	41	领航基因	领航基因科技（杭州）有限公司	准独角兽
19	惠瀜科技	浙江惠瀜网络科技有限公司	准独角兽	42	纽龙生物	杭州纽龙生物科技有限公司	准独角兽
20	熊猫速汇	杭州我汇网络技术有限公司	准独角兽	43	衍进科技	杭州衍进科技有限公司	准独角兽
21	知衣科技	杭州知衣科技有限公司	准独角兽	44	智微信科	杭州智微信息科技有限公司	准独角兽
22	健新原力	浙江健新原力制药有限公司	准独角兽	45	先临三维	先临三维科技股份有限公司	准独角兽
23	睿丽科技	杭州睿丽科技有限公司	准独角兽	46	十三余	杭州快哉文化有限公司	准独角兽
24	无忧传媒	杭州无忧传媒有限公司	准独角兽	47	极豆	杭州嘉车科技有限公司	准独角兽
25	云呼科技	杭州云呼网络科技有限公司	准独角兽	48	广科安德	杭州广科安德生物科技有限公司	准独角兽
26	诗裴丝	浙江浩迈科技有限公司	准独角兽	49	佳邻集团	杭州佳邻信息技术有限公司	准独角兽
27	摩西科技	杭州摩西科技发展有限公司	准独角兽	50	座头鲸	杭州座头鲸科技有限公司	准独角兽
28	智奥科技	浙江智臾科技有限公司	准独角兽	51	中电安科	杭州中电安科现代科技有限公司	准独角兽
29	国辰机器人	杭州国辰机器人科技有限公司	准独角兽	52	缇苏	杭州缇苏网络信息有限公司	准独角兽
30	一知智能	杭州一知智能科技有限公司	准独角兽	53	拓数派	杭州拓数派科技发展有限公司	准独角兽
31	奥创光子	杭州奥创光子技术有限公司	准独角兽	54	易靓好车	杭州易靓好车互联网科技有限公司	准独角兽
32	地芯引力	浙江地芯引力科技有限公司	准独角兽	55	易加三维	易加三维增材技术（杭州）有限公司	准独角兽
33	派恩杰	派恩杰半导体（杭州）有限公司	准独角兽	56	盾恩医学	杭州盾恩医学检验实验室有限公司	准独角兽
34	祥邦科技	浙江祥邦科技股份有限公司	准独角兽	57	龙兴航电	龙兴（杭州）航空电子有限公司	准独角兽
35	云合智网	杭州云合智网技术有限公司	准独角兽	58	逐本	杭州舒彩网络科技有限公司	准独角兽
36	Minayo	杭州小群网络科技有限公司	准独角兽	59	悠树智能	杭州悠树智能科技有限责任公司	准独角兽
37	PAQ Therapeutics	杭州济景医药科技有限责任公司	准独角兽	60	desty	杭州砥石网络科技有限公司	准独角兽
38	安渡生物	安渡生物医药（杭州）有限公司	准独角兽	61	港流科技	浙江港流高分子科技股份有限公司	准独角兽
39	嘉晨西海	嘉晨西海（杭州）生物技术有限公司	准独角兽				

说明：序号 48—61 为 2023 年新上榜企业

（资料来源：区经信局）

【5 家企业入选省级工业互联网平台名单】 2023 年，萧山区 5 家企业入选 2023 年省级工业互联网平台名单。其中，曼卡龙珠宝股份有限公司的“曼卡龙珠宝数智链工业互联网平台”、达利（中国）有限公司的“达利服装智造工业互联网平台”、浙江移动信息系统集成有限公司的“集物智造工业互联网平台”、杭州友成科技有限公司的“友成‘智造云’数字化工厂协同管理工业互联网平台”、浙江盛元化纤有限公司的“盛元智能工业互联网平台”均入选行业级工业互联网平台。工业互联网平台是面

向制造业数字化、网络化、智能化需求，构建基于海量数据采集、汇聚、分析的服务体系，支撑制造资源泛在连接、弹性供给、高效配置的工业云平台。

【10家企业入选省制造业单项冠军培育企业名单】 2023年10月25日，省经信厅公布2023年浙江省制造业单项冠军培育企业名单，萧山区圣奥科技股份有限公司、先临三维科技股份有限公司、奥展实业股份有限公司、杭州科雷机电工业有限公司、浙江祥邦科技股份有限公司、浙江杭可科技股份有限公司、浙江国泰萧星密封材料股份有限公司、浙江三元纺织有限公司、浙江盛达铁塔有限公司、杭州杰牌传动科技有限公司10家企业入选。

资料：

制造业单项冠军：长期专注于制造业某些细分产品市场，生产技术或工艺国际领先，单项产品市场占有率位居全球或国内前列的企业。制造业单项冠军企业就是"专而精"的典范。

【永磁集团企业技术中心被认定为浙江省企业技术中心】 2023年，杭州永磁集团有限公司（简称"永磁集团"）被认定为第30批制造业、高技术服务业领域浙江省企业技术中心。永磁集团是一家集研发、生产、销售钐钴永磁、钕铁硼永磁、铝镍钴永磁、注塑磁及永磁器件的国家重点高新技术企业，下设钐钴、铝镍钴、器件3个分公司，1个控股子公司——杭州永磁集团振泽磁业有限公司。公司技术中心设有浙江省级企业研究院、浙江省博士后工作站，是全球永磁技术开发商和磁性材料生产基地之一。

（施 亮）

产业结构调整

【概况】 2023年，萧山区持续推动新兴产业中智能物联、生物医药和其他未来产业发展。编制《杭州市萧山区生命健康产业集群建设行动方案》《杭州市萧山区智能物联产业集群建设行动方案》等"2＋3＋X"产业细分赛道方案。举办"中国视谷杯"创新创业挑战大赛，省"十链百场万企"系列活动之视觉智能产业链专场、生物医药产业链专场等赛会活动。推进印染、化工和电镀集中入园，下发《杭州市萧山区重点行业集中入园实施方案（试行）》的通知。出台《杭州市萧山区镇（街道）工业园区提升发展三年行动计划（2023—2025年）》和《萧山区镇（街道）工业园区资助实施细则》。河上镇膜材料小镇、"中国视谷"智造产业新城（戴村和义桥）、临浦镇杭州精密制造产业园已确定为2023—2025年政策期内重点支持类镇（街道）工业园区。5月，萧山区入选全省盘活存量资产扩大有效投资区域试点。完成七大连片区域"腾笼"，可形成连片产业空间167.8公顷。完成清洁生产审核项目49个。创建省级节水标杆企业1家、省级节水型企业7家，市级节水型企业12家。创建成功国家级绿色园区1个、国家级绿色工厂1家，省级绿色低碳工厂3家，市级绿色低碳工厂17家，各项数量居全市第一位。

【亩产效益综合评价】 2023年，萧山区完成2022年度亩产效益综合评价工作，共排摸工业用地7206.67公顷，其中参评工业用地6680公顷；参加评价主体企业6191家，参评承租企业及子公司8405家，比上年新增414家。推进评价过程全流程提速，在数据采集、核实、公示等各环节，部门、镇（街道）、第三方单位、企业分工配合，步调统一，9月中旬公布评价结果，比往年提前2个月。根据亩均评价，全区亩均税收19.1万元，比上年增长6.7%；规模以上亩均税收24.8万元，增长1.6%。

【"腾笼换鸟"攻坚】 2023年，萧山区推进"腾笼换鸟"，出台《杭州市萧山区存量优质企业供地管理办法（试行）》，探索多元化腾换模式，推动化工、印染等重点行业集中入园。获2.1亿元市级"腾笼换鸟"专项资金，到期工业用地收回实现破局。连片腾笼区域完成企业签约136.87公顷，涉及企业109家。全年通过有机更新项目论证44个，新增产业空间114万平方米。提升低效企业用地641.33公顷，处置挪作他用93.93公顷，出让工业用地超200公顷，连片"腾笼"面积、工业用地出让面积为2015年以来最高。消化"批而未供"800公顷、"供而未用"1306.67公顷，总量居全市第一位。

【入选全市首批"一园一主业"特色产业平台创建名单】 2023年，萧山经济技术开发区高端新材料特色产业平台、河上镇膜材料小镇入选全市首批"一园一主业"特色产业平台创建名单。高端新材料特色产业平台位于开发区绿色智造产业新城核心区域，聚焦发展高分子新材料和新能源电池关键材料两大领域，构建特色突出的高端新材料产业集群。河上镇杭州科百特过滤器材有限公司（简称"科百特"）凭借在关键零部件上的不可或缺性，成为膜材料领域的链主型企业。5月，萧山在河上镇以科百特为核心，打造2.73平方千米的膜材料小镇。科百特规划向上进军高纯原料领域，向下布局半导体、医疗器械、新能源等领域的应用集成，发展新材料产业链。

【5个小微企业园被认定为省级小微企业园区】 2023年7月，省经信厅公布第十一批小微企业园名单。萧山区浙江飞翔小微企业园、万羽数智谷、梵隆科创园、金马科创园、蜀山未来城入选。浙江飞翔小微企业园前身是浙江飞翔纺织机械有限公司，1999年创办，位于杭州萧山益农镇。入驻包括5家规模以上企业15家，其中国家高新技术企业2家。万羽数智谷成立于2021年，位于萧山区新塘街道。入驻规模以上企业1家、专精特新企业2家、高新技术企业2家、科技型中小企业1家。梵隆科创园位于萧山经济技术开发区，园区内浙江梵隆汽车部件有限公司，是系统、专业研发和生产方向盘及内饰件产品的一级汽车零部件供应商，国家重点扶持的高新技术企业，省级高企研发中心，拥有发明专利2项、实用新型专利40项。蜀山未来城位于蜀山街道，由杭州蜀山企业孵化器有限公司负责招商运营，重点发展生命健康、新材料新技术、智能制造、文旅文

创四大产业，已培育规模以上企业3家，专精特新中小企业1家，国家高新技术企业1家。

【3家企业入选省级绿色工厂】 2023年10月，浙江省经信厅会同省发改委、省生态环境厅公布2023年浙江省级绿色低碳工业园区、工厂名单，萧山区企业圣奥科技股份有限公司、浙江万向精工有限公司、杭州钱江电气集团股份有限公司入选，其中圣奥科技股份有限公司综合分排名全省第一。至年底，全区创建成功国家级绿色工厂4家、国家级绿色供应链企业1家，省级绿色低碳园区1家、省级绿色低碳工厂6家，市级绿色低碳工厂22家。

【2家单位入选国家级绿色制造名单】 2023年12月29日，工信部公布2023年度国家级绿色制造名单，萧山区企业杭州奔马化纤纺丝有限公司入选绿色工厂名单，萧山经济技术开发区入选绿色工业园区名单。萧山经济技术开发区依托“萧山经济技术开发区工业固废小脑”和“一般工业固废收运处置平台”等数字化平台，统筹完善收运处置硬件和综合利用闭环场景，推动创建“无废城市”。组织实施《萧山经济技术开发区循环化改造实施方案》，促进园区工业固体废物资源化利用，实现绿色、低碳、循环、可持续发展。

（施　亮）

纺织化纤产业

【概况】 2023年，萧山区化纤纺织印染行业在区政府一系列促消费政策以及经济回暖趋势的影响下，从下半年开始逐季弱复苏，但遇到的困难相比于前几年尤为突出。供给端高投产、高开工，开工负荷出现淡季不淡的情况，但主要化纤产品均价下滑，量涨利缩，企业盈利压力突出，萧山区化纤纺织印染行业经济效益延续2022年的下滑态势，恢复期急需支撑企业的利润率达到低谷：全年化纤制造业利润增速下降54.3%，连续2年下降超过50%；纺织制造业下降14.9%，连续2年下降超过2位数。需求萎缩导致企业牺牲利润降价来维持产品竞争力。在外贸订单下滑背景下，企业内需市场竞争加剧，虽然内需复苏明显，但受限于居民收入增长、未来预期不足等因素，终端消费市场的价格弹性较高，导致企业和贸易商之间的议价博弈加剧，企业利润受到较大影响。出口市场竞争激烈，一方面其他国家和地区的竞争对手在全球市场，尤其是美国和欧盟等主要市场上占有较高的份额；另一方面受海外需求急剧收缩，订单向中国之外转移速度加快，以及欧美紧缩货币政策等因素影响。

2023年，萧山区化纤制造业的本地产能超过500万吨，占全国总量的8.6%、全球总量的6%。纺织业全年实现规模以上工业增加值93.45亿元，比上年下降1.8%；化纤制造业全年实现规模以上工业增加值67.02亿元，增长6.5%。纺织品出口交货值216.03亿元，下降2.7%。

【荣盛多个项目建成投产】 2023年，浙江荣盛控股集团多个项目建成投产。1月，40万吨/年ABS装置投料成功。2月，6万吨/年溶聚丁苯橡胶装置投料成功。4月，38万吨/年聚醚装置中6万吨/年PPG生产线投料成功；10万吨/年顺丁稀土橡胶/共线7万吨/年镍系顺丁橡胶装置投料成功，顺丁橡胶和溶聚丁苯橡胶产能居国内前三位。5月，25万吨/年功能性聚酯薄膜扩建项目首条拉膜线及配套聚合装置投料成功。6月，27/60万吨/年PO/SM装置投料成功。8月，1000吨/年α–烯烃中试装置投料成功。9月,60万吨/年苯乙烯装置投料成功。10月，30万吨/年醋酸乙烯装置投料成功。11月，舟山绿色石化基地ABS装置采用新工艺投料成功。12月，25万吨/年功能性聚酯薄膜扩建项目全部投产，年产能达到43万吨，位居国内前四。

【传化化学益农新材料产业园项目开工】 2023年2月21日，传化化学益农新材料产业园项目开工。该项目位于萧山临江新材料产业园益农板块（化工园区），总投资56亿元，建成后年有机硅新材料及高端精细化学品产68万吨。项目定位为“绿色化、智能化、终端化、平台化”，是传化集团向高端化、专业化领域延伸，提升传化化学产业科技竞争力的重要一步。

【荣盛石化与沙特阿美签署战略合作协议】 2023年3月27日，荣盛石化股份有限公司（简称“荣盛石化”）与沙特阿拉伯国家石油公司（简称沙特阿美“Saudi Aramco”）达成战略合作并签署多项协议。根据协议，沙特阿美的全资子公司阿美海外公司（AOC）以246亿元人民币（按当时汇率约折合为34亿美元）收购荣盛石化10%股权。同时，荣盛石化及其子公司将与沙特阿美、阿美贸易新加坡公司（ATS）在原料、成品油、化工产品、原油储存及技术分享等领域开展全方位协商与合作，基于一项已签署的长期销售协议，沙特阿美将向荣盛石化旗下浙江石油化工有限公司（ZPC）日供48万桶阿拉伯原油。7月21日，沙特阿美通过其全资子公司阿美海外公司收购荣盛石化股权交割完成。

【恒逸自研抗污尼龙6技术获行业权威认可】 2023年6月21日，中国纺织工业联合会在杭州市组织召开由浙江恒逸石化研究院有限公司、杭州逸宸化纤有限公司、浙江恒逸锦纶有限公司、浙江四通新材料科技股份有限公司共同承担的“抗污尼龙6制备关键技术及产业化”项目鉴定会，鉴定委员会认为项目总体技术达到同类产品国际先进水平。该项目自主研发新型抗污剂，开发纺丝、热牵伸、热空气膨化、高速卷绕一步法抗污BCF工艺关键技术，并通过色母粒添加法，制备抗污性能优异、色牢度高的BCF纤维产品。该项目形成100吨/天抗污尼龙6切片及BCF连续化生产示范线，生产装置运行稳定，生产的抗污尼龙6切片及纤维经第三方检测机构检测，所测指标符合优级品标准，纤维抗污等级8级。

【荣盛、恒逸再次入选《财富》世界500强】 2023年8月2日《财富》世界500强排行榜全球同步发布。浙江荣盛控股集团有限公司以营业收入861.66亿美元入选，排名第136位。2021年，荣盛集团以第255位首次入选世界500强排行榜；2022年二度入选，排名提升75位至第180位，是榜单中中国排名上升最快的10家企业之一。浙江恒逸集团有限公司以573.32亿美元的营业收入，居第244位，排名比上年提升20位，连续3年入选《财富》世界500强。

【萧山区入选中国纺织行业年工业总产值超千亿产业集群地区】 2023年9月21日，在2023年现代化纺织产业集群高质量发展论坛暨2023全国纺织产业集群工作会议上，中国纺织工业联合会发布重点纺织产业集群地区的建设成果。其中，萧山区年度工业总产值超过1000亿元，入选超千亿产业集群名单；萧山区瓜沥镇、衙前镇、新塘街道、义桥镇年度工业总产值超过100亿元，入选超百亿产业集群镇（街道）。

【恒逸文莱项目签署二期工程实施协议】 2023年11月8日，恒逸实业（文莱）有限公司与文莱石油管理局、文莱经济发展局签署大摩拉岛（PMB）石化项目二期工程实施协议。实施协议中明确文莱经济发展局和文莱石油管理局对恒逸大摩拉岛（PMB）石化项目二期工程开发、实施和运营提出的具体要求。该项目致力于发展文莱下游产业，通过次生效应创造更多商业机会，并为实现文莱2035宏愿作出贡献。项目预计新增2256个工作岗位，届时员工的本地化初步目标为50%，将进一步促进文莱社会经济发展。

【恒逸获中国纺织工业联合会科技进步一等奖】 2023年12月6日，2023年度中国纺织工业联合会科学技术奖励大会在北京人民大会堂召开。恒逸集团《锦纶专用TiO2消光剂绿色制造及全消光锦纶产业化应用成套技术》获2023年度中国纺织工业联合会科技进步奖一等奖。该项目由浙江恒逸石化研究院有限公司、东华大学、海宁澜钛新材料有限公司、浙江恒逸锦纶有限公司共同完成。

【盛元化纤入选工信部智能制造优秀场景名单】 2023年12月6日，工信部公布2023年度智能制造示范工厂揭榜单位和优秀场景名单，萧山区企业浙江盛元化纤有限公司（简称“盛元化纤”）智能在线检测、智能仓储和资源动态配置3个场景入选。各场景综合利用移动互联网、云计算、大数据，以机器视觉、可移动承载机器人、可视化数据平台、高性能自动化技术等将产品、流程、各级资源要素转换成数字信号进行目标运算、特征提取，各系统具备高精度、高效率及高兼容性等优势，展现了盛元智能工厂自动化、信息化、数字化、集成化和可视化的主要特征。

2023年5月15日，建设中的盛元化纤二期年产50万吨智能化功能性纤维项目 （范方斌 摄）

【奔马化纤入选国家级绿色工厂名单】 2023年12月29日，工信部公布2023年度绿色制造名单，萧山区企业杭州奔马化纤纺丝有限公司（简称“奔马化纤”）入选绿色工厂名单。奔马化纤通过回收利用废弃PET瓶子，生产再生低碳涤纶短纤维，减少原生涤纶纤维的需求和对不可再生资源的消耗，降低了碳排放量。

（施 亮）

汽车及零部件制造业

【概况】 2023年，萧山区有汽车及零部件制造企业500多家，其中规模以上企业89家，上市公司7家。其中，汽车底盘行驶、传动、转向、制动四大系统相关零件、部件及总成系统制造企业数量占66%，内燃机、离合器、动力总成等动力系统的制造企业占6%，产业附加值较高的新能源汽车专用部件制造企业占2%，电子电气系统制造企业占2%。萧山汽车及零部件制造业从零散单一汽车零部件产业逐步扩展形成以制动系统、转向系统、悬架系统、传动系统和动力系统等底盘系统为主体，同步覆盖新能源客车、三电系统、汽车电子、汽车通用件、智能网联技术等相关领域的“一主多副”产业体系。2月10日，萧山区节能与新能源汽车及零部件产业集群（底盘系统）入选第一批“浙江制造”省级特色产业集群协同区。至年底，全区汽车及零部件制造业规模以上企业工业增加值48.38亿元，累计增速3.2%；工业销售产值197.79亿元，比上年增长1.87%；出口交货值22.85亿元，增长7.92%；利润总额41.61亿元，增长51.5%；规模以上亏损企业14家，亏损额2.11亿元，增长12.3%。

【汽车零部件企业数字化改造】 2023年1月，萧山区发布《汽车零部件行业“9＋X”数字化改造方案》，根据汽车零部件行业九大共性问题，通过部署九大基础共性模块的数字化改造方案，打通销售、计划、采购、库存、生产、设备、质量各环节数据，实现企业数字化管理能力和劳动生产率提升、规模与质量同步跃升。8月，杭州入选全国第一批中小企业数字化转型试点城市，萧山区以汽车零部件行业为试点行业被纳入其中。萧山区按照试点要求，重点解决企业数字化改造“怎么做”“找谁做”的问题。至年底，全区88家汽车零部件行业规模以上企业中，有26家企业完成数字化改造，24家企业正在实施改造，形成3家样本企业。

【万向精工入选未来工厂试点企业】 2023年7月，经企业自愿申报、设区市审核推荐、省经信厅组织专家遴选和公示，确定

30家企业为2023年未来工厂试点企业，萧山区企业浙江万向精工有限公司（简称“万向精工”）入选。万向精工是万向集团下属万向钱潮股份公司的子公司，专业生产汽车轮毂轴承单元产品，是国家级重点高新技术企业，工信部认定的制造业单项冠军示范企业、浙江省智能工厂、杭州市首批未来工厂。主导起草“浙江制造”团体标准，并通过“浙江制造”品牌认证，获评“全国质量管理先进企业”“全国质量标杆企业”。

【杭州极电电子首座厂房封顶暨首条产线进场】 2023年7月19日，杭州极电电子科技有限公司（简称“杭州极电电子”）首座厂房封顶暨首条产线进场仪式在萧山区戴村镇工业园区举行。杭州极电电子是一家生产新能源汽车核心零部件和充电设施设备的集研发、制造、采购、销售于一体的科技公司，聚焦高端汽车电子零部件、充电补能等系列产品，不断推陈出新，推动技术变革及产业升级。

【2家企业项目入选浙江省首台（套）装备应用奖励项目名单】 2023年11月，省经信厅公布2023年浙江省首台（套）装备应用奖励拟奖励项目名单，萧山区企业万向钱潮股份有限公司（简称“万向钱潮”）“100万公里免维护长寿命重卡万向节”和杭州亚太智能装备有限公司“新能源汽配产品压铸及后处理数字化生产线”2个企业项目入选。万向钱潮万向节研发团队创新高可靠性密封结构设计和轴承润滑系统、新材料开发等技术研发，填补了国内免维护长寿命重卡万向节领域的技术空白，实现进口替代。杭州亚太智能装备有限公司“新能源汽配产品压铸及后处理数字化生产线”项目，解决人员搬运危险、疲劳强度高和人员工作效率低、产品合格率低等问题，实现整线联机控制和数字化管理。

【亚太股份项目获中国汽车工程学会科学技术奖】 2023年10月25日，第30届中国汽车工程学会年会暨展览会在北京召开。会上，浙江亚太机电股份有限公司（简称“亚太股份”）“乘用车低拖滞、低噪音高性能制动钳总成关键技术研发及产业化应用”项目获2023年度中国汽车工程学会科学技术奖三等奖。该项目可使汽车在实现低油耗和长续航的同时，保持低噪音、高性能。

【万向钱潮入选2023年“浙江标准”】 2023年11月8日，省市场监管局发布2023年“浙江标准”认定名单的公告。万向钱潮股份有限公司《汽车万向节十字轴总成》（T/ZZB 0105—2016）被认定为2023年“浙江标准”。《汽车万向节十字轴总成》（T/ZZB 0105—2016）标准由万向钱潮独立起草，规定了汽车万向节十字轴总成的术语和定义、符号、结构、总成代号、基本要求、技术要求、测试及检验方法、检验规则、标志、防锈、包装、运输和贮存以及质量承诺。

【亚太股份获“铃轩奖”金奖】 2023年11月11日，中国汽车供应链峰会暨第八届“铃轩奖”盛典在江苏昆山举行，浙江亚太机电股份有限公司自主研发生产的“双国产MCU芯片双控冗余EPB”获“铃轩奖”金奖，这是继“汽车防抱死系统ABS”“电子驻车制动系统EPB”“汽车电子稳定控制系统ESC”后，亚太股份第四次获该奖项。亚太股份“双国产MCU芯片双控冗余EPB”由电子控制器、动力头和制动卡钳组成，电子控制器内集成两路控制电路，两个MCU均采用国产芯片。

资料：

铃轩奖：中国汽车零部件年度贡献奖，2016年由《汽车商业评论》发起创办，旨在发掘、鼓励汽车零部件企业优秀分子和新生力量。

（施　亮）

羽绒产业

【概况】 2023年，在国际国内形势复杂多变、全球货物贸易增长低于预期水平、消费动力不足等大环境下，萧山区羽绒企业抓基础练内功，强化创新发展。3月，12家萧山羽绒企业在浙

2023年7月，浙江万向精工有限公司入选未来工厂试点企业。图为万向精工生产车间　（区经信局　提供）

江羽绒行业协会组织下，成立“浙羽展团”，参加由中国家用纺织品协会主办的上海家用纺织品春夏博览会。4月，萧山区通过中国轻工业联合会、中国羽绒工业协会产业集群复评，并获“中国羽绒之都·萧山”命名和授牌。6月，由中国羽绒工业协会主办的首场《羽绒羽毛被》（QB/T 1193—2023）及系列标准宣传贯彻培训在萧山举办，萧山有50家羽绒企业80余人参加培训。全年全区羽绒产业工业总产值89.3亿元，出口总值35.6亿元；有规模以上羽绒企业33家，其中年营业收入超20亿元企业1家、超亿元企业14家。

【萧山羽绒企业获奖】 2023年3月7日，中国羽绒工业协会第七次会员代表大会在萧山召开，大会对2018—2022年度在行业作出显著贡献的企业和个人进行表彰。萧山区企业柳桥集团有限公司（简称“柳桥集团”）、浙江三星羽绒股份有限公司（简称“三星羽绒”）、杭州华英新塘羽绒制品有限公司（简称“华英新塘”）获“2018—2022年度中国羽绒行业功勋企业”“2021—2022年度中国羽绒行业出口十强企业”称号；浙江万翔寝具制品有限公司获评2018—2022年度中国羽绒行业优秀企业；柳桥集团傅妙奎、杜达生，华英新塘许水均获“2018—2022年度中国羽绒行业功勋企业家”称号；柳桥集团傅灿强、华英新塘许玲芳、三星羽绒朱锡烽、浙江迪欧达实业有限公司傅灿强获评“2018—2022年度中国羽绒行业青年俊杰”。

【第26届中国国际羽绒博览会】 2023年3月8—10日，第26届中国国际羽绒博览会在杭州国际博览中心举办。该届羽绒博览会由中国羽绒工业协会和萧山区人民政府联合举办，区经济和信息化局、新塘街道办事处、省羽绒行业协会承办，总展出面积8000平方米。萧山区有20家羽绒企业参展。参展企业涵盖羽绒制品生产商、羽绒原料供应商、羽绒加工设备生产商、面辅料生产商、洗涤剂生产商、检测机构和产业集群等。重点展示中国羽绒品牌及新产品、新技术和新服务理念，并对行业具有领先水平的技术创新、设计新颖、生态环保产品进行宣传推广，以科技创新驱动高质量发展，推动民族品牌崛起，提升国货消费信心。展会期间还举办论坛、研讨会、专业培训和宣传活动。

【中国羽绒之都萧山发布会举办】 2023年3月28日，中国国际家用纺织品及辅料（春夏）博览会开展首日，“‘羽’众不同·‘绒’耀萧山”——中国羽绒之都萧山发布会（萧山羽绒产业发展论坛）举办。该次发布会（论坛）由萧山区人民政府和中国家用纺织品行业协会联合主办，区商务局、新塘街道办事处和浙江省羽绒行业协会共同承办。萧山是中国羽绒行业重要的加工基地，羽绒及制品年出口60亿元，在全区六大类出口产业中占比10%，占全区出口约7%，是萧山外向型经济的重要组成部分。萧山羽绒家纺产业已经形成较为完整的产业体系，凝聚产业集群优势，做强羽绒家纺产品，努力打造高端知名品牌。

【三星羽绒参加国内国际展会】 2023年2月10—12日，浙江三星羽绒股份有限公司参加在北京举办的第十七届亚洲运动用品与时尚展；3月28—30日，参加在上海举办的2023 Intertextile中国国际春夏家纺展；4月26—28日，参加第26届深圳国际服装供应链博览会；8月28—30日，在上海参加2023中国国际纺织面料及辅料（秋冬）博览会；11月28—30日，参加德国ISPO慕尼黑国际体育用品博览会；12月14—16日，在杭州国际博览中心参加第31届中国（杭州）国际纺织服装供应链博览会。

【柳桥集团再获“农业产业化国家重点龙头企业”称号】 2023年8月，柳桥集团有限公司再次获“农业产业化国家重点龙头企业”称号。柳桥集团于2016年首次获此称号，并连续保持。“农业产业化国家重点龙头企业”是由农业农村部、国家发展和改革委员会、财政部、商务部、中国人民银行、国家税务总局、中国证券监督管理委员会、中华全国供销合作总社等部门共同认定，是中国涉农企业最高荣誉。

【柳桥集团入选中国制造业民营企业500强和杭州民营企业百强】 2023年9月12日，全国工商联在山东济南举办2023中国民营企业500强峰会，发布2023中国民营企业500强、制造业500强、服务业500强。柳桥集团入选中国制造业民营企业500强，列第362位。11月7日，第五届世界杭商大会在杭州开幕。会上发布2023杭州民营企业百强系列榜单。柳桥集团入选2023杭州市民营企业百强、2023杭州市民营企业制造业50强、2023杭州市民营企业就业50强榜单。

（施　亮）

装备制造业

【概况】 2023年，萧山区以推动装备制造业高质量发展为主线，深入实施制造业首台（套）提升工程，深化节能与新能源汽车、数控机床和机器人等重点产业集群化发展，协同提升船舶海工、农机装备、航空航天装备等重点产业竞争力。4月20日，萧山区装备制造行业数字化改造推进现场会在萧山机器人小镇举办。依托杭州凯尔达焊接机器人股份有限公司、杭州友佳精密机械有限公司、先临三维科技股份有限公司等一批领军企业，萧山机器人小镇，长三角（杭州）制造业数字化能力中心等数字赋能平台，萧山区逐步形成以工业机器人、数控机床和增材制造为特色的先进高端装备产业集群，呈现产业基础坚实、数实深度融合、企业培育梯队完整的特点。10月，杭州杰牌传动科技有限公司（简称“杰牌传动”）入选2023年省制造业单项冠军培育企业；杰牌传动“产品远程运维场景”入选工信部2023年度智能制造优秀场景；《杰牌智能传动未来工厂探索与实践》获2023年省企业管理现代化创新成果一等奖。11月，浙江万利纺织机械有限公司成立浙江万利碳纤维智能装备有限公司，成为碳纤维项目总承包商、碳纤维全产业链装备技术供应商。至年底，全区装备制造业实现增加值257.73亿元，增长8.7%；规模以上高端装备制造业增长8.3%，比上年提高4.3个百分点，高于面上平均4.3个百分点。

【科雷机电入选第五批国家级专精特新“小巨人”企业】 2023年，杭州科雷机电工业有限公司（简称“科雷机电”）入选第五批国家级专精特新“小巨人”企业。科雷机电是国内规模最大的印前设备制造商，其主打产品在国内市场占比达25%，在国际市场占比达13%。其全球首创的EZC智能数字放墨系统，以微升级的数字墨泵技术，针对不同油墨、纸张、印版、橡皮布、环境以及印刷图像分布和印刷色彩标准，实现一次放墨，通过数字化内容扩展，达到精准供墨效果。

【杭齿前进参加莫斯科国际建筑及工程机械展】 2023年5月23—26日，杭州前进齿轮箱集团股份有限公司（简称“杭齿前进”）参加在俄罗斯莫斯科Crocus国际展览中心举办的俄罗斯国际建筑及工程机械展览会（CTT Expo）。该展览是疫情开放后举办的首届线下国际工程机械展览会，展览总面积超过10万平方米，吸引全球909家企业参展。

【杭发公司入选省节能降碳节水工艺、技术、装备名单】 2023年6月，杭州杭发发电设备有限公司（简称“杭发公司”）“余热余能发电用汽轮发电机”入选浙江省2023年度节能降碳节水工艺、技术、装备名单。余热余能发电技术是通过回收钢铁、水泥、石化等工业企业生产环节中产生的低品位的或废弃的多余蒸汽、热量、富余煤气转换，通过汽轮发电机组转换为高级能源——电能。至年底，杭发公司获政府科技奖项50余项，拥有各类知识产权70余项，制定和参编标准14项。

【杭齿前进数字化车间入选省级数字化车间名单】 2023年，杭州前进齿轮箱集团股份有限公司“杭齿前进大功率工程机械变速器数字化车间”入选省级数字化车间。杭齿集团数字化车间项目，以SAP＋PLM＋MES主数据平台为核心，提高产品生产效率40%，提高能源利用率15%，产品不良品率降低19.6%，运营成本降低17%，产品研制周期缩短33.33%，设备利用率提高20%。

【萧山13项产品通过省级首台（套）装备认定】 2023年12月，省经信厅公布2023年浙江省首台（套）装备认定名单，萧山区13项产品入选，入选数居全省第一位。其中，杭州大天数控机床有限公司的“核电大型水泵五面复合柔性制造单元”和浙江天蓝环保技术股份有限公司的“固废焚烧复杂烟气低耗高效治理成套装备”入选国家级首台（套）产品。截至年末，全区拥有有效期内国家级首台（套）产品7项，省内首台（套）产品19项，数量居全省前列。

资料：

首台（套）指的是通过原始创新、集成创新或引进技术消化吸收再创新，实现技术突破、拥有自主知识产权、尚未取得大量市场业绩的装备产品，包括成套设备、整机设备及核心部件等。

（施　亮）

表26　2023年萧山区入围省首台（套）装备认定名单一览表

产品名称	企业名称	认定档次	备注	产品名称	企业名称	认定档次	备注
核电大型水泵五面复合柔性制造单元	杭州大天数控机床有限公司	国内首台（套）	整机装备	高性能5G毫米波射频终端一致性测试装备	杭州永谐科技有限公司	省内首台（套）	成套装备
固废焚烧复杂烟气低耗高效治理成套装备	浙江天蓝环保技术股份有限公司	国内首台（套）	成套装备	轻量化高强度高效率商用车万向节	万向钱潮股份公司	省内首台（套）	零部件

2023年10月，杭州杰牌传动科技有限公司入选2023年省制造业单项冠军培育企业。图为杰牌传动生产车间（区经信局　提供）

续表 26

产品名称	企业名称	认定档次	备注	产品名称	企业名称	认定档次	备注
EP-M1250 九激光大尺寸金属增材系统	易加三维增材技术（杭州）有限公司	省内首台（套）	整机装备	融合主动资产测绘技术的国产化工控安全监测审计系统	杭州中电安科现代科技有限公司	省内首台（套）	整机装备
高压直流继电器测试平台	杭州布雷科电气有限公司	省内首台（套）	成套装备	HDVS 高精度三维引导系统	浙江视觉智能创新中心有限公司	省内首台（套）	成套装备
LSIC7000 超大规模集成电路老化测试系统	浙江杭可仪器有限公司	省内首台（套）	整机装备	面曝光光固化 3D 打印机	先临三维科技股份有限公司	省内首台（套）	标准认定
锂电池生产过程溶剂（NMP）及余热回收与循环利用成套装备	杭州国泰环保科技股份有限公司	省内首台（套）	成套装备	耐磨 V 型调节球阀	博雷（中国）控制系统有限公司	省内首台（套）	标准认定
裸眼混合现实设备 n'Space P371	杭州一隅千象科技有限公司	省内首台（套）	成套装备				

（资料来源：区经信局）

钢结构产业

【概况】 2023 年，萧山区钢结构产品产量为 88.88 万吨。全区有钢结构专业承包资质企业 106 家，其中一级企业 20 家、二级企业 17 家、三级企业 69 家。至年底，全区有钢结构装配式住宅项目 12 个 90.9 万平方米，其中新开工钢结构装配式住宅项目 2 个 13.54 万平方米。

【杭萧钢构数字化转型】 2023 年 1 月，第二批浙江省智能工厂（数字化车间）名单公布，杭萧钢构股份有限公司（简称“杭萧钢构”）入选。同期，市经信局发布 2022 年杭州市“未来工厂”名单，杭萧钢构被列入“数字化车间”方向企业。至年底，杭萧钢构“产业聚能平台”在杭萧钢构 20 余家工厂上线使用，实时用户总量数千人，初步实现百余个工程项目及其项目钢构件的实时性追溯和协同管理。

【东南网架获评建筑钢结构行业科技创新优秀企业】 2023 年 11 月 3—5 日，全国建筑钢结构科技创新大会在济南召开。会上表彰 2023 年钢结构领域科技创新优秀企业和杰出人才，浙江东南网架股份有限公司（简称“东南网架”）获“2023 年建筑钢结构行业科技创新优秀企业”称号，3 项成果获 2023 年中国建筑金属结构协会科学技术奖，其中一等奖 1 项、二等奖 2 项；2 篇论文获评钢结构建造技术优秀论文。东南网架建立全国首家钢结构行业示范院士专家工作站，拥有国家重大科学装置结构建造技术、多腔体装配式结构建筑系统、旋转开合屋盖技术等 10 余项世界级关键核心技术，解决现代大型空间结构技术难题。

【东南网架获评 2023 年度杭州市典型博士后工作站】 2023 年 11 月，浙江东南网架集团有限公司博士后科研工作站获“2023 年度杭州市典型博士后工作站”称号，该称号由市委人才办、市人社局联合颁发。东南网架集团有限公司博士后科研工作站于 2003 年 12 月经人事部批准建立，先后与浙江大学、清华大学、哈尔滨工业大学、同济大学等高校建立合作，推动产、学、研深度融合，促进企业整体科技实力提升。东南网架集团有限公司博士后工作站先后引进 25 名博士后从事相关研究工作，20 名博士后已顺利出站。至年底，在站博士后 5 名。

【东南网架获省科学技术进步奖】 2023 年 11 月 10 日，省科技厅公布 2022 年度浙江省科学技术奖获奖名单。浙江东南网架股份有限公司作为主要单位申报的“大型复杂空间网格结构高效建造关键技术与应用”，获 2022 年度省科学技术进步奖三等奖。该成果成功运用在江门中微子实验中心探测器、三亚国际免税城、深圳国际生物谷坝光综合体育中心、烟台八角湾国际会展中心等全国 100 多项重大工程中。

【杭萧钢构参建项目获国家优质工程奖】 2023 年 12 月，中国施工企业管理协会在京召开 2022—2023 年度国家优质工程奖总结表彰大会。会上，杭萧钢构股份有限公司参建的南方铝业 30 万吨 / 年电解铝厂项目获国家优质工程奖。国家优质工程奖是经中共中央、国务院确认设立的工程建设领域跨行业、跨专业的国家级质量奖。南方铝业 30 万吨 / 年电解铝厂项目是经国务院批准的中国和中东地区之间大型产能合作项目，建设内容包括年产 30 万吨的电解铝厂、配套碳素厂、港口卸料和储运设施。该项目钢结构工程由杭萧钢构负责深化设计、供货、施工安装，共计 30 个单体。

【杭萧钢构入选 2024 年度省级重点工业互联网平台项目】 2023 年 12 月，杭萧钢构绿色建筑协同制造工业互联网平台入选 2024 年度省级重点工业互联网平台项目。此次评选由省经信厅、省财政厅牵头开展，旨在加快推进产业数字化“三个全覆盖”（实现规模以上工业企业数字化改造全覆盖、重点细分行业中小企业数字化改造全覆盖、百亿元以上产业集群工业互联网平台全覆盖），培育一批国内先进的工业互联网平台，推动制造业高质量发展。

（高云云）

电力工业

【概况】 2023年，萧山电厂做好能源安全保供，全厂安全生产形势平稳向好。全年发电16.2亿千瓦时，发电设备平均利用时长1327小时；供电标准煤耗230.52克/千瓦时，综合厂用电率2.84%；储能电站充放电量7998万千瓦时。全年营业收入13.2亿元。亚（残）运期间，电厂3台燃机累计发电量6312.5万千瓦时，储能站响应电网调度30次，累计充放电量137.8万千瓦时，电厂受到杭州亚组委表扬。

【萧山电厂储能电站被推荐为国家试点示范项目】 2023年，萧山电厂储能电站共响应调度调峰指令879次，充放电7998万千瓦时，保障电网的安全稳定。萧山电厂储能电站项目是浙江省首个“十四五”新型储能电源侧示范项目。2021年12月开工，2022年8月投入运行。该项目第一阶段配置储能容量为50兆瓦/100兆瓦时，最高可储电10万千瓦时，其参与电网AGC频率调节能力相当于2台60万级燃煤机组，是一座集中布置、集中调控、独立统调的大型电化学储能示范电站。2023年2月24日，省发改委、省能源局发布《浙江省“十四五”新型储能示范项目计划（调整）》的通知，萧山电厂储能电站项目入选省电网侧储能示范项目。年底，萧山电厂储能电站项目被省能源局推荐为国家级试点示范项目。

【萧山电厂汪忠德技能大师工作室被评为电力企业“卓越创新工作室”】 2023年12月，中国职工技术协会电力专业委员会、企业管理杂志社发布《关于推介首届电力企业“卓越工作室”“卓越班组”的通知》，萧山电厂汪忠德技能大师工作室获评首届电力企业“卓越创新工作室”。该工作室成立于2015年，2017年被评为第一批省部属企事业职工高技能人才创新工作室，2020年被认定为浙江省技能大师工作室。工作室集聚和吸纳了一批生产技术骨干，有成员15人，其中高级工程师7人，工程师、技师8人，平均年龄41岁，3人先后被评为“浙江工匠”。

（胡少君）

企业选介

【奥展实业股份有限公司】 奥展实业股份有限公司（简称“奥展实业”）创立于2005年，专业从事不锈钢紧固件及线材研发、生产、销售和服务，提供不锈钢紧固件一站式供应。主要产品为各类高品质精密不锈钢、特殊不锈钢、镍基合金、铬不锈钢、高温合金、钛合金、铝合金、铜合金、碳素钢等材料紧固零部件及各种牌号高端不锈钢线材棒材。奥展实业以信息化、数字化、互联网和精细服务为驱动，自主开发“奥展易购”与“紧商网”，构建由全国136家专卖店与110家服务商及技术队伍组成的营销服务链和逐步一体化的全国紧固零部件物流配送，推动产业链、供应链、创新链、服务链、金融链的五链融合发展。企业先后获评浙江省“隐形冠军”企业、国家级专精特新“小巨人”企业、国家知识产权优势企业，是全国紧固件标准化技术委员会委员、铁道行业内燃机车标准化技术委员会委员，杭州市紧固件商会会长单位。拥有浙江省博士后工作站、浙江省奥展精密紧固件企业研究院、浙江省企业技术中心、国家CNAS认可实验室。参与起草国家标准10项、浙江制造标准1项，拥有国家专利79项（其中13项发明专利）、软件著作权5项。公司产品执行GB、DIN、ISO、JIS、ANSI/ASME等标准，通过德国PED、ROHS、SVHC认证。“奥展”牌紧固零部件广泛应用于高端装备制造、海洋工程、轨道交通、医疗器械、电子通信、航空、核电、电力、石化、建筑等行业。公司已通过GB/T 23001（两化融合管理体系）、GB/T 31950—2015（企业诚信管理体系）、IATF 16949、ISO/TS 22163、ISO 9001、ISO 14001、ISO 45001、GB/T 29490等体系认证。2023年，实现总销售超40亿元，行业排名全国领先。

【杭州永盛控股集团有限公司】 杭州永盛控股集团有限公司（简称“永盛控股集团”）创立于1993年，2004年组建杭州永盛控股集团有限公司。永盛控股集团主营业务涵盖高端化纤、印染生产与环保、3D打印、三维视觉、实业投资及贸易等领域。旗下拥有多家专业子公司，并在美国、德国及中国香港、上海等地设有多个子公司，市场遍及欧美、中东、东南亚等100多个国家和地区。集团入选杭州市总部企业、杭州市综合百强企业、萧山区百强企业、杭州市民营制造业和研发投入50强企业等名单。旗下企业杭州先临三维科技股份有限公司先后获中国专利优秀奖、省科技进步一等奖、省创造力百强等荣誉。先临三维通过“海关AEO高级认证”，并在高精度工业3D扫描和齿科数字化领域先后推出8款全新产品。易加三维完成股改，同时布局3D打印产业链——参股有朋新材，成功研发“1550”（EP-M1550）和“825”（EP-M825）等新产品，入选2023杭州市“独角兽”（“准独角兽”）企业榜单。杭州永盛高纤股份有限公司创新转型取得突破，成为中国尼龙行业差异化长丝的首创者，与“李宁”“安踏”等知名品牌开展合作，产品开始走向国际市场。杭州汇维仕永盛染整有限公司、浙江宏扬纺

2023年11月20日，杭州永盛控股集团成立30周年庆典在杭州国际博览中心举行。图为该集团为工龄20年以上的功勋员工颁奖

（王闵　摄）

织科技有限公司、永盛高纤杭州公司和南通公司、易加三维等企业通过省级专精特新企业认证。浙江宏扬纺织科技有限公司的智能化改造、储能降成本等工作成果明显。2023年，永盛控股集团及旗下企业销售额139亿元，利税总额比上年增长38.1%。

【浙江杭可科技股份有限公司】 浙江杭可科技股份有限公司（简称“杭可科技”）创建于2011年，是一家集销售、研发、制造、服务于一体的锂电池后端成套生产设备系统集成商。公司在锂电池后处理系统核心设备的研发、生产方面拥有核心技术和能力，产品销往日韩、欧美等国家和地区的头部电池企业，生产规模及市场占有率全球领先。2019年在上海证券交易所科创板上市。2023年，杭可科技实现产值58.26亿元，纳税1.69亿元。公司拥有研发人员1100余人，占总人数的30%，其中30岁以下研发人员占比达70%以上。公司拥有境内发明专利41项、境内实用新型专利277项，通过专利合作协定（PCT）途径正在申请的专利2项，获美国发明专利4项、日本专利5项；获认证的软件著作权20项。

【杭州联成华卓实业有限公司】 杭州联成华卓实业有限公司（简称“联成华卓”）成立于2012年1月，主营业务为生产中高档时尚服装服饰、鞋帽、家居用品等。联成华卓隶属于江南布衣服饰有限公司，品牌创立于1994年，2016年母公司在港交所上市，是国内设计师品牌服装的头部品牌、工信部重点培育纺织服装百家品牌。品牌组合包括JNBY、CROQUIS（速写）、jnby by JNBY、LESS、POMME DE TERRE（蓬马）、A PERSONAL NOTE（APN）及家居品牌JNBY HOME。联成华卓拥有市级高新技术研发中心及智能化物流仓储基地，是省经信厅认定的“省级智能工厂”“省制造业重点行业亩均效益领跑者”“省专精特新中小企业”。2023年，联成华卓年营业收入28.25亿元，比上年增长25%；利润总额5.14亿元，纳税2.89亿元。企业职工400人，34名员工通过杭州市高层次人才认定。全年研发经费投入1.94亿元，占营收的6.9%。全年新增授权专利45件、美术著作权239项，至年底，共有有效专利98件、美术著作权405项。联成华卓获评萧山区突出贡献企业、萧山区工业百强企业，萧山经济技术开发区财政贡献十强企业、工业十强企业。年底，联成华卓获“浙江省专精特新中小企业”“浙江省科技型中小企业”称号。江南布衣获评中国纺织服装品牌竞争力优势企业、中国服装行业百强，旗下品牌JNBY、LESS获年度十大类纺织创新产品。

2023年，浙江杭可科技股份有限公司坚持打造高质量、创新型、数字化的国际化锂电池装备智能制造企业。图为杭可科技工人们赶做订单 （张祥荣 摄于2023年2月15日）

【浙江万达汽车方向机有限公司】 浙江万达汽车方向机有限公司（简称“浙江万达公司”）创立于1996年，是国内专业从事汽车转向系统产品研发生产的一级汽车零部件供应商。公司是中国汽车工业协会转向器分委会的副理事长单位、国家火炬计划重点高新技术企业、中国汽车工业协会小行业龙头企业、浙江省专利示范企业，下设博士后科研工作站、浙江省院士专家工作站、浙江省万达汽车智能技术重点企业研究院、省级研发中心、省级企业技术中心等创新平台。产品获中国驰名商标、浙江省著名商标、浙江省名牌产品称号。公司年产各类电动转向管柱、转向器、机械转向管柱系列产品250万台（套），电动转向产品100万套，产品配套德国大众汽车集团、浙江吉利控股集团有限公司、广汽埃安汽车公司等国内外大中型汽车公司厂商。主导产品汽车转向器和转向管柱获多项奖项，拥有15件发明专利、36件实用新型专利；主持修订行业标准2项，参与修订行业标准3项。公司建立质量管理体系和产品研发体系，通过ISO 14001:2004及ISO/TS 16949:2009的认证。2023年，销售收入10.38亿元，比上年增长20%；主导产品销量增长37.75%。新引入7家主机厂客户，新项目订单增长，全年实现29款车型进入量产阶段。新增28个新产品开发项目，申报专利18项。

（施 亮）

责任编辑：张 静

商贸服务业

综述

【社会消费品零售总额 1006.21 亿元】 2023 年，萧山区实现批发和零售业增加值 202.3 亿元，比上年增长 3.6%。社会消费品零售总额 1006.21 亿元，首次突破 1000 亿元，增长 11.1%。其中，限额以上社会消费品零售总额 621.46 亿元，增长 14.6%。在限额以上批发零售贸易业零售额中，汽车类增长 24.5%，石油及制品类下降 0.2%，服装、鞋帽、针纺织品类增长 1.1%，日用品类下降 30.2%。

（言震宇）

【农贸市场及农副产品销售集散点改造提升三年行动】 2023 年 5 月 4 日，萧山区出台《杭州市萧山区农贸市场及农副产品销售集散点改造提升三年行动实施方案（2023—2025 年）》，推进农贸市场和农副产品销售集散点改造提升。计划到 2025 年底，改造提升现有农贸市场 23 家，总面积 11.74 万平方米；推进规划在建农贸市场 6 家，总面积 1.99 万平方米，提升规范农副产品销售集散点 52 家，致力改变设施简陋、管理不善、环境脏乱等现状，成为环境整洁、设施齐全、价格平实、安全放心、文明规范、群众满意的形象窗口。

（金峰峰）

【全国首批县域商业领跑县建设】 2023 年 11 月，萧山区入选全国首批县域商业领跑县。萧山区以全省首批县域商业体系建设示范县为契机，打造“亚运主赛地、消费首选地”品牌促进经济稳进提质，增强社会消费品零售增长内生动力。至年底，全区累计打造乡镇商贸中心 22 家、乡村便利店 4000 余个，服务覆盖率达 100%；物流体系打造方面，累计建设改造县级物流集散配送中心 12 个、乡镇物流分拨中心 8 个，快递进村累计数达 455 个，物流配送体系覆盖率达 100%。

（戴斯琪）

【“清廉粮仓”建设】 2023 年，萧山区作为全省粮食收储大区，率先开展绿色储粮标准化改造国家试点和收储质检信息化省级试点。5 月，启用粮食收储质检信息系统应用后，实现阳光收购粮食 7500 余车次、14 万余吨。出台《粮食质检信息管理系统规范》，为全省粮食质检信息管理运行提供经验支持。针对粮食领域“购销调存加”五大环节，独创“543 工作法”（防范化解五大风险、落实四项机制、打造三大场景），探索出具备示范性、借鉴性的“十剂粮方”，打造“浙江粮满仓　萧山有良方”特色品牌，为全省提供萧山经验和工作模式。区纪委监委创新应用粮食系统公权力大数据监督模型，实时抓取质量检验、入库出库、超标粮处置等关键节点数据进行预警，已构建预警模型 30 多个，全年监控粮油吞吐量 48 万吨，形成大数据穿透式监管粮食收购、轮换等业务的萧山特色做法。12 月 21 日，浙江省“清廉粮仓”建设现场推进会在萧山区召开。会前，与会人员现场观摩萧山粮方主题研学基地。会议发布《浙江省国有粮食企业建立企（库）务监督委员会工作规程》。

（封校威）

2023 年 12 月 21 日，浙江省“清廉粮仓”建设现场推进会在萧山区召开，与会人员现场观摩萧山粮方主题研学基地。图为萧山粮方故事馆　（区商务局　提供）

资料：

“十剂粮方”：萧粮收购有粮方，粮方一：公平秤，称出天地粮心；粮方二：粮驿站，惠民服务空间；粮方三：粮心码，杜绝人情粮食，萧粮销售有粮方；粮方四：数字检，质检信息透明，萧粮调拨有粮方；粮方五：出入单，粮调拨有记录；粮方六：运粮道，输出浙江好粮，萧粮储存有粮方；粮方七：全局屏，一屏纵观全域；粮方八：粮管家，管好国民口粮；粮方九：粮安仓，端稳中国饭碗，萧粮加工有粮方；粮方十：工艺线，道道把关品质。

【市心路商圈入选省级示范智慧商圈】 2023年，萧山区以市心路商圈为试点建设智慧商圈，打造“党建引领，数字赋能”“惠民惠企”智慧商圈萧山样板。12月，省商务厅公布第二批省级示范智慧商圈创建评审结果。萧山区市心路商圈入选省级示范智慧商圈，万象汇入选省级示范智慧商店，是萧山区首次获评省级示范智慧商圈和智慧商店。市心路商圈以市心路为核心轴，金惠路—工人路—彩虹大道—育才路组成的区域为四至范围。总商业面积300余万平方米，涵盖12个大型商业综合体及商业集聚地，总入驻商户数3000余家。2023年，市心路商圈实现人流量5000万人次，比上年增长10%；营业额65亿元，比上年增长8.3%。萧山万象汇从基础建设信息化、应用建设平台化、商场场景数字化、服务推送精准化和数据分析可视化等方面开展智慧商店全场景建设，坪效（营业额/门店面积）、客流均位列全国万象汇体系内首位。

（李恒姗）

批发和零售业

【概况】 2023年，萧山区实现社会消费品零售总额1006.21亿元，比上年增长11.1%，增幅排名全市第二，增量贡献居全省第一，萧山入选全国首批县城商业领跑县。全区有农贸市场59家、各类专业市场37家（含萧山商业城、浙江新农都物流中心）。有商贸综合体19家（其中在建3家）、市级高品质步行街1条、市级商业特色街1条。举办“浙味年货　共享新春”2023浙江网上年货节、“味美浙江”餐饮消费欢乐季、“新能源汽车走进大家”系列活动、第二十二届中国国际（萧山）汽车展、浙江省康养博览会等活动，打造“亚运主赛地、消费首选地”品牌。推进市心路商圈智慧化改造工作，获评省级示范智慧商圈。湘湖越界开街，成为品质消费新地标。全年打造“一刻钟便民生活圈”52个，推动县乡村三级实现商贸服务全覆盖、物流配送体系全覆盖。

（吴艺颖　金峰峰）

【消费提质升级】 2023年，萧山区围绕推动全区消费提质升级总目标，大力发展新消费、新零售、夜间经济，建设省、市智慧商圈和夜间经济集聚示范区。发布《新消费产业发展白皮书》《新消费发展三年行动计划》，为培育新消费产业奠定基础。东巢艺术公园被评为2023“杭州十大夜地标”，浙农·东巢艺术公园——落日夜市入选浙江省首批重点培育文旅市集。

2023年1月，“浙味年货　共享新春”2023浙江网上年货节在萧山区举办　（区商务局　提供）

（李恒姗）

【商品市场提档升级】 2023年，萧山区持续推进标准化智慧农贸市场建设，累计建成标准化智慧农贸市场33家，覆盖全区70%以上镇（街道）。全区配备商户屏一体机、智慧识别溯源秤等信息化设备2500余套，安装AI设备近千套，实现市场大门、主要通道、主要场景、熟食房等关键点位全覆盖。全年创建省政府民生实事放心市场8家，累计38家；“五化”（便利化、智慧化、人性化、特色化、规范化）农贸市场6家，累计24家。

（金峰峰）

【第十五届萧山购物节举办】 2023年9月8—10日，萧山区举办“畅享浙乡·绿色出行”全省新能源汽车下乡巡展暨第十五届萧山购物节。萧山区通过开展线上线下活动，在各镇（街道）组织开展重点活动20余场，推动新能源汽车进百村入百社到百企，开启千人试驾体验，实现线下活动超4万人。启动仪式上，吉利、特斯拉作为新能源车企代表发布新能源汽车下乡推荐目录、新能源汽车优惠政策和服务措施。活动现场汇集20多家新

2023年4月8日，“落日夜市2.0”在浙农·东巢艺术公园开启　（周煜程　摄）

能源汽车品牌，50多个车型参加展示展销，接待客流量1.83万人次，活动曝光量突破1000万人次，销售额达1.36亿元。

【“一刻钟便民生活圈”构建】 2023年，萧山区推进现代社区建设，持续打造“一刻钟便民生活圈”。至年底，打造“一刻钟便民生活圈”52个，全区累计打造“一刻钟便民生活圈”253个，其中高品质“一刻钟便民生活圈”41个，基本型“一刻钟便民生活圈”212个。

【开市客杭州首店开业】 2023年8月26日，开市客（Costco）杭州首店开业，这是开市客在中国大陆开设的第5家门店，也是浙江第2家门店。该店位于萧山区宁围街道鸿达路63号，属于自贸试验区杭州片区萧山区块，总投资额1.6亿美元，占地3.6公顷，交通邻近地铁19号线耕文路站。开市客杭州首店是仓储式超市，共3层，单层面积约1.8万平方米，其中一层为层高8米的卖场，二、三层及屋顶为停车场。开业当天客流量超过2万人次。

【开元广场开业】 2023年11月17日，萧山开元广场开业。开元广场位于萧山区蜀山街道，位于主干道市心南路西侧，处于奥体南板块中心位置，是地铁上盖的商业综合体，地下区域与杭州地铁2号线曹家桥站互通。广场以30万平方米的商业综合体与住宅组成约70万平方米的大型城市TOD综合体。商业综合体拥有杭州区域经营面积最大的永辉超市、配备全国仅两块的LED巨幕大屏的浙影时代影城、杭州区域第一家六代店孩子王等多家主力店铺。开业前三天客流量突破38万人次。

（戴斯琪）

【15家市场获评省星级文明规范市场】 2023年12月21日，省市场监管局公布2023年度拟评定三、四星级文明规范市场公示名单，萧山区15家市场入选。其中，4家商品市场被评为四星级市场，11家商品市场被评为三星级市场。区市场监管局以创星增星、示范创建为抓手，推动全区商品市场软硬件双提升，举办全区商品市场示范创建专题培训班，对照标准指导制定“一场一策”推进落实，全区累计创建星级市场50家（有效期为3年），三星级以上市场覆盖率54%，创建总量居省、市前列。

表27 2023年度萧山区省级三星、四星级文明规范市场一览表

序号	市场名称	星级
1	萧山市场建设开发服务有限公司德圣农贸市场	四星级
2	杭州萧山开发区启慧农贸市场	四星级
3	杭州国际珠宝城	四星级
4	杭州萧山红宝石家居博览城	四星级
5	杭州萧山盈丰农贸市场	三星级
6	杭州萧山四桥消费品市场	三星级
7	杭州萧山市场建设开发服务有限公司瓜沥第一农贸市场	三星级
8	杭州萧山市场建设开发服务有限公司瓜沥第二农贸市场	三星级
9	杭州萧山所前天乐农贸市场	三星级
10	杭州萧山盈丰橙柿农贸市场	三星级
11	杭州萧山宁围前湾农贸市场	三星级
12	杭州萧山市场建设开发服务有限公司香悦奥府农贸市场	三星级
13	杭州萧山浦阳消费品综合市场	三星级
14	杭州萧山新塘消费品综合市场	三星级
15	浙江中栋国际花木市场	三星级

（资料来源：区市场监管局）

（金峰峰）

【萧山商业城】 萧山商业城是一家综合性商贸城，占地20.27公顷，1992年10月建成开业，日人流量2万余人次。商业城内有总经销、总代理品牌1000余个，自创品牌130余个，涉及糖果、酒类、日化、医疗、百货、电器、五金工具等数十个行业。2023年，萧山商业城经营性收入比上年增长10.6%。通过商城中路两侧市场立面及基础设施修缮，道路、人行道改造，弱电架空线“上改下”整治，新增大型亚运会宣传广告等10余个工程项目，提升商城形象。通过交通区域化管理，整合停车位1200余个；通过“腾笼换鸟”，改造办公用房作为商铺进行出租；通过运营管理仓储市场，实现97间仓库全部出租；接管义桥星天地项目，推进商城管理品牌优势。亚运期间，制订相关保障工作方案，成立七大工作组，实行24小时值班机制，不间断对各道路、市场区域进行巡查，以安全稳定的环境护航亚运。年内，萧山商业城获评“全国商品交易市场最具影响力市场”“中国商品市场功勋市场”“中国商品市场综合百强市场”。

（戴　露）

电子商务

【概况】 2023年，萧山区实现网络零售额1308亿元，规模居全省第四位、全市第三位。至年底，萧山区在重点监测第三方电子商务平台上，有各类活跃网络零售网店约1.6万家，活跃网络零售网店总数居全市第二位。电子商务行业从业人员16万余人，数量居全市第二位。

【2023浙江网上年货节举办】 2023年1月9日，由浙江省商务厅、萧山区人民政府、浙江广播电视集团主办的“浙味年货共享新春”2023浙江网上年货节开幕仪式在萧山举行。活动自2022年12月30日开始，至2023年1月28日结束。年货节期间，举办包括阿里巴巴淘宝平台的“元宇宙年货节”、2023浙江网上年货节开幕、山区26县农特产品直播带货与线上展销等三大专场。全区有10家重点电商企业开展网上年货节相关活动，售卖商品种类6万余个，开展直播100余场次，覆盖400余万人次。

【萧山参展第十届中国（杭州）国际电子商务博览会】 2023年6月10—12日，2023第十届中国（杭州）国际电子商务博览会在杭州举办。萧山区在会场设立萧山主题馆，共有7家企业参展，浙江集远网络科技有限公司、西厨贝可电子商务有限公司、浙江浩迈科技有限公司等萧山知名电商企业，杭州微辣新零售科技有限公司、杭州缇苏文化传播有限公司等直播电商企业举行现场直播，萧山网上产业带、益农镇共智富农业电商园在现场展出萧山本地特色农产品，展现萧山电商发展。

【电商对口帮扶持续推进】 2023年，萧山区推动农村直播电商“共富工坊”建设，全年建设电商直播式共富工坊24个，促进乡村电商发展。为培养旺苍、隶定及龙泉本地电子商务人才，萧山区组织开展对口帮扶地区网上直播、电商致富带头人等电子商务培训，全年共组织开展东西部协作和山海协作电商培训19场，共培训723人次，助力对口地区电商人才建设。

（王　兵）

住宿和餐饮业

【概况】 2023年，萧山区限额以上餐饮企业实现营业额10.89亿元，比上年增长11.5%。年内，参加浙菜美食节暨第十一届厨师节并获多项荣誉，承办第四届萧山乡村文化旅游节美食展活动，参加第二十三届中国（杭州）美食节。组织参加2023年杭州市西式烹调师职业技能竞赛、参加第十五届萧山购物节萧山特色美食展活动。至年底，萧山区有星级酒店7家。其中，五星级3家：开元名都大酒店、金马饭店、第一世界大酒店；四星级3家：萧山宾馆、航民宾馆、宝盛宾馆；三星级1家：旅苑酒店。

（李恒姗　瞿晶晶）

【餐饮业品牌建设】 2023年12月18日，萧山区家乡园·喜宴楼获“六常”样板店授牌，同时启动“五钻”酒家创建。“六常”管理办法即常分类、常整理、常清洁、常维护、常规范和常教育。通过“六常”，达到所有物品“有名有家”、各类区域定人定岗、食品库存先进先出、自制食品保质保鲜的效果。家乡园·喜宴楼是区餐饮协会会长单位，在导入“六常”体系后，提高了餐饮服务效率，通过“六常”验收，争创“五钻”酒家，在业内起到示范引领作用。至年底，全区有“五钻”酒家7家、“四钻”酒家3家、杭帮菜大师3人、名店8家、名菜7个、名美食街1个。

【参加“舌尖上的杭州”厨神争霸赛】 2023年3月27—29日，萧山区组织杭州跨湖楼酒店周海峰，杭州博奥开元名都大酒店丁琦、余仲亮组队参加由市商务局等单位联合主办的“舌尖上的杭州”第十三季“‘余’你相约·‘浙’里杭帮”经典杭帮菜厨神争霸赛。经过晋级赛、决赛，周海峰制作的“杭帮之恋”、丁琦制作的宝塔肉获“经典杭帮菜传承奖”。

【“味美浙江”餐饮消费欢乐季活动】 2023年4月20—22日，由浙江省商务厅主办，杭州商务局和萧山区承办的“味美浙江”餐饮消费欢乐季在杭州国际博览中心举办展览活动。“味美浙江·萧山馆”主题为“萧山别有风味”，中心展台以亚运元素为主题布展，4个小展台以“古越文化”“奔竞潮头”“‘四千’精神”“亚运风采”为主题布展。其中“古越文化”展台放置的是“湘湖夜泊”（冷拼），“奔竞潮头”展台上摆着糖醋珊瑚鱼、清汤莼菜芙蓉鱼、盐烤钱塘江刀鱼。“‘四千’精神”展台上放着秘制萧山萝卜干，“亚运风采”展台有精致山鹤酥、传流荷花酥、象生马蹄果、风味茭白包、一品丝瓜包、萧山定糕。展馆中还有萧山特色菜肴。

【入选杭州市预制菜产业示范企业及杭帮菜传承人定向班】 2023年11月，杭州市首批预制菜产业示范企业和杭帮菜传承人定向班评定中，杭州宝盛配送服务有限公司入选为首批预制菜产业示范企业，浙江旅游职业学院23级烹调1班、23级烹调5班入选杭帮菜传承人定向班。浙江旅游职业学院也是唯一入选杭帮菜传承人定向班的单位。

【参加长三角地区绍兴菜烹饪邀请赛】 2023年11月12日，长三角地区绍兴菜烹饪邀请赛在绍兴举行，比赛由中国烹饪协会主办、浙江省餐饮行业协会、绍兴市商务局承办。萧山区餐饮行业协会选派会员单位5名选手参加。其中，杭州开元名都大酒店徐立刚获特金奖，钱江渔村韩梦情获金奖，跨湖楼大酒店张新、宝盛水博园大酒店陈佳琦获银奖，万怡酒店费春琳获创新奖，区餐饮行业协会获优秀组织奖。

【家宴厨师食品安全培训】 2023年11月30日、12月1日、12月4日，萧山区餐饮行业协会配合区市场监管局分3期对全区农村（社区）家宴厨师进行食品安全培训，共有551名家宴厨师参加，覆盖23个镇（街道）、平台，参训率超80%。课程结束后，为检验培训成果，参训厨师参加考试，区市场监管局对考试合格人员颁发家宴厨师培训合格证。

【农餐对接活动】 2023年12月11日，萧山区餐饮行业协会组织20家会员企业前往益农镇考察食材基地和开展农餐对接活动，加快推动农产品生产基地与餐饮企业无缝对接，以菜品推广拉动农业订单生产，实现菜品与农产品双赢发展。对接活动中，益农镇介绍特色农业情况，会员企业代表实地考察萧山伟友农业、杭州步天农业、萧山益丰、汇友家庭农场、杭州亿舟农业等特色种植养殖基地，举办调研选品交流会，就如何直接对接，如何种养有需求、有萧山特色、成规模的农产品等问题进行探讨交流。

（李恒姗）

粮食流通与管理

【概况】 2023年，萧山区收购订单粮食8.83万吨，比上年增长39%，订单收购量创25年来最高。其中，小麦2.56万吨，增长92%；早稻0.65万吨，增长38%；晚稻5.62万吨，增长23%。落实年度区级储备粮油新增任务和轮换计划，确保区级储备粮油数量真实、质量良好、储存安全。推进全国绿色储粮标准化试点和全省粮食收储质检信息化试点项目建设，推动新开河粮库迁建和救灾物资储备库新建项目开工建设。承办全省清廉粮仓建设现场推进会。

【粮食收购政策执行】 2023年，萧山区实施小麦、早稻、晚稻三季齐全的订单粮食收购政策，每50千克订单粮食收购价格（三等，下同）分别为小麦120元、早籼稻130元、晚籼稻133元、晚粳稻135元，并根据粮食订单质量给予相应奖励与补贴，做到按质论价、优质优价。对符合要求的“五优联动”（即优粮优产、优粮优购、优粮优储、优粮优加、优粮优销）稻谷“嘉优6号”“浙粳100”及“浙禾香2号”在收购价格基础上每50千克分别加价7元、7元及10元收购。

【政策性库存粮食清查】 2023年，萧山区开展粮油库存检查工作，做好全年储粮安全普查和“一符四无”（“一符”：账实相符；“四无”：无害虫、无变质、无鼠雀、无事故）粮仓鉴定及政策性粮食库存监督检查工作，实现安全储粮无事故。5月，省粮食局组织交叉检查组对萧山区政策性粮油库存开展检查工作，听取全区粮油库存检查自查情况报告，并对中心粮库、市东中心粮库等库点进行政策性粮油全面检查。检查组肯定萧山区粮油储备工作，认为库存数量真实、品质优良，储粮安全规范。

【粮食市场监测】 2023年，萧山区开展粮食市场监测工作，抽样检查55户城镇居民、35户农户及30家区内入统粮油经营（转化）企业粮油消费情况并汇总分析。全年全区粮食产量7.05万吨，消费总量55.51万吨，产需缺口48.46万吨，粮食总量占消费总量的12.7%；食用植物油产量2558吨，消费总量3.69万吨，产需缺口3.73万吨，食用植物油产量占消费总量的6.5%。

【粮食领域数字化改革】 2023年，萧山区作为全省粮食收储质检信息化唯一区县级试点，在中心粮库率先开发粮食收储质检信息管理系统，实现检化验数据直采、阳光收购质检闭环运行。系统在中心粮库、益农粮库实现全面推广，已阳光收购粮食7500余车次、14万余吨。迭代升级粮食保供数字应用场景“供需一张图”监测系统。

【绿色储粮国家试点】 2023年，萧山区持续推进全国绿色储粮标准化试点项目建设，对中心粮库仓房进行气密性改造和设施设备更新升级，建成数字驾驶舱，仓内视频监控、粮温粮情、安全警报等数据实现与“浙江粮仓”数字化平台的对接，提升绿色储粮水平，实现粮库智慧化和数字化管理。

（封校威）

供销合作

【概况】 2023年，萧山区供销系统总经营收入112.5亿元，比上年增长4.7%；实现利润2.05亿元，纳税总额达2.3亿元。区供销联社获省、市供销系统2023年度综合业绩考评优秀单位、全省供销社县域流通服务网络建设优秀单位；浙江万丰企业集团公司获评萧山区突出贡献企业，居杭州市综合百强企业第65位、浙江省百强服务业第70位。

【“三位一体”改革】 2023年，萧山区供销系统推进萧山特色生产、供销、信用“三位一体”综合改革。深化“1＋5＋N”为农服务体系，涵盖1个区级农民合作经济组织联合会（简称农合联）、5个片区农合联5家农事服务中心、12个产业农合联、35个村级服务社、30个庄稼医院、265个农资网点等服务窗口，吸收会员262家，联结带动农户1.9万户。组建1家水产产业农合联，完成三围村芹菜五星级产业农合联评定。12月，区供销联社入选省供销社2024年深化农村“三位一体”改革实施县名单。

【为农服务】 2023年，萧山区供销系统以萧山农资公司与农资网点、庄稼医院为依托，实施农业“科技强农、机械强农”行动，做好春耕备耕等农业生产服务，推进设施农业现代化提升和绿色农业发展，优化为农服务能力，全年供应化肥60008吨、农药1967吨、农膜1011吨，其中，种子销售额2586.8万元，比上年增长40.5%。区内农资市场供应率稳定在70%以上。依托萧农、萧东植保合作社平台，为27个镇（街道、农场、平台）179户种植1.09万公顷粮油作物提供统防统治服务，无人机飞防作业3364.67公顷，处置农业废弃物208.36吨。引进、展示、示范新优农作物品种63个，基地培育选送的两个新优樱桃番茄品种在杭州首届“十大精品番茄”赛中获金奖。完善农产品购销体系，开设第5家“有得儿菜”直营店，新增供销臻选超市、新托管市场各1家。

【供销系统共同富裕建设】 2023年，萧山区供销系统持续深化“浦供伊家·幸福工坊”运作，与宁围、浦阳、蜀山、临浦等镇（街道）组建强村公司，承接道路绿化养护、公路管理养护、市政水利工程、河道保洁、物业管理、停车场管理等共富产业。其中，强村物业公司进驻宁围街道 5 个安置房小区，物管服务在管项目 17 个，服务总面积 403.36 万平方米。区供销联社所属 16 个基层党组织先后与 30 多个村（社区）打造“党建引领、以链促产、以智促治、扩圈共富”的五级联动共建共富党建联盟，开展农业技术培训、普惠金融政策宣传、“供销市集”等活动。区供销联社与龙泉市供销社达成《山海协作帮扶协议》，在农特产品销售、特色产业可持续发展等领域开展帮扶的同时，给予资金和政策帮扶。

【社有经济提升】 2023 年，萧山区供销系统下属万丰石油公司和萧投能源公司优化营销举措，分别实现销售收入 20.91 亿元和 31.09 亿元。杭州萧山万丰医药有限责任公司、杭州万丰置业有限公司、钱江蔬菜公司效益增长明显，农发旅行社营收再创新高。浙江环强再生资源开发集团有限公司深挖大件垃圾清运处置工作，回收有害垃圾 53.63 吨、低价值物品 650.68 吨、大件垃圾 4958.53 吨、可回收物 1.24 万吨。大件垃圾上门服务工作已延伸至主城区 6 个街道及所前镇。招引新疆天业资本和资源导入供应链项目，全年完成货物吞吐量 49.7 万吨，比上年增长 400%。首旅南苑凯豪酒店（原金马国际酒店）完成装修改造升级，进入试营业阶段。区供销系统资产全面实行公开拍租，资产价值得到提升，全系统租金比上年增长 6.47%。

【基层供销社建设】 2023 年，萧山区供销系统持续加强基层供销社建设。城厢社依托校企合作，拓展绿化养护业务，新增两家业务单位。瓜沥社推动农产品进社区、进超市、进展销会，与滨江区七彩集团七彩邻里生活服务公司签订《农产品长期供货合同》。临浦社联合詹家埭社区共同组建“尚田农业”强村公司，提供食材原料配送、净菜配送、餐饮等服务，援助社区农业生产和乡村建设。三江社停车场新引进便民共享自助洗车机，新增停车场 3 个，新增车位 220 余个。义盛社打造稻虾产业农合联，销售小龙虾 3.9 万千克、稻虾米 4.7 吨，并与庆丰村、龚老汉集团合作打造稻虾湾龚老汉餐厅。

【“GONG 萧 GONG 富”产销联盟】 2023 年，萧山区依托自有农产品流通网点阵地和渠道资源，打造“GONG 萧 GONG 富”农产品产销联盟，推动农产品生产端、销售端、服务端资源融合。重点打造农产品之家等核心门店，并扩面布网，对接村（社区）服务驿站，通过线上+线下、零售+配送等方式，集中展销本土产地直供优质新鲜农产品、对口帮扶特色商品。至年底，“GONG 萧 GONG 富”农产品产销联盟布点覆盖瓜沥、临浦、宁围、盈丰、新街等镇（街道）及周边滨江区、钱塘区的网点 130 家，联结带动全区范围内农业经营主体 197 家、农产品品种 400 余个，助销金额 1200 万元。年内，“GONG 萧 GONG 富”农产品产销联盟入选区第二批共富实践案例。

【供销系统保障亚运】 2023 年，萧山区供销系统以“绿色亚运·美丽萧山”建设为重点，完成亚运村周边 166.33 公顷绿化景观工程和亚运村东侧 589.67 公顷环境提升项目。承接并如期完成“完善与提升奥体核心区以及亚运村的照明景观效果”应急任务。提升下属 18 家农贸市场功能与环境，为亚运后勤保障人员配送物资 6000 余份。完成亚运“屯兵”服务保障，为 1100 名亚运安保人员提供后勤食宿。做好萧山体育中心场馆、杭州国际博览中心等 16 处点位可回收物、有害垃圾的清运回收工作。落实全系统消防重点单位和石油危化品行业两大风险点及“一厂多租”、出租房、沿街店铺、市场商超等场所防范措施。

2023 年 6 月 16 日，萧山区农产品之家开业（毛羽丰　摄）

【萧山区农产品之家开业】 2023 年 6 月 16 日，萧山区农产品之家启用开业，同时还发布萧山“农联优品”标识。区农产品之家是萧山区实施推进的市级共富试点重点项目之一，位于市心北路 299 号，占地 1200 平方米。区农产品之家是汇集萧山各类名特优农产品的产销平台，按照“农合联+会员单位+关联农户+专业团队”模式运营，拓展线上线下同步的农产品销售渠道，加快完善萧山区农产品流通体系建设，打通萧山农特产品从田间地头到消费市场的“最后一公里”。至年底，区农产品之家销售额达到 169 万元。

（李晶聪）

专项经营

【烟草专卖】 2023 年，萧山区卷烟总销量 9.86 万箱，比上年增长 1.9%；批发销售额 54.43 亿元，增长 4.6%；毛利 15.63 亿元，增长 4.9%。区烟草专卖局（分公司）全年受理许可类事项 4490 件，网上办理率 99.95%，按期办结率 100%。集中做好辖区 2800 余本烟草专卖零售许可证的到期延续换发工作，确保延续事项告知到位、分片管理、一网通办、严格审批。普法宣传提质增效，打造线上线下普法宣传双阵地。烟草法治宣传教育基地全年接待行业内外单位、社会群体等参观对象 51 批次 1900 余人。加强安全管理，至年底，双重预防机制下的安全网格化建设实现在萧山烟草各部门和网点的落地应用，为企业健康发展提供保障。

2023 年，萧山区烟草专卖局（分公司）加大对重点品牌的培育力度，完成重点品牌销售 8.98 万箱，比上年增长 2.3%；定制品牌销售 1290 箱，其中“云端”系列销售 189 箱，“玉溪（创客）”销售 1021 箱。面对雪茄烟消费市场低迷的不利形势，全年完成机制雪茄销量 145 万支，增长 4.8%；手工雪茄销量 10.22 万支，增长 19.3%。

2023 年，萧山区烟草专卖局（分公司）查获违法案件 1638 起、违法卷烟 14.52 万条。查获私假烟案件 1039 起，查扣私假烟 3.88 万条、烟丝 140 千克。市场监管不断加强，查获异常流入卷烟 10.64 万条。电子烟监管稳步推进，查获违法电子烟产品 5362 个，查处涉电子烟案件 12 起。查处向未成年人售烟案件 5 起。破获国标网络案 2 起，其中特级国标网络案 1 起、三级网络案 1 起，累计追刑 149 人。

（孙文爽）

【成品油销售】 2023 年，萧山区各成品油经营企业零售成品油 73.07 万吨。其中，汽油 50.49 万吨、柴油 22.58 万吨。至年底，全区有在营加油站点 128 座。萧山区组织各部门开展成品油安全生产大检查。在元旦、春节、国庆等重大节庆节点前，联合相关部门以及属地开展安全生产联合大检查，做到“全覆盖、零容忍、严执法、重实效”，建立健全安全生产责任体系，排查和化解各类安全生产风险，遏制生产事故的发生。全年开展部门联合执法 14 次，依法取缔非法成品油网点 7 个，暂扣非法改装流动油罐车 7 辆，查扣非法油品 20 余吨。

（傅　涵）

居民服务业

【概况】 2023 年，萧山区有从事居民服务业的市场经营主体 13587 户，比上年增长 4.9%，其中个体户 10273 户，增长 7.4%。全年新增居民服务类市场经营主体 2502 户，增长 18.9%，其中新增个体户 2031 户，增长 22.5%。全年注销居民服务业市场经营主体 1287 户，其中个体户 958 户、私营企业 306 户。居民服务业涉及的市场经营主体主要分布于理发及美容服务 2711 家、修理业 2587 家、洗浴足浴及养生保健服务 1325 家。

【个体工商户主体发展】 2023 年末，萧山区有居民服务业个体工商户市场经营主体 10273 户，数量列行业分布第三位，仅次于批发零售业、住宿餐饮业。其中，新增居民服务业个体工商户 2031 户，占全年新增居民服务市场经营主体总数的 81.2%。

【理发及美容业持续增长】 2023 年末，萧山区有理发及美容业市场经营主体 2705 户，比上年增长 6.7%，其中个体工商户 2532 户。全年新增理发及美容服务市场经营主体 684 户，其中新增个体工商户 637 户，占新增数的 93.1%。

【洗浴和保健养生服务业大幅增长】 2023 年末，萧山区有洗浴和保健养生市场经营主体 1324 户，比上年增长 70.4%，其中个体工商户 1203 户。全年新增洗浴和保健养生市场经营主体 498 户，其中新增个体工商户 461 户，占新增数的 92.6%。

（苏瑶依）

汽车流通市场

【概况】 2023 年，萧山区汽车流通行业年销售总额 516.73 亿元。其中，新车销售额 498.64 亿元，包括浙江世纪汽车市场销售新车 56965 辆、销售额 100.14 亿元，区各 4S 店销售新车 135175 辆、销售额 398.5 亿元；全区二手车销售额 18.09 亿元。全区汽配年销售额 42.12 亿元。全区汽车担保额约 10 亿元。

【汽车展销活动】 2023 年，萧山区先后举办 3 次大型汽车展销会。3 月 24—26 日、9 月 8—10 日分别举办春季媒体汽车展和秋季媒体汽车展。其中，春季媒体汽车展有 30 余个品牌参展，销售各类汽车 413 辆、销售额 6975.6 万元，预订新车 329 辆、预订额 5978.5 万元，二手车成交 129 辆、成交额 735.3 万元。12 月 8—10 日举办第二十二届中国国际（萧山）汽车展，销售各类汽车 622 辆、销售额 1.11 亿元，预订新车 403 辆、预订额 6665 万元，二手车成交 135 辆、成交额 810 万元。

（言震宇）

【“新能源汽车走进大家”系列活动】 2023 年，萧山区组织 25 个镇（街道、平台）开展“新能源汽车走进大家”系列活动，通过部门—镇（街道）—车企三方联动，按照“一镇一场一特色”要求，通过车展、试乘试驾、知识讲堂等形式，开展系列活动 27 场，线下参加活动 4.5 万人次。

【汽车购车补贴发放】 2023 年，萧山区共发放汽车消费补贴 2.7 亿元，撬动社会消费品零售总额增长 80 亿元，发放额度居全市第一、全省前列。其中，10 月推出“亚运主赛地·消费首选地”消费年·乐购金秋汽车消费补贴，总计 8000 万元，在萧山区 62 家汽车销售企业购买车辆，均可享受一定数额补贴。

（戴斯琪）

2023 年 5 月，萧山区举办“新能源汽车走进大家”系列活动　（区商务局　提供）

会展业

【概况】 2023年，萧山区会议型酒店及会展场馆共举办展览52场，比上年增长92.6%；参展面积86.4万平方米，增长51.3%。全年举办各类会议3025场，增长52.1%，其中千人以上会议45场，增长542.8%。全区直接会展营收11.31亿元，增长89.5%。

【会展场馆建设】 至2023年底，位于南阳街道的杭州大会展中心一期项目完成全部钢结构工程、全部展厅及登录厅金属屋面。位于钱江世纪城的杭州国际博览中心二期建设顺利推进，完成总工程量的50%。

【会展产业推进】 2023年，萧山区引入CIE美妆创新展、中国（杭州）户外露营生活展、2023嗨创周·泛母婴生态创新周、2023U设计周等年轻化品牌展会。保障第二届全球数字贸易博览会、第五届中国国际茶叶博览会、第五届浙江国际智慧交通产业博览会等重大会展项目。重点支持2023中国（杭州）国际半导体产业高峰论坛、中国国际羽绒博览会、新原力论坛等产业会展活动。

【会展国际化水平提升】 2023年，萧山区举办4场UFI认证的展览，包括第二十三届中国杭州国际汽车工业展览会、第三十届中国（杭州）国际纺织服装供应链博览会、第五届中国国际茶叶博览会、第三十一届中国（杭州）国际纺织服装供应链。举办1场ICCA认证会议：由联合国主办的国际数据与统计大会——第四届联合国世界数据论坛。2月24日，世界旅游联盟总部正式启用；11月，英富曼会展集团旗下品牌展览CBE美博会落户萧山。

（汪遥遥）

市民卡服务

【概况】 2023年，杭州萧山市民卡有限公司（简称“萧山市民卡公司”）各服务网点柜面及线上业务总量为50.58万笔，比上年增长39.48%；共制卡24.26万张，增长42.64%。年内，萧山市民卡公司获评2022年度区“文明单位”、2022年度区“政务服务优胜单位”、2021—2022年度区“三八红旗集体”、2023年度区“四星级”清廉国企；3个驻区政务服务中心市民卡窗口网点均获2023年度区“红旗窗口”。

【市民卡升级为浙江省第三代社会保障卡】 2023年12月1日起，杭州市正式停用无金融功能的第一代社保卡（市民卡），包括医保结算、公共交通等应用场景。市民卡全面升级为浙江省第三代社会保障卡。第三代社保卡（市民卡）实现151个居民服务事项，支持全国社保卡通用，覆盖五大领域：政务服务“一卡通办”。支持在人社、科技、公安、民政、医保、自然资源、建委、体育、残联等20余个部门，以及综合政务服务自助设备上办理政务事项。待遇补贴“一卡通惠”。支持人社、教育、财政、民政、司法、卫健、自然资源、建设、农业农村、医保、残联、工会等10余个部门50多项补贴的领取。就医购药“一卡通医”。实现医疗保险、工伤保险、生育保险等医疗费即时结算，实现全国异地联网结算医院一卡通结。交通出行“一卡通乘”。在杭州市刷卡（钱包区）乘坐地铁、公交、水上巴士分别享有不同折扣；开通互通互联功能后，还支持在全国300余个交通一卡通互联互通城市公共交通出行。文化旅游“一卡通游”。支持在杭州市及下辖各区县17个图书馆刷卡免费借阅图书、35个国家AAA级以上旅游景区购票后刷卡入园（部分景点可使用公园年卡）和43家博物馆刷卡入馆参观。

【市民卡15分钟便民圈建设】 2023年，萧山市民卡公司全面启动银行网点快速发卡建设工作，协同6家合作银行（萧山农商银行、工商银行、邮政储蓄银行、中信银行、农业银行、建设银行）有序开展制卡网点部署，共85家网点实现现场制发卡服务，银行网点的领卡从原有5—10个工作日提速至30分钟，切实打通市民卡服务“最后一公里”，推动群众满意度不断提升。

（傅婕妤）

责任编辑：张　静

对口支援与区域合作

综述

【萧山区对口支援与区域合作结对单位】 2023年，萧山区承担对口支援四川省甘孜藏族自治州康定市、东西部协作四川省广元市旺苍县任务。与浙江省龙泉市开展山海协作结对合作。支持浙江省杭州市淳安县中洲镇徐家村和姜家镇郭村乡村振兴示范点。与吉林省长春市绿园区、公主岭市建立对口合作结对关系。与湖北省利川市建立革命老区合作关系。与安徽省宿州市宿马园区建立合作帮扶结对关系。

【区政府常务会议专题研究对口支援和区域合作工作】 2023年8月，区政府召开全区2023年度对口支援和区域合作工作部署会议，回顾总结2022年全区对口工作，解读对口工作的内涵和工作重难点，对市支援合作局下达的对口工作年度任务指标进行责任分解，部署2023年全区对口支援合作各项工作。11月，区政府常务会议专题听取区发改局（对口支援和区域合作局）关于萧山区2023年对口工作情况及下阶段工作计划，萧山区与利川市对口合作工作实施方案以及合作共建宿马萧山产业园区框架协议的汇报；会议明确萧山区和利川市、宿马园区的合作方向，对下阶段对口工作提出提高思想认识、扎实推进工作、注重工作创新的要求。

【对口帮扶考察】 2023年6月5—6日，市委常委、区委书记王敏率区党政代表团，到四川省康定市考察调研对口支援工作。其间，考察康定市图书馆、康定市文化馆等对口支援援建项目，并举行康定市图书馆揭牌仪式，召开萧山康定对口支援联席会议。会上，区工商联、区中小企业联合商会及热心企业代表为康定市新都桥“萧康友谊”幼儿园捐款并揭牌。6月7—8日，市委常委、区委书记王敏率区党政代表团，到四川省旺苍县考察调研东西部协作工作。其间，考察旺苍茶叶科创中心、萧山旺苍佰章幼儿园等东西部协作援建项目，看望慰问当地脱贫群众，召开萧山旺苍东西部协作工作联席会议，并为旺苍县首个强村公司揭牌，向旺苍县捐赠帮扶资金200万元；萧山区对口支援领导小组办公室为高阳镇水晶坝援建“萧山桥”，萧山区河上镇与旺苍龙凤镇签订稻虾共作基地结对帮扶协议并捐赠帮扶资金20万元，传化慈善基金会向旺苍县捐赠传化安心卫生室援建项目资金。

【对口支援信息宣传】 2023年，萧山区康定市帮扶工作分队年度工作简报获区委主要领导批示，向杭州市报送的《萧山区对口支援康定市工作连续两年获得四川省考核优秀》信息获市政府领导批示，向区领导报送的《我区对口支援康定工作再获四川省考核优秀》信息获区委、区政府主要领导批示。在新华社、《人民日报》、中国网、中国新闻网等国家级媒体网络平台刊发《四川旺苍：直播孵化基地“十百千行动计划”，助力东西部协作提档升级》《携手育桃李：浙江联手甘孜九龙开启教育帮扶新模式》等报道11篇。

2023年5月31日，萧山区消费帮扶专项推介会召开

（区发改局 提供）

【消费帮扶专项推介】 2023年5月，萧山区举办消费帮扶专项推介会。活动由杭州市对口支援和区域合作局指导，区发改局（对口支援和区域合作局）和区总工会联合主办，浙江天顺控股集团有限公司、浙江农合生态农业科技有限公司等联合承办，全区各机关事业单位、国有企业，镇（街道）、平台，在萧山部分高职院校及区内企业代表的工会、后勤采购负责人参加活动。推介会在展示萧山区各对口地区优质农特产品的同时，也搭建了一个对口合作地区优质农特产品展示的平台，畅通消费帮扶产品的采购渠道，加大萧山消费帮扶工作力度。

（施祺平）

东西部协作

【概况】 2023年，萧山区超额完成市对口支援办公室下达的东西部协作任务指标。其中，参与结对帮扶的学校6个，参与结对帮扶的医院4个；帮助四川省农村劳动力到浙江省就业1701人，帮助四川省农村劳动力在当地就近就业1768人，帮助四川省农村劳动力到其他地区就业830人，培训四川省农村劳动力1553人（其中培训四川省脱贫人口855人），采购、销售结对地区特色农产品1.5亿元；动员社会捐赠款物折合人民币1084.5万元，帮助四川省打造乡村振兴示范村5个，参与结对的东部企业32个，参与结对的东部社会组织5个。

【共同富裕】 2023年，萧山区在旺苍县复制推广萧山区在浙江省首创的共同富裕建设经验，协助旺苍县成立强村公司，助推村级集体经济发展，增强村级集体经济造血功能，推动集体经济从“保底型”向“发展型”转变。全年引导企业到四川省投资兴业19家，实际投资额12.74亿元，企业吸纳农村劳动力就业754人（其中企业吸纳脱贫人口就业199人）；共建产业园区4个，新增引导到园区落地的企业4个，引导到园区落地企业实际投资额1.81亿元，入园企业吸纳农村劳动力就业172人（其中入园企业吸纳脱贫人口就业88人）；援建车间10个，吸纳农村劳动力就业129人（其中脱贫人口118人）。

【智力援助】 2023年，萧山区接收康定市、旺苍县短期专业技术人才19人，接收康定市、旺苍县挂职和跟班学习干部5人，接收西部到萧山进修卫健专业技术人才10人。向四川省选派专业技术人员28人，其中帮扶时间1—6个月的16人、7—12个月的8人、12个月以上的4人。培训四川省乡村振兴干部882人、乡村振兴人才2199人。

【劳务协作】 2023年，萧山区根据对口支援地区与自身两地供需实际，深化劳务协作成果，开发东西部劳务协作应用场景等，促进两地劳务协作工作有序开展。全年向康定市、旺苍县推送就业岗位2.4万个。举办东西部协作培训班40期，培训劳动力1553人次，其中脱贫人口855人。举办线上东西部劳务协作专场招聘活动3场，参加企业24家，参会人员3800余人。

【医疗卫生协作】 2023年，萧山区有3家卫生健康单位与康定市、旺苍县建立结对协作关系。全区向西部选派专业技术人员20人，完成门（急）诊、会诊4276人次，完成手术529例；在受援当地举办培训讲座119次，培训人员1620人次；举办义诊活动21次，惠及群众684人次。5月18日，萧山—旺苍两地通过远程视频会议，召开“呼吸疑难病和肺部肿瘤常态化MDT（多学科诊疗模式）”启动会。“呼吸疑难病及肺部肿瘤常态化远程MDT”由萧山区第一人民医院牵头，市重点学科呼吸与危重症医学科承办，涵盖10余个科室，参与200余人，每月定期开展疑难病例、肺部肿瘤病例讨论。萧山区第一人民医院还参与卒中、胸痛中心建设，在旺苍县实施“全县心电一张网”工程，旺苍卒中、胸痛中心技术水平通过国家评审。

【萧山区企业与康定乡村签订结对协议】 2023年10月30日，萧山区工商联组织部分企业在康定市开展“万企兴万村”结对活动。杭州华利实业集团有限公司与康定市孔玉乡河坝村，圣奥科技股份有限公司与康定市新都桥镇营官村分别签订“万企兴万村”结对协议。区工商联向康定市捐赠34万元，用于萧山—康定“万企兴万村”相关工作。

【萧山旺苍佰章幼儿园开园】 2023年12月1日，以“感恩奋进　共创未来”为主题的东西部协作——萧山旺苍佰章幼儿园开园仪式举行。萧山旺苍佰章幼儿园占地面积5886平方米，含幼儿活动室12间、功能室5间、教师办公室及会议室11间，室外幼儿活动场地涵盖户外活动区、戏水区、大型玩具区、涂鸦区、种植区、攀爬区等多个功能分区。园区能容纳12个班360名幼儿。萧山旺苍佰章幼儿园与萧山湘湖幼儿园建立学校结对帮扶关系，遵循“百样童年　大有文章”办园理念，关注幼儿创造力培养，尊重幼儿个性，打造“百样”文化，建立“百样”乐园。

（施祺平）

2023年12月1日，萧山旺苍佰章幼儿园开园

（区发改局　提供）

山海协作

【概况】 2023年，萧山区协助龙泉市实施产业项目21个（含续建），到位资金5.14亿元；培训劳动力562人次；在农业农村、教育、卫生、社科、供销社等系统（领域）开展合作交流并签约合作协议5个；消费帮扶销售额1338万元；拨付乡村振兴示范点援建资金660万元、镇（街道）结对帮扶资金250万元；区农业农村局向龙泉市安仁镇安福村、小梅镇大窑村捐赠省级结对帮扶资金100万元，并签订结对帮扶合作协议；与龙泉市建立萧山—龙泉“产业飞地”工作协调专班，争取到省级奖励资金2400万元。

【产业合作】 2023年，萧山区推进萧山—龙泉山海协作“产业飞地”建设，至年底，浙江九象机械制造项目和浙江万鼎汽车零部件智能化工厂两个先行启动项目进入试生产阶段。区供销合作社与龙泉市供销合作社签订“山海协作”帮扶协议，两地共同构建“优势互补、互惠互利、长期协作、共同发展”格局，助力山海共富迭代升级。区经信局组织长三角（杭州）制造业数字化能力中心赴龙泉市开展制造业高质量发展结对交流并签订战略合作协议，双方将围绕数字化标杆项目培育、数字化人才培养、数字化赋能平台建设等方面建立长效合作机制，发挥能力中心在专家、技术、生态等方面的资源优势，结合龙泉经济开发区的制造产业特点，共同探索具有龙泉特色的制造业数字化转型路径。

【山海协作领域拓宽】 2023年3月10日，根据全省“县中崛起”行动计划，萧山中学与龙泉一中签订“一对一”结对帮扶协议，两校围绕建设高质量教育体系，通过资源共享、管理共建、教师共培和学生共育，促进教育交流深度融合。7月19日，区中医院与龙泉市中医医院签订《杭州市萧山区中医院与龙泉市中医医院“山海协作工程”协议书》，在前两轮的基础上，在医疗服务、科研教育、重点专科建设上继续提供技术指导和医疗帮扶。8月，全省首个“山海协作”专家服务基地落户萧山，由钱江特聘专家、特殊津贴专家、青年拔尖专家、省市特级专家等多领域、多门类专家代表组建的“钱潮助萧龙”特聘专家团正式成立，为山海企业破解技术难题、推动产业升级提供持续化、常态化的智力支持。8月28日，区社科联与龙泉市社科联签订《萧山区社科联、龙泉市社科联山海协作哲学社会科学战略合作协议》，为两地共同探索多层次、全方位、常态化合作交流机制，实现“资源共享、优势互补、相互促进、共同发展”，推动山区县高质量发展提供理论支撑和智力支持。

对口合作

【萧山区与湖北省恩施土家族苗族自治州利川市合作】 2023年8月17—19日，萧山区代表团访问湖北省恩施土家族苗族自治州利川市期间，两地签订《革命老区对口合作框架协议》，明确围绕传承弘扬红色文化、推进乡村振兴建设、深化两地产业合作、促进社会事业合作、促进绿色低碳发展等方面加强交流合作。为高标准、高质量推进对口合作工作，两地政府联合印发《关于印发萧山区与利川市对口合作工作实施方案（2023—2025年）的通知》，明确两地合作内容和领域。两地教育、卫生、生态环境、文旅、大数据局等部门建立联系，萧山经济技术开发区与利川市经济技术开发区就利川萧山产业园合作事宜达成初步合作意向，产业协作有序展开。11月15日，萧山—利川革命老区对口合作联席会议召开，双方围绕红色文化、乡村振兴、公共服务、绿色低碳、产业平台等领域合作进行交流，两地组织部门就利川萧山党员教育实践基地进行签约。

【萧山区与安徽省宿州市宿马园区合作】 2023年，萧山区与安徽省宿州市宿马园区推进干部互派挂职，加深两地间联系和交流。区工商联先后组织31家企业赴宿马园区考察产业投资环境，探索产业合作方向。12月22日，安徽省宿州市马鞍山现代产业园区管委会代表团到萧山区考察学习，对接合作帮扶工作。在萧山区—宿马园区结对合作帮扶座谈会上，双方签署《合作共建宿马萧山产业园区框架协议》，明确在宿马园区内划定33.33公顷范围挂牌萧山产业园，复制推广萧山区经验和做法，共同探索跨区域产业协同发展新路径。

（施祺平）

责任编辑：张　静

交通

综述

【亚运会交通保障】 2023年，萧山区完成亚运会火炬接力、亚运会开（闭）幕式、亚残运会火炬接力、亚残运会开（闭）幕式、涉外运动员接待饭店和涉外媒体酒店的各项运输保障任务，共调派各类客运车辆1177辆次，运送涉亚人员2.50万人次，调度出租汽车800班次，并安排现场管控人员630人次。配合做好城市外围车辆集散停车工作，安排区内停车场2处。协助完善硬件配套设施，编制配套服务实施细则，做好方案指导、检查督导、工作协调等，同时细化停车场服务保障措施。亚运期间服务外地号牌车辆1.27万车次；开展行业英语口语培训，围绕“规范营运、文明服务”主题，提升交通从业人员服务水平，常态化开展客运市场执法检查。

【道路基础设施建设】 2023年3月，萧山区召开加快交通强国示范城市建设暨打造国际性综合交通枢纽城市推进大会。通过实施综合交通“补链强链”行动，开展新一轮交通建设计划。全年萧山交通建设固定投资计划为36.6亿元，实际完成投资37.54亿元，完成全年任务的102.6%；完成综合交通（含城市快速路）投资40.28亿元，完成投资率101.1%。省“十项重大工程”104国道杭州河庄至衙前段工程按节点开工，市重点项目104国道杭州河庄至衙前段、临浦快速路先行段、义大路改造工程二期等项目实现开工。协调省、市重大项目，筹措地方配套资金，做好要素保障和协调服务。3月，国家级航运工程新坝二线船闸工程开工，年底完成总体形象进度50%，累计完成投资约10亿元。杭州地铁四期实现萧山段20个站点全部进场施工。年内，区交通局获评2023年全省交通强省建设成绩突出集体。

【交通民生实事】 2023年，萧山区完成省、市、区各项交通领域民生实事。省民生实事：农村公路新改建7千米，完成养护工程90千米；开通南片客货邮专线（楼塔）线路，新增戴村镇郁建红、新塘街道朱家坛中邮驿站、胡小祥副食品店3个综合性服务站点，超额完成省民生实事“1线2点”任务，完成率150%。做好客货邮融合发展工作。市民生实事：新辟优化城乡公交线路6条，实施响应式停靠公交5条；新建和改造公共领域新能源汽车充电桩24个；完成城区交通堵点治理5个。区民生实事：“四好农村路”提升改造及维修村级公路完成100千米，成功创建“四好农村路”全国示范县；完成新增优化地铁接驳公交线路5条、城乡公交线路15条；推进“公交六进”及钱江世纪城、临浦两个片区的公交单元化治理工作，完成10处堵点治理和1处学校地下接送系统建设，新增4个港湾式公交站点，完成4个地铁站周边共9处公交站点接驳环境优化工作；完成新省道网电子地图及数据调整工作，根据要求对所辖4条总长90.41千米的普通省道做好地图库与数据库的修改、完善、审核工作。年内，省交通运输厅发布交通共富指数，萧山以96.5分的成绩在全省86个县（市、区）中再获第一名。

【法治交通建设】 2023年，萧山区研究制定营商环境提升工作具体制度及措施，持续推动政务服务转型：深化交通运输电子证照数字化服务，落实交通运输“证照协同”数字化改革场景，以民为本，增强办事企业群众的体验感、获得感。全年办结行政审批业务2.21万件，网办率99.55%，承诺办结时限即办率99%，年度行政许可电子归档率100%，办事满意率100%。完成“一地创新，全省共享”工单报送，将铁路沿线外部环境安全隐患综合治理、轨道交通四期前期工作、“四好农村路”实施率、大型活动期间交通数字化组织保障、运输行业安全生产综合监管应用上报为重点改革创新项目。推进执法领域突出问题专项整治工作，加快交通运输法规制度、执法人员能力、执法规范化建设。全年交通运输行政执法队办结处罚案件1995起，处罚金额1276.78万元。开展“互联网＋”监管执法工作，依托“浙运安”及重点营运车辆联网联控平台，加强“两客一危”

运输企业、驾驶员及车辆全过程监管。年内，萧山区入选非现场治超省级试点县。

【平安交通创建】 2023年，萧山区围绕“平安护航亚运会”主线，构建事前预防型治理路径，提升安全生产综合治理能力和水平，防范各类安全风险，遏制安全事故的发生。全年全区交通运输系统未发生较大以上安全生产事故，整体安全生产形势较上一年度有一定程度改善。重点做好省、市级隐患点治理工作，治理省级挂牌隐患点1处，市级挂牌隐患点段3处，区级挂牌隐患路段355处，公安部、省公安厅督办隐患2处，共投入经费380余万元。全面做好“三防”（台风、暴雨、洪涝）应急准备，开展重点防汛隐患点治理，发现隐患点93处，全部整改完毕。

【“清廉交通”建设】 2023年，萧山区紧扣“清廉交通”建设重点，推进交通领域专项整治活动。专项整治发现问题26个，整改率100%，出台制度5项，开展各类宣传教育66次，打造交通特色廉政文化品牌，持续争创适用有效、便于推广的“清廉交通”示范标杆，成功入围全省十大清廉单元第一阶段评选单位，区交通运输综合信息中心被评为市清廉建设优秀实践案例，入选2023年度省交通运输厅清廉交通建设先进典型培育单位。

（方嘉懿）

交通规划

【概况】 2023年，萧山区交通运输局结合区综合交通“补链强链”行动方案，制订加快打造国际性综合交通枢纽城市暨“补链强链”实施方案，专班化运作开展新一轮综合交通体系建设。深化规划道路研究，加强与周边县（市）路网连接规划对接，与周边县（市）交通运输部门就彩虹快速路东延二期工程等跨区道路规划方案进行对接完善。深入研究萧山区公路及沿线港口布局，完成《萧山区公路网规划》《杭州港区萧山分港区控制性规划》编制及评审工作。

【《萧山区加快打造国际性综合交通枢纽城市暨“补链强链”实施方案》出台】 2023年3月，萧山区交通运输局根据《杭州加快打造国际性综合交通枢纽城市实施方案》和《萧山区综合交通“补链强链”行动方案》要求，结合萧山区实际，出台《萧山区加快打造国际性综合交通枢纽城市暨“补链强链”实施方案》。方案中发展目标是以“22688”交通大会战建设成果为行动基础，通过实施综合交通“补链强链”行动开展新一轮机场、高铁、地铁、航道和骨干路等交通建设计划，强化城市核心通勤链，强化区域综合枢纽链，补齐两翼交通服务链，引导城市空间协同发展，实现区域共同富裕。发展重点是提升枢纽能级、完善综合交通、构建美丽样板。重点任务是打造杭州“空公铁”综合货运型枢纽、白鹿塘“铁公水”联运型枢纽2个国际化枢纽工程，推进杭甬运河三级航道整治、新坝二线船闸建设2个国家级航运工程，启动轨道交通四期地铁4号线（延伸）、15号线、18号线、铁路杭州萧山机场站枢纽及接线工程、沪昆铁路杭州南至萧山段抬升改建工程5个高品质轨道工程，建设104国道杭州河庄至衙前段工程、机场东路、临浦快速路、彩虹快速路东延、329国道萧山进化至戴村段工程、通城大道、风情大道、亚太路东伸（蜀山路—通城快速路互通）、03省道东复线新线9条高效率快速路工程，加密保税大道南伸、义大路改造工程（二期）、建设一路东伸、新港路、南五路、奔竞大道、滨江一路、亚太路提升改造（风情大道—时代大道）8条畅通型主干路工程。

（方嘉懿）

公路运输

【概况】 2023年，萧山区公路总里程1902.08千米，其中国省道248.6千米、县道486.87千米、乡道56.9千米、村道1109.71千米；一级公路160.29千米、二级公路404.96千米、三级公路154.9千米、四级公路1062.34千米。全年完成综合交通（含城市快速路）投资40.28亿元，其中104国道杭州河庄至衙前段、临浦快速路先行段、彩虹快速路东延工程、保税大道南伸、义大路改造工程（二期）等重点交通项目实现开工。

杭州萧山长途汽车运输有限公司有运营车辆293辆，其中，营运客车（含旅游包车）128辆、校车57辆、租赁用车108辆，安全行驶里程1026.34万千米。全年发送旅客4.03万人次，发送客运班次0.87万班次，完成旅客周转量737.91万人千米。

杭州萧山交投出租汽车服务管理有限公司管理出租车341辆，占全区总量的35%，从业驾驶员426人。全年更新迭代吉利新能源车12辆。

杭州萧山城市新能源汽车服务有限公司有自营租赁车辆187辆，开展车辆租赁业务778辆次；优化充电场站网络布局，共运营13处充电场站148个充电桩。五彩出行充电桩运营平台用户达1.09万名，补电订单量达10.19万笔；经营城市生态停车场4处，总车位508个。

杭州萧山国际机场高速公路建设开发有限公司管理运营的萧山国际机场高速公路车流量2376.64万辆，比上年增长18.8%；收入通行费用3.38亿元，增长14.2%。

（方嘉懿　丁一颖）

【省、市重点交通项目推进】 2023年，萧山区推进“高效率公路工程”，启动区综合交通“补链强链”行动，有序推进省、市重点交通项目谋划储备和建设实施，形成“储备一批、开工一批、建设一批、竣工一批”的滚动接续机制。根据省“十项重大工程”总体方案要求，萧山区涉及交通强省建设项目包括104国道杭州河庄至衙前段工程、329国道萧山进化至戴村段工程、“四好农村路”提升工程。区交通运输局参与杭甬运河三级航道整治工程（义桥大桥）、地铁轨道四期、临浦快速路、彩虹快速路东延二期等项目前期技术研究；协调104国道河庄至衙前段工程、329国道进化至戴村段工程、新坝二线船闸工程、

235 国道萧山河上至诸暨安华段萧山段、杭金衢至杭绍台高速联络线等项目推进；参与完成杭绍甬高速杭绍段交工验收。

（方嘉懿）

【公路建设】 2023 年，萧山区环投集团推进基础交通路网项目 47 个，通城大道、通惠南路等 14 条道路完工通车，全年建成 17.5 千米。6 月，彩虹快速路工人路匝道、萧杭路匝道、彩虹地面道路段（萧杭路—工人路）开通试运行。通惠南路改造提升工程（南秀路—向旭路）项目全线完工，道路双向 6 车道具备通车条件。9 月，站通路（通城路—黎端路）正式通车试运行。11 月，萧山区交投集团建设的彩虹快速路东延工程开工建设。12 月，临浦快速路工程先行段工程、104 国道杭州河庄至衙前段工程开工建设。

（黄敏超　丁一颖）

【"四好农村路"建设】 2023 年，萧山区交通管理部门在农村公路宽 3.5 米的达标基础上，大幅拓宽会车道，在全市率先消灭"准四级公路"。推进"美丽公路"建设，实现从"交通干线"到"路景合一"的转变。在做好日常养护管理的同时，植入数字化技术和手段，包括全面启用治超非现场执法系统，并创新"智联管养"新模式，日常巡查时发现病害可以一键上传，管理部门再派发给专业单位进行处置，处置结果存档，实现闭环管理。萧山区将农村公路作为打造全域美丽萧山的重要抓手，与萧山特色经济、生态旅游、历史人文、休闲养生等多种发展业态协同推进，连续 2 年在浙江省 84 个区（县、市）的交通共富指数中排名第一。年内，萧山区获评第四批"四好农村路"全国示范县。

【亚运道路环境整治提升】 2023 年，萧山区营造萧山东等 8 个高速公路入城口亚运环境，以空港大道作为"匠心提质绣杭城"亚运提升重点亮化项目，全年提升绿化面积 1.72 万平方米。推进两路两侧环境整治，聚焦道路保洁、公路绿化、道路标志标线，对所辖 7 条总长 28.08 千米亚运通勤线路开展洁化、美化、绿化工作，开展亚运通勤线路两侧专项督查，排查整改问题点位 6194 处。对涉及亚运会的 4 条重要通勤铁路进行沿线整治，区交通运输局牵头协调，条块协同，密切配合，全区排查整改 1182 处，落实整改省、市督办点位 145 个。

2023 年，萧山区获评第四批"四好农村路"全国示范县。图为大泥线与杭金衢浦阳高速口　（区交通运输局　提供）

【公路管养】 2023 年，萧山区年度交通养护建设项目和普通国道养护大中修工程完成。对主要路口和重要路段的标志标线进行维护更新 11.59 万平方米，修复波形护栏 1.91 万米，修复隔离护栏 1.15 万米，更新示警桩 2930 根、减速带 3363 米，维修标牌 577 处、凸面镜 42 处、防抛网 536 米、隔音屏障 65 米、限高架 6 处，护栏喷漆 397 米。推进普通国道、省道路网命名调整工作，完成标志牌和里程桩更换和调整。根据交通部要求，实施公路交通安全设施精细化提升行动。做好普通国道、省道一级公路平交口整治工作，至年底，完成 12 处平交口整治。

【道路交通隐患整治】 2023 年，萧山区加强挂牌隐患点治理，治理省级挂牌隐患点 1 处，市级挂牌隐患点段 3 处，区级挂牌隐患路段 355 处，公安部、公安厅督办隐患 2 处。推进道路运输领域"除险保安"安全隐患问题整改，完成省、市各级对全区 18 家"两客一危"（从事旅游的包车、三类以上班线客车和运输危险化学品、烟花爆竹、民用爆炸物品的道路专用车辆）运输企业监督检查发现的 63 处隐患问题整改工作，服务指导做好 16 家重点普货运输企业督促整改工作。推进"平安护航亚运""安全生产大排查大整治"等专项行动，开展全区行业底数摸底行动，厘清全区企业现状。开展公路安全隐患排查、汛期隐患排查整治等，全年出动 2967 人次，检查路段 717 个，全年上报排查各类公路隐患 176 个，整改率 100%。针对全区公路下穿点位风险管控需要，采用打破常规、技术换人方式，在 9 处主要公路下穿点位安装水位报警和视频监控系统，提高汛期风险预防能力，提高工作效率。全年治理隐患点 1037 处，事故溯源隐患处理 143 处，亡人事故整治 10 处，镇（街道）及信访交办 24 处，自排查隐患 249 处，亚运相关隐患应急处置 252 处。

（方嘉懿）

水路运输

【概况】 2023 年，港航萧山执法大队管辖的内河航道总里程 796.83 千米（含钱塘新区，不含钱塘江杭州湾）。其中，3 级航道 2 条 71.2 千米，6 级航道 2 条 46.1 千米，7 级航道 6 条 81.4 千米，准 7 级航道 82 条 598.13 千米。新坝船闸过闸船舶 5 万艘次，日均过闸船舶 148 艘次，过闸总运量 2809.4 万吨，过闸货运量 1752.1 万吨，比上年分别增长 3.4%、0.6%、77%、-1.1%；船舶空载率 37.63%，增长 2.6%。湘湖景区客运量 1.64 万人次，增长 101.8%。辖区完成港口吞吐量 402.01 万吨，下降 33.75%。其中，砂石料 345.11 万吨，散装水泥 34.73 万吨，钢材（废钢）15.31 万吨。辖区共发生各类水上交通事故 15 起，无人员伤亡，均为小事故，直接经济损失 25.15 万元。船舶进出港报告 1.81 万艘次，开展现场监督检查 378 艘次，船舶安检 573 艘次。海事艇巡航 289 次、434.7 小时、3897.7 海里，出动 1203 人次。

【杭甬运河新坝二线船闸建设】 2023年3月29日，杭甬运河新坝二线船闸工程桥梁工程节点开工，萧山区主要涉及管线迁改和用地征迁工作。至年底，项目220千伏电力迁改完成割接，10千伏电力迁改一期完成顶管施工，二期正在推进交通组织报批工作，弱电一期完成土建施工，二期推进预算审计，其余35千伏电力、给水、燃气迁改有序推进施工准备工作。房屋征迁方面，义桥镇茅山桥西侧民房完成评估，等待拆除。整个工程2026年建成后，将在原新坝船闸的基础上扩容2倍。

【水上安全监管】 2023年，萧山区提高“三防”（台风、暴雨、洪涝）工作能力，全年发布气象预警74次，做好“杜苏芮”“卡努”防抗，落实防汛防台“一船一策”，协调对接台汛期预排涝导致杭甬运河低水位大吨位船舶通行困难问题。通航保畅，护航通闸56次，通过船舶2763艘，运行时间128.55小时，对11艘虚报吃水的船舶进行处罚。安全护航湘湖年鱼节、端午龙舟奋勇大典、长三角湘湖赛艇公开赛等活动。修订发布萧山航区通航规则。强化客货企业安全，开展港口安全及防污染监督检查94家次，出动执法人员238人次，发现并整改问题55个，查处港政违法行为3起，罚款0.8万元。开展水运企业检查33家次，出动执法人员84人次，发现并整改问题16个。辖区客货企业均完成安全生产标准化及双重预防机制建立工作。

【平安航道建设】 2023年，港航萧山执法大队组织航道航标巡查16次，出动执法人员48人次，检查航标489只，发现航道标志及设施破损、遮拦等问题5处，均完成整改。配合市公路与港航管理服务中心做好船舶碰撞桥梁专项整治，至年底完成69处，剩余1处杭金衢跨浦阳江高速便桥隐患未完成。配合做好辖区骨干航道交叉河道警示标志工程、桥区水域助航标志完善工程验收工作。督促施工单位完成北塘河萧邮路桥水下15根残留桩清除整改工作。

【水上亚运保障】 2023年，萧山区对亚运村、奥体主场馆周边航道开展专项巡查，推动风险隐患见底清零。落实平安亚运“护航行动”，开展辖区隐患大排查大整治，出动执法人员152人次、车艇46次，检查船舶95艘次、企业11家次，发现并整改隐患问题43处。完成辖区企业2轮拉网式排查，排查企业28家，发现并整改隐患8处。对无动力船舶等进行重点检查，现场检查船舶105艘次，非现场检查船舶289艘次，查处违法行为16起。开展渔船妨碍航道行为专项整治，现场驱离碍航农林渔船23艘次，清理渔网、鱼簖46个。联合公安等在义桥入杭水上管控点开展“防风险、除隐患，保安全、护亚运”综合应急演练，提升联合多部门的应急处突能力。做实水路严查严管暨亚运维稳安保40项任务。协助做好亚（残）运会开（闭）幕式钱塘江水上交通管制工作；赛事期间联合公安对已安检船舶进行抽查，抽检船舶76艘次，核查人员信息160人次。

【水上执法】 2023年，港航萧山执法大队办理行政执法案件556起，比上年下降13.5%。其中，轻微免罚告知承诺制案件159起、行政处罚案件397起，共处罚金26.37万元；应用“掌上办”处理20起，非现场执法率71%。397起行政处罚案件中，按程序分，简易程序195起、普通程序202起；按案件种类分，海事案件383起、航政案件11起、港政案件3起。全年先后开展工程渣土处置领域专项治理、长江经济带船舶和港口污染问题“举一反三”大排查大整治专项行动、码头船舶清舱作业、港口领域有限空间、“夜游船”专项整治工作。对省港航管理中心巡查大队港口管理工作时发现的15项问题进行闭环整改，对辖区2家港口企业立案处罚。做好运输过程监管，赴绍兴和江苏丹阳等地现场踏勘。设置作业点、末端消纳应用场景4个，系统预警问题247个，处置问题247个。

（方嘉懿）

铁路运输

【概况】 2023年，铁路杭州南站总到发旅客1209.98万人次，比上年增长270.1%。其中，发送581.74万人次，日均1.59万人次；到达628.24万人次，日均1.72万人次。停靠办理客运业务的旅客列车67对，其中普速列车39.5对、动车组列车22.5对、市域列车5对。杭州南站管委会深化以“枢新南”党建品牌为引领，打造“杭南汇”和“杭南YI”两大子品牌，围绕“党建+治理、党建+项目、党建+智治、党建+服务”构筑“杭南翼、杭南熠、杭南e、杭南驿”立体式党建矩阵。破解枢纽新城发展难题和完善多元交通枢纽服务体系等成果被列为区级案例，完善多元交通枢纽服务体系被列为市级案例。

【亚运服务保障】 2023年，杭州南站开展一系列提升环境保障措施，服务保障亚（残）运会。开展环境提升百日攻坚行动，共复绿60万平方米，拆除构筑物300余平方米，墙面翻新1.5万平方米，新增墙绘2000余平方米、城市景观3处，纳入常态管理20余万平方米。实施“决战亚运”平安稳定和服务保障专项行动，杭州南站管委会联合南站枢纽派出所、综合执法南站

2023年亚运会期间，杭州南站做好服务保障。图为9月23日，杭州南站亚运志愿者帮助运动员安排出行路线

（杭州南站新城管委会　提供）

中队、交通执法南站中队、南站市监所、铁路杭州南站等部门单位，开展反恐、消防、防汛、舆情处置等应急演练 26 次、检查 50 余次、专项整治 42 次，完成反恐维稳等 47 项重点任务。细分 16 个微网格，形成“区智治中心—南站综合协调指挥中心—网格—微网格”治理架构，全域覆盖网格“10 分钟响应圈”。全年处理各类网格事件 4483 起，办结率 100%。亚运期间，共发送旅客 104.68 万人次，到达旅客 122.11 万人次，总客流量突破 226.7 万人次。杭州南站新城管委会获服务保障亚（残）运会市级嘉奖。

【民生服务提档升级】 2023 年，杭州南站新城管委会完善场站交通组织基础配套设施及无障碍环境，优化交通标识标牌 43 处、双语标识 178 处，完善无障碍设施设备 14 处、无障碍标识 15 处，提升旅客出行体验。推出 24 小时不打烊旅客服务中心、文明驿站，累计服务旅客超 300 万人次。重点帮扶旅客 1.03 万起，做好人好事 1550 起，提供医疗救助 80 起。文明驿站成为市、区两级首批亚运城市志愿服务站点，并成为全市亚运城市志愿服务站点建设现场会观摩点，南站志愿服务被央视《新闻联播》《新闻直播间》等栏目报道。

【智慧南站升级】 2023 年，萧山区建设完成“站城智治”项目，打造“1 ＋ 3 ＋ X”数字化发展模式（建设 1 个南站新城数字微脑基础支撑平台，智慧管理、智慧服务、智慧发展 3 个智慧应用场景和基于数字孪生的 X 个业务子系统），划定以铁路交通为主的内圈、以公共交通为主的中圈和以公路交通为主的外圈 3 个圈，完成数字交通立体网络。实现监控、消防、电梯、照明、防汛监测的物联互通，在数字孪生平台上实现全景模拟、系统巡检，全天候监测运行状况，确保各类事件状态实时掌控。

【南站新城开发建设】 2023 年，杭州南站新城管委会启动枢纽沿线区块开发建设，形成新城数智科创中心、新城商务文旅中心，新城智慧谷、音乐谷、科幻谷，海多星球产业园、德必彩虹 WE 产业园、吉诺德粮仓艺术公园、金滨大厦产业园、新城通彩休闲体育公园的“两心三谷五园”产业发展格局，打造“枢纽南北翼、活力产业带”。做好体育公园开发前期工作，完成方案设计。协调开通通城高架至萧绍路段、站通路、粮仓游步道等配套道路。完成亮灯工程、周边交通组织优化工程。聚焦动漫游戏、创意设计、影视传媒、数字内容、人力资源等行业，招引省专精特新中小企业、省科技型中小企业。推动产业带项目，沿线海多星球、德必彩虹 WE、吉诺德粮仓艺术公园落地。德必彩虹 WE 成为萧山文化产业区。

（张玲丹）

民用航空运输

【概况】 杭州萧山国际机场（简称“杭州机场”）全年完成旅客吞吐量 4117.05 万人次，比上年增长 105.5%；完成货邮吞吐量 80.97 万吨，下降 2.4%；完成航班起降 30.04 万架次，增长 57.8%。客运、货运、航班总量分别为 2019 年的 102.6%、117.3% 和 103.3%，其中客运量为历史最高，恢复程度列内地前十大机场首位。全年客运量列内地机场第十位，货运量列内地机场第五位。全年新增内地航点 6 个，稳定运营国际地区客运航点 34 个，新增及恢复国际地区客运航点 14 个，开通至迪拜、阿拉木图 2 条中西亚航线以及境内首条至大洋洲的第五航权客运航线。全年稳定运营货运航点 17 个，引入全球最大的集装箱承运输公司马士基集团，携手中国外运股份有限公司与寰宇通达航空有限公司首次达成合作，新增丹麦比隆、美国芝加哥、匈牙利布达佩斯、孟加拉国达卡、法国巴黎和比利时奥斯坦德 6 个国际货运通航点。至年底，杭州机场有通航点 182 个，定期运营的航空公司 68 家。

【亚运会航空运输保障】 2023 年，杭州机场保障亚（残）运会航空运输任务。升级航站楼、机坪、交通等硬件设施，完成环境美化、绿化提升等系列工程和关键流线的亚运氛围布置；采用行李提前收运、“一机一策”差异化保障、舱门口轮椅转换与交运等模式，实现抵离高峰客流、行李、轮椅保障有序；争取放飞政策支持、落实时刻容量临时调减措施、统筹航班错峰出港，提升航班正常性。亚运期间，保障涉亚运客运航班 4538 架次、旅客 5.09 万人次、行李 8.7 万件，货运航班 44 架次、运输赛马 224 匹。其中，保障亚残运特殊旅客 1.1 万人次、枪弹 1562 件、超规行李 5996 件，实现“绝对安全、快进快出、温馨舒适”工作目标。

【机场安全运行】 2023 年，杭州机场安全平稳有序，全年达到年度安全目标，不安全事件万架次率为 0.033，比上年下降 38%，实现第 23 个安全年。全年开展安保演练 8 次，推进运行、空防、消防和网络信息等重点领域 137 项风险隐患、714 条吹哨信息全部清零；制定落实 21 条安全运行措施，20 项航空器地面操作标准化程序通过审核并进入试运行阶段；按照民航华东地区管理局要求，落实好跑道防侵入、鸟击防范、“低慢小”升空物防治等专项整治工作；推进航空安保体系建设，成立迎审工作领导小组，制订集中攻坚工作方案，完善规章制度，加强人员教育，规范日常管理，通过民航华东地区管理局安保审计；完成亚运会政要抵离、全国两会等重大运输航空保障任务。

【机场服务品质提升】 2023 年，杭州机场服务质量稳步提升，机场 ASQ（国际机场协会旅客满意度）自测得分为 4.93 分，对社会公布的 46 项服务承诺 100% 达标；航班放行正常率为 88.79%。整合值机、问询、安检、临时证明办理等资源，增设航站楼内座椅、手推车、摆渡车等服务设施，缩减国内值机截止时间、提升航班靠桥率、推出文旅主题定制班线，打造一站式便捷出行服务；亚运会前夕发布涵盖六大产品线、近 20 个子品牌的“杭行无忧”品牌，全面整合、系统优化机场服务品牌体系。9 月，通过世界卫生组织实地测评和考核验收，获“国际卫生机场”称号。11 月，获国家市场监管总局和中国残联颁发的无障碍环境认证“最高奖”三星级证书。12 月，获首批“浙江省服务业龙头企业”称号。杭州机场“美好出行一件事”获评全省交通领域三个“一号工程”典型案例。

【机场枢纽建设】 2023年，杭州机场对接民航华东地区管理局争取时刻放量，小时容量由45架次提升至54架次，连续4个航季实现高峰小时容量递增；双跑道独立离场、相关进近转入正式运行阶段，机场可持续发展空间拓展。坚持创新驱动战略，组建“慧行”服务创新实验室，完成6个科创项目立项，首项研究成果“慧询”投入试运行。开展5G专网及终端、机坪无人驾驶货邮驳运等前沿业务研究，完成8项知识产权申报和9项集团数字智治任务。完成T4航站楼联检区域改造，入境航班全面转场至T4航站楼。6月，杭州机场三期工程重要配套设施——凯悦酒店、凯悦嘉轩酒店开业。

【机场东区国际货站投入运营】 2023年7月31日，杭州机场东区国际货站投入运营。东区国际货站是浙江省重点项目及亚运保障项目，总投资14.89亿元，建筑面积15.67万平方米，是旧货站面积的近5倍，规划年货邮吞吐量保障能力60万吨。该货站整体采用三层结构设计，分别为公共货站、快件/跨境中心和代理区。除货站主体外，还设置有汽车平台、综合业务楼、海关查验中心、特运库、海关卡口和空侧管理用房等相关设施。项目还投入ULD提升机、托盘提升机、AGV无人驾驶叉车、ETV立体货架、海关查验分拣线、安检作业回流线等智能化设备。至年底，东区国际货站保障货量5.61万吨。

（徐　文）

城市公共交通

【概况】 2023年，萧山区有公交线路169条，其中，编码公交线路166条，营运线路总长3374.2千米；公交始发站155个、停靠站4050个；营运公交车1586辆，停车站场41个。全年公交客运量7334.09万人次，折标总驶里程7912.6万千米。全区有公共自行车服务点810个，公共自行车3.7万辆，其中，新启用服务点10个，更新公共自行车1500辆（小红车1000辆、亲子小红车500辆）。全年公共自行车租用量1965.08万人次。萧山区内地铁运营里程102.63千米，杭州地铁四期建设涉及萧山的20个站点全部进场开工。

【公交优先】 2023年，萧山区完成杭州市民生实事项目：新辟优化710路（鸿宁路皓月路口—垦辉六路红灿路口）、721路（进化公交站—地铁朝阳站A、B口）、729路（面包树街公交站—新农度）、2023M路（江湾绿苑—地铁衙前站）、2093M路（面包树街—湘湖公交站）、2096M路（平澜路—地铁知行路站）6条城乡公交线路，实施“响应式停靠公交”27条。完成区民生实事项目：新辟优化799M路（钱江世纪城公交站—地铁飞虹路站B、D口）、7799M路（地铁盈丰路站A、C口环线）、531M路（科技馆街飞虹路口—新中北家园）、712路（湘湖公交站—道源路公交站）、563M路（沁园春—地铁滨康路站A口）5条地铁接驳线路；新辟优化2096M路（平澜路公交站—地铁知行路站）、2023M路［地铁衙前站（环线）］、724M路（南六路停车场—地铁湘湖站西）；2093M路（湘湖公交站—地铁朝阳站）、322路（义桥公交站—滨江物联网公交站）、729路（南四路公交站—新农都）、721路（南四路公交站—进化公交站）、710路（鸿宁路皓月路口—垦辉六路红灿路口）、737路（通惠路公交站—方家塘公交站）、738路（通惠路公交站—楼塔公交站）、355路（萧彩街育才路口—横街埠西）、792M路（钱江世纪城公交站—地铁振宁路站D、E口）、2081路（临浦新站—戴村初中）、519路（地铁耕文路站B口—地铁江陵路站A口）、300路（山阴路博奥路口—地铁钱江路站A、C口）15条城乡公交线路。

【公交片区治理】 2023年，萧山区治理钱江世纪城片区和临浦片区2处单元式公交。钱江世纪城片区新辟优化线路9条，治理后日均客流量增长22.3%。单元治理开展后，钱江世纪城所有小区实现公交全覆盖，市民出行效率提升12%，公交地铁换乘效率提升8.3%，班次执行率由96.9%提升至99%，区域市民满意度提升至92.3%。临浦片区单元，围绕通城、乡旅、兴业、提效4个方面，打造公交小城镇化出行平台。结合通惠路公交站搬迁契机，新辟优化线路17条。治理工作完成后，客流量增长63%，市民平均候车时间减少5分钟，临浦产业园区实现与地铁全面接驳，市民出行效率提升。整合多家快递公司运力，开通“定时、定点、定线”的客货邮公交服务。

【公交场站建设】 2023年，萧山区新增建设二路一对和通城大道萧绍路口一对共计4个公交站点。对地铁博奥路站、耕文路站等站点周边公交接驳需求进行调查摸排，针对性优化。对地铁博奥路站B口公交站台进行硬化，改善候车环境。优化323B、328、710路（调整线路走向、加密班次等），解决盈二家园、顺发康庄小区接驳耕文路地铁站步行距离过远的问题，方便周边高校、社区居民，提升居民出行满意度。

【轨道交通建设】 2023年，萧山区进行地铁三期工程扫尾工作，地铁三期工程征迁遗留任务31项，全年完成20项。全面启动地铁四期建设，征迁任务共计286项，涉及3条线路共20个站点，完成254项，完成率88.8%。20个站点全部进场开工。至年底，18号线农转用组件报批上报省自然资源厅预检，18号线、4号线站点完成绿化迁移，15号线启动绿化迁移，4号线、18号线完成交通导改方案评审，15号线交通导改方案组织评审。

【风雨连廊建设】 2023年8月，地铁1号线湘湖站C出口连接至湘西路公交车站风雨连廊建设项目开工。项目长44.2米，投资96.1万元。至年底，该项目建设完成，具备启用条件。

（方嘉懿）

运输管理

【概况】 2023年末，萧山区有客运企业3家，长途客运班线37条，客运车辆258辆。汽车租赁经营企业133家，租赁车辆383辆。普通货运业户979家，货运站场经营户1家，危险货物运输企业15家，网络货运1家；货运汽车10378辆，其中危险货物运输车辆520辆、自卸货车2521辆。汽车综合性能检测机构8家；机动车维修经营户1089家，其中一类维修企业42家、二类维修企业374家、汽车快修企业281家、三类专项维修户373家、摩托车维修户19家。驾驶培训机构18家，其中一级驾校3家、二级驾校8家、三级驾校7家；驾培教练员1029名，教练车917辆，训练场地面积55.91万平方米。道路运输从业资格证培训学校2家。

表28 2023年萧山区平均公路客货运量一览表（不含公共交通）

项 目	数 量
客运量（万人次）	116
旅客周转量（万人千米）	33522
货运量（万吨）	5028
货物周转量（万吨千米）	790351

（资料来源：区交通运输局）

【春运管理】2023年，萧山区在春运时段（1月7日至2月15日）发送旅客533.93万人次，比上年同期增长19.36%。其中，铁路客运发送乘客44.45万人次，比上年同期增长47.3%；长途客运发送旅客0.41万人次，比上年同期增长75.9%，发送707班次；萧山公交运送乘客487.92万人次，比上年同期增长17.2%，发送15.1万班次；湘湖游船发送旅客1.15万人次，比上年同期增长858.3%。

【治堵管理】2023年，萧山区完成10处堵点治理和通惠小学地下接送系统建设任务（含5处市民生实事项目），对拥堵路段路口精确分析、找出症结所在。通过打通断头路完善路网、优化信号灯设置、调整交通组织形式、设置机非隔离等手段，周边商业、学校双向发力，综合施策。新增建设二路一对和通城大道萧绍路口一对4个公交站点。围绕民生痛点破解停车难题，利用地下空间建设停车泊位，新增停车泊位5301个，其中公共泊位237个。完成杭州市城市交通系统化综合治理十大行动涉及的29项任务。

【交通运输行业监管】2023年，萧山区加强行业协会的管理、指导，萧山区出租汽车行业协会获杭州市社会组织评估5A等级。补贴“油改电”巡游出租车车辆电动化80辆，拨付资金240万元。做好农村物流龙头企业评定工作，推动华泰货运争创农村物流龙头企业品牌。开展临江新材料产业园萧山益农板块对外危险货物运输风险论证报告相关评审工作。推进全区驾培行业模拟点建设工作，新增驾驶员模拟培训点11个。一、二类维修企业维修电子健康档案实现100%注册对接。推进绿色低碳交通，淘汰国四营运柴油货车225辆。加强汽车排放性能维护站管理，推动3家优秀企业申报汽车排放性能维护（维修）技术示范站建设。落实新能源汽车维保服务网点下沉，选取萧山长途汽车运输有限公司修理分公司（简称“长运修理分公司”）为示范站点，打造萧山首个新能源车辆服务驿站，引导新能源汽车厂家设置18家维保服务网点。推进钣喷中心建设，开展实地调研考察，选定长运修理分公司为建设点，年底完成验收。

【政务服务优化】2023年，萧山区交通运输局办结行政审批业务22124件，网办率99.6%，承诺办结时限即办率99%，年度行政许可电子归档率100%，办事满意率100%。完成“行政许可事项管理（新版）”中18个主项业务许可清单认领和实施规范管理工作。加大交通运输电子证照推广力度，实现电子证照发放率、在用证照申领率、年度激活率进一步提高；推动交通运输电子证照在加油、金融、保险等行业领域共用，深化交通、保险数据共享。2月，24个子项业务事项运行，实现“跨省通办”，全年受理跨省通办业务73条。实现交通运输企业营业执照和经营许可证（备案证）实时并联审批和双向推送共享（仅适用于企业变更业务），构建“线上一窗受理，证照一次发放，监管一并实施”整体智治模式。

（方嘉懿）

交通运输执法

【概况】2023年，萧山区交通运输局深化“大综合一体化”行政执法改革，强化与横向行政执法部门和纵向镇（街道）综合行政执法队的执法联动。全年办结处罚案件1995起，处罚金额1276.78万元。其中，违法超限运输1596起（非现场1069起）、公路安全保护17起、道路客运131起、出租108起、普货76起、危货10起（无证危货3起）、安全管理6起、汽车维修3起，驾培40起、机动车租赁1起、交通工程6起、其他1起。

【交通依法行政】2023年，萧山区推进政府信息公开工作，依规发布信息公开年报，完成9件依申请公开答复工作，答复电询满意率100%。控制行政复议和行政诉讼发案量，解决问题的同时将法律风险控制到最低，全年未发生行政诉讼。行政复议案1件，申请人做撤案处理；民事诉讼案4件，其中1件驳回、1件撤诉，2件在审理中。强化行政规范性文件管理工作，落实公平竞争审查机制。贯彻落实行政规范性文件管理要求，编制2023年规范性文件制定目录并组织实施。持续提升行政规范性文件起草和审核水平，修订《杭州市萧山区农村公路管理养护办法》。推动完善公平竞争审查机制，下发《萧山区交通运输局关于建立公平竞争审查内部特定机构统一审查机制的通知》。根据新修订《中华人民共和国反垄断法》和市场监管部门最新要求，对涉企政策文件开展全面审查工作，未发现违反公平竞争的政策文件。推动基层立法意见征求工作，协助推进《浙江省城乡公共交通条例》《杭州市农村公路条例（草案）》《杭州市海绵城市建设管理办法（草案）》《杭州市建筑垃圾管理条例（草案)》等立法工作。配合做好《杭州市公共汽车客运管理条例》等相关法律、法规、制度制定、修订的意见收集和报送。

【超限治理】 2023年，萧山区落实联合执法，调整全区治超工作领导小组成员，联合公安交警、镇(街道)综合执法队和周边地区交通执法队跨部门、跨区域开展联合治超专项行动。强化科技治超，推进货运源头单位称重和视频监控接入治超"稽查布控"系统平台，推广超限非现案件"自助办"和窗口联办，方便群众就近就便办理。落实"一超四罚"[对超限超载行为的运输车辆、驾驶人、货运企业、承运人(源头企业)实行"一超四罚"制度]惩戒机制、新增营运货车达标车辆核查等工作。全年办结超限运输案件1596起，罚款1177万余元，其中非现场执法案件1069起、现场执法案件527起，实际卸货1.99万吨，根据"一超四罚"责令货运企业停业整顿67家。全区治超工作总体考核评价在全市排名靠前，辖区普通公路超限率控制在省定目标1%以内。

【"两路两侧"整治】 2023年，萧山区推进铁路沿线、公路两侧环境安全隐患治理。通过建立"段长制"压实部门责任、细化整改方案、明确任务要求、线上线下同步并行深化隐患排查，全年开展全区铁路沿线外部环境安全隐患问题集中排查6轮，排查下派问题点位6676处，其中保障亚运期间市、区各级领导督办点位1301处，全部按时完成整改。开展公路两侧路域环境集中整治。按照省、市"三化一平"(公路两侧洁化、美化、绿化和路面平整)工作专班部署，做好亚运通勤公路、高速入城口和桥下空间的环境整治工作，全年出动执法力量1.25万人次、执法车辆4730辆次，排查涉及公路环境问题点位1842处，整改亚运通勤线路问题点位(含高速公路、入城口、通勤线路)1483处，完成省、市下派问题点位420处，阻止违法涉路施工29起，拆除非公路标志标牌116块，清理堆积物和违法搭建77处，维护公路路产路权和安全畅通。

【运输行业监管】 2023年，萧山区组织开展全区道路运输领域"打非治违"专项执法行动。开展行业"除险保安"行动，规范运输企业安全责任书签订、日常安全教育管理、安全经费提取及工作台账制作等，做好"两客一危"(指从事旅游的包车、三类以上班线客车和运输危险化学品、烟花爆竹、民用爆炸物品的道路专用车辆)运输动态监管执法和30辆车以上的重点普货运输企业异常线索督促整改工作。开展全区成品油、燃气安全隐患多部门排查攻坚行动。开展维修、驾培行业专项执法检查，重点治理教练员离岗、未如实填写教学日志、未按规定备案从事机动车维修等现象，做好机动车维修企业安全生产、消防安全和危险品、废弃物管理监督检查。依托日常巡查、集中整治和站外组客非现执法平台等手段，加强客运行业违法违规行为常态治理，确保客运行业安全有序。

【交通工程质量安全监管】 2023年，萧山区交通运输局监管的在建公路工程项目43项，其中受监项目39项、非受监项目4项。全年重点开展交通建设工程安全质量"利剑"行动、安全稳定严查严管、安全生产月等专项督查，组织行政执法检查75次，下发检查意见书63份，发现问题447个，整改率100%，上报"利剑"问题76起，实施惩戒10起，包括个别工程在现场管控和合同履约等方面存在的问题，实施行政处罚6起、黄牌督办2起和行政约谈2起。全年，在建项目质量及安全生产工作总体平稳，未发生工程质量或安全生产事故。

(方嘉懿)

表29 2023年萧山区主要交通运输企业一览表

单位：万元

企业名称	成立时间	投资方	注册资本	业务范围
杭州萧山长途汽车运输有限公司	1997年	杭州萧山交通投资集团有限公司	3000	长途客运、旅游包车、校车服务、汽车租赁、停车场服务、各类汽车维修、租赁经营管理、城市建筑垃圾处置(清运)
杭州市萧山公共交通有限公司	2008年	杭州市公共交通集团有限公司 杭州萧山交通投资集团有限公司	10000	负责运营萧山区内及连接萧山区与杭州主城区的公交线路
杭州萧山国际机场高速公路建设开发有限公司	2013年	杭州杭千高速公路发展有限公司 杭州萧山交通投资集团有限公司	50000	公路管理与养护、非居住房地产租赁、机械设备租赁、住房租赁、广告发布
杭州萧山交投中石化能源有限公司	2015年	杭州萧山交通投资集团有限公司 中国石化销售有限公司	5200	油品销售、油气储运、汽车充电、汽服及商超服务等
杭州萧山交投出租汽车服务管理有限公司	2015年	杭州萧山交通投资集团有限公司	500	出租汽车经营管理
杭州萧山城市新能源汽车服务有限公司	2017年	杭州萧山交通投资集团有限公司 杭州萧山城市建设投资集团	15000	新能源汽车租赁，充电桩场站、城市停车场开发建设及运营等新能源产业相关业务

(资料来源：区交通运输局)

责任编辑：张　静

邮政·通信

邮政快递管理

【概况】 2023年，萧山区邮政业稳步发展，全区有邮政普遍服务网点36家，从业人员1.5万人，主要快递品牌12个，大中型快递分拨中心11家、法人企业53家、分支及末端693家。全年快递业务收入163.9亿元，占全市收入的44.6%；业务完成量20.3亿件，比上年增长39.4%；萧山国际快递业务量6.6亿件，占全市总量的79.3%，快递业务量和业务收入均列全市第一。

【亚运期间行业安全监管】 2023年，萧山区有13个分拨处理中心作为“二次安检”点，亚运相关场馆周边有103个涉亚网点，通过萧山入杭快件量占全市快件量的1/3。萧山邮政管理局成立寄递渠道安全管理工作领导小组，开展“护航亚运”攻坚行动，组织亚运安保专场培训12场、专项演练2场，承办全省邮政业亚运安保突发事件应急演练。全年出动检查人员5393人次，检查企业2501家次，非现场检查1329家次，检查覆盖全区所有邮政普遍服务网点和快递网点。同时注重宣传教育与检查工作并进，线上专门开设“萧蜜蜂云课堂”主题培训24期，培训18万余人次。萧山邮政管理局获评浙江省邮政管理系统杭州亚运会安保工作先进集体。

【邮政普遍服务监管】 2023年，萧山邮政管理局开展专项检查、双随机、机要通信服务检查，全年检查邮政普遍服务网点36家45次，机要通信服务2次，开展重大题材纪特邮票发行监督检查，确保销售网点有序经营。不定期开展邮政快递企业收寄窗口、报刊零售渠道“扫黄打非”工作。

【行业绿色治理】 2023年，萧山邮政管理局实施国家邮政局绿色发展“9218”工程，推进行业绿色低碳发展。开展过度包装和随意包装专项治理，督促全区各品牌寄递企业总部优先采购使用经过快递包装绿色认证的包装产品。开展快递包装材料源头治理，推广使用产品原装直发，实现电商快件不再二次包装率达到90%。开展邮政快递业垃圾分类专项整治，基本实现全区邮政快递营业网点包装废弃物回收装置全覆盖；督促企业淘汰国四及以下柴油货车，推广使用节能新车型。

【“两进一出”工程建设】 2023年，萧山邮政管理局推进邮政快递业“两进一出”（“两进”：进村、进厂；“一出”：出海）工程。完成快递进村，打通乡村物流“最后一公里”攻坚项目，推动“客货邮”融合发展，全区快递进村率100%，建设“共富驿站”7个。根据全区地域特色，围绕工业线、农业线产业布局培育邮政快递企业特色服务模式，推进农产品“进城”、工业品“下乡”工程，杭州邮政集拼仓开通杭州至新疆乌鲁木齐和阿克苏两条直达专线，助力当地农特产品发往全国。

【关心关爱快递员】 2023年，萧山邮政管理局做好快递从业人员合法权益保障工作，开展关心关爱快递员系列活动，选树行业先进典型，发动快递员加入护航亚运群防群治队伍参与基层治理，其间有16名快递员受到区见义勇为基金会通报表扬。全区3名快递从业人员参加杭州亚运会和亚残运会火炬传递，浙江申通快递有限公司张越朵获评“全国五一巾帼标兵”，浙江申通快递有限公司李庆恒获评“全国邮政行业技术能手”、杭州工匠。1名代表参加中国工会十八大、中国妇女十三大，3人在技能比武中获评“萧山区技术能手”，1人获“全市快递员职业技能竞赛三等奖”，提升快递员群体职业荣誉感和社会认可度。

（卢　莹）

邮政服务

【概况】 2023年，邮政萧山区分公司有从业人员520人（不含劳务、劳务承揽、外包人员），有金融营业网点47个，普遍服务网点36处。全年实现经营收入5.72亿元，实现总利润8356万元，总利润比上年增长5.75%。实现金融业务收入3.29亿元，比上年增长11.98%。余额规模251.51亿元，年增加29.82亿元。37个网点余额规模上台阶。完善全面风险管理体系建设，全年未发生重大安全生产责任事故、金融风险案件以及重大负面舆情或监管处罚。

【寄递翼改革】 2023年，邮政萧山区分公司实现快递业务收入1.72亿元。全年业务围绕重点项目持续推进，以拼多多、中药、仓配、集群市场等项目为抓手，围绕效益发展，不断改善业务结构。成立降本增效各环节工作小组，全年揽收环节件均成本比上年降幅明显。

【农村电商探索】 2023年，邮政萧山区分公司助力乡村振兴，加强专班建设，全年开展合作社走访活动120余次；工业品下乡不断推进生态圈革新，通过站点走访摸底，全年新增站点142个；打造“网点+站点”生态圈，全年建成优质站点606个，建成数字化进销存站点12个。

【新型业务协同发展】 2023年，邮政萧山区分公司新增“邮生活”用户11.81万户，实现融资E贷款净增1.05亿元，农产品寄递收入1590万元。推进整村开发项目，全年完成18个村（社区）开发，完成1个村综合便民服务站建设。加强与政府及企事业单位合作，参与并协办第25届萧山杜家杨梅节和“点亮萧山本味，助力乡村振兴”活动，与所前镇人民政府和区乡村振兴公司签订战略合作协议。

【邮政普遍服务能力提升】 2023年，邮政萧山区分公司36个普遍服务网点全部完成转型，其中27个网点叠加警医邮业务，完成服务3.67万笔；推动业务多样化叠加，寄递专业助力“最多跑一次”落地；丰富用户体验，实现网点烟草叠加破零目标。

【绿色邮政建设】 2023年，邮政萧山区分公司坚持绿色邮政发展理念，全区广泛使用绿色新型包装和45毫米窄胶带，营业窗口电子面单使用率达到100%。各收寄场所绿色包装宣传海报上墙，科学打包率实现100%；各邮政窗口和寄递营业部绿色包装循环使用箱，布放全覆盖。

（毛射山）

通信

【中国电信股份有限公司萧山区分公司】 2023年，中国电信股份有限公司杭州萧山区分公司（简称“电信萧山区分公司”）全业务收入10.89亿元。有合同制员工296人、外包及个人代理员工790人，下设5个支撑部门、9个生产支撑中心、4个中心支局、41个收入责任单元。电信萧山区分公司在亚（残）运会赛事期间，出动保障人员1.5万余人次、抢修保障车辆2600余辆次，全程保障逾500场赛事30个重点场所，综合运用5G、云计算、大数据、人工智能等新兴技术，以科技赋能智慧办赛、智慧观赛，实现零重大云网故障、零重大网信安全事件、零群体投诉事件和零负面焦点事件。电信萧山区分公司提升服务水平，梅花楼中心厅各项服务指标综合排名均居本地网第一，被电信杭州分公司授予“免检厅”称号。挖掘全员优秀服务事迹183件，累计建成41家“爱心翼站”，提供“银龄”爱心课堂、社区便民服务、夏日送清凉等公益服务。电信萧山区分公司提升云网运营能力，全年5G基站新增78个，累计2288个（含共建共享），覆盖率超95%；5G室内分布系统增加100个，解决了41个住宅小区、42个商务楼宇的信号“盲点”覆盖。精品光网实现XGPON全覆盖，其中厚覆盖超50%；千兆入户率达100%，率先发布2000M家庭宽带。建成业界覆盖最广、最深的精品物联网网络，全区连接规模超20.1万户。精品卫星网为全区2500位手机直联用户提供卫星移动通信服务。推进天翼视联网建设，首批接入终端规模超2800路。电信萧山区分公司是全区唯一提供政务云、灾备以及公众服务物理专区的运营商云平台，为消防升级改造等重要系统提供云服务。打造一体化视联网平台，助力阳光厨房、数字乡村、智慧社区、危房治理、环保危废视频监控、城管工地渣土管理、卫健委生物安全在线等数字化平台建设推广。承建各镇（街道）教育云、教育骨干网项目，为全区442所学校提供数字校园服务。按照建设“未来工厂”的部署要求，推进多个“5G＋工业互联网”项目，打造一批5G智能工厂标杆项目。8月，在工信部举办的“光华杯”千兆光网应用创新大赛东部大区赛上，电信萧山分公司联合无忧传媒集团有限公司共同打造的“光网融媒体”项目，获一等奖。

（黄中汉）

【中国移动通信集团浙江有限公司萧山分公司】 2023年，中国移动通信集团浙江有限公司萧山分公司（简称“萧山移动”）通信服务收入19.3亿元。有员工275人，下设综合部、网络部、市场经营部、政企客户部4个职能部门和北干、开发区、瓜沥、城厢、临浦、空港、戴村、新街、南站、三江、蜀山、世纪城12个分局。

杭州亚运会及亚残运会期间，萧山移动在14处亚运场馆配置应急通信车7辆、保障人员271人，响应场馆内各项专网、公网业务需求。建立全方位保障专班，重要节点在机房、光交、监控点位值班值守；完成场馆周边涉亚运站点隐患排查、整治213个，涉亚场馆及周边线路整改57处，承接的各类视频监控项目整体在线率99.2%，重点区域和场馆周边监控在线率100%。建设世纪城营业厅等4家亚运重点保障厅，8处特色服务点，畅通国际漫游业务办理流程，推出亚运专属套餐，累计受理1300余张亚运卡。聚焦亚运场馆、亚运村、机场等重点场所和开（闭）幕式、火炬传递等重点场景，开展网络扩容、优化和保障，实现零重大网络事故、零重大安全事件、零重大客户投诉、零负面焦点事件、客户感知优、社会评价优的“四零双优”保障目标。

全年新开通移动5G基站654个，萧山区域移动5G基站累计4069个，5G驻留比达到96.72%；落实289个FDD1800

2023年9月26日，约旦记者在位于萧山的亚运会主媒体中心移动展厅体验观赛新科技 （中国移动萧山分公司 提供）

回填项目，开通4G站点570个，形成主要区域以4G双频（FDD1800/FDD900）和5G三频（4.9G/2.6G/700M，FA上行辅助）的融合立体结构，基本实现全域5G网络覆盖，同时确保用户4G网络不间断感知。全年移动宽带净增4.6万户，用户规模达到47.4万户，其中千兆宽带用户13.5万户，全量OLT实现万兆上联，千兆套网匹配率达到52.5%，比上年提升39%，千兆小区建成率达到88%，比上年提升36.6%。开展“断卡”行动，严控垃圾信息，封堵诈骗骚扰，联动公安开设“杭小智”工作站，开展“千村万户”现场反诈宣传130余场。全年协调、核减涉诈案件8起，输出异动信息29条，协助抓获涉及行政处罚收卡团伙27人。开展“低碳”行动，推进储能服务改造、光伏改造工作，试点机房去空调化改造、光储一体改造，单位总用电成本下降13.6%，单站电费成本下降约40%。

（贾　能）

【中国联合网络通信有限公司杭州市萧山区分公司】 2023年，中国联合网络通信有限公司杭州市萧山区分公司（简称“联通萧山分公司”）运营业务收入3.08亿元。有员工135人，下设2个部门、7个综合网格，辖18家自建自营营业厅。与萧山区政府签订“十四五”战略合作协议。以萧山区级未来社区服务平台为基点，落地“三化九场景”，推动未来社区建设，该项目入选2023年全国新型智慧城市“十大引领型案例”，并获第二届“光华杯”千兆光网应用创新大赛三等奖。开发上线联通自主研发的数字乡村平台，提供智慧农业、农村电商、基层治理等服务，促进乡镇治理现代化、农业产业链价值链可持续发展，为萧山东山村打造数字乡村县级样板村镇。完成亚运保障工作，完成涉及亚运赛事的9个场馆、14个训练场馆、14个接待酒店网络覆盖及优化工作；对4G、5G无线网络进行测试优化，同时对亚运相关的有线网络进行巡检、排障；完成涉亚运场馆、配套服务场所及周边通信基础设施的日常巡检与维护，涉亚运光缆交接箱40只、管线迁改34条、高温站点的隐患整治和7个重要节点机房动力配套更换。推进千兆网络覆盖，全年新建接入小区、村305个，累计1022个。新接入商务楼宇（园区）92个，累计614个。新建5G基站21个、4G基站190个，新开室内分布82个；5G站点累计306个，共享电信站点1503个；4G站点累计4429个，室内分布系统覆盖楼宇（小区）累计1336个。

（翟莹洁）

【杭州萧山华数数字电视有限公司】 2023年，杭州萧山华数数字电视有限公司（简称“萧山华数公司”）对公司组织架构进行调整，调整后萧山华数公司下设一办八部、8个中心站，辖自建自营营业厅20个。全年主营业务收入4.05亿元，有合同制员工390人。加大萧山区数字化网络建设力度，重点对数字宽带接入网、IP承载网、光传输网、核心互联的网络优化、扩容、改造投入，对校园、政府机关单位、亚运场馆等重要区域及重要道路的5G拨打质量测试和5G网络优化数据采集，优化5G网络覆盖，加强5G与养老、智能家居等多业务融合手段。完成城域网上行能力升级至多路由100G，完成核心设施设备改造，提升光纤覆盖区域光纤入户率。深度参与数字萧山建设，加快数字化转型，参与杭州市公安局萧山区分局交通警察大队亚运外场交通感知体系服务、萧山区亚运安保全域感知增点扩面、高层二供泵房视频及安防智能化服务、萧山区应急广播系统改造提升、农村生活污水治理设施标准化运维等。深度参与“天网工程”、杭州地铁四期工程4#线、15#线综合弱电管线迁改项目、智安社区、智慧医疗、交警治堵等社会治理基础网络建设和应用系统开发，建设国家应急广播系统，同时利用华数开发的办事综合自助机平台和华数数字电视平台，实现居民群众“就近办”“居家办”。做好未来乡村、拆迁安置房提升小区、商品房提升小区的数字化平台建设。打造数字乡村萧山模式，利用乡村推广4K机顶盒农网专项政策等特惠资费策略，通过整村发展数字乡村的形式和网络改造，实现村村通、户户通；与区文旅局配合建设农村集成图书馆，利用WEB认证页面嵌入数字图书系统；在全区村建设IP应急广播系统。落实亚运会、亚残运会建设及保障各项工作，做好亚运会停车场安防、亚运村技防、云上亚运村智能计数、媒体村网络建设、媒体村AGIS增补点位、亚运三村基础布网等全程监督；专注安全播出，完善预案，加强安全防护。萧山华数公司获杭州亚运会、亚残运会行政奖励集体嘉奖，获2023年度浙江省广电主干传输网技术维护先进集体称号；萧山华数公司育才路营业厅被评为2022—2023年度浙江省青年文明号。

（杨敏君）

责任编辑：张　静

建筑业·房地产业

建筑业

【概况】 2023年，萧山区完成建筑业总产值1082.56亿元（全市第二位），比上年增长9.3%。其中，省内产值856.4亿元，增长15.4%。全年实现建筑业增加值94.16亿元，增长0.9%，占全区地区生产总值4.2%。建筑业竣工产值471.26亿元，增长8.4%。全区建筑业上缴财政总收入29.21亿元，增长3%，占全区比重5.15%。其中，上缴一般预算公共收入16.67亿元，增长4.9%，占全区比重5%。至年底，全区共有建筑业企业1440家，其中特级企业3家、一级企业234家（总承包企业68家、专业承包企业166家），二级企业718家（总承包企业102家、专业承包企业616家）、三级和不分等级企业485家（总承包企业85家、专业承包企业74家、劳务分包企业326家）。企业总数比上年增加142家，其中一级企业增加23家、二级企业增加25家、三级和不分等级企业增加94家。年内，萧山区依据《杭州市萧山区人民政府办公室关于加快推进萧山建筑业改革创新高质量发展的实施意见》规定，给予32家建筑业企业在创优夺杯、省级工法奖励和新建装配式建筑等方面奖补资金共计547万元。

【绿色建筑和建筑节能改造】 2023年，萧山区印发《萧山区绿色建筑专项规划修编（2022—2030年）》。全年开工建设装配式建筑项目26个，总建筑面积281.24万平方米。其中，钢结构住宅项目2个，总建筑面积13.25万平方米，分别是萧政储出〔2021〕22号地块建设商业商务兼公共交通场站（市北客运中心）项目和临浦XSLP0301-02公租房项目。完成公共建筑节能改造40.7万平方米，居住建筑节能改造19.5万平方米，可再生能源建筑应用85万平方米；完成高星级绿色建筑示范项目2个，高比例可再生能源建筑应用（可再生能源利用率大于12%）示范项目12.6万平方米。建设项目办理网上节能审查意见书85份，建筑面积847.09万平方米。其中，一星级43个，建筑面积375.2万平方米；二星级40个，建筑面积436.03万平方米；三星级2个，建筑面积35.85万平方米。

【预拌混凝土和预拌砂浆管理】 2023年，萧山区预拌混凝土供应量1394.5万立方米，比上年下降14.9%，废弃物综合利用量420.4万吨；预拌砂浆供应量47.92万吨，下降38.4%，累计废弃物综合利用22.95万吨。2家预拌混凝土企业投入使用新能源混凝土搅拌车31辆。10家预拌混凝土企业推进清洁生产改造，投入金额超3.6亿元。全面推广“预拌混凝土质量管理（浙砼管）”应用，排查19家混凝土企业接入及运行情况，发现问题54个，约谈企业8家，做到开工项目基本纳入“浙砼管”系统管理。开展全区行业专用车辆驾驶员业务技能和安全培训，完成线上培训239人，并通过线下纸质审核方式完成到期换证239本。

【建设工程审批管理】 2023年，萧山区新办施工许可证项目256个，竣工备案291个。至年底，全区在建工程541个，房建项目503个，总建筑面积4181万平方米；市政项目38个，总造价33亿元；住宅全装修施工许可房产项目60个，商品住宅房3.6万套，面积745.9万平方米。全面推行分阶段施工许可证，共办理45个项目；开展单位工程分期竣工验收；推进建设工程联合验收。区住建局被区政府办评为2023年度政务服务优胜单位。

【建设工程安全生产和文明施工】 2023年，萧山区创建区级标准化工地63个、市标化管理优良工地35个、省标化优良工地11个；评选出区“湘湖杯”优质工程奖28个，争创市“西湖杯”优质工程奖15个。制定建筑工地“迎亚运”“五看”（看施工围挡、看出入口、看扬尘管理、看工地外地面、看生活区环境）标准，开展涉亚运场馆、涉亚运宾馆周边61个建筑工地集中整治。建立建筑施工安全风险分级管控和隐患排查双重预防机制。

2023年，萧山区开展涉亚运场馆、涉亚运宾馆周边61个建筑工地集中整治。图为4月30日，区住建局工作人员在施工现场进行安全检查（区住建局 提供）

【东南网架7个项目获"鲁班奖"】 2023年，萧山区企业浙江东南网架股份有限公司7个项目获"鲁班奖"，包括参与建设的凤凰山体育中心（足球场和体育馆）、海口市国际免税城项目（地块五）、新建长白山站站房及相关工程、青岛新机场航站楼及综合交通中心工程、杭政储出〔2010〕32号地块商业金融用房（中国人寿大厦）、华晨宝马汽车有限公司产品升级项目（铁西厂区）、中车北京二七机车有限公司国家冰雪运动训练科研基地改建项目（西区）。

（高云云）

房地产开发经营

【概况】 2023年，萧山区住建局做好"保交楼、保民生、保稳定"各项工作，因地制宜优化"一区一策"，支持刚性和改善性住房需求，维护房地产市场稳定运行。至年底，共29个风险项目落实资金，交付22个，办理产证17个。

（高云云）

【土地征收与出让】 2023年，萧山区实施征地项目304个，签订征地协议204份，征收集体土地426.93公顷，收缴征地费用13.41亿元，安置失地农民3638人。完成3个批次的土地成片开发方案批复。中心城区外方案涉及91个片区，拟征收集体土地554公顷；中心城区内方案涉及11个片区，拟征收集体土地47公顷。全年全区经营性用地挂牌成交31宗，104.73公顷，出让金371.85亿元；经营性用地收储59宗，276.27公顷。

（朱　芸）

【商品房开发】 2023年，萧山区完成房地产开发投资940.24亿元，比上年增长9%。房屋施工面积2608.89万平方米，增长3.7%，其中住宅1308.6万平方米，增长0.2%。房地产新开工面积293.08万平方米，增长8.8%，其中住宅面积176.38万平方米，增长3.1%。房屋竣工面积250.49万平方米，下降8%，其中住宅面积147.21万平方米，下降17.2%。

【新建商品房销售】 2023年，萧山区核发商品房预售许可证98份，许可面积179.8万平方米，比上年下降21.7%。新建商品房成交19066套、成交面积270.83万平方米、成交金额790.93亿元，分别下降8.5%、3.2%、12.5%。其中，新建商品住宅成交15418套、成交面积200.74万平方米、成交金额613.06亿元，分别下降13.6%、9.9%、19.6%。新建商品住宅成交均价30540.67元/平方米，下降4.8%。

【二手房销售】 2023年，萧山区二手房成交11350套、成交面积123.75万平方米、成交金额340.85亿元，比上年分别增长26.5%、32.3%、48.7%。其中，二手住宅成交10451套、成交面积112.22万平方米、成交金额318.84亿元，分别增长56.9%、56%、67%。二手房成交均价27543.29元/平方米，增长12.4%。

【重点开发项目】 2023年，萧山区房地产主要开发项目有：杭州宁佳置业有限公司开发的杭政储出〔2023〕105号萧山区市北单元XSCQ1309-R2-50地块项目，为桂月云翠园1—13幢、配套用房，销售面积14.26万平方米，总投资58亿元。杭州玖航房地产开发有限公司开发的杭政储出〔2023〕106号蜀山南单元XSCQ2601-56、72地块项目，为湖秀臻和府1—10幢、配电房、幼儿园及配套用房，销售面积3.07万平方米，总投资10.2亿元。

【住房租赁企业和房屋经纪机构】 2023年末，萧山区在市住房租赁监管服务平台登记的住房租赁企业143家。集中式长租公寓挂牌量19899套（间）、分散式长租房源全部挂牌量30225套（间），自持房源挂牌量3739套。全区在市二手房交易监管平台备案的经纪服务机构389家，从业人员3843人，其中具有经纪人资格的2713人。

【萧山区房地产行业协会成立】 2023年12月29日，萧山区召开房地产行业会员大会，成立萧山区房地产行业协会。会议审议通过《杭州市萧山区房地产行业协会章程》《杭州市萧山区房地产行业协会第一届会员大会选举办法》《杭州市萧山区房地产行业协会会费交纳管理办法》，并宣读杭州市萧山区房地产行业协会拟任第一届理事会名单及杭州市萧山区房地产行业协会拟任第一届监事会名单。房地产行业协会作为社会中介组织，旨在发挥政府和企业间的桥梁和纽带作用，引导全区房地产行业健康发展。

（高云云）

住房保障

【概况】 2023年，萧山区创新工作方法，通过清单式管理、项目化推进等多种方式落实民生项目，推进公租房、保障性租赁住房、安置房建设和回迁安置、未来社区建设等民生工程，健

2023 年 12 月 23 日，新塘街道姑娘桥城中村改造安置房项目进行分房抽号 （萧山交投集团 提供）

全住房保障体系。新落实公租房地块 11 宗 31.67 公顷，配售型保障性住房地块 5 宗 14.33 公顷；新开工人才房 1 个，面积 5.3 万平方米。完成保障性租赁住房筹建 14981 套（间）。构建“人才租赁补贴”应用系统，实现业务全网办、跑零次。全年兑付高层次人才租房补贴 5205 人次，资金 6198.95 万元；兑付高层次人才购房补贴 127 人次，资金 4896.53 万元；兑付应届大学生租房补贴 37505 人次，资金 18753.6 万元。

【安置房交付】 2023 年 1 月 13 日，北干街道高田社区（一期）、永久社区城中村改造安置房项目完成竣工备案，5 月 20—21 日交付，1070 套房源完成分配，465 户完成抽房。该项目总投资 30.2 亿元，总用地 7.47 公顷，总建筑面积 23.7 万平方米，并于 6 月入选杭州市“最美安置房”。2 月，戚家池、联丰安置房（品文府）交付，完成交房 1498 套。该项目位于蜀山街道，总用地 7.4 公顷，总建筑面积 31.2 万平方米。3 月，新塘街道市政拆迁安置房（德润华庭）项目完成竣工验收备案。该项目系杭州南站控规单元 D-11 地块建设拆迁安置房，总投资 1.42 亿元，总建筑面积 2.1 万平方米，共 118 套，配停车位 152 个。5 月 8—14 日，新塘街道和平桥城中村改造安置房项目交付，2159 套房源完成分配，568 户完成抽房。该项目总投资 30.2 亿元，总用地 9.76 公顷，

2023 年 8 月，城博里公租房项目完成综合验收
（萧山交投集团提供，摄于 2023 年 8 月 25 日）

总建筑面积 41.4 万平方米。8 月，城南村安置房（蜀彩理昀府）项目完成分房，安置农户 790 户，分配安置房 2700 余套。该项目位于所前镇，总投资约 34 亿元，总用地 17.3 公顷，总建筑面积 58.6 万平方米，分为高桥路以东和高桥路以西两个区片，涵盖 20 栋住宅楼及配套设施。10 月 9 日，新塘街道姑娘桥城中村改造安置房项目完成竣工备案，12 月 23 日交付，1127 套房源完成分配，321 户完成抽房。该项目总投资 16.1 亿元，总用地 8 公顷，总建筑面积 24.3 万平方米。11 月，行头村、下潦社区城中村改造安置房（站文华庭）项目完成预分房，分配房源 1989 套，惠及 585 户。该项目位于新塘街道，于 2019 年开始施工，分两期实施建设，一期规划总投资 18.69 亿元，总建筑面积 32 万平方米，二期总投资 4.78 亿元，总建筑面积 9.1 万平方米。12 月，向阳、严家埭、安桥社区城中村改造安置房（湘水名庭）完成预分房 2104 套。该项目位于蜀山街道，总投资 25.3 亿元，总建筑面积 43.17 万平方米。

（高云云　丁一颖　黄敏超）

【保障性租赁住房建设】 2023 年，萧山区新开工保障性住房 12.77 万平方米，涉及萧政储出〔2022〕2 号人才房项目和浦阳单元 XSLP0704-36 地块。完成保障性租赁住房筹建 14981 套（间）。8 月，城博里公租房项目完成综合验收。该项目总投资 3.3 亿元，总用地 1.6 万平方米，总建筑面积 4.4 万平方米，共有 5 幢楼，2 幢 17 层建筑、2 幢 18 层建筑以及 1 幢 2 层配套用房，总户数 396 户，配有机动车位 371 个、非机动车位 919 个。11 月，城口里公租房项目完成竣工备案。该项目总投资 2.58 亿元，总用地 1.3 公顷，总建筑面积 3.8 万平方米，共有 1 幢 25 层高层住宅和 2 幢 7 层多层住宅，另有 3 幢配套公建用房和 1 个地下室，总户数 296 户，配有机动车位 331 个、非机动车位 668 个。12 月，新塘街道 XSCQ2502-R2-04 地块公共租赁用房项目完成综合验收。该项目总投资 4 亿元，总用地 1.47 公顷，总建筑面积 6 万平方米，共有 3 幢 26 层高层住宅，设置公共租赁住房 486 套、机动停车位 433 个。

（高云云　丁一颖）

【房屋安全】 2023 年，萧山区完成自建房排查 34 万余栋，第三次城镇房屋调查 3.8 万余处，危房实质性解危 428 处，动态监测 314 处，完成农村困难家庭危房改造即时救助 22 户，做到房屋安全监管常态化。优化运行老旧房屋数字化监测系统，录入 2171 幢老旧房屋信息和 4.2 万条住户信息，建立 807 处现存危房“一房一策”清单，闭环整改安全隐患 35 条。制定《萧山区房屋安全突发事件应急处理办法》，应急响应机制不断健全。加强房屋装修安全管理，实行国有土地上住宅房屋装修备案网上办理，推广应用住宅“装修码”，全年网上备案 1 万余件，其中 3708 户业主获取“装修码”。

【白蚁防治】 2023 年，萧山区住建局受理新建房屋白蚁预防公共服务单 225 份，服务面积 1203 万平方米；完成旧房（住宅）白蚁灭治户数 364 户，面积 11 万余平方米；安装监测控制装置 17170 套，施工面积 981 万平方米。6 月，区住房保障和房地产

管理服务中心获评全国传统村落和历史文化名城名镇名村白蚁防治专项活动先进单位。

（高云云）

不动产登记

【概况】 2023年，萧山区不动产登记服务中心共有32个办理窗口，办理不动产登记业务20.88万件，其中颁发不动产权证书14.85万本、不动产权证明8.47万本，办理注销4.12万件，办理查解封4502件，查档证明1.01万件，行政限制和注销1192件，办理抵押登记5.82万件。

【不动产登记企业专窗服务】 2023年，萧山区不动产登记服务中心企业专窗为企业融资办理各类抵押业务3380件。与税务部门协作，对22项企业财产登记业务实行不动产登记、交易和缴税一人受理、一窗进件、一套资料、同窗出证，共办理企业财产登记业务1347件。

【二手房转移全程网办（掌办）】 2023年，萧山区不动产登记服务中心对接区住建局住房保障和房产管理服务中心、区税务部门、区公证处、辖区银行等业务部门和单位，对相关政策进行梳理，改造系统，优化业务流程，推出“带押过户”这一数智化创新型便民服务。结合前期试点运行情况，同时通过自媒体等多种形式宣传，全面推行二手房转移全程网办（掌办）。全年办理交房云办证业务4.64万件，其中新建商品房转移登记3640件、商品房预转现业务2.6万件、抵押预转现业务1.68万件；二手房掌办业务61件，其中带押过户业务11件；预售商品房预告及预售商品房抵押权预告登记业务1.21万件，其中总对总办件177件；抵押登记业务5.39万件，其中，银行端通过浙江省金融综合服务平台办件1960件，通过全流程电子化业务平台办件2279件，通过杭州登记财产综合平台办件4.96万件。

【安置房确权登记】 2023年，萧山区加强部门联动，通过完善领导制度、建立例会制度、实行承诺制度等举措，明确责任目标、开辟绿色通道、推动问题解决，加快安置住房登记发证工作进度，提高安置住房办证效率。全年办理安置房18个楼盘、2.65万套。

（朱　芸）

住房公积金管理

【概况】 2023年，萧山区住房公积金新增开户单位4311家，新增建制职工12.8万人，净增正常缴存职工2.87万人。至年底，全区有25911家单位30.51万名职工正常缴存公积金，全年归集住房公积金80.05亿元，比上年增长21.5%，历年累计归集490.77亿元；当年支取住房公积金53.36亿元，提取额增加28.1%，累计支取住房公积金328.58亿元，历年归集余额162.19亿元（以上数据均含住房补贴）。全年发放住房公积金贷款4250户，金额28.31亿元，支持职工购房建筑面积48.11万平方米。历年累计向73543户职工发放住房公积金贷款338.58亿元，住房公积金贷款余额210.47亿元（以上数据不含贴息）。住房公积金全年实现增值收益1.62亿元，累计提取城市廉租住房建设补充资金7.3亿元。

【公积金建制扩面】 2023年，公积金萧山分中心以区财政供养人员为重点进行建制扩面梳理。至年底，全区财政供养编外人员（教育系统编外人员除外）公积金建制基本全覆盖。通过微信公众号、科普宣传栏、委贷银行网点屏幕等平台，持续宣传公积金惠民政策，在10辆公交车车身投放广告。联合镇（街道）开展公积金法律知识宣传活动，向企业负责人及职工进行法治宣传，提高公积金普法宣传活动覆盖面。全年走访服务浙江恒逸集团有限公司等企业40余家。向全区1471家规模以上企业、29家信访投诉企业寄发《诚信经营，依法建缴住房公积金的倡议书》，对涉及公积金未缴、少缴案件进行执法。全年受理投诉案件161件，比上年增长92%；结案134件，为职工追缴公积金189.91万元。收到信访1033件，按时办结率100%。

【公积金服务升级】 2023年，公积金萧山分中心在全市首设公积金“适老专窗”，推动政务服务“省心便老”，通过以图代字、清单列表、放大文字等方式，专门编制一套适用于老年人阅知的《一次性住房补贴申领办事指南》，点对点送达指南467份。依托专人专窗受理模式，为老年群体开辟绿色通道，实现优先办、精准办。至年底，有4863位平均年龄73岁的老年群众受惠。安排服务导办专员在等候区轮岗值班，提前帮助群众完成填表等工作，节约办事时间。在窗口服务专员中优选8人，组建红色便民服务小分队，为特殊老人提供预约上门服务，为特殊群体开展业务集中办理，化解老、弱、病、残群众办事难问题。

2023年12月，区政务服务中心公积金窗口推出“退休提取专窗”等适老窗口为退休职工提取公积金提供绿色通道

（公积金萧山分中心　提供）

【公积金风险防控】2023年，公积金萧山分中心根据《公积金存款竞争性存放管理实施细则》，完成10.7亿元存款竞争性存放工作。加强对归集、提取、信贷等业务及资金核算、资金账户安全、业务档案管理的稽核和内审。根据上级部门及区专班要求，统筹“保交楼”（确保楼盘如期按质保量交付）和资金安全要求，落实风险应对措施，在征得借款人同意后，将贷款发放至政府共管账户，封闭用于项目建设，避免“停贷”风险。加大贷款投放力度，与商业贷款形成合力，保障项目资金需求，促进房地产市场平稳健康发展。累计发放“保交楼”公积金贷款2.84亿元，配套商业贷款3.3亿元。根据房贷资金及房地产市场形势，严格项目准入审批，严格审查土地抵押和项目融资状况，加大实地踏勘频次力度，从项目准入源头把好楼盘风险关。加强对风险楼盘的台账式管理，全年新增准入楼盘31个（含7个共享楼盘）。注重贷款逾期催收，至年底，贷款逾期率0.012‰。

【公积金数字化改革】2023年，公积金萧山分中心依托数字化技术，改革完善公积金贷款业务模式，实现公积金贷款“跨省通办”、“全省通办”、“一件事”办理、长三角“一网通办”、“亮码可办”。研究“一网通办”优化措施，提高PAD端受理效率和使用频率，研究制定购房现场一站式服务规范，优化完善同城贷款受理机制，至年底，各银行政务2.0操作权限开通。依托镇（街道）公共服务中心平台，增加便民服务业务35个。推出工行、建行自助机试点网点33个，实现公积金缴存、提取、贷款等20项公积金个人服务事项线上办理。

（王丹丹）

物业管理

【概况】2023年，萧山区有在萧开展业务的物业服务企业147家、业主委员会244个、物业管理委员会196个、物业服务项目（指聘请物业服务企业开展物业服务的住宅小区）561个。

【红领物联“一心两会”物管机制】2023年，萧山区打造红领物联行业党建品牌，形成各镇（街道）组建“一心两会”（“一心”：物管中心；“两会”：物业联席会、业委会联席会）三方协调机制，处理好社区、业委会、物业三者关系，推动党建与物业管理有机结合，夯实基层治理基础。至年底，城厢、盈丰、北干、蜀山、新塘、瓜沥等10个镇（街道）均已建立“一心两会”工作机制，并实体化运作，覆盖全区90%以上住宅小区。

【物业服务星级评定】2023年，萧山区住建局依据《杭州市萧山区物业服务项目和物业服务项目经理星级评定办法（试行）》《萧山区物业服务企业服务能力综合测评方案（试行）》，经物业服务企业和业主委员会申报，属地镇（街道）、平台评议，部门抽查，结合区市场监管局、区城管局、区消防救援大队意见，全区公示后，最终确定2023年度萧山区物业服务项目和业主委员会星级评定名单。其中，物业服务项目五星级67个、四星级130个、三星级45个、合格7个，业主委员会五星级49个、四星级51个、三星级7个、合格2个。

【老旧小区物业管理】2023年，萧山区住建局打破辖区内零散的老旧小区地域限制，通过“化零为整、连片打包”方式，提升老旧小区专业化物业服务覆盖率。至年底，全区136个老旧小区实现物业管理全覆盖，其中专业化物业覆盖率96.8%。

【美好家园创建】2023年，萧山区住建局根据《2023年杭州市“美好家园”住宅示范小区建设实施方案》，组织发动64个住宅小区参与创建，最终确定13个候选小区，包括商品房小区9个、老旧小区2个、保障房小区2个。围绕美丽小区、平安小区、有序小区、和谐小区等四大验收指标体系要求，梳理出86项整治提升任务，对候选小区开展日常督查。经过征集申报、整治提升、满意度调查、两级验收评估、审核认定等环节，萧山区入选杭州市“美好家园”小区11个，其中商品房小区7个、老旧小区2个、保障房小区2个。全区累计创建“美好家园”住宅示范小区59个。

表30　2023年萧山区入选杭州市“美好家园”小区一览表

类　别	小　区　名　称
商品房小区	北干街道长茵社区君宸公寓
	萧山区新塘街道南晖社区南江壹号名邸
	宁围街道开欣社区新越锦粼府
	北干街道天悦社区景宸天玺名城
	盈丰街道合丰社区瑞名邸
	盈丰街道潮韵社区奥景名邸
	盈丰街道美哉社区美哉美城
老旧小区	城厢街道东阳桥社区众安花园
	城厢街道俊良社区崇化三区（71—89幢）
安置房小区	临浦镇山阴街社区南秀苑
	南阳街道潮都社区潮上云临北苑

（资料来源：区住建局）

【物业维修基金与物业保修金管理】2023年，萧山区物业维修基金共收缴74个项目，缴存物业维修基金7.65亿元；物业保修金收缴项目50个，缴存物业保修金3.74亿元；物业保修金到期退还公示30个，退还物业保修金项目24个。至年底，萧山区物业维修基金本息余额53.59亿元、物业保修金本金17.27亿元。

（高云云）

责任编辑：张　静

金融业

综述

【金融业增加值 255.5 亿元】 2023 年，萧山区实现金融业增加值 255.5 亿元，比上年增长 10.3%，拉动地区生产总值增长 1.2 个百分点，金融业增加值占全区地区生产总值的 11.5%，占服务业增加值的 18.9%。至年底，全区存贷规模超 1.4 万亿元，其中存款余额 7326.06 亿元，比上年增长 12.2%；贷款余额 7293.01 亿元，增长 13.82%。银行业金融机构不良贷款余额 39.48 亿元，不良率 0.54%，不良率维持较低水平。

【金融发展体系不断完善】 2023 年，萧山区出台《萧山区金融业高质量发展三年行动计划（2023—2025 年）》，以提升金融服务实体经济质效为根本目标，以建设钱塘江金融港湾和科创金融改革试验区为载体，围绕优化金融供给、创新金融服务、建设金融载体、构建金融生态、维护金融安全等内容，进一步优化金融发展布局，丰富金融机构生态，完善区域金融治理体系，提升精准服务实体经济和利用资本市场的能力，实现金融与产业融合发展。制定《萧山区加快金融创新发展 助力构建现代化产业体系的实施细则》，通过加快金融创新发展、推进企业股改上市、发挥融资担保功能、开展银行年度评价激励等，全面构建与萧山现代产业体系相适应的金融支撑体系。发布《萧山区“红领金融”行业党建实施意见》，通过实施“红领金融强基”“红领金融发展”“红领金融赋能”“红领上市促进”四大工程，以深化党建互促共建机制为抓手，推动金融领域党建水平、金融服务实体经济能力和金融事业发展质量三个“显著提升”。

【钱塘江金融城】 2023 年，钱塘江金融城内新增金融企业 35 家，累计超过 200 家，其中全国总部银行 1 家、持牌机构 4 家、省级金融机构 4 家、产业基金机构 4 家、银行业金融机构 10 家。钱塘江金融城（浙江省钱塘江金融港湾核心区）位于钱江世纪城临江区域，规划面积 3 平方千米，定位为浙江新金融中心，重点打造金融科技先导区、金融（上市）企业总部基地和产业金融示范区三大功能业态。

【地方金融组织】 2023 年，萧山区 8 家小额贷款公司资产总额 17.94 亿元，贷款余额 16.36 亿元，比上年下降 4%。13 家融资性担保公司担保余额 21.97 亿元，下降 58.7%。25 家融资租赁公司主营业务收入 15.75 亿元，增长 1.2%；9 家典当行典当余额 2.08 亿元，增长 48.6%。

【企业上市】 2023 年，萧山区深入实施“凤凰行动”计划，企业上市培育体系不断延伸，开展“助企腾飞”特色品牌培育活动 17 场次，分行业、分板块为拟上市企业搭建培育平台。强化数字赋能，实现企业上市服务事项“云办理”，企业便利度和获得感提升。全区全年新增上市（挂牌）企业 5 家。2 月 2 日，杭州和泰机电股份有限公司（和泰机电）在深圳证券交易所主板上市；3 月 30 日，冠科美博有限公司与特殊目的公司 Maxpro Capital Acquisition 完成合并，并在美国纳斯达克上市；4 月 4 日，杭州国泰环保科技股份有限公司（国泰环保）在深圳证券交易所创业板上市；太和华美（浙江）医药科技股份有限公司（太和华美）、浙江宇创世纪科技股份有限公司（宇创世纪）2 家新三板挂牌企业迁入。另有浙江杭可科技股份有限公司（杭可科技）2 月 22 日在瑞士交易所成功发行全球存托凭证（GDR）。至年底，全区企业上市梯队建设完善，在审企业 3 家，辅导企业 9 家。上市公司高质量发展，全年上市挂牌公司首发、再融资约 29.72 亿元，开展并购重组 20 次，涉及金额 52.85 亿元。

【金融服务质效提升】 2023 年，萧山区信贷结构持续优化，普惠金融、制造业贷款、科技贷款、民营企业贷款增速显著高于平均增速。信贷成本持续走低，12 月末萧山金融机构企业平均利率 4%，普惠小微企业贷款平均利率 4.22%，比上年分别下降 0.33 个百分点和 0.51 个百分点。完善政策性担保服务体系，小微企业年化担保费率最低达0.7%，担保余额达11.2亿，列杭州市各区县第一位。启动实施萧山区创业投资“双百”工程，着力提升直接融资比例，发挥机构协同作用。完成杭州亚运会金融服务保障工作，重点围绕亚运村、比赛场馆、保障酒店、核心景区、主要商圈等场景，打造集外卡受理、现金支付、移动支付和数字人民币等于一体的便捷国际化支付环境。

（施丹红）

金融监督管理

【概况】 2023年，萧山区有政策性银行、大型银行、股份制商业银行、城市商业银行、农村商业银行、外资银行、村镇银行、汽车金融公司和财务公司等九大类38家银行业金融机构，财产险和人身险等保险公司41家。金融机构本外币贷款余额7326.06亿元，比年初增加796.76亿元，增长12.2%；贷款余额为7293.01亿元，比年初增加885.39亿元，增长13.82%。年末，全区制造业贷款余额1641.8亿元，比上年增长10%，比年初增加148.8亿元。全年普惠小微贷款新增298亿元，余额比上年增长22.8%，高于各项贷款增速。

（孔鑫鑫　虞飞飞）

【金融风险防范化解】 2023年，萧山区深化沟通报告机制，形成风险防范处置工作合力。健全风险监测、识别、预警、处置体制机制，指导银行机构摸清底数，做实分类，提足拨备，加大不良资产处置力度。指导最大债权银行牵头组成联合调查组深入企业调查，“一企一策”确定帮扶对策，为暂时经营困难企业及时纾困。持续做好“保交楼”工作，落实好“金融十六条”等政策要求。组织开展不法贷款中介专项治理行动，强化风险防控措施，净化金融生态环境。至年底，全区金融机构不良贷款余额39.48亿元，不良率0.54%，不良率维持较低水平。

【金融体系稳健发展】 2023年，萧山区督促法人机构构建合理制衡、相互促进的法人治理体系，加强党对金融工作的全面领导，强化股东及关联交易管理，规范股东行为。推动银行机构应用“浙江省金融综合服务平台”，深化数据整合、分析和应用，区内银行机构通过“浙江省金融综合服务平台”累计完成授信超1万笔、金额超610亿元。指导萧山农商银行持续深化数智系统赋能“农户家庭资产负债表融资模式”，丰富应用场景。持续推动惠民型商业补充医疗保险扩面增量。持续深化警保合作，切实加强“两站两员”建设，警保合作劝导站正常运行。指导银保机构持续优化消费投诉处理流程，常态化开展金融知识宣传教育。

（虞飞飞）

【金融机构管理】 2023年，中国人民银行萧山支行组织开展2022年度金融机构综合评价工作，评定A等行14家。开展萧山农商银行、湖商村镇银行、传化财务和裕隆汽车金融央行评级。对萧山农商银行、湖商村镇银行进行宏观审慎评估体系（MPA）预评估，根据预评估情况，对萧山农商银行负责人进行约谈，确保评估达标。做好宁波通商银行萧山支行的开业管理和服务工作。开展银行机构金融消费者权益保护评估，传导监管要求，提升辖区消费者权益保护工作水平。

【打击违法违规金融活动】 2023年，中国人民银行萧山支行实施打击治理电信网络诈骗“春雷行动”，召开萧山区打击治理电信网络诈骗联席会议暨萧山区银行业大会，对7家涉案银行机构开展现场监管约谈。警银协同联动，联合公安开展异常取现专项风险打击行动，全年向萧山区公安分局反诈中心推送12条异常资金交易反诈线索，2条异常团伙银行开卡线索。推进打击治理洗钱犯罪三年行动，研究优化区域洗钱定罪工作联动机制，移送可疑线索9份。

【亚运会、亚残运会金融服务保障】 2023年，中国人民银行萧山支行组织辖区银行机构开展“精彩亚运　金融助力”四大主题活动，多次组织召开亚运金融服务工作座谈会、工作推进会，部署亚运前及亚运期间金融服务保障工作。制订萧山区亚运会支付服务环境建设工作方案，推进外卡受理、移动支付、数字人民币等涉外金融服务改造。开展亚运金融服务环境建设情况现场指导，对重点商户、涉外酒店、银行网点等开展三轮检查验收，进一步提升亚运金融服务水平。组建赛时金融服务保障指挥部萧山分部，下发《亚运金融服务保障和应急处置事项清单》，实行定点单位金融服务主办行制度，按照网格化管理落实重点区域保障。赛事期间，各项金融服务平稳有序，涉外保障充分，应急响应快速到位。

【金融消费者权益保护】 2023年，中国人民银行萧山支行持续完善金融消费纠纷调解组织建设，指导萧山区金融纠纷人民调解委员会发挥长三角地区金融消费纠纷调解组织合作机制会员单位作用。深化红色衙前金融教育示范基地建设，组织开展“3·15”消费者权益日、“普及金融知识守住钱袋子”等金融知识普及宣传，提高消费者金融素养。妥善处理征信异议和消费投诉，维护消费者合法权益。对2家法人机构开展征信查询异常核查，对2家公司开展量化考评。启用杭州辖区首台企业征信报告自助查询机，制作企业、个人自助查询机操作流程指示牌。推广“一平台两系统”（应收账款融资服务平台，动产融资统一登记公示系统、保证贷款登记系统），组织开展萧山金融系统征信技术比武。

（孔鑫鑫）

银行业

【概况】 2023年，萧山区加强窗口引导，通过召开区高质量发展暨“百千万”工程推进大会，全区金融机构主要负责人会议、调研督导、约谈等形式，引导金融机构加强银企对接，加大对实体经济的支持力度。至年底，全区银行业金融机构本外币贷款余额7326.06亿元，比年初增加796.76亿元，增长12.2%；贷款余额7293.01亿元，比年初增加885.39亿元，增长13.8%。

【结构性货币政策运用】 2023年，中国人民银行萧山支行配合省分行做好华夏、浙商、平安、招商四家银行总行设备更新改造再贷款审核工作和兴业、广发两家银行总行再贷款核查工作。持续加大与区发改委、经信局、科技局、交通运输局等部门沟通力度，梳理符合条件的项目，组织金融机构做好融资对接，引导合格银行加大相关领域贷款投放力度，推动各项政策工具落地萧山。引导在萧法人机构加大政策工具运用力度，辖内法人机构发放支小再贷款余额79亿元，居杭州市辖前列。强化贷款市场报价利率（LPR）定价机制应用，畅通贷款市场报价利率（LPR）向贷款利率的传导渠道，引导银行争取上级行优惠利率政策，有效降低企业融资成本。全年萧山金融机构企业加权平均利率4%，比上年下降0.33个百分点。其中，金融机构普惠小微企业贷款利率4.22%，比上年下降0.51个百分点。

【对重点领域和薄弱环节的金融支持力度加大】 2023年，中国人民银行萧山支行持续加大对重点领域和薄弱环节的金融支持。强化区重点投资项目融资对接，聚焦"百千万"工程、六大重要平台、现代产业体系、共同富裕，强化金融要素保障。出台《关于2023年金融支持萧山区共同富裕货币信贷工作的指导意见》，联合原浙江银保监局萧山监管组、萧山日报社开展金融助力萧山打造共富样板专项行动，通过"共富萧山金融行"走访调研、"金融同心·共富同行"优秀案例展示等活动，推动打造金融助共富萧山模式，支持共富做法被中国人民银行杭州中心支行《金融简报》刊登。至年底，全区制造业贷款余额1641.8亿元，比上年增长10%，比年初增加148.8亿元。全年普惠小微贷款新增298亿元，余额比上年增长22.8%，高于各项贷款增速。

【外汇"便民"质效提升】 2023年，中国人民银行萧山支行发布推动涉外经济高质量发展十条指导意见，联合商务、银行举办"汇聚你我，共同发展"主题活动7场，惠及外贸企业500余家。指导辖内法人银行萧山农商银行获得浙江省分局批准，成为优质企业贸易外汇收支便利化试点银行，重点推荐小微企业进入试点企业名单。推进资本项目收支便利化试点，获评全省人民银行系统资本项目劳动竞赛优胜集体。扩大跨境金融服务平台融资规模，为外贸企业融资简流程、减成本，办理出口应收账款融资、出口信保保单融资等业务1022笔，融资金额2.69亿美元。强化自贸萧山区块外汇金融支持，落地区块内首笔高新技术和专精特新企业外债便利化试点业务500万美元，办理萧山首笔全球存托凭证（GDR）项下境外上市首发登记。

【数字人民币试点】 2023年，中国人民银行萧山支行推进杭州亚运会定点酒店、医院和城市侧重点场景的数字人民币建设，完成13家涉亚运酒店、4家定点医院、亚运城市侧特约商户应用改造，推动湘湖旅游景区、临浦镇商圈、银隆百货商圈、万象汇商圈、奥体印象城商圈等场景应用，建设临浦镇横一村数字人民币共同富裕示范场景，实现萧山39个燃气站点数字人民币支付全覆盖。

（孔鑫鑫）

【支持经济社会发展】 2023年，浙江银保监局萧山监管组联合多部门开展"金融支持经济高质量发展，打造中国式现代化共富样板"专项行动，推动银保机构支持三个"一号工程"和"十项重点工程"，为打造"产城人文"深度融合的中国式现代化区（县）域范例提供金融服务。年底，浙江银保监局萧山监管组监管的银行业各项贷款余额7577.63亿元，比年初增长13.2%。引导银保机构聚焦实体经济需求持续发力，提升经济金融适配性，全区银行业科技型企业贷款、绿色信贷、普惠型小微企业贷款等贷款比上年增速均高于各项贷款平均增速。组织开展金融领域"大走访、大调研、大服务、大解题"活动，持续推进"连续贷＋灵活贷"等机制落地，加大减费让利力度，银行机构发放无还本续贷比上年增长53.8%，小微企业贷款年化利率比上年下降0.48个百分点。

（虞飞飞）

表31　2023年萧山区银行业金融机构本外币信贷收支情况一览表

来源项目名称	年底余额（亿元）	比年初增减（亿元）	增幅（%）	运用项目名称	年底余额（亿元）	比年初增减（亿元）	增幅（%）
一、各项存款	7326.06	796.76	12.20	一、各项贷款	7293.01	885.39	13.82
（一）境内存款	7296.53	792.52	12.19	（一）境内贷款	7246.51	856.33	13.40
1. 住户存款	3498.04	561.73	19.13	1. 住户贷款	2298.64	134.36	6.21
（1）活期存款	823.61	8.22	1.01	（1）短期贷款	476.62	74.73	18.60
（2）定期及其他存款	2674.43	553.51	26.10	消费贷款	92.89	10.06	12.14
2. 非金融企业存款	2677.41	333.31	14.22	经营贷款	383.73	64.68	20.27

续表 31

来源项目名称	年底余额（亿元）	比年初增减（亿元）	增幅（%）	运用项目名称	年底余额（亿元）	比年初增减（亿元）	增幅（%）
（1）活期存款	852.81	118.60	16.15	（2）中长期贷款	1822.02	59.63	3.38
（2）定期及其他存款	1824.60	214.71	13.34	消费贷款	1224.16	–26.60	–2.13
3. 广义政府存款	899.28	–101.24	–10.12	经营贷款	597.86	86.23	16.85
（1）财政性存款	76.72	–47.60	–38.29	2. 非金融企业及机关团体贷款	4943.81	717.90	16.99
（2）机关团体存款	822.56	–53.64	–6.12	（1）短期贷款	1820.45	276.35	17.90
4. 非银行业金融机构存款	221.80	–1.27	–0.57	（2）中长期贷款	2868.48	367.56	14.70
（二）境外存款	29.53	4.24	16.76	（3）票据融资	254.24	73.47	40.65
二、金融债券	38.00	—	—	（4）各项垫款	0.63	0.52	499.16
三、卖出回购资产	—	—	—	3. 非银行业金融机构贷款	4.06	4.06	0
四、借款及非银行业金融机构拆入	10.64	–0.56	–4.96	（二）境外贷款	46.50	29.06	166.69
五、联行往来（净）	434.36	183.81	73.36	二、债券投资	1139.38	390.30	52.10
六、应付及暂收款	159.77	27.45	20.74	三、股权及其他投资	104.57	–62.95	–37.58
七、各项准备	158.21	8.46	5.65	四、存放非银行业金融机构款项	1.78	–3.14	–63.68
八、所有者权益	343.71	61.54	21.81	五、联行往来（净）	—	—	—
其中，实收资本	49.76	5.00	11.17	其中：境内存放二级准备金	9.84	1.61	19.50
九、其他	124.33	144.39	–719.77	六、应收及预付款	38.44	11.23	41.25
	—	—	—	七、固定资产	17.89	1.03	6.08
资金来源总计	8595.07	1221.86	16.57	资金运用总计	8595.07	1221.86	16.57

表 32　2023 年萧山区银行业金融机构本外币存贷款余额一览表

机构名称	存款		贷款		机构名称	存款		贷款	
	年底存款余额（亿元）	比年初增长（%）	年底贷款余额（亿元）	比年初增长（%）		年底存款余额（亿元）	比年初增长（%）	年底贷款余额（亿元）	比年初增长（%）
农发银行	1.22	–34.34	64.58	21.04	宁波银行	106.51	14.88	122.87	1.42
工商银行	655.94	17.70	703.31	14.79	杭州银行	187.95	6.82	178.68	26.7
农业银行	847.18	5.33	898.23	11.56	民泰银行	11.88	70.25	14.25	34.86
中国银行	402.87	15.27	409.26	9.26	北京银行	68.08	0.33	84.61	21.42

续表 32

机构名称	存款		贷款		机构名称	存款		贷款	
	年底存款余额（亿元）	比年初增长（%）	年底贷款余额（亿元）	比年初增长（%）		年底存款余额（亿元）	比年初增长（%）	年底贷款余额（亿元）	比年初增长（%）
建设银行	377.73	0.84	392.02	16.71	稠州银行	21.72	13.85	5.51	–20.03
交通银行	139.75	13.62	225.51	13.35	泰隆银行	53.11	24.22	45.95	0.2
中信银行	296.88	1.67	350.53	16.08	南京银行	66.64	25.83	60.61	0.8
光大银行	87.25	–13.08	127.48	6.61	温州银行	79.11	66.18	55.87	23.57
华夏银行	142.77	22.88	100.84	13.14	江苏银行	47.61	12.11	98.19	5.04
广发银行	66.42	–12.84	122.59	3.09	台州银行	29.87	17.78	36.34	22.22
平安银行	69.42	23.55	65.10	–20.51	金华银行	6.07	–23.87	9.39	42.89
招商银行	171.24	26.26	271.64	5.70	联合银行	29.47	33.7	67.22	13.51
浦发银行	190.29	–3.71	163.83	2.57	邮储银行	261.28	15.63	154.83	3.56
兴业银行	93.60	14.06	156.63	19.36	湖商村镇银行	16.59	25.87	14.32	9.83
民生银行	58.51	–8.88	152.62	42.97	渣打银行	0.34	54.57	—	—
恒丰银行	20.03	–8.50	64.09	24.55	裕隆金融	0.07	19.67	16.72	10.39
浙商银行	181.26	22.13	212.70	26.28	萧山农商行	2301.2	19.6	1681.69	17.04
渤海银行	27.12	41.37	21.07	–29.88	宁波通商银行	6.61	—	12.24	—
上海银行	56.60	26.64	106.77	40.30	传化财务	61.02	–4.68	40.01	5.3

（资料来源：中国人民银行萧山支行）

【中国农业发展银行杭州市萧山支行】 2023年末，中国农业发展银行杭州市萧山支行各项贷款余额64.58亿元，比年初增长11.23亿元，增长21%；存款余额1.22亿元，比年初下降34.3%。全年投放贷款64.58亿元，比年初增长21%；日均存款5.15亿元，比年初下降1.2亿元。发放地方储备粮油贷款1.47亿元，地方调控粮油贷款1亿元，展期地方储备粮油贷款1.83亿元。贷款余额历史上首次突破60亿元。推动省分行与萧山区政府签署战略合作协议，与湘湖国家旅游度假区管理委员会签署战略合作框架协议，与萧山区粮食和物资储备局签署市场化收购融资战略合作协议。

（李雪琦）

【中国工商银行萧山分行】 2023年末，中国工商银行萧山分行本外币各项存款余额为655.94亿元，比年初增加98.69亿元，增长17.7%；各项贷款余额703.31亿元，较年初增加90.6亿元，增长14.79%，其中个人贷款增量、普惠贷款增量均居萧山区四行第一位。服务实体经济，全年净增制造业贷款、民营企业贷款均超30亿元。新发放普惠小微贷款平均执行利率较同期下降10%，推动小微企业综合融资成本逐步降低。加大首贷、信用贷款、中长期贷款的投放力度，全年为辖区内各类小微企业提供无还本续贷13亿元，减息退息超2500万元。同时，针对小微企业和个体工商户，免收单位结算账户管理费、开户手续费，降低人民币对公转账汇款手续费、企业网上银行年费等，全年累计惠及客户数2万多户。深化"千万工程"，将金融资源投入乡村振兴重点领域，至年底，涉农贷款增速超40%。推进新市民服务，面向大中专毕业生和进城务工人员发行"工银新锐卡""新市民卡"。对于暂时无法提供工作证明的大中专院校毕业生和外来务工人员，通过简化开户辅助资料信息，为新市民提供便捷开户服务。完善融资服务为新市民提供养老保障。强化风险管理，综合运用债务重组、呆账核销、批量转让、资产证券化等方式处置不良贷款。

（徐慧华）

【中国农业银行萧山分行】 2023年，中国农业银行萧山分行全年投放贷款567亿元，新增贷款93.1亿元，列萧山区四行第一位。年末贷款总量达898.23亿元，为萧山区存贷规模最大的国有商业银行。为萧山区重大项目提供金融服务，全年审批项目23个、金额397亿元。新增制造业贷款35.4亿元，总量达215.8亿元。率先挂牌成立"科创支行"，全年投放科技贷款96.4亿元，服务科技型企业297家。开展"大走访、大调研、大服务、大解题"活动，深入生产一线问困难、问需求，走访企业800余家。新增小微企业贷款21.7亿元，总量达134.6亿元，惠及小微企业及个体工商户5151户；新增"首贷户"287户。持续推进汇率避险服务，为企业降低资金成本。实现国际结算量105.8亿美元、结售汇量49.5亿美元，比上年分别增长20.2%、48.2%。创新"共富贷""乡村振兴带头人贷""美丽乡村贷"等特色产品，加大支农力度。新增涉农贷款9.6亿元，总量86.9亿元；净增惠农e贷3.9亿元，有效农户建档总量1.7万户。实行"网点＋数字乡村＋掌银＋惠农通"模式，延伸农村金融覆盖面，全年打造惠农通服务点103个、惠农商圈32个，全年交易量66.4万笔。保障平安经营，通过手续费减免、普惠型小微客户利率优惠等政策工具助企发展，新发放实体贷款利率比上年降50个基点，为各类实体减费让利8500万元。做好反电诈、反洗钱、消保等工作。围绕外卡受理服务体系、本外币现金服务、移动支付和金融保障支撑体系四大金融服务领域，确保亚运金融服务保障到位。

（叶　瑾）

【中国建设银行萧山支行】 2023年末，中国建设银行股份有限公司杭州萧山支行本外币一般性存款余额为377.73亿元，比年初增长15.3%。本外币贷款余额392.02亿元，新增56.12亿元，增长16.7%。其中，对公贷款余额257.46亿元，个人贷款余额134.56亿元。加大对制造业、民营企业等重点领域的支持力度，全年新增制造业贷款18.55亿元，比上年增长25.53%，高于各项贷款平均增速8.82个百分点，新增民营企业贷款31.19亿元，增长21.27%；个人贷款推广"建易贷＋"模式，新增个人消费贷款2.92亿元。全年国际结算量4.85亿美元，贸易融资余额22亿元，落地全省首笔财务公司模式本外币一体化资金池账户，创新产品外向型专精特新、关银定客等业务。加强信贷领域风险防控，运用风险控制会议、主动风险报告和主动管理机制，持续强化风险防控。年末支行不良贷款余额1.81亿元，不良率0.44%。逾期额2.08亿元，逾期率0.5%。实施住房租赁扶持战略，解决浙大国际科创中心中高端人才住宿问题，提供住房租赁支持贷款8.5亿元，投放5078万元。获杭州亚运会金融服务保障工作"全省系统内先进集体"称号。在农村地区设立裕农通服务点，为村民提供基础支付、反假币反洗钱宣传、金融知识普及等服务，年末裕农通服务点达337个，其中村委服务点302个，签约农户1.43万户，"裕农通"渠道存款新增23.48亿元，涉农贷款新增6.4亿元。新增战略性新兴产业贷款16.31亿元、高新技术企业贷款6.43亿元。以"绿色＋"为信贷主线，建立绿色客户拓展清单，新增绿色贷款21.79亿元。落地18个创新服务方案，提供个性化普惠金融综合服务，全年支行普惠贷款余额94.58亿元，普惠客户比年初新增981户。开展"普及金融知识，守住'钱袋子'"活动81次，把建行的金融特色服务送到各社区和住宅小区，持续做好网点"劳动者港湾"服务阵地，为老年客户提供老花镜、便民箱等便民设施。加强建行"双子星"平台运用，手机银行月活跃用户127万户，"建行生活"新客户1.48万户，商户上架200户；数字人民币钱包用户3.61万户。

（余　姣）

【交通银行杭州萧山支行】 2023年末，交通银行杭州萧山支行本外币总存款余额139.75亿元，比上年新增16.75亿元；人民币贷款余额225.51亿元，比上年新增26.55亿元。交通银行杭州萧山支行多管齐下支持萧山实体经济发展。加大"硬科技"领域的信贷投入力度，2023年支行获杭州市首批科创金融专营机构授牌，年末科技企业贷款余额58.44亿元，比年初增加17.63亿元。助推经济社会绿色转型，年末绿色信贷余额20.29亿元，比年初增加7.25亿元。做好普惠金融大文章，年末普惠两增贷款余额12.86亿元，比年初增加3.88亿元。做好养老金融大文章，辖内文化路支行是交通银行浙江省分行首批养老服务示范网点，配备老年人专用服务设施与养老服务空间"银龄活动室"，打造银发族暖心港湾。通过智慧园区、交薪通、交政通等数字金融产品，拓展金融服务覆盖率与服务半径。加大对"三农"产业信贷支持力度，助力乡村振兴，年末涉农贷款余额26.24亿元，比年初增加3.25亿元。持续做好财富金融特色，强化全量客户经营，满足多层次财富管理需求，至年底，全行沃德品牌客户2805户，私人银行客户133户，信用卡活跃用户新增2034户，代发个人客户新增2356户。

（周素娟）

【中国邮政储蓄银行股份有限公司杭州市萧山区支行】 2023年末，中国邮政储蓄银行股份有限公司杭州市萧山区支行辖1家营业部、7家二级支行，代理网点47家。全年各项存款规模达261.28亿元，比上年增长15.63%；各项贷款结余154.83亿元，增长3.56%。不良贷款率0.3%。票据贴现发生额62.29亿元，承兑业务发生额5.58亿元。加大重点企业信贷支持力度，完成对萧山区国资直属4家大型国有企业的授信，对市、区两级国有企业合计授信385亿元，其中临空集团授信金额创省分行范围内市级平台之最。加大重要项目支持力度，新增2023年省、市发改委重点建设项目授信3个，新增授信总额15.85亿元，主要涉及萧山国科中心、杭州大会展中心配套酒店、萧山客运北站等项目。支持科创金融板块，科技型企业结余45户，占小企业客户总数的23.7%；专精特新企业结余8户。减费让利赋能小微企业，全年小企业贷款及个人经营性贷款投放48.55亿元，平均利率比上年下降34个基点。

（张　玲）

【中信银行杭州萧山支行】 2023年末，中信银行杭州萧山支行本外币存款余额296.88亿元，比年初增加5.25亿元，增长1.67%。本外币贷款余额350.53亿元，比年初增加45.01亿元，增长16.08%。实现综合融资投放209.1亿元，比上年增加22.9亿元。实现营业净收入9.51亿元，实现净利润5.08亿元。实现表内资产及资管业务现金清收0.18亿元，核销资产现金清收1.21亿元，不良资产处置1.8亿元。支持民营企业、制造业发展，推动加快绿色信贷，民营企业贷款余额142.32亿元，绿色贷款余额49.25亿元，战略新兴贷款余额43.82亿元，制造业贷款余额95.16亿元。发展普惠金融，支持小微企业，推广经销e贷、政采e贷等特色产品，普惠型贷款余额49.76亿元，比年初增加7.03亿元。参与"慈善"事业，中信银行杭州萧山支行与萧山区慈善总会联合发行"中信慈善卡"，累计慈善捐款2606.3万元，其中新增捐款165.5亿元。落实"最多跑一次"改革，增设不动产抵押登记代办点业务。开展账户风险排查、反诈宣传、反诈直播间等反诈系列工作，压降涉案账户。配合浙江"无欠薪"行动，组织服务团队为建设单位的农民工现场激活卡片、开通手机银行。通过开展"四进"（进企业、进项目、进乡村、进社区）活动，举办客户座谈会、金融知识讲座、沙龙等，向社会公众普及金融知识，提升消费者金融风险防范能力。通过组建亚运专队确保现金服务保障工作，护航杭州亚运会。

（俞列红）

【光大银行萧山支行】 2023年末，光大银行萧山支行本外币存款余额87.25亿元，比年初下降13.1%；贷款余额127.48亿元，比年初增加7.19亿元，增长6.6%。支持萧山区传统产业升级、战略性新兴产业集群建设，支持实体经济重点领域和薄弱环节。年底民营贷款余额88.56亿元，比年初增加8.92亿元，增长11.2%；制造业贷款余额66.92亿元，比年初增加15.05亿元，增长29%；绿色贷款余额19.09亿元，比年初增加15.34亿元；清洁能源贷款余额14.12亿元，比年初增加13.34亿元；科技创新贷款余额16.6亿元，比年初增加14.02亿元；战略性新兴产业贷款余额6.91亿元，比年初增加4.35亿元；普惠贷款余额2.6亿元，计划完成率208%。年末对公普惠贷款余额2.6亿元，比年初增加5000万元；零售普惠贷款余额4.55亿元，比年初增加1.72亿元。6月28日，光大银行总行投产上线全自动审批产品"专精特新企业贷"，运用移动展业，实现测额、开户、签约、提款一站式服务。

（姚剑萍）

【中国民生银行杭州萧山支行】 2023年末，中国民生银行股份有限公司萧山区内3家支行（萧山、萧然、商业城）各项存款余额58.51亿元，比年初下降8.9%；各项贷款余额152.62亿元，比上年增加45.87亿元，增长43%。全年安全运行无事故。优质平台合作取得突破，成功投放钱江世纪城子公司NC置业经营性贷款。并首次发放XSGZ本级中长期贷款。新开发集团授信XSGZ已审批集团额度47.5亿元，新增单笔授信CF集团授信金额。参与新型融资业务，在投行、金融市场领域、理财子产品等开拓新的融资品种业务，萧山JK国控系与钱江世纪城系多笔商业抵押担保证券（cmbs）与投债业务落地。深化小微业务转型，客户经理走进商圈市场、行业协会、小微企业园、社区，实现批量获客。小微企业贷款余额21.29亿元，比上年增加4.32亿元；普惠性小微贷款余额18.37亿元，增加4.18亿元。

（丁　俊）

【华夏银行萧山支行】 2023年末，华夏银行萧山支行一般性存款余额142.77亿元，其中对公存款余额122.04亿元，个人存款余额19.84亿元。华夏银行萧山支行获评市委宣传部"最美窗口"、总行"模范职工之家"及分行"先进支行""先进基层党组织""工会基层先进集体""2023年结算存款增存先锋"等称号。服务实体经济，至年底，萧山支行本外币贷款余额100.84亿元，比年初增加11.71亿元，增长13.14%。其中，小微型企业贷款余额17.38亿元，比年初增长52.51%；单户授信1000万以下小微企业＋个体工商户和小微企业主贷款余额9.09亿元，比年初增长14.54%；个人贷款余额11.47亿元，比年初增长100.24%。持续抓好个人业务，加快零售业务转型升级。稳健经营防线，做好操作风险管理，实现案件风险苗头早发现、早处置。在亚运期间开展24小时单位值守制度，确保支行运营安全。做好防范电信诈骗工作。出台《萧山支行单位开户反诈手册》和《萧山支行个人开户反诈手册》，提高一线人员反诈防诈能力，确保全年无案件发生。

（陈宇峰）

【浙商银行杭州萧山分行】 2023年末，浙商银行萧山分行各项存款余额181.26亿元，比年初增加32.89亿元，增长22.13%；各项贷款余额212.7亿元，比年初增加44.26亿元，增长26.3%。入选杭州市第二批次科创金融专营机构（组织），营业大厅的户外劳动者"爱心驿站"获评2023年浙江省"最美工会户外劳动者服务站点"。浙商银行总行与萧山区人民政府签署全面战略合作协议，双方全面加强金融创新、产融结合、信用体系建设等领域的合作，未来5年内，浙商银行将通过创新金融服务方式，提供定制化、综合化、差异化的一揽子金融服务，向萧山区持续加大融资支持力度。

（裘佳妮）

【萧山农商银行】 2023年末，浙江萧山农村商业银行股份有限公司各项存款2301.20亿元，比年初增长19.6%；各项贷款1681.69亿元，增长17%。人民币存贷款占萧山区银行业市场份额的31.4%和23.1%，分别提高1.9和0.6个百分点，均列首位。五级不良贷款率0.87%，拨备覆盖率621.77%，风险抵补能力充足。全年缴纳税金7.73亿元。与区农业农村局和区数据资源局合作，建设"农户家庭资产负债系统"，通过数据模型自动生成授信额度，共授信22.88万户、1242亿元。该系统获2023WDD全球数据资源开发者大赛杭州分赛区一等奖、浙江省2023"之江杯"数据治理与创新应用大赛优胜奖。推广"强村贷""粮农贷""农创贷"等涉农产品和惠农政策，涉农贷款余额621.19亿元，增加48.21亿元，增长8.4%。为"核心企业"提供名单制精准服务，共发放贷款906户、199.56亿元。对科技企业实施"专营支行＋专设产品＋专项投资"的"三专"服务模式，向1697家科技型企业提供金融服务，授信389.5亿元，贷款余

2023年4月21日，萧山农商银行信贷员（左）走访杭州光驰通信技术有限公司了解资金需求　（萧山农商银行　提供）

额151.5亿元。至年底，全行普惠小微企业贷款余额677.29亿元，增加119亿元。打造"运动邻里""健康邻里"两大主题品牌活动，推广"社区易贷"专属产品，全年开展线上线下社区银行相关活动1073场，参与居民3.5万人次。参与丰收善行"医"路同行项目，向区卫生健康局捐赠100万元，用于慰问萧山区各镇（街）社区卫生服务中心工作人员。经国内权威评估公司联合资信评估，主体长期信用等级升至AAA，信用水平列行业第一梯队。在中银协"陀螺"评价排行榜中列全国银行业第95位，县（市、区）级农商行前三名。入选浙江省"服务业行业领跑企业——现代金融业"榜单，全省仅7家银行上榜。发布《支持萧山"2＋3＋X"先进制造业产业集群三年行动方案》，同时，全面上线启动萧山区首个数据授权运营场景——农户家庭资产负债数智系统。与区农业农村局开展"党建引领政银共建新农村"活动，捐赠2.62亿元共建资金。全年启动帮扶基金206万元，救助低收入农户206户；向萧山区人民教育基金会捐赠100万元。

（曹纯宁）

【浙江民泰商业银行股份有限公司杭州萧山支行】 2023年末，浙江民泰商业银行股份有限公司杭州萧山支行（下设瓜沥小微企业专营支行）存款余额11.88亿元，比年初增长70.3%；贷款余额14.25亿元，增长34.9%。浙江民泰商业银行股份有限公司杭州萧山支行把握党建引领、业务为基、风险为本、清廉护行、人才兴行、公益助力六大工作方向，抓内部管理、强合规意识、促业务发展。金融支持地方传统制造业发展壮大的同时，为科创、医疗、外贸等小微企业注入资金，抓住乡村振兴与绿色金融发展机遇，推进以小微金融为核心的全面发展。

（傅洪柳）

【萧山湖商村镇银行】 2023年末，萧山湖商村镇银行各项存款余额16.59亿元，各项贷款余额14.32亿元，总贷款户数4099户，户均贷款余额34.93万元。其中，小微企业贷款余额11.91亿元，占各项贷款的83.2%，比年初增加1.26亿元；涉农贷款余额13.33亿元，占各项贷款的93.1%，比年初增加1.37亿元。萧山湖商村镇银行坚持"支农支小"，助力乡村振兴。发挥机制灵活、决策链短的优势，对农户、小微企业贷款实行资金优先、额度放宽、利率优惠等政策。推出的"惠农卡"农户小额贷款卡业务，具有"一次授信、六年有效、随借随还、手机自助"的特色，全年"惠农卡"贷款余额6.31亿元。推进普惠金融，履行社会责任，开展常态化、场景化、通俗化的金融消费知识宣传教育活动，普及存款保险、防范非法集资、防范电信网络诈骗、反洗钱等金融知识，提高社会公众金融知识水平。

（徐园园）

保险·证券·期货

【概况】 2023年，萧山区有财产险和人身险等保险公司41家，保费收入93.56亿元，赔付支出41.39亿元。持续推广知识产权保险、首台（套）保险、安全生产责任险等，发挥保险业经济减震器和社会稳定器功能。持续推动惠民型商业补充医疗保险扩面增量，强化保险保障功能。深化交警与保险行业合作，加强乡镇交管站、农村劝导站和乡镇交通安全员、农村劝导员"两站两员"建设。指导银保机构持续优化消费投诉处理流程，常态化开展金融知识宣传教育，维护金融消费者合法权益。全区证券、期货经营机构数量累计达50家。36家证券经营机构实现代理交易额26264.2亿元，比上年下降4.1%。14家期货经营机构实现代理交易额43284.43亿元，增长28.7%。

（虞飞飞　施丹红）

【知识产权质押融资保证保险】 2023年，萧山区推进知识产权保险工作，召开全区知识产权保险工作推进会、培训会，向社会发布知识产权保险介绍，在知识产权补助政策中增加保费补助等措施，鼓励区内企事业单位购买知识产权保险，推动全区知识产权保险创新。7月，首笔知识产权质押融资保证保险业务落地，获得知识产权质押融资贷款的是萧山区一家智能装备有限公司，是国家高新技术企业和专精特新企业，掌握多项关键核心技术，但随着研发投入和经营规模的扩大，资金需求日益增大，按照银行传统授信模型测算的授信额度无法完全满足资金所需。萧山区联合人保财险萧山支公司、杭州联合银行萧山支行，以知识产权质押融资保证险为工具，对企业持有的多项发明专利进行价值评估与认定，通过政府补贴、保险增信、银行放款的形式，让企业以远低于市场利率的成本获得贷款100万元。

（沈钰珍）

【生猪价格指数保险兑现】 2023年，萧山区重视生猪产业的稳产保供，探索引入保险机制化解生猪市场价格波动带来的风险，完善稳定生猪生产，强化基础产能保护。7月，区地方财政补贴性生猪价格指数保险试点落地，印发《关于增设萧山区生猪价格指数保险险种（试行）的通知》，首批承保生猪6万头。生猪价格指数保险保费由杭州市财政补贴35%，萧山区财政补贴35%，养殖户自缴30%。在保险期间内，市场价格波动造成保险生猪实际月平均出栏价格低于约定目标价格时，视为保险事故发生，保险公司向养殖户支付赔偿。试点承保的生猪约定目标价格确定为

17元/千克。7月，萧山区5家生猪养殖参保企业进行首次理赔兑现。至年底，萧山区生猪价格指数保险理赔款达到416.55万元。

（张　桦）

【西湖益联保参保】2023年底，萧山区有71.17万人加入西湖益联保。西湖益联保是杭州推出的一款专为百姓打造的普惠型商业补充医疗保险产品，零门槛参保、一站式结算，每人每年150元。全年全区赔付金额11186.84万元，赔付率超过110%，惠及14896人。全区累计赔付金额33193.36万元，受益人群3.99万人。西湖益联保持续优化完善产品方案，扩大保障人群，为全区1.5万余名持证困难人员（含特困、低保、低边范围的困难人员和持残疾人基本生活保障证人员）统一办理西湖益联保商业补充医疗保险，其保费由政府全额资助。

（陈　频　骆锦波）

【中国人民财产保险股份有限公司杭州市萧山支公司】2023年，中国人民财产保险股份有限公司杭州市萧山支公司实现保费收入10.87亿元，比上年增长7.4%，支付各类赔款6.8亿元。公司围绕区域社会经济发展需求，服务实体经济、乡村振兴、科技创新，参与民生建设和社会综合治理。深化车险核心渠道建设和精细化管理，优化业务结构，发展新能源车保险。发挥专业优势，护航104国道杭州河庄至衙前段工程、彩虹快速路工程等区域重点项目，推动安全生产责任保险在工程建筑施工领域和交通领域全面开展。加强对本地科技创新企业的保险支持，为创新创业主体在技术革新、研发创新方面提供更全面的风险保障。服务"三农"，丰富农险保障品种和保障范围，全年实现区域内三大主粮作物保险全覆盖，保障农业生产和农民增收。

（汪道天）

【中国平安财产保险股份有限公司杭州市萧山支公司】2023年，中国平安财产保险股份有限公司杭州市萧山支公司保费收入11.44亿元，完成赔付金额6.19亿元。公司通过首台（套）重大装备、新材料首批次保险机制，助力新装备、新材料制造企业突破创新和应用瓶颈，全年为萧山区重点发展领域的2家装备生产企业提供风险保障2000万余元。为区内50家科技企业提供近4.7亿元的国内及出口产品责任保障，为科创企业提供科技创新、成果转化、融资、并购、人才建设等全方位保险支持。

（赵　丹）

【中国人寿保险股份有限公司杭州市萧山支公司】2023年，中国人寿保险股份有限公司杭州市萧山支公司实现总保费收入11.42亿元，增长17.5%，占萧山区人身险业务保费收入的32.8%。中国人寿保险股份有限公司杭州市萧山支公司是普惠型医疗保险西湖益联保的首席承保方，执行落地西湖益联保的承保及后续服务工作，为广大市民提供医疗保障，降低市民大病医疗费用负担。连续多年承保老年人意外险、残疾人保险等多款惠民产品，全年赔付金额2.22亿元。承担企业社会责任，在3月15日消费者权益日、金融知识普及月等时间节点，通过多种形式为客户提供诚信保险服务，向社会公众宣传非法集资等相关知识，引导社会公众理性消费，增强风险防范意识。持续多年与区计生协会联合举办"生育关怀——圆梦微心愿"活动，慰问残疾困难家庭。重视风险防范，推动非法集资专项治理工作常态化，定期和不定期进行机构合规经营检查等专项检查工作，排除风险隐患，增强全员的风险防范意识，强化源头控制，守住风险底线。

（周巧妹）

【中国平安人寿保险股份有限公司杭州市萧山支公司】2023年，中国平安人寿保险股份有限公司杭州市萧山支公司个人保险保费收入6.65亿元，其中新单保费收入1.61亿元，续期保费5.04亿元，赔付金额1.33亿元。公司实施代理人队伍分层精细化经营，深化绩优经营，提升优质新人占比，队伍结构优化，产能提升，完成经营智能化在全国营业部的推广。重点聚焦财富管理、养老和保障三大市场，通过升级产品体系、优化产品结构，满足客户财富管理、养老储备、健康保障等多元保险需求。依托平安集团医疗健康生态圈，深入探索"保险＋服务"模式，深化健康管理、居家养老、高端养老三大核心服务，客户覆盖面及服务范围持续扩大。

（方　燕）

【海通证券股份有限公司杭州市心北路证券营业部】2023年，海通证券股份有限公司杭州市心北路证券营业部A股交易额1842.2亿元，指定与托管证券市值202.14亿元，客户交易结算资金余额6.09亿元。营业部获评2023年度公司主题立功竞赛先进集体，获2023年度浙江分公司职工立功竞赛营业部冲刺奖、合规内控文化巩固年优秀组织奖。

（芦哲卿）

【中信证券股份有限公司杭州金城路证券营业部】2023年，中信证券股份有限公司杭州金城路证券营业部客户数量突破9.01万户，资产规模253亿元，"两融"（融资、融券）日均规模15.29亿元，权益类产品保有规模18.22亿元。各项业务均保持前列，获2023年中信证券股份有限公司基金投顾业务奖、人才贡献奖等。

（陈瑛楠）

表33　2023年在萧山区营业的证券机构一览表

序号	名　　称	序号	名　　称
1	国金证券股份有限公司杭州利一路证券营业部	3	中信证券股份有限公司杭州市心北路证券营业部
2	中信证券股份有限公司杭州金城路证券营业部	4	国信证券股份有限公司浙江分公司

续表 33

序号	名　　称	序号	名　　称
5	国信证券股份有限公司杭州市心中路证券营业部	21	甬兴证券有限公司杭州金城路证券营业部
6	海通证券股份有限公司杭州市心北路证券营业部	22	中国银河证券股份有限公司杭州市心中路证券营业部
7	浙商证券股份有限公司杭州萧山永久路证券营业部	23	东方证券股份有限公司杭州金鸡路证券营业部
8	财通证券股份有限公司杭州金城路证券营业部	24	东方证券股份有限公司杭州市心北路证券营业部
9	财通证券股份有限公司杭州瓜沥建设四路证券营业部	25	国元证券股份有限公司杭州萧山金城路证券营业部
10	财通证券股份有限公司杭州市心南路证券营业部	26	国泰君安证券股份有限公司杭州萧山市心中路证券营业部
11	财通证券股份有限公司杭州市心北路证券营业部	27	中信建投证券股份有限公司杭州萧山市心中路证券营业部
12	方正证券股份有限公司杭州萧山金城路证券营业部	28	申万宏源证券有限公司萧山博学路证券营业部
13	国盛证券有限责任公司杭州金城路证券营业部	29	东方财富证券股份有限公司杭州金城路证券营业部
14	国融证券股份有限公司杭州市心北路证券营业部	30	东北证券股份有限公司杭州市心北路证券营业部
15	华福证券有限责任公司杭州市心中路证券营业部	31	广发证券股份有限公司杭州博奥路证券营业部
16	兴业证券股份有限公司杭州萧山金城路证券营业部	32	天风证券股份有限公司浙江分公司
17	东吴证券股份有限公司杭州金城路证券营业部	33	招商证券股份有限公司杭州博奥路证券营业部
18	华西证券股份有限公司杭州萧山市心北路证券营业部	34	五矿证券有限公司杭州市心北路证券营业部
19	华安证券股份有限公司浙江分公司	35	华龙证券股份有限公司杭州钱江世纪城平澜路证券营业部
20	光大证券股份有限公司杭州市心北路证券营业部	36	国联证券股份有限公司杭州金城路证券营业部

表 34　2023 年在萧山区营业的期货机构一览表

序号	名　　称	序号	名　　称
1	盛达期货有限公司	8	银河期货有限公司杭州钱江世纪城营业部
2	信达期货有限公司	9	浙江新世纪期货有限公司萧山营业部
3	南华期货股份有限公司萧山营业部	10	紫金天风期货股份有限公司浙江分公司
4	中信期货有限公司杭州萧山分公司	11	华安期货有限责任公司杭州营业部
5	浙商期货有限公司萧山营业部	12	方正中期期货有限公司杭州营业部
6	华融融达期货股份有限公司杭州营业部	13	徽商期货有限责任公司杭州萧山营业部
7	永安期货股份有限公司杭州萧山分公司	14	创元期货股份有限公司浙江第一分公司

（施丹红）

责任编辑：张　静

城市建设

综述

【城市品质提升】 2023年，萧山区完成规划编制18个，实现重点平台规划全覆盖。系统化全域推进海绵城市建设，完成海绵重点项目建设10个，新增区域化面积7.17平方千米，累计达51平方千米，亚运海绵片区、彩虹天空之城TOD开发更新项目入选浙江省城市更新试点。完成城中村改造9个。全面启动综合交通"补链强链"行动，开工建设地铁四期（萧山段）、104国道杭州河庄至衙前段等6个重大交通项目和永兴河流域综合治理工程（先行段）等"八大百亿"重大水利项目。彩虹大道快速路（东入城口—风情大道）、风情大道快速路（机场路—亚太路）、通城大道快速路（机场路—亚太路）3条快速路全长33.6千米，年底完成建设22千米，其中彩虹大道快速路已全线贯通。市政道路建成48条45.24千米，开工70条74.06千米。打通断头路4条。建成城市公园9个，新增城市绿地100万平方米。建成绿道8条45千米，瓜沥镇明朗村健身游步道获评市级最美绿道。新增停车泊位16594个，其中公共泊位687个。新增备案充电桩895个，充换电站77座；推进充电桩"下乡"，梅林村、东恩村、横一村、东山村、欢潭村5个新能源车充电桩建设示范村项目建成投入使用。地下空间新增开发量102万平方米，滨江二路（耕文路—香樟路）综合管廊投入运行。农村生活污水治理工作连续四年获评省"农村生活污水处理设施建设改造和运行维护绩效复核优秀县（市、区）"。楼塔镇被评为2023年省园林城镇，楼塔镇政府被评为2023年度省园林式单位。义桥镇河西村、衙前镇杨汛村、楼塔镇雪环桥头村、戴村镇尖山下村建成省级美丽宜居示范村，戴村镇尖山下村建成省级传统村落。大运河萧山火车西站段历史文化街区入选第七批省历史文化名镇名村街区名单。

【城乡风貌样板区建设】 2023年，萧山区连续三年获评县（市、区）城乡风貌整治提升工作优秀等次，成功创建5个省级风貌样板区。其中，瓜沥—衙前"航坞听梵·临空家园"县域风貌区创建为新时代富春山居图样板，"七彩瓜沥·都市副心"为城市新区风貌样板区，"古越风情·雅居临浦"为传统风貌样板区，浦阳—临浦—义桥"溯江乐居"为县域风貌样板区，"信息港湾·数字创新谷"为特色产业样板区，瓜沥—衙前"航坞听替·临空家园"为县域风貌区。同步打造共富风貌游线18条，建成风貌驿10个。其中，共富风貌驿·江南驿·佛山驿、共富风貌驿·江南驿·航民驿、共富风貌驿·江南驿·临云驿、共富风貌驿·江南驿·三泉王村驿4个共富风貌驿入选省首批共富风貌驿名单。全年全区共实施风貌整治提升项目38个，总投资13.77亿元。

【未来社区建设】 2023年，萧山区推进全域未来社区建设，新增省级创建项目20个，累计达41个，创建覆盖面是现有城镇社区的20%。湘湖社区列入国家首批"完整社区"建设试点名单，建成省级未来社区18个，数量居全省首位；9个社区入选省第七批"引领型"未来社区，3个未来社区数字化建设获评省优秀案例，市北社区"EPC＋O"（投建管运维）一体化未来社区建设模式获全省推广，5个社区获评党建统领未来社区建设"最佳案例"。11月，住建部完整社区试点建设媒体集中采访在萧山区举行。

（高云云）

表35 2023年萧山区省级未来社区一览表

类 别	社区名称	类 别	社区名称
省第七批"引领型"未来社区	北干街道广德社区	省第七批"引领型"未来社区	北干街道塘湾名苑社区
	北干街道畈里张—星都社区		盈丰街道奔竞社区

续表 35

类　别	社区名称	类　别	社区名称
省第七批“引领型”未来社区	盈丰街道利一社区	省第四批未来社区	瓜沥镇东灵未来社区
	盈丰街道丰北社区		宁围街道市北未来社区
	新塘街道汇宇社区		义桥镇渔浦未来社区
	新街街道新宜社区		新街街道新宜未来社区
	靖江街道靖美社区		党湾镇卫东桥未来社区
省第三批未来社区	城厢街道湘湖未来社区		盈丰街道利一未来社区
	盈丰街道奔竞未来社区		益农镇弘扬未来社区
	北干街道广德未来社区		靖江街道靖美未来社区
	北干街道塘湾名苑未来社区		所前镇南城未来社区
	新塘街道罗婆路未来社区		临浦镇浴美施未来社区
	蜀山街道湖山未来社区		戴村镇凌溪未来社区
	闻堰街道江澜未来社区		

（资料来源：区住建局）

【垃圾分类省级示范】 2023 年，萧山区以“数智赋能”为切入点，依托生活垃圾分类智慧监管平台，逐步推广易腐垃圾无感投放、可回收物精准称重、积分账单式管理、结算标准化运行，提升以数智治理为依托，小区生活垃圾全品类源头收集、全流程积分激励、全链条智能监管、全体系基层治理、全方位宣传教育、全落地责任矩阵“六全一码”的智能化、便利化、标准化。在易腐垃圾精准分类基础上，可回收物按品类细分、大件垃圾“一键预约”上门收运、装修垃圾依托“智能箱体”规范收运，源头全品类收运体系逐渐形成。至年底，全区创成 99 个省级高标准生活垃圾分类示范小区，浦阳镇灵山村、临浦镇白鹿塘村、瓜沥镇东恩村获评省级高标准农村生活垃圾分类精品村，城厢街道和益农镇获评省级高标准生活垃圾分类示范片区。

（常　波）

【国家完整社区建设试点】 2023 年 7 月 20 日，住建部公布完整社区建设试点名单，萧山区城厢街道湘湖社区入选。湘湖未来社区位于萧山区城厢街道，是第五批省级未来社区申报创建项目，2023 年上半年完成省级验收，被列入第三批 93 个省级未来社区名单、首批浙江省现代社区名单和 2023 年第一批“浙里未来社区在线”应用贯通优秀案例名单。湘湖未来社区同时是萧山区第一个“农转非”试点村，是第一个实行整村拆迁异地安置的社区，也是第一个被纳入城市社区建设和管理的转制社区。

资料：

完整社区：在居民适宜步行范围内有完善的基本公共服务设施、健全的便民商业服务设施、完备的市政配套基础设施、充足的公共活动空间、全覆盖的物业管理和健全的社区管理机制，且居民归属感、认同感较强的居住社区。

【省十佳存量违建处置示范县（市、区）创建】 2023 年 9 月，萧山区获评浙江省 2022 年度十佳存量违建处置示范县（市、区），北干街道获评 2022 年度省级治违控违示范乡镇（街道）。萧山探索存量违建处置新路径，针对存量违建存在的无合法手续、厂房结构老旧等问题，区“三改一拆”办（规划资源萧山分局）进行深入摸排和走访调研。在满足土地合法、项目优化前提下，依据现有政策，将全区存量工业用地上的改建、扩建、重建项目及利用集体建设用地建设标准厂房项目，均被纳入存量工业用地有机更新项目。同时明确，通过重建、扩建、翻建多层厂房，提高现有工业用地容积率的，不再增收土地价款，并减免相应的城市基础设施配套费。对众多企业历史遗留的土地和产权问题，市规划和资源局萧山分局靠前服务，为其办理土地的农转用手续、供地手续，实现企业合法合规获得完整的土地和产权双证。

（朱　芸）

【“高品质示范街区”建设】 2023 年 12 月 20 日，省住建厅公布 2023 年度浙江省“高品质示范街区”“街容示范街”“户外广告和招牌设施设置样板区”项目名单以及提升改造的“街容示范街”项目名单，萧山区盈丰街道奥体中心街区、北干街道金城路街区获评省“高品质示范街区”，博奥路（观澜路至奔竞大道段）获评省“街容示范街”，金城路（育才路至市心中路段）获评省“户外广告和招牌设施设置样板区”，市心北路（机场城市大道至奔竞大道段）入选省“街容示范街”提升改造项目完成名单。盈丰街道奥体中心街区是亚运会多个场馆所在地，通过完善公共交通设施、修复路面破损等，奥体中心街区可达性和便利性提高。同时加强街区内公共卫生间、休息区、充电桩等公共服务设施建设，满足居民和游客的需求。北干街道金城路街区位于城区核心区域，在精细化保洁上下功夫，采取“人机结合”方式增加道路保洁频次，成功创建为“道路保洁见本色可席地而坐、城市家具无污渍可随手擦拭”的高标准保洁道路。金城路街区对建筑立面进行排查，做好定期清洗维护，确保建筑物外立面安全牢固、干净整洁。全年拓展非机动车停车场地5个，新增非机动车停车位1400个，保障街区内停车规范有序。

（常　波）

国土空间规划

【概况】 2023年，萧山区镇（街道）国土空间规划、村庄规划评估及村庄规划工作全面开展，12个乡镇级国土空间规划衔接市、区两级国土空间规划成果，全面开展编制工作，按规范程序开展规划听证、镇人大审议、区级审查、市级审查等程序，并报省规划和自然资源厅、市规划和自然资源局审批。按指标审批新增建设用地422.13公顷。加强城乡规划管理，核发建设项目用地预审与规划选址意见书457份，核发建设用地规划许可证413份；验收项目190个，核发规划核实确认书190份。

【镇（街道）国土空间规划全面开展】 2023年，萧山区镇（街道）国土空间规划全面开展，形成村庄规划评估、乡村地区居住空间专项规划研究初步成果。详细规划工作按照规划编制攻坚年计划有序推进。《杭州市萧山区湘湖单元（XS16）详细规划》《杭州市萧山区蜀山单元（XS15）详细规划（蜀山西、南片区）》等详细规划获市政府批复，河上、浦阳、戴村、义桥、进化等单元详细规划完成报批成果待批复，《湘湖新城总体景观风貌提升规划》完成阶段性成果。

【建设用地审批】 2023年，萧山区获新增建设用地指标422.13公顷（包括单独选址项目用地指标126.65公顷），其中用于工业（产业）类162.05公顷，基础设施、民生项目类135.32公顷，经营性用地29.78公顷，乡村振兴（农业）17.56公顷，宅基地14.16公顷；获省重大产业项目新增建设用地计划指标41.39公顷。全区上报农用地转用和征收70个批次、332个项目，总面积345.35公顷，其中农用地295.47公顷（含耕地155.71公顷）。使用国家指标的单独选址项目2个，分别为杭甬运河新坝二线船闸工程、杭金衢高速至杭绍台高速联络线工程，总面积176.94公顷。

【城乡规划管理】 2023年，萧山区核发建设项目用地预审与规划选址意见书457份，提供建设用地规划条件187份，出具规划意见58份，核发建设用地规划许可证413份（其中出让86份、划拨327份），审查建设项目设计方案636个，核发建设工程规划许可证393份。对涉及群众利害关系的项目规划许可和修改调整，一律在市规划和自然资源局网站、项目现场、所在村（社区）公示，并组织召开相关利害关系人意见征询会。全年公示建设项目方案405个。市规划和自然资源局萧山分局累计巡查项目1207次，其中灰线检验项目155次，验收核实建筑体量1300余万平方米。办理三产复核验收项目3宗，用地面积16万余平方米，建筑面积35.5万余平方米。

（朱　芸）

城市建设投资

【概况】 2023年，萧山环境投资建设集团有限公司（简称“萧山环投集团”）统筹实施建设项目115个，投资总概算985亿元，其中政府投资项目97个，落地有效投资91.46亿元，全年建成项目29个、开工项目26个。推进安置房项目15个、公租房项目5个及可售型保障性住房建设项目3个，在建总面积463万平方米。推进基础交通路网项目47个，通城大道、通惠南路等14条道路完工通车，全年建成17.5千米。推进公建配套项目22个、产业载体项目6个。萧山交通投资集团有限公司（简称“萧山交投集团”）实施建设项目83个，总投资895亿元，全年完工项目11个、开工项目15个、续建项目30个、前期推进项目24个，完成政府投资94亿元，超额完成目标任务。其中104国道杭州河庄至衙前段工程、彩虹快速路东延工程、临浦快速路工程先行段工程均实现开工；和平桥、姑娘桥、高田永久安置房实现交付，4356套房源完成分配，1354户完成抽房；山后安置房（西区）完成竣工备案；双桥安置房完成预分房，668套房源完成分配，220户参与分房。至年底，交投集团总资产超1100亿元。

【产业项目建设】 2023年，杭州湾智慧谷（二期）项目完成主体工程。项目位于盈丰街道济仁路，萧山人才公寓西侧，总建筑面积47万平方米，由150米、100米各两栋超高层塔楼及三层裙房组成，项目打造集科技产业于一体的多元复合功能的高品质产业综合体。环橙（国际）科创中心项目完成主体结构验收。项目位于衙前镇中环路衙前路交叉口，总用地2公顷，总建筑面积10万平方米。项目建设产城融合、科研创新、服务纤纺的省级化纤纺织转型升级示范区。项目获2023年度浙江省“优秀红色工地”称号和2023年杭州市建设工程结构优质奖。交投大厦项目完成竣工备案。项目总用地1.36公顷，总建筑面积7.69万平方米。无限公园项目完成竣工备案，并开启招商工作。项目总用地3.2公顷，总建筑面积14.9万平方米，总投资15亿元。蓝橙（国际）科创中心（一期）项目完成主体结构验收。项目位于城厢街道，风情大道金城路交叉口东南侧，分两期建设，总用地3.27公顷，总建筑面积19万平方米，其中一期总建筑面积10.27万平方米，共2幢楼宇。项目以“产业＋生产性服务＋配套居住”为主导功能的新型产业社区，打造集研发与生活于一体的数智企业众创空间。世环创新型产业中心项目完成竣工备案。项目位于盈丰街道海清路，属于钱江世纪城板块，总建筑面积11万平方米，总投资11亿元，共2幢楼宇。风情高新科技园（二期）项目完成主体结构核心筒结顶。项目总用地4.6万平方米，总建筑面积28万平方米，总投资33.5亿元。浦南未来社区·临澜之城项目完成4次开盘销售。项目总投资51.97亿元，总用地19.1万平方米，总建筑面积约45万平方米。

【城市设施建设】 2023年3月，市北客运中心站项目开工建设。项目总用地2.93公顷，总建筑面积22.06万平方米，总投资33亿元，年底项目处于桩基施工阶段。萧山城市文化公园项目完成调整方案公示。项目位于蜀山街道，总投资45亿元，总用地14.07公顷，总建筑面积28万平方米，建设内容包括青少年活动中心、区非物质文化遗产展示馆、妇女活动中心、绍剧艺术中心、美术馆等五馆合一以及地下配套用房、地下停车库。萧山区职工文化中心项目地下室结构完成50%。项目概算投资2.59亿元，总用地1.54公顷，总建筑面积3.38万平方米。萧山区第二人民医院迁建工程完成A、B地块主体结构验收。项目位于瓜沥镇，总用地5公顷，分两期建设。项目建成后，将成为萧山东片地区首家三级乙等综合性医院。浙江大学医学院附属第二医院总部（一期）项目进行地下室结构施工。项目位于蜀山街道，是省级重点工程。项目总投资65.17亿元，总用地33.4公顷，医院核准选址总用地面积23.78公顷。环投集团商务综合楼项目开展土方开挖及支撑梁施工。项目位于北干街道，总投资6.88亿元，规划总用地面积1.3公顷，总建筑面积4.9万平方米。棉北里片区文创基础设施改造城市更新项目，总用地3.03公顷，总建筑面积11.3万平方米，总投资13.2亿元，年底完成地下室底板施工。

【公建配套学校建设】 2023年，萧山环投集团推进22个公建配套项目建设。萧山技师学院建设（一期）项目开工。项目位于新塘街道，规划用地10.73公顷，总建筑面积22.2万平方米，估算投资12.49亿元，项目分两期实施。城东小学投入使用。城东小学迁建（一期）项目位于新塘街道，总建筑面积4.26万平方米，概算投资3.14亿元，规划建设36个班级，是萧山区唯一的杭州市绿色建材试点项目。义桥第三小学投入使用。项目位于义桥镇，用地4.61公顷，总建筑面积4.4万平方米，项目概算2.54亿元，规划建设36个班级。山北幼儿园完成工程装修的95%。项目位于北干街道，用地0.76公顷，总建筑面积

萧山区骨干林道　　（周煜程摄于2023年7月11日）

2023年6月30日，北干山南公园通过竣工验收

（[illegible]提供）

7856平方米，项目概算4787万元。北辰奥园幼儿园主体结顶。项目位于蜀山街道，用地0.91公顷，总建筑面积11[illegible]0平方米，项目概算1.27亿元，规划建设18个班级。浦阳镇中学迁建项目、建设一路小学新建项目完成施工和监理招标工作；区第六高级中学提升改造项目完成概算调整；北干银河初中新建项目完成初步设计评审。

（黄敏[illegible]　丁一颖）

【北干山南公园竣工】 2023年6月30日，北干山南公园通过竣工验收。该公园位于城厢街道北干山南路，2022年4月16日开工，总投资1.47亿元，总占地[illegible]公顷，总建筑面积5215平方米，绿地面积1.86万平方米。该公园采用围合院落式布局，移建5幢古建筑，新建建筑938平方米，建筑色彩主要以白墙灰瓦为主，采用高效节能的照明技术和交互体验照明方式，结合周边地块环境氛围设计城市夜景天际线，是全年5个民生实事公园建设项目中唯一一个江南园林风格的公园。

（高云[illegible]）

【骨干林道项目竣工】 2023年6月，萧山区骨干林道项目建设完成，10月通过竣工验收。项目建设总里程217.75千米，总投资近14亿元。骨干林道建设连续[illegible]年被列为区民生实事。该项目要求在萧山南部山脉间打造4条贯通相连的骨干林道，贯穿所前镇、进化镇、临浦镇、浦阳镇、义桥镇、戴村镇、河上镇、楼塔镇八镇。林道施工位于萧山南部高海拔处，地质环境复杂，部分施工区域山势陡峭，岩质坚韧，建设条件艰苦。根据前期勘察，林道建设主要是对山体进行毛路开挖，路基施工、路面沥青罩面、护栏安装等，并辅以道路绿化、挡墙构砌、边坡防护、山体覆绿等多项施工环节，实现南部八镇主要山脉林道全面贯通。

（丁一颖）

【人民广场地面景观工程获省建设工程“钱江杯”】 2023年8月15日，省住建厅公布经考核被认定为2023年度浙江省建设

工程“钱江杯”（优质工程）的工程，萧山区人民广场地下空间开发项目地面景观工程入选。该项目东至市心路，南至金城路，西至中国电信大楼，北至大埔河。工程区域分中央喷泉区、文化广场区、绿色阅读区、共享交流区、艺术花园区等。工程总用地 6.61 公顷，其中绿化及园路铺装面积 4.7 万平方米。项目将周边商业购物与公共交通、公园休闲融为一体，通过新江南园林手法，展现新时代城市文化。

（高云云）

“三改一拆”

【概况】 2023 年，萧山区拆除各类违法建筑 341 宗 59.3 万平方米，完成全年拆违任务进度的 107%。老旧小区综合提升改造竣工 40.51 万平方米，既有住宅加装电梯 109 台。完成城中村改造 9 个。区“三改一拆”和“无违建”创先争优工作被列入区打造新时代共同富裕新标杆 50 项重点工作之一。年内萧山区获评浙江省“十佳存量违建处置”示范县（市、区），北干街道获评省级“治违控违”示范乡镇（街道）。

【“三改一拆”专项行动】 2023 年，萧山区开展“三改一拆”专项行动，围绕迎亚运，全面开展安全隐患违法建筑大排查大整治工作，排查房屋、企业（场所）5084 处，发现问题隐患 9 个，完成整改 9 个，全年拆除违建面积 5.8 万平方米，完成率 100%。开展公路、铁路两侧违法建筑排查整治工作，整改率 100%。利用无人机、卫星图片、随机抽取等方式开展违法建筑数据质量核查工作，共核查 58 处疑似问题点位，核查面积 56.95 万平方米，隐患问题均整改到位。

【拆改结合试点探索】 2023 年，萧山区探索违法建筑处置新路径，持续深化拆改结合，有机更新试点经验，结合镇（街道）历史特色和产业优势，通过对高耗低效企业整体腾退、兼并重组、搬迁入园、改造提升等方式，规划并实施衙前镇衙前村、四翔村及瓜沥镇荣新村 3 处旧厂房拆改结合项目，总占地 21 公顷，总建筑面积 48 万平方米，总投资 18 亿元，大幅提高年产值、税收和集体收入，从根源上杜绝违法建筑和安全隐患问题，实现多方受益，助力共同富裕。

（朱　芸）

【老旧小区改造】 2023 年，萧山区坚持老旧小区“综合改一次”的理念，推动 14 个老旧社区片区改造。全年老旧小区改造竣工 159 幢 40.51 万平方米，开工 371 幢 72.23 万平方米。俊良社区崇化三区块、南门江社区南江公寓（南门江住宅区）获评市级旧改“典型案例”；振宁社区获评旧改“最佳案例”。华达—北干一苑社区、汇宇社区、潇湘社区、百尺溇社区 4 个旧改项目作为“旧改＋未来”的精致样本启动建设。全年完成加装电梯 109 台，振宁社区盈兴公寓整体家装项目获评杭州市最美加梯项目。

【城中村改造】 2023 年，萧山区共完成回迁安置 11542 户，占全市 30%；安置房开工 15 个 284 万平方米、竣工 20 个 608 万平方米，4 个安置小区获评杭州市“最美安置房”。完成城中村改造 9 个，涉及拆迁户数 1605 户。通过调剂安置、参照保障房租赁、上市交易、预留储备房源 4 种化解途径，盘活闲置安置房房源 10.21 万平方米。

（高云云）

【城中村改造安置房项目推进】 2023 年，鲁公桥社区城中村改造安置房（一期）项目开工建设。项目位于蜀山街道，总用地 8.2 公顷，总建筑面积约 32 万平方米，由 17 幢高层和 1 幢幼儿园组成，项目计划分二期实施。长山头村城中村改造安置房项目一期地块三、二期地块二完工，二期地块一完成主体结顶。项目位于新街街道，一期总投资 22.36 亿元，总建筑面积 34.79 万平方米；二期总投资 21.2 亿元，总建筑面积 33.67 万平方米。董家埭、油树下社区城中村改造安置房完成总工程量 85%。项目位于新塘街道，总投资 16 亿元，总建筑面积 30.4 万平方米。二桥村城中村改造安置房（新北区块）完成项目总工程量 30%。项目位于宁围街道，总投资 8.3 亿元，总用地 3.33 公顷，总建筑面积 14.5 万平方米。宁牧村城中村改造安置房（宁牧·鸿瑞府）建成，即将交付。项目总投资 26 亿元，总用地 11.73 公顷，总建筑面积 46 万平方米。义桥镇山后村城中村改造安置房项目（西区）完成竣工备案。项目总投资 14.55 亿元，总用地 8.99 公顷，总建筑面积 22.39 万平方米。城厢街道南门社区城中村改造安置房项目完成室外管线工程，景观工程完成 50%。项目总投资 18.33 亿元，总用地 8.6 公顷，总建筑面积 32.63 万平方米。北干街道集中安置房（一期）项目完成主体结构和外立面施工。项目总投资 17.7 亿元，总用地 2.9 公顷，总建筑面积 11.6 万平方米。北干街道集中安置房（二期）项目 6 幢主楼结顶。项目总投资 13.4 亿元，总用地 2.15 公顷，总建筑面积 8.85 万平方米。城厢街道集中安置房（一期）项目完成主体结构封顶。项目总投资 8.3 亿元，总用地 3.39 公顷，总建筑面积 13.87 万平

2023 年，萧山区 4 个安置小区获评杭州市“最美安置房”。图为获评“创新特色类最美安置房”的永瑞轩东区、西区安置房小区　（萧山交投集团提供，摄于 2023 年 5 月 15 日）

方米。党湾未来交通新镇一期安置房项目地下室结构全部完成，10层以下主体结构验收通过，西区封顶，东区主体结构平均15层。项目总投资12.76亿元，总用地10.06公顷，总建筑面积38.96万平方米。

（丁一颖　黄敏超）

【4个安置房小区被评为市“最美安置房”】 2023年6月，萧山区潮上云兴雅苑安置房小区、兴议家园安置房小区、济仁华庭安置房小区、永瑞轩东区、西区安置房小区安置房项目入选2023年杭州市“最美安置房”名单。济仁华庭安置小区建筑立面用的是“大面积玻璃＋铝板”组合，在交付使用时引进智能化大数据建设，投入车辆识别系统、人脸识别系统、高空抛物探头、监控室等技防系统。永瑞轩东区、西区安置房是中式风格，上部咖色搭配下部米白色，采用云纹腰线分割。兴议家园小区配备中央景观河，居家养老服务中心和婚宴家宴中心。

（高云云）

燃气管理

【概况】 2023年，萧山区已建成中压以上天然气管道2369.22千米、低压天然气管道8723.02千米。管道燃气安装居民用户71.29万户，已通气居民用户56.17万户、非居民用户3369户，全年管道燃气供气量5.11亿立方米。全区瓶装燃气总用户数25万户，总钢瓶数53万只，总用气量2.5万吨。

【燃气安全】 2023年，萧山区住建局开展老旧管网更新改造，完成市政管线9.19千米，涉及6条市政道路；庭院管道16.07千米，涉及8个居民住宅小区。开展隐患排查整治销号工作，全年用户端因灶具无熄火保护装置、使用可调式压阀、不合格橡胶软管、燃气报警器安装不规范等隐患闭环销号4万个。排查整治瓶装“黑气”，建立“行刑衔接”机制，共计查获3处，暂扣并移交公安非法充装钢瓶161只，其中涉案刑事5人。开展场站安全评估和重大安全隐患风险点辨识。

【亚运燃气保供】 2023年，萧山区住建局落实涉杭州亚运会点位“一点一预案”，应用燃气管网巡检“车犬联动”新模式，排查涉亚运点位1千米范围内7.1万余户居民用户及1199家工商用户，发现并整改燃气隐患5700余项。亚运会期间，萧山新奥燃气有限公司和杭州中燃城市燃气发展有限公司每天落实200人参与安全巡检及突发事件应急处置工作。

（高云云）

供水·排水

【概况】 2023年末，萧山区有第二水厂、第三水厂、南片水厂和江东水厂4座自来水厂，19个供水营业所，供水能力160万吨/日，供水管网DN100（含）以上4400千米，自来水进村入户率99%以上；有污水处理厂2座，污水处理能力124万吨/日，排水主干管DN300（含）以上615千米。全年全区供水量3.83亿吨，比上年增长0.2%，售水量3.34亿吨，增长0.3%，水质合格率100%；污水处理量3.20亿吨，增长10.7%，污水处理达标率100%。全区供水用户突破80万户，供水热线接待10.77万件，处理及时率100%。年内，蜀山营业所通过“浙江省城市供水现代化营业所”复审，临浦营业所营销班组、义蓬营业所营销班组获市级“青年安全生产示范岗”。

【供排水保障】 2023年，萧山区新建及迁改供水管线60.5千米，监管新建、续建区级污水管网13.02千米。3月，蜀山路1号泵站与南四路连通管项目完工，接入市政管网。8月，江南片区取水口上移配套及管线工程完成富春泵站设备扩容工作，取水能力从50万吨/日扩容至100万吨/日。12月，江东水厂第二路原水管线（南阳互通—江东水厂）工程启动施工，项目起点位于杭绍甬南阳枢纽东侧，终点至江东水厂，新建DN2400原水管，管线全长4560米。至年底，供水抢修中心项目完成财政概算二稿，施工图图审加快推进。新建瓜沥水厂项目完成规资预审、选址意见书。义桥泵站—临浦泵站DN1200连接管工程完成工程量的25%。萧山钱江污水处理厂四期排放口工程整体完成工程量的50%。杭州市第二水源输水通道江南线项目完成总工程量的81.5%，该项目平原段获杭州市建设工程“优良工程奖”。江南线配水站完成主体建设、场内绿化景观、场外管道管线等施工，于12月通过竣工验收，并获2023年度杭州市建设工程“优质结构奖”。

【智慧水务建设】 2023年，萧山区加快智慧供水平台二期建设，集成指挥中心，形成各大供水业务系统一键登录、信息互通的办公模式。南片水厂智慧化试点工作持续推进，供水调度Scada系统完成升级优化，物联网平台和供水调度系统完成建设，智慧供水管网安全运维系统推进建设。至年底，全区污水管网窨井液位监测仪安装运行102套，污水处理信息综合管控智慧平台升级优化，BIM（四期建筑信息模型）运维服务模块实施运行。

【二次供水服务】 2023年，萧山环投集团受理二次供水新建项目47个，组织项目图审42个，新开工42个，累计在建项目64个，完成试压验收60个，现场验收36个，出具验收报告35份。至年底，环投集团承接二次供水运维项目已达338个，其中自建移交委托运维小区119个、二次供水旧改小区48个、统建统管小区171个，受惠居民30.2万户105.7万人。

【“污水零直排区”建设】 2023年，萧山区在完成“污水零直排区”创建工作后，对接落实标准化长效运维机制。区治水办坚持实行月度检查制度，对各镇（街道）生活小区、机关事业单位、医院、学校、综合体、“六小”行业（小餐饮店、小食品店、小浴室、小美容美发、小舞厅、小旅店）等“污水零直排区”建设单元进行督查；各镇（街道）定期做好各类排水设施设备的巡查、清掏、疏通、维护、记录等工作。至年底，萧山区已构建起“1＋2＋5＋N”（1个区级治水平台、智慧河道和智慧管网2个重要场景、5项治水内容和N个特色场景应用）的智慧治水系统网络，全区排水管网一张图，建设单元监管、河道感知设备、污染源溯源、市政管网测绘普查、管网监管运维等五块内容接入萧山区智慧治水信息系统平台，实现“一网通览”。通过平台内相关数据比对，做到对辖区内“水平衡”“晴雨比”情况进行研判，对镇（街道）“河—口—厂—管—源”体系进行智慧管控，达到防汛指挥“可视化”、道路积水模拟“精确化”、排水管网数据“动态化”、排水设施运行调度“智能化”、排水管网业务决策“信息化”、排水管理应用“移动化”的目的。年内，盈丰街道入选省城镇“污水零直排区”建设首批标杆镇（街道）名单。

【城乡供水一体化】 2023年4月10日，萧山区环投集团与闻堰街道办事处签订《杭州萧山闻堰自来水有限公司接管框架协议》，区供水公司推进对闻堰自来水公司的接管工作，实现全区城乡供水一体化。9月初，闻堰自来水公司完成自控改造，完成进水DN800流量计安装，其进出水流量、压力、清水池液位等信号接入智慧供水系统，实现萧山供水统一调度。经多轮管道冲洗，10月15日，时代大道连接闻堰自来水公司清水池新建DN800管启用，闻堰区域用户喝上安全优质的深度处理饮用水。同时，闻堰区域营业用户资料录入供水营业MIS系统，拓宽非居民用户的收费渠道，逐步更换区域内的超期水表。闻堰区域供水管线同步录入供水管网GIS系统，并对区域内管网新建及旧改进行初步规划。12月，区供水公司闻堰营业所揭牌成立，负责闻堰区域内营销服务及供水服务工作。

【供水公司南片营业所通过省级认证】 2023年12月，萧山供水公司南片营业所通过“浙江省规范化供水营业所”认证，供水公司成为省内第二家、杭州地区首家获得“浙江省规范化供水营业所”称号的供水企业。萧山供水公司南片营业所坚持以规范化营业所从制度建设、技术支持、机制保障等全方位，落实各项改善供水服务和规范营业管理措施，完成一系列创新、优化、提质工作。南片营业所（原河上营业所）于2023年5月18日搬迁新址、挂牌更名，主要负责萧山南部山区河上、楼塔、进化、戴村、浦阳等5个乡镇的供水服务保障，管辖区域面积306平方千米，有供水用户7.1万户，供水服务人口25多万人。营业所下设综合组、营销组、表务组、管网组4个班组。

（黄敏超）

供电

【概况】 2023年，国网杭州市萧山区供电公司（简称“区供电公司”）经营区域内全社会用电量226.81亿千瓦时；供电量197.00亿千瓦时，比上年增长4.28%；售电量192.67亿千瓦时，增长4.27%；线损率2.20%，上升0.02个百分点；农网综合电压合格率99.999%；农网供电可靠率99.9974%；电费回收率100%。夏季萧山电网最高负荷396.40万千瓦，上升3.74%。

至年底，萧山区供电公司管辖区域内变电所共81座，其中，220千伏变电所13座，110千伏变电所57座，35千伏变电所11座；开关站3370座；环网柜3411座。有主变压器172台，容量1340.60万千伏安。区供电公司管辖的110千伏线路116条，长863.57千米；35千伏线路116条，长600.35千米。其中，35千伏电缆线路69条，长307.42千米；10（20）千伏配电线路1224条，长7532.98千米。管辖的10（20）千伏配电变压器20943台，容量1831.69万千伏安。其中，公用变压器9683台，容量536.12万千伏安；专用变压器11260台，容量1295.57万千伏安。

表36 2023年萧山区供电公司经营区域内行业用电量增长情况一览表

行业名称	2023年累计用电量（万千瓦时）	2022年累计用电量（万千瓦时）	比上年增长（%）	行业名称	2023年累计用电量（万千瓦时）	2022年累计用电量（万千瓦时）	比上年增长（%）
全社会用电	2268145.14	2155808.57	5.21	二、工业	1363485.10	1308339.46	4.21
全行业用电	1950690.28	1837152.65	6.18	三、建筑业	36771.54	48914.11	–24.82
第一产业	3456.62	3558.57	–2.86	四、交通运输、仓储和邮政业	112588.02	90738.30	24.08
第二产业	1398904.62	1356371.55	3.14	五、信息传输、软件和信息技术服务业	66228.63	70447.93	–5.99
第三产业	548329.04	477222.53	14.90	六、批发和零售业	85181.55	73511.68	15.87
城乡居民生活用电	317454.86	318655.92	–0.38	七、住宿和餐饮业	20918.17	18637.90	12.23
城镇居民	96224.14	90851.15	5.91	八、金融业	8265.03	8579.37	–3.66
乡村居民	221230.72	227804.77	–2.89	九、房地产业	128932.44	107730.12	19.68
全行业用电分类	1950690.28	1837152.65	6.18	十、租赁和商务服务业	27230.24	23529.73	15.73
一、农、林、牧、渔业	5195.25	5431.75	–4.35	十一、公共服务及管理组织	95894.30	81292.29	17.96

续表 36

行业名称	2023 年累计用电量（万千瓦时）	2022 年累计用电量（万千瓦时）	比上年增长（%）	行业名称	2023 年累计用电量（万千瓦时）	2022 年累计用电量（万千瓦时）	比上年增长（%）
开采专业及辅助性活动	0.0436	0.06	–28.64				

（资料来源：区供电公司）

【电网发展】 2023 年，萧山区供电公司开展临空经济示范区、萧滨一体化、江南科技城电力专项规划。配合区政府组织各镇（街道）、平台共谋萧山电网发展大计，颁发“电等发展”推进任务书，推进萧山区电网建设三年攻坚行动。与明电舍（杭州）电气系统有限公司、杭州极电电子科技有限公司等企业完成战略合作协议、国有资产合作经营框架协议、用户储能协议签订，拉动社会资本共建桥南区块微电网群，完成 5 家光伏、2 家储能接入，投运碳电协同微电网群调度控制系统。完成 110 千伏红场输变电和 35 千伏极电电子外线项目核准，核准总容量 10 万千伏安，线路长度 25.52 千米。开工建设 220 千伏花木变电站 110 千伏送出工程和 110 千伏双圩、雷东输变电工程，开工容量 20 万千伏安，线路长度 25.39 千米。至年底，220 千伏新益、110 千伏黄家、益农输变电工程、新益变 110 千伏送出工程 C 线投产，总容量 68 万千伏安、110 千伏线路总长度 9.85 千米。

资料：

“电等发展”：2003 年 12 月 30 日，时任浙江省委书记习近平在杭州市电力局考察时提出“宁肯电等发展，不要发展等电”。

【供电安全生产】 2023 年，萧山区政府出台《杭州市萧山区电力保供三年行动方案（2022—2024 年）》等政策 8 项，全省率先落地“三年行动＋实施细则”保供政策体系，实现保供“三零”目标（线路零超载、主变零重载、断面零超限）。完成亚（残）运会保电工作，开幕式当日，区供电公司出动保电巡视队伍 76 支 730 人，保电抢修队伍 24 支 251 人，保电车辆 170 辆，完成带电检测 433 次，发现并整改缺陷 22 处。推进老旧设备整治工作，完成全域 1067 条配网线路的日常巡视。完成主网 7 台主变，18 段母线 C 检，24 项重点电网改造项目，完成配网 12 大类 132 小项负面清单攻坚，优化配网运行方式 135 处。推进市政迁改工程项目建设，完成亚运村顺丰 1851 线、纪宁 1850 线、顺坝 1852 线架空线拆旧工作；完成湖头陈工业园区建设，涉及南越 1219 线、南湘 1205 线“上改下”迁改工程。

【电力服务】 2023 年，萧山区供电公司实施迎亚运电网四年提升行动，打造亚运核心圈“6 个 9”高可靠示范区（钱江世纪城亚运核心网格供电可靠性达到 99.9999%），消除各类隐患 1.6 万余项。与 43 家保电客户签订《供用电安全协议书》，完成 1478 项亚运会、588 项亚残运会及城市侧全域保电任务。推动政府出台《杭州市萧山区节能降耗和电力保供财政奖励金实施细则》，实施综合性电力保供补贴政策。促成区发改局印发萧山区水电气讯联合服务落地文件，推动贯通政务网与水电气讯线上业务办理平台。深化“供电＋能效服务”，完成 1000 户企业能效账单推广、50 户企业公共用能系统能效诊断。打造新能源汽车下乡示范，在全区范围内选取四镇五村 16 站，建设光伏、充电桩、储能系统一体化的充电设施，新安装慢充桩 48 个、快充桩 16 个，完成群围村、三泉王村整村光伏建设，助力萧山建设共富新标杆。全年完成 21 个“三重项目”（重点工程、重点项目和重大事项）通电，时长缩短 34.2%。

【新能源汽车无线充电设施启用】 2023 年 7 月，杭州亚运村充电站首次启用无线充电设施。国家电网杭州萧山亚运村充电站，是全国首个同时拥有大功率、无线充电、V2G 功能的充电站。该站由国网杭州供电公司建成投运，配备有 8 个 500 千瓦大功率充电装置、8 个无线充电停车位以及 8 个 V2G 充电桩，相当于一个全能的电动汽车“超级快充站”，为亚运会“三馆三村”区域提供高效便捷的绿色交通保障。最大充电功率可达到 500 千瓦，15 分钟最快可充电 60 千瓦时，满足车辆行驶 400 千米用能需求。

【供电信息化建设】 2023 年，萧山区供电公司开展亚运保电核心区“未来城市示范型”配电网建设，深化 I 国网数智配网应用，推进人工智能自主巡检替代传统人工巡检，推广配网无人机自主巡检、设备状态在线诊断，利用智能 AI 技术，打造自主、精准、灵活、智慧的配网数智设备主人，实现配电站房“全息感知、自主巡检、智能监控”。完成亚运村、钱江供电所充电桩有序充电场景调试，完成梅林村光伏并网断路器部署安装，拓展低压物联网应用场景。完成亚运主体育场、亚运村保电相关的 28 座站点数字设备主人“米特”功能的部署。

（谭小倩　朱鲁飞）

市政绿化

【概况】 2023 年，萧山区完成人行道修补 7.5 万平方米、道路沥青修补 5.7 万平方米、无障碍设施提升整改点位 683 处；完成 271 座桥梁设施沥青路面、人行道板破损、窨井盖破损等维修 6372 处；维修各类照明灯具 1721 盏；清疏雨水管网 1320 千米，更换雨水箅子 1279 只；修剪花灌木 124.44 万平方米，修剪色块 70.29 万平方米，补种苗木 77.88 万平方米；完成各类道路移交 80 处，发放挖掘城市道路、临时占用城市绿地行政许可 6 份，发放公园举办一般性公众活动行政许可 6 份。12 月，邀请专家团队、组织专业施工队伍，对位于人民路和江寺路交叉口的大樟树实施古树名木复壮工作。

【“花满杭城·香飘亚运”主题活动】 2023 年，萧山区组织“花满杭城·香飘亚运”主题活动。全区妆点各类花卉 68.12 万平

2023年，萧山区组织“花满杭城　香飘亚运”主题活动。图为在人民广场金城路一侧的立体花坛

（吴炫廷　摄于2023年9月）

方米，举办花事花展3场次，打造立体花坛7座、景观小品39个、主题花园3座、大型花海11片。调控高架月季空中花廊花期66万余株，裸土复绿扫除盲点426.2公顷。

【亚运通勤道路提升改造】 2023年，萧山区围绕沥青铣刨、病害处理、白改黑、人行道改造、平侧石更换、井盖更换、栏杆提升、绿化提升等实施内容，完成站前路（商城北路—通惠中路）、市心南路（晨晖路—03省道）、商城南路（拱秀路—萧绍路）、南秀路（崇化路—塘湄线）、金鸡路（博学路—萧杭路）、建设一路（博奥路—风情大道）、博奥路（金城路—彩虹快速路）、鸿宁路（利群河—通城大道）、通惠中路（金城路—彩虹快速路、站前路—人民路）、建设四路（风情大道—博奥路、宁税路—104国道）10条亚运通勤道路提升改造。该项目于2022年4月25日开工，2023年9月28日竣工验收。

【机场快速路全线时花装点】 2023年7月12日，萧山区机场快速路全线时花装点项目开工。在机场路原有两侧绿化基础上，重点种植长春花、细叶美女樱、百日草、向日葵、醉蝶花、国庆菊、石竹、紫罗兰等品种，总面积11.44万平方米，项目总投资约3600万元。10月20日，该项目竣工。

【城市下穿隧道安全运行管理】 2023年，萧山区加强城市下穿隧道安全运行管理。至8月底，人民路下穿公铁立交等27座下穿道、永久路隧道等3座隧道设施，均安装包括电子水尺、电子情报板、监控在内的智能防汛设施。紫霞大桥、南环大桥、工人路高架安装128个感知设备。安装的设施均接入浙江城市道桥隧道安全在线——杭州智慧市政平台和萧山区智慧市政绿化管理平台。

【北干山通览霓虹灯修复工程】 2023年8月6日，萧山区北山通览霓虹灯修复工程开工，主要对通惠中路北山通览处“萧山走向世界”“北山通览”等字体（包括拼音）进行维修，恢复亮灯，并对钢结构局部进行改造以满足后续日常养护要求。9月10日，该项目完工。11月6日，项目通过竣工验收。

【路灯管理】 2023年，萧山区对147个路灯配电箱加装智能控制终端，实行控制器升级改造，改造完成风情大道、通惠路等路段的路灯灯头7000余个，完成南秀路、高桥路等道路安装单灯控制器1.5万个，并将安装单灯控制器的路灯均接入智慧市政平台系统。

【“零碳”用能试点】 2023年10月，萧山区完成新城隧道出入口加装光伏及储能系统试点工作。通过光伏诸能系统的光伏设备将白天吸收的太阳能转化为电能，晚间将储存的电能予以释放，为隧道供电。试点在白天天气良好的情况下进行，储存的电能达到夜间隧道内的照明需要。

（戴惠玲）

城区河道美化

【概况】 2023年，萧山区实施河道精细化养管，全年清理河道垃圾约2200吨，清缴私设虾笼3500只、游丝网51张，清除福寿螺及福寿螺卵8600余处，开展绿地巡查120余次，补种绿化1.5万平方米，清理绿地垃圾300余吨，对9条美丽河道沿岸200块标识标牌进行整体更新。推进河道工程建设，城市河道（2021—2023年）轮疏工程二期进入施工及监理单位的招标程序。畈里张河、小东坡河、道源河、横担河创建为市级美丽河湖，南门江片区创建为省级美丽河湖。老旧高层住宅小区二次供水项目改造任务完成，提升群众用水安全感。深化供水排水行业管理，依托执法保障，深化批后监管，跟进问题整治，保障水资源管理。

【亚运水环境保障】 2023年，萧山区以亚运保障工作为抓手，做好6个沿河绿地公园的整治提升、14条涉亚运点位周边城市河道的管理工作。3月开始，沿河重点绿地绿化补种1.5万平方米，清理杂草及各类垃圾500余吨，通过延长保洁时间、频次，保障城市河道水环境。贯彻迎亚运污水系统安全运行保障要求，编制亚运保障区域“一点一方案”、引配水方案、水质应急预案等，制订内涝防治保障方案5个、污水系统运行安全保障方案9个，全年开展应急演练30次。加强对行业监管对象的月度安全生产检查，组织演练150余次，督促其完成涉亚点位管网巡查2.5万千米，发现、整改问题122处。为进一步烘托亚运氛围，在体育中心等亚运场馆周边、新开河等河道边，增加亚运小品、灯光设置共10处。

【河道工程建设】 2023年，萧山区推进河道工程建设。至年底，城市河道（2021—2023年）轮疏工程二期进入施工及监理单位的招标程序。该项目对城区内西大浦河、银河小区东支流、银河小区西支流、工人河、第二桥河、第四桥河、东直河7段河道进行河底清淤，计划清淤量19万立方米。安桥直河公园及泵站工程开展前期审批，该项目计划在里秀河与安桥直河交叉口处新建排水泵站一座，加强河道引配水，改善水质。杜湖内河沿线整治一期工程进入项目收尾阶段，杜湖内河（萧邮路至博

2023年，南门江片区8条河道获评省级美丽河湖。图为该片区的小东坡河

（区城市水设施和河道保护管理中心提供，摄于2023年12月14日）

奥路段）全长1.15千米，涉及整治面积4.8万平方米，项目对河道及两侧绿地进行整治，内容包括清淤、河道拓宽、沿河景观、游步道、驳岸建设等。

【美丽河湖创建】 2023年，萧山区钱江世纪城亚运水系、南门江片区创建为省级美丽河湖，欢潭水系、凤坞溪、义南横河、横担河、小东坡河、畈里张河、道源河7条河道（水系）创建为市级美丽河湖。钱江世纪城亚运水系创建长度11.46千米，其中先锋河西起奥体中心船闸，北至亚运村，长4千米；利民河全线创建，长2.58千米；东风河全线创建，长2.38千米；中央水轴全线创建，长2.5千米。南门江片区由南门江、道源河、大通河、姚江河、横担河、罗婆桥横河、吕才庄河、小东坡河8条河道组成，河道总长12.95千米，水域总面积79.67万平方米，河岸绿化面积29.6万平方米。

表37　2023年度萧山区“美丽河湖”一览表

单位：千米

序号	河湖名称	创建长度	创建位置	级别
1	钱江世纪城亚运水系	11.46	利民河2.58千米（前解放河—奥体中心船闸）；先锋河1.9千米（钱江枢纽—亚运村）；中央水轴2.5千米（后解放河—先锋河）	省级
2	南门江片区	12.95	南门江、道源河、大通河、姚江河、横担河、罗婆桥横河、吕才庄河、小东坡河8条河道	省级
3	畈里张河	0.67	大浦河—山北河	市级
4	小东坡河	6.98	大通河—吕才庄河	市级
5	义南横河	3.4	靖江街道段机场东大门排涝闸—牛拖湾	市级
6	凤坞溪	5.4	大坞村共富桥起—楼塔溪交汇处	市级
7	欢潭水系	1.8	欢潭直河起点郭家塘—欢潭排灌站；3座池塘（岳园湖、里外门前塘、郭家塘）	市级
8	横担河	0.85	小车坡河—通惠南路	市级
9	道源河	1	南门江—小东坡河	市级

（资料来源：区综合行政执法局）

【供水排水监督管理】 2023年，萧山区依托执法保障，夯实供排水监管，全年检查区内5家水厂76次。按时下达非居民用水户年度用水量，发放非居民用水计划（定额）下达书3619份。创建省级节水型居民小区7个、省级节水标杆小区4个。运行排水批后监管执法联动机制，联合属地中队联动执法、责令整改，把好入河“闸门”。对城镇污水处理厂安全检查12次，抽检排水户330家，其中101家不合格全部整改完成。全年发放排水许可证330套。日常巡查排水管网，发现、整改一般性问题598处。

表38　2023年萧山区省级节水小区一览表

序号	小区名称	创建类别
1	高运莱茵传奇小区	节水标杆小区
2	南江壹号名邸小区	节水标杆小区
3	家景园小区	节水标杆小区
4	云章映月华庭小区	节水标杆小区
5	德信泊林春天	节水型小区
6	科尔世纪外滩小区	节水型小区
7	东旭府小区	节水型小区
8	旭众珺悦府	节水型小区
9	宁东拥潮府小区	节水型小区
10	天域开元	节水型小区
11	黎明苑小区	节水型小区

（资料来源：区综合行政执法局）

【老旧高层住宅小区二次供水项目改造】 2023年，萧山区在老旧高层住宅小区二次供水项目改造过程中完善项目管理流程，统筹协调全区二次供水改造相关事宜，召开专题会议15次、评审会75次、进场会32次，开展现场督查39次。8月，萧山区提前完成天辰国际、御景湾、体博园、绿洲嘉园等18个市、区级二次供水提升改造民生实事。至年底，杭州市两年行动计划中第一批29个项目完工，第二批10个项目全部启动；43个区级项目全部启动。

（张芝琳）

环境卫生管理

【概况】2023年，萧山区持续推进24个镇（街道）、平台的行业指导和监督检查工作。其中，主城区4个街道落实一体化保洁区域长效监管，包含道路255条（段），总面积1258.37万平方米，保洁公厕129座。推进包含文明城市保障、亚运重点保障、匠心提质项目等多个重要点位区域的环境提升，做好杭州亚运会赛时保障。全年完成1657座农村公厕信息核查工作，对符合补助条件的779座公厕、5636个厕位，按标准落实保洁管养区级补助。

【亚运环卫保障】2023年，萧山区制定《萧山区亚（残）运会期间环境卫生保障工作方案》，构建全区范围的环卫保障指挥调度机制。按照“一馆一方案”“一路一方案”“一点一方案”的要求，优化亚运场馆周边、通勤线路等重点区域和亚运火炬传递、开（闭）幕式等重要时间节点的保洁力量配置，落实涉亚运场馆、酒店、医院和周边全覆盖专项检查。采用“机械为主＋人工为辅”的作业模式，对辖区内各亚运场馆周边进行精细化冲洗，确保赛前、赛中、赛后道路洁净无尘。根据亚运场馆赛事安排及时调整作业频次，组建应急保障队伍。延长重点区域公厕保洁时间至18个小时，提升公厕服务，确保公厕正常使用。

【高质量保洁区域创建】2023年，萧山区推进北塘路（金一路—宁东路）、人民路（东藩中路—杭金线）、观澜路（博奥路—庆春隧道）、金鸡路（观澜路—奔竞大道）、亚运村周边飞虹路（观澜路—丰北路）、观澜路（飞虹路—丰北路）、丰北路（观澜路—飞虹路）、拾玖街（观澜路—飞虹路）、平澜路（丰北路—飞虹路）和亚运村路（飞虹路—丰北路）10条高标准保洁道路创建任务。完善道路巩固提升工作台账，加强工作总结，实现高标准保洁道路每月全覆盖检查。落实2022年创建的18条高标准道路的长效管理，推进“席地而坐”高标准保洁作业模式，道路保洁按照“路见本色”的工作要求，将保洁作业分为人工清扫作业、机械化作业、城市家具擦洗与巡回保洁及垃圾清运“四大类”，实行不间断清洗作业。博奥路（奔竞大道—观澜路）被评为2023年度浙江省城市“席地而坐”“客厅级”高品质保洁区。

【环卫设施提升改造】2023年，萧山区完成青年路公厕、西大门公厕、银河公园公厕、余暨公园西公厕、江寺公园公厕、心

2023年12月，萧山区育才生态公厕被评为浙江省城市“美丽公厕”（区综合行政执法局提供，摄于2023年11月22日）

意广场东公厕6座公厕26处无障碍设施问题整改工作。完成信息港公厕、市北公园西公厕等6座开发区移交公厕的无障碍设施规范化提升改造。对南门桥公厕外墙和城管驿站内外进行提升，并在小汪家弄公厕的无障碍间首次使用英语播报功能，为外国友人如厕提供便利。全年创建省级星级农村公厕24座（其中示范公厕4座）、浙江省城市“美丽公厕”1座，提升改造农村直槽式公厕53座。

【“路长制”推出】2023年，萧山区利用智慧环卫一体化平台，结合新建的数智网格化管理功能，在城区一体化保洁所有道路和公厕实施环卫“路长制”，重点考核15条高标准道路和44条亚运通勤道路。路长不固定时间对负责路段和公厕进行巡查，通过平台下派和处置问题，发挥数据归集分析功能，帮助保洁单位调整作业计划，提高保洁效率。全年各路长累计检查下发问题10478件，有效案卷解决率100%。

（张　蒙）

综合行政执法（城市管理）

【概况】2023年，萧山区按照“办好一个会，提升一座城”目标，推进城市环境品质大提升行动，提升城市环境治理和综合行政执法水平，完成杭州亚运会各项保障任务。开展高架两侧环境、井盖提升、地铁口序化等专项整治行动，持续攻克城市管理难题。推进“精智护城”项目，运用生活垃圾分类智慧监管平台，建立积分兑换体系，提升生活垃圾分类参与氛围。编制完成杭州市首本《亚运清废服务保障工作手册》，构建网格化清废服务保障体系，推进赛事侧和城市侧清运处置。完成奥体核心区亮化提升工作，增设沿江演绎灯光及音画同频效果。萧山区招投标领域案件办理经验入选长三角城市管理综合行政执法协作指导案例。

【执法水平提升】2023年，萧山区壮大行政执法法治审核队伍，持续开展案件评查工作，严格把关案件质量。全年开展“百人百课”大讲堂等各类执法培训84场，编写案例指引41个，加

速下沉人员由“专科”向“全科”转变。深化执法办案“揭榜”活动，以季度为单位阶段性更新揭榜清单，在人力资源、宗教事务、教育出版、违法串标等7个领域均实现执法零的突破。指导盈丰街道“三提升”（城市品质、城市治理、城市文明）、义桥镇“三化联动”（队伍正规化、执法规范化、融合一体化）、楼塔镇“协理员”、新街街道“综警网＋”等特色亮点打造。

【执法改革】 2023年，萧山区围绕“打造具有萧山辨识度、全省影响力的‘大综合一体化’行政执法改革‘硬核’成果”目标，推动执法改革纵深发展，促进基层治理和营商环境优化，全年“大综合一体化”行政执法改革综合评价成绩位居全省前列。行政执法统一协调指挥中心建设项目入选省“大综合一体化”行政执法改革优秀案例；纵深推进“大综合一体化”行政执法改革工作获市领导批示肯定，被《人民日报》头版报道。招投标领域案件办理经验入选长三角城市管理综合行政执法协作指导案例。

【综合执法一体化融合】 2023年，萧山区组织“1＋8”（“1”指综合行政执法，“8”指市场监管、交通运输、农业、文化市场、生态环境、应急管理、卫生健康、自然资源）执法部门骨干力量集中入驻区行政执法统一指挥协调中心，依托区级行政执法驾驶舱、掌上指挥平台，加速省级平台业务数据贯通，全面掌控执法监管。动态调整事项目录清单，调整后临浦镇、城厢街道等21个镇（街道）承接执法事项297项、瓜沥镇承接640项，区综合行政执法局全年指导各镇（街道）查办案件2.2万余件，其中新划转领域案件134件；创新搭建小区装修垃圾处置、互联网上网服务营业场所、老旧小区住宅加装电梯等特色场景，推进重点领域执法“监管一件事”；启用“综合查一次”主题场景54个，累计下派主任务434项、各镇（街道）子任务3681项，及时反馈率达97%。至年底，全区办理一般程序案件4909件、简易程序案件9323件、违停贴单处理1.76万件、信用修复案件244件。

【城市管理数字化推进】 2023年，萧山区推进科技赋能多领域应用，提升城市数智辨识度。推进“精智护城”项目，开发道路坦途、内涝治理、公园地质安全监测、防雪抗台、犬类管理、市政三维一张图、批后监管7个模块业务应用，发挥“萧城管·新数智”应用实验室作用，结合人行道违停租赁服务项目监控运行考核制度，整体提升监控效能。加大数字资源共享。依托“萧山智慧城管平台”，推进市容AI（人工智能）、工程车大数据研判、垃圾分类、城市河道、智慧环卫、智慧照明一期、智慧市政七大业务系统指标集成统一，赋能数智亚运驾驶舱；市容AI算法赋能宁围、瓜沥、新街、闻堰4个镇（街道），实现业务信息互通共享，监控资源全区共享。市容AI智治系统被纳入2023年省首批数字化应用绩效日志规范化改造试点。

【城市环境整治】 2023年，萧山区提升城市环境品质，开展城市环境专项整治行动，全区自查自纠各类城市环境问题59万件。开展高架两侧环境、井盖提升、道路及公共空间分隔设施、“裸土复绿”、地铁出入口环境秩序、城市河道及两侧环境、建筑立面、“僵尸车”、卫生死角、建筑工地围挡、无序经营、社区宣传设施12项专项整治行动；持续规范修复街容要素，规范违规电子屏24块，备案商业外摆综合体6个、区域连锁品牌1家，更新修复立面22万余平方米。萧山区盈丰街道奥体中心街区、北干街道金城路街区获评省“高品质示范街区”，博奥路（观澜路奔竞大道段）获评省“街容示范街”，金城路（育才路至市心中路段）获评省“户外广告和招牌设施设置样板区”，市心北路（机场城市大道至奔竞大道段）入选省“街容示范街”提升改造项目完成名单。

【无障碍环境建设】 2023年，萧山区围绕实现“两个亚运，同样精彩”目标，开展无障碍专项整治。亚运会前，完成整改存量问题1120个，提升21处亚运点位无障碍整体环境；指导新（改、扩）建无障碍项目46个，完善公共场所无障碍设施23处，打造萧山体育中心、湘湖景区、杭州奥城凯豪大酒店、中国建设银行萧山分行、银泰百货5处优质无障碍场景。

【停车规范管理】 2023年，萧山区通过盘活未建设地块、开拓道路空间，新增地铁口非机动车集中停车点10处泊位2170个；持续完善社会停车场管理，推进71家机关企事业单位泊位开放共享。全年开通“先离场后付费”应用场景停车场407个。

【路域环境优化】 2023年，在亚运会前，萧山区完成22条通勤道路的提标改造工程；整改沿线环境问题6431个；改造各类箱体936个，安装更换亚运灯箱865套；复绿闲置地块74个426.67公顷；规范完成87个亚运重点项目国际化标识提升，提升各类标识标牌1万余块。

【景观亮化升级】 2023年，在亚运会前，萧山区完成奥体核心区亮化提升工作，增设沿江演绎灯光及音画同频效果；实施机场高速沿线亚运氛围综合提升工程，提升改造德信空港城、长龙航空大楼等43处点位、121幢楼宇；加速市、区两级智慧照明平台业务融合，统一纳控重点区域媒体墙。

【垃圾治理持续推进】 2023年7月，萧山区编制完成全市首本《亚运清废服务保障工作手册》，构建网格化清废服务保障体系，推进赛事侧和城市侧清运处置。全年创建省级高标准分类示范点146个、区级生活垃圾分类标杆小区20个、装修垃圾规范收运小区20个，大件垃圾上门收运在线预约系统上线；在盈丰街道打造全市首个垃圾分类主题公园，运用生活垃圾分类智慧监管平台，建立积分兑换体系，提升分类参与氛围。

【行政审批】 2023年，萧山区整合城市绿化、市政公用等业务，首创涉路涉绿涉河占用、挖掘“一类事”菜单服务，推动“到一窗，办多事”，政务服务集成升级；广场商业活动审批办理提速，助力经济促民生；加强审批质效，提高网办率，全年办理各类审批事项9900余件。3月起，犬类审批先后入驻政务服务中心和临浦镇、瓜沥镇政务分中心。

（常　波）

交通管理

【概况】2023 年，萧山区道路交通事故亡人 74 人，比上年减少 13 人，下降 14.9%，是全市唯一交通事故亡人连续七年下降的区县。全区借助亚运交通安保契机，形成“党政领导、部门联动、公安主抓、社会参与”的综合治理格局，发挥区交通安全专业委员会办公室、区道路安全管理办公室牵头作用，强化检查督导，部门、镇（街道）主体责任进一步压实。

【交通隐患整治】2023 年，萧山交警大队围绕“护航亚运”主要任务，开展全区交通安全风险治理专项行动，依托挂牌督办、隐患线索传递、部门对接整改等方式，压实主体责任。完成 1 处省级、2 处市级、452 处区级隐患治理，提升人行横道 1382 处，新增村道“七项措施”（减速带、警示柱、停让标志、凸面镜、爆闪灯、路口轮廓线、警告标志）2373 处，排查治理各类隐患 1.46 万处，对 2.22 万起事故开展复勘分析，发现治理隐患 3429 处；排查六类货运场站 562 家、重点企业 430 家，涉及车辆 1.93 万辆、驾驶员 1.2 万人，全部纳入智安通监管。依托“线上＋线下”道路巡检和在线责任防控体系，发现并治理施工类隐患 1875 处，查处违法占道施工 570 起，其中传唤施工单位负责人 168 起。

【交通安全宣教】2023 年，萧山区关注“一老一小”、职业驾驶人、快递外卖骑手等重点人群，开展“一盔一带”等针对性宣传活动。全年对老年人宣教 116.3 万人次，网约车驾驶员新入职宣教 28.8 万人次，二轮摩托车驾驶员宣教 3.02 万人次。指导企业健全内部交通安全生产责任制，通过与交通、城管等部门协同共治，检查货运场站 5813 家，发现问题隐患 367 家，完成整改 320 家，整改治理率 87.43%，达到源头宣传教育效果。

2023 年 11 月 30 日，萧山公安交警联合区文明办、区教育局开展“文明交通　你我同行——和文明约个会吧”主题活动

（范方斌　摄）

【交通违法查处】2023 年，萧山区先后开展“交通安全大排查、大整治”“黄牌货车专项整治”"夏季攻势”“安全文明提升暨‘途安’行动”“冬季行动”等集中整治行动，常态化开展“零点行动”“波次行动”“高架道路‘守门行动’”等违法行为专项整治，组织村（社区）劝导点 560 个，对电动自行车、工程运输车、酒驾醉驾等重点违法行为，利用数字化手段，开展集群和精准打击，从源头上预防和减少恶性交通事故的发生。全年查处各类交通违法行为 116.6 万起，其中电动自行车重点违法 49.1 万起，黄牌货车重点违法 5.4 万起，酒驾 2317 起。

【交通拥堵治理】2023 年，萧山区创新亚运交通“非接触式”“无感化”数字安保措施，完成亚运数字专用道建设及 300 千米绿波带和 155 条可变车道建设，亚运期间通勤速度大幅提升。严格执行限行管控措施，查纠劝导违反限行措施 5.81 万起；保障“急事通”3850 辆次、“白名单”车辆 4409 辆次，限行区域内交通流量消减约 30%，实现管控和服务效果最大化。

【智慧交通建设】2023 年，萧山区构建“幸盔有你”交通预警模型，在“三门一口”（社区门口、单位门口、企业门口）实时发现、预警未佩戴头盔的电动车驾驶员，通过短信提醒、重点宣教、媒体曝光、纳入文明诚信体系等措施，落实分级处置闭环。全年下发 3 次以上预警人员 1542 人次，闭环处置 1017 人次。研发“工程车管理一件事”平台和“道路隐患治理一件事”平台，借力“一网统管”联动效能，打通多部门数据、资源，各项任务在线流转、闭环管理，全年流转办结预警事项 1.04 万条。

【警务机制改革】2023 年，萧山区围绕队伍整合、勤务运行、基础管理、安保维稳、执法办案、窗口服务、后勤保障 7 个方面，构建更适应萧山当前交通管理实际的“2 ＋ 8 ＋ 12”（2 个全面融合派出所、8 个基础融合派出所、12 个深度融合派出所）交通管理现代警务机制，促进派出所和交警两支队伍融合。派出所基层基础工作优势发挥明显，交通安全宣教、隐患排查治理、货运场站管理等多项交通治理措施落地覆盖面提升。

【专业队伍建设】2023 年，萧山交警大队依托区公安分局合成作战中心、交警大队指挥中心、交警中队数字勤务室三级指挥体系，推进完善中队“一室一队”勤务机制改革，构建“大脑＋手脚”快速反应勤务机制，按照定岗定编定人设置“五大员”（接警员、打标员、灯控员、视频员、信息员）42 人，开展信息合成、空地结合的快速反应作战，实现情（情报）指（指挥）对接、情（情报）勤（勤务）联动、扁平指挥、高效处警。建立 180 人铁骑队伍和 14 架无人机组成“空地结合”巡防队，对路面交通案（事）件实现快处快撤。

（赵　斌）

责任编辑：张　静

乡村振兴

综述

【概况】 2023年，萧山区坚持和深化新时代“千万工程”，持续擦亮源起地金名片，全面推进乡村振兴，加快建设农业强区。区委常委会专题研究部署“三农”工作，不断完善党领导农村工作的体制机制。落实五级书记抓乡村振兴责任清单，深入实施“百县争创、千乡晋位、万村过硬”工程。持续选优配强乡镇领导班子和村（社区）党组织书记，通过“头雁学堂”“清廉村（社区）”等形式，筑牢乡村振兴战斗堡垒。打造乡村人才队伍，通过培训乡村实用人才、培育农创客、选派科技特派员等举措，为乡村振兴提供人才保障。出台《萧山区深化新时代“千万工程” 打造和美乡村萧山范例的行动方案（2023—2027年）》《深化新时代“千万工程”八大工作方案》《萧山区强村公司规范发展指导细则（试行）》等工作方案。全区农村居民人均可支配收入52719元，比上年增长7%，城乡收入倍差进一步缩小至1.55。年内，萧山区入选浙江省县域承载能力提升和深化“千村示范、万村整治”工程首批试点，获评2023年度全省深化新时代“千万工程”建设宜居宜业和美乡村（农村人居环境提升）工作优胜县、省级综合性农业“机器换人”高质量发展先行区。在全国学习运用“千万工程”经验现场推进会上，萧山区横一村是考察点之一。

戴村镇南三村　　（唐柯　摄于2023年9月6日）

【深化新时代“千万工程”】 2023年，萧山区作为“千万工程”源起地，强化各项要素，丰富和拓展从美丽乡村到和美乡村的内涵和目标，打造具有萧山辨识度的和美乡村新标杆。召开深化新时代“千万工程”推进大会，新增创建省级和美乡村80个、省级未来乡村6个、市级未来乡村15个。为实现资源共享、产业共富、场景共建、设施共用，启动4条未来乡村组团振兴带建设，目标以2025年为节点，形成一批“可总结、可提炼、可推广”的经验典型，助力推进中国式现代乡村建设，为全省未来乡村建设提供片区化、组团式发展萧山样本。

（王丹波）

农村经济发展

【概况】 2023年，萧山区立足“护航村级经济发展，助力萧山乡村共富”工作定位，以“清廉村（社区）”为总牵引，提升全区农村集体经济规范化管理水平。截至年末，萧山区421个农村股份经济联合社实现村级可分配收入29.89亿元，比上年下降1.9%，其中经营收入9.76亿元、发包及上缴收入6.03亿元、投资收益6.58亿元、补助收入5.54亿元、其他收入1.98亿元，分别占总收入的32.7%、20.2%、22%、18.5%和6.6%。收入500万元以上的村（社区）182个，占总村数的43.2%。421个村（社区）实现收益22.11亿元，其中收大于支的村（社区）413个，收不抵支的村（社区）8个。全区村级集体总资产399.35亿元，增长11.14%；所有者权益263.56亿元，增长11.4%；负债136.3亿元，增长10.7%。117家村级股份经济联合社实现分红，按股分配总额4.57亿元。

【农村集体经济审计】 2023年，萧山区委托7家会计师事务所和12家工程造价咨询有限公司开展农村集体经济组织财务审计及10万元以上村级工程项目结算审计工作。区、镇（街道）财政支付审计经费628万元，其中村级工程项目审计经费252万元。完成对全区421个村（社区）2022年度村级财务收支审计和9个镇（街道）14名经济联合社负责人离任审计。开展村级工程项目结算审计687件，送审金额7.86亿元，核减7767.43万元。

【"三资"监管】 2023年，萧山区出台《杭州市萧山区村级货物和服务采购管理办法》《关于加强村股份经济联合社规范管理的通知》等指导性文件，并实施村股份经济联合社领域突出问题专项治理，农村集体"三资"管理问题"动态清零"行动，村级长期、低价、不规范合同专项清理，村集体承包租赁款项应收未收问题专项治理四大行动，从细节处加大农村集体经济"三资"监管力度。

【清廉村（社区）建设】 2023年，萧山区共创建完成清廉村（社区）229个，覆盖率59.5%。其中五星级村（社区）18个、四星级村（社区）66个、三星级村（社区）145个。推广"智慧印章"，该应用入选浙江省村（社区）智治十大模式优秀数字化应用。年内，萧山区被评为全省清廉村（社区）建设示范区，益农镇群围村、义桥镇昇光村获评全省清廉建设成绩突出单位，临浦镇横一村获评全省清廉村（社区）建设示范村，27个村（社区）获清廉村（社区）特色样板、清廉建设优秀实践案例等市级先进称号。

【农村电商】 2023年，萧山区充分发挥益农信息社提供基层信息服务的优势，强化开展公益服务、便民服务、电子商务服务、培训体验四大服务。浙江省万村联网网站审核发布万村联网信息23条，全年依托益农信息社或平台发送短（彩）信197万条。区农业农村局在"浙江农民信箱"发布"每日一助"46条，成交意向金额53.56万元，反馈联系3358次，主要成交产品为水产、苗木、畜禽。萧山涉农电商以"孵化园＋协会＋平台"三位一体横向运行模式与"区级电商运营中心＋镇（街道）电商服务平台＋村级电商服务点"纵向服务模式，构建起完善的电商服务生态。区农业电商孵化园开展农村电商培训活动13场（线上培训1场、线下培训12场），游学参观3场，培训340人次。萧山农产品电子商务平台（阿里巴巴聚合页）入驻企业170余家，主要包含零食、坚果炒货、茶叶、酱腌菜、餐饮生鲜等产业。全年平台总体销售额突破5000万元，培育出年销售额破千万元的农业电商企业10余家。截至年末，全区农产品线上销售额超12亿元，比上年增长15%以上。

（王丹波）

美丽乡村建设

【概况】 2023年，萧山区培育省级和美乡村特色精品村17个。瓜沥镇党山村入选省第十二批历史文化（传统）村落保护利用重点村，河上镇东山村被列为2023年度省历史文化村落示范村。推进第十批历史文化村落保护利用重点村——进化镇云飞村建设，第三批省级示范带——大梅林新时代共同富裕示范带创建。15个市级未来乡村和4个市级特色村完成项目建设并通过区级验收。

楼塔镇鸟瞰　（刘殿君　摄于2023年）

【美丽乡村建设】 2023年，萧山区以示范村、提升村、整治村为载体，分类分批有序推进美丽乡村创建。累计启动40个区级美丽乡村示范村、197个区级美丽乡村提升村和70个整治村创建工作。第五批20个美丽乡村提升村完成项目建设并通过区级验收，第二批美丽乡村示范村新街街道双圩村、义桥镇复兴村、益农镇群英村和所前镇山里王村4个村完成项目建设并通过区级验收。

【未来乡村建设】 2023年，萧山区围绕"一统五化十场景"（党建统领，聚焦人本化、生态化、数智化、共享化、融合化，聚力服务、邻里、文化、生态、健康、创业、建筑、交通、数字、治理场景）要求，提升发展、治理、服务等能力。河上镇东山村、戴村镇佛山村、义桥镇昇光村、所前镇三泉王村、瓜沥镇航民村、益农镇群围村创建为省级未来乡村，其中戴村镇佛山村和益农镇群围村获创建成效优秀等次。楼塔镇大同一村、义桥镇复兴村、衙前镇项漾村、益农镇群英村、党湾镇庆丰村、新塘街道新丰村申报创建第四批省级未来乡村。

【农村人居环境优化】 2023年8月23日，萧山区村庄人居环境长效管护工作推进会召开，楼塔镇、河上镇、戴村镇19个镇（街道）的27个行政村被列为第一批村庄人居环境长效管护试点村。实地考察益农镇群围村，学习推广共建、共治、共享的群围模式。农村人居环境专题调研组深入全区镇（街道）全面排查摸底农村人居环境现状，总结出市场化运作、积分制管理、利益共同体三大模式，将"阶段整治"变为"长效常态"，能切实降低村级环境卫生运维成本，实现村庄环境长治久美。

（王丹波）

农村水利

【概况】 2023年，萧山区实施水利建设项目61个，完成投资10.05亿元。落实中央补助资金126万元、省级补助资金600万元。水旱灾害防御方面，以强降雨防御和小流域山洪防御为重点，进一步落实镇级行政首长负责制、分级分部门岗位责任制，完善预案方案，全面确保防御职责、措施到位，强化闭环管理。防潮工作方面，对全线老化防护网进行更新，新装2000余米防护网，实现重点地段防护网全覆盖，确保防潮安全，全年无事故。

【水利工程建设】 2023年，萧山区以重大水利工程建设为抓手，以幸福河湖和农村水利工程为民生保障，加快推进萧山水网建设。8月，永兴河流域综合治理工程（先行段）开工；五堡闸站、吟龙闸等水利工程顺利投入使用。全年整治河道20千米，整治池塘25个，改造桥梁10座、山塘4个、泵站3座。

【水利规划和前期工作】 2023年，萧山区编制完成《萧山区水网建设规划》《萧山区全域幸福河湖建设规划》《萧山区水资源节约保护和利用总体规划》等水利专项规划。组织水域调整方案评审，出具江南科技城（东、西单元）水域调整方案、益农单元水系专项规划、闻堰街道小砾山输水河以西及沿山河等镇级河道调整专项规划（修编）的行业审查意见。推进重大水利工程前期工作，萧山区海塘安澜工程（七甲船闸至九上顺坝盘头段）完成行业审查、用地预审等事项，萧山区钱塘江沿江一线闸站改建工程（外十工段、廿工段）完成初设批复和施工监理招投标。

【水域环境改善】 2023年，萧山区综合整治农村河道，改善沿河水环境，疏浚农村河道21条段长2.3万米，清淤池塘15个2.5万平方米，清淤土方10.95立方米。推进农村河道等水域的综合整治、疏浚清淤、沿河慢行道系统配套建设、河道长效保洁、调水配水等生态治理项目。加强各级河长日查制度，全年投入资金5600余万元，加强区镇村三级河道长效管理和绿化管护，落实保洁人员683人、保洁船员373人、垃圾清运车97辆，清理地笼箔斗30286只，打捞垃圾1.4万吨。钱江世纪城亚运水系被评为省级美丽河湖，凤坞溪、欢潭水系和义南横河被评为市级美丽河湖，河上镇、进化镇、浦阳镇和所前镇被评为市级水美乡镇，楼塔镇雀山岭溪儒坞节点和直坞节点，靖江街道靖南村6组池塘，河上镇泉水溪泉水节点、甑山节点，所前镇杭甬运河（西小江）所前段运河有礼、坐忘水岸、盐运寻踪、周家渡口节点被评为市级亲水节点。

【水旱灾害防御形势】 2023年，萧山区汛期整体雨量偏少，梅汛期雨量偏少，台风影响相对较小。汛期面降雨量为809.2毫米，仅为常年81%左右。最大降雨过程发生在7月21—22日，楼塔溪流域（降雨主要集中在18—20时）面降雨量115.8毫米，其中降雨量最大站为萧南村站156毫米，1小时雨强最大站为萧南村站78.5毫米（19—20时）。义桥、楼塔等南片山区本轮降雨强度在50年一遇至100年一遇之间，楼塔溪、永兴河等南片小流域水位超警，并发生漫堤现象。全年向省市发出各类水情报文185份；汛期上报水雨情简讯42期；汛期共发送预警短信7963条，下发调度令275份、潮汐预报363份。

亚运村及周边防洪排涝提升工程之一的五堡闸站、内河节制闸工程通过通水阶段验收（范方斌 摄于2023年7月20日）

【水利安全】 2023年，萧山区围绕亚运保障、防洪安全、水环境保障、水利工程安全等方面，先后组织7轮地毯式安全隐患大排查，开展备汛、度汛工作，累计出动2700余人次，检查水利工程2200余处（次），累计发现并整改风险隐患点187个。发挥水利工程体系防洪调度整体作用，精准实施“清水入城”工程，成功应对“7·22”强降雨等自然灾害并防范咸潮上溯、水环境恶化等紧急事件，获评省水利厅护航亚运推进全省典型案例。赛时针对亚运核心区启动节制闸封闭调度，临时形成22.6平方千米应急排涝封闭圈、排涝标准提高至50年一遇的工程措施与非工程措施相结合的应急保障方案。科学调度水资源，全年调配水量14.8亿立方米。萧山区智慧农业水利系统投入实战，加密建成水文感知和监控设施725套，进一步提高预警监测水平。年内，区农业农村局获评浙江省2023年度水旱灾害防御工作成绩突出集体，“清水入城”工程入选杭州市2023年度“美丽林水　护航亚运”优秀实践案例。

【水利项目审批】 2023年，萧山区受理水利投资审批事项256项，其中生产建设项目水土保持方案审批175项（报告书82项、报告表66项、登记表27项）、河道管理范围内建设项目工程建设方案审批43项、河道管理范围内建设项目临时工程施工方案审批22项、取水许可16项均按时办结。

（王丹波）

乡村人才

【概况】 2023年，萧山区按照省、市关于农民素质教育工作的最新要求，在坚持和深化新时代“千万工程”背景下抓好农民素质培训工作，着重培养新型农业经营主体、乡村振兴带头人、高素质农民、农创客等各类农村实用人才。

【农民素质培训】 2023年，萧山区完成农民素质培训工程任务6205人次，其中高素质农民培训390人次、农村实用人才培训985人次、就业技能培训1200人次、农业专业技能培训

2023 年 11 月 18 日，南阳街道“匠心聚潮都 伞技助共富”制伞技术比武大赛决赛举行 （刘殿君 摄）

2260 人次、文明素质培训 1370 人次，实施市级农村实用人才培训项目 10 个。

【乡村工匠认定】 2023 年，萧山区组织开展乡村工匠认定工作，激发广大乡村手工业者、传统艺人创新创造活力，带动乡村特色产业发展，促进农民创业就业。全年共认定省级工匠名师 8 人、名师工作室 2 家、市级工匠 8 人、区级工匠 16 人。

（王丹波）

乡村综合治理

【概况】 2023 年，萧山区深入实施“百县争创、千乡晋位、万村过硬”工程，创建“红色根脉”强基示范镇 1 个、村 15 个。全年安排新增建设用地指标，保障乡村重点产业和项目用地占比 5.5% 以上，建设农业标准地 1 万亩，完成年度农民建房任务 420 户。完成党建统领网格智治建设和“浙江解纷码”推广应用指标，“平安乡村”实现全覆盖。创建省级民主法治村 5 个，县级以上文明村镇建成率 98.8%。

【数字乡村建设】 2023 年，萧山区持续推进数字乡村建设，完善乡村信息基础设施，实现全区 22 个镇（街道）、543 个村（社区）5G 信号全覆盖。推广应用“浙农码”，累计赋码用码量 298.1 万次。数字化改革与基层治理深度融合，涌现“沥家园”“临云智”“微信治村”等数字治理范例。新增临浦镇横一村与衙前镇凤凰村为市级数字乡村样板村。截至年末，萧山区创建区级以上数字乡村样板村 27 个，创新打造乡村数智生活馆 2 个，入选浙江省“百名数字新农人”2 人。萧山区获评 2022 年全国县域农业农村发展水平示范县、第二批省级数字乡村示范县、“三农”统计监测等数字化应用试点县、数字乡村指数全国百强县。瓜沥镇梅林村申报的《“云上”智治，以“小”切口实现“大”智慧》入选全国信息技术标准化技术委员会数字乡村标准研究组 2023 年度数字乡村优秀案例。

【村企共建新农村】 2023 年，萧山区继续深化推进“村企共建新农村”活动，鼓励、引导村级集体经济组织与萧山农商银行从资金支持、服务共建、信用支持等方面加强合作。深化信用村镇建设，推进农村集体资产管理系统。全年，全区到位村企共建资金 2.62 亿元。

【农村生态环境建设】 2023 年，萧山区推进现代生态循环农业发展，开展农林废弃物资源化利用示范项目工作。开展农村秸秆综合利用现场调查及系统录入工作 4 次，调查及上报 2023 年秸秆台账，秸秆综合利用率 98%。运行省级农产品产地环境监测点 1 个，通过不同施肥配置，对土壤、作物进行氮磷监测，取得露地蔬菜氮磷流失量数据。

（王丹波）

结对帮扶

【村级集体经济巩固提升】 2023 年，萧山区所有行政村经营性收入均达 120 万元，其中 80.3% 的村经营性收入达 150 万元。萧山区继续开展国企帮村结对活动，由区四套班子主要领导带领国企结对南片八镇村级集体经济最薄弱的 20 个村进行重点帮扶，共同谋划村集体发展思路，助力乡村产业发展，提升村庄设施建设，每个国企每年资助每个结对村不少于 50 万元的资金或项目，全年到位帮扶资金 1000 万元。

【区市协作】 2023 年，萧山区安排帮扶资金 4700 万元，帮助建德市在人居环境、产业振兴创新发展、村级集体经济消薄增收、社会民生事业等方面提升转型。萧山区 10 个镇（街道）与建德 10 个乡镇（街道）结对，开展互访对接活动，共同推进结对乡镇共同富裕项目建设，协作镇（街道）中 7 个综合实力较强的股份经济合作社，与建德 7 个经济薄弱村建立“村（社区）结对”帮扶关系，采取“一对一”方式，落实“村（社区）结对”“三百帮促”等活动。

【市级“联乡结村”工作】 2023 年，由萧山区政府牵头，与市审计局、市国资委等 12 家单位组成第十六帮扶集团，结对建德市李家镇，开展“联乡结对”帮扶活动。帮扶集团以发展产业、公益事业等项目为主，统筹兼顾民生设施建设，确定实施经济发展、基础设施建设等项目，年内共建项目 6 个，总投资 1094 万元，其中市级专项资金 100 万元、帮扶集团资金 315 万元（萧山区政府出资 170 万元）。“联乡结村”工作开展五年，帮扶集团累计扶持项目 26 个，李家镇在经济社会、城乡面貌、民生事业等方面得到发展。

（王丹波）

责任编辑：王 鸣

应急管理

综述

【应急体系建设】 2023年，萧山区以浙江省安全生产"4353"工作体系为引领，持续推进安全生产全覆盖责任体系建设。推动基层应急消防管理站建设，全区22个镇（街道）全部达标。区安全生产委员会、区消防安全委员会联合印发《基层应急消防管理站工作规范》，理顺镇（街道）应急消防管理领导小组、应急消防管理站、综合应急和消防救援队工作职责。每月下发工作任务清单，推动属地镇（街道）"照单履职"，做到时间清零、任务清零。全区安全生产和自然灾害形势持续保持平稳。

资料：

安全生产"4353"工作体系：统一话语体系、统一规则体系、统一工作体系、统一责任体系；一个专班统筹、一套机制运作、一个平台调度；完善例会制、报表制、督查制、通报制、考核制完整机制链条，迭代构建"一会、一报、一督、一晒、一考"机制体系；三级贯通（省、市、县三级贯通）、三个常态化（常态化调查研究、常态化分析研判、常态化协调推进）、三张清单（主要指标、重点任务、问题销号）。

【平安护航亚运】 2023年，萧山区开展多项重点整治行动、检查督查、各类演练，保障亚（残）运会顺利举办。动态梳理亚运1000米严控区域内"四张清单"（问题清单、整改清单、时间清单、责任清单），排摸各类企业（场所）7620家，整改隐患1.4万处。针对全区4321家较大以上风险企业（场所）开展全覆盖检查，在火炬传递、亚运赛事等重点时段，组织开展多轮次联合督查。明确战时调度备勤等十大举措，统筹抓好公共安全、防汛防台和通信、供水、供电、供气等要素保障及社会面应急事件处置工作。

2023年6月26日，湘湖景区开展水上应急综合演练

（周煜程　摄）

【预案管理和应急救援队伍建设】 2023年，萧山区完善"1个总体应急预案＋53个区级专项预案＋N个部门重要预案"预案体系，重新修订出台《杭州市萧山区生产安全事故应急预案》等预案，编制安全生产、自然灾害、城市运行类等亚运保障预案13个。全区有人武应急、消防救援、部门（集团）专业救援、镇（街道）综合应急救援、镇（街道）联动救援、社会应急救援6类96支队伍4200余人的应急力量，其中社会救援队伍16支1281人。新组建区级综合救援队，并细化制定考核办法。区综合应急救援队圆满完成亚（残）运会前置备勤、火炬传递、水域救援、观潮保卫等多项保障任务。

（雷雨晴）

安全生产管理

【概况】 2023年，萧山区纵深推进全区安全生产隐患大排查大整治，落实企业主体责任年。全区各类安全生产事故起数、死亡人数比上年实现双下降，安全生产形势总体平稳。

【安全生产监管】2023年，萧山区开展区委安全生产领域专项巡察，强化安委办统筹协调作用，厘清平台与属地间安全监管职责边界，针对行业领域系统性风险、易发多发事故隐患等“老大难”问题，运用“七张问题清单”提升整治成效。全年协调上报省、市重大安全生产问题13个，其中3个问题被纳入省级清单，4个问题被纳入市级清单。以落实企业主体责任年为载体，推广安全驾照记销分制，推动安全管理全员参与。围绕“人人讲安全，个个会应急”主题，分层分类送教入重点镇（街道）开展专题培训，送教入拘留所开展无证、假证拘留人员取证培训。6月，举办杭州市暨萧山区“安全生产月”广场咨询日活动，通过线下实地＋线上直播的方式，多平台同步进行，线上直播收看154.52万人次。

资料：

“七张问题清单”应用是基于巡视、审计、督查、生态环保督察、安全生产和自然灾害、网络舆情、群众信访等领域重大问题，围绕问题发现、分析、整改、评估、预防全周期，运用数字化改革理念、方法、手段赋能全流程精密智控、全要素综合分析、全方位党建统领的多跨场景综合应用。

【安全生产整治】2023年，萧山区应急管理局与区委办、人大办、政府办、政协办、纪委监委办联合开展“四不两直”（不发通知、不打招呼、不听汇报、不用陪同接待，直奔基层、直插现场）重点时段安全生产督查。区安委办会同区消安委办在全市率先实现合署办公，联合成立4个分片督导组，每日开展隐患排摸督导，通报晾晒全领域隐患排查整治、重点领域风险研判，督办交办隐患927处。紧盯“两全两铁”（全覆盖、全闭环，铁的手腕、铁的措施）综合评价指数，属地、部门主要负责人、分管负责人、基层一线全员上阵，全力以赴推进排查整治，全区行动期间累计检查各类企业（场所）23.59万家次，整改隐患约40.25万处（其中重大隐患1025处），责令停业停产1050家，立案查处7797家，行政拘留254人。

【安全生产执法】2023年，萧山区以“一厂多租”“电气焊”“非现场执法”等为重点，通过“一案双罚”“一案三罚”推动落实企业主体责任，办理行政处罚案件451件。5月15日，《工贸企业重大事故隐患判定标准》施行当日办理第一案。非现场执法工作纳入全国试点，成为省级示范，创新数字应急平台“隐患管家”“安全驾照”和无人机常态化巡查等监管执法手段。全年在《萧山日报》刊登专版曝光企业及法人173家（人、次），萧山应急管理微信公众号开设曝光专栏20期，曝光企业191家次。

（雷雨晴）

防灾减灾

【概况】2023年，萧山区推动防汛防台“1833”联合指挥体系落地，制定萧山区短临应急处置、“1833”高等级叫应叫醒等工作机制和短临极端天气灾害防范应对工作举措，全区559个村（社区）实现应急广播系统全覆盖。迭代升级与省、市联通的统一应急指挥平台，实现预警标准化、响应程序化、处置规范化，全年开展应对极端强降雨会商研判7次、启动应急响应5次。加强重点时段、场馆周边防汛防台重点隐患排查，建立健全风险管控清单，以微信、短信、广播等多种叫应方式及时发布预警信息。

资料：

防汛防台“1833”联合指挥体系：“1”指1个联合指挥部，“8”指8个风险研判小组；第一个“3”指3张单，风险提示单、预警响应单、管控指令单；第二个“3”指“3个一”，通过一个短信、一个电话、一个视频，叫应叫醒关键人。

【防汛防台】2023年，萧山区共发布暴雨预警29次（蓝色2次、黄色18次、橙色7次、红色2次），启动应急响应5次。萧山区梅汛期平均雨量201.1毫米。全年影响萧山区的台风2个（5号台风“杜苏芮”、6号台风“卡努”），对全区总体影响较小，未造成明显灾情。有两次短临强降雨，7月21日短临强降雨，12小时全区面雨量为25.2毫米，全区共有24个站点的降水量超过30毫米，有18个站点的降水量超过50毫米，乡镇最大面雨量为楼塔镇104.8毫米，单站最大累计降水为楼塔镇萧南村170.2毫米，单站1小时最大雨量为楼塔镇萧南村85.5毫米；7月22日短临强降雨，6小时全区面雨量为37.5毫米，全区共有42个站点的降水量超过30毫米，有25个站点的降水量超过50毫米，乡镇最大面雨量为楼塔镇101.8毫米，单站最大累计降水为楼塔镇雪环桥头村189毫米，单站1小时最大雨量为楼塔镇雪环桥头村106.7毫米。7月21日18时30分，启动防汛Ⅳ级应急响应，7月22日8时结束。7月22日17时，启动防汛Ⅳ级应急响应，7月23日10时结束。7月28日8时22分，启动防台风Ⅳ级应急响应，7月29日14时30分结束。7月30日20时30分，启动防台风Ⅳ级应急响应，8月4日14时30分结束。

【森林防火】2023年，萧山区印发《萧山区森林防灭火规范化建设方案》，健全完善镇（街道）森防指办，明确责任人和责任部门，全区184个涉林村（社区）全部设立村（社区）森林防灭火工作组，组建20人的村（社区）森林防灭火抢险小分队。在全区11个镇（街道）、林场安装550只森林消防蓄水桶，建设70个蓄水池，布设70台具有烟感和热感的高清摄像头，建立全区森林火情监测预警系统。全力确保高温、亚（残）运期间森林防灭火形势稳定，下发《关于做好亚运会、亚残运会期间森林防灭火管控、巡护、备勤的通知》，共管控入山卡口284处，开展巡山人员800余人，备勤队伍20支。

（雷雨晴）

消防救援

【概况】2023年，萧山区消防安全工作以亚运消防安保为重心，先后部署开展大排查大整治、重大风险隐患专项排查整治2023行动等一系列专项行动，圆满完成目标任务。承接全市“1＋1＋N”纪检监督力量建设、网格化管理、先锋典型数据库等试点工作。萧山区消防救援大队和萧山消防救援站被评为全省正规化三星级单位，并在2023年全市消防救援队伍业务考核中排名第一，获2022—2023年度全省示范基层党组织、2023年度全省先进基层单位、全省集体嘉奖、全省平安护航系列重大活动成绩突出集体、全省安全工作先进大队等荣誉；2个队站被命名为市级“青年文明号”，3人获三等功，1人获评全省优秀党务工作者，8人获评全省消防救援队伍先进个人，1人被评为杭州“消防工匠”。

【亚运消防安保】 2023年，亚（残）运会正赛期间，萧山区接警数比上年下降50.9%，火警数下降94.9%，实现开（闭）幕式期间“零火情、零火警、零火灾”和赛事期间不发生有影响火灾事故的目标。省内外143名防灭火精干力量增援萧山，组成371人消防安保战队，创建“1＋1＋1＋4”的安保力量模式，形成以萧山消防指挥中心为基地指挥部，亚运村消防救援站为前沿指挥部，钱江世纪城消防救援站为前方指挥部，湘湖消防救援站、市北消防救援站、瓜沥消防救援站和新街前置执勤点为分指挥中心的消防作战指挥体系。城市侧，建立亚（残）运会期间区镇两级领导消防责任包保机制，区四套班子领导、镇（街道、场）主要领导层层包干到村（社区）。搭建社会面火灾防控体系，实施块状防控、条线防控和单点防控，划分镇（街道）和区域微站两级网格，明确严管严控措施和镇（街道）网格长“四个一”要求，发动2024名网格员、2万余名“红袖章”平安巡防员对重点部位、重点区域不间断巡查，设立256名观察哨对22家不放心单位和24个区域落实全时段值守看护措施。场馆侧，组建17个亚运会安保团队和11支亚残运会安保团队，建立场馆区梯次灭火力量组网33组，构建消防主管、灭火助理、业主分队的三级消防网格勤务模式，将17个场馆和5个重要涉会场所所有部位划分“大中小”三级防控网格，落实“专人值守＋动态巡查”机制（重点网格安排专人值守、一般网格半小时动态巡查）。落实安保勤务和监管机制，全面推行“六清”（基本情况清、问题隐患清、处置程序清、风险点位清、岗位责任清、巡查内容清）工作法、赛事期间“前三后两”（赛前三小时，赛后两小时）管控、动火作业、用电安全等刚性措施。严格实行场馆“差异化防控”策略（高风险严防死守、中风险重点防范、低风险巡查兼顾的差异化防控策略），开展针对性熟悉演练3789次，确定重点部位550处，全天候、全时段落实前置执勤、动态巡查和夜间值守工作。选配32辆各类执勤车辆和4台机器人，实现突发情况第一时间快速预警、第一时间精准定位、第一时间联动响应。

【灭火救援】 2023年，萧山消防救援大队共接处警3065起，火灾扑救1209起，出动人员53977人次，抢救被困人员432人，疏散被困人员181人，抢救财产价值307.1万元，保护财产价值912.1万元，总接处警数比上年上升0.2%，火警接警数下降4.73%，成功处置“4·16”杭州萧山国际机场T3航站楼火灾、“11·9”诚德利海绵厂有毒气体泄漏救援等急难险重任务。全面落实区消防指挥中心“1＋2＋2＋2”（1名值班干部、2名灭火业务骨干＋通信业务骨干、2名接警员、2名决策辅助员）指挥体系，持续深化“一短三快”（接处警时间短，出动到场快、战斗展开快、救人灭火快）试点经验成果，充分运用数智赋能，将7万个公安监控全部接入，实现数据共享。在“十四五”规划消防站建设中，亚运村消防救援站和钱江世纪城二期消防指挥中心投入执勤，临浦消防救援站土建完工，益农、义桥、南阳消防救援站纳入政府投资项目前期计划，10个区域型微站通过验收，多种形式消防救援力量得到稳步提升。萧山消防救援大队获评全国“一短三快”初战机制改革表现突出先进集体。

【消防安全监督】 2023年，萧山区结合全域火灾风险评估工作，先后开展高层建筑、厂房仓库、燃气等重点领域10余项专项整治，完成6家省市区三级及99家镇（街道）级挂牌督办单位整治。拓展镇（街道）消防赋权范围，22个镇（街道）消防赋权执法和委托执法成效显著。全年检查单位14万余家次，发现整改30万余处火灾隐患，处罚单位383起，查封67家，关停58家，消防拘留818人，开展赋权执法3008起，委托执法554起。

【社会消防治理】 2023年，萧山区出台《萧山区消防安全责任制规定（试行）》《萧山区落实消防安全责任制实施办法》，开展行业部门达标创建，提档升级区消安委办实体化办公。萧山消防救援大队全面融入全区“三网融合”整体智治体系，挂牌成立萧山区智慧消防数治中心，集中流转、处置监测平台各类预警事件，火灾预警响应速度明显提升。持续推广“生命通道”智能预警系统并纳入区民生实事项目及“三合一”场所安全隐患预警模型，工业企业类火灾比上年下降约40%。

【消防安全宣传】 2023年，萧山区开展“生命通道”、“三清三关”、安全用火用电等安全提醒和火灾亡人警示性教育，逐户开展“敲门守护”行动。依托杭州南站、萧山国际机场等重要场所打造文明驿站宣传新窗口，推出“问计于火”“问责于火”萧山宣传新品牌。全年开播33期火灾警示教育节目；设立43处消防宣传文明驿站，发动1.68万名志愿者；消防培训演练2000余场，受训10万人次；张贴海报2万余份，发放宣传折页6万余份；召开4次较典型的火灾警示现场会。区消防教育基地被评为杭州市法治宣传教育基地。

（葛俊慧）

2023年11月7日，2023年萧山区第二十一届专职消防队伍业务比武竞赛暨第六届微型消防站年终业务比武竞赛现场

（黄婷　摄）

责任编辑：王　鸣

生态环境

综述

【萧山区生态环境向好】 2023年，萧山区空气质量优良天数304天，优良率83.7%，PM2.5浓度为每立方米34.2微克；污染天数59天，首要污染物主要为臭氧和PM2.5。地表水各级控制和交接断面水质均为Ⅲ类以上，集中式饮用水水源地水质全部达标。

【环境法治建设】 2023年，萧山区探索生态环境领域普法宣传、守法引导、助企纾困新途径，在涉企生态环境行政处罚案件中，开展"五书同达"[行政处罚文书及《学法积分建议书》《守法建议书》《信用修复告知书》《延期（分期）缴纳罚款告知书》]工作模式，该模式获评2023年萧山区法治化营商环境改革"十大品牌项目"。全年下达行政处罚决定书192份，其中不予处罚决定30份，共处罚没款金额1552.31万元。报区司法局重大案件备案案件47件，移送公安行政拘留案件8件，移送公安刑事拘留1件，申请法院强制执行企业4家。指导帮助152家企业在"信用中国"和省企业环境信用评价综合管理系统上完成信用修复。

2023年，萧山区雁荡湿地保护工作取得进一步成果。图为湿地内白鹭栖息　（伊惠兰　摄）

【环境宣传教育】 2023年，"萧山生态环境"微信公众号推送内容412篇。以"无废城市"建设为主题，推送"无废细胞"创建精品案例12期；发布生态环境问题点赞台、曝光台11期。5月22日，国际生物多样性日，开展"迎亚运·首届杭州市生物多样性观察节"系列活动之一"跟着科学家去调查"，开展线上有奖答题活动，吸引上千人参与。6月5日，世界环境日，制作"书写人与自然和谐共生的美好萧山画卷""巩固国家级生态文明建设示范区创建成果""污染防治攻坚战纵深推进""坚决打赢蓝天保卫战"等多个主题海报，在全区300多个村（社区）科普宣传栏张贴展示；8月15日，全国生态日，开展全国生态日暨生态文明宣传系列活动，后续推出主题征文系列展播18期。

（钱紫东　徐竑珂）

环境质量

【水环境质量】 2023年，萧山区江、河水系包括浦阳江（永兴河）水系、萧绍河网（内河水系、沙地内河水系和城区河道）共设置区控以上监测断面14个。全区主要河流水质均为Ⅲ类以上，其中Ⅱ类水体断面8个（浦阳江出口、小砾山、来苏大沿、新街、管村回笼桥、环西桥、下湘湖桥和晨晖桥）。与上年相比，来苏大沿、新街和环西桥断面水质从Ⅲ类上升为Ⅱ类；饮用水水源地和湘湖备用水源地水质均达到Ⅱ类水功能区要求。

【空气质量】 2023年，萧山区国控点（实况）有效监测天数363天。其中，优良天数304天，污染天数59天，空气优良率83.7%。首要污染物依次为臭氧、PM2.5和PM10，6项主要污染物中，PM10、PM2.5浓度比上年有所上升，二氧化硫、一氧化碳、臭氧第 90 百分位数、二氧化氮浓度有所下降。全年酸雨率 41.6%，比上年上升 5.6 个百分点；降水的 pH 值最低值 3.67，最高值 7.27，为酸雨多发区域。

【声环境质量】 2023 年，萧山区设 26 个区域环境噪声监测点位，昼间区域环境噪声等效声级 54.9 分贝，夜间区域环境噪声等效声级 44.3 分贝，评价等级为“较好”。设 5 个声环境功能区噪声监测点位，功能区噪声均达到相应标准。设 28 个道路交通噪声监测点位，昼间道路交通噪声 66.4 分贝，道路交通噪声评价为“好”，超标路段占总路段长的 8.7%，比上年下降 12.8 个百分点。

（钱紫东　徐竑珂）

环境保护

【概况】 2023 年，萧山区全面启动 13 个重点行业污染整治提升工作，完成报废机动车拆解行业和榨菜腌制行业整治提升，并通过省、市验收。完成首次全区生物多样性调查评估，完成生态环境损害赔偿案件 7 件。公布首批 10 个区级“绿水青山就是金山银山”最佳实践案例。新增市级绿色学校 8 家，组织区首届“萧然青绿小卫士”评选。义桥镇寺坞岭获评省级生物多样性体验地。萧山区获评“美丽浙江建设（生态文明示范创建行动计划）工作考核优秀区”和“美丽杭州建设”考核优秀等次。市生态环境局萧山分局被省全域“无废城市”建设工作专班授予浙江省全域“无废城市”建设工作成绩突出集体。

【企业大气污染防治】 2023 年，萧山区强化氮氧化物（NOx）和挥发性有机物（VOCs）的协同治理和监管。纵深推进 35 蒸吨 / 小时以下燃煤锅炉淘汰工作，5 家企业 24 台锅炉全部制定淘汰改造方案，其中 10 台锅炉停用。完成铸造行业企业改造提升 2 家、企业用电监管模块安装 39 家、非经营性餐饮油烟在线监测系统安装 42 套。全区重点行业企业中 62 家企业提交环保绩效 A、B 级和引领性企业申报材料，54 家企业申报资料通过市里审核，3 家企业评定为 A、B 级企业，其中德意智家成为全区首家环保绩效 A 级企业，53 家企业环保绩效由 D 级提升为 C 级。

所前镇三泉王村利用废弃矿山开发光伏发电

（范方斌　摄于 2023 年 10 月 16 日）

【机动车移动机械尾气污染防治】 2023 年，萧山区检测机动车 23.63 万辆，检测数据与上级部门联网。交警、生态环境部门联合开展道路排气抽检和入户抽测 30 次，责令整改 4 辆次。开展油气回收装置执法检查 55 家次。全面开展国Ⅳ及以下柴油汽车和国Ⅱ及以下柴油叉车淘汰工作，累计淘汰国Ⅳ及以下柴油汽车 9346 辆，发放补助资金 5868.9 万元；淘汰国Ⅱ及以下柴油叉车 2394 辆，发放补助资金 706.1 万元，“两车”淘汰总量均居全市第一。

【土壤和地下水污染防治】 2023 年，萧山区 18 家地下水重点监管单位根据管控方案要求开展自行监测和管控治理工作。14 家土壤环境污染重点监管单位完成隐患排查报告、有毒有害物质排放报告、自行监测报告工作。24 处变更用途的地块土壤污染状况通过调查评审。

【固体废物、危险废物处置】 2023 年，萧山区一般工业固体废物产生量为 68.04 万吨，工业固体废物综合利用量为 67.72 万吨，综合利用率为 99.4%。委托处置工业危险废物 7.13 万吨，处置种类主要为飞灰、废酸、废矿物油、废乳化液、表面处理废物、电镀污泥等，利用处置率 100%。

【辐射安全管理】 2023 年末，萧山区共有核技术利用单位 342 家，比上年增加 58 家。其中，涉源单位 19 家（含医院 4 家）、二类射线单位 21 家（含医院 3 家）、三类射线单位 13 家、涉及医用射线的医院和各类门诊 296 家（含上述 7 家医院）。全年受理延续、变更等 135 家，实施企业技改 2 家、减源 3 家，收贮放射源 62 枚。通过跨部门联合执法、“双随机”执法及其他监督执法、监督监测等形式，开展执法检查 152 次。全年未发生辐射安全事故。

【声污染防治】 2023 年，萧山区出台《萧山区 2023 年噪声污染问题专项治理工作方案》，印发《关于进一步做好漠视侵害群众利益噪声污染问题专项治理工作的通知》，受理完成省级交办件 26 件、市级交办件 37 件。公安、交通、生态环境、住建、综合执法等部门围绕各自职责领域，重点落实社会生活、交通运输、建筑施工和工业企业噪声治理等方面共 14 项工作举措。完成声功能区划评估，筹划声功能区划调整工作。

【环境审批和监管】 2023 年，萧山区审批建设项目环评 205 个、备案 26 个，总投资 272.05 亿元，其中环保投资 3.89 亿元。夜间建筑施工审批 1227 家次，辐射审批 10 家次。已联网污染源在线监测监控系统共 286 套，其中废气 127 套、废水 159 套。建设污染源在线监控站房视频监控 692 套。开展各类执法、投诉、举报、应急监测和水、气、声等环境质量常规监测，获取手工监测数据 2.1 万个，自动监测站点数据审核 147 万余个。

【环境安全隐患排查】 2023 年，萧山区对 4 个环境应急物资库物资进行补充更新，组织 3 次区级突发环境事件应急演练。新增企业环境应急预案备案 67 家。开展生态环境安全大检查，完成152家一般风险源企业全覆盖检查和62家重点环境风险源企业6轮次全覆盖检查，发现并整改隐患718处。全年未发生等级以上突发环境事件。

【亚运环境质量保障】 2023年，萧山区全力打造“蓝天碧水观亚运”的最优环境，先后开展3轮“雷霆”系列执法行动、6次“零点行动”，检查企业4836家次，检查工地、码头、堆场、餐饮油烟、加油站、露天焚烧等点位3883处，发现并整改问题1834个。亚运会开（闭）幕式当天，萧山区空气质量均为优，PM2.5日均浓度分别为每立方米12微克和每立方米18微克；开幕式当天5小时保持每立方米4微克，能见度达到12千米以上。亚（残）运会期间，34个亚运水质监测点位和饮用水水源地水质稳定达标，主场馆周边水质达Ⅱ类以上。

【萧山生态文明馆正式开馆】 2023年8月15日，萧山生态文明馆正式开馆。该馆位于义桥云峰山雄鹅鼻，占地面积3000平方米，设有生态修复展馆、本土物种展区、科普教育体验中心等功能区，集生态保护、科学研究、科普宣传、自然教育于一体，向公众展示生物多样性保护，开展生物多样性体验和自然科普教育活动。

（钱紫东　徐竑珂）

“五水共治”

【概况】 2023年，萧山区水环境质量持续提升，14个区控及以上断面水质均值达到功能与考核要求，集中饮用水水源地水质达标率100%，67条重点河道水质稳固提升。8月8日，萧山区第六次获“五水共治”工作最高奖项“大禹鼎”，并第三次获得“大禹鼎”银鼎。盈丰街道获评第一批浙江省城镇“污水零直排区”建设星级镇（街道），进化镇欢潭小微水系入榜第三批省“五水共治”实践窗口名单，瓜沥镇获评2023年度全省“五水共治”工作考核优秀乡镇。

（张锦霞）

【水污染防治】 2023年，萧山区推进工业入河入海排污口排查整治，排查河道1439千米、各类排口3.8万个，监测排口7000余个。建设生态缓冲带，完成杭甬运河（西小江）所前段综合整治工程，投入资金2088万元，修复长度3.4千米。对市控交接断面红峰点开展现场走航排查，走航范围覆盖断面所在水体干流生产湾及上下游主要支流12条，走航河道20千米。印发实施《萧山区红峰点市控交接断面所在水体“一点一策”治理方案》，推进排查发现问题闭环整改。编制印发《杭州市萧山区2023年工业园区（工业集聚区）“污水零直排区”建设和“回头看”工作方案》，对39个已创建工业园区（工业集聚区）开展“回头看”，整改问题225个。开展钱塘江河长巡查14次，发现问题9个，其中重大问题4个，所有问题均按期完成整改。

【萧山区亚运水环境保障工作】 2023年，作为杭州亚运会主阵地，萧山区开展各项水环境保障工作，护航亚运水环境。实施亚运水环境整治工程，清理地笼3.66万只，完成河岸整治1.44万处，处理垃圾1.5万余吨；实施“护航亚运”河湖水域岸线专项行动，发现并整改问题及隐患251个；实施“清水入城”项目，工程累计配水量2.5亿立方米，亚运场馆周边河道水质稳定在Ⅲ类水，能见度1米，奥体中心附近河道能见度2米。亚运会市政设施保障项目——萧山钱江污水处理厂四期扩建工程于2022年12月6日建成投用，2023年日处理污水量40万吨。9月15日，五堡排涝闸站建成投入使用，形成亚运区块排涝封闭圈，排涝标准提升至50年一遇。12月22日，钱江世纪城亚运水系和南门江片区获评省级“美丽河湖”。

（高国民）

【《“农村污水零直排村”设施运维管理规范》省级团体标准发布】 2023年4月25日，经浙江省产品与工程标准化协会认定，由萧山区治水办牵头制定的《“农村污水零直排村”设施运维管理规范》省级团体标准正式发布，5月2日正式实施。《“农村污水零直排村”设施运维管理规范》规范运维服务机构对农村生活污水处理设施的运行维护，按照“能分则分，雨污分流”“应纳尽纳，全面收集”的原则，开展精细化雨污分流改造工作。

（钱紫东　徐竑珂）

节能减排

【概况】 2023年，萧山区全面推进“无废城市”创建。全国“无废城市”建设工作推进会和全省“无废亚运”主题活动在萧山举办。新增“无废细胞”78个，位列全市第一。“无废”亚运场馆及生活垃圾处置工作被央媒报道，“无废细胞”创建成果多次被市级媒体报道。市生态环境局萧山分局获评全域“无废城市”建设工作成绩突出集体。

【主要污染源总量审核及排污权交易】 2023年，萧山区出具34个新（改、扩）建项目主要污染物总量审核意见，完成5个高新技术产业项目总量支持。办理2家关停企业排污权回购手续，完成18宗排污权交易，其中交易化学需氧量11.16吨、氨氮0.84吨、二氧化硫0.89吨、氮氧化物5.19吨，交易金额52.31万元。

【工业挥发性有机物治理】 2023年，萧山区持续深化挥发性有机物（VOCs）污染治理，完成企业源头替代25家、挥发性有机物深度治理2家、挥发性有机物低效治理设施改造35家、泄漏检测与修复（LDAR）21家、企业废气治理设施活性炭集中更换591家。推进活性炭数智监控试点工作，完成全市首个活性炭数智监管平台搭建，安装活性炭数智监管系统107套。开展挥发性有机物污染治理项目资金补助工作，发放区级补助资金81.47万元。通过治理，削减挥发性有机物排放90余吨。

（钱紫东　徐竑珂）

责任编辑：王　鸣

教　育

综述

【学校建设】 2023年，萧山区学校建设项目59个，其中开建项目14个、续建项目28个、前期准备项目17个。全年学校建设竣工项目（包括其他镇街平台及配套幼儿园项目）24个，总建筑面积39.21万平方米，总投资17.54亿元，新增学位1.18万个。萧山区新一轮学校建设三年行动计划（2023—2025年）启动，计划到2025年，推动、启动及建设（含续建及新改扩建）104个学校项目，涉及高中10所、初中16所、小学34所、九年一贯制学校6所、幼儿园37所、素质教育实践中心1所。

表39　2023年萧山区新（改、扩）建中小学、幼儿园项目一览表

序号	项目名称	项目地址	建设主体	用地（平方米）	建筑面积（平方米）	投资（万元）	班级规模（班）	学位（个）
1	萧山中学提升改造	城厢街道	区教育局	—	71584	52443	—	—
2	萧山十中艺术中心扩建	蜀山街道	区教育局	—	7908	6582	—	—
3	区第十一高级中学人文教学楼扩建	新塘街道	区教育局	—	3859	2144	—	—
4	瓜沥一中多功能报告厅拆扩建	瓜沥镇	区教育局	—	2200	1056	—	—
5	北干初中综合楼改扩建	北干街道	区教育局	—	2856	1431	—	—
6	义桥第三小学新建	义桥镇	区教育局	61816	44450	25385	36	1620
7	所前一小扩建	所前镇	区教育局	27335	20668	6471	12	540
8	渔浦小学扩建	义桥镇	区教育局	—	4844	2128	16	720
9	新街一小扩建	新街街道	区教育局	11081	17000	9001	12	540
10	城东小学迁建	新塘街道	区教育局	30202	42221	31413	48	2160
11	宁围小学拆复建	宁围街道	区教育局	36869	68121	30386	48	2160
12	浦阳镇森海幼儿园	浦阳镇	杭州融泓政房地产开发有限公司	6667	7135	房产配套	12	360

续表 39

序号	项目名称	项目地址	建设主体	用地（平方米）	建筑面积（平方米）	投资（万元）	班级规模（班）	学位（个）
13	旭阳幼儿园	新塘街道	杭州兴塘置业有限公司	6000	6695	房产配套	12	360
14	运河幼儿园	新塘街道	杭州南璟置业有限公司	9134	8467	房产配套	18	540
15	朝闻花城幼儿园	蜀山街道	杭州滨宇房地产开发有限公司	9667	9996	房产配套	18	540
16	家河幼儿园	蜀山街道	杭州萧山国资资产经营集团有限责任公司	4667	7935	4713.5	9	270
17	衙前镇第二幼儿园	衙前镇	杭州星漾置业有限公司	5000	3390	房产配套	9	270
18	德信时光之宸幼儿园	戴村镇	杭州德凯置业有限公司	9000	9100	房产配套	15	450
19	博乐幼儿园	北干街道	杭州滨航房地产开发有限公司	9134	10250	房产配套	18	540
20	启辰幼儿园	宁围街道	杭州萧麒置业有限公司	6000	6852	房产配套	12	360
21	开诚幼儿园	开发区	杭州保旭置业有限公司	9334	9356	房产配套	18	540
22	世纪新中幼儿园	盈丰街道	钱江世纪城开发公司	8544	9174	1287	15	450
23	世纪实验幼儿园	盈丰街道	杭州滨博房地产开发有限公司	6559	8872	房产配套	12	360
24	新街茌山幼儿园	新街街道	萧山城市建设投资集团有限公司	7500	9150	1000	15	450

（资料来源：区教育局）

【教育高质量发展】 2023 年，萧山区推进新时代萧山教育高质量发展，制定《萧山教育高质量发展行动方案（2023—2027）》和重点任务分工方案，计划通过 5 年努力，实施名优教师锻造、品质校园建设、卓越学校培育、综合改革启航、教育质量提优、未来教育探索六大改革行动、20 项攻坚任务，在全国率先建成现代化高质量教育体系，全面打造“人有优学、学有优教、教有优师、校有优策”的“尚学萧山”城市名片，为萧山持续推进“产城人文”融合、打造中国式现代化区（县）域范例提供支撑。

【萧山区教育局获评全省教育业绩考核优秀单位】 2023 年 2 月，萧山区教育局十年来首次受浙江省教育厅表彰为 2022 年度全省教育工作业绩考核先进单位。4 月，经杭州市教育局复核评议，萧山区教育局被评为 2022 年度全市教育工作业绩考核优秀单位。

【“两区创建”通过省级评估】 2023 年 5 月 10 日，萧山区启动全国学前教育普及普惠区、全国义务教育优质均衡发展区“两区创建”工作。8 月，通过全国学前教育普及普惠区创建市级督导评估；9 月，通过省级督导评估；10 月，通过全国义务教育优质均衡发展区创建市级督导评估；12 月，通过省级督导评估，被评为优秀级。萧山区“两区创建”工作得到省级专家组高度评价。

【教育督导评估监测中心成立】 2023 年 5 月 9 日，萧山区委编办批复同意设立萧山区教育督导评估监测中心，为区教育局管理的公益一类事业单位，机构规格为正科级，经费形式为财政全额补助。主要职责是做好教育行政部门组织的学校发展性督导、专项督导等事务性工作；协助做好有关教育教学工作的督导检查和各类专项评估；组织实施中小学教学质量、教师培训、学生发展、学生体质健康等监测工作；组织开展对区域教育热点、难点、重点问题的调查研究，为教育行政决策提供服务；完成区教育局交办的其他任务。

【教育数字化改革】 2023 年，萧山区数字教育综合发展指数位居全省各区（县、市）第二，获评“浙江省教育领域数字化改革实验区”。区域案例《数字化赋能作业改革 助力区域精准教学提质增效》《聚焦精准教学应用 助推美好教育建设》入编教育部《2022—2023年数字化赋能教育管理信息化建设与应用典型案例》。双减智慧作业系统、区域数智幼儿园系统项目获浙江省教育领域数字化改革优秀应用。萧山区获评2023年度全省精品数字教育资源开发活动优秀组织区域和2023年省级网络空间应用优秀区域，是全省唯一同时获得上述2个奖项的区（县）。

【教育现代化发展水平居全省前列】 2023年12月，《浙江省2022年度县（市、区）教育现代化发展水平监测结果公告》发布，萧山区监测成绩为83.75分，等级为“A”，在全省县（市、区）中列第14名，较上年进步2名。

【萧山区教育高质量发展大会】 2023年11月4日，萧山区教育高质量发展大会召开，分析研究萧山教育面临的新形势新任务，谋划部署重点工作。会议强调，要深入学习领会习近平总书记关于教育的重要论述，认真贯彻新时代党的教育方针，全力打响“尚学萧山”教育品牌，奋力打造现代化国际大都市一流教育强区。会上为新成立的萧山区教育顾问委员会的专家代表颁发聘书，表彰萧山区立德树人楷模和萧山区尊师重教突出贡献奖获得者，进行合作签约，举行“基础教育现代化综合实验区”与“北京师范大学教师培训萧山基地”揭牌仪式，发布《萧山教育高质量发展行动方案（2023—2027年）》。

【8所学校创建为省现代化学校】 2023年1月，浙江省教育厅、浙江省人民政府教育督导委员会办公室公示2022年浙江省现代化学校评估结果，萧山区蜀山广元幼儿园、萧山区汇宇小学、萧山区回澜初级中学、萧山区朝晖初级中学、萧山区第三高级中学、萧山区第三中等职业学校、萧山区城东社区学校、萧山区开发区社区学校8所学校创建为2022年浙江省现代化学校。至年底，萧山区有省现代化学校27所。

【社区教育品质提升】 2023年，萧山区依托“1＋8＋N”（1所社区学院、8所社区学校、N个社区教育教学点）社区教育网络，成人“双证制”高中毕业3215人，大专及以上学历提升11679人，均位居全市各区（县、市）第一。社区教育进文化礼堂（文化家园）覆盖面90%以上，参与文化礼堂（家园）学习的居民10万人次以上。社区教育数字化平台全覆盖，线上线下课程超5000个，惠及全区40余万人。

【老年教育发展】 2023年，萧山区构建“4＋22＋N”［全区4所老年大学、22所镇（街道）老年学校、“N”所村（社区）老年学堂］老年教育体系，打造“家门口的老年大学”，实现100%镇（街道）建有老年学校，80%以上村（社区）建有老年学堂。全年老年教育培训56.2万人次；云上老年学校上线课程超3000个，访问47万次，学习时长2.5万小时。

2023年11月6—7日，全国小学科学课程教育发展论坛在萧山区银河实验小学举行。图为论坛公开课现场

（王俞楠 摄于2023年11月7日）

【心理服务体系建设】 2023年，萧山区统筹推进心理健康服务“345体系”，出台《萧山区儿童青少年“美好成长”心理服务体系建设实施方案（2023—2025年）》，实现中小学标准化心理辅导室、“健康副校长”全覆盖。全面启用区未成年人心理辅导中心，开通“22885885”心理咨询热线并投入使用。创建全国心理健康教育特色学校1所、省级示范点26个。

资料：

心理健康服务“345体系”：“3”指建设一个未成年心理辅导中心、应用一个心理健康教育美好平台、打造一批心理辅导站点位；“4”指汇聚专职教师、兼职教师、健康副校长以及社会机构专业人员四支队伍；“5”指优化普及教育、危机筛查、危机干预、转介治疗以及应急处置五个环节的管理。

【家庭教育课程推进】 2023年，萧山区推进“全区域、全学段、全方位”的萧山家庭教育新课程，家长云学堂推出家庭教育课程300余个，浏览量500余万人次，《家长云学堂：“双减”背景下家庭教育指导的区域实践》入选浙江省“双减”优秀实践案例。5月15日，家庭教育协同赋能主题活动在崇文世纪城实验学校举办，向全区百万家长发出倡议“让爱回家”。

【义务段学校“正脊行动”筛查工作完成】 2023年，萧山区完成146所义务段中小学校“正脊行动”筛查，全面预防和减少儿童、青少年脊柱弯曲发生率。筛查学生8.68万名，完成率102.68%，脊柱健康率97.8%。在2023年省政府十方面民生实事“好差评”活动中，萧山区“正脊行动”五星评价满意率99.6%。

【萧山籍高校新生体质健康取得新成绩】 2023年，浙江省教育厅公布“浙江省高校新生体质健康测试”数据，萧山籍高校新生体质健康合格率在全省各区（县、市）排名第八位，优良率排名第七位，连续4年优良率、合格率居全省前十。

【全国小学科学课程教学发展论坛在萧山举行】 2023年11月6—7日，全国小学科学课程教学发展系列论坛在萧山区银河实验小学举行。科学教学指导专委会专家，省、市、区教研员、小学科学骨干教师近500人参加现场活动。活动通过“研直播”平台向全国进行直播，在线观看学习2.26万人，四川旺苍全县小学分管领导及科学骨干教师、甘肃静宁帮扶项目学校科学骨干教师、全国新教育实验学校教师、湖北利川全市小学分管领导及科学骨干教师等在线参加。

（倪漪旦）

学前教育

【概况】 2023年，萧山区有幼儿园189所（园区257个），其中教育局直属公办幼儿园111所（园区179个）、民办幼儿园78所（其中普惠性民办幼儿园57所）。全区3—5周岁在园幼儿6.1万人，其中萧山籍4.04万人，占66.2%；公办在园幼儿4.64万人，占76%；公办及普惠性民办在园幼儿5.78万人，占94.7%；3—5周岁户籍幼儿入园率99.3%。全区幼儿园教职工1.06万人，其中专任教师（含园长）5924人，在编教师1683人，占教师总数的28.4%；专任教师学历合格率100%，大专及以上学历99.6%，教师资格证持有率100%。全区省等级幼儿园257所，省等级覆盖率100%；优质教育（省一级、省二级）覆盖率92.8%。全区省一级幼儿园33所，学前教育集团58个，学前教育城乡互助共同体91个。7月，萧山区学前教育提升行动获省政府督查激励，为全省实施学前教育提升行动计划成效明显的三大县（市、区）之一。

【省等级幼儿园创建】 2023年，萧山区宁围中心幼儿园等5所幼儿园通过省一级幼儿园验收，南城幼儿园等9所幼儿园通过省二级幼儿园验收。

表40 2023年萧山区新创省等级幼儿园一览表

等级	幼儿园名称
省一级	宁围中心幼儿园、楼塔镇中心幼儿园、金海塘幼儿园、市心幼儿园、汇宇幼儿园
省二级	南城幼儿园、文博幼儿园、义桥镇江湾城幼儿园、闻堰三江幼儿园、尚德幼儿园、新街雅逸幼儿园、益农镇第二幼儿园、新街中心幼儿园沿江分园、开悦幼儿园

（资料来源：区教育局）

【公办幼儿园建设】 2023年，萧山区公办幼儿园建成开园11所，扩建1所，民办园转公办1所。全区幼儿园公办率比上年增长3.36个百分点。

表41 2023年萧山区新增公办幼儿园一览表

类型	幼儿园名称
新建	博乐幼儿园、旭阳幼儿园、运河幼儿园、戴村镇中心幼儿园滨南园区、浦阳镇森海幼儿园、开诚幼儿园、启辰幼儿园、世纪实验幼儿园、世纪新中幼儿园、新街金廷幼儿园、衙前镇第二幼儿园
扩建	瓜沥镇坎山幼儿园
转制	长山幼儿园盛达分园

（资料来源：区教育局）

【学前教育获省政府督查激励】 2023年7月，浙江省政府办公厅印发《关于对2022年落实有关重大政策措施真抓实干成效明显地方予以督查激励的通报》，萧山区成为全省2022年实施学前教育提升行动计划成效明显的三大县（市、区）之一。三年来，萧山区在新建37所公办园的基础上，完成改扩建公办园31所，新增公办园学位2.1万余个，有效满足适龄儿童就近享受优质学前教育资源的需求。2022年，萧山学前教育公办率为72.67%，普惠率为93.43%，优质率为91.59%。相比2020年，公办率提升16.2个百分点，普惠率提升10.2个百分点，优质率提升12.1个百分点，普及普惠水平大幅提升。同时，出台《萧山区教育高层次人才引进和培养实施办法》，创新招录机制，拓宽招录渠道，采取面向社会人员公开招、走进高校现场招、农村师范生定向招等方式，广招人才。2021—2023年，萧山区共招聘学前段在编教师474名，引进学前教育特级教师2人。

【托幼一体化】 2023年，萧山区探索通过一体规划、一体建设、一体招生等举措，实行2—3周岁（托幼阶段）和3—5周岁（幼教阶段）一体化服务。全年幼儿园园区开设托班（或小托混龄班）97个，开设班级118个，招生1214名，覆盖全区各镇（街道）。

【城乡互助共同体工作】 2023年6月，萧山区城乡互助共同体交流活动在江南幼儿园举行，萧山、淳安两地互助共同体成员100余人参加现场活动，现场展示幼儿园管理、课程改革、教师培养等方面做法。

（倪漪旦）

义务教育

【概况】 2023年，萧山区有小学84所，班级3045个，学生12.22万人，教职工6942人，其中专任教师6729人。全区小学学校占地面积252.47万平方米，校舍建筑面积179.42万平方米。全区有初中56所，班级1134个，学生4.5万人，教职

楼塔镇中与北干初中是“南部教育共富”行动结对学校。图为北干初中老师到楼塔镇中上课

（王俞楠　摄于2023年9月21日）

工3917人，其中专任教师3529人。全区初中学校占地面积228.57万平方米，校舍建筑面积135.89万平方米。

【南部镇（街道）教育共富行动】 2023年9月，萧山区出台《萧山区南部镇（街道）教育共富三年行动计划（2023—2025年）》，城区14所优质初中小学与南部四镇学校“一对一”结对签约，成立“1＋1”（指1所城区学校与1所农村学校结对）城乡紧密型教育集团14个。通过创新办学形式、运行机制和管理模式，开展常态化干部、教师交流，促进城乡学校“深度融合”，实现优质教育资源辐射。至年底，129名干部、教师参与交流，其中支援南部学校干部21人、教师48人，到城区挂职干部18人、教师42人。

【新时代城乡教育共同体建设】 2023年，萧山区内有城乡教育共同体37个，其中核心校37所、成员校83所，公办义务段学校教共体覆盖率100%。全区开设同步课堂398节，共享线上拓展课程资源包201个；形成结对师徒组173个，开设组内教研活动600余次；成立名师工作室80个，开展工作室活动500余次；跟岗交流及支教教师159人次；开展学生线上线下集体交流活动160余个。对口帮扶龙泉市，跨地区教共体结对学校6对，跨地区教共体建设任务完成率100%，其中师徒结对72人，师徒开展线上或线下传授指导活动92次，异地跟岗锻炼6人；开设线上线下示范课135节，集体教研97次；开设线上拓展课程6门；开展结对学校学生线下集体交流活动8次，涉及341人；建立名师工作室12个。组建农村互联网艺术学校结对体15个，完成双师同步课堂81节、学生作业1243个。区域案例《美好云课：优质均衡背景下教共体智化的区域实践》被评为2023年浙江省中小学智慧教育平台典型应用案例。

【义务教育“双减”工作】 2023年，萧山区推行课后服务工作“5＋2”模式（指每周5天都要开展课后托管服务，每天至少2小时），延伸服务时段和内容，实现课后服务初中和小学全覆盖、线上线下全覆盖、有需要的学生全覆盖。秋季，开设基础托管班3299个，受惠学生12.1万人次；拓展课程开设班2049个，受惠学生3.5万人次；初中晚自习开设班992个，受惠学生近3.5万人次。暑期托管工作开设2期，每期10天，全区设点学校57所，开设班级283个，托管学生9300余人次。为亚运保障人员子女提供“护杭亚运”托管服务，一期10天，设点学校3所，开设班级3个，托管学生64人。区域特殊教育、家庭教育及市心小学“双减”举措入选浙江省“双减”优秀实践案例。

【初中提质强校行动】 2023年，萧山区推进13所初中学校提升培优行动。8所学校获评杭州市公办初中提质强校行动成绩突出校，4所学校相关举措入选典型案例。推进农村初中教学常规督查工作，重点督导南部镇（街道）初中学校。

【中考中招工作】 2023年，萧山区13012人报名中考，通过公办学校扩班、民办学校增加计划等形式增设学位，最终全区录取12963人，占比99.6%，其中普高录取7281人，占比56.2%；各类中等职业教育学校录取5682人，占比43.8%，普职比保持大致相当；优质普高录取6735人，优质职高录取3634人，共1.04万人；萧山中学等9所学校招收特长班23个，共921人。

【义务教育段招生】 2023年，萧山区迎来小学入学高峰，初中新生亦明显增加，全区招收义务教育段新生4.13万人，其中小学2.51万人、初中1.62万人，较上年增加6063人。为确保适龄儿童青少年相对就近入学，通过学校内部挖潜、合理分流，扩班203个，其中小学段162个。探索试行义务教育段招生“长幼随学”服务，惠及家庭345户。4月，萧山区划定三江小学、湘滨小学2所小学学区。

【2所小学启用】 2023年9月，萧山区三江小学启用，萧山区湘滨小学提前一年招生。三江小学位于义桥镇锦浦江岸小区西北侧，占地4.61万平方米，设计规模48个班，分两期进行建设，一期启用36个班。湘滨小学位于闻堰街道黄山村，占地4.45万平方米，建筑面积5.07万平方米，设计规模48个班，提前一年招生，暂借用闻堰小学场地过渡办学。

2023年12月9—15日，萧山区第三届中小学美术特色课程展在萧山区政务服务中心举行。图为萧山区凤标小学“乐陶社团”成员在制作印章

（区教育局　提供）

【萧山区学子“学宪法　讲宪法”活动获佳绩】2023年9月16—17日，第八届浙江省学生“学宪法　讲宪法”活动省级决赛在湖州举行。萧山区3位选手获得宪法知识竞赛省级一等奖2个、演讲比赛省级三等奖1个。全年萧山区“学宪法　讲宪法”系列活动实现多形式、全覆盖，推动青少年宪法宣传教育常态化、长效化。

【萧山区第二届中小学生劳动技能比赛】2023年3月，萧山区开展2023年萧山区劳动教育特色评选活动，评出劳动教育特色学校22所、精品课程21个、优秀课程12个。5月16—19日，萧山区举办第二届中小学劳动技能比赛。比赛设置符合学生不同年龄发展阶段的特色项目10个，全区各校510位劳动小达人经过班级、学校、片区选拔参加决赛。

【学生素养提升新渠道拓展】2023年12月9—15日，萧山区拓展美育课程展示新渠道，举办“尚学萧山　向美而行”萧山区第三届中小学美术特色课程展，组织38所学校46个美术课程成果首次走进萧山区行政服务中心，展示学生水墨、素描、剪纸、手绘插画、创意手作、邮票集、印染作品、书法、版画、牛仔布艺等作品。

【校园足球联赛】2023年10月，萧山区举办第二届“区长杯”校园足球超级联赛，全区2400个班级、8万余名中小学生参与，87所学校、113支中小学男女足球队参赛，参赛学校和运动队数量为历年之最。9月，组队参加杭州市“市长杯”校园足球精英联赛，小学男子代表队获A组亚军，取得萧山历史上最好成绩。

（倪漪旦）

高中教育

【概况】2023年，萧山区有普通高中13所（公办学校8所），班级481个，在校学生2.12万人，毕业生6740人，招收高一新生6993人，专任教师1988人；学校占地面积130.05万平方米，校舍建筑面积88.76万平方米。全年高考上一段线人数5485人；一段线上线比例82.3%，高出全省平均22.3个百分点。清华、北大录取再创新高，合计45人（萧山中学9人，文渊中学34人，三中新疆班2人），比上年增加11人，保持全省各区（县、市）第一。

【高中学科竞赛由点扩面】2023年，在全国中学生数学、物理、生物、化学、信息五大学科竞赛中，萧山区获奖金牌由生物、数学为主覆盖到全部学科。全区获得16枚国赛金牌、7枚银牌，9人入选国家集训队。

【萧山中学获浙江省教育科学研究优秀成果一等奖】2023年12月，浙江省教育科学规划领导小组办公室公布“2022年度浙江省教育科学研究优秀成果获奖名单”，萧山中学课题成果《能级跃迁：县域高中拔尖创新人才孵化的二十年探索》获一等奖。

2023年10月25日，萧山中学副校长金伟国在杭州市2023年教科研优秀成果一等奖推介会上作课题成果分享

（区教育局　提供）

【萧山二中开展中西部“组团式”教育帮扶】2023年，萧山二中与四川省甘孜州九龙县九龙高级中学结对，开展“组团式”交流帮扶。萧山二中发挥浙江省首批一级特色示范高中辐射作用，放大优质教育资源影响、带动作用，推进两校教育教学改革和教育品牌建设。

（倪漪旦）

特殊教育

【概况】2023年，萧山区有特殊教育学校1所、特殊教育卫星班3个，7所普通小学办有8个特殊教育辅读班。全区有3—18周岁持证特殊学生761人（学前段89人、义务段525人、高中147人）。其中视力障碍儿童25人、听力障碍儿童108人、言语障碍儿童44名、智力障碍儿童349名、肢体障碍儿童146人、精神障碍儿童9人、多重障碍儿童80人。

【特殊学生入学安置】2023年，萧山区建立定向筛查单、招生联系单、入学安置单、校本花名单和常规任务单，摸清3—17周岁特殊学生学情，保障学位供给和入学监控。特殊学生学前段入学率100%、义务段入学率100%、高中段入学率96.97%，实际入学率96.1%，送教上门3%，融合教育率72.8%，三项指标均居全省前列。

【特殊教育区域经验交流】2023年3月，萧山区特殊教育区域经验《把阳光照进每一条缝隙》编入《杭向共富》第60期，向杭州全市推广；4月，区域融合教育镇（街道）普惠行动在省级会议作典型交流；5月，接受教育部基础教育司专项调研；7月，区“双减”案例《特需学生课堂分层作业的区域教研实践》入选省“双减”优秀实践案例；11月，特殊教育作为萧山教育“两区”创建特色亮点进行加分展示；12月，区特色项目《教育共富：镇（街道）特殊教育资源中心的萧山普惠实践》入选浙江省 2023 特殊教育亮点项目。

【特殊教育阵地建设】 2023 年，萧山区特殊教育学校加大培智大脑应用，做优个训空间，做亮职业教育场域，推进现代化智慧校园工程建设。靖江一小新建 1400 平方米融合学园，瓜沥二幼拓新“名园＋民园”融学成长俱乐部，盈丰小学重建集成化融合发展中心，渔浦小学和所前二小单招资源教师，满足学校融合教育专业发展需求。新街四小、南阳一幼、所前中心幼儿园等 5 所学校被评为杭州市示范性资源教室；闻堰小学、劲松小学、江南幼儿园、御景蓝湾幼儿园、金海塘幼儿园等 17 所学校被评为杭州市合格资源教室。至年底，全区建有资源教室 114 个，其中市示范性资源教室 29 个、市合格资源教室 73 个。

【融合教育课程校本研发】 2023 年，萧山区加大特殊教育课程校本研发力度。5 月 23 日、12 月 29 日，两次举办市融合教育课程与教学试点学校校长课程论坛，涌现校园融合节、海燕暖心节、水墨融合时光、入学融合适应、双模块融合课堂、小蓝本融合习惯等课程。区特殊教育学校成为浙江特殊教育职业学院康复教学实践基地，靖江一小、所前二小、靖江中心幼儿园、所前中心幼儿园成为杭州师范大学融合教育教学科研实践学校。

【特殊教育名优教师培养】 2023 年，萧山区有浙江省优秀教研员 1 人、杭州市教坛新秀 2 人、杭州市优秀教师 1 人、杭州市特奥会优秀教练员 2 人、萧山区教坛新秀 6 人、萧山区第四届功勋班主任 1 人、萧山区园丁奖 1 人，特殊教育高级教师 3 人、特殊教育一级教师 5 人，省资源教师基本功大赛获奖教师 4 人、杭州市特殊教育精品课获奖教师 1 人，杭州市级以上获奖文章 32 篇。在 2023 年浙江省特殊教育教学论文评比中，萧山区获一等奖 2 个、二等奖 1 个。

【特殊学生个性化培育】 2023 年，萧山区特殊教育学校（萧山一队）和辅读班学校联队（萧山二队）在杭州市第十届培智学校学生特奥会中获金牌 33 枚、银牌 28 枚、铜牌 16 枚。萧山区在浙江省残障人士艺术作品展评活动中选送 7 件作品均获奖，其中二等奖 4 件、三等奖 3 件。萧山区教育发展研究中心编印主题为“爱达亚运　励志成长”的特殊学生成长作品集。

（倪漪旦）

中等职业教育

【概况】 2023 年，萧山区有职业高中 4 所，班级 280 个，在校学生 1.05 万人，毕业生 3843 人，招收高一新生 3634 人，专任教师 890 人；学校占地面积 35.39 万平方米，校舍建筑面积 24.83 万平方米。全年 3059 人继续升学，4 所公办职业高中上线率 90.9%，本科上线 208 人，比上年增长 62.5%，保持全省前列。学生个人高考成绩再创新高，其中烹饪专业 1 人获全省第二名，学前教育专业 2 人分获全省第三、四名，汽车专业 1 人获全省第四名。

【师生技能大赛成绩突出】 2023 年，萧山区第四中等职业学校（简称“萧山四职”）建筑专业工程测量项目获得全国职业院校师生技能大赛金牌，萧山区第三中等职业学校（简称“萧山三职”）计算机专业短视频制作项目获得全国银牌，上述项目的奖牌均为浙江省内院校在国赛上的首枚奖牌。在 2023 年杭州市师生职业能力大赛中，萧山区获得奖牌 291 枚（41 枚金、92 枚银、158 枚铜），数量较 2022 年增加 8 枚，总奖牌数提升 13%，蝉联全市各区（县、市）第一。在 2023 年浙江省中等职业学校职业能力大赛（创新创业类）赛项中，萧山区获得金牌 2 枚、银牌 2 枚、铜牌 3 枚，金牌数及总奖牌数据全市各区（县、市）第一。

【萧山一职教师主编、参编的教材入选首批“十四五”职业教育国家规划教材】 2023 年，萧山区第一中等职业学校（简称“萧山一职”）全国模范教师、浙江省正高二级特级教师俞艳主编、参编的 4 本教材入选首批“十四五”职业教育国家规划教材，分别是俞艳老师主编、人民邮电出版社有限公司出版的《电工基础（第 4 版）》（微课版）和高等教育出版社有限公司出版的《工业机器人集成应用——基础版实训》，俞艳老师作为执行主编参编的浙江省课改教材《电工基本电路安装与测试（第 2 版）》和《电子元器件与电路基础（第 2 版）》。

【萧山二职组建东西部跨区域产教融合协作共同体】 2023 年 10 月，萧山区第二中等职业学校与甘孜藏族自治州职业技术学校、宝盛集团联合成立东西部跨区域产教融合协作共同体，以服务杭州亚运会为契机，系统打造跨区域企业实践特色管理体系，从实习管理、产品营销、联合育人等多方面开展深入合作，实现资源共享、项目共建、同频共振，助力东西部“2 ＋ 1 ＋ 2”（指东西部合作开展的五年制中高职一体化贯通培养模式。该项目学生在甘孜藏族自治州职业技术学校就读 2 年，在萧山二职就读 1 年，在浙江旅游职业学院就读 2 年。从 2022 年开始，该项目每年招收 40 名旅游服务与管理专业的学生）多元人才培养模式落地。

（倪漪旦）

开放教育

【概况】 2023 年，浙江开放大学萧山学院（简称“萧山开大”）高等学历教育本专科在校生 5459 人，教学班 164 个。其中，成人脱产教育本专科在校生 919 人，教学班 32 个；老年教育长学制班学员 824 人，教学班 20 个。学院坚持服务地方办学宗旨，开展高等学历继续教育和社区教育、老年教育、社会培训等非学历教育。全年学院高等学历继续教育招生 1822 人，高等学历教育毕业 2186 人，高中双证制毕业 3215 人，开展非学历教育 1.2 万余人次。学院在浙江开放大学系统首次办学评估中获得“优秀＋”等级，在浙江开放大学系统办学业绩评价中获得 A

级，被评为浙江开放大学系统招生工作优胜集体。学院获得浙江开放大学系统教学改革创新教学质量大奖2项。全年有7名学生获评浙江省优秀毕业生，51名学生获得浙江开放大学和国家开放大学奖学金。在国家开放大学2023年全国学前教育专业学生幼儿园优秀游戏活动案例征集评选中，学院学前教育本科班《造池·修库·筑坝》获全国一等奖。

【开大师资队伍建设】2023年，萧山开大有教职员工130人，其中正高级职称3人，副高级职称27人，硕士研究生（含硕士学位）60人，外聘兼职教师60余人。全年组织教师参加各级各类学习培训400余人次，区级高层次人才全部通过上级组织年度业绩考核，1位教师通过浙江开放大学第三批人才培养考核，1位教师取得博士学位，2位教师晋升副教授职称，6位教师晋升讲师职称，1位教师晋升助教职称。学院人才工作案例获省开大人才工作优秀案例。学院教师在各级各类教学比赛中获奖30余项；在国家开放大学全国学前教育专业师生大赛中，学院获全国一等奖1项、二等奖1项、三等奖1项，获奖级别与奖项数在全国县（区）级中位居榜首。

【思想政治教育成果】2023年，萧山开大学院志愿者注册854人，合计服务4.28万小时，参加区级大型活动10余次。全年发展教工预备党员2名、学生预备党员5名，转正党员6名，确定入党积极分子25名。

【教学科研成果】2023年，萧山开大新建学前教育教学实训基地9个、校企合作基地1个，建设学历教育课程资源798门，汇聚优质资源3万余个。全年学院立项浙江省教育厅等课题18项，结题课题28项；发表国家级期刊论文14篇，其中核心期刊4篇，分别是章晓强老师《基于机器学习的跨域自适应移动环境监测系统》、周卫元老师《基于“Delphi＋AHP”的成人高校教师领导力评价指标体系研究》《基于目标检测的手腕部X线片参照骨提取算法》、谭维迪老师《金融科技发展对商贸流通业细分行业的影响——基于规模与效率的异质性视角》；季建萍老师《基于学习科学理论的开放大学教师转型》被联合国教科文组织开放远程学习网络在线发布；编写教材1本。在2023年浙江省远程教育学会优秀科研成果评选中，学院获全省二等奖2项、三等奖5项，获奖数居全省第一。

（倪漪旦）

成人教育·社区教育

【概况】2023年，萧山区有区级社区学院1所、片区社区学校8所（2023年5月起因机构改革由9所变更为8所，下同），其中浙江省现代化学校7所（2023年5月起因机构改革由8所变更为7所）。全年开展各类培训107万人次，其中老年教育培训56.2万人次、农民培训13.9万人次、家政及养老服务从业人员培训4.8万人次、其他培训32.1万人次。全区社区教育进文化礼堂（文化家园）覆盖面90%以上，参与文化礼堂（家园）学习的居民10万人次以上。全区学分银行新增开户数22.7万个，录入成果总数106.9万个。

【空港社区学校机构撤并】因萧山区优化社区学校机构设置需要，2023年5月9日，原杭州市萧山区空港社区学校撤销，原核定事业编制收回，相关职责划入杭州市萧山区东片社区学校。调整后，杭州市萧山区东片社区学校的主要职责是承担党湾镇、益农镇、靖江街道、南阳街道、红山农场区域内社区教育事宜。其他机构编制事项保持不变。

【社区教育品质提升】2023年，萧山区迎接教育部职成教司工作调研，相关工作得到肯定；临浦社区学校创建为浙江省现代化学校；萧山社区学院获评浙江省品牌社区学习中心典型案例；萧山社区学院“智慧乐学·五色课堂”入选浙江省社区教育品牌项目推介；湘湖应急救援队、党湾镇“1＋1”爱心志愿服务队2个社团获评杭州市示范社区学习共同体；开发区社区学校“‘常青树’学堂”和东片社区学校“‘康养’教育培训”获评杭州市终身学习品牌项目。

【老年人智能技术应用培训】2023年，萧山社区学院和各社区学校积极推进老年人智能技术应用培训，各镇（街道）教学点开班756个，帮扶老年居民4.52万人。萧山社区学院“构建智慧助老共同体”获评浙江省“智慧助老”优质工作案例，临浦社区学校“漫画老年人的智能生活——老年智能手机使用指南”和城东社区学校“跨越数字鸿沟 享受智慧生活——老年人学用智能手机”获评浙江省“智慧助老”优质课程资源。

【社区教育“能者为师”系列活动】2023年，萧山区开展社区教育“能者为师”系列活动，建设高质量社区教育课程资源，培育社区教育实践创新项目。城区社区学校《青，成长一抹》入选教育部社区教育“能者为师”系列特色课程推介名单；空港社区学校“传统‘手工钩针编织’技艺的传承与发展创新实践”入选第三批社区教育“能者为师”实践创新项目；萧山社区学院“‘五色课堂’助力乡村振兴的实践”获评浙江省社区教育“能者为师”实践创新项目；临浦社区学校“大家一起学漫画”、浦阳江社区学校“‘三合三方’非遗传承的社区教育实践”等三项课程获评浙江省社区教育“能者为师”特色课程。

【老年教育扩面提质】2023年，萧山区打造“家门口的老年学堂”，优化老年人“15分钟学习圈”。实现镇（街道）老年学校全覆盖，老年学堂村（社区）覆盖率超80%，老年学习点覆盖率超90%，经常性参与教育活动老年人口超50%。衙前镇老年学校获评省级老年教育示范校；临浦镇老年学校、瓜沥镇老年学校、党湾镇老年学校获评杭州市优质老年教育机构；进化镇欢潭村五义老年学堂、乐意共学养老基地、瓜沥社区学校共学养老基地获评杭州市共学养老优质基地；临浦社区学校“所前镇越王村老年夜学”、城东社区学校“3333金凤凰智慧助老”、瓜沥社区学校“银龄学堂”、东片社区学校“创新‘四多’模式提升助老效能”4个项目获评杭州市老年教育品牌项目。

【全民终身学习活动周】 2023年11月起，萧山区各镇（街道）启动“让学习成为一种生活方式”全民终身学习活动周开幕式。活动周期间，各镇（街道）社区教育中心举行文化活动，宣传终身学习理念，表彰终身教育中的19个终身学习品牌、60户书香之家和23位百姓学习之星等团体与个人。

【普惠性学历教育】 2023年，萧山区实施面向共同富裕的普惠性人力资本提升教育行动，全面推进高中学历教育普及、高等学历教育扩容、职业技能教育提质。由各社区学校承担成人高中“双证制”学历教育任务，开展“学历＋技能”培训，全年新增成人高中学历提升3215人，新增大专及以上学历提升1.17万人，居全省各县（市、区）第一。

【“萧山社区教育”平台建设】 2023年，萧山区持续推广“萧山社区教育”平台，实现与“浙学通”“学分银行”等平台互联互通；建立全区市民终身学习电子档案，新增学习资源3000个。

（倪漪旦）

民办教育

【概况】 2023年，萧山区有民办义务教育学校18所，新蕾学校、蓝天学校、良才学校3所学校整体关停，萧西实验学校、毓秀学校、新华学校、文汇学校4所学校停办设为公办小学校区，新民学校、春晖学校、树人学校、曙光学校、金迪学校5所学校初中部关停。全年在校学生总数1.3万人，其中小学1.07万人、初中2316人，比上年减少5702人。

【民办义务教育规范发展】 2023年，萧山区推进民办义务教育规范发展工作，出台《萧山区规范民办随迁子女学校专项工作领导小组组建方案》，成立区级专班，由区委副书记李军担任组长，区级相关部门及镇（街道）主要负责人为成员，统筹协调推进。3所学校整体关停，4所学校停办设为公办校区，5所学校初中部关停，全区民办随迁子女学校减少至14所，义务教育阶段随迁子女公办学校就读率由年初的71.2%提高至81.9%，9267名在民办随迁子女学校就读的学生享受政府购买学位服务，全区民办义务教育在校生规模占比由3.4%下降到2.2%。

【民办教育专项资金补助考核】 2023年4月，根据《关于印发〈萧山区义务段民办学校专项资金补助核评细则〉的通知》，萧山区人民政府教育督导委员会牵头，对全区义务教育段民办学校开展2022年度核评工作。核评组对学校硬件设施、师资水平、规范运作、办学质量等进行全方位评价，并根据评价分数由区财政局下发补助资金，改善民办学校办学条件，共下发7313.28万元。

【民办学校年度工作实行量化考核】 2023年，萧山区教育局根据年初公布《萧山区民办学校年度工作考核评估方案》，对区民办学校安全工作、党建工作、综合教学设施、办学条件、师资队伍、教学管理、德育管理等方面进行综合考核。通过考核，高桥金帆实验学校、友谊学校、阳光学校3所学校被评为年度先进集体。

（倪漪旦）

教师队伍建设

【概况】 2023年，萧山区有在编教师1.34万名；在职正高级教师29人，高级教师2796人；在职省特级教师32人，杭州市A—E类高层次人才1760人；在职党员教师6313人。新招聘教师919名，招聘幼儿园合同制教师379名。4名教师获评省级教坛新秀，1名教师被评为浙江省师德楷模，1名教师获浙江省农村教师突出贡献奖。

【师德师风建设】 2023年，萧山区推进落实常态化、全过程、闭环式师德师风建设长效机制，加强警示教育，选树优秀典型，促使广大教师回归课堂、廉洁从教。推进学校食堂采购和食品安全、学校工程建设、教师违规经商办企业、教师违规收受礼金礼品及违规有偿补课、教师学术不端、“酒局牌局”等专项整治，开展“点穴式”监督检查行动。优化升级清廉学校建设策略，挖掘学校自身“清廉元素”，新增省级清廉学校示范校2所、廉洁教育基地1个、廉洁教育优秀案例2个，教师节活动中表彰优秀支教教师10名、35年班主任金奖12名。

【教师专业发展】 2023年，萧山区完成教师常态化培训项目106个，培训教师5049人。实施萧山区与四川省龙泉市、甘孜州、新疆维吾尔自治区和田市“协作结对”培训项目，深度跟岗37人，短期培训、课程资源输出6000余人次。推进“琢玉工程”专项计划，对497名新录用教师进行入职培训、189名新任校级干部进行岗前培训，组织27位校（园）长在上海、杭州开展名校深度跟岗和考察学习专项培训7周。推广“底色工程”培训项目，片区参训教师4512位，探索强化教师课程思政能力和大中小思政一体化培训新模式。

【名优教师引育】 2023年，萧山区加大名优教师培养力度，构建省、市、区三级教坛新秀，区名教师，省、区两级特级教师三类名优教师遴选与认定机制。被评为浙江省教坛新秀教师4名，通过中小学正高级教师评审教师6名。从全国引进省特级教师5名，其中正高级教师2名。推评浙江省师德楷模1名、浙江省农村教师突出贡献奖1名，入选浙派名师培养对象4名，培育第19届杭州市教坛新秀160名、第20届萧山区教坛新秀334名。

【班主任技能提升】 2023年，萧山区中小学班主任基本功大赛取得历史最好成绩，获国家级三等奖1个、省级一等奖3个。萧山二职叶雅锋在全国职业院校技能大赛中等职校班主任能力比赛中获三等奖；南都小学杨加桓在第十一届长三角地区中小学班主任基本功大赛中获小学组一等奖；汇宇小学来冰莹、萧山十中杜泽红在2023年省中小学班主任基本功大赛中分获小学组、高中组一等奖，刷新萧山区班主任基本功大赛金牌数。

【师资共建共享】 2023年，萧山区出台《萧山区南部镇（街道）教育共富三年行动计划（2023—2025年）》，发挥名优教师示范辐射作用，城乡紧密型教育集团领衔校派出“1＋2＋3”团队（由校级领导1人，中层干部2人，区级及以上学科带头人、教坛新秀或优秀教师等骨干教师至少3人组成的团队）驻校管理和“带教支教”。参与南部教育共富行动支教教师48人、跟岗干部39人、城区挂职锻炼教师42人，区内教师、干部流动370人。组织选派优秀教师至区外教育帮扶，其中建德市15人、四川16人、青海省德令哈市3人、新疆维吾尔自治区阿克苏市3人、西藏自治区那曲市1人、迪拜中国学校4人。

【教师待遇保障】 2023年，萧山区持续加大教育投入力度，提升教师待遇，保障义务教育在编教师年均工资收入不低于公务员平均工资收入水平。完善收入分配机制，加大对一线骨干教师、班主任和乡村教师倾斜力度，向145所农村学校5274人发放农村特岗津贴3088.44万元；向92所学校5433人发放义务教育学校农村任教津贴1672.16万元，保障一线教师待遇。

【教师编制保障】 2023年，萧山区中小学核编周期从两年转变为一年，提升核编精准性，采取多种形式增加教师编制数量，招聘编制教师497人、幼儿园合同制教师254人。区教育局向上争取编制，结合全区学校师资情况，统筹考虑人员编制情况、2023学年退休教职工数和2024年9月预计学生增量，获得编办同意中小学、幼儿园2024年度增量用编计划1009名，缓解教师编制不足问题。

【教育科研成果】 2023年，在浙江省教育科学规划2023年度课题立项中，萧山区课题立项12项，其中省重点课题2项（占全市的14%）、省规划课题7项（占全市的12%）、省评价改革专项认定课题3项（占全市的20%）。2项成果分获浙江省教育科学研究优秀成果一、二等奖。在浙江省教学论文评比中，萧山区获一等奖6项。

（倪漪旦）

学校选介

【萧山区明德学校】 萧山区明德学校地处瓜沥镇昭东区域，原名“昭东中心小学”，与绍兴接壤。学校占地1.92公顷，建筑面积7745平方米，绿化面积2200平方米。学校建有6道200米环形跑道，标准篮球场2个。拥有标准教室19个，电脑室、3D打印室、同步教室各1个，音乐教室、舞蹈室、美术教室、剪纸工作室、劳技教室、团队室、心理健康咨询室、多功能教室、卫生室、智慧图书室等一应俱全。2023年末，学校设有班级19个，在校学生815名、教职工43名。学校本着“以德育善，以美赋能，抹亮未来人生底色”的办学理念，在“文化立校，特色亮校”办学目标的指引下，努力提升学校的办学水平，特色显著。

学校将剪纸文化融入学校课程体系，获第三批全国中小学中华优秀传统文化传承学校、浙江省艺术特色学校、杭州市非物质文化遗产传承基地学校、杭州市廉洁教育示范点、文化惠民点、杭州市民协剪纸实验基地学校、杭州市非物质文化遗产保护项目单位等20余个称号。学校自主开发的校本课程获浙江省义务教育精品课程、浙江省中小学生艺术节实践工作坊评比一等奖、浙江省非物质文化遗产校本教材评选二等奖、萧山区德育精品课程一等奖、萧山区劳动精品课程、萧山区十大课改项目等荣誉。

【萧山区南阳第一幼儿园】 萧山区南阳第一幼儿园（简称“南阳一幼”）创办于2010年9月，占地1.2公顷，拥有2500多平方米的户外活动场地。2023年末，幼儿园设有12个班，在园幼儿313名、教职工55名。在编教师中，有杭州市高层次人才1人，杭州市教坛新秀2人，杭州市优秀教育工作者1人，杭州市E类人才1人，萧山区高层次人才2人，萧山区名师培养对象1人，萧山区教坛中坚、教坛新秀等8人，萧山区园丁奖2人。

南阳一幼秉承“做温暖教育　育阳光儿童”的办园理念，沐浴暖阳，园区富有儿童气息，是一所设施先进、功能齐全、环境优美的高起点、高标准、高品质的幼儿园。先后获浙江省现代化幼儿园、浙江省一级幼儿园、全国足球特色幼儿园、杭州市儿童友好学校、杭州市平安示范单位、杭州市示范教科室、萧山区五星级幼儿等80余项集体荣誉。

南阳一幼构建“1＋2＋3＋N”科研组织体系，“1”即一位园长，由园长统筹幼儿园科研工作；“2”即教科室主任和教科室副主任；“3”即三个年段的教研组长；“N”即各教学班级为主体的班级教师，共同形成幼儿园科研组织体系。2023年，南阳一幼获评杭州市高层次人才E类1名、杭州市第十三届教育科研先进个人1名、萧山区第20届教坛新秀2名。省、市、区级科研项目立项14项，向全国和省级“百人千场”等展示2次，在省、市、区级做专题讲座和分享交流61次。

（倪漪旦）

责任编辑：陆宏琨

科 技

综述

【创新能级提升】 2023年，萧山区科技创新指数173.6，居全省各区（县、市）第22位，进步位次为全市各区（县、市）第一名。全社会研究与试验发展（R&D）经费投入77.66亿元，占地区生产总值3.76%，较上年提升0.36个百分点，提升幅度居全市各区（县、市）第一名。以“构建科教融合人才培养新格局，打造产业转型升级新范式”为主题的教育科技人才一体推进工作，入选全省首批创新深化试点。11月，区科技局获杭州市创新活力之城建设工作成绩突出集体嘉奖。

【科创平台发展】 2023年7月，萧山区以区内七大新型研发机构为主体，成立“北斗七星”科创联盟，以科创平台发展新质生产力。是年，萧山区新增国家级科技企业孵化器1家、市级孵化载体“5＋1”家。

【科创产业发展】 2023年，萧山区各类创新主体不断发展壮大，新增国家高新技术企业472家、省科技型中小企业947家、省级企业研发机构46家，新增数均位列全省前三。攻关关键核心技术，全区入选省级“尖兵”“领雁”项目22个，市级重大科技创新项目15个。在第二、三季度全省“十项重大工程”之一的“315”科技创新体系建设工程季度评星中，萧山区均获评五星。

（孙　乐）

创新平台建设

【概况】 2023年，萧山区成立汇集七大高能级科创平台的“北斗七星”科创联盟，打造“政产学研金用服”七位一体新型创新体系。各平台累计引进国内外顶尖人才25人，与企业共建联合实验室、创新联合体100余家，孵化企业200余家，撬动企业研发投入超10亿元。树立“全域孵化”理念，全区建设集成电路、智能视觉、大数据智能、智能汽车电子等领域概念验证中心4家，新增国家级孵化器1家、省级孵化器（众创空间）5家、市级孵化器（众创空间）6家。

【“北斗七星”科创联盟成立】 2023年7月21日，汇集浙江省北京大学信息技术高等研究院、萧山区浙江大学杭州科创中心、西安电子科技大学杭州研究院、浙江大学计算机创新技术研究院、巴顿焊接技术研究院、湘湖高新技术应用研究院、湘湖实验室七大高能级科创平台的“北斗七星”科创联盟成立。9月18日，萧山区“北斗七星”科创联盟第一次会员大会举行，会议审议通过《萧山区“北斗七星”科创联盟章程》及第一批联盟会员单位，推选联盟第一届理事长单位为北京大学信息技术高等研究院。西安电子科技大学杭州研究院、传化集团有限公司、浙江大胜达包装股份有限公司、容亿投资等高能级科创平台、企业及创投机构代表负责人作交流发言。

【新增国家级科技企业孵化器1家】 2023年5月，萧山区浙大研究院数字经济孵化器获评国家级科技企业孵化器。浙大研究院数字经济孵化器由浙江大学计算机创新技术研究院创办，通过技术指导、验证分析、项目孵化、投融资协助等形式加速成果产业化，致力于打造“公共服务平台＋投融资服务＋创业导师团队”联动的专业化创新孵化平台，为推动全区创新孵化载体建设提质升级发挥示范引领作用。截至年末，全区有国家级科技企业孵化器5家。

【新增市级孵化载体“5＋1”家】 2023年，萧山区构建“全域大孵化”格局，持续加强科创孵化载体提能管理，新增5家市级科技企业孵化器、1家市级备案众创空间。12月，杭州市科学技术局公布2023年度第二批市级备案众创空间名单，萧山区企舟云·众创空间上榜。2024年1月，杭州市科学技术局公布2023年度市级科技企业孵化器认定名单，全区5家科技企业孵化器上榜，分别是海创智荟·高层次人才科技企业孵化器、德必彩虹WE、万羽数智谷、蜀山未来城和畅谷科技园。截至年末，孵化载体队伍不断壮大，全区共有市级以上孵化载体59家（孵化器37家、众创空间22家），其中国家级10家、省级26家，孵化载体总量居全市各区（县、市）第四名。

（孙　乐）

创新主体培育

【概况】 2023年，萧山区培育各类创新主体，新增国家高新技术企业472家、省科技型中小企业947家、省级企业研发机构46家，新增数均位列全省各区（县、市）前三，保持高速增长态势。

【新增国家高新技术企业472家】 2023年，萧山区加大对国家高新技术企业的培育力度，围绕“2＋3＋X”先进制造业集群，推进产业链和创新链深度融合，加快提升产业链的科技创新水平，帮助企业实现高新化发展。全年新认定国家高新技术企业472家，总量首次超过2000家。

资料：

“2＋3＋X”先进制造业集群：“2”指纤维新材料、智能汽车两大优势产业集群；“3”指智能物联、生命健康、高端装备三大新兴产业集群；“X”指绿色能源、绿色建筑、未来网络等未来产业集群。

【新增省科技型中小企业947家】 2023年，萧山区加大科技型中小企业培育力度，提升科技型中小企业发展质量，完善科技型企业梯队培育体系，保持新增企业数高速增长态势。全年新认定省科技型中小企业数量947家，总量超3800家。

（孙　乐）

创新资源整合

【概况】 2023年，萧山区坚持组织领导一体协同、发展规划一体统筹、资源要素一体配置，出台《萧山区科技创新体系建设工程行动方案（2023—2027年）》和《萧山区落实省“315”科技创新体系建设工程2023年工作计划》，推进科技创新高质量发展。

【科技创新“22条”政策制定】 2023年7月11日，萧山区制定出台《杭州市萧山区关于全面优化创新创业生态，加快建设科技创新高地的政策实施细则》，即科技创新“22条”政策，旨在深入实施科技创新和人才强区首位战略，把握创新制胜工作导向，强化科技创新对高质量发展的支撑作用。该政策围绕促进创新能级提升、激发创新主体活力、加速创新成果转化、打造科技人才高地、优化创新创业环境、完善科技服务体系等方面，为科技创新提供政策支持。

【“12345”工作机制制定】 2023年，萧山区科技局研究并制定科技创新助力经济高质量发展“12345”工作机制：紧盯全省“科技创新鼎”，打造“科技成果转化”和“科技创新智造”两个高地，抓好任务、工作和督导三张清单，实施科创平台提能、创新主体培育、两链融合发展、创新生态营造“四项工程”，实现科创平台能级、创新主体能力、高新产业量质、科技人才队伍、科技创新指数“五大跃升”。

【省首批创新深化试点】 2023年，浙江省创新深化专题组办公室组织开展第一批省级创新深化试点遴选工作，经自主申报、审核推荐，省创新深化专题组研究确定首批20项试点。萧山区以“构建科教融合人才培养新格局，打造产业转型升级新范式”为主题的教育科技人才一体推进工作，入选全省首批创新深化试点。

（孙　乐）

创新环境营造

【概况】 2023年3月21日，浙江省工商联发布浙江省《万家民营企业评营商环境报告》，萧山区创新环境指标（创新环境指标是地区创新政策落实效果、金融对科技创新的支持力度、创新平台与服务体系、新兴产业的创新生态等情况的综合体现）首次获全省“营商环境企业满意度”第三名。

【科技人才引育】 2023年，萧山区加快科技领军人才创新驱动中心建设。8月，与北京大学国际合作部合作，建立北大外国留学生实践基地，搭建多元化引才平台。全年入选国家“火炬计划”4人、国家青年拔尖人才3人。

【科技金融结合】 2023年，萧山区深化科技金融结合，低利率科技贷款总额超过150亿元，科技贷款风险池为28家企业发放1.36亿元贷款资金，相较2022年全年，受惠科技企业增长4家，贷款增长2200万元。推进区级技术合同登记点建设，优化技术合同登记全流程管理，全年技术交易额138.83亿元。

【创新创业活动】 2023年3月，萧山区发布“萧创汇”百场创新创业活动品牌，汇集峰会论坛、双创大赛、成果对接、项目路演、主题沙龙、专题讲座、宣传培训7个类别的创新创业活动。4月，承办第七届万物生长大会。全年举办创新创业活动456场，参与超过1.6万人次；全区新上榜独角兽、准独角兽企业13家。

（孙　乐）

责任编辑：陆宏琨

文化·旅游

综述

【公共文化发展】 2023年，萧山区被评为“钱塘江诗路（钱塘潮涌）省级文化传承生态保护区”，入选第四批“浙江省戏曲之乡（县级）”，被列入全省“非遗助力共同富裕”试点地区。《齐天大圣》《宋韵蹴鞠》《浪花奶奶》《绍艺缤纷》等7个节目亮相亚（残）运会开闭幕式舞台和火炬传递现场。承办2023杭州春日读书节活动，活动线下参与9万余人次。新增3处省级文物保护单位和3个省级非物质文化遗产代表性项目，新创省级非遗工坊2个、市级非遗工坊4个、市级传统工艺工作站1个。

【文旅深度融合】 2023年4月7日，萧山区文旅深度融合发展大会在世界旅游博览馆召开，萧山区政府在会上与WTA世界旅游联盟签订深度合作协议，并发布“赴·湘湖之约、燃·潮动青春、觅·乡野闲趣、溯·萧然印记、品·匠心非遗、享·数智共富”六大亚运主题旅游线路。文博业态融合创新，成功举办杭州2023奥林匹克博览会、世界潮流艺术展等文博展览，茅湾里印纹陶博物馆正式开馆。举办“世界旅游联盟·湘湖对话”活动，浦阳镇、临浦镇建成浙江省AAAA级景区镇，益农镇建成浙江省AAA级景区镇。

2023年9月19日，2023年萧山区文艺赋美精品展演活动在湘湖城山广场启动　（唐柯　摄）

【文化服务体系建设】 2023年，萧山区出台《萧山区关于高质量推进公共文化服务现代化建设的实施办法》，加快建设“15分钟品质文化生活圈”、城市书房、文化驿站、“潮文化Park”、乡村博物馆、非遗工坊等各类文化空间。全域推进“文化管家”社会化服务，提升公共文化服务品质绩效，挖掘打造特色文化品牌，《萧山区公共文化服务社会化创新探索“精神共富”路径——以全域文化管家推广为例》入选全省文旅系统十佳调研报告。在镇（街道）开展“你点我送·文化惠民”“花满全城”“湘遇亚运，艺展风采”等文艺赋美主题活动。

（俞嘉佳　周佳怡　孟佳恩　金怡炎）

公共文化服务

【概况】 2023年，萧山区围绕共同富裕、现代社区、迎亚运等中心工作，积极提升公共文化设施，织密区、镇（街道）、村（社区）三级公共文化设施网络；公共文化服务提质扩面，构建“15分钟品质文化生活圈”；全域推进“文化管家”社会化服务。

【公共文化设施提档升级】 2023年，萧山区在区、镇（街道）、村（社区）三级公共文化设施网络基础上，整合提升公共文化空间品质，建成“15分钟品质文化生活圈”100个，其中省级85个。已建成城市书房41个，“潮文化Park”8家，各类型乡村博物馆55家，非遗工坊18个，文化驿站23家。1908阅览室、燕云艺术团、金莲花艺术团等8家“潮文化Park”场馆有序运营。

【公共文化服务扩面】2023 年，萧山区开展送戏下乡、全民阅读、精品剧目展演等活动 190 余场。开展文化交流培育活动，提升品牌吸引力，举办群众文化品牌活动 33 项。各镇（街道）建设文化团队 2868 支，常态化开展文化活动。全区有文化志愿者 5.47 万名，各级文化能人 175 名，文化示范户 31 户，优秀基层文化工作者 40 名。

【社会力量参与公共文化服务】2023 年，萧山区根据《杭州市萧山区关于引导和鼓励社会力量参与公共文化服务实施办法》和《杭州市萧山区关于引导和鼓励社会力量参与公共文化服务实施办法》细则，引导和鼓励社会力量参与公共文化服务，对全区 18 个项目、47 个团体进行补助，总补助金额 376.68 万元，其中场馆投入补助分 3 年补助到位。

【"文化管家"服务】2023 年，萧山区"文化管家"项目升级，文化管家服务村（社区）覆盖率 75%。全域文化管家推进成效显著，助力镇（街道）、村（社区）组建文化团队 973 支，开展各类活动 3320 余场，挖掘打造特色文化品牌 30 余项，线上线下艺术培训超 1 万课时，服务群众近 450 万人次。《萧山区公共文化服务社会化创新探索"精神共富"路径——以全域文化管家推广为例》入选全省文旅系统十佳调研报告。

【全民艺术普及公益培训】2023 年，萧山区全民艺术普及公益培训区、镇（街道）、村（社区）三级体系铺开。依托总、分馆体系开设公益培训课程 195 门次，共培训 7954 课时，服务群众 15.03 万人次。

【艺培机构有序监管】2023 年，萧山区完成目录机构年度安全生产检查 558 家，审批通过 81 家，入驻资金监管全国平台 66 家，公布全区艺培机构白名单 47 家。为加强校外托管机构及培训机构规范管理，10 月开始成立"双减"联席会议制度，每周举行一次联席会议。加强部门协同，联合行动，23 个镇（街道、场）出动检查人员 585 人次，摸排校外托管机构 147 家、校外培训机构 694 家，总计 841 家，发现问题 280 个。紧盯政策宣传、App 使用、资金监管、机构安全等重点工作严查严防。

（俞嘉佳）

文化活动

【概况】2023 年，萧山区开展文化暖冬行、潮青年艺术节、"4·23"世界读书日系列活动等文化活动。开展文艺赋美活动 2500 余场；开展全民艺术普及公益培训，开设公益培训课程 195 门次，共培训 7954 课时，服务群众 15.03 万人次；举办第四届公益研修班，完成 210 课时，服务群众 3150 人次。

【文化暖冬行活动】2023 年 1 月，春节前夕，萧山区文旅局邀请区青年书法骨干、非遗传承人、文化志愿者等走进浙东运河萧山展示馆、杭州南站、各镇（街道）文化场馆及亚运场馆、商圈、企业等，向群众赠送卷轴挂历、对联、"福"字、剪纸窗花、面塑等新年祝福物品。举办线上活动 3 场、线下活动 12 场，10 余万人次参与。

【"你点我送·文化下乡"】2023 年，萧山区推进文化惠民工程，让群众享受到免费便捷的公共文化服务。是年，"你点我送·文化惠民"平台采购绍剧、越剧、综艺、莲花落等节目 165 场次，通过各镇（街道）文化广播站"菜单式"选择，区级统筹安排巡演。每场演出观众均在 200 人上下。

【文化交流活动】2023 年，萧山区持续深化文化交流活动。到康定、龙泉、南京等地走亲。举办"台上台下"绘本阅读、"湘湖书院"国学讲堂、DIY 手工制作等活动。2 月，萧山花边制作技艺、南宋官窑瓷制作技艺等多项非遗代表性项目亮相"和合共生·塑造未来旅游生态""世界旅游联盟·湘湖对话"。7 月，萧山花边制作技艺、丝绸画缋、南宋官窑瓷制作技艺等亮相第十五届浙江·中国非物质文化遗产博览会。区内 23 个镇（街道、场）相互开展形式多样的镇级文化走亲活动，全年开展文化交流活动 187 场。

【文化中国讲坛在萧山区举办】2023 年 11 月 11 日，第十五届文化中国讲坛在萧山湘湖举办。讲坛上，王国平、叶小文、程郁缀、陈洪、李焯芬、莫砺锋、姜昆等文化大家、知名学者作主题讲座。主持人白岩松与潘鲁生、王玉明、程永华、郑晓英等人围绕"言说湘湖——亚洲文明之光"话题进行探讨。

【"潮青年·艺术节"】2023 年 8 月 26—27 日，萧山区第二届"潮青年·艺术节"在浙农·东巢艺术公园举办，以文化艺术为核心，以年轻潮流为主体，以场景艺术为亮点，打造一大文旅融合的艺术文化沉浸空间，通过两大奇妙夜、三大主题街区，构建东巢艺术公园"2 的 3 次方"无限艺术体验街区。

【春日读书节活动】2023 年 4 月 14—16 日，由杭州市文化和广电旅游体育局主办，萧山区委宣传部、萧山区文化和广电旅游体育局承办，浙农·东巢艺术公园、萧山区图书馆执行承办

2023 年 4 月 14—16 日，杭州市春日读书节在浙农·东巢艺术公园举行（范方斌　摄于 2023 年 4 月 14 日）

的2023杭州春日读书节在东巢举办。市、区（县）两级公共图书馆和100多家书房书店，通过春日书市、名家分享、童书趣读、剧场演绎等跨界形式，打造全民参与的“沉浸式”阅读盛会。活动线下参与9万余人次，线上图片与视频直播观看人数15.2万人次。

（俞嘉佳）

文艺创作

【概况】 2023年，萧山区创作及选送一批文艺精品参加国家、省、市比赛。《宋韵蹴鞠》《浪花奶奶》等7个表演类节目亮相亚（残）运会开闭幕式暖场舞台和火炬接力现场；戏剧小品《我干的》获第九届“全国优秀小戏小品展演”优秀剧目；戏剧小品《亮了》获2023年“杭州有戏”戏剧大赛金奖；原创音乐作品《难忘竹榻儿》和舞蹈作品《蹴鞠图》分别获浙江省第二十二届群众音乐大赛和浙江省第三十三届舞蹈大赛金奖；大型红色革命绍剧《秋之白华》获第十五届浙江省戏剧节“兰花奖·新剧目大奖”；由萧山区楼塔镇岩山中心小学绍剧传承班选送的绍剧折子戏《劈山救母》在第二十七届中国少儿戏曲小梅花荟萃获“小梅花集体节目”称号。

【戏剧小品《我干的》入选全国优秀小戏小品展演优秀剧目】 2023年，由浙江省戏剧家协会推荐，萧山区文化馆创作的话剧小品《我干的》获第九届全国优秀小戏小品展演优秀剧目。现场竞演的75部入围作品涵盖木偶剧、山东梆子、川剧、楚剧、豫剧、眉户小戏、小彝剧、话剧小品等数十种艺术表演形式，按“戏曲小戏”“话剧小品”“基层院团与群众文艺”“校园戏剧”“新文艺群体”五个单元进行现场展演，《我干的》成为浙江省在“基层院团与群众文艺”单元唯一入围终审的作品。

【戏剧小品《亮了》获2023年“杭州有戏”戏剧大赛金奖】 2023年7月5日，杭州市文化和广电旅游体育局主办、建德市文化和广电旅游体育局承办的2023杭州市戏剧小品大赛于建德举行，全市11个区（县、市）的12个原创戏剧作品参赛。萧山区选送的亚运题材喜剧小品《亮了》获创作金奖、表演金奖及最佳导演奖。作品以小见大，从父子情深升华到体育情怀，讲述了保障亚运的工程师小董，借助亚运开幕式灯光测试的机会为父亲老董打开多年心结的故事。

2023年7月5日，萧山区选送的亚运题材戏剧小品《亮了》在建德市大同镇潘村文化礼堂演出　　（区文旅局　提供）

【原创音乐作品《难忘竹榻儿》、舞蹈《蹴鞠图》获浙江省大赛金奖】 2023年，萧山区文化馆原创音乐作品《难忘竹榻儿》和舞蹈作品《蹴鞠图》，在浙江省第二十二届群众音乐大赛和浙江省第三十三届群众舞蹈大赛中分别斩获金奖。民谣体单曲《难忘竹榻儿》描绘了一幅少年时代江南生活的日常场景。群舞《蹴鞠图》创作灵感源于宋代的女性可以自由参加“百戏之首”的蹴鞠运动，反映宋时女性对自由健康、美好生活的追求和向往之情。

【绍剧节目《齐天大圣》《绍艺缤纷》亮相亚运舞台】 2023年，在杭州第四届亚残运会国际舞台上，萧山区绍艺中心创排的绍剧节目《齐天大圣》《绍艺缤纷》和器乐合奏《茉莉花》《铁血丹心》等节目展示绍剧非遗魅力，受到中外嘉宾好评。《齐天大圣》将孙悟空十八般武艺搬上舞台，活灵活现展现了齐天大圣坚强、果敢的形象，与亚残运会精神遥相呼应。《绍艺缤纷》是为迎接亚残运会而专门创排的一个综合性绍剧节目，场面宏大，气势磅礴，集中展示了中国绍剧最有代表性的精彩场面。

【大型红色革命绍剧《秋之白华》获“兰花奖·新剧目大奖”】 2023年2月，大型红色革命绍剧《秋之白华》获第十五届浙江省戏剧节“兰花奖·新剧目大奖”，是全市获此殊荣的两家区级院团之一；获单项奖“兰花奖·优秀作曲奖”、第十六届杭州市精神文明建设“五个一工程”奖。该剧根据萧山革命先驱杨之华事迹编剧而成，艺术地再现了杨之华从青年时代受五四运动影响，继而在上海大学受到瞿秋白等共产党人的影响、参加工人运动、追求妇女解放事业的成长历程，突出了她和瞿秋白之间纯真美好的爱情传奇，塑造了以瞿秋白、杨之华为代表的共产党人为创建新中国、追求民族独立而英勇奋斗、不怕牺牲的光辉形象。

【绍剧折子戏《劈山救母》获“小梅花集体节目”称号】 2023年9月，由萧山区绍剧艺术中心指导排练，区楼塔镇岩山中心小学绍剧传承班选送的绍剧折子戏《劈山救母》，在第二十七届中国少儿戏曲小梅花荟萃获“小梅花集体节目”称号，在第八届浙江少儿戏曲小金桂荟萃获优秀集体节目“小金桂”称号、第五届杭州少儿戏曲小兰花荟萃获优秀集体节目“金兰”称号。该剧改编自中国古代神话传说“劈山救母”。

（缪　鼎　朱英子）

图书

【概况】 2023年，萧山图书馆文献总量333.12万册（件），文献借还量185.01万册次，接待读者136.31万人次，读者借还书23.68万人次，发放有效借书证26.76万张。开展读书活动1055场，参与76.48万人次，其中阅读推广活动565场、培训334场、展览74场、讲座82场。全区区级图书馆1个；图书分馆574个，其中镇（街道、场）分馆23个，村（社区）图书分馆、农家书屋551个；杭州书房10个，城市书房（永兴书房）41个，新建邻里阅读空间5个；会员单位169个，其中企业分馆36个、馆外流通点133个（含部队流通点19个、学校流通点41个）。图书分馆、流通点接待读者61.50万人次，文献借还量169.08万册次，读者借还书20.46万人次。送书下乡到全区分馆、流通点95.22万册次。萧山图书馆获第七次全国县级以上公共图书馆评估定级"一级图书馆"、"浙江省图书馆学会2019—2023年度优秀会员单位"、"2021—2022年度萧山区三八红旗集体"、"萧山区公共场馆科普化改革试点单位"等称号。

【传统假日系列活动】 2023年新春佳节，萧山图书馆线上线下联动举办"'宋'福杭州年　书香最致远"、微书评分享、民俗知识竞赛、"亚运宋福"元宵游园会等10项活动。建军节举办"山河无恙·护佑万家"主题在线知识竞赛，国庆节开展"铭记红色篇章·闪耀智慧之光"主题阅读打卡等活动。

【"4·23"世界读书日系列活动】 2023年4月，萧山图书馆举办以"我在最美的地方等你"为主题的"4·23"世界全民阅读系列活动，邀请50多家出版机构、独立书店及60多家原创文创摊主参与春日阅读会、阅读分享会等9项活动，近2000名读者走进"阅读现场"，线下参与8万人次，线上图片与视频直播观看15.2万人次。读书节特设图书漂流环节，收集社会捐书1000余册制作图书盲盒，联合5家独立书店推出以闲置书籍置换图书盲盒的新型图书漂流活动。在《萧山政务·情况专报》第62期刊发《区文广旅游体育局多措并举提供萧山"全民阅读"方案》。

【少儿阅读推广活动】 2023年，萧山图书馆针对不同年龄段设计不同类型少儿阅读推广活动，全年开展活动120期，参与3.1万人次。针对低龄儿童推出"低幼书目分级阅读"；面向少儿群体，举办"台上台下"亲子绘本阅读、"湘湖书院"传统文化公益课堂、"布丁妈妈讲故事"视频故事会、"萧图纸艺编程"探究营、"小白鲨"暑期公益培训营等活动。2023年，萧山图书馆获"天籁浙江·行阅江南"主题朗诵大会优秀组织奖、长三角地区阅读马拉松大赛优秀组织奖；"'湘湖书院'传统文化公益课堂"获评杭州市"十佳阅读品牌"；"'湘湖书院'传统文化公益课堂"案例获评"2023阅读推广典型案例"。

【"永兴书话"阅读推广活动】 2023年，萧山图书馆线上线下同步开设"永兴书话"阅读专栏。7月起，每周在"浙里文化圈"公众号上推出3期"永兴书话'线上荐书活动。"永兴书话"线下"好书推荐"主题阅读推广活动推出"阅读的季节""读书是一辈子的事"等主题阅读10期。图书馆网站和微信公众号推出"每月热书排行榜"，公布成人和少儿借阅热书每月排行各前十名的图书信息。

【读者服务升级】 2023年，萧山图书馆技术升级，推进读者一键认证、资源一键预约、图书一键借阅。线上借书（悦借服务）、实体书店借书（悦读服务）借出图书1.23万册，借书读者2941人次。为解决图书馆一座难求的状况，上线阅读座位预约功能，读者在家就能通过浙里办提前预约座位。联动镇（街道）分馆、城市书房开展品牌下乡活动，推出"菜单式"预约服务，根据需求将讲座、展览、体验活动等送到群众家门口，满足读者多元化、个性化的阅读需求，共开展阅读下乡活动293场，服务71.28万人次。

【图书数字资源建设】 2023年，萧山图书馆依托馆藏纸质书资源、数字资源等，完善有声资源互动屏、多媒体互动展示平台等设施设备。完善数字资源体系，建设有知网、万方数据、维普中文科技期刊、爱迪科森网上报告厅、超星电子图书等15个数字资源库服务。可访问数字资源总量270TB以上，网站访问量7.24万人次，数字资源访问量1382.94万人次，下载量72.01万篇。在微信平台举办新春知识盲盒挑战赛、一年一度读书月等在线数字阅读推广活动7场次，推出"云中阅"等阅读推广专题推文340余期。微信公众号新增关注1.62万人，全年发文707篇，阅读量9.94万人次。微信公众号、视频号开通上线，推出"阅书　悦人　越世界"馆员悦读荐书、"人生海海，不如阅读"阅读沙龙等系列视频短片14期。

【分馆服务体系建设】 2023年，萧山图书馆推进萧山区公共图书馆服务体系建设，完善"萧山公共图书馆服务连锁体系"，建立"通借通还，资源共享"服务模式。该体系以萧山图书馆为总馆，镇（街道、场）图书馆、村（社区）图书馆为分馆，实行"统一标识、统一平台、统一资源、分级管理、分散服务"运作模式。推进派驻馆员下基层服务，沟通协调、指导管理各派驻分馆、永兴书房。对新街、红山农场等23个镇（街道、场）开展总分馆业务培训，实现镇（街道、场）、村（社区）图书分馆管理员业务培训全覆盖，参训人员600余人，提高图书分馆管理人员业务水平和服务素质。建设浦阳森海社区等43个分馆建设场地，完成建设省级民生实事项目城市书房3家、市级杭州书房1家。

【地方文献建设】 2023年，萧山图书馆完善地方文献。扫描上传地方文献、家谱类资料、来新夏手稿及关于湘湖主题各种文献。完善萧山地方文献数字资源库，征集《萧山苎萝孔氏宗谱》《萧山苎萝孙氏宗谱》等家谱入藏萧山图书馆，扫描上传地方文献及家谱。收到参考资料类新书382种、457册。地方文献资源细颗粒度建设项目申报"2023年全国智慧图书馆体系建设项目"，完成仙岩楼氏宗谱细颗粒度内容标识、关键知识点标引建设，建设家谱资源数据10015万条。

【亚运保障工作】 2023年，萧山图书馆参与亚运保障工作。选派投入亚运一线工作员工13名，为亚运技术官员村及各亚运场馆周边亚运安保援萧警力保障屯兵点提供书籍1700余册，为亚运共享法庭提供关于亚洲地区各国法律专业书籍200余册。是年，举办“声迎亚运·云看相声”元宵节特别活动、2023魅力声音·“有朋远方来，亚运小主播”浙江省少年儿童音频征集活动、“燃情逐梦·破浪前行”亚运会主题在线知识竞赛等“迎亚运”系列活动11场，参与41.7万人次。9月，品牌活动“了不起的匠人”手作沙龙在萧山体育中心场馆群举办，面向亚运志愿者举办DIY手作活动。

（陈　萍）

文博

【概况】 2023年，萧山区博物馆接待观众人数43万余人次，其中青少年11万余人次。举办临时展览16场，完成借展7次。开展线上线下教育活动262场，“流动博物馆”巡展100场。收到捐赠、上交、移交文物标本等26批次，603件（组）。举办各类讲座、培训等18期。是年，萧山区博物馆在国家二级博物馆定级评估获优秀等次，被评为浙江省社会科学普及基地。基本陈列“盛世永兴——萧山历史文化陈列”获全省博物馆陈列展览精品奖，馆藏文物西晋越窑青瓷武士俑、仕女俑入选首届全省博物馆“百大镇馆之宝”（陶瓷器类）。

是年，萧山区跨湖桥遗址博物馆接待游客50.94万人次，其中青少年8.85万人次。在“5·18”国际博物馆日、文化遗产日、科普宣传周等节日举行社教活动59次。引进“大河上下——中国古代北方系青铜器精品文物展览”“海风山骨——福建昙石山遗址与昙石山文化特展”“野马尘埃——赵跃鹏个人画展”“竞出东方——中国古代体育文物特展”“玉耀长河——凌家滩文化展”5场展览。编撰出版《勇立潮头：跨湖桥遗址博物馆“跨湖桥文化主题展”策展笔记》。馆藏文物跨湖桥遗址博物馆独木舟（“中华第一舟”）获首届全省博物馆“百大镇馆之宝”称号。

【博物馆文物收藏】 2023年，萧山博物馆收到捐赠、上交、移交文物标本等26批次，603件（组）。其中，接收萧山机场海关查没移交文物3批次，237件（组）。浙东运河萧山展示馆接收台湾乡贤楼文渊先生捐赠书籍232册。

【馆藏文物预防性保护】 2023年，萧山区博物馆编制《杭州市萧山区博物馆可移动文物预防性保护方案》获国家文物局审批通过，取得国家文物保护资金560万元，用于后续库房、展厅可移动文物预防性保护。4月，萧山区博物馆馆藏文物预防性保护项目通过专家评审，7月正式开始施工。

【文博专业水平提升】 2023年，萧山博物馆举办萧博讲堂“钟声悠扬——杭州净慈寺遗址考古的重要发现”等10期、青年分享会“考古的视角”等7期。国家社会科学基金一般项目——太湖地区史前社会进程与文明形态研究项目正式结项。专业技术人员在核心期刊《考古与文物》《文化月刊》发表论文3篇，在省级刊物《百越研究》《合作·共享基层博物馆展览提升与发展：浙江省博物馆学会2022年学术研讨会论文集》发表论文2篇。

【乡村博物馆建设】 2023年，萧山区浙东运河衙前展示馆、蔡东藩故居纪念馆、杨之华故居纪念馆等9家乡村博物馆被公布为省、市级乡村博物馆，其中，保密教育展陈馆、王华炎纪念馆、浙东运河衙前展示馆被公布为省级乡村博物馆。萧山抗战纪念馆入选浙江省三星级乡村博物馆。

【亚运系列专题活动】 2023年，萧山博物馆开展“虹YUN陶陶——青少年优秀陶艺作品征评”、萧博“6＋1”多彩研学行、萧博士陶瓷科普课程、陶艺创研班、陶艺体验班、“艺启趣江寺”美育课程等“亚运风采　文博添彩”主题教育活动262场。结合亚运主题，举办“加油！向未来——萧山运动文化展”“虹YUN陶陶——青少年优秀陶艺作品展”展览2场。线上开设以“迎亚运　品萧山”“礼赞亚运　情寄萧山”为主题亚运宣传专栏，分设涌潮篇、湘湖篇、革命篇、运河篇、古越篇、浙东唐诗之路6个栏目，推介萧山文旅资源。

2023年，萧山区跨湖桥遗址博物馆引进“竞出东方——中国古代体育文化特展”“玉耀长河——凌家滩文化展”等展览5个，举办配套讲座，完成网上展厅视频拍摄等工作。8月4日，由跨湖桥遗址博物馆、四川博物院联合主办，长江流域博物馆联盟、中国民族博物馆等18家文博单位协办的“竞出东方——中国古代体育文化特展”在跨湖桥遗址博物馆开展，展览体育文物103件（套）。

【萧山博物馆在国家二级博物馆运行评估获优秀等次】 2023年，中国博物馆协会开展第六次博物馆运行评估（2019—2021年），其中参评二级博物馆222家，39家参评二级博物馆评估结果为“优秀”。萧山博物馆在此次评估工作中获评“优秀”等次，是浙江省唯一一家区（县）级优秀单位。

【萧山区2件（套）文物获首届全省博物馆“百大镇馆之宝”称号】 2023年5月，浙江省文物局、浙江省博物馆学会举办首届全省博物馆“百大镇馆之宝”评选活动，共评选出金属器、玉石器、陶瓷器、书画等七大类100件（套）文物。萧山博物馆西晋越窑青瓷武士俑、仕女俑，跨湖桥遗址博物馆独木舟（“中华第一舟”）入选首届全省博物馆“百馆镇馆之宝”。

【跨湖桥遗址博物馆定级筹备】 2023年，跨湖桥遗址博物馆推进跨湖桥遗址发掘文物定级保护研究和一级博物馆评定工作。8月，博物馆文物鉴定室修复室改造工程竣工，文保修复设备采购完成。截至年末，完成遗址厅观光电梯加装和陈列厅恒温恒湿改造工程等项目，基础设施不断完善。

【跨湖桥遗址博物馆文物鉴定完成】 2023年3月，跨湖桥遗址博物馆873件（组）馆藏文物由浙江省文物鉴定委员会鉴定完成。其中，一级珍贵文物 19 件，二级珍贵文物 46 件，三级珍贵文物 139 件（组），一般文物 669 件。

【中国博物馆协会史前遗址博物馆专业委员会 2023 年年会在萧山召开】 2023 年 11 月 18 日，中国博物馆协会史前遗址博物馆专业委员会 2023 年年会在杭州市萧山区召开。本次会议由中国博物馆协会指导，中国博物馆协会史前遗址博物馆专业委员会主办，杭州市萧山跨湖桥遗址博物馆承办。来自 40 多家单位的 100 余名专家和代表参加会议。会议围绕新时代博物馆创新、发展、传承，探讨考古遗址公园建设、展览交流、研学活动、文创产品推介等内容。

【《勇立潮头：跨湖桥遗址博物馆“跨湖桥文化主题展”策展笔记》出版】 2023 年 11 月，跨湖桥遗址博物馆编撰出版《“勇立潮头——跨湖桥文化主题展’策展笔记》。“勇立潮头——跨湖桥文化主题展”是以史前跨湖桥考古学文化内涵为专题的基本陈列。本书以考古发掘为依据，以学术研究为基础，通过“弄潮儿向涛头立”“欲识潮头高几许”“浪打天门石壁开”“郡亭枕上看潮头”“长风破浪会有时”5 个段落的文学化递进表达，诠释对主题的立意、遗址博物馆的个性表达、遗址保护和展示的关系、学术成果可视化呈现及陈列设计施工过程中的亮点、难点等问题的思考和探索，为考古遗址博物馆策展提供借鉴。

【茅湾里印纹陶博物馆正式开馆】 2023 年 12 月 4 日，茅湾里印纹陶博物馆正式开馆。茅湾里印纹陶博物馆位于萧山区进化镇，是国内首家印纹硬陶专题展馆。馆内推出基本陈列“越陶·越美”，全面展示印纹硬陶的产生、发展、传播与影响。11 月，萧山博物馆与中国古陶瓷学会共建中国古陶瓷学会印纹陶和原始瓷研究中心，开展为期 5 年的萧山地区印纹陶和原始瓷的研究工作。

【祇园寺陈列布展完成并开放】 祇园寺位于萧山区城厢街道体育路 222 号，是萧山区历史最久的寺庙。2021 年 8 月，祇园寺开始新一轮修缮工程；2022 年 12 月，拆除祇园寺东南面老科委大楼，后对周边环境进行全面提升；2023 年 11 月，祇园寺陈列布展完成；2023 年 12 月 1 日，祇园寺正式对外开放。修缮完成的祇园寺是萧山博物馆的一个分馆，兼顾考古工作站的功能。祇园寺推出基本陈列“祇园塔影”和精品成果展“汉时余暨，问彼萧然——萧山溪头黄汉墓考古成果展”，助推浙东运河文化带建设。

（郑伟军　丁银柠）

茅湾里印纹陶博物馆　　（萧山博物馆　提供）

农村文化礼堂

【概况】 2023 年，萧山区新增区级三星级农村文化礼堂 63 家、市级四星级农村文化礼堂 9 家、省级五星级农村文化礼堂 9 家。11 月，戴村镇获评浙江省农村文化礼堂建设工作示范乡镇。12 月，戴村镇顾家溪村文化礼堂节目《纸曰》获浙江省农村文化礼堂“我们的村舞”暨第二届浙江乡村文化艺术节乡村舞蹈大赛舞台舞一等奖和最佳人气奖。

【文化服务】 2023 年，萧山区依托农村文化礼堂，举办“唱响萧然　喜迎亚运”村歌大赛、“奋进新时代　文艺进万家”迎亚运群众性文艺巡演等活动，举办“爱萧山　爱亚运”文化文艺、书画展演、趣味运动等迎亚运主题活动，全年举办群众性宣传教育活动 3000 余场，参与 50 余万人次。全年开展“村晚”“村歌”“村运会”及春节祈福迎新、重阳敬老、儿童开蒙、成人仪式等系列文化活动。

【农村文化礼堂机制完善】 2023 年，萧山区拨付财政专项资金 1600 多万元用于农村文化礼堂建设发展和基层宣传文化员日常工作经费。探索农村文化礼堂基层运行机制迭代升级，在戴村镇开展“文化管家 3.0”版本试点改革，实现文化管家驻村，培育一村一特色节目，打造专属文化 IP，开展文化能人“传帮带”，实现文化管家年轻化、专业化、专职化。

（靳登匀）

2023 年 6 月 15 日，“唱响萧然　喜迎亚运”萧山区首届村歌大赛总决赛在衙前镇杨汛村文化礼堂举行　　（唐柯　摄）

文化遗产保护

【概况】 2023年，萧山区有文物保护单位（点）211处，有大运河萧山段、跨湖桥遗址、茅湾里窑址全国重点文物保护单位3处，萧绍海塘等省级文物保护单位12处，市级文物保护单位62处，市级文物保护点134处，区一般不可移动文物381处。文物资源总量全省排名第15位，居杭州各区（县、市）第二。全区有非物质文化遗产名录项目140个，其中国家级4个、省级12个、市级18个、区级106个；非物质文化遗产代表性传承人172人，其中国家级3人、省级15人、市级14人、区级140人；非物质文化遗产基地90个，其中省级6个、市级12个、区级72个；非遗景区18个，其中省级2个、市级5个、区级11个。是年，萧山区成功创建为“钱塘江诗路（钱塘潮涌）浙江省首批文化传承生态保护区”，入围浙江省“非遗助力共同富裕”创建试点地区，浙江省非遗保护指数排名全省各区（县、市）第六。

【文物遗产保护利用】 2023年6月17日，萧山区政府办公室印发《杭州市萧山区全面加强新时代文物工作推进文化遗产保护利用实施意见》，加强萧山区新时代文物工作，部署打造萧山特色文化标识、提升文物安全防护能力、健全文物保护利用体系、实施文物遗产修缮利用、加强革命文物保护利用、夯实文物考古工作基础、建设区域博物馆群落、实施全民文物保护教育等工作任务。区文物局同区财政局、区住建局出台《萧山区文物遗产和历史建筑专项资金管理办法》《萧山区文物遗产和历史建筑专项资金补助实施细则》《萧山区乡村博物馆综合考核办法（试行）》等文件，规范和加强区文物保护资金使用管理，提高资金使用绩效，鼓励社会力量参与文物保护单位（点）、历史建筑、传统风貌建筑修缮。2023年，萧山区文物遗产和历史建筑修缮项目涵盖10个镇（街道），修缮项目19个，投资2621万元。

【考古工作】 2023年，萧山区开展建设、出让项目的考古调查工作361个，配合杭州市文物考古研究所完成考古勘探项目46个，勘探面积204万平方米，考古前置率100%。区内进行考古发掘项目9个，完成考古发掘项目5个，发掘面积8625平方米，出土文物2350件。其中，义桥昇光遗址为马桥文化延续至明清时期遗址，沈家里遗址发现良渚文化时期石器加工场遗迹等。

【萧山区“文化和自然遗产日”主题活动暨浙东运河衙前展示馆开馆】 2023年6月8日，萧山区“文化和自然遗产日”主题活动暨浙东运河衙前展示馆开馆仪式在衙前镇举行。相关部门领导、浙东运河沿线相关镇（街道）代表、乡村博物馆代表和各界人士出席活动。活动现场，与会领导为衙前农民运动纪念馆、衙前农小旧址纪念馆、所前蔡东藩故居纪念馆等9家萧山区第二批市级乡村博物馆授牌，表彰社会力量参与文化遗产保护利用先进个人，成立浙东运河镇级联盟。

【“汤寿潜与近代中国”学术研讨会在萧山举行】 2023年12月9—10日，萧山区文化和广电旅游体育局（文物局）、浙江大学历史学院和《近代史学刊》主办，政协萧山区文史和教文卫体委员会、萧山区档案馆、萧山区进化镇人民政府和杭州市萧山区博物馆联合承办的“汤寿潜与近代中国”学术研讨会在萧山区举行。有中国社会科学院、南开大学、南京大学、复旦大学、湖南大学、山东大学、西北大学、武汉大学、浙江省社会科学院、浙江大学等40余所高校及机构的70余名专家学者参加。

【萧山区新增3处省级文物保护单位】 2023年6月，浙江省人民政府印发《关于公布第八批省级文物保护单位的通知》，公布第八批省级文物保护单位121处。萧山区朱凤标故居、娄家墙门、汤寿潜故居名列其中。朱凤标故居位于萧山区新塘街道朱家坛村，占地面积3254平方米，分东、西两院，由故居、万寿庵、万寿桥、船道及石拱桥等组成。2014年和2021年，新塘街道整体修缮西院、东院。2022年，西院辟为朱凤标故居纪念馆。朱凤标（1800—1873），历任工、刑、户、兵、吏五部尚书，拜体仁阁大学士，时称“萧山相国”。第二次鸦片战争期间，他多次上奏，主张抗击英军。娄家墙门位于所前镇金山村娄家湾自然村南，占地面积约2337平方米，坐北朝南，由东、中、西3个主院落，北侧1座附房、2个三合院，1个西花园组成。始建于民国9年（1920），户主娄生泉在临浦开设元丰粮行，故称“娄元丰”，俗称“九十九间半”。2017年，所前镇人民政府对其整体修缮。汤寿潜故居位于进化镇大汤坞新村大汤坞自然村中部，由祖宅和新宅两部分组成。祖宅占地面积102平方米，建筑面积186平方米。新宅占地面积约660平方米，建筑面积约1179平方米。2017年，进化镇政府对新宅整体修缮。2018年，进化镇对新宅陈列布展，开放为汤寿潜故居陈列馆。2020年，进化镇对祖宅整体修缮。2022年，汤寿潜故居陈列馆被公布为省级乡村博物馆。汤寿潜（1856—1917），历任全浙铁路总理、浙江都督、中华民国临时政府交通总长（未到任）等职，是晚清立宪派领袖，清末民国初实业家和政治家。

【新增省级、市级非遗代表性项目及传承人】 2023年，萧山区新增丝绸画缋、传统线装书印制技艺、越窑青瓷烧制技艺（萧山）省级项目3个，23名传承人入围第六批市级非遗代表性传承人公示名单。配合各级评估和探索区级评估评价制度体系，开展国家级代表性传承人评估、省级非遗代表性传承人实地复评等工作，完成2022年度萧山区项目和传承人评估工作。

表42　2023年萧山区国家级、省级、市级非物质文化遗产一览表

等级	名　　称	等级	名　　称
国家级	十番音乐（楼塔细十番）	国家级	元宵节（河上龙灯胜会）
	翻九楼		花边制作技艺（萧山花边制作技艺）

续表 42

等级	名　　称	等级	名　　称
省级	南宋官窑瓷制作技艺	市级	瓷印制作工艺
	钱塘江板盐制作技艺		浦阳江中元水灯节
	萧山萝卜干制作技艺		龙舟竞渡（新塘龙舟）
	传统造纸技艺（顾家溪手工造纸技艺）		徐同泰土法制酱技艺
	钱江观潮		石雕（河上西山红石雕）
	七夕习俗（坎山七夕祭星乞巧）		蔬菜腌制技艺（霉干菜制作技艺）
	绍兴莲花落		剪纸（昭东剪纸）
	茶亭伤科		锔瓷技艺
	绍剧		党山雷公庙会
	丝绸画缋		葫芦范制技艺
	越窑青瓷烧制技艺（萧山）		三月三西施庙会
	传统线装书印制技艺		老大昌酱品制作技艺
市级	西施传说		三清茶炒制技艺
	箍桶草舍搭建技艺		章氏中医眼科诊疗法
	金雕银刻技艺		张夏祭

（资料来源：区文旅局）

【非遗传承阵地建设】 2023 年，萧山区推进非遗传承特色载体建设，形成立体式非遗传承体验设施体系。楼塔细十番体验基地入选浙江省首批省级非遗体验基地（创建）名单。新创“萧山萝卜干”“老大昌酱品”省级非遗工坊 2 个，“传统线装书印制”“三清茶”“萧山花边”“金银首饰失蜡技艺”市级非遗工坊 4 个，“钱塘潮涌”市级传统工艺工作站 1 个，萧山花边非遗生活馆、钱塘潮涌文化展示馆 2 个非遗专题馆，以及区级非遗工坊 8 个、区级非遗基地 25 个、区级非遗特色酒店 3 个。

2023 年 11 月 21 日，杭州市级非遗代表性传承人陆一飞为闻堰小学学生讲授非遗粉塑课程　（唐柯　摄）

【非遗发展赋能】 2023 年，萧山区非遗助力共同富裕、乡村振兴和文旅融合，全区非遗工坊月均销售额 5.31 亿元，就业岗位 4524 个，非遗工坊年销售额超 60 亿元，被列入浙江省“非遗助力共同富裕”试点地区。1 月，萧山区入选浙江省戏曲之乡名单；8 月，萧山非遗快闪助力杭州文旅“人间天堂·最忆杭州”地铁专列；10 月，叶国珍、戴剑瑀入选首届省乡村工匠名师，其工作室入选省乡村工匠名师工作室；11 月，萧山花边制作技艺等 4 项非遗亮相“人间天堂·最忆杭州”文化旅游推广活动；12 月，“钱塘潮涌”非遗市集获“2023 杭州·浙西旅游文旅亚运优质服务项目”称号。

【非遗品牌活动】 2023年，萧山区探索非遗活态传承路径，开展品牌活动169场。“非遗进校园”活动覆盖全区中小幼学校69所，总授课276课时，覆盖率70%。全年开展“你点我送”非遗进社区活动12次，在盈丰街道等处开展萧山区“非遗在社区”试点工作，围绕葫芦范制技艺等在地非遗项目在社区建立传承人工作室，定期开展非遗活动；举办“非遗保护萧山论坛”“萧山非遗新春七天乐”“潮趣非遗岁时节令体验乐”“萧山区非遗文创设计大赛”等非遗品牌活动；加强民俗类非遗项目分类保护，培育河上龙灯胜会、坎山七夕祭星乞巧、新塘龙舟等民俗非遗活动品牌。

【非遗成果奖项】 2023年，萧山区非遗保护工作取得多项理论和实践创新成果。2月，绍剧《秋之白华》获第十五届浙江省戏剧节“兰花奖·新剧目大奖”；3月，《潮起钱塘——葫芦范制香器》获“浙派好礼”文创产品评选大赛观赏装饰类产品金奖，《2022萧山非遗年鉴》编纂印制完成；8月，萧山区绍剧折子戏《劈山救母》在2023年第二十七届中国少儿戏曲小梅花荟萃活动中被授予“小梅花集体节目”称号；8—10月，《南宋印象—瓷画丹青》作品获“韵味杭州·游礼相伴”2023杭州伴手礼创意设计大赛“最受市场欢迎的宋韵杭式伴手礼”，老大昌老缸酱油伴手礼获“浙派好礼”特色旅游商品评选活动金奖，《潮起钱塘》葫芦范制香薰作品获第十五届中国江北水城·两河明珠（聊城）葫芦文化艺术节葫芦文创产品大赛文化创意类金奖；11月，与中国美术学院手工艺术学院合作出版《手艺——萧山非遗：在感官记忆里重生》，完成《萧山花边》第五批国遗丛书初稿，开展萧山花边横向课题研究，编写《萧山花边纹样集》。

【非遗宣传推广】 2023年，萧山区非物质文化遗产获国家级报道25次、省级报道49次，曝光量1216.8万次。3月，萧山花边制作技艺、丝绸画缋亮相CCTV-10《探索·发现》栏目《匠人·匠心》节目；7月，萧山花边制作技艺、南宋官窑瓷制作技艺、丝绸画缋亮相第十五届浙江·中国非物质文化遗产博览会；9月，《宋韵蹴鞠》《力量》等4个非遗元素表演类节目亮相亚运会及亚残运会开（闭）幕式暖场舞台。杭州亚（残）运会期间，全区举办非遗活动129场次，线下覆盖20余万人次，线上浏览超1000万人次。

（金怡炎　孟佳恩　缪　鼎）

社会科学

【概况】 2023年，萧山区社会科学界联合会（简称“萧山区社科联”）下属群团10个，各级社科普及基地92个，其中省级6个、市级14个、区级92个，有区级人才库人员156人。是年，区社科联开展社会科学宣讲、社会科学普及等工作，围绕习近平新时代中国特色社会主义思想、宋韵文化、服务亚运等主题开展课题研究，获评全国社科组织先进单位。

【社科课题研究】 2023年，萧山区社科联开展重点委托课题招标和常规课题申报工作。围绕“民营经济”主题，完成《萧山区助推民营经济高质量发展的对策研究》重点研究课题；面向社会征集区级常规课题111个，确定立项课题38个，评选优秀课题6个、良好课题10个、合格课题19个。完成市社科规划课题《国内一流临空经济示范区建设经验及对杭州的启示》，获市委领导肯定性批示；与萧山党校合作撰写领导参阅《办好一个会　提升一座城——放大亚运提振效应策略研究》，获区委主要领导批示。

【社科普及基地建设】 2023年4月，萧山区社科联印发《杭州市萧山区哲学社会科学星级普及基地管理办法》及《杭州市萧山区哲学社会科学星级普及基地补助资金管理办法（试行）》，建立萧山区社科星级普及基地评价体系。8月，评选出未来警校、钱塘江诗词展示馆等萧山区社科普及基地17家。12月，萧山区博物馆被评为浙江省级社会科学普及基地，跨湖桥遗址博物馆等10家社科基地被评为浙江省优秀传统文化普及基地联盟成员单位。

【社科普及活动】 2023年5月，萧山区开展社会科学普及周活动，举办讲座宣讲、研学活动、展览展出、惠民服务四大类别重点社科周活动50项。4月，举办“我们的价值观”主题词——“感恩”暨“中国式现代化城市范例与感恩教育普惠发展”理论研讨会。6月，开展“我们的价值观”主题词——“友善”暨“千万工程与乡村善治”理论研讨会。8月，举办《重返蜀山：知章文化与现代文明》专题研讨会。12月，举办全国性社科普及活动——毛奇龄诞辰400周年学术研讨会。全年，开展“社科走亲”活动10场，镇（街道）覆盖率90%以上；开展社科普及类活动394场，参与100万人次以上。

（王美瑶）

方志文化

【概况】 2023年，萧山区人民政府地方志办公室深度挖掘、打磨文化传承点，凝练萧山文化自信。推进来新夏书院（来新夏方志馆）建设，7月16日，来新夏书院（来新夏方志馆）试开馆。组织专家参与《南阳街道志》《楼塔镇志》纲目评审，《新街街道志》《赭山坞里志》《大桥村志》《三泉王村志》初稿评审。《萧山年鉴（2022）》获评第九届全国地方志优秀成果（年鉴类）县级综合年鉴一等年鉴，《萧山年鉴（2023）》正式发行。汪志华获评杭州市志鉴专家。

【镇（街道）、村（社区）志编纂】 2023年，萧山区有序推进镇（街道）、村（社区）志编修。4月，举办萧山区镇（街道）志书编修培训会。9月，印发《杭州市萧山区地方志编纂委员会印发关于做好新时代镇（街道）、村（社区）志和镇（街道）年鉴编纂工作的通知》，推动志书编纂覆盖。截至年末，益农、新街、义桥、河上、南阳、楼塔、进化7个镇（街道）启动镇（街道）志编纂；大桥、三泉王、赭山坞里、民丰河、民丰、昇广6个村（社区）启动村（社区）志编纂。《新街街道志》入选杭州市乡镇（街道）、村（社区）精品志书。《湘南村志》于5月内部印刷；《荣星村志》于7月由中国文化出版社出版。

【方志数字化】 2023年，“萧山史志”微信公众号开设“解读萧山”“话说萧山”“人物春秋”等专栏，以更便捷亲民的方式传播地方志文化。持续推进史志书籍数字化，《萧山丛书》第五辑在微信小程序“萧山丛书”上线；推进《萧山年鉴（2022）》《萧山年鉴（2023）》数字化，在微信小程序“掌上年鉴”上线。全年，方志数字化文字量近900万字，实现全文阅读、检索、复制、粘贴等功能。

【区历史学会2022年年会论文评奖】 2023年4月13日，萧山区历史学会2022年年会召开。经评审组专家评议，陈志根的《毛奇龄与阎若璩的情感演化及原因探究》获一等奖；陈志富的《钱塘江弄潮溯源》、吴焕根的《长山顶上的不老苍松——纪念徐梅坤同志诞辰130周年》获二等奖；钟妙明的《长巷沈氏宗祠碑刻浅析》、李维松的《民国富家墩村志的特色及其对新时期编修村志的启迪》、周加秋的《魏骥与湘湖水利——纪念魏骥诞辰650周年》、熊张林的《毛奇龄〈罢修三江闸议〉刍议》、王鸣的《陶行知与湘湖师范》获三等奖。

【《萧山市志（第六册）·口述历史》出版】 2023年4月，《萧山市志（第六册）·口述历史》由浙江人民出版社出版。区委党研室（区志办）建立专门的口述历史采集团队，对100多名萧山籍或在萧的典型人物进行大规模口述历史采集工作。采访工作始于2010年3月10日，结束于2011年11月22日，历时20个月。《萧山市志（第六册）·口述历史》收录口述历史访谈录88篇。全书依口述人姓氏音序排序，正文分口述人简介、口述采访稿两部分。采访采用一问一答形式，内容多涉及与口述本人工作相关的萧山往事、个人经历或萧山特定事件、专题等。

【来新夏书院（来新夏方志馆）试开馆】 2023年7月16日，来新夏书院（来新夏方志馆）试开馆。来新夏书院（来新夏方志馆）位于湘湖越界，由原压江寺公园的来新夏方志馆（吴越方志馆）改造提升而成，是全国首家以名人命名的方志馆。书

2023年9月7日，区委党研室（区志办）与区科协在来新夏书院举办“学习站风采 亚运添精彩”2023年“学习强国”知识竞赛活动 （来新夏书院 提供）

2023年12月2日，毛奇龄诞辰400周年学术研讨会召开 ［区委党研室（区志办） 提供］

院以“读书是福”为办院宗旨，集藏书、读书、讲学、交流、展览等于一体。截至年末，来新夏书院承办、举办讲座、沙龙、展览、亲子共读等各类活动50余场，参观3万余人次。

【毛奇龄诞辰400周年学术研讨活动】 2023年12月1—3日，由杭州市委党研室（市志办）、杭州市社科联主办，萧山区社科联、区委党研室（区志办）、城厢街道办承办的毛奇龄诞辰400周年学术研讨活动在萧山区召开。来自全国各地的30余位毛奇龄文化研究领域专家学者在会上研讨毛奇龄学术思想及其时代价值。

【《萧山年鉴（2022）》获评县级综合年鉴一等年鉴】 2023年12月29日，中国地方志工作办公室发布《关于对第九届全国地方志优秀成果（年鉴类）的通报表扬》。《萧山年鉴（2022）》获评县级综合年鉴一等年鉴。

【《萧山年鉴（2023）》发行】 2023年12月29日，《萧山年鉴（2023）》正式发行。《萧山年鉴（2023）》是萧山区连续出版的第38部《萧山年鉴》，全书120万字，采用分类编辑法。全书类目设置如下：特载、年度聚焦、大事记、区情概览、中国共产党杭州市萧山区委员会、杭州市萧山区人民代表大会、杭州市萧山区人民政府、中国人民政治协商会议杭州市萧山区委员会、中国共产党杭州市萧山区纪律检查委员会、杭州市萧山区监察委员会、民主党派·工商联、群众团体、法治、军事、数字化改革、经济管理、开放型经济、农业、工业、商贸服务业、对口支援与区域合作、交通、邮政·通信、建筑业·房地产业、金融业、城市建设与管理、乡村振兴、应急管理、生态环境、教育、科技、文化·旅游、卫生健康、体育、人力资源管理、社会生活、街道和镇（场）、人物·荣誉、统计资料、调研报告选编、附录、萧山故事。设置图片专题：经济发展、城市风貌、亚运会倒计时、交通建设、现代社区建设。

（陆宏琨）

湘湖研究

【概况】 2023年，杭州湘湖（白马湖）研究院出版《湘湖通史》《湘湖望族》《宋元湘湖轶事》3册，其中《湘湖通史》入选浙江省委宣传部12月“浙版好书榜”。至2023年底，出版湘湖全书52册。

【湘湖课题研究】 2023年，杭州湘湖（白马湖）研究院撰写《贺知章文旅IP塑造与推广的对策建议》课题报告，从塑造形象、讲好故事、借力推广三个方面提出建议以资政；开展《典籍中的湘湖文化及利用转化对策研究》，从总体规划、艺术展现、数字管理、产业发展、广泛宣传、精神提炼等角度赋能湘湖文化的利用转化；提交政协社情民意《关于推进越王城遗址保护与提升的建议》，从深度挖掘、保护建设、文旅赋能等角度提出建议。

【湘湖文化转化】 2023年，杭州湘湖（白马湖）研究院编纂出版首个湘湖绘本《大越春秋——湘湖越王城的故事》，研究绘制首份文化地图《湘湖文化地图》。4月17日，与横山湘湖书院联合主办“文化名人走湘湖”活动。6月10日，与杭州市委党校城市文化软实力研究中心联合举办“西湘记”文化专题研讨会。10月，协助第十五届“文化中国讲坛”举办浙江省油画院“湘湖初照”开院展览。

【湘湖文化传播】 2023年，杭州湘湖（白马湖）研究院开展“童观·走读湘湖”研学活动，每月一个主题，从历史、文化、自然、科学等方面进行研究和实践；联合团区委、教育局、少工委，共同推出暑期“湘湖小小研究员”特别活动，全区1.7万名少先队队员参加活动，并于12月12日举行萧山区“湘湖小小研究员”展示活动暨“湘湖少年研究院”启动仪式；整理创作“湘湖十大人文故事”；通过调研、大众评选、专家初评等开展“新湘湖八景”评选与命名工作。9月15日，举办“致敬二十载·湘湖摄影图片特展”，记录湘湖保护与开发二十载的历史流变。

2023年7月14日，湘湖智库成立仪式在世界旅游博览馆举行。图为湘湖智库专家聘任仪式［湘湖（白马湖）研究院提供］

【湘湖智库成立】 2023年7月，由萧山区委、区政府主办，湘湖国家旅游度假区管理委员会、杭州湘湖（白马湖）研究院承办的杭州湘湖智库成立。湘湖智库设立秘书处和相关课题组，开展战略、水利、交通、产业、人文历史、自然美学、品牌开发、影响力等内容研究。截至年末，有专家智库成员20位。

【《湘湖通史》入选“浙版好书榜”】 2023年12月，浙江省委宣传部公布12月“浙版好书榜”，入选图书18种，其中人文社科类8种、文学艺术类8种、少儿科普类2种。《湘湖通史》入选人文社科类好书。《湘湖通史》由钱杭著，浙江人民出版社出版，为杭州湘湖（白马湖）研究院最新研究成果，全书由15章构成，分上、下两册，概览勾画湘湖地质时期、自然形态、水库形态，及由水库传统功能转型为现代旅游休闲型等湘湖发展的不同阶段。

（许国芳）

档案

【概况】 2023年，萧山区档案馆馆藏档案222个全宗，120万卷（件）。办结群众查档1.08万人次，查阅档案1.56万卷（件），出具档案证明9273件；全年接待团队、个人参观2万余人次。是年，区档案馆完成27家单位的档案接收进馆工作和馆藏180万页档案的质检整改。

【档案接收】 2023年，萧山区档案馆接收纸质档案1676卷、12.5万件。此外，按要求开展人民银行萧山支行档案接收，接收文书档案371卷1.02万件，支付结算、贷款卡等业务档案1.02万件（册），会计档案9531件（册），照片档案273张、实物28件。是年，区档案馆做好“7＋1”赛事场馆的亚运档案工作，建立“提前介入＋上门服务”亚运档案工作模式，实现档案工作与赛事工作同部署、同安排、同推进，接收亚运档案4.2万余件。

【档案征集】 2023年，萧山区档案馆征集沈云来、厉九孚、夏学勇等捐赠抗美援朝军大衣、纪念章、喜报等红色档案25件。征集湘湖师范校友手稿信札、荣誉证书、书法作品等资料206件。征集金国荣、黄兴成等南宋官窑作品8件。征集《萧山新坝倪氏宗谱》《萧山周氏宗谱》等家谱16部146册，地方文献517册。

【档案查阅利用服务】 2023年，萧山区档案馆围绕个人全生命周期，更新或完善20余个涉及民生档案数据库，实现民生档案数据“一屏查阅”，深化民生事项“就近办”工作，将涉民档案查阅下沉至村（社区）党群服务中心，实现市民档案查询利用服务“不出村”。开通“机关查档直通车”，实现民生档案自主查阅，区档案馆与进馆单位互查协查，已提供民生档案47万余件，与进馆单位共享档案2万余件。

【档案信息化建设】 2023年，萧山区档案馆完成“萧山区数字档案智慧服务系统”建设，在全市各区（县、市）率先贯通区、镇、村三级全域档案数字体系，实现档案重大任务“一键智达”，档案行政业务“一体协同”，档案工作指数“一屏掌控”，95%档案核心业务在线运行。至年底，系统汇聚管理区内各单位数据950万条。是年，区档案馆完成省档案数据资源归集共享提质扩面工作，向浙江省档案馆数据共享中心汇集婚姻、山林延包等档案67.92万件。

【档案安全管理】 2023年，萧山区档案馆开展档案安全管理工作，确保档案信息安全和实体安全。8月10日，采用“浙政钉”视频会议形式对全区档案员开展信息安全培训。8月22日，在馆内开展针对网络突然中断的信息安全应急演练，确保档案信息安全。推进区级机关、镇（街道）、村（社区）、学校等企事业单位档案数据灾备工作，接收112家单位数据灾备，容量3.826TB。完成馆藏重要档案数据异地备份10TB。

【档案编研成果】 2023年，在省、市2022—2023年度档案编研成果评选中，萧山区档案馆选送的《湘湖记忆——萧山人与母亲湖的情缘》（视频）获省二等奖、市一等奖，《永兴菁华——萧山历史建筑保护利用优秀案例汇编》获省三等奖、市二等奖，《萧山家谱资料选编·传记卷》获市三等奖。12月，与区政协文史委联合编著出版《萧山历代登科录》。

【档案文化展示】 2023年，萧山区档案馆举办专题展览13次。2月，举办“喜迎亚运会　档案颂辉煌”萧山农民画展；3月，举办“杭聚亚运　巾帼绘春”——浙江（萧山）首届全国农民画邀请展；4月，举办“斯文一脉”萧山地方文献展；5月，举办“见证萧山20年——丁力新闻摄影展”“活力亚运——剪纸艺术作品展”；6月，协办“加油！向未来——萧山运动文化展”、举办“迎亚运——赵大安师生中国画作品展”；7月，举办“迎亚运·展宋韵——南宋官窑传承与创新展”；8月，举办“晓晚吟歌——湘湖师范校友手稿信札展”；9月，举办“迎亚运·中国风”中国油画展、“千米长卷迎亚运——浙江七地市农民书画作品展”；10月，举办“清风和韵——萧山古代廉政人物展”；12月，举办“纪念毛主席诞辰130周年剪纸作品展”。8月，配合中央电视台、萧山区委宣传部拍摄制作的《匠人匠心·萧山非遗纪录片》在央视科教频道《探索·发现》栏目播出。是年，举办《档案与纪实文学写作》《档案里的汤寿潜》《春梦留痕：档案文献与汪辉祖研究》《在美的路上快乐践行》等“萧然兰台”讲座4期，与河上抗战历史研究会举办前哨讲坛2期。

（徐嘉露）

2023年2月15日，“喜迎亚运会　档案颂辉煌”萧山农民画展在区档案馆开展　（范方斌　摄）

媒体

【概况】 2023年，萧山区融媒体中心在职员工463人，其中事业人员111人、企业人员323人；专业技术人员238人，其中中级职称79人、高级职称23人。全年推出新闻报道和原创作品2.22万篇（件）；在中央电视台播出391条（次），在中央人民广播电台播出104条；在浙江卫视播出667条（次），在浙江之声播出311条；在“学习强国”学习平台发出稿件3737条（次）。全年发行《萧山日报》6.6万份，出版310期，2400个版面，全年发行收入2413万元。新挂牌融媒体分中心7家，全区镇（街道、场）、平台、部门分中心总数42家。开展安全播出演练5次，完成杭州亚运会、杭州亚残运会等重保期安全播出任务，连续35个月零事故、零差错。全年经营收入约1.2亿元，其中广告收入8070.4万元，其他收入约4000万元。获2023年度浙江省广播电视节目奖一等奖1件；获2023年度浙江省新闻奖二等奖2件、三等奖2件，杭州市新闻奖一等奖1件；短视频《冲吧！王李超》获“学习强国”全国优秀作品、杭州亚（残）运会宣传报道优秀作品一等奖；《杭州亚运会萧山启示录》系列述评获杭州亚（残）运会宣传报道优秀作品二等奖。

【媒体融合发展】 2023年8月8日，萧山区政府与杭报集团签署战略合作协议。协议明确，由萧山区融媒体中心出资组建杭州萧山文化传媒集团有限公司；杭报集团保留《萧山日报》刊号，授权萧山区融媒体中心单独使用；对萧山网进行收购和重组，划转为萧山文化传媒集团下属子公司。8月28日，萧山日报社118名干部、职工入驻萧山区融媒体中心。9月1日，《萧山日报》恢复为区委机关报对外发行，萧山网经改版上线。萧山本土主流媒体平台纳入萧山区融媒体中心运营，“报台屏网微端”六位一体的全媒体传播体系成型，为全省90家县级融媒体中心建设画上句号。报台融合后，萧山区融媒体中心整合媒体资源，构建萧山人民广播电台、萧山电视台、《萧山日报》、萧山网、萧山发布、“学习强国”学习平台供稿中心六大传播平台，推进各平台提质升级，《一体发展　融合双飞——萧山区融媒体中心传播平台提档升级》项目获2023年度浙江省县级融媒体优秀创新案例一等奖。

【产业发展】 2023年9月16日，萧山区融媒体中心出资组建的杭州萧山文化传媒集团有限公司挂牌成立。文化传媒集团注册资本2000万元，与萧山区融媒体中心实行“一套班子、两块牌子”，赵青出任董事长，郑杰夫出任总经理。文化传媒集团下设子公司4家，其中全资子公司3家，为萧山传媒有限公司、萧山九天传媒有限公司、萧山网络传媒有限公司；合资子公司1家，为萧山融媒发展有限公司，由文化传媒集团与杭报集团旗下浙江华媒控股股份有限公司出资组建，双方股份比例各50%，由萧山实体经营。集团稳固传统营收业务，布局教育培训、文化旅游、文创会展等产业赛道。9—12月，集团实现经营创收5225万元。

【《萧山日报》改版】 2023年9月1日，《萧山日报》改版，以中共杭州市萧山区委机关报身份与读者见面。调整报头，新增“中共杭州市萧山区委机关报”，萧山区融媒体中心标识及口号，“萧山发布”App、微信公众号二维码等元素；恢复报眼，登载重要稿件、启事、广告等；恢复镇（街道）、民生、经济等新闻版面；新增《萧山记忆》专版；单设《湘湖周末》副刊；新增文化系列版面。改版后，《萧山日报》围绕“区域党报、品质萧报”定位，突出“逆速读、慢阅读”特色，推出“攻坚三季度　决胜全年红”“亚运”“一镇一品”“萧山记忆”“边界行”等专题专栏。

【亚运宣传】 2023年，杭州亚运会、亚残运会举办期间，萧山区融媒体中心发挥东道主媒体优势，派出记者2018人次，借力亚运热度，讲好萧山故事。全媒体平台发布亚运报道4000余条（次），在中央广播电视总台、中国之声、浙江卫视、浙江之声等平台发稿400余条（次），全网浏览量超1.8亿人次。其中，在中央电视台播发新闻66条（次），全国《新闻联播》播出9条。在《东方时空》播出时空特约稿3条，对萧滨一体化战略重要项目和临浦横一村、图灵小镇等文化旅游项目全面报道和深度解读。央视频“美丽中国说”2023国庆直播特别节目《可爱的国　美丽的家》走进萧山区融媒体中心演播室，浏览量超1100万次。与“学习强国”全国学习平台联合出品《亚运绿色风》《亚运智能范》《亚运人文美》等作品，宣扬杭州亚运会“绿色、智能、节俭、文明”办赛理念，系列视频点击量破1000万人次，受到省委宣传部、杭州亚组委肯定。亚运火炬杭州站传递期间，萧山区融媒体中心负责全线氛围策划和引导工作，全程直播火炬传递，全平台在线观看超100万人次。

【重大主题报道】 2023年，萧山区融媒体中心围绕区委“坚决打好经济翻身仗，全力保障亚运攻坚仗，加快走好共同富裕路”三件大事决策部署、“八八战略”二十周年、新时代“西湘记”等主题，推出《提振精气神　奋勇争一流》《全力拼经济　冲刺百千万》《爱萧山·爱亚运》《“八八战略”萧山回响》《唱好西湘记　缔结姊妹湖》等主题报道，全年发布主题报道4800余条（次），向中央、省、市媒体发稿1760余条（次），全网阅读量超2.1亿人次。7月13日，萧山区委宣传部联合萧山区融媒体中心开展“八八战略·萧山回响”2023年全国主流媒体萧山行活动，邀请新华社、中央广播电视总台、央广网、《光明日报》、《中国日报》、中新社等30余家中央、省、市级主流媒体到萧山采访，走访湘湖未来社区、恒逸研究院、杭州世纪中心、中国数字音乐基地、无忧传媒、浙江讯飞智能科技有限公司，感受萧山二十年发展变迁，主流媒体发稿27篇，浏览量超100万人次。11月起，萧山区融媒体中心推出《“千万工程”蹲点行动——我们的村》系列报道13期，以记者对话形式，透过村民视角看“千万工程”在萧山20年落地生根的共富美景，全网浏览量超50万人次。

【对外宣传】 2023年，中央、省、市媒体（含新媒体）全年刊发涉萧报道8100余条（次），其中，中央电视台《新闻联播》及《人民日报》《新华每日电讯》头版刊播56条（次）。萧山区融媒体中心采制的新闻被中央电视台录用391条（次），平均每天一条（次）涉萧新闻登陆央视；在浙江卫视发稿667条（次），在全省县级媒体中列第二位；学习浙江之声发稿311条（次），列全省第三位；在“学习强国”杭州平台发稿2494篇、浙江平台819篇、全国平台424篇，其中“学习强国”全国学习平台首页推荐61条（次）。2月，萧山区融媒体中心联动央视CGTN西班牙语频道开展“亚运年遇见杭州”走进外贸企业、楼塔古镇、进化欢潭直播活动，视频在中央广播电视总台CGTN、玻利维亚官方电视台及央视海外新媒体平台播出，覆盖国家40余个，获西班牙、巴西、哥伦比亚、秘鲁等多国网友评论互动，海内外浏览量2103万人次。亚运前夕，萧山区融媒体中心联合央视频摄制《国风遇见亚运》系列短视频，在央视频新媒体矩阵、CGTN新闻等海内外平台发布，全网浏览量1.9亿人次。

【新媒体阵地建设】 至2023年年底，萧山区融媒体中心下设萧山发布、萧山广播电视台、《萧山日报》、萧山网四大新媒体矩阵，平台、账号16个，粉丝数310万人。其中，萧山发布客户端、微信公众号用户数分别为31.5万人和39.6万人，萧山发布抖音号粉丝数超29万人，全年发布信息4.59万篇、视频2435条，直播活动179场，日均活跃用户超1万人；萧山广播电视台新媒体矩阵全年发布信息2787篇、视频218条；《萧山日报》新媒体矩阵全年发布信息1.46万篇、视频420条；萧山网新媒体矩阵全年发布信息6.3万篇、视频210条。8月，萧山区融媒体中心在全省媒体融合指数榜单中排名第三；9—11月，客户端融合指数连续三个月排名全省第一。3月29日，由萧山区融媒体中心技术研发团队主导开发的“萧山发布”客户端6.0版上线，推出萧友圈、超话、大转盘、翻卡牌、积分商城等运营产品，全年举办线上活动200余场（次），“萧山发布”全媒体融合信息服务平台入选“2023年度萧山区先进操作法”榜单。

（王丁旻）

文化市场管理

【概况】 2023年，萧山区文化市场行政执法队结合日常巡查、“双随机”抽查和各部门单位联合检查，全面检查和现场指导辖区文化旅游市场。全年出动执法人员1.2万人次，检查5991家次。行政处罚立案调查99件，办结案件102件，其中重大案件1件，公开案件1件，警告19家次，罚款32家次，罚款371.05万元，没收非法所得3.53万元，没收违法物品1.35万个，重移交10家次；下发“双随机”任务76个，联合“双随机”38次；从浙江省权力事项库文广部门中领取事项541项，其中行政检查事项249项、行政处罚289项、行政强制3项；落实文化市场“双随机、一公开”抽查工作，浙江省“互联网+监管”平台开展双随机抽查总户次占检查总户次超30%，每个月不少于4次，全年不少于48次（含跨部门随机抽查），打击违法违规经营行为，清除遏制风险隐患。

【“护苗”行动】 2023年，萧山区开展“扫黄打非·护苗2023”专项行动，以校园周边文化市场为抓手，利用宣传手册、“萧山文旅”公众号、边执法边普法等形式，向群众宣传《中华人民共和国未成年人保护法》等法律规范，向校园周边商户经营者和居民宣传“扫黄打非”知识，全年发放法条法规及宣传册1200余册，发放“绿书签”、张贴“护苗2023”主题宣传海报1000余份。

【“护航亚运”专项检查】 2023年，杭州市公安局萧山区分局、区市场监督管理局、属地镇（街道）等部门多次联合组成“护航亚运”专项检查组，检查辖区文化市场，重点检查书店、音像销售店及打字复印店书籍、音像制品及印刷品，杜绝、抵制非法出版物和盗版出版物流入市场；按照“净网2023”专项行动要求，加强对互联网出版物销售、互联网视听、互联网游戏和微博、微信、App、公众号、网络文化企业（网络游戏企业）等网络市场巡查，对1家未经授权擅自出售北京冬奥会吉祥物的场所进行立案调查；开展全区KTV曲库专项清理工作，对全区73家歌舞娱乐场所开展“违禁曲目”检查。

（蒋一涵）

旅游

【概况】 2023年，萧山区接待过夜游客1547.51万人次，比上年增长41.4%；文旅市场主体增长24.8%；旅游总收入为189.4亿元，增长35.3%。全区被列入省文化和旅游项目投资平台项目5个，当年重点项目投资56亿元。有国家A级旅游景区11个，其中国家AAAA级旅游景区5个。建成省级景区镇9个，省A级及以上景区村庄180个，临浦镇横一村创建为省金AAA级景区村庄。

【文旅融合和全域旅游发展】 2023年，萧山区编制印发《萧山区旅游业高质量发展三年行动计划（2023—2025）》《萧山区文旅深度融合工程实施方案（2023—2027）》，修订出台《萧山区加快推进文旅融合和全域旅游发展专项扶持政策实施细则》，科学规划布局萧山全域旅游发展、产业升级。区财政安排文旅融合和全域旅游发展专项扶持资金，扶持社会力量参与重大文旅项目建设，鼓励举办体育赛事，支持文旅产业素质和服务品质提升、文旅数字化、非遗传承利用和旅游市场拓展等。通过全域旅游示范区复评。浦阳镇、临浦镇建成省AAAA级景区镇，益农镇建成省AAA级景区镇。临浦镇横一村创建为省金AAA级景区村庄，戴村镇张家弄村、河上镇溪头村、楼塔镇大黄岭村等13个村创建为省AAA级景区村庄，全区创建A级及以上景区村庄50个。湘湖跨湖桥景区、杭州长乔极地海洋公园、杭州乐园被列入2023年千万级核心大景区培育名单，开元森泊度假乐园被列入2023年全省创建级文旅融合IP，杭州长乔极地海洋公园、杭州乐园获评浙江省智慧景区。杭州乐园游乐项目换新提升改造工作、粮仓艺术公园提升项目、星空小镇智慧共享田园景观提升项目等30个示范点被认定为杭州市2023年度第二批浙江省旅游业“微改造、精提升”示范点。云起民宿被认定为浙江省银宿。“浙农·东巢艺术公园　落日夜市”“湘湖市集”入选全省重点培育文旅市集。杭州宝盛水博园大酒店、宴江南、臻禧宴、7017旺角店四家饭店创建为2023年省级“味美浙江·百县千碗”美食体验店。老大昌老缸酱油伴手礼在中国特色旅游商品大赛中获得铜奖，老大昌老缸酱油伴手礼、潮起钱塘——葫芦范制香器等五项商品在“浙派好礼”特色旅游商品、文创产品活动中获5枚奖牌，两金一银两铜。

2023年3月27日，高铁列车从省AAAA级景区镇浦阳镇油菜花田驶过　（范小羊　摄）

表43　2023年萧山区创建省AAA级景区村庄一览表

所属镇	村　庄	所属镇	村　庄	所属镇	村　庄
戴村镇	张家弄村	河上镇	朱家村	浦阳镇	尖湖村
河上镇	溪头村	楼塔镇	大黄岭村	所前镇	传芳村

续表 43

所属镇	村　　庄	所属镇	村　　庄	所属镇	村　　庄
所前镇	杜家村	益农镇	群英村	临浦镇	浦二村
所前镇	金山村	益农镇	镇龙殿村		
义桥镇	湘南村	临浦镇	横二村		

（资料来源：区文旅局）

【文旅项目建设】 2023年，萧山区被列入省文化和旅游项目投资平台项目5个，其中包括双百项目2个、千项万亿工程1个，全区文旅项目实际完成投资56.24亿元，投资完成率212.2%。推进旅游目的地“微改造、精提升”工作，实施“微改造·精提升”入库项目137个，总投资7.4亿元。

【文旅产业发展】 2023年12月8日，萧山区承办2023杭州文旅项目投资暨第十八届杭州·浙西旅游合作大会，发掘展示杭州·浙西旅游业优势，加强招商引资，探讨文旅产业进阶3.0路径。会上，开展亚运优质服务项目、浙西旅游合作组织优质合作伙伴等评选表彰，“唱响西湘记”系列夜游活动、“钱塘潮涌”非遗市集成功入选；浙江湘旅文旅发展有限公司等3家企业获得“2023杭州·浙西旅游合作组织优质合作伙伴”称号。大会期间，杭州文旅投资发布“三江两岸”文旅项目开发、国家对外文化贸易基地、大运河文旅产业带、“天目叠翠　吴越千年”文化产业四大机遇板块。大会现场签约9个项目，总投资额36.34亿元，楼塔镇大同一村理享户外拓展项目参加集中签约。大会上首次公布“湘湖十大打卡点”，正式发布揭幕《中国国家地理》（杭州特刊）。

【文旅宣传推广】 2023年，萧山区开展多种形式文旅宣传。依托现有区域资源，挖掘萧山文旅新元素，围绕“湘约亚运”“博览古今”两大主题，推出“赴·湘湖之约、燃·潮动青春、觅·乡野闲趣、溯·萧然印记、品·匠心非遗、享·数智共富”六大旅游线路，以亚运引流，推广“亚运游”“乡村游”等特色旅游产品。在上海虹桥站、萧山国际机场、杭州东站、杭州地铁等重要交通枢纽开展萧山文旅宣传，向来萧游客发送萧山文旅宣传短信，编制印发《萧山亚运休闲指南》手绘地图和《乐游萧山》宣传手册，发放至酒店、亚运线路点位、游客中心等85个点位，截至年末，共派发4.5万册。开展新媒体采风活动，在抖音、小红书等平台开展宣传。组织文旅企业参加宁波国际旅游展、中国杭州大学生旅游节、浙江省旅交会、“最忆是杭州”陕西西安文旅推介会、中国国际旅交会等大型推介活动，展示特色文旅资源，推广萧山产品线路等。

【镇（街道）特色节庆活动】 2023年，萧山区结合各镇（街道）传统节庆活动，开展特色旅游节庆宣传推广。3月24日，浦阳镇在尖湖梨园举行“赴梨花之约·走共富之路·携亚运之行”第三届梨花节暨共富实践带启动仪式，聘任6位新乡贤作为乡村共富推广大使，签订高质量发展项目4个。6月17日，所前镇举办第25届萧山杜家杨梅节开幕式，回顾杜家杨梅节25年峥嵘岁月，介绍“一路梅好”2022年度助农共富——杨梅树认养情况，推介2023年度认养活动。11月17日，临浦镇举办“新”想“柿”成——第六届梅里方顶柿子节，启动网易云音乐“近地之声·驻地计划”项目，打造“音乐+文旅+孵化”特色IP，推动横一农文旅融合发展；发布“横一·大野之乐”影视文创未来乡村项目，赋能“萧山未来大地”品牌培育，赋予乡村文化建设新动能。

【第四届萧山乡村文化旅游节举行】 2023年4月28日，萧山区第四届乡村文化旅游节在戴村镇沈村村三清园举行。仪式上，市文广旅游局领导、区领导为省级景区镇、景区村庄授牌；《无想茶园——三泉王村茶园再选计划》项目、共富农庄项目、欢潭村景村一体化共富运营项目、田园牧歌农业园项目、楼塔镇大同一村户外拓展项目及杭州禾鑫强村文化发展有限公司项目签约；现场推介亚运精品旅游线路；举办“相约亚运·畅游萧山”长三角旅游媒体及网络大咖采风活动，邀请媒体记者及达人体验亚运旅游线路，在多个媒体平台同步报道。至年底，乡村文化旅游节持续开展20余项活动，包括休闲进化山谷音乐节、“五义之乡，宋韵欢潭”进化第二届岳飞忠义文化节、龙舟竞渡、盈丰潮韵文化艺术周暨旅游生活节等。

（薛　辰）

2023年4月28日，“‘乡’约亚运·奔‘富’美好”第四届萧山乡村文化旅游节在戴村镇沈村村三清园开幕

（区文旅局　提供）

责任编辑：陆宏琨

卫生健康

综述

【医疗卫生机构】 2023年，萧山区有医疗卫生健康机构1011家，其中，区级医院7家，社区卫生服务中心23家（含民营1家），社区卫生服务分中心2家，社区卫生服务站288家，村卫生室50家，社会办医院66家（不含浙江萧山医院），门诊部156家，诊所、卫生所、医务室及护理站399家，专业公共卫生机构6家，其他机构14家。全区有在职医疗卫生工作人员2.36万人，其中，卫技人员1.94万人，执业（助理）医师7122人，注册护士8730人。全区实际开放床位1.24万张，其中，医院床位1.2万张；平均每千人拥有执业（助理）医师3.33人、注册护士4.08人；平均每千人拥有实际开放床位5.79张（按常住人口214万人计算）。

【医疗数字化改革】 2023年，萧山区推进医疗数字化改革，“小病慢病不出村（社）”项目中新增老慢支、哮喘等5个病种，能够为“7慢病”患者提供服务；萧山区卫生健康局“健康大脑+小病慢病不出村（社区）”项目获评浙江省城市大脑产业联盟年度城市大脑（智慧城市）场景应用优秀案例。3月，萧山区正式上线传染病多点监测预警处置系统，实现对重点场所的风险监测及预警全覆盖。预警时效由超过24小时缩短到半小时以内，疫情首次处置时间由超过24小时缩短至6小时内，传染病监测与预警的准确性和及时性得到显著提升。11月，在第五届改善医疗服务全国县市医院擂台赛上，区一医院参赛的“入院办理不出村”项目获“改善出入院服务”银奖。该项目利用萧山医疗数字化改革中的“入院准备云中心”场景，也就是把总院内所有床位信息整合起来，成立“入院准备云中心”，将医院内的入院申请权限下放至村（社区）卫生服务站，简化患者入院流程，合理缩短住院等候时间。

2023年1月2日，区第三人民医院医共体总院的患者在入院准备云中心办理入院手续 （盛凤琴 摄）

【人口健康数据】 2023年，萧山区本地户籍出生人口8311人，人口出生率8.54‰，人口自然增长率1.83‰；居民平均期望寿命83.08岁。孕产妇死亡率12.96/10万，5岁以下儿童死亡率2.85‰，婴儿死亡率2.07‰，新生儿死亡率0.65‰。新发恶性肿瘤报告发病率为每10万668.98人，新发糖尿病报告发病率为每10万630.45人，新发脑卒中报告发病率为每10万415.80人，新发冠心病急性事件报告发病率为每10万94.83人。居民健康素养水平50.5%，比上年提高9.2个百分点。

（燕东剑）

疾病防控

【概况】 2023年，萧山区推进疾病预防控制体系改革。5月31日，挂牌成立萧山区疾病预防控制局。2024年1月，通过2023年度国家慢性病综合防控示范区复评。2023年全区报告法定传染病19种14.46万例；报告管理高血压病人17.27万例，报告管理糖尿病病人4.88万例，报告高血压高危人群5.29万例、糖尿病高危人群4.57万例。全区全年接种免疫规划疫苗32.64万剂次，非免疫规划疫苗46.02万剂次。

【法定传染病疫情报告】 2023年，萧山区报告法定传染病19种14.46万例，年发病率为每10万7017.76人，比上年上升401.7%。无甲类传染病报告发生；乙类传染病报告15种7458例，占总发病数5.2%，报告发病率为每10万361.84人，上升75.7%；丙类传染病报告4种13.72万例，报告发病率为每10万6655.92人，上升458.0%。对传染病网络直报信息进行24小时监控，全年审核预警信息398条（不包括肺结核），开展公共卫生风险专题评估12次，传染病多点系统自动发出风险预警2251条（排除848条，下发核实风险信息1403条），其中达突发公共卫生事件相关信息标准23起，均采取防控措施，有效防止疫情的扩散与传播。

【重点传染病防控】 2023年，萧山区做好新冠、流感、诺如、水痘、手足口病等传染病防控及应急处置，进一步加强麻疹、风疹、霍乱、艾滋病、结核病等传染病防控。

艾滋病综合管理。萧山区推进浙江省中老年人群艾滋病疫情关注区（县）相关工作和消除丙肝公共卫生危害试点工作，强化“疾控、医院、社区”综合管理模式。是年，全区新报告HIV/AIDS病例88例，比上年下降13.7%，管理存活HIV/AIDS病例1281例，抗病毒治疗覆盖率95.7%。艾滋病自愿咨询检测（VCT）1219人次，新确证阳性38例，占总确证阳性病例数43.22%。推进性伴动员检测，动员MSM阳性性伴检测46例，动员异性性伴检测15例，发现HIV抗体阳性2例。

结核病防治。新登记活动性肺结核病人426例，肺外结核52例，其中，登记病原学阳性305例，病原学阴性115例，无病原学结果6例，单纯性胸膜炎25例。非结防机构网络报告患者2037例，有效报卡1476例，报告率、及时率100%，转诊率100%，转诊后总体到位率99.3%，各项结防工作指标均达到省、市结防机构要求。处置学校、监狱、看守所等场所结核病疫情16起。

诺如疫情防控。全年规范调查处置诺如疫情10起，报告病例206人，其中，校园聚集性疫情6起，校园暴发疫情1起，酒店暴发疫情2起，建筑工地暴发疫情1起。疫情达突发公共卫生事件相关信息报告标准8起，涉及病例181例。

水痘疫情防控。全年规范调查处置水痘疫情12起，均为暴发疫情，报告水痘病例1016例，比上年下降20.1%。

手足口病疫情防控。全年报告手足口病病例6341例，发病率每10万315.47人。无重症病例、死亡病例报告。规范处置手足口病疫情3起，其中暴发疫情达突发公共卫生事件相关信息报告标准2起，聚集性疫情1起。

霍乱防控。全年无霍乱病例报告发生。全年报告毒力基因阴性霍乱弧菌引起的感染性腹泻疫情3起，发病3人，均为小川型，未发生二代病例，无病例死亡，3起疫情均为散发个案。处置外地霍乱疫情协查一次，霍乱弧菌检测未检出霍乱弧菌。

麻疹和风疹防控。全年排除疑似麻/风疹病例45例，排除病例报告发病率每10万2.18人。区疾控中心对辖区监测医院开展两次全覆盖麻/风疹病例漏报调查，未发现漏报情况。

【慢性病防治】 2023年，萧山区开展重点慢性病监测分析，新发现恶性肿瘤报告发病率为每10万668.98人，新发糖尿病报告发病率为每10万630.45人，新发脑卒中报告发病率为每10万415.80人，新发冠心病急性事件报告发病率为每10万94.83人。全区报告管理高血压病人17.27万人，报告规范管理率74.2%；报告管理糖尿病病人4.88万人，报告规范管理率72.8%。全区报告高血压高危人群5.29万人、糖尿病高危人群4.57万人。

【地方病、寄生虫病防治】 2023年，萧山区开展居民碘盐食用率监测和人群碘缺乏病监测，学生、孕妇家庭合格碘盐食用率98.1%；8—10岁儿童尿碘中位数为每升111.85微克，碘营养状况为适宜；孕妇尿碘中位数为每升152.9微克，碘营养状况为适宜。完成春季查螺工作，未发现钉螺，其间开展“领导干部查螺日”活动，完成血吸虫病流动人口血清学检测500人。全区医疗机构完成“四热”病人（发热伴有近2年内有疟疾流行国家居住史、发热伴有近2周内有输血史、发热伴有既往有疟疾病史及发热原因不明的人员）血检1076人次，规范调查处置疟疾病例1例（恶性疟疾）、布鲁氏菌病病例6例。

【免疫规划实施】 2023年，萧山区接种免疫规划疫苗32.64万剂次，非免疫规划疫苗46.02万剂次，其中新初三学生麻腮风疫苗接种1.2万人，有效控制免疫相关传染病。开展疑似预防接种异常反应（AEFI）监测，处置AEFI个案569例，其中一般反应553例、异常反应3例、偶合症13例。

【精神卫生管理】 2023年，萧山区总检出严重精神障碍患者9812人，报告患病率4.77‰，纳入管理9812人。严重精神障碍患者在册管理率100%，规范管理率99.94%；稳定率100%；服药率99.97%，规范服药率99.94%，面访率99.93%。推进第二代长效针剂免费治疗工作。制定实施细则和技术方案，印制下发宣传资料，并开展长效针剂使用等多轮次业务培训，稳步推进目标人群接受并同意使用长效针剂。为做好亚运期间严重精神障碍患者管理，区、镇（街道）联动开展专项排查，区精神卫生中心开放600张床位，全力满足患者入院收治需求，全区25个社区卫生服务中心全部开设精神科，满足患者就近就便配药、长效针剂注射等需求。

【口腔保健】 2023年，萧山区继续实施适龄中小学生免费窝沟封闭项目，区内4家医疗机构承担入校窝沟封闭工作，入校136所，口腔检查2.77万人次，实施窝沟封闭1.28万人次、3.08万颗，复查2.25万人次。

（洪　萍）

表 44　2023 年萧山区新发恶性肿瘤前十位一览表

病　因	发病率（1/10 万）	构成比（%）	位次
肺	145.94	21.81	1
甲状腺	135.90	20.31	2
乳腺	66.73	9.98	3
前列腺	50.97	7.62	4
胃	33.80	5.05	5
结肠	33.25	4.97	6
直肠	25.49	3.81	7
肝	24.70	3.69	7
胰腺	17.17	2.57	9
淋巴瘤	14.90	2.23	10

表 45　2023 年萧山区居民病伤死因前十位一览表

病　因	发病率（1/10 万）	构成比（%）	位次
恶性肿瘤	172.21	26.60	1
脑血管病	119.67	18.48	2
呼吸系统疾病	112.22	17.33	3
心脏病	87.59	13.53	4
损伤和中毒	58.26	9.00	5
神经系统疾病	20.86	3.22	6
内分泌系统疾病	20.07	3.10	7
消化系统疾病	12.47	1.93	8
泌尿生殖系统疾病	7.21	1.11	9
传染性疾病	5.18	0.80	10

（资料来源：区卫健局）

卫生监督

【概况】 2023 年萧山区卫健部门检查“双随机”（随机抽取检查对象，随机选派执法检查人员）单位 1052 家，其中，国家“双随机”679 家，省级“双随机”373 家。对检查过程中发现问题单位实施行政处罚 147 家，处罚率 14.0%。其中，国家“双随机”检出案件数 114 件，处罚率 16.8%；省级“双随机”检出案件数 33 件，处罚率 8.9%。全年办理各类卫生行政处罚案件 389 起，其中一般程序 328 起、简易程序 61 起，罚没款 418.093 万元。

【亚运保障】 2023 年，萧山区开展涉亚场所赛前采样检测专项工作，针对集中空调通风系统卫生状况、公共用品用具消毒情况、二次供水、末梢水、游泳池等进行监督检测。全年检测涉亚场馆 19 家，接待酒店 13 家，抽检样品 460 件，合格率 96.96%；抽检项次数 3020 项次，合格率 99.54%。选派驻点卫生监督员，对主媒体中心和全区 6 家竞赛场馆等进行亚运卫生监督驻点保障巡查，并对场馆内生活饮用水水质与空气质量进行检测，全年开展快速检测 265 次。持续开展城市侧卫生安全监督检查，全年出动卫生监督员 310 人次，对次定点酒店及民宿 89 家、次定点医疗机构 6 家、次其他医疗机构 216 家、次公共场所 422 家、次学校 31 家、次生活饮用水 4 家开展卫生监督检查，全年下发监督意见书 42 份，责令整改 80 家，立案查处 16 家。

【公共场所卫生监管】 2023 年，萧山区完成“数字亚运·阳光酒店智慧监管项目”，完成全区 30 家酒店“住安码”透明保洁系统建设工作，基于该系统的《住宿场所卫生保洁数字化监管系统通用要求》团体标准于 2023 年 12 月发布。推进游泳场所三色管理工作，实现全区 32 家酒店接入“畅心泳”游泳场所三色分级智能监管系统，开展游泳场所水质指标 24 小时在线远程监控。开展夏季游泳场所专项检查行动，全年对全区 131 家次游泳场所开展监督检测，完成采样检测 402 件，检测项目 1896 项次，检测项目合格率 92.4%，对游泳池水质检测不合格单位进行行政处罚 35 家，罚款 17.13 万元。

【医疗行业监管】 2023 年，萧山区加强对有证医疗机构日常监管，开展辖区内医疗美容机构全覆盖监督检查，检查核准医疗美容专业医疗机构 115 家次，发现违法线索并立案查处 7 家次、卫计人员 6 人次，罚没款 29.54 万元。依托“大综合一体化”行政执法改革，开展打击非法医美专项行动，联合市场监管和综合执法力量，核查涉嫌无证开展医疗美容服务活动线索 85 条，立案查处非法医美 20 起，罚没款 108.8 万元，没收器械价值超 25 万元。

【传染病卫生监管】 2023 年，萧山区推进传染病卫生监管。加强消毒产品监管，监督检查消毒产品生产企业 22 家次，抽检消毒产品 9 件次；检查抗抑菌剂企业 5 家次，抽检抗抑菌剂产品 4 件次，检测结果均为合格。做好餐饮具集中消毒企业卫生监管工作，抽检消毒餐饮具样品 105 批次，抽检样品 520 件次，合格 104 批次，合格率 99%。对 1 家抽检不合格餐饮具集中消毒单位实施行政处罚，罚款 0.1 万元。确保病原微生物实验室安全，累计检查实验室 54 个，其中检查独立设置实验室 6 个，对 3 家问题单位进行责令整改，对其中 1 家单位予以警告的行政处罚。

【职业和放射卫生监管】 2023年，萧山区推进职业健康风险化解专项治理及职业卫生分级分类监管工作，完成关键因素画像972家，画像完整率96.2%；完成风险化解企业964家，风险化解率95.2%；完成用人单位职业卫生自查816家，自查率99.6%；完成职业卫生分类工作682家，分类完成率83.0%。推进职业卫生管理规范化企业创建工作，42家企业通过职业卫生管理规范化企业创建验收。加强放射诊疗机构管理，今年以来实施放射卫生行政处罚11起，罚款9.1万元。

【饮用水卫生监管】 2023年，萧山区对辖区内4家集中供水单位进行监督检测，检测水源水3件，出厂水4件，合格率100%。监督检测36家末梢水、24家二次供水单位，合格率70.8%，对检测不合格单位5家进行行政处罚。开展用户水龙头水质监测工作，抽查4家用户水龙头水质进行检测，合格率100%。

【学校卫生监管】 2023年，萧山区指导全区学校完成校园学校、传染病防控和饮用水卫生自查工作，完成自查学校163所，自查率100%。依托《浙江省卫生健康监管领域随机抽查事项清单》开展抽检，抽检托幼机构72家次，抽查比例占全区托幼机构总数的37.9%。开展学校及托幼机构、校外培训机构采光照明和饮用水抽检，对托幼机构10家、校外培训机构5家开展采光照明检查，对5家学校的二次供水情况进行检查。

（章燕青）

妇幼健康

【概况】 2023年，萧山区优化妇幼健康服务网络，加大出生缺陷综合防治力度，保障母婴安全。全年孕产妇死亡率12.96/10万，5岁以下儿童死亡率、婴儿死亡率、新生儿死亡率分别为2.85‰、2.07‰、0.65‰。全区0—3岁婴幼儿托位数9171个，每千人口拥有3岁以下婴幼儿托位数4.35个；“出生一件事”多证联办共办结9229件；完成适龄妇女宫颈癌筛查1.44万人、乳腺癌筛查4.04万人。

【妇幼健康服务网络】 2023年，萧山区依托杭州市儿童友好医院创建、萧山区托育综合服务中心建设，优化升级区妇幼保健院软、硬件。依托妇幼保健机构绩效考核工作，加强区妇幼保健院能力建设。依托区妇幼保健院完成萧山区托育综合服务中心建设、登记、挂牌；浙江萧山医院以及闻堰街道、新街街道、临浦镇、河上镇4家社区卫生服务中心创建杭州市儿童友好医院，瓜沥镇、城厢街道2家社区卫生服务中心创建杭州市更年期保健规范化专科门诊。全年完成孕产妇家庭医生签约1.52万人、0—6岁儿童家庭医生签约10.43万人，适龄妇女宫颈癌筛查1.44万人、乳腺癌筛查4.04万人。

【出生缺陷综合防治】 2023年，萧山区加大出生缺陷防治知识宣传力度，依托预防出生缺陷宣传日，组织各镇（街道）、各医疗卫生单位开展“预防出生缺陷，科学健康孕育”系列主题宣传活动。抓好孕前优生健康检查、产前筛查、产前诊断、新生儿疾病筛查等工作，完成孕前优生健康检查9912人、产前筛查1.75万人次；新生儿疾病筛查1.57万人，筛查率99.0%；新生儿听力筛查1.58万人，筛查率99.3%；新生儿“先心”双指标筛查1.56万人，筛查率98.1%。

【母婴安全管理】 2023年，萧山区强化孕期保健和高危孕产妇、高危新生儿管理，加强工作督查、督导，召开全区母婴安全管理工作会议，组织围产儿死亡个案及孕产妇死亡个案评审并开展专题培训。全年管理重症“一对一”高危孕妇955人（比上年减少264人），其中安全分娩727人；早孕建卡1.55万人，早孕建卡率98.2%；出院28天内产后访视人数1.56万人，产后访视率98.5%；系管人数1.55万人，系管率97.9%；推进消除艾滋病梅毒乙肝母婴阻断工作，孕产妇艾梅乙检测率100%。

【0—3岁婴幼儿照护服务】 2023年，萧山区加快推进“幼有善育”专项工作，出台《杭州市萧山区公共服务“七优享”工程“幼有善育”专项实施方案（2023—2027年）》《萧山区公共服务“七优享”工程“幼有善育”考评办法》等文件，推动形成区卫健局统筹协调、整体推进，区教育局、市医保局萧山分局等有关部门分工负责的“幼有善育”公共服务优享工作机制。出台《杭州市萧山区婴幼儿照护服务专项资金管理办法（试行）》，明确成长驿站运营补助政策，按照每家婴幼儿成长驿站示范型不少于每年5万元、基础型不少于每年3万元标准给予运营经费保障；调整普惠价格占比，普惠定价调整为上一年度全体居民人均可支配收入的50%；新增婴幼儿照护服务质量提升和项目创建补助政策，补助托育综合服务中心，省、市“医防护”儿童健康管理中心，儿童友好医院。至年底，全区3岁以下婴幼儿托位数9171个，每千人口拥有托位数4.35个，托位使用率69.5%；普惠托位总数7229个，占比78.8%。0—3岁儿童发育监测筛查率97.7%、转诊率75.4%。新街街道、闻堰街道、临浦镇、河上镇4家社区卫生服务中心“医防护”儿童健康管理中心通过市级验收。推进“婴幼儿照护服务”民生实事项目，完成新增托育机构8家，完成率400%；新增托位1041个，完成率173.5%（其中新增普惠托位686个，完成率190.6%）；组织婴幼儿家长养育技能提升专业课堂186场，完成率116.3%；新增婴幼儿成长驿站77家，完成率240.6%，至年底，每千名3岁以下婴幼儿拥有成长驿站3.69家。

【浙大妇院钱江院区正式启用】 2023年5月6日，浙江大学医学院附属妇产科医院钱江院区正式启用。该院区位于钱江世纪城，是浙江省重点建设项目，2016年批准立项，2019年4月开工建设，按照“大专科，小综合”的建设标准，是一家以妇科、产科、生殖、妇科肿瘤为中心，并配套相应辅助性综合临床科室，同时兼顾教学科研为一体的现代化妇产科医院。此次启用的是一期工程，总建筑面积12.5万平方米。产科中心大楼、生殖中心大楼、科研中心、医技中心启用，产科、生殖科、妇科、肿瘤科、放疗科、外科、超声科等门诊开放，共有床位600张。产科设有4个病区，包括1个一体化病区、3个普通病区；生殖科设有3个病区；放疗科设有1个病区。

（章桂素）

医疗管理

【概况】 2023年，萧山区加强医疗质量管理，提升服务水平。全区杭州市级卫生高层次人才1288人，开展庆祝第六个“中国医师节”活动，选树区级最美西医医师20名，最美中医医师、最美全科医师、最美公共卫生医师各10名。区第一人民医院获国家自然科学基金（简称“国自然”）面上项目1项，为全区卫健系统首个国自然面上项目。

表46　2023年萧山区区级卫生健康单位基本情况一览表

单位：人

机构名称	在编职工数	专业技术人员	专技人员职称		
			高级	中级	初级
区计生协会	3	0	0	0	0
区流动人口计划生育管理服务中心	8	0	0	0	0
区健康萧山建设指导中心	7	0	0	0	0
区卫生计生行政执法大队	50	44	15	21	8
区爱国卫生发展中心	9	8	0	1	7
区疾病预防控制中心	105	99	33	41	25
区妇女儿童健康服务中心	29	29	8	14	7
区医疗急救指挥中心	9	9	2	4	3
区干部保健中心	4	4	0	3	1
区无偿献血服务中心	21	21	4	10	7

（资料来源：区卫健局）

【卫健人才队伍建设】 2023年，萧山区加强卫生高层次人才引育工作，新认定杭州市高层次人才168名，其中，D类人才54名，E类人才114名。全区有杭州市级卫生高层次人才1288人，其中B类人才1人，D类人才232人，E类人才1055人。举办5次人员招聘，招录199人。考取执业（含助理）医师227人、执业护士166人，考取卫生初级职称674人、中级职称667人，评聘卫生专业高级职称302人。加强住院医师规范化培训基地学员教育与管理，参加西医结业考学员70人，通过63人，通过率90%；参加中医结业考核学员42人，通过40人，通过率95.2%；报名参加住院医师规范化培训学员93名。实施各级各类继续教育培训项目87个，其中，国家级6个，省级24个，市级57个。

【卫健学科建设与学术交流】 2023年，萧山区推进医学重点学科建设工作。6个2020—2024年建设周期市级重点学科接受市卫健委中期考核，萧山区中医院骨伤科通过考核，考核成绩位居全市区县级重点学科第一名。开展综合救治中心和专科联盟考核，发放经费补助831万元。修订完善《萧山区名医名科建设及卫技人员培养培训等项目管理办法》，优化经费的使用与管理。区一医院眼科获批入选浙江省省级临床重点专科建设项目库。区一医院获国家自然科学基金面上项目1项，是全区卫健系统首个“国自然”面上项目，为全市区（县）级单位首例。全年获省医药卫生科技计划项目56项，创历年新高。临床研究工作稳步推进，临床试验合同金额突破亿元，萧山医院在全省GCP机构药物临床试验量值排名第27位，为全市唯一一家区县级上榜单位。

【优质护理服务】 2023年，萧山区推进特色优质护理服务，实施系列优质护理服务专项行动，提升护理人员职业素养，强化患者接待的主动服务意识，优化护理队伍的服务形象，显著提升整体服务能力。借助“浙里护理”平台，打造“康复护理不出村”，实现线上咨询服务和居家护理服务，让“互联网+护理服务”深入人心。护理科普、科研融合，推动护理服务发展，满足广大百姓健康需求。

【医疗新技术新项目应用】 2023年，萧山区各医疗单位开展多项临床新技术、新项目应用。区第一人民医院呼吸及危重症医学科开展气管镜标本多学科会诊（MDT）在疾病诊断中的应用和无痛内科胸腔镜联合快速现场评价诊断不明原因胸腔积液；疝外科开展腹腔镜微创技术在急诊嵌顿疝的应用；眼科开展经黄斑区微脉冲激光治疗顽固性黄斑水肿；内分泌科开展心肺运动试验精准制定糖尿病患者运动处方；甲状腺乳腺外科开展肿瘤整形技术在乳腺癌保乳术中的应用和无充气经锁骨下入路全腔镜下甲状腺手术的应用；心内科开展无导线起搏器植入术；眼科开展微脉冲激光小梁形成术治疗开角型青光眼；手足烧伤科开展中厚供皮区微粒皮回植技术；耳

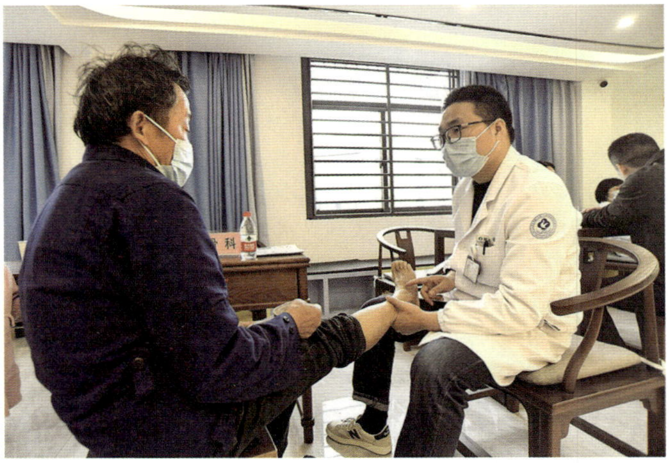

2023年，萧山区卫生健康系统开展多场医疗惠民服务。图为2023年3月17日区第一人民医院到楼塔镇开展“健康进百村、千医护万家”巡回义诊活动　（范方斌　摄）

鼻喉科开展鼻内镜下揭盖法治疗鼻前庭囊肿；重症医学科开展动态葡萄糖监测系统在ICU患者的应用；泌尿外科开展隐匿性阴茎延长术。区第二人民医院骨科开展人工关节置换手术；脑外科开展立体定向颅内血肿清除引流术；护理部开展中医护理适宜技术——平衡火罐。区第三人民医院放射科开展肛周（瘘）MR平扫＋增强、直肠磁共振平扫＋增强；呼吸内科开展CT引导下经皮肺穿刺、胸膜固定术；内分泌科开展细胞损伤系列检测；康复科开展肌骨超声引导下增生疗法在康复科中应用；科教科开展多媒体智能化远程在线医学教育在医院人才培养中的实践应用；肾内科开展为肾透析的自体血管动静脉瘘修补术（三级）、经皮球囊扩张成形术（PTA）、为肾透析的半永久导管置入术（介入）；超声科开展胎儿心超检查。区中医院神经外科开展立体定向脑内血肿清除术；泌尿外科开展腹腔镜下输尿管切开取石术；普通外科开展单孔胸腔镜下肺结节切除术；消化内科将放大内镜用于精查胃镜中。浙江萧山医院泌尿外科开展腹腔镜肾门部肿瘤切除术；消化内科开展胃黏膜下肿瘤挖除术ESE及内镜胃壁全层切除术EFR；骨二病区开展单侧双通道内镜下腰椎管减压术；心内科开展冲击波球囊在冠状钙化病变中的应用；妇二病区开展腹腔镜下盆腔前哨淋巴结切除术；放射科开展肺结节CT靶扫描重建及结构化报告。

【**医疗惠民服务**】2023年，萧山区卫健系统开展惠民服务。区第一人民医院组织健康义诊43次，义诊逾5000人次。区第二人民医院落实惠民政策，惠及群众10192人次，优惠金额138.05万元。区中医院加大“重塑人生脊梁”“杏林天使”慈善项目实施力度，参与帮扶西藏、贵州、四川、云南等地区脊柱侧弯患者52人，经医保报销后救助资金近156万元。

（燕东剑）

表47　2023年萧山区区级医疗单位基本情况一览表

机构名称	平均开放床位数（张）	在编职工数（人）	专业技术人员职称（人）				年收治病人（万人次）		事业收入（万元）	固定资产原值（万元）
			总数	高级	中级	初级	门、急诊	出院		
区第一人民医院	1160	1802	1784	487	735	562	2420520	59469	124671.11	122666.61
区第二人民医院	280	438	432	80	139	213	602568	13146	20816.80	21380.07
区第三人民医院	400	510	504	104	197	203	604564	20299	27251.34	21924.65
区中医院	1012	1019	1008	302	397	309	898273	24144	65215.80	77964.57
区中医骨伤科医院	194	240	236	59	90	87	218031	4301	11627.34	10502.77
区皮肤病医院	40	61	61	20	30	11	190493	38	3588.65	3620.24
浙江萧山医院	1700	1643	1628	374	632	622	1997892	70420	123083.59	145497.43

（资料来源：区卫健局）

医疗卫生体制改革

【**概况**】2023年，萧山区深化“三医联动、六医统筹”改革，强化区域医共体引领作用，实施高水平县级医院建设行动，推动医疗硬件设施、人才队伍、服务质量、数字健康迭代升级，促进卫生健康服务优质共享。推进区域医共体改革、高水平县级医院建设工作，获2022年度省政府督查激励。

【**医共体建设**】2023年，萧山区推进紧密型区域医共体建设，完善医共体扁平化、一体化管理。在2022年度全省基层医疗卫生机构绩效考核省级监测评价中，区第三人民医院和区第一人民医院医共体分列全省第5名、第16名（全省共167家医共体）。建立区级公立医院综合考核机制。出台《萧山区人社局　萧山区财政局　萧山区卫健局　市医保萧山分局关于深化萧山区医共体薪酬制度改革的实施意见》，完善各医共体岗位设置，完成全区社区卫生服务中心人员编制核定，新增报备员额编制228名。是年，全区有23家社区卫生服务中心实施以标化工作当量法为标准的内部绩效分配机制，指标覆盖医疗、公共卫生、综合管理等方面。

资料：

标化工作当量是一种衡量和评估工作量的方法，它将基层医疗卫生机构的基本医疗、基本公共卫生和家庭医生签约等服务项目按一定标准进行标化计为工作当时，以此对基层医疗卫生服务进行量化考核。

【**数字卫健建设**】2023年，萧山区聚焦健康大脑功能迭代，“小病慢病不出村（社）”项目延伸扩面，覆盖慢性病7种，入选浙江省城市大脑产业联盟年度城市大脑（智慧城市）场景应用优秀案例。“医康养一件事”项目在瓜沥镇建立三方共管床位试点先行。开展“未来医院＋专病管理中心”建设，构建慢阻肺、冠心病、骨质疏松等八大专病管理中心。“传染病疫情多点预警处置系统”降低疫情首次处置时间和聚集性疫情发生率，在全省传染病监测会议上，萧山区作典型发言，中国疾控中心、省疾控局、北大、清华大学协和医学院、浙大等上级单位实地调研并给予肯定。开展区域耗材监管平台建设，实现耗材管理“一盘棋”统筹。

【医疗质量管理】 2023 年，萧山区对全区 28 个质控专业完善质量管理与控制指标体系，促进医疗机构提升医疗质量。完成区第三人民医院二级甲等综合性医院、区第二人民医院二级乙等综合性医院、区中医骨伤科医院二级甲等中医专科医院、开发区医院二级乙等综合性医院等级复评工作，傅氏骨伤科医院通过二级乙等中医专科医院评审。区第一人民医院、区中医院在 2022 年度公立医院“国考”中均获 A 级评定。开展公立医疗机构药品监测工作，三级、二级公立医疗机构及基层医疗机构纳入报送范围，监测医疗机构药品配备品种、使用数量、采购价格、供应配送等具体用药目录和配备使用情况。开展相关药物处方 / 调剂权培训、考核、授权工作，取得抗菌药物处方 / 调剂权医师（药师）5104 名，取得抗肿瘤药物处方 / 调剂权医师（药师）196 名，取得麻醉和一类精神药品处方 / 调剂权医师（药师）3788 名。

【基本医疗和基本公共卫生服务】 2023 年，萧山区深化国家“优质服务基层行”活动，河上镇、临浦镇、进化镇、新街街道等 4 家社区卫生服务中心达到服务能力推荐标准，义桥镇、闻堰街道等 2 家社区卫生服务中心成功创建社区医院。推进基层医疗卫生机构补偿机制改革，全区有 23 家社区卫生服务中心建立标化工作当量法内部绩效分配机制。夯实基层网底硬件建设，新建（迁建、改扩建）规范化社区卫生服务站 21 家，建成星级智慧健康站 17 家，其中五星级 10 家、四星级 2 家、三星级 5 家。强化“医防融合”管理，承办浙江省基层卫生协会“医共体模式下‘两慢病’医防融合健康管理研讨会”，推广使用“杭州市医防融合协同平台”，在蜀山街道和衙前镇先行先试开展血脂异常人群健康管理工作试点，建成规范化慢病一体化门诊 17 家、国家星级糖尿病规范管理中心 5 家。坚持“质量优先、稳步扩面”，深化家庭医生签约服务，全年完成签约 73.16 万人，其中十类重点人群签约覆盖率 94.0%。扎实“病有良医”举措，开展城乡居民同质同标免费健康体检，完成参保城乡居民免费健康体检 27.07 万人。全区规范化电子健康档案数 145.85 万人，规范化电子健康档案覆盖率 70.9%，健康档案动态使用率 81.4%，电子健康档案开放率 86.7%；高血压患者管理人数 17.27 万人，高血压患者基层规范管理服务率 74.2%；2 型糖尿病患者管理人数 4.88 万人，2 型糖尿病患者基层规范管理服务率 72.8%；65 岁及以上老年人城乡社区规范健康管理服务率 69.4%；0—6 岁儿童健康管理率 98.82%，3 岁以下儿童系统管理率 97.9%，0—6 岁儿童眼保健和视力检查覆盖率 98.3%；65 岁及以上老年人中医药健康管理率 76.0%，0—36 个月儿童中医药健康管理率 85.0%。

【卫健行政审批服务】 2023 年，萧山区受理并办结卫生健康行政许可事项 15583 项，其中，公共场所卫生许可证 1215 份，集中式供水单位 1 份，医疗机构执业许可证 1321 份，放射诊疗许可证 161 份，放射诊疗建设项目卫生审查 121 份，母婴保健技术服务合格证 44 份，医疗机构使用麻醉药品、第一类精神药品许可 46 份，医护人员执业许可 12458 份（医师执业注册 5857 份、护士执业注册 6601 份），乡村医师执业注册 2 份，医疗广告审查 214 家。受理并审核备案事项 3616 项，其中，病媒生物预防控制服务单位备案 2 家，中医诊所备案 6 家，职业病危害项目申报 361 家，职业健康检查机构备案 3 家，义诊备案 325 家，美容主诊医师专业备案 39 人，医师多机构执业备案 2880 人次。

【医疗扶贫】 2023 年，萧山区深化医疗扶贫内涵，区直属医院与四川省康定市和广元市建立结对协作 5 对，山海协作建立结对协作 2 对，革命老区利川建立结对协作 2 对。2023 年派驻专业技术人员 33 人，完成门诊、急诊、会诊 7271 人次；完成手术 675 例；举办培训讲座 180 次，培训人员 2025 人次；手术示教 197 次，教学查房 388 次；实施新技术新项目 62 项；开展远程服务 66 次；接受西部到萧山区学习进修 10 人。

（燕东剑）

中医药事业发展

【概况】 2023 年，萧山区聚焦中医药传承创新发展，出台《杭州市萧山区创建全国基层中医药工作示范县实施方案》《萧山区创建杭州市中医药综合改革先行区工作方案》，开展全国基层中医药示范县、中医药综合改革先行区建设。区中医骨伤科医院通过二级甲等中医骨伤医院复评，民营医疗机构傅氏骨伤科医院成功创评二级乙等中医骨伤医院。

【中医药人才和学科建设】 2023 年，萧山区中医院中医心病学被确定为浙江省县级中医药优势学科建设项目，脾胃病科、心血管科、护理学为 2023 年杭州市基层医疗机构中医特色专科（专病）建设项目。全区省中医药科技计划项目 38 项。完成课题立项 55 项，其中省自然科学基金项目 3 项、省医药卫生科技计划 11 项、浙江省中医药卫生计划 14 项、杭州市生物医药健康产业 17 项。萧山区中医院“复合仿生 3D 打印泡沫陶瓷构建组织工程骨的基础与临床研究”获浙江省科学技术进步二等奖。

【数字中医】 2023 年，萧山区上线“放心云煎药 e 平台”系统，让中药代煎迈向“精细准”，实现对代煎进行全流程查询；推进“中医处方一件事”改革，完成中医标准化病历改造升级，全区区级医院 7 家和社区卫生服务中心 24 家上传完成标准中医病历 25.2 万余份、标准中医处方 31.4 万张、中药代煎信息 10 万余张。

【中医药适宜技术应用和推广】 2023 年，萧山区开展基层中医药适宜技术培训，举办第十三期中医药适宜技术培训班、2023 年中医护理适宜技术（拔罐、艾灸）临床应用与创新学习班、中医护理在基层慢病管理中的应用和推广学习班，培训对象覆盖全区社区卫生服务中心24家，培训200余人次。基层医疗机构运用中医药技术，全区24家社区卫生服务中心均能提供6类以上中医非药物疗法，260家社区卫生服务站能提供4类中医非药物疗法。

（洪华烽）

健康萧山建设

【概况】 2023年，萧山区接受2022年度健康浙江、健康杭州考核，连续第五年获双优秀等次。是年，萧山区制定《2023年健康萧山建设考核办法与细则（镇街）》，对全区22个镇（街道）开展健康萧山建设考核，确定瓜沥镇、蜀山街道、河上镇、益农镇、城厢街道、义桥镇、盈丰街道7个镇（街道）为2023年度健康萧山建设考核优秀等次单位。是年，萧山区创建为浙江省健康区，评估成绩位居杭州市各县（市、区）第一位。

【健康萧山行动】 2023年，萧山区推进健康萧山行动，制订新一轮27项健康萧山行动（2023—2025年）实施方案，举办萧山区第二届“健康达人”评选等主题活动3次。“萧山区全域建设健康生活体验馆”案例入选2023年健康浙江行动省级样板，在“健康知识普及行动”领域中位居全省第一位。打造健康杭州“一地一品”和“一行动一标杆”，塑造“健康大脑·湘见未来”健康品牌，打造“健康共富梅林村”绿色环境打造行动、“医康养一件事”老年健康促进行动、“萧山区构建传染病多点监测预警处置系统”传染病及地方病防控等行动标杆，《解决三大问题，推进“地下治污地上造绿”，打造绿色生态宜居环境》《“一床三融五件事”守护老年弱势人群“夕阳红”，萧山区构建医康养全方位健康服务管理体系》入选2023年度健康杭州行动优秀案例；在第三届杭州市“健康达人”评选活动中，萧山区陈奕正获“杭州市健康达人”并作为代表发言。在2023年12月25日省健康办召开的2023年高水平推进健康浙江行动现场会上，萧山区被评为2020—2022年度健康浙江行动省级样板区（县、市），居全市第三位（全省共24个）。

【健康影响评价】 2023年，萧山区政府办公室印发《萧山区公共政策健康影响评价实施方案》。区健康办制定公共政策健康影响评价专家库管理办法，并对区级健康影响评价专家库进行调整和充实，成功入选高等院校、区级部门和医疗健康领域专家55位。组织开展“将健康融入所有政策”线上线下培训活动，3448人接受培训。“萧山区美丽河湖综合整治工程（所前镇）健康影响评价项目”作为全区首个重大工程类项目，入选2023年度浙江省健康影响评价入围案例。全年完成8个政策性文件健康影响评价项目，实现全区公共政策类、项目类和工程类健康评价全覆盖。

【健康细胞建设】 2023年，萧山区新申报培育以健康村镇、健康单位和健康家庭为主要类型的各级各类健康细胞721家，建设数量位居全市第一，实现省级卫生村开展健康村建设比例100%、健康社区建设比例100%、健康机关建设比例66.2%和健康企业建设比例55.7%。新命名各类萧山区健康单位497家、萧山区健康示范基地5家，新获得杭州市健康单位34家、杭州市健康示范场所3家。进化镇、党湾镇高分通过全省第三批健康镇验收，其中进化镇评估结果位居全省第一名；益农镇、瓜沥镇梅林村入选2023年浙江省健康村镇样板；益农健康镇建设案例被《健康杭州发展报告（2022年）》收录蓝皮书，成为全市唯一入选案例。浙江荣盛控股集团入选全国健康企业建设特色案例名单和国家卫健委第二批国家健康企业建设优秀案例名单，萧山区税务局受邀在2023年度健康浙江、健康杭州考核及杭州市健康单位建设能力培训会上作健康机关优秀案例经验交流。推进健康家庭建设活动，全区健康家庭覆盖率42.3%。组织举办第十一届杭州市市民健康知识大赛，全区参与42.4万人次，占全市总参与量的32.0%，连续3年居杭州各区（县、市）第一名，获得区（县、市）组优秀组织奖，包揽个人组一等奖，并在全市18个三等奖以上名额中斩获13个名额。

【健康生活体验馆建设】 2023年，萧山区建设完成健康生活体验馆20个，投入资金2000多万元，涉及不同健康主题11个，多家体验馆被中央人民广播电台、浙江在线、潮新闻、杭州新闻等主流新闻媒体报道。全区“健康一镇一品”格局基本形成，总结形成的“政府主导、部门支持、镇（街道）实施”全域推进健康生活体验馆建设的萧山模式，制定的具有较强操作性和实践性的《萧山区健康生活体验馆建设指导标准》，为全省推广健康生活体验馆建设提供成功范例。

【国家卫生城市成果巩固】 2023年，萧山区发动各镇（街道）、部门全面开展环境清洁度提升、病媒生物防制、健康教育宣传等工作，巩固提升全区国家卫生城市创建成果，以爱国卫生工作“红黄黑”榜季度竞赛活动为工作载体，对全区各镇（街道、场）开展常态化、全方位爱国卫生检查，全年交办抄告单92份，整改问题1415处，组织人员对农贸市场、建筑工地、医疗机构、公共厕所、城郊接合部等重要点位开展专项督查，发放问题抄告单13份，整改问题158处，于10月底顺利通过国家卫生城市省级年度综合评估。

【国家卫生镇创建】 2023年，萧山区12个（已创、在创）国家卫生镇常态化做好国家卫生镇创建成果巩固提升工作。2月，召开专题培训会议，布置落实浙江省国家卫生乡镇评价系统指标填报工作。5月，完成国家卫生镇区级量化分级等级评估。6月，浦阳、义桥、衙前、楼塔4镇通过市级量化分级登记评估，成绩均达到良好等次。7月，所前、戴村2个镇通过省级量化分级等级评估，获良好等次。河上镇溪头村、益农镇群围村创建为首批浙江省卫生村样板村。

【病媒生物防制】 2023年，萧山区以杭州市亚（残）运会病媒生物防制保障任务和省级“除四害”样板村建设为重点，推动全区病媒生物防制工作。1月，启动亚（残）运会病媒生物防制保障工作，组建工作专班，制定《杭州市萧山区第19届亚运会和第4届亚残运会病媒生物防制工作实施方案》和17个涉亚场馆“一馆一策”保障方案，组织开展涉亚场馆（竞赛、非竞赛和独立训练场馆）病媒生物防制第一轮督查指导行动。4月，全力保障临浦体育馆“韵味杭州”2023亚洲克柔术锦标赛。5月，组织开展涉亚场馆（竞赛、非竞赛和独立训练场馆）病媒生物防制第二轮督查指导行动。6月，召开全区“迎亚运”病媒生物防制部署培训会议。7月，召开萧山区亚运病媒生物防制现场推进会；组建有害生物防制团队参加杭州市有害生物防制竞赛，获个人一等奖、团体三等奖；组织开展涉亚场馆（竞赛、非竞赛和独立训练场馆）病媒生物防制第三轮督查指导行动。8月，现场督导宁围街道部分高校场馆及周边第二圈区域病媒防制工作；组织召开涉亚镇（街道）分管领导和职能办主要负责人参加的亚运病媒生物防制督导反馈会议。9月，印发《关于进一步做好亚（残）运会期间病媒生物防制工作的通知》，强化亚运病媒生物防制保障工作，严防登革热疫情扩散和暴发；对盈丰街道等6个镇（街道）输入性登革热病例疫点开展病媒生物防制专项督导工作。10月，全区30个涉亚场所（场馆、酒店、定点医院等）均顺利通过省、市终期评估验收，完成亚（残）运会病媒防制保障任务。亚运保障期间，完成涉亚场馆（竞赛、非竞赛和独立训练场馆）病媒生物防制三轮督查指导，累计督查场馆、酒店、医院83家次，出动人员322人次，排查反馈问题511个，开展各类病媒防制技术培训26场次，培训人员1128人。组织第三方监测机构定期开展覆盖全区23个镇（街道、场）的病媒生物密度监测，形成书面监测报告19份。常态化开展“迎亚运”季节性除四害、“月末周五卫生大扫除”等全域性爱国卫生运动，全年参与各类整治活动单位2530家，参与1.5万人次，出动专业消杀人员2432人次，清理垃圾杂物4937吨，投放各类药物4800余千克，清除病媒生物滋生地7.16万处，设置技防设施点位1.78万个。11月，瓜沥镇明朗村、所前镇祥里王村通过省级评估验收，获省级“除四害”样板村命名。

【农村改水改厕】 2023年4月8日，萧山区申报实施瓜沥镇众安村自来水管网提升改造工程、戴村镇尖山下杨家溪石鹅坞农村水站提升改造工程2个市级农村项目，进化镇大汤坞村、瓜沥镇世安桥村村级自来水管网建设工程2个区级农村改水项目，投入资金145万余元，惠及群众5400余人，12月通过考核验收。常态化做好农村水站水质消毒药械保障工作，全年配送漂精片880盒，浮筒1450个。制发《萧山区黄标25米以上农村水站运行管理手册》700本，提高水管员业务水平。

【爱国卫生月活动】 2023年，萧山区举办第35个爱国卫生月“宜居靓家园、健康新生活、全民共参与、喜迎亚运会”系列主题活动启动仪式，开展迎“亚运”毅行健康跑、病媒生物防制宣传服务等系列活动。动员党员干部群众2.67万人次，开展集中清理活动481次，清理脏乱死角1.37万处，清除垃圾杂物2196.7吨，清除病媒生物滋生地6027处，整治庭院1.5万余个、阳台5000余个，开展宣传活动223次，发放宣传资料1万余份。

（钱茜雯　周超华）

院前急救

【概况】 2023年，萧山区医疗急救指挥中心受理“120”急救电话21.32万起（日均584起），比上年下降15.3%，其中接警电话14.81万起（日均406起），下降16.1%；调度车辆4.04万车次（日均111车次），下降2.1%；救治病人3.15万人次，下降1.0%；运用医疗优先分级调度系统（MPDS）指导呼救者自救互救2.18万起，其中成功指导心肺复苏4起、分娩1起；运用城市大脑交通小脑“一键护航”信息系统，救护车执行任务1433起；运用院前院内信息互联互通平台，向区级医院急诊室传输院前急救病人相关信息3.08万例次；利用自动体外除颤器（AED）配套医疗优先分级调度系统（MPDS），共指导报警人获取AED597起；受理处置重大突发事件70起（其中提级汇报17起）。调度员平均摘机时间2秒，平均派车时间50秒，平均2分钟派车率99.1%；各急救单元平均出车时间36秒，平均1分钟出车率89.0%；平均急救反应时间13分4秒，回访满意率99.6%。

【院前医疗急救体系】 2023年，萧山区完成杭州亚（残）运会院前医疗急救保障任务。制订《萧山区医疗急救指挥中心服务保障第19届亚运会与第4届亚残运会工作方案》《第19届亚运会赛时医疗急救指挥调度方案》《第19届亚运会与第4届亚残运会萧山区域救护车医疗保障实施方案》等工作方案，规范接处警流程；成立工作专班组与亚运调度专席，每天召开会议进行总结部署；选拔18名驾驶员和18辆救护车，点对点落实亚运保障场馆12个。是年，完成区政府民生实事项目公共场所配置AED100台，累计配置904台，包括镇（街道）等自配并纳入AED监管平台的共计1054台。全区统一安装GPS、计价器、车载视频监控系统并统一标识，专用于院前医疗急救救护车69辆，其中，防护监护型54辆、抢救监护型15辆、一线值班车17辆、二线备班车52辆。完成院前医疗急救培训基地建设，基地建有医疗模拟舱1个、培训室2个。4月20日，举办

2023年10月23日，杭州亚残运会赛场上，萧山区医务人员为运动员提供医疗服务　（范方斌　摄）

“夯基提质·共迎亚运”萧山区院前医疗急救培训班；5 月 25 日，举办“强技能·迎亚运”2023 年救护车驾驶员技能竞赛，开展“强技能·迎亚运”院前医疗急救应急救治演练；6 月 30 日与 7 月 11 日，分两期开展院前医疗急救调度员英语接处警对话口语培训；8 月 16 日，举办“强技能·迎亚运”调度员综合技能比武；9 月 12 日，开展亚运保障救护车驾驶员专项培训；9 月 13 日，开展院前急救援助驾驶员培训；10 月 18 日，举办亚（残）运会院前急救保障复盘精进班。

【急救保障任务】 2023 年，萧山区医疗急救指挥中心完成除杭州亚（残）运会赛时保障外的重大活动现场医疗急救保障任务 67 起，调派救护车 145 辆次、医务人员 413 人次，未发生因医疗保障救治不力导致人员伤亡事件；完成杭州亚（残）运会赛时保障，相关出车 89 车次（转送 80 人次），其中，场馆保障出车 56 车次（救治 56 人次），区域保障补位 10 车次（救治 3 人次），城市侧保障出车 4 车次（救治 2 人次），官方接待酒店出车 4 车次（转送 4 人次），回送相关人员 15 车次（转送 15 人次）。与“110”联动 1.15 万起，事件办结率 100%。免费举办院前急救知识讲座 11 场，培训 330 余人次。

（姚维红）

无偿献血

【概况】 2023 年，萧山区无偿献血 16130 人次，其中，采集全血 14919 人次，比上年增长 1.9%，全血量 22832.2 单位（U），增长 2.3%，一次献血 300—400 毫升比例为 69.1%；机采血小板 1211 人次，增长 1%，机采血小板 1918.5 单位，增长 2.6%。临床使用红细胞 16944 单位，增长 10%，临床使用血浆 16002.2 单位，增长 20.5%；临床使用血小板 1399.7 单位，增长 53.7%，全年血液供应及时、安全、有效。连续 23 年实现无偿献血 100% 满足临床用血需要。围绕亚运保障，建立 12 个应急团队组成的亚运保障应急献血队伍名册，开展“一起亚运一起热血”无偿献血主题活动，赛会期间 2281 人成功献血，血量约 70 万毫升，应对赛期可能出现的血液保障风险。其间与浙江省血液中心有序联动，分 6 批次调剂红细胞 878 单位、血小板 743 单位、血浆 32 万毫升，完成亚（残）运会血液保障任务。

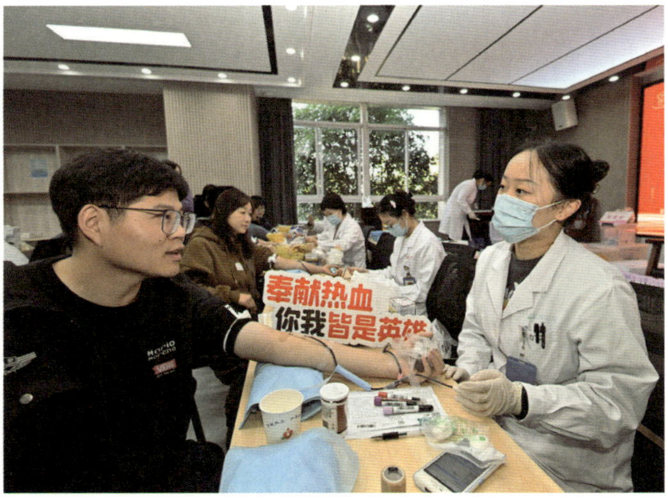

2023 年 11 月 22 日，所前镇开展 2023 年无偿献血活动

（范方斌 摄）

【无偿献血服务能力建设】 2023 年 12 月，萧山区无偿献血服务中心通过省卫健委独立采供血执业技术审查。5 月 19 日，萧山区瓜沥镇七彩社区献血点启用，全区献血点扩增至 4 个，无偿献血网络进一步优化。开展阻断经输血传播疾病工作，招募低危人群采集血液，构筑血液安全防火墙，全年血液总报废率 2.8%。为临床提供红细胞 100% 经过去白细胞制备，降低输血不良反应发生率。加强库存管理，完善血液管理系统实施，临床用血网上提前预约，节约取血等候时间。深化“用血服务不用跑”改革，全年 636 人次通过医疗机构“一站式”减免用血费用和支付宝平台报销用血费用，计 71.64 万元，同比增加 35.0%，献血者本人和亲属血费直免率 100%，消除“献血容易报销难”误解。实施成分献血者激励政策，对多次捐献者给予免费体检等奖励，成分献血重复献血率 100%。

【无偿献血宣传】 2023 年，萧山区利用多种形式开展无偿献血宣传活动，营造“心相融，血相连”“人人为我，我为人人”无偿献血氛围。全年发放无偿献血宣传单 3 万余册，制作宣传栏 50 余块，通过“学习强国”学习平台、《萧山日报》、健康萧山等公众媒体，开展无偿献血宣传，弘扬无偿献血、救助他人新风尚，报道 100 余篇，开展主题活动近 20 场，以主题活动带动宣传，开展现场献血、现场宣传、现场招募等工作。1—3 月，开展“护卫生命，天使血缘”大型无偿献血宣传活动，962 名医务人员献血，血量近 23 万毫升。3 月 17 日，举办“迎亚运盛会 为热血奔跑 让生命灿烂”——萧山区第十六届成分献血者联谊会。6 月 9 日，召开全区献血工作会议，表彰无偿献血组织奖单位 47 家、无偿献血奉献奖 1911 名。6 月 14 日，第 20 个世界献血者日当天，在闻堰街道开展“汇聚青春正能量，无偿献血传爱心”主题献血活动，281 位献血者献血 8 万余毫升。7—8 月，新塘街道举办“护亚运 保健康 促发展——我为七一献热血”主题活动，献血 419 人次，献血量 13 万毫升，刷新该街道献血量纪录。10 月，开展纪念《中华人民共和国献血法》实施 25 周年无偿献血宣传月活动。11 月初，区卫健局、区无偿献血服务中心向新晋 3 位百次献血者开展慰问活动，授予百次献血纪念章和纪念杯。11 月 22 日，所前镇开展 2023 年无偿献血活动，216 位献血者献血 6.9 万毫升。

（张璟晶）

责任编辑：陆宏琨

体　育

综述

【体育场地建设】 2023年，萧山区配合省级体育主管部门建成百姓健身房22个、村级全民健身广场3个；配合市级主管部门新建金角银边建设工程2个、小康村升级工程4个。新增或重建区级体育场地248个。全区共有体育场地6253个，比上年增加648个，增长11.6%；体育场地面积559.87万平方米，增加37.31万平方米，增长7.1%；人均体育场地面积2.62平方米，增加0.14平方米，增长5.7%。

【亚运体育场馆】 2023年，杭州第19届亚洲运动会、杭州第4届亚洲残疾人运动会期间，萧山区共有亚（残）运体育场馆17个，其中竞赛场馆9个、训练场馆8个，约占赛事总场馆数的20%，是杭州亚运会所有筹办区（县、市）和协办城市中亚运体育场馆最多的地区。萧山区亚运体育场馆总建筑面积42.7万平方米，总座席超4.4万个。

【体育赛事举办】 2023年，萧山区举办高规格体育赛事，开展杭州“国际赛会之城”核心区建设，举办2023杭州国际网球名人赛、2023世界羽联巡回赛总决赛、2022—2023赛季CBA总决赛等高规格体育赛事。是年，举办亚运会、亚残运会赛事24场，国际级赛事2场，国家级赛事12场，省级赛事7场，市级赛事8场，逐步形成由“顶级体育赛事＋高水平体育赛事＋基层普及型赛事”构成的体育赛事体系。

【萧山区获评“浙江省赛事集聚县”】 2023年12月29日，浙江省体育局公布《浙江省体育局关于认定首批省级赛事之城和赛事集聚县的通知》，萧山区获得“浙江省赛事集聚县”称号，为全省首批11个区（县、市）之一。萧山区作为杭州亚运会、亚残运会主阵地，承办亚运、亚残运会篮球、游泳、足球、举重等24个项目的比赛，共产生金牌134枚，成为亚洲顶尖赛事和运动员的集聚地。

（方玲玲）

群众体育

【概况】 2023年，萧山区共有59类体育场地6390个，其中健身路径2447个、篮球场1042个、乒乓球馆497个、步行道486条、乒乓球场274个、健身房259个、羽毛球场地215个。体育设施主要有大型公共体育场馆、村（社区）体育场地、嵌入式体育场地、学校室内外体育场所、专业健身机构5种类型。

【体教融合推进】 2023年，萧山区以赛促训、以赛带训，完善青少年体育赛事体系。3月2—5日，举办浙江省第十四届中小学生乒乓球联赛（超级组）高中组、初中组总决赛。3月15—17日，举办“迎亚运”2023年萧山区高中生篮球赛。3月16—17日，举办“迎亚运”2023年萧山区初中生排球赛。4月11—13日，举办“迎亚运”2023年萧山区小学生排球赛。10月31日至11月3日，举办2023年萧山区中小学生田径运动会。全年举办青少年体育赛事15场。

【全民健身场馆设施建设】 2023年，萧山区开展全民健身工程建设和提升工作。全年建成各级各类健身场地设施248个，其中新增、重建健身点85个，新建乒乓球室69个，新建各类球场57个，更新篮球架23副、二代健身点8处、健身步道6条。把关新建小区体育场地建设，审核新建小区49个，拟建体育场地208个，面积4.1万平方米。人均体育场地面积从2.48平方米提升至2.62平方米，全年全民健身工程建设数量居全市各县（市、区）第一位。

2023年3月2—5日，ZSTL浙江省第十四届中小学生乒乓球联赛（超级组）高中组、初中组总决赛在萧山体育中心举行

（范方斌　摄于2023年3月3日）

【嵌入式体育场地设施建设】 2023年，萧山区持续建设嵌入式体育场地设施面积6.7万平方米。建设嵌入式体育设施176个，其中足球场16个、篮球场35个、网球场8个、羽毛球场73个、乒乓球场36个、门球场1个、排球场3个、轮滑场4个。

【城市体育设施完善】 2023年，萧山区完善属地公共体育设施目录，在全区范围内排查健身设施。至5月，排查全民健身设施1625处，完成更新、维修660件，保证全民健身设施（器材）完好整洁。

（方玲玲）

竞技体育

【概况】 2023年9月23日至10月8日，杭州第19届亚运会举行。该届亚运会中国体育代表团参赛运动员886人，其中有3名运动员为萧山区少体校培养输送，分别是排球运动员王滨、李咏臻和拳击运动员王培成。2023年，萧山区输送运动员到市队81人，省队6人；25名输送运动员被高等院校录取。

【区少体校入选“国家体育后备人才基地”名单】 2023年8月28日，国家体育总局青少司印发《关于公示“国家高水平体育后备人才基地（2021—2024）”名单的通知》。杭州市萧山区少年儿童体育运动学校（简称“区少体校”）入选“国家体育后备人才基地”名单。杭州市萧山区少年儿童体育运动学校是萧山区九年制义务教育阶段培养少年儿童体育专项运动技能的体育特色学校，负责为省、市培养和输送具有良好思想品德、文化素养和体育特长的优秀体育后备人才。2023年9月26日，区少体校培养输送的运动员王滨、李咏臻所在的中国男排在亚运会男子排球决赛中获银牌。是年，区少体校输送省队7人、市队73人；累计输送国家队7人。

【萧山籍运动员入选备战巴黎奥运会国家集训队】 2023年2月6日，为备战在法国巴黎举办的第33届夏季奥林匹克运动会，中国自行车运动协会公布国家场地自行车集训队2023年第一期集训名单。区少体校培养输送的萧山籍场地自行车运动员陆家辰入选集训名单。

（方玲玲）

体育产业

【概况】 2023年，萧山区把握亚运契机，统筹发展“体育＋”模式，落实体育产业政策，加大招引力度，持续深化社会力量办体育，形成有本土特色的体育产业基地集群和一批优质体育产业项目，招引体育服务业企业12家。结合萧山自然、文化、历史优势资源，打造湘湖半程马拉松、戴村山地越野赛、斯巴达勇士赛等具有萧山韵味的赛事IP，提升萧山体育产业发展水平。

【体育社会组织发展】 2023年，萧山区共有体育社会组织35家，其中3A等级及以上体育社会团体23个。12月4日，杭州市民政局办公室印发《关于2023年度杭州市社会组织评估等级结果的通报》，萧山区老年人体育协会获杭州市5A级社会团体。

【社会力量组织赛事扶持政策】 2023年，萧山区支持社会力量举办赛事活动，完善社会力量举办赛事活动的扶持激励机制。11月3日，萧山区文化和广电旅游体育局印发《关于下达2022年萧山区文旅融合和全域旅游发展扶持资金的通知》，补助浙江明仕文化体育有限公司2022年全国围棋锦标赛（少年儿童）29.38万元。

【杭州乐刻网络技术有限公司获省级奖项】 2023年，杭州乐刻网络技术有限公司获2023年浙江体育产业最具贡献力企业称号、2022—2023年度浙江体育产业“体育赋能城市”领航奖、2023年浙江省服务业领军企业称号。该公司是国内运动健身数字化平台，是杭州首个进入“独角兽”榜单的体育企业，推出“乐刻健身”“乐刻私教馆”“飞蹦运动”“小瑜荚”“闪电熊猫健身”等线下线上健身品牌，实现供需协同的全链路数字化。至年底，该公司商品交易总额21亿元，比上年增长45%；财报收入13亿元，增长28%。

【杭州孚德成为国际皮划艇联合会全球官方授权合作伙伴】 2023年3月30日，杭州孚德品牌管理有限公司（简称“孚德体育”）成为国际皮划艇联合会（ICF）全球官方授权合作伙伴。孚德体育是国内领先的体育IP授权品牌管理公司，专业从事体育赛事等授权产品的设计、开发和全球营销，是杭州亚运会玩具类、徽章及非贵金属类特许生产企业、特许零售企业。

（方玲玲）

责任编辑：陆宏琨

人力资源管理

综述

【人力资源事业发展】2023 年，萧山区发放涉及企业补贴、减缓缴社保费超 12 亿元；与湖南湘西、湖北襄阳、四川甘孜等 18 个县市开展跨省劳务协作，省、市高质量就业创业村（社区）增加到 61 家。城镇新增就业 4.04 万人，帮扶就业困难人员、失业人员实现就业、再就业 1.98 万人。全区养老保险参保率 99.2%，企业退休人员养老保险金每人每月平均增资 126.46 元。大学生创业企业 281 家，新征集高层次人才创业创新项目 225 个，新增专业技术人才 6624 人、技能人才 1.25 万人、高技能人才 5303 人，新招引应届毕业生 1.64 万人。受理劳动争议案件 5933 件，办结率 96.2%。

【人社助力企业稳就业】2023 年，萧山区落实各项政策，发放一次性留工补贴、包车补贴、规模以上制造业企业一次性招用补贴 1201.33 万元，惠及企业 264 家次。加强失业风险防范，先后开展 4 次各类专项用工调研，常态化开展 150 家企业用工监测，撰写 12 篇企业用工情况调研报告。

【困难群体就业帮扶】2023 年，萧山区加大困难群体兜底帮扶力度，开发公益性岗位 213 个，安置就业困难人员 74 人，零就业家庭保持动态清零。新认定大学生就业见习训练基地 25 家，全区 165 家见习基地吸纳 570 名毕业生参加见习。实施离校未就业应届毕业生“一生一策”实名制帮扶，帮扶 3156 名未就业毕业生就业，帮扶率 100%。发放失业保险金、失业补助金 3.01 亿元，托底失业人员基本生活。帮扶就业困难人员 1.99 万人。

人才引进培养

【概况】2023 年，萧山区新征集高层次人才创业创新项目 225 个、大学生创业企业 281 家，新增专业技术人才 6624 人、技能人才 1.25 万人、高技能人才 5303 人，新招引应届毕业生 1.64 万人。

【高层次人才创业创新“5213”计划】2023 年，萧山区实施新一轮高层次人才创业创新“5213”项目招引（重点引进和集聚一批在国内外著名高校、科研院所担任相当于副教授职务以上的专家学者；在国内外知名企业和金融机构担任高级职务的专业技术人才和经营管理人才），通过“产业＋人才”“项目＋人才”模式，吸引海内外高层次人才。聚焦全区数字经济、智能制造和生命健康等重要产业，全年征集“5213”高层次人才创业创新项目 225 个。

【“金梧桐”人才安居计划】2023 年，萧山区实施“金梧桐”人才安居计划，兑付生活补贴、实习津贴等应届生补贴 2.1 亿元，惠及人才 2.5 万人。优化人才事务“智办”“快办”，推进毕业生“一件事一次办”。引进人才居住证审核通过 1.95 万人，办理各类毕业生档案转移 3.2 万份次。

【高层次人才培养认定】2023 年，萧山区新增市钱江特聘专家人选 6 人、“西湖明珠工程”计划人才 12 人。进一步优化人才评价环境，畅通 A—F 人才等级晋升通道，全区新增 A—E 类人才 2481 人、F 类人才 4008 人，A—F 类人才总量 2.72 万人。

【博士后科研工作站建设】2023 年，萧山区加大博士后科研人才引育，新增省级博士后工作站 4 家。截至年末，全区有博士后工作站 56 家（国家级 25 家、省级 31 家），在站博士后 383 人。

表48　2023年萧山区各主要专业新增技术人员一览表

单位：人

类　别		工程	卫生	教师	农业	会计	经济	统计	其他	合计
职称	高级	447	205	187	7	57	69	—	8	980
	中级	1345	482	543	—	465	—	—	78	2913
	初级	191	473	937	4	806	—	—	48	2459
职业资格		272	—	—	—	—	—	—	—	272
合　计		2255	1160	1667	11	1328	69	—	134	6624

说明：此表数据为2023年净增长数

（资料来源：区人社局）

【专业技术人才增长】 2023年，萧山区有专业技术人员总量16.04万人，比上年增加6624人，其中正高级职称902人、副高级职称1.07万人、中级职称4.37万人。

【大学生创业创新】 2023年，萧山区深入推进扶持大学生创业和促进就业，为杭州新无限文化传媒有限公司、杭州创物造势商贸有限公司、鑫尔数字视觉科技（杭州）有限公司等239家大学生创业企业发放项目、房租、贷款贴息等资助资金1247万元；开设“党建领航·青创萧山”青创研修营，组织24家大学生创业骨干企业开展名院参访、创业互动等活动。截至年末，全区有大学生创业企业2068家，新增大学生创业企业281家，带动就业6791人。

【高技能人才培育】 2023年，萧山区实施“金蓝领”培育工程，根据产业发展需要，技能人才、高技能人才分别新增1.25万人、5303人，技能人才总量36.1万人。新增“全国技术能手”2人、“浙江工匠”6人、区级“首席技师”10人。截至年末，全区有区级以上“首席技师”214人，其中省“首席技师”4人、市“首席技师”21人。

表49　2023年萧山区新增高技能人才培育一览表

人才名称	姓　名	单　　位
“全国技术能手”	陆海兵	杭州跨湖楼酒店集团有限公司
	曾玉平	杭州萧山技师学院
浙江省新时代突出贡献“浙派工匠”	陆立军	杭州前进齿轮箱集团股份有限公司
“浙江工匠”	曾启全	浙江万龙机械有限公司
	王梁华	杭州萧山技师学院
	王昆仑	中国重汽集团杭州发动机有限公司
	俞文生	杭州萧山长运特种设备检验检测有限公司
	徐卫锋	杭州萧山琴美美容美发有限公司

续表49

人才名称	姓　名	单　　位
“浙江工匠”	汤永咊	杭州厨宝科技有限公司
萧山区“首席技师”	陈呈斌	杭州市萧山区第二中等职业学校
	冯启荣	杭州萧山技师学院
	韩剑敏	杭州前进齿轮箱集团股份有限公司
	杭　桦	杭州米家铭杰汽车销售服务有限公司
	蒋教芳	浙江申通快递有限公司
萧山区“首席技师”	鲁　桥	开元旅业集团有限公司
	王利明	通用电气能源（杭州）有限公司
	王露清	杭州大有供电服务有限公司萧山欣美分公司
	徐芙蓉	杭州市萧山区社会福利中心
	张海婴	传化智联股份有限公司

（资料来源：区人社局）

【技师工作室建设】 2023年，萧山区王玉珍美容师技师工作室、萧山区张伟汽车维修工技师工作室新增为市技能大师工作室，萧山区杨兰农作物植保员技师工作室、萧山区吴兴尧装配钳工技师工作室、萧山区王昆仑铣工技师工作室、萧山区戚兴良中式烹调师技师工作室、萧山区冯盛汽车维修工技师工作室新增为区技师工作室。截至年末，全区有区级以上技能大师工作室77家，其中国家级1家、省级10家、市级20家、区级46家。

【职业技能等级认定】 2023年，萧山区持续推进职业技能等级认定试点工作。新增职业技能等级认定备案试点单位（企业）14家，试点单位（企业）总量达69家，发放等级证书6617本。

2023年6月18日，萧山区举办“行行出状元”电视擂台赛“中式烹调师”技能比武　（区人社局　提供）

【萧山技师学院加快技工教育高质量发展】2023年，萧山技师学院育才路校区扩建项目开工。项目规划用地10.73公顷，总建筑面积22万平方米，投资13亿元，建成后可满足约4000名学生生活学习需求。12月，人力资源和社会保障部公布第47届世界技能大赛中国集训基地名单，萧山技师学院被设立为CAD机械设计项目、工业设计技术项目中国集训基地。年内，学生何城柯、周森锋被评为全国技术能手，学生富元昊、李凯越、赵垒、汪宇杰获“全国青年岗位能手”称号。

（孔潇文）

就业再就业

【概况】2023年，萧山区实施就业优先战略，实施“四季如春”和“一镇（街）一品”就业援助精准服务行动，促进重点群体充分就业、困难群体兜底保障。落实稳岗惠企政策，帮扶重点群体就业创业，就业局势保持稳定态势。

【就业创业最优区打造】2023年，萧山区鼓励创业带动就业。向重点人员发放创业担保贷款8195万元，打造市级创业陪跑空间1家、创业陪跑空间5家，累计孵化创业实体企业207家，创业带动就业1864人。瓜沥镇兴围村、靖江街道雷东村、新街街道双圩村被省人社厅评为“返乡入乡合作创业村”优秀单位。

【高质量就业服务体系健全】2023年，萧山区以“一镇（街）一品”和高质量就业村（社区）为核心，健全镇（街道）、村（社区）两级高质量就业服务体系。各镇（街道）、平台开展专场招聘活动92场；新增市级高质量就业村（社区）11家、区级高质量就业村（社区）50家，全区有省级高质量就业村（社区）8家、市级高质量就业村（社区）53家。

【数字就业驾驶舱精准帮扶】2023年，萧山区人力资源和社会保障局（简称“区人社局”）依托“重点群体就业帮扶在线”应用场景，提供就业服务6.21万人次，帮扶率99.5%，帮扶就业率91.1%。加强失业人员服务保障，开发公益性岗位213个，安置就业困难人员74人。

【援企稳岗减费政策】2023年，萧山区继续落实阶段性降低企业失业保险、工伤保险费率政策，减征企业失业保险费4.48亿元，惠及企业7.47万家。实施一次性留工培训补助、一次性扩岗补助等惠企政策，为企业减负1300万元，惠及企业2200家次。

【劳动力资源调查】2023年，萧山区人社局结合产业结构布局，调整用工监测企业34家。依托用工监测平台，常态化开展企业用工监测150家，精准摸底外来务工人员就业情况和企业用工需求。

【省际劳务协作】2023年，萧山区深化省际劳务大合作，组建“招工小分队”，带着78家优质企业、6500余个岗位，到安徽亳州、四川广元和云南曲靖、昭通等三省八地，开展劳务协作对接活动。组织外出招聘会11场，接洽求职人员7700余人，达成就业意向1013人。推进与四川省康定市、旺苍县结对帮扶工作，向两地推送就业岗位1.72万个，互访4次，举办线上线下招聘活动3场。推动脱贫人员在萧稳定就业，22个中西部省份脱贫人口在萧务工规模达2.4万人，比上年增加8171人。荣盛石化股份有限公司、杭州科百特过滤器材有限公司、浙江恒逸石化有限公司、松岗科技（浙江）有限公司4家企业，获评2023年度杭州市就业帮扶爱心企业。

（孔潇文）

劳动关系

【概况】2023年，萧山区统筹推进根治欠薪工作，为劳动者追回工资报酬2.39亿元，培育劳动关系协调员922人，促进重大问题源头化解。规范企业用工，开展企业用工诊断1260家，劳动合同网上签订56.5万份。健全案前调解、网络庭审等工作机制，提高调解仲裁工作效能。全年受理劳动争议案件5933件，结案5707件，办结率96.2%。

【网上签订电子劳动合同】2023年，萧山区继续常态化推进网上签订电子劳动合同工作，指导企业规范用工。截至年末，全区6014家企业签订电子劳动合同56.5万份，合同网签量居全市第二位，合同覆盖率86.8%，比上年增加2.6个百分点。

【规范企业用工】2023年，萧山区对1260家企业开展用工诊断评估；实施集体协商集体要约行动，优化“稳定增长、适度倾斜”的收入分配格局，完成329家样本企业薪酬调查。利用基层人社治理“三支队伍”（劳动保障督导员、劳动保障管理员、劳动关系协调员），做到劳动关系协调员常态化培训。联合区总工会举办“护航亚运·共筑和谐”劳动关系协调员职业技能竞赛，110人参赛，壮大协调劳动关系队伍。

【劳动权益保障】2023年，萧山区受理各类欠薪投诉线索1.68万件，办结率100%，为4.2万名劳动者追回工资2.39亿元。其中，高标准办结国务院欠薪线索7906件。实施“护航亚运”“冬季百日攻坚行动”等6轮联合专项检查，覆盖用人单位1200余家。区、镇（街道）两级共开展“开工第一课”活动30余场，发放宣传海报 2.2 万张，现场参与人员 3000 余人次。强化对在萧山区 430 余个在建项目无欠薪“六项制度”监管，源头防范工程领域欠薪问题发生。制定《欠薪类案（事）件处置操作细则》和案件处置流程图，进一步明确权责边界、办案流程和办案规范，打通人社监管与综合执法之间的壁垒。

【劳动纠纷多元化解机制】 2023 年，萧山区推动劳动争议多元解纷、诉源治理。优化镇（街道）劳动纠纷多元化解机制，建立仲裁员与调解员联系制度。扩大兼职仲裁员队伍，吸纳办案经验丰富的律师进入诉前调解队伍。强化基础建设，新设基层劳动人事争议仲裁派出庭 3 个。全年受理劳动人事争议案件 5933 件，办结 5707 件，结案率 96.2%；调解成功率 83.4%，案件网办率 46.7%。

【工伤认定和劳动能力鉴定】 2023 年，萧山区率先推行工地工伤事故预先报备制度，有效运用“工地工伤 48 小时报”系统，开展工伤认定调查取证，降低虚假工伤申报率，减少认定过程中的争议扯皮现象。全年受理工伤申请 6347 件，认定 6274 件，劳动能力鉴定 5936 人。

（孔潇文）

事业单位管理

【概况】 2023 年，萧山区引进高层次人才 47 人。区人社局指导卫健、教育和社区人事招聘工作。加强专业技术岗位结构比例调控、岗位设置管理，完成机关事业单位人员年度绩效考核和薪资晋升工作。对事业单位工作人员进行年度考核。事业单位工作人员参加考核 2.51 万人，确定优秀等次 5117 人。

【人事管理制度】 2023 年，萧山区修订出台《关于进一步规范事业单位工作人员交流的通知》，建立《萧山区事业单位从区外调入机关事业单位工作人员预报预审制度》，印发《杭州市萧山区机关事业单位编外人员招聘办法》。

【人事招聘】 2023 年，萧山区招聘高层次事业人员 47 人，事业单位公开招聘 83 人，卫健系统招聘事业人员 311 人，教育系统招聘事业编制教师 499 人，文旅局招聘文化专业人才 5 人，技师学院招聘事业编制教师 3 人。

【人事管理】 2023 年，萧山区办理事业人员交流 548 人，办理事业人员岗位聘用 4744 名，晋升备案手续和 157 家事业单位岗位设置备案，完成镇（街道）职员等级变更备案 55 人次。做好因私出国（境）登记备案人员动态更新工作，完成机关事业单位工作人员出入境备案 1685 人，撤销备案 896 人。实行事业单位专业技术中、初级岗位统筹管理，进一步拓宽事业单位专业技术人员职业发展空间，惠及事业人员 1.79 万名。

【表彰奖励】 2023 年，萧山区表彰“制造业高质量发展工作”成绩突出集体和个人、“社会治理工作”成绩突出集体和个人、“共同富裕工作”成绩突出集体和个人。每个项目各表彰 100 个集体、100 名个人。

【医护人员待遇保障】 2023 年，萧山区深化区域医疗卫生服务共同体薪酬制度改革。针对医共体成员单位总体收支情况及原有薪酬制度实施过程中存在的问题，围绕突出知识价值导向、健全激励约束机制、注重持续协调发展等原则，制定出台实施意见，完善薪酬制度设计、优化薪酬结构体系、强化内部分配指导、加大财政保障力度、落实考核监督管理。

【干部人事档案管理】 2023 年，萧山区有序推进干部人事档案管理服务工作。截至年末，实际管理干部人事档案 8166 卷，新增收录档案 357 卷，数字化加工 1933 卷，档案审核 2542 卷。

（孔潇文）

公共服务

【概况】 2023 年，萧山区有镇（街道、场）、平台人力社保管理站 23 家，社区人力社保服务站 233 家，村人力社保服务室 335 家。推进数字化改革，融入“三网融合”大屏，完成数据接口改造，16 个指标项接入“三网融合”大屏。扎实推进基层人社治理现代化改革全省试点工作，建立“1533”基层治理工作体系。开展“大走访、大调研、大服务、大解题”活动，区人社局领导每人领衔 1 项课题开展调研走访，收集并解决问题 13 个，形成调研报告 7 篇。持续深化“一网通办”，“一件事”线上受理率 100%，“一网通办”率 98.5%。

【人力社保法治建设】 2023 年，萧山区人社局规范依法行政，加强法治人社建设。化解行政争议，办理行政复议案件 30 起，行政诉讼案件 48 起，行政首长出庭应诉率 100%。常态化落实领导“包案化解”机制，全年行政复议调撤率 46.4%，行政诉讼调撤率 32.3%。提升行政执法规范化水平。加强行政执法队伍建设，新申领行政执法证件 9 人，区人社局系统持证人员 131 人；开展各类法治审核 48 件次；实施“双随机”（随机抽取检查对象和随机选派执法检查人员）监管执法检查 15 次，涉及企业 119 家；组织开展行政执法案卷评查工作 2 次。规范开展各类行政审批 2541 件；完成行政规范性文件报备 2 件，开展行政规范性文件后评估工作；规范政务公开，公开信息 214 条，处理政府信息依法申请公开 10 件。建设人社普法宣传微矩阵，开展“为你读法”“小社漫说”“小社街采”等普法宣传 48 期。

【技能比武】 2023 年，萧山区人社局组织开展基层人社治理能力练兵比武活动，全区 85 名劳动保障监察工作人员参加。区人社局获杭州市练兵比武竞赛团体二等奖，3 人获市级个人荣誉。其中，苏晓梅、沈晓萍获杭州市“人社知识通”称号，董骏捷获杭州市人社局“岗位练兵明星”称号。

（孔潇文）

责任编辑：余观祥

湘湖二十年

湘湖，从远古走来，孕育了8000年跨湖桥文化，滋养着萧山一方土地。自北宋政和二年（1112）杨时开湖至今，900余年文脉传承，历代诗家歌咏不绝。21世纪伊始，湘湖进入全新发展阶段。如今的湘湖，与西湖隔江相望，成为钱塘江南岸的一颗明珠。

2003年，湘湖保护与开发工程正式启动。历经一期、二期、三期建设，湘湖基本恢复古湘湖“葫芦状”的历史形态，初步形成“产城人文湖”融合发展态势。

2023年是湘湖保护与开发20周年。《萧山年鉴（2024）》编辑湘湖专辑，记载湘湖20年蝶变，呈现湘湖生态、人文、产业相融之美。

2003年

3月2日　萧山区第十三届人大第一次会议召开，《政府工作报告》把湘湖保护开发列为2003年为民办好的十件实事之一。

8月　浙江湘湖旅游度假区管理委员会成立。

11月17日　萧山区政府发布《关于加强浙江湘湖旅游度假区规划控制的通知》，启动湘湖保护与开发。

11月24日　湘湖启动区拆迁安置领导小组成立。

2004年

8月25日　萧山区委、区政府召开“当好东道主，办好休博会，建设新湘湖”动员大会。

11月1日　《湘湖度假区启动区块修建性详规》予以通过。

12月17日　跨湖桥考古学术研讨会暨新闻发布会召开，“跨湖桥文化”正式命名。

2005年

4月8日　时任浙江省委书记习近平同志实地调研跨湖桥遗址。

6月7日　湘湖保护与开发工程领导小组和指挥部成立。

7月21日　萧山区委、区政府召开湘湖保护与开发建设工程征迁工作会议。

2006年

4月14日　时任浙江省委书记习近平、省长吕祖善到萧山检查“一湖三园”建设进展情况。

6月7日　湘湖保护与开发工程领导小组和指挥部成立。

7月21日　萧山区委、区政府召开湘湖保护与开发建设工程征迁工作会议。

2013年

7月18日　萧山区召开湘湖三期建设动员大会，会议提出要大干三年、圆梦湘湖。正式启动湘湖三期保护与开发建设。

2014年

2月18日　湘湖新城开发建设三年行动计划出炉，着力打造“人文湘湖，休闲新城”，提高湘湖新城的城市竞争力。

2015年

10月9日　国家旅游局公布首批17个国家级旅游度假区，湘湖旅游度假区榜上有名。

2016年

9月30日　湘湖三期正式开园，湖面扩大到610公顷，“葫芦状”的大湘湖面貌重现。

2017年

12月17日　杭州首个总部级国际旅游组织——世界旅游联盟总部落户湘湖。

湘湖二十年

保护开发概要

007 年

月 24 日　湘湖启动区完成最后一次注水。湘水面西扩 40 公顷，共恢水面 120 公顷。

月 25 日　湘湖制定发布《主攻二期 做热湘——湘湖旅游度假区三行动计划》。

2008 年

4 月　浙江湘湖旅游度假区被评为“中国休闲旅游最佳目的地”，是浙江省第一个获此荣誉的度假区。

5 月　湘湖景区被国家旅游局授予“国家 AAAA 级旅游景区”称号。

8 月 27 日　湘湖二期工程建设指挥部成立并召开第一次会议。

2009 年

9 月 28 日　跨湖桥遗址博物馆建成开放。

12 月 1 日　湘湖新城概念性规划正式出台。

2010 年

湘湖二期征迁工作基本完成，为工程开工奠定基础。

2011 年

9 月 14 日　湘湖二期正式开园。

2012 年

7 月 16 日　浙江湘湖旅游度假区（湘湖新城）正式挂牌，按照“两块牌子，一套班子”的模式运行管理。

2018 年

以推进“四化三融合”、打造示范区为战略目标，以休闲旅游为核心，建设“1+4”产业平台。

2019 年

1 月 1 日　《杭州市萧山湘湖旅游度假区条例》正式实施。

2020 年

1 月　院士岛正式运营。

6 月 2 日　浙江省油画院落户湘湖。

11 月　湘湖应急备用水源及其扩建工程顺利通过竣工验收。

2021 年

未来产业社区核心区块启动。

2022 年

10 月 8 日　“中国视谷”建设启动，打造数字经济新地标。

2023 年

2 月 24 日　世界旅游联盟总部启用仪式举行。

4 月 8 日　中国艺术国学门设立暨湘湖校区启动仪式举行。

6 月 28 日　西湖风景名胜区和湘湖国家旅游度假区签订战略合作协议，西湖与湘湖正式缔结“姊妹湖”。

历经20年建设，湘湖旧貌换新颜。四组今昔对比图见证湘湖破茧成蝶的巨变。

1	2	5	6
3	4	7	
		8	

1 湘湖一期原貌 （周少伟　摄于2005年）

2 湘湖一期 （周煜程　摄于2023年6月28日）

3 湘湖一期开发期间的城山牌坊 （王永春　摄于2006年3月18日）

4 城山牌坊 （蒋彤侃　摄于2022年）

5 湘湖金融镇原貌 （周少伟　摄于2008年）

6 湘湖金融镇二期 （蒋彤侃　摄于2022年）

7 湘湖三期原貌 （蒋彤侃　摄于2011年4月）

8 湘湖三期 （蒋彤侃　摄于2020年8月）

1
2
3

❶ 2005年10月17日，湘湖一期建设现场（丁力　摄）

❷ 2005年8月25日，湘湖社区居民房屋拆迁签约仪式举行（丁力　摄）

❸ 2006年4月21日，2006杭州世界休闲博览会主园区"一湖三园"开园仪式在萧山休博园举行（丁力　摄）

4
5
6

4 2011年8月8日，湘湖四亭桥建设现场（王永春　摄）
5 2011年9月14日，湘湖二期开园　（丁力　摄）
6 2016年4月，湘湖三期建设现场　（寿健　摄）

1	2
3	

1 湘湖秋色 （范方斌 摄于 2023 年 11 月 14 日）

2 雪中湘湖 （丁智荣 摄于 2022 年 12 月 1 日）

3 湘湖霞光 （丁智荣 摄于 2019 年 8 月 19 日）

4
5
6

4 湘湖一角（凌风　摄于 2022 年 1 月 3 日）
5 湘湖荷花庄（唐柯　摄于 2023 年 7 月 8 日）
6 湘湖花海（范小羊　摄于 2022 年 11 月 6 日）

1
2

■ 湘湖良好的生态环境吸引了众多鸟类栖息　　（卢晓吉　摄于 2019 年 2 月 6 日）

■ 通过科技治水，湘湖的湖水清澈见底　　（丁力　摄于 2022 年 12 月 14 日）

3
4

3 2023 年 1 月 13 日，一年一度的湘湖年鱼节举办 （顾铁群 摄）

4 乘坐摇橹船泛舟湘湖荷花深处，成为年轻人热门“打卡”拍照方式

（卢晓吉 摄于 2023 年 6 月 25 日）

1 3
2 4
5

1 湘湖金沙滩 （丁力 摄于2023年7月16日）

2 跨湖桥遗址博物馆 （跨湖桥遗址博物馆提供， 摄于2020年9月18日）

3 2021年7月6日，湖山广场的音乐喷泉与露天演出 （孔琦磊 摄）

4 2021年11月18日，瑜伽爱好者在湘湖边晨练 （丁智荣 摄）

5 2023年4月16日，第二届湘湖半程马拉松开跑 （史勇 摄）

起 | 终点
2023杭州湘湖半程马拉松
00:00:03
起 | 终点
00:00:03

1 3
2 4

1 2023 年 6 月 28 日，西湖·湘湖唱好“西湘记”缔结“姊妹湖”战略合作仪式举行
（周少伟　摄）

2 2023年10月，中国视谷展厅开放。图为该展厅序厅（中国视谷·萧滨一体化专班　提供）

3 2023 年 2 月 24 日，世界旅游联盟总部建成启用。图为世界旅游联盟总部（丁力　摄）

4 2022 年，萧山区与滨江区共同推进萧滨一体化。萧滨一体化在湘湖实现“无缝连接”
（范小羊　摄于 2023 年 12 月 14 日）

1 山明水秀新湘湖 （丁力 摄于 2022 年 8 月 8 日）

社会生活

居民收支

【概况】 2023年，萧山区居民人均可支配收入74161元，比上年增长4.8%。居民收入与地区生产总值增速基本同步。农村居民人均可支配收入增速高于城镇2.7个百分点，城乡收入比下降至1.55：1。全体居民人均生活消费支出47410元，增长7.8%。

【城镇居民收入情况】 据抽样调查，2023年，萧山区城镇居民人均可支配收入81655元，比上年增长4.3%。年内，城镇居民人均工资性收入、经营净收入、财产净收入和转移净收入全面增长。其中，工资性收入44591元，增长4.2%，拉动可支配收入增长2.3个百分点；经营净收入10546元，增长4.8%，拉动可支配收入增长0.6个百分点；财产净收入11593元，增长2.9%，拉动可支配收入增长0.4个百分点；转移净收入14925元，增长5.5%，拉动可支配收入增长1个百分点。

【农村居民收入情况】 据抽样调查，2023年，萧山区农村居民人均可支配收入52719元，比上年增长7.0%。农村居民人均工资性收入、经营净收入、财产净收入和转移净收入全面增长。其中，工资性收入33325元，增长6.6%，拉动可支配收入增长4.2个百分点；经营净收入7587元，增长8.3%，拉动可支配收入增长1.2个百分点；财产净收入1631元，增长5.0%，拉动可支配收入增长0.2个百分点；转移净收入10176元，增长7.7%，拉动可支配收入增长1.5个百分点。

【城镇居民消费支出情况】 2023年，萧山区城镇居民人均消费支出49126元，比上年增长7.1%。其中，教育文化娱乐支出5045元，增长10.1%；其他用品及服务支出1128元，增长9.1%；医疗保健支出5421元，增长8.3%；交通通信支出8524元，增长8.3%；生活用品及服务支出2702元，增长7.0%；衣着支出2412元，增长6.8%；居住支出12644元，增长5.9%；食品烟酒支出11250元，增长5.6%。

【农村居民消费支出情况】 2023年，萧山区农村居民人均消费支出42501元，比上年增长10.1%。其中，教育文化娱乐支出4087元，增长13.9%；其他用品及服务支出984元，增长12.5%；交通通信支出6943元，增长12.3%；医疗保健支出3277元，增长12.2%；生活用品及服务支出2030元，增长11.6%；衣着支出2022元，增长10.2%；食品烟酒支出11008元，增长8.7%；居住支出12150元，增长8.0%。

（项　奕）

表50　2023年萧山区居民人均可支配收入结构一览表

指标名称	全体常住居民			城镇常住居民			农村常住居民		
	2023年（元）	2022年（元）	增幅（%）	2023年（元）	2022年（元）	增幅（%）	2023年（元）	2022年（元）	增幅（%）
可支配收入	74161	70744	4.8	81655	78289	4.3	52719	49270	7.0
工资性收入	41673	39809	4.7	44591	42812	4.2	33325	31261	6.6

续表 50

指标名称	全体常住居民			城镇常住居民			农村常住居民		
	2023 年（元）	2022 年（元）	增幅（%）	2023 年（元）	2022 年（元）	增幅（%）	2023 年（元）	2022 年（元）	增幅（%）
经营净收入	9780	9269	5.5	10546	10064	4.8	7587	7004	8.3
财产净收入	9013	8740	3.1	11593	11266	2.9	1631	1553	5.0
转移净收入	13695	12926	5.9	14925	14147	5.5	10176	9452	7.7

表 51　2023 年萧山区居民人均消费支出结构一览表

指标名称	全体常住居民			城镇常住居民			农村常住居民		
	2023 年（元）	2022 年（元）	增幅（%）	2023 年（元）	2022 年（元）	增幅（%）	2023 年（元）	2022 年（元）	增幅（%）
消费支出	47410	43979	7.8	49126	45869	7.1	42501	38602	10.1
食品烟酒	11187	10515	6.4	11250	10650	5.6	11008	10131	8.7
衣　着	2311	2148	7.6	2412	2258	6.8	2022	1835	10.2
居　住	12516	11762	6.4	12644	11943	5.9	12150	11249	8.0
生活用品及服务	2528	2343	7.9	2702	2526	7.0	2030	1819	11.6
交通通信	8115	7431	9.2	8524	7869	8.3	6943	6184	12.3
教育文化娱乐	4797	4325	10.9	5045	4584	10.1	4087	3589	13.9
医疗保健	4866	4463	9.0	5421	5005	8.3	3277	2920	12.2
其他用品及服务	1091	992	10.0	1128	1034	9.1	984	875	12.5

（资料来源：国家统计局萧山调查队）

婚姻登记与生育管理

【概况】 2023 年 6 月 1 日起，萧山区根据省统一部署，开展内地居民婚姻登记“跨省通办”改革试点工作。11 月 10 日，“和美萧山”婚俗文化展陈馆启用。区民政局被省民政厅评为 AAAAA 级婚姻登记机关。成立由区长任组长，23 个相关职能部门主要负责人组成的萧山区人口均衡发展领导小组，出台《萧山区优化生育政策　促进人口长期均衡发展的若干措施（试行）》，提高区级生育激励措施执行权威性、稳定性和可操作性。

【婚姻、收养登记】 2023 年，萧山区婚姻登记处开展婚姻家庭辅导 6985 件，其中，离婚调适辅导 1106 件，劝和 553 件，劝和率 50%。6 月 20 日，组织“幸福启航·爱达未来”幸福婚姻微论坛活动。全年举办主题型活动 12 场，参与人数 900 余人。举办各类集体颁证仪式 4 场，参与人数 200 余人。办理收养登记 1 例。8 月 21 日，区婚姻登记处徐立吉在浙江省第三届结婚登记颁证技能比赛中获“浙江省金牌颁证员”称号。

（王苏萍）

【人口出生】 2023 年，萧山区成立由区长担任组长，区委办、区政府办、区发改局、区卫生局等 23 个相关职能部门“一把手”组成的区人口均衡发展领导小组，出台《萧山区优化生育政策

萧山区"和美萧山"婚俗文化展陈馆

（区民政局提供，摄于 2023 年 11 月 5 日）

促进人口长期均衡发展的若干措施（试行）》，提高区级生育激励措施执行的权威性、稳定性和可操作性。户籍出生人口 8311 人，其中一孩 5410 人、二孩 2731 人、三孩 166 人，其他多孩 4 人。办理生育登记 10217 例。

【生育健康环境建设】 2023 年，萧山区全面实施育儿补贴制度，审核孕产补助 2684 人，育儿补助 2850 人，合计发放孕产、育儿补助 2279.5 万元。继续实施好全面两孩政策实施前的独生子女家庭、农村计划生育双女家庭各项奖励和扶助等优惠政策，完成 2.3 万人次的省级奖扶政策资格确认工作，发放 2084 万元奖扶金，资格确认准确率和覆盖率 100%。

【生育关怀】 2023 年 5 月，萧山区以"倡新时代婚育文化，助家庭健康和谐幸福"为宣传主题，开展为期一个月的"5·29"会员日系列活动。5 月 29 日，区计划生育协会邀请浙江名医大讲堂、名医直通车专家、杭州市健康促进协会专家顾问俞益武教授，作题为《把握生命"三个一"健康幸福一辈子》的讲座。全区开展"5·29"计划生育协会会员日活动 375 场，宣传 2.2 万人次，走访慰问 2628 人次，服务 5621 人次。开展暖心助孕工作大型活动 4 次，发放宣传资料 2 万余份，入户关怀 1 次。

（燕东剑）

【"和美萧山"婚俗文化展陈馆启用】 2023 年 11 月 10 日，"和美萧山"婚俗文化展陈馆启用。该馆面积 260 平方米，融合传统与现代元素，通过视频、图片、文字、实物、声音等多种形式，展示萧山古今婚俗文化、家风家训、嫁妆等。

（王苏萍）

殡葬管理与服务

【概况】 2023 年，萧山区共有公墓 89 处。其中，年内新（扩）建生态墓地 1.21 公顷。下拨殡葬管理专项补助资金 218.85 万元。年检公墓单位 75 家，合格率 100%。进化镇宝山生态墓地被省民政厅评为第三批公益性节地生态安葬示范点。

【惠民殡葬】 2023 年，萧山区贯彻《萧山区殡葬管理专项补助及惠民减免管理办法》，实行遗体接运、存放、火化、守灵（或告别）、骨灰盒、生态安葬等惠民殡葬基本服务全流程免费，减免费用 574.56 万元。

【移风易俗】 2023 年，萧山区开展殡葬用品市场专项整治，出动执法检查 1346 人次，检查经营户 568 家次，责令整改 82 家，处理 9 家，发放宣传册 6500 份。举办"倡导移风易俗，弘扬文明新风"文艺活动，宣传"厚养薄葬"的文明殡葬理念。提倡绿色祭扫，在 3 家经营性陵园及大型公墓开展"鲜花换纸钱"活动，倡导"无烟净园"。

（王苏萍）

社会保障

【概况】 2023 年，萧山区社会保险扩面征缴，助企纾困。做好参保持续扩围，推进灵活就业人员参加企业职工基本养老保险、七类特定人员（浙江大龄劳动者、实习学生、见习人员、新就业形态劳动者、家政服务人员、在职村干部和专职社区工作者、群众演员）参加单险种工伤保险；做好待遇稳步提升，持续提高社会保险待遇水平；做好服务精准促优，推广社保服务"智办"模式，推进社保服务"就近办"和"社银合作"质效升级，拓展社保卡"一卡通"运用场景；做好基金安全运行，实施"社会保险基金管理巩固提升年"行动，构建"四位一体"风险防控体系。

【养老保险】 2023 年，萧山区企业职工养老保险参保 119.14 万人，城乡居民基本养老保险参保 7.37 万人。全区各类退休人员共 42.41 万人，其中企业退休人员 35.64 万人、城乡居民 6.77 万人。全年为 42.41 万名退休人员发放各类养老待遇 144.03 亿元。

【生育保险】 2023 年，萧山区生育保险参保人员 111.6 万人，为 1.82 万人支付生育津贴 3.46 亿元。创新开展生育津贴"免申即享"，生育津贴无感拨付 1055 万元。

【工伤保险】 2023 年，萧山区工伤保险企业参保 77 万人，比上年增长 9.97%。截至年末，工伤保险结报 2.46 万人次，包括每月定期发放人员，共支付 3.59 亿元。

【失业保险】 2023 年，萧山区失业保险参保企业 78304 家，参保 76.49 万人，比上年增长 3.9%。全年有 18.67 万人次领取失业保险金及失业补助金，支付失业保险基金 3.01 亿元。

【医疗保险】 2023 年，萧山区有基本医疗保险参保单位 8.26 万家，参保 161.98 万人，户籍人口参保率 99.8%；"西湖益联保"参保 71.17 万人，参保率 45.4%。其中，群众医疗综合保障率 90%，做到重点落实、全面保障、待遇提升。

【基本养老保险扩面】2023年，萧山区推进灵活就业人员参加企业职工基本养老保险、七类特定人员参加单险种工伤保险，全民参保人数稳中有增，企业职工基本养老保险参保119.14万人，全年净增4.73万人。截至年末，各类养老保险综合参保率99.2%以上。

【养老保障待遇提高】2023年，萧山区按照省、市统一部署，调整各类养老保障待遇。企业退休人员每人每月平均增资126.46元，全区补发养老待遇2.84亿元。全区享受城乡居民养老待遇6.77万人，城乡居民基础养老金标准由每人每月330元提高至350元，共计发放城乡居民养老待遇6.73亿元。

【社保基金安全保障】2023年，萧山区人社部门开展“社会保险基金管理提升年”行动，构建“四位一体”（政策、经办、信息、监督）风险防控体系。完善智慧预警，依托人社补贴精密智控场景，确定12个风控事项、77条规则，完成数据比对17.4万次。强化内控稽核，审计内部相关业务2.55万笔，核查疑点数据810条，查实各类违规、重复领取养老待遇74人，追回养老基金207.6万元。开展“警示教育月”活动，组织专题警示教育2期，社保业务工作人员200余人次接受警示教育。

【社保业务“就近办”“网上办”】2023年，萧山区人社部门持续推进“就近办”和“社银合作”质效升级，形成“中心—办事处—镇街—银行”点线面相结合的“15分钟办事圈”，将民生社保事项10个大项、30个子项下放到全区23个“就近办”、125个社银合作网点，配合政务服务网，线上线下同步进行，全面提升社保服务质效。截至年末，“镇街+银行”共经办社保业务13.33万件。

【企业退休人员社会化管理】2023年，萧山区人社部门创建“社彩枫呈”文化养老品牌，不断提升企业退休人员社会化管理水平。围绕“共行共舞共亚运，忆萧忆美忆时年”主题，结合地域特色、时令特点，为企业退休人员量身定制知识竞赛、美食制作、钓鱼健身、学习参观、护航亚运等系列活动，激活企业退休人员老年活力，打造“老有颐养”幸福样本。全年集中举办各类活动30余场，参与5万余人次。

（孔潇文）

基层治理

【概况】2023年，萧山区新建城市社区12个，撤销村民委员会1个，撤销居民委员会3个，招聘城市社区专职社区工作者146人。截至年末，全区辖12个镇、10个街道办事处及红山农场，有村及农村社区335个、城市社区195个、转制社区50个。

【社区空间品质提升】2023年，萧山区推进提升社区配套服务用房面积至每户百户102平方米。新增城乡社区服务综合体6个，新增（改建）居民会客厅10个，在全区推行社会工作创新实验街区建设。与高校、专家合作提炼《萧山现代社区治理活力导则》与《萧山区社区服务综合体空间打造及运营指引》。

表52　2023年萧山区新增提升社区配套服务用房一览表

名　称	单　　位
城乡社区服务综合体	北干街道中誉新城社区服务综合体
	北干街道博学路社区服务综合体
	新塘街道汇宇社区服务综合体
	闻堰街道江澜社区服务综合体
	盈丰街道盈二社区服务综合体
	瓜沥镇东灵社区服务综合体
（改建）居民会客厅	城厢街道湘湖社区
	北干街道中誉新城社区
	北干街道博学路社区
	北干街道广德社区
	北干街道塘湾社区
	新塘街道汇宇社区
	闻堰街道江澜社区
	盈丰街道盈二社区
	盈丰街道丰北社区
	瓜沥镇东灵社区

（资料来源：区民政局）

【社区治理亮点提升】2023年，萧山区创新推出“社区合伙人”机制并在全区推广，启动区级“五社联动”（社区、社会组织、社会工作者、社区志愿者、社会慈善资源的联动机制）试点。全区评选出10个优秀社区治理品牌和10个优秀社区工作法。12月7日，杭州市第二届邻里节活动暨萧山区现代社区治理和服务场景展演在城厢街道举行，发布“五社联动”成果形象IP——“合社果果”和“社区合伙人”招募令。

2023年萧山区第一批“五社联动”试点单位

河上镇伟民村
戴村镇尖山下村
进化镇华锋村
瓜沥镇东恩村
益农镇三围村
北干街道育才东苑社区
城厢街道休博园社区

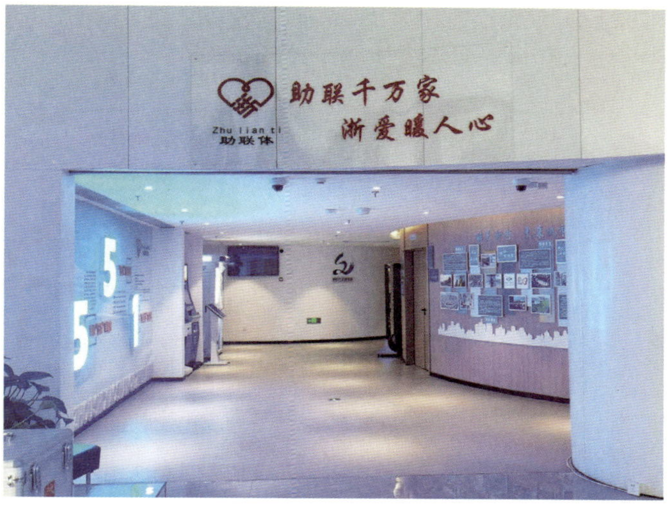

新街街道助联体服务站（王小芳　摄于 2023 年 7 月 12 日）

北干街道天悦社区
北干街道广德社区
北干街道博学路社区
蜀山街道湘源社区
新塘街道罗婆路社区
闻堰街道江澜社区
新街街道新宜社区
南阳街道潮都社区
盈丰街道立涛园社区
临浦镇山阴街社区
义桥镇杨岐社区
所前镇南城社区
瓜沥镇东灵社区

【专职社区工作者能力提升】 2023 年，萧山区持续探索内生式培养与嵌入式培育相结合的社会工作专业人才培养模式，联动省社会工作师协会与高校等开展培训 50 场，培训逾 1 万人次。开展“菁英工作室”培养，启动为期 3 年的培养计划。全区通过全国社会工作者职业水平考试，新增社会工作者 1710 人，持证总数 4576 人。持续加强高层次社区社会工作人才培养，新增省级督导人才 1 人、省级领军人才 2 人、市级督导人才 3 人、区级督导人才 15 人、区级领军人才 10 人。

（王苏萍）

表 53　2023 年萧山区优秀社区治理品牌及社区工作法一览表

名　称	单　位	品　　牌	名　称	单　位	品　　牌
优秀社区治理品牌	城厢街道育才东苑社区	“育见美好·向东而行”——“育美家”社区治理品牌	优秀社区工作法	城厢街道天逸社区	“逸 +”工作法，让居民成为一家人
	城厢街道休博园社区	“花开向阳·博爱青城”——休博园社区为小服务品牌		城厢街道俊良社区	“良”方五味探索社区治理新模式
	北干街道北干二苑社区	“乐我家”，让服务有家		北干街道金稼苑社区	“共享稼 123”工作法
	北干街道天悦社区	“悦”来“悦”好，共建幸福“悦家”——“悦 +”合伙人治理品牌		北干街道中誉新城社区	社区“内生型”社会组织培育八步法
	蜀山街道湖山社区	幸福 153，幸福耀湖山		北干街道江南星城社区	“三融三力”工作法赋能社区治理，绘就民生共富新样板
	闻堰街道江澜社区	“三江安澜”治理品牌		蜀山街道广宁社区	“五度工作法”，让幸福有“温度”
	宁围街道开欣社区	“欣宜家”治理品牌		蜀山街道湘源社区	XY 坐标工作法，描绘幸福同心“源”
	临浦镇东麓池社区	一“麓”有你，构建美好生活共同体		新塘街道汇宇社区	“汇宇 100”居民协商议事会工作法
	义桥镇渔浦社区	常开石榴花，共驻留心渔		河上镇长春社区	“点线面”社区工作法
	瓜沥镇航坞社区	幸福“航”站“123”		党湾镇卫东桥社区	“四邻四集”社区治理模式

（资料来源：区民政局）

表 54　2023 年萧山区新增各类社区工作者一览表

名　称	姓　名	单　　位	名　称	姓　名	单　　位
省级社会工作督导人才	周海芳	新街街道新宜社区	省级社区工作领军人才	周海芳	新街街道新宜社区
省级社区工作领军人才	高建瑛	北干街道天悦社区	市级社会工作督导人才	许　青	北干街道星都社区

续表 54

名　称	姓　名	单　　位
市级社会工作督导人才	王　佳	新塘街道汇宇社区
	沈亿琳	瓜沥镇航坞社区
区级社会工作督导人才	王玲玲	城厢街道休博园社区
	吴丹丹	城厢街道陈公桥社区
	顾宇洁	北干街道博学路社区
	李唯佳	城厢街道东阳桥社区
	楼哲瑜	北干街道华达社区
	黄安琪	北干街道钱塘明月社区
	孙丹毅	北干街道江南星城社区
	余紫燕	新街街道长山社区
	袁海蝶	北干街道金风社区
	陈　丹	宁围街道市北社区
	高娜雯	北干街道北干二苑社区
	葛晓雪	北干街道杨时社区

名　称	姓　名	单　　位
区级社会工作督导人才	蒋狄望	北干街道金泰苑社区
	王丽萍	萧山区河之萤社会工作评估与发展中心
	沈　青	萧山区社会工作综合服务中心
区级社会工作领军人才	王玲玲	城厢街道休博园社区
	方柳熠	蜀山街道朝闻社区
	王　佳	新塘街道汇宇社区
	徐向阳	瓜沥镇东灵社区
	王亚芳	城厢街道育才东苑社区
	杨玉红	北干街道金稼苑社区
	童红霞	新街街道红垦社区
	宋燕华	北干街道北干二苑社区
	孙　娴	临浦镇山阴街社区
	张立红	北干街道江南星城社区

（资料来源：区民政局）

社会组织

【**概况**】 2023年，萧山区登记注册各类社会组织1765家，其中社会团体391家、民办非企业单位1361家、基金会13家。备案社区社会组织7621家。新增AAA级以上社会组织37家、市级品牌社会组织1家、省社会组织领军人物2人、市社会组织领军人物2人。

【**社会组织党建**】 2023年，萧山区社会组织综合党委新增直属支部1个。截至年末，共有直属支部22个、党员117人，双重管理社会组织党组织79个，对社会组织实行党建兜底管理183家。出台《“红社领航”社会组织党建工作实施意见》，通过实施六大行动、15项举措，把党建工作融入社会组织监督管理和自身发展全过程。出台《萧山区社会组织党建指导员管理办法》，选派33名社会组织党建指导员，加强对社会组织的党建联系、指导。发布“红社合伙人”计划，通过党建指导、党建结对、党建交流等方式，在社会组织间实现资源共享，合作共赢。公布《社会组织党员志愿服务轮值承办制度》，通过党支部轮值承办的方式，常态化开展社会组织公益集市等志愿服务活动。开展公益集市和志愿服务活动8次，参与5000余人次。健全党组织、党员监督警示帮教机制，压实社会组织党员清廉积分和“清廉驾照”积分管理。

【**社会组织培育**】 2023年，萧山区新增AAAAA级社会组织4家、AAAA级社会组织10家、AAA级社会组织23家，新增市级品牌社会组织1家，新增省社会组织领军人物2人，新增市社会组织领军人物2人。出台《社会组织承接政府转移职能和购买服务推荐性目录》，把83家社会组织纳入目录，推动社会组织参与社会服务。开展萧山区第二届“十佳社会组织”评选，选树优秀社会组织典型，发挥示范引领作用。

2023年11月23日，全省清廉社会组织建设现场推进会暨评价指标发布会在萧山召开　　（区民政局　提供）

表 55　2023 年萧山区新增社会组织及“十佳社会组织”一览表

名　称	单　　位
AAAAA 社会组织	萧山区老年人体育协会
AAAAA 社会组织	萧山区出租汽车行业协会
AAAAA 社会组织	萧山盈丰中医骨伤科医院
AAAAA 社会组织	萧山区惠立学校
AAAA 社会组织	萧山区女企业家联谊会
AAAA 社会组织	萧山区农民合作经济组织联合会
AAAA 社会组织	萧山区篮球协会
AAAA 社会组织	萧山区燕云艺术团
AAAA 社会组织	萧山区戴村镇张家弄村丽秀志愿者服务中心
AAAA 社会组织	萧山区瓜沥镇小太阳幼儿园
AAAA 社会组织	萧山区进化镇欢潭村五义睦邻服务中心
AAAA 社会组织	萧山区润意为老服务中心
AAAA 社会组织	萧山区春之歌艺术团
AAAA 社会组织	萧山区临浦镇未来之星幼儿园
AAA 社会组织	萧山区临浦片农民合作经济组织联合会
AAA 社会组织	萧山区健身球协会
AAA 社会组织	萧山区门球协会
AAA 社会组织	萧山区萧然群众文化艺术团
AAA 社会组织	萧山区新街街道新宜社区新意社会工作室
AAA 社会组织	萧山区泰和医院
AAA 社会组织	萧山区昱海社会工作评估与发展中心
AAA 社会组织	萧山区临浦镇社会组织服务中心
AAA 社会组织	萧山区宁围街道新华村宝宝幼儿园
AAA 社会组织	萧山区党湾镇社会组织服务中心
AAA 社会组织	萧山区益农镇三围村社会组织服务中心
AAA 社会组织	萧山区益农镇东江村社会组织服务中心
AAA 社会组织	萧山区益农镇新发村社会组织服务中心
AAA 社会组织	萧山区益农镇益农村社会组织服务中心
AAA 社会组织	萧山区益农镇兴裕村社会组织服务中心
AAA 社会组织	萧山区益农镇久联村社会组织服务中心
AAA 社会组织	萧山区益农镇利围村社会组织服务中心
AAA 社会组织	萧山区益农镇群围村社会组织服务中心
AAA 社会组织	萧山区河上镇朱家村和美朱家公益服务中心
AAA 社会组织	萧山区项盛公益服务中心
AAA 社会组织	萧山区馨艺幼儿园
AAA 社会组织	萧山区瓜沥镇社会组织服务中心
AAA 社会组织	萧山区坎山居家养老服务中心
市级品牌社会组织	萧山区江南社会创新发展中心
第二届“十佳社会组织”	萧山区优胜居家养老服务中心
第二届“十佳社会组织”	萧山区老年电视大学
第二届“十佳社会组织”	萧山区家人公益互助服务中心
第二届“十佳社会组织”	萧山区湘湖颐养中心
第二届“十佳社会组织”	萧山区律英婚姻家庭纠纷调解工作站
第二届“十佳社会组织”	萧山区女企业家联谊会
第二届“十佳社会组织”	萧山区会计代理记账行业协会
第二届“十佳社会组织”	萧山区河上镇社会组织服务中心
第二届“十佳社会组织”	萧山区空手道运动协会
第二届“十佳社会组织”	萧山区道路运输行业协会

表 56　2023 年萧山区新增省、市社会组织领军人物（才）一览表

名　　称	姓　名	单　　位
省社会组织领军人物	韩国平	萧山区抗癌协会
	方钟琴	萧山区心连心公益服务中心
市社会组织领军人才	张娜娜	萧山区爱尔斯儿童康复中心
	傅　芸	萧山区乐意居家养老服务中心

（资料来源：区民政局）

【社会组织管理】 2023 年，萧山区开展“僵尸型”社会组织和社会团体分支（代表）机构专项整治行动，清理“僵尸型”社会组织 42 家。联合区纪委区监委、区发改局、区市场监管局等部门，开展行业协会商会乱收费等重点领域专项检查，共检查社会组织 140 余家。3 月，发布萧山区“社社为公·美美与共”清廉社会组织建设品牌，并开展“1＋2＋4＋10＋20”（1 个清廉社会组织建设范式、2 个监管闭环、4 大主题行动、10 项重点任务、20 个示范点打造）品牌行动，落实清廉社会组织建设重点项目清单。11 月，由区纪委区监委和区民政局联合承办的全省清廉社会组织建设现场推进会在萧山区召开。

表 57　2023 年萧山区清廉社会组织建设品牌一览表

名　　称	单　　位
第二批浙江省清廉建设成绩突出单位	萧山区养老协
第一批浙江省清廉社会组织建设百家范例	萧山区养老协
	萧山区域经济促进会
	萧山区阳光专修学校
	萧山区民营医疗机构协会
清廉杭州建设优秀实践案例	萧山区养老协会
第一批杭州市清廉社会组织创建培育点	萧山区养老协会
	萧山区民营医疗机构协会
杭州市十佳清廉社会组织创建示范点	萧山区养老协会

（资料来源：区民政局）

社会救助

【概况】 2023 年，萧山区向最低生活保障家庭 8943 户、1.1 万人发放低保救助金 1.58 亿元，向最低生活保障边缘家庭 363 户、1079 人发放生活补贴 101.17 万元，向特困（五保）人员 214 人发放救助资金 812.86 万元，向困难家庭 1108 户、1663 人次发放临时救助资金 218.41 万元。发放重度残疾人护理补贴 19.77 万人次、4673.15 万元，发放困难残疾人生活补贴 9.16 万人次、4335.43 万元。全年募集善款 1.11 亿元，救助支出 8434.05 万元，惠及群众 4.5 万人次。

【救助标准提高】 2023 年 7 月 1 日起，萧山区最低生活保障标准由每人每月 1216 元提高至每人每月 1259 元；特困人员基本生活保障金由每人每月 2027 元提高至每人每月 2098 元。标准提高后，救助标准为全省最高。

【幸福增收基地打造】 2023 年，萧山区为增加困难群众收入，通过幸福增收基地造血模式打造，建设“萧助力”品牌项目，使有劳动能力的困难群众在基地实现每户增收 10% 以上。全区 179 户困难家庭增加收入 700 余万元，236 名困难残障人士通过就业增收 900 余万元。

【社会救助服务联合体】 2023 年，萧山区社会救助服务联合体实现区、镇（街道）、村（社区）三级全覆盖。截至年末，“助联体”帮助困难群众 37.92 万人次，发放救助金 2.27 亿元，发布助联服务项目 55 个，参与助联服务 1.5 万人次，完成探访关爱 3.72 万人次，解决群众困难需求 8133 个，363 名视障人士得到再就业。

【流浪乞讨人员救助】 2023 年，萧山区救助流浪乞讨人员 669 人次，其中男性 593 人次、女性 76 人次；18 周岁以下未成年人 36 人次，60 周岁以上老年人 45 人次。区救助站开展巡逻 463 次，派出巡逻人员 1384 人次，巡逻救助 111 人。发放饮用水（食品）49 份、药品 1 份、衣物 17 件（套），救助引导卡 50

“南阳伞·共富坊”幸福增收基地

（徐薇　摄于 2023 年 11 月 23 日）

张。跨区域护送 28 人次，提供返乡乘车凭证 426 人次，提供医疗救助 22 人次，为受助人员寻找到亲属 2 例。

【区救助管理站新址搬迁】 2023 年 3 月 3 日，萧山区救助管理站新救助大楼建成并投入使用。新救助管理站位于萧金路 12 号，设受助人员床位 50 张，单独隔离室 4 间，男女受助人员淋浴室各 3 间，男女受助人员活动室各 1 间。添置现代化监控设备和安全检查门。设人车分流门禁系统，配备安全门窗，升级受助人员接待窗口，确保工作人员和求助人员人身安全。

【移民帮扶】 2023 年，萧山区有大中型水库移民 1082 人，发放大中型水库移民直补资金 64.92 万元。实施大中型水库移民后扶项目 3 个、小型水库项目 2 个。发放贷款贴息项目、帮困项目、职业技能培训等补助 80 人次、73.73 万元。持续实施萧山区养老产业投资项目，投入资金 1040 万元。《杭州市萧山区三峡移民稳定和帮扶融入情况调研》调研报告入选《浙江省民政政策理论研究优秀成果选编》。

（王苏萍）

社会福利

【概况】 2023 年，萧山区推进养老服务高质量发展，提升养老服务工作能级，满足多样化养老服务需求。承办 2023 浙江（国际）康养产业博览会；承办 2023 年杭州市养老护理员职业技能竞赛，并获团体一等奖。宁围街道入选 2023 年国家级智慧健康养老应用试点示范名单。

【养老领域民生实事】 2023 年，萧山区新增认知障碍照护专区床位 244 张，新增持证养老护理员 254 人。为村（社区）级居家养老服务照料中心配备智能终端 31 家。为 6083 名高龄孤寡、独居、空巢老年人迭代更新"安居守护"智能安全监测设备 1.16 万台（套）。

2023 年萧山区新增认知障碍照护专区床位的养老机构

杭州和家御虹府养老服务有限公司
杭州萧山康硕健康管理有限公司
杭州市萧山区瓜沥镇星光养老院
杭州萧山临空颐养养老有限公司
杭州萧山颐乐养老集团有限公司所前分园
杭州萧山颐乐养老集团有限公司益农分园

2023 年萧山区配备智能终端的居家养老服务照料中心

萧山区北干街道塘湾社区居家养老服务照料中心
萧山区城厢街道潘水社区居家养老服务照料中心
萧山区戴村镇沈村村居家养老服务照料中心
萧山区党湾镇永乐村居家养老服务照料中心
萧山区党湾镇先锋村居家养老服务照料中心
萧山区瓜沥镇梅林村居家养老服务照料中心
萧山区瓜沥镇七彩社区居家养老服务照料中心
萧山区河上镇东山村居家养老服务照料中心
萧山区进化镇裘家坞村居家养老服务照料中心
萧山区进化镇云飞村居家养老服务照料中心
萧山区靖江街道伟南社区居家养老服务照料中心
萧山区临浦镇通二社区居家养老服务照料中心
萧山区楼塔镇楼英村居家养老服务照料中心
萧山区南阳街道潮都社区居家养老服务照料中心
萧山区南阳街道岩峰村居家养老服务照料中心
萧山区宁围街道市北社区居家养老服务照料中心
萧山区宁围街道振宁社区居家养老服务照料中心
萧山区浦阳镇灵山村居家养老服务照料中心
萧山区蜀山街道湖山社区居家养老服务照料中心
萧山区所前镇南城社区居家养老服务照料中心
萧山区闻堰街道湘湖人家社区居家养老服务照料中心
萧山区新街街道新宜社区居家养老服务照料中心
萧山区新街街道元沙村居家养老服务照料中心
萧山区新塘街道新丰村居家养老服务照料中心
萧山区衙前镇凤凰村居家养老服务照料中心
萧山区义桥镇联三村居家养老服务照料中心
萧山区义桥镇丁家庄村居家养老服务照料中心
萧山区益农镇三围村居家养老服务照料中心
萧山区益农镇弘扬社区居家养老服务照料中心
萧山区盈丰街道和美社区居家养老服务照料中心
萧山区盈丰街道盈二社区居家养老服务照料中心

【公办养老机构改革纳入全省试点】 2023 年，萧山区临浦镇农村五保供养服务中心、浦阳镇农村五保供养服务中心被纳入公办养老机构改制试点。制订《萧山区 2023 年公办养老机构国企化改革试点工作方案》，2 家试点机构从原来的镇（街道）农村五保供养服务中心（事业单位）改制为杭州萧山颐乐养老集团有限公司临浦分园、杭州萧山颐乐养老集团有限公司浦阳分园，其经营权统一划转到杭州萧山颐乐养老集团，建立按岗定酬、按绩取酬的员工分配激励机制，巩固农村五保供养服务中心集团化运营改革成果。

【老年人助餐服务体系建设】 2023 年末，萧山区共有助餐服务机构 180 家，其中老年食堂 132 家、助餐服务点 35 家、社会餐饮企业助餐 13 家，全年为老年人开展助餐配送餐服务 239 万人次。新增助餐服务机构 44 家，其中老年食堂 26 家、助餐服务点 9 家、社会餐饮企业 9 家，形成以老年食堂为主体、其他助餐模式为补充、社会力量广泛参与的老年人助餐服务体系，建立无偿、有偿、低偿相结合的梯度式收费制度。

2023 年新增助餐服务机构

萧山区北干街道广德社区老年食堂
萧山区北干街道塘湾社区老年食堂
萧山区戴村镇马谷村老年食堂
萧山区戴村镇青山村老年食堂

萧山区瓜沥镇隆园社区老年食堂（隆禧园食府）
萧山区瓜沥镇梅林村老年食堂
萧山区瓜沥镇永福村幸福老年食堂
萧山区瓜沥镇凤升村老年食堂
萧山区瓜沥镇明朗村助餐服务点
萧山区瓜沥镇碧苑新村助餐服务点
萧山区进化镇三浦村老年食堂
萧山区进化镇沈家渡村老年食堂（孝德）
萧山区进化镇祝家村老年食堂
萧山区临浦镇临一村老年食堂
萧山区临浦镇苎东村老年食堂
萧山区楼塔镇雀山岭村助餐服务点（仁孝餐饮店）
萧山区南阳街道岩峰村邻里食堂
萧山区南阳街道南阳社区邻里食堂
萧山区宁围街道市北社区老年食堂
萧山区浦阳镇桃北新村老年食堂
萧山区浦阳镇桃湖村老年食堂
萧山区蜀山街道严家埭社区老年食堂
萧山区所前镇杜家村助餐服务点
萧山区所前镇南城社区助餐服务点
萧山区所前镇金临湖村老年食堂
萧山区新街街道新宜社区助餐服务点
萧山区新街街道长山社区助餐服务点
萧山区新塘街道罗婆路社区老年食堂
萧山区新塘街道新丰村老年食堂
萧山区新塘街道泰和社区助餐服务点
杭州昌强餐饮管理有限公司
萧山区衙前镇居家养老服务中心助餐服务点
萧山区衙前镇杨汛村老年食堂
萧山区衙前镇螺山村助餐点
萧山区义桥镇蛟山村助餐服务点
萧山区义桥镇田丰村助餐服务点
萧山区义桥镇渔浦社区助餐服务点
萧山区益农镇弘扬社区老年食堂
萧山区益农镇赵家湾村老年食堂
萧山区盈丰街道盈二社区老年食堂（盈未来餐厅）
萧山区盈丰街道利丰社区助餐服务点
萧山区盈丰街道和家御虹府助餐服务点（长者之家）
萧山区盈丰街道丰二社区助餐服务点（丰享家百姓食堂）
萧山区盈丰街道奔竞社区助餐服务点

【《朝夕美好》创刊】 2023年3月28日，萧山区民政局与萧山日报社合作，推出《朝夕美好》专刊，一月一期，每期4版，随《萧山日报》同步发行。刊物聚焦“一老一小”，宣传工作亮点、解读政策法规、开展理论研究、交流改革经验、反映相关建议和呼声、提供相关政策咨询服务等，截至年末，共出刊10期、40个版。

【承办2023浙江（国际）康养产业博览会】 2023年4月15—16日，萧山区承办2023浙江（国际）康养产业博览会，16个省的14位市（厅）级领导、300多位养老服务人员以及复旦大学老龄研究院副院长、全国老龄办原副主任吴玉韶等参加交流。全球122家顶尖康养养老企业参展，其中，省内企业65家、省外企业11家、港台企业4家、国际企业23家、民宿9家、乐活乐享企业10家。其间，民政部副部长唐承沛，省委常委、统战部部长王文序等领导巡展“康养萧山馆”，并考察湘湖社区居家养老服务中心。

【养老护理员职业技能竞赛】 2023年4月23—24日，由萧山区民政局、区人社局、区总工会主办，萧山技师学院、萧山区衡源职业培训学校承办的2023年全区养老护理员职业技能竞赛举办。60名养老护理员参加竞赛，评出一等奖1名、二等奖2名、三等奖3名及优胜奖6名。19名养老护理员通过区技能竞赛获得高级职业技能等级证书。

【区民政局获杭州市养老护理员职业技能竞赛团体一等奖】 2023年6月12—13日，杭州市养老护理员职业技能竞赛在萧山举办，区民政局获团体一等奖。大赛共有63名养老护理员参加，共产生个人一等奖1名、二等奖2名、三等奖3名，以及团体一等奖1个、团体二等奖3个、团体三等奖5个。

【未成年人保护工作】 2023年，萧山区开发应用省级数字化改革试点“萧伢护”未成年人保护工作站智慧服务场景。3月，召开未成年人心理健康专题座谈会，研究青少年心理健康及综合素质发展等相关内容，制定《萧山区儿童青少年“美好成长”心理服务体系建设实施方案（2023—2025年）》。出台市级标准《未成年人保护工作站建设与服务规范》《杭州市萧山区未成年人需求评估调研报告》《萧山区现代社区未成年人保护场景建设服务导则》等多项成果。联合区司法局、区教育局、区妇联、区关工委、市公安局萧山区分局等多部门开展留守困境儿童“政策宣讲进村居”活动。共开展活动611场，参与听讲1.75万人次，宣讲到村率100%。开展普法宣传进社区、进学校、进家庭10场次，覆盖1.76万人次。对未成年人保护，作了未成年人需求、残疾困境儿童需求、“添翼计划”家长需求等7个需求项目调研。对未成年人保护服务，作了添翼家长能量营、“童成长护伢儿”培训服务走镇街、“萧伢康护”残疾困境儿童关爱行

城厢街道湘湖社区入选市级儿童友好社区
（邹蕾　摄于2023年12月18日）

动等 7 个服务项目调研。“优秀未保专岗”建设中，河上镇溪头村儿童主任谢塘英，获评杭州市“优秀未保专岗”。在全市未成年人保护机构实体化运行十大项目评估中，区未成年人救助保护中心以总分排名全市第一通过验收。

2023 年浙江省未成年人保护工作站建设百佳案例

萧山区盈丰街道未成年人保护工作站：做护“花”使者·“盈”未来之星

萧山区河上镇未成年人保护站：“河”你一起·共护未来

杭州市未成年人保护样板工作站

萧山区盈丰街道未成年人保护工作站

杭州市“优秀未保专岗”

2023 年杭州市级儿童友好社区

萧山区义桥镇民湘社区

萧山区北干街道江南星城社区

萧山区城厢街道湘湖社区

萧山区瓜沥镇梅林村

萧山区新街街道新宜社区

萧山区临浦镇浴美施社区

萧山区盈丰街道盈二社区

萧山区闻堰街道江澜社区

萧山区衙前镇凤凰村

【困境儿童保障】 2023 年，萧山区在册困境儿童 728 人。建立困境儿童基本生活费自然增长机制，机构孤儿养育标准为每人每月 2937 元，社会散居孤儿和事实无人抚养儿童基本生活养育标准为每人每月 2350 元，其他困境儿童生活费标准相应调整。落实“圆梦助学”项目，为 18 周岁以上、全日制在读的 14 名孤儿与事实无人抚养儿童发放助学金 11 万元。实施孤儿、困境儿童、留守儿童“一人一策”精准关爱服务，孤困儿童入户探访率 100%，监护评估率 100%。

【社会福利中心】 2023 年，萧山区有公办社会福利中心 1 个，床位 144 张，服务对象 61 人，其中特困对象 43 人、困境儿童 2 人、无主流浪乞讨人员 14 人。7 月，完成 31 名中心孤儿移交杭州市儿童福利院集中供养。全年救助未成年人 8 例，为 5 名未成年人提供临时监护。为机构内儿童举办心理疗愈课程近 100 课时。实施“添翼计划”康复项目，为 10 名有康复训练适应指征和康复需求的困难家庭重病和残疾儿童免费提供 3 个月集中养育和康复训练，累计康复训练 2100 课时。协助救助站完成 2 名无主流浪乞讨人员的脱氧核糖核酸（DNA）采集工作，办理落户手续；对接属地派出所上门办理 9 名成年孤儿身份证过期更换事宜。

【福利企业管理】 2023 年，萧山区有残疾人集中就业单位 90 家，其中新增 10 家、退出 5 家，集中安置残疾人职工 2324 人。

2023 年萧山区新增残疾人集中就业单位

杭州中意彩印有限公司

杭州中浦智造有限公司

杭州华缤实业有限公司

杭州永好鞋业有限公司

杭州浩阳实业有限公司

杭州向久机械有限公司

杭州瑞峰鞋业有限公司

杭州久链鞋业有限公司

杭州斯杰鞋业有限公司

杭州达而汇电动科技有限公司

（王苏萍）

慈善事业

【概况】 2023 年，萧山区慈善总会有分会 30 家。其中镇（街道）分会 22 家、医院分会 5 家、开发区分会 1 家、义工分会 1 家、红山农场分会 1 家。年内，新建村（社区）慈善工作站 20 个，累计建立村（社区）慈善工作站 549 个。全年，总会和分会共募集慈善资金 1.11 亿元，慈善救助支出 8434.05 万元，救助困难群众 4.51 万人次。

【普惠助困】 2023 年，萧山区慈善总会和各分会以“六助”（助医、助学、助残、助老、助困、助孤）项目为主要形式，开展常态化、普惠化救助。全年向 9362 户困难家庭发放助困金 2092.9 万元，为因病致困的 8245 户家庭发放助医金 2492.43 万元，为 8646 名学生发放助学金 1539.28 万元，为 1.13 万名老人发放助老金 546.16 万元，为孤儿、失独家庭发放慰问金 21.28 万元，为 1209 名生活特别困难的残疾人发放救助金 102.04 万元。

【第一届“杭州慈善奖”】 2023 年 12 月 13 日，第一届杭州慈善大会召开。会议表彰第一届“杭州慈善奖”获奖代表。其中，浙江荣盛控股有限公司董事长、总裁李水荣，浙江东南网架集

2023 年 12 月 22 日，区慈善总会准备救灾物资驰援甘肃

（区慈善总会　提供）

团有限公司董事长郭明明，三元控股集团董事长李斌获评个人捐赠奖；浙江恒逸集团有限公司、兴惠化纤有限公司获机构捐赠奖；区慈善总会“景岳堂杏林天使基金”爱心助残项目、“长者食堂”慈善助餐项目获优秀慈善项目奖和慈善信托奖；传化集团有限公司获乡村振兴奖。

（瞿丽娜）

地名工作

【概况】 2023年，萧山区设置各类地名标志2.76万块，其中幢牌886块、单元牌563块、户室牌2.39万块、沿路门牌2258块；命名地名32条，其中道路26条、桥梁6座。区划地名工作，聚焦界线联检、行政区划调整、地名规划编制、地名命名更名、地名标志设置、地名文化建设等各项工作。

【界线巡检】 2023年，萧山区完成“上城萧山线”和“萧山钱塘线”2条界线联检，界线联检共巡检114人次，总长62.08千米，未发现问题，共创平安边界。

【地名文化】 2023年，萧山区以首批地名文化建设省级试点为契机，重点推进全省首个浙江“潮”地名文化馆建设。把“潮”作为地名展示的主题核心，体现萧山特色、浙江特色，更契合当下“勇立潮头”的浙江精神。多次召开部门专题协调会，制定展馆建设细化方案，启动各类项目招投标等工作。年末，地名书籍《民国时期萧山》出版。该书由团结出版社出版，全书32章、43.5万字，发行1000本。

【亚运地名】 2023年，萧山区通过结合地名宣传亚运元素，营造亚运氛围，策划选送千年古镇临浦校园地名文化歌谣节目，参与杭州市“传承地名文化，共襄亚运盛会”活动。完成“奔竞亚运·潮涌萧山”主题沙画视频制作。

【地名规范化管理】 2023年，萧山区加强日常地名巡察整改工作，排查地名标志牌10万余块，对其中678块破旧门牌完成动态化标准处理，规范提升率100%。

【地名数智化】 2023年，萧山区推动数字化地名建设，全面提升全区71万个地名地址数据质量，新增入库数据归集率、上图率100%。

【地名宣传】 2023年，萧山区为推动“萧山发布”形成系列，向社会发布城市记忆之萧山古今图说系列、湘湖百桥系列以及萧萧讲地名、萧萧话风俗系列。在闻堰街道开展“跟着地名聊闻堰”进校园、进村（社区），讲好群众身边的地名故事。举行系列活动启动仪式1场，参与人员120人；开展“研学地名”活动6场，共参与人员120人；制作“地名视频制作”4集，时长20分钟；开发相关文创产品1款，生产100份；撰写编辑地名书籍1本，印刷500本，总计服务1000人次。

【窗口地名】 2023年，萧山区地名管理窗口受理各类审批2256件，发放门牌证1512本，出具门牌证明756份。窗口推进数据共享，引导办事群众“网上办”“掌上办”，提高地名门牌政府服务事项网办率100%、评价满意率100%。

（金　驰）

表58　2023年萧山区地名命名、更名情况一览表

序号	标准名称	类别	汉语拼音	位　　置	申　报　单　位
1	垦茂街	道路	Kěnmào Jiē	位于益农镇，东起新世纪大道，西至利农河	益农镇人民政府
2	董家埭桥	桥梁	Dǒngjiādài Qiáo	位于新塘街道商城南路，跨大通河	杭州萧山新塘董家埭股份经济联合社
3	愉曜巷	道路	Yúyào Xiàng	位于北干街道，南起北塘路，北至建设一路	杭州萧山城区建设有限公司
4	欢邮弄	道路	Huānyóu Nòng	位于北干街道，东起愉曜巷，西至兴三路	杭州萧山城区建设有限公司
5	蜀彩街（延伸段）	道路	Shǔcǎi Jiē	位于蜀山街道，原路东起育才路，西至市心南路，现向西延伸至潘右路	杭州萧山城区建设有限公司
6	袖清巷	道路	Xiùqīng Xiàng	位于北干街道，南起老塘路（规划名），北至北塘河绿化带	杭州萧山城区建设有限公司
7	通勋弄	道路	Tōngxūn Nòng	位于盈丰街道，东起双盈路，西至润川路（规划名）	钱江世纪城管理委员会
8	竞跑路	道路	Jìngpǎo Lù	位于南阳街道，南起南虹路，北至规划道路	南阳街道办事处
9	亚柔弄	道路	Yàróu Nòng	位于临浦镇，东起东藩中路，西至规划道路	临浦镇人民政府
10	苎乐弄	道路	Zhùlè Nòng	位于临浦镇，东起东藩中路，西至前孔河	临浦镇人民政府

续表 58

序号	标准名称	类别	汉语拼音	位　　置	申 报 单 位
11	箬星弄	道路	Ruòxīng Nòng	位于北干街道，东起市心中路，西至畈里张河	北干街道办事处
12	稼颂巷	道路	Jiàsòng Xiàng	位于北干街道，南起山阴路，北至稼康弄	北干街道办事处
13	稼康弄	道路	Jiàkāng Nòng	位于北干街道，东起稼颂巷，西至金鸡路	北干街道办事处
14	益绿街	道路	Yìlǜ Jiē	位于益农镇，东起新世纪大道，西至头埭湾	益农镇人民政府
15	垦旺街	道路	Kěnwàng Jiē	位于益农镇，东起新世纪大道，西至头埭湾	益农镇人民政府
16	荣垦街	道路	Róngkěn Jiē	位于益农镇，东起头埭湾，西至南沙大堤	益农镇人民政府
17	杉鸣巷	道路	Shānmíng Xiàng	位于宁围街道，南起鸿达路，北至通文路	杭州萧山经济技术开发区国有资产经营有限公司
18	长山直河桥	桥梁	Chángshānzhíhé Qiáo	位于宁围街道空港大道，跨长山直河	杭州市交通运输发展保障中心
19	皆谦桥	桥梁	Jiēqiān Qiáo	位于宁围街道空港大道，跨利群河	杭州市交通运输发展保障中心
20	皆好桥	桥梁	Jiēhǎo Qiáo	位于宁围街道空港大道，跨规划河道	杭州市交通运输发展保障中心
21	曈晓弄	道路	Tóngxiǎo Nòng	位于蜀山街道，东起市心南路，西至潘右路	杭州萧山城区建设有限公司
22	树照弄	道路	Shùzhào Nòng	位于北干街道，东起规划道路，西至工人路 644 号	杭州市萧山区市政园林建设中心
23	柔翰桥	桥梁	Róuhàn Qiáo	位于北干街道萧邮路（规划名），跨萧绍运河	杭州市萧山区市政园林建设中心
24	范浦街	道路	Fànpǔ Jiē	位于义桥镇，东起时代大道，西至闻义线	义桥镇人民政府
25	虞猎路	道路	Yúliè Lù	位于义桥镇，南起渔浦街，北至渔浦苑	义桥镇人民政府
26	酌言巷	道路	Zhuóyán Xiàng	位于新塘街道，南起向旭路，北至大通路	新塘街道办事处
27	联湘弄	道路	Liánxiāng Nòng	位于蜀山街道，东起风情大道，西至萧金路	杭州萧山国有资产经营集团有限公司
28	晏秀巷	道路	Yànxiù Xiàng	位于新塘街道，南起萧绍路 272 号（预编），北至商城东苑 12 幢	新塘街道办事处
29	鳌顺街	道路	áoshùn Jiē	位于进化镇，东起大湄线，西至莫汀路	进化镇人民政府
30	润迎街	道路	Rùnyíng Jiē	位于进化镇，东起倪麻车桥，西至白曹线	进化镇人民政府
31	朗书路	道路	Lǎngshū Lù	位于北干街道，南起萧棉路，北至山阴路	杭州市萧山区市政园林建设中心
32	波婉桥	桥梁	Bōwǎn Qiáo	位于北干街道建设二路，跨兴议中心河	杭州萧山城区建设有限公司

（资料来源：区区划地名事务中心）

退役军人事务

【概况】 2023年，萧山区退役军人事务局（简称“区退役军人事务局”）实施“双拥创建、宣传服务、规范提升”三个年行动。全年发放各类抚恤补助资金1.5亿元，完成计划分配军转干部、政府安排工作退役士兵、退役士兵和接收军休干部（士官）的接收安置工作，协调辖区军人子女优先入学。军地协同送三等功喜报到家14人次。推进全国示范型退役军人服务中心（站）、浙江省“新时代枫桥式退役军人服务中心（站）”提质扩面，拨付资金741万元。区退役军人事务局被退役军人事务部评为退役军人事务部年度宣传工作先进单位，并获评浙江省退役军人建档立卡及优待证发放工作成绩突出集体和浙江省军休服务管理规范化建设单位。

【退役军人事务员试点】 2023年8月，萧山区作为退役军人事务员全国首批试点，分3期培训649名学员，初级考试通过率100%。8名萧山优秀退役军人事务员获退役军人事务部表彰。

【省级“双拥模范城（县、区）”创建】 2023年，萧山区组织功臣官兵主题活动，邀请官兵代表体验未来乡村大地和亚运盛会。“新时代老兵岗”“老兵公交车”、20条“双拥公交线”等成为城市新风景。落实军队互办实事“双清单”制度，加强军地结对共建，投资268万元支持部队改善住房、美化环境。坚持军地双方常态交流机制，签订共建协议11份。组织“军营开放日”活动4次。

【老兵服务亚（残）运会】 2023年，杭州亚（残）运会期间，萧山区的退役军人担任医疗协转志愿者，完成15个场馆1834场赛事服务保障工作，收到感谢信和表扬信69封。

【红星育苗讲师团】 2023年，萧山区军队离退休干部管理服务中心组建“红星育苗讲师团”。讲师团由7名军队离退休干部组成，到学校、社区、企业、军营进行红色宣讲。

【“1＋X萧然崇军特惠联盟”】 2023年，萧山区以“1＋X萧然崇军特惠联盟”为框架，发展崇军商家2092家，设置军人优先窗口260余处。35家公立医院推出重点优先对象挂号、就诊优先服务。浙江萧山医院作为崇军典型，被8月11日的《人民日报》头版头条报道。

【区关爱退役军人协会成立】 2023年12月7日，萧山区关爱退役军人协会成立暨第一次会员大会召开。协会是由关爱退役军人、热心拥军工作的企事业单位及其他组织、各界爱心人士自愿组成的地方性、联合性、非营利性社会组织，至年底，吸引单位会员97家、个人会员21人。

2023年浙江省“新时代枫桥式退役军人服务中心（站）”名单（12个）

宁围街道退役军人服务站
益农镇退役军人服务站
所前镇退役军人服务站
蜀山街道退役军人服务站
盈丰街道丰二社区退役军人服务站
盈丰街道盈二社区退役军人服务站
城厢街道东阳桥社区退役军人服务站
城厢街道百尺溇社区退役军人服务站
新街街道盛中村退役军人服务站
临浦镇横一村退役军人服务站
临浦镇东麓池社区退役军人服务站
党湾镇裕民村退役军人服务站

（陈珂珂）

老龄事业

【概况】 2023年末，萧山区有老年人口35.08万人，占户籍总人口的27.2%。其中，65岁以上老年人口25.57万人，占户籍总人口的19.8%，占老年人口总数的72.9%；80岁以上高龄老年人4.57万人，占户籍总人口的3.5%，占老年人口总数的13%；90岁以上高龄老年人8091人，占户籍总人口的0.6%，占老年人口总数的2.3%。全区有百岁老人227人。

【为老年人办实事项目】 2023年，萧山区继续推进老年人意外伤害保险，为5.7万名符合特定条件的老年人，每人购买一份保险，保费171万元。通过定期巡诊、健康宣教等方式，为全区501家村（社区）级居家养老服务照料中心、34家镇（街道）级示范型居家养老服务中心提供医疗卫生服务。完成65岁以上老年人健康体检19.63万人，体检率76.8%。完成65岁以上老年人家庭医生签约23.27万人。为70周岁以上老年人免费接种流感疫苗9.2万人。为重点人群（50—74周岁）开展结直肠癌筛查4.9万人。第23次“春风行动”中，慰问困难老人500人、百岁老人227人，发放慰问金145.4万元。

2023年3月25日，老年书画爱好者在三泉王村文化礼堂进行书画创作 （柳田兴 摄）

【社会养老服务】2023年，萧山区有医养结合机构10家，其中内设养老机构或开展养老服务的医疗机构3家、内设医疗机构的养老机构7家。内设养老机构或开展养老服务的医疗机构医疗床位1386张、养老床位595张；内设医疗机构的养老机构医疗床位181张、养老床位706张。登记在册养老机构（含医养结合养老机构）36家，其中公办养老机构（含公建民营、集团化运营）21家，养老床位2270张；民办养老机构15家，养老床位1681张。全年评定三星级照料中心132家，参（复）评四星级照料中心13家、五星级照料中心6家。截至年末，有助餐服务机构181家，其中老年食堂131家、助餐服务点39个、社会餐饮机构11家。

【老年人合法权益维护】2023年，萧山区发挥老年人法律维权中心作用，开展法律宣讲、涉老纠纷调解和法律援助工作，为老年人拓宽社会维权服务渠道。区司法局开通“绿色通道”，推出“三优先”（优先受理法律援助申请，优先指派法律援助律师，优先上门代办法律援助）服务。截至年末，涉老案件法院受理2768件，审结2810件，执行914件。

【“最美”系列评选】2023年，萧山区参加杭州市敬老爱老助老“最美”系列评选，楼塔镇获评“最美敬老爱老助老示范乡镇”，瓜沥镇陈飞立、区养老协会郑佳佳、杭州萧山康达中医医院闻玲获评“最美敬老爱老助老模范人物”，浙江萧山医院医生薛秀杰、萧山区第一人民医院护士章安梅、杭州萧山康达中医医院护士黄冰心、萧山康乐医院护士胡玲获评“最美敬老爱老助老医护”，靖江街道沈大育家庭获评“最美敬老爱老幸福家庭”，萧山区老年电视大学关工委银龄志愿服务队获评“最美银龄志愿服务队”，区养老协会副会长兼秘书长徐建中、党湾镇退休干部钱关林获评“最美长者”。

【“敬老月”系列活动】2023年10月，萧山区及时把市级25.5万元慰问金划拨到镇（街道），并分发新满百岁老人印章78枚。10月19日，区老龄委、区卫健局等领导到衙前镇慰问赵凤花、徐菊花2位百岁老人，并送上慰问金、礼物，表达节日问候。10月29日，区养老协会联合区第一人民医院专家组医生，到党湾镇梅东村开展“天使护佑·情系老人”助推优质医疗资源下乡义诊活动，120余名老年人在家门口体验专家诊断。10月31日，区第九届“健康老年生活博览会”举行。博览会共设置40余个展位，涵盖养老机构、健康医疗、居家养老、智慧养老、旅游乐学、金融法律和其他涉老产品等服务项目。

【老年文体活动】2023年5—10月，萧山区以“银龄助亚运·共富向未来”为主题，举办老年书画、摄影大赛，征集到书画摄影作品323件，其中书法作品109件、绘画作品71件、摄影作品143件。评出书法、绘画、摄影作品一等奖9名、二等奖18名、三等奖27名、优秀奖36名。推荐优秀作品参加全市书画摄影展，萧山区被授予优秀组织奖。举办第九届老年人征文活动，收到征文稿件164篇，评选出特别奖1名、一等奖3名、二等奖9名、三等奖18名、优秀奖32名，新塘街道、蜀山街道、衙前镇等5个镇（街道）老龄委（单位）获评“优秀组织奖”。11月1日，区老年艺术团到党湾镇梅东村进行文艺演出。

【“敬老文明号”单位创建】2023年，萧山区按照省、市第四轮“敬老文明号”创建工作要求，组织“敬老文明号”创建。截至年末，萧山区老年电视大学创建为省级“敬老文明号”，楼塔镇社区卫生服务中心、戴村镇沈村村老年食堂、萧山农村商业银行股份有限公司进化支行等9个单位创建为市级“敬老文明号”，杭州萧山康达中医医院（萧山区康达老年护理中心）、衙前镇优胜居家养老服务中心、萧山区坎山居家养老服务中心等9个单位创建为区级“敬老文明号”。

【老年教育工作】2023年，萧山区各镇（街道）建有村（社区）老年电大教学点（班）562个，老年电大春秋季招生入学6.89万人次，老年人入学3.45万人次，占50.1%。4月，中国老年大学协会远教工委开展全国老年远程教育实验区、示范区复评和第三批老年远程教育优秀学习收视点评选工作。衙前镇城东社区、城厢街道俊良社区、区电大直属教学点通过省级复评。楼塔镇大同一村、南阳街道南丰村老年电大教学点获评第三批全国老年远程教育优秀收视点。衙前镇城东社区教学点韦黎明获省老年活动中心、省老年电视大学、省老龄文艺大学表彰的优秀办学工作者荣誉。8月，浙江省征集亚运主题短视频，北干街道上报的“银龄亮光芒·余热亦生辉”作品获铜奖。春季期开设烘焙、插花、小品等7个专业、47个班级，招收学员1800余人次；首办暑期班，招收中国舞、越剧折子戏等5个班、120余人次。

（王素一）

表59　2023年萧山区百岁老人一览表

序号	姓名	性别	出生年月	镇（街道）	序号	姓名	性别	出生年月	镇（街道）
1	周阿毛	女	1921年1月18日	城厢街道17人	5	胡梅仙	女	1921年12月19日	城厢街道17人
2	王珍姑	女	1921年1月20日		6	陈玉琴	女	1922年2月28日	
3	王雅珍	女	1921年3月5日		7	张婉卿	女	1922年9月29日	
4	王金花	女	1921年10月1日		8	施阿二	女	1922年11月11日	

续表 59

序号	姓名	性别	出生年月	镇（街道）	序号	姓名	性别	出生年月	镇（街道）
9	高春风	女	1922 年 12 月 22 日	城厢街道 17 人	37	陈培递	女	1921 年 12 月 29 日	新塘街道 9 人
10	柴复新	女	1923 年 9 月 9 日		38	陈福生	男	1922 年 4 月 24 日	
11	谢洁君	女	1923 年 9 月 4 日		39	姚纪昌	男	1923 年 2 月 22 日	
12	何文英	女	1923 年 10 月 8 日		40	徐来花	女	1923 年 4 月 1 日	
13	俞仙娥	女	1923 年 11 月 5 日		41	孙金花	女	1923 年 10 月 12 日	
14	郁乐平	男	1924 年 5 月 28 日		42	曹阿花	女	1924 年 6 月 24 日	
15	沈桂花	女	1924 年 9 月 30 日		43	夏妙镛	男	1924 年 9 月 27 日	
16	黎桂芳	男	1924 年 10 月 1 日		44	高阿本	男	1924 年 12 月 8 日	
17	姚金宝	男	1924 年 12 月 3 日		45	张钦衔	男	1924 年 12 月 20 日	
18	陈岳英	女	1923 年 1 月 4 日	北干街道 8 人	46	杨秀英	女	1921 年 2 月 25 日	闻堰街道 7 人
19	萧学英	女	1923 年 12 月 30 日		47	裴吾坤	男	1923 年 4 月 19 日	
20	郭维英	男	1923 年 8 月 29 日		48	陈荷英	女	1923 年 6 月 22 日	
21	汤志根	男	1923 年 11 月 18 日		49	虞阿花	女	1923 年 8 月 5 日	
22	傅素云	女	1924 年 3 月 8 日		50	虞菊花	女	1924 年 9 月 1 日	
23	张琴花	女	1924 年 4 月 1 日		51	陈芬英	女	1924 年 11 月 11 日	
24	周金花	女	1924 年 9 月 29 日		52	吴金英	女	1924 年 12 月 8 日	
25	屠爱英	女	1924 年 11 月 15 日		53	陈爱姑	女	1921 年 9 月 17 日	宁围街道 11 人
26	王小花	女	1919 年 11 月 26 日	蜀山街道 11 人	54	沈阿四	女	1922 年 3 月 15 日	
27	楼金洪	男	1921 年 9 月 30 日		55	周旭英	女	1922 年 10 月 11 日	
28	傅阿英	女	1923 年 1 月 28 日		56	余阿四	女	1923 年 2 月 11 日	
29	韩子琴	女	1923 年 9 月 5 日		57	项阿二	女	1923 年 5 月 11 日	
30	蔡彩花	女	1923 年 9 月 19 日		58	王阿二	女	1923 年 8 月 18 日	
31	缪秀英	女	1923 年 11 月 1 日		59	裴雪花	女	1923 年 12 月 12 日	
32	金爱珠	女	1924 年 4 月 15 日		60	章阿大	女	1924 年 2 月 7 日	
33	徐爱花	女	1924 年 7 月 9 日		61	宋阿秋	女	1924 年 5 月 15 日	
34	蒋绍惠	男	1924 年 9 月 12 日		62	赵菊花	女	1924 年 9 月 10 日	
35	沈寿兴	男	1924 年 12 月 20 日		63	沈锦华	男	1924 年 11 月 14 日	
36	蔡云姑	女	1924 年 12 月 22 日		64	高仁奎	男	1921 年 2 月 24 日	盈丰街道 8 人

续表 59

序号	姓名	性别	出生年月	镇（街道）
65	林文琋	女	1922 年 4 月 14 日	盈丰街道 8 人
66	李爱花	女	1922 年 11 月 3 日	
67	毛方恭	女	1923 年 7 月 17 日	
68	沈银姑	女	1923 年 12 月 23 日	
69	邱彩英	女	1924 年 1 月 14 日	
70	沈美凤	女	1924 年 7 月 1 日	
71	丁金花	女	1924 年 12 月 15 日	
72	泮长土	男	1920 年 7 月 18 日	新街街道 13 人
73	徐阿根	女	1920 年 10 月 16 日	
74	李长林	男	1921 年 5 月 11 日	
75	陆秋姑	女	1921 年 9 月 3 日	
76	於阿小	女	1922 年 10 月 24 日	
77	李张才	男	1923 年 5 月 8 日	
78	马德万	男	1924 年 2 月 2 日	
79	陈福英	女	1924 年 2 月 16 日	
80	周桂英	女	1924 年 3 月 14 日	
81	王又姑	女	1924 年 9 月 24 日	
82	许兴华	男	1924 年 11 月 18 日	
83	王金花	女	1924 年 12 月 11 日	
84	陈桂花	女	1924 年 12 月 27 日	
85	方牛花	女	1919 年 11 月 13 日	靖江街道 7 人
86	周焕根	男	1923 年 10 月 14 日	
87	何桂英	女	1923 年 12 月 20 日	
88	袁关锦	男	1924 年 3 月 26 日	
89	殷和珍	女	1924 年 3 月 26 日	
90	沈加仙	男	1924 年 10 月 11 日	
91	方美姑	女	1924 年 11 月 24 日	靖江街道 7 人
92	徐阿大	女	1918 年 11 月 20 日	南阳街道 11 人
93	沈雅珍	女	1922 年 9 月 2 日	
94	蔡志正	男	1922 年 11 月 30 日	
95	倪玉秀	女	1923 年 2 月 15 日	
96	蔡阿花	女	1923 年 9 月 27 日	
97	高汉祥	男	1924 年 2 月 28 日	
98	徐荷姑	女	1924 年 6 月 2 日	
99	金校水	男	1924 年 7 月 19 日	
100	高秋珍	女	1924 年 8 月 21 日	
101	蔡福锦	男	1924 年 11 月 10 日	
102	高彩凤	女	1924 年 11 月 22 日	
103	俞爱红	女	1921 年 7 月 26 日	楼塔镇 5 人
104	俞凤姣	女	1923 年 7 月 3 日	
105	邵文芹	女	1923 年 9 月 12 日	
106	应祝仙	男	1924 年 8 月 27 日	
107	陈凤娥	女	1924 年 9 月 14 日	
108	徐张根	男	1923 年 2 月 15 日	河上镇 3 人
109	傅楚成	男	1923 年 9 月 10 日	
110	徐芬连	女	1923 年 11 月 29 日	
111	瞿芬茶	女	1919 年 4 月 20 日	戴村镇 5 人
112	孔交仙	女	1921 年 2 月 24 日	
113	陈爱玉	女	1922 年 9 月 12 日	
114	董满花	女	1924 年 9 月 5 日	
115	周吾高	男	1924 年 10 月 17 日	
116	张秀梅	女	1922 年 8 月 23 日	临浦镇 9 人

续表 59

序号	姓名	性别	出生年月	镇（街道）
117	王余松	男	1922 年 11 月 4 日	临浦镇 9 人
118	徐关乔	男	1923 年 3 月 21 日	
119	邵茶芬	女	1923 年 7 月 14 日	
120	余下英	女	1924 年 10 月 16 日	
121	周菊花	女	1924 年 11 月 2 日	
122	朱冠佑	男	1924 年 12 月 1 日	
123	来惠英	女	1924 年 12 月 4 日	
124	沈再春	女	1924 年 12 月 13 日	
125	陈亚凤	女	1916 年 9 月 9 日	浦阳镇 12 人
126	俞素琴	女	1919 年 10 月 3 日	
127	李荷根	女	1921 年 9 月 23 日	
128	胡仙珍	女	1922 年 9 月 10 日	
129	方素芬	女	1923 年 3 月 1 日	
130	汪金海	男	1923 年 3 月 7 日	
131	颜子法	男	1923 年 3 月 25 日	
132	顾阿囡	女	1923 年 6 月 4 日	
133	钱子水	男	1924 年 7 月 3 日	
134	陈妈红	女	1924 年 7 月 8 日	
135	钱传根	男	1924 年 9 月 27 日	
136	钱亚仁	女	1924 年 12 月 27 日	
137	沈传法	男	1924 年 11 月 14 日	进化镇 7 人
138	张亚珍	女	1920 年 5 月 5 日	
139	屠祝英	女	1922 年 12 月 29 日	
140	邵根玉	女	1923 年 9 月 10 日	
141	祝芹美	女	1921 年 12 月 8 日	
142	汤关顺	男	1923 年 10 月 10 日	
143	裘锡根	男	1923 年 5 月 26 日	进化镇 7 人
144	陈美珍	女	1921 年 1 月 4 日	所前镇 8 人
145	於阿花	女	1923 年 1 月 28 日	
146	沈桂珍	女	1923 年 8 月 4 日	
147	戴兴姑	女	1923 年 12 月 24 日	
148	娄惠钊	男	1923 年 12 月 24 日	
149	丁荷花	女	1924 年 6 月 19 日	
150	娄菊英	女	1924 年 9 月 8 日	
151	陈志法	男	1924 年 10 月 29 日	
152	吴吾英	女	1920 年 6 月 28 日	义桥镇 9 人
153	华彩仙	女	1921 年 10 月 15 日	
154	宋阿开	男	1921 年 12 月 3 日	
155	孙海英	女	1923 年 12 月 2 日	
156	张彩英	女	1924 年 1 月 7 日	
157	周阿娟	女	1924 年 6 月 25 日	
158	何菊仙	女	1924 年 9 月 25 日	
159	盛寅泉	男	1924 年 12 月 25 日	
160	倪阿银	女	1924 年 10 月 9 日	
161	范阿仙	女	1921 年 7 月 12 日	衙前镇 8 人
162	潭爱花	女	1922 年 1 月 20 日	
163	俞德兴	男	1923 年 12 月 21 日	
164	伏阿珍	女	1924 年 7 月 1 日	
165	丁桂花	女	1924 年 7 月 27 日	
166	张爱姑	女	1924 年 9 月 9 日	
167	金阿三	女	1924 年 10 月 17 日	
168	徐菊花	女	1924 年 11 月 10 日	

续表 59

序号	姓名	性别	出生年月	镇（街道）	序号	姓名	性别	出生年月	镇（街道）
169	汪长甫	男	1919 年 7 月 17 日	瓜沥镇 37 人	195	沈仙花	女	1923 年 11 月 1 日	瓜沥镇 37 人
170	郑金水	男	1919 年 12 月 8 日		196	陆爱珍	女	1923 年 11 月 11 日	
171	陆珍姑	女	1920 年 12 月 1 日		197	赵阿二	女	1923 年 11 月 16 日	
172	王晓兰	女	1921 年 8 月 15 日		198	姚阿三	女	1923 年 11 月 21 日	
173	陈大德	男	1921 年 9 月 4 日		199	周阿大	女	1924 年 6 月 4 日	
174	鲁惠卿	女	1921 年 10 月 1 日		200	陆荣贵	男	1924 年 7 月 1 日	
175	高阿花	女	1921 年 10 月 10 日		201	陈忠庭	男	1924 年 7 月 22 日	
176	徐如松	男	1921 年 10 月 10 日		202	姚爱花	女	1924 年 9 月 14 日	
177	俞美香	女	1921 年 11 月 10 日		203	朱保初	男	1924 年 10 月 22 日	
178	张美珍	女	1921 年 12 月 4 日		204	项桂花	女	1924 年 12 月 16 日	
179	鲁大毛	男	1922 年 3 月 15 日		205	王阿二	女	1924 年 12 月 21 日	
180	高阿凤	女	1922 年 5 月 25 日		206	金凤姑	女	1917 年 11 月 14 日	益农镇 9 人
181	陈杏花	女	1922 年 8 月 11 日		207	王阿水	男	1919 年 9 月 1 日	
182	高凤根	男	1922 年 9 月 12 日		208	沈宝仁	男	1920 年 8 月 22 日	
183	沈金生	男	1922 年 10 月 7 日		209	倪宝信	男	1920 年 10 月 12 日	
184	宋月珍	女	1922 年 12 月 2 日		210	赵金水	男	1922 年 6 月 14 日	
185	潘尔英	女	1922 年 12 月 4 日		211	厉金生	男	1923 年 3 月 10 日	
186	沈桂蓝	女	1923 年 3 月 10 日		212	王阿兰	女	1923 年 5 月 17 日	
187	施丽珍	女	1923 年 4 月 29 日		213	林荷英	女	1923 年 6 月 10 日	
188	平云贞	女	1923 年 5 月 27 日		214	王光兴	男	1924 年 4 月 9 日	
189	朱阿花	女	1923 年 6 月 22 日		215	戴阿四	女	1920 年 7 月 10 日	党湾镇 11 人
190	陈阿大	女	1923 年 7 月 4 日		216	倪文英	女	1920 年 9 月 9 日	
191	谢水珍	女	1923 年 8 月 22 日		217	陆菊花	女	1921 年 9 月 10 日	
192	王月花	女	1923 年 9 月 14 日		218	詹正泉	男	1921 年 9 月 29 日	
193	沈小花	女	1923 年 10 月 10 日		219	盛幼姑	女	1922 年 10 月 15 日	
194	施宗兴	男	1923 年 10 月 14 日		220	潘花姑	女	1922 年 12 月 9 日	

续表 59

序号	姓名	性别	出生年月	镇（街道）	序号	姓名	性别	出生年月	镇（街道）
221	朱阿春	女	1923年8月16日	党湾镇11人	225	周杏珍	女	1924年10月12日	党湾镇11人
222	孙阿花	女	1923年9月16日		226	赵茶姑	女	1922年5月3日	红山农场2人
223	洪凤钊	男	1924年4月16日		227	施阿大	女	1923年9月12日	
224	徐信花	女	1924年9月15日						

说明：1. 统计时间为2023年9月；2. 表内收录的百岁老人指2024年12月31日前满100周岁的老人

（资料来源：区民政局）

关心下一代工作

【概况】 2023年，萧山区关心下一代工作委员会在全区设有组织903个。其中，区本级1个，镇（街道）22个，红山农场、区教育局、区工商联（总商会）、区老年电大各1个，村（社区）553个，中小学校154个，非公有制企业164个，其他5个。全区“五老”（老党员、老专家、老教师、老战士、老模范）参与关心下一代工作3005人。区关心下一代工作委员会下属有“五老”讲师团、“五老”关爱团、“五老”科技服务团、“五老”调研团，共有“五老”成员30人。全年发工作指导性文件6份，写调研报告2份。区关工委被评为《中国火炬》杂志宣传工作先进单位。

【“五老”讲师团宣讲】 2023年，萧山区关心下一代工作委员会“五老”讲师团在“五老思政课进校园”活动的基础上，与《萧山日报》小记者团合作，推出“五老思政课进基地”活动，通过在基地宣讲“五老”思政课、带领青少年实地参观等方式，开展“‘八八战略’在身边，红色精神伴成长”主题系列活动。新录制“五老精品课”视频11期。开展线上线下宣讲283场次，受教育青少年4万余人次。

【困难学生资助】 2023年，萧山区、镇（街道）关工委以及社会各界人士共资助困难学生近300人，资助及奖励金额50万余元。其中，萧山旅港同乡会资助困难学生208名，奖励优秀学生23人，发放助学金及奖金35.8万元。由区关工委牵线搭桥的8位爱心人士资助7名困难学生。向市关工委推荐30名“奋飞奖”获得者，获资助金3万元。享受教育资助学生4.08万人次，发放、减免资助金3895.66万元。15名学生获2023年度中职国家奖学金，7名大学新生获萧山区人民教育基金会“助圆大学梦”助学金，6名学生获中天、国丰大学生助学金3万元，2名学生获云惠助学金1.2万元，14名学生获云惠励志国家奖学金2.8万元。

【创办“假日学校”】 2023年，萧山区各镇（街道、场）、企业等创办假日学校359所，9.16万人次参与。区“五老”讲师团先后到179个村（社区）、学校、企业办的“假日学校”上课210场次，惠及青少年近1万人次。慰问12个镇（街道）“假日学校”，为现场参与的青少年送上学习用品等慰问品。

【失足、弱势青少年帮教】 2023年，萧山区关工委“五老”关爱团帮教青少年138人次。关爱团老师分成12组，对69名分布于18个镇（街道）的青少年进行结对帮教。

（汪　祥）

民族宗教事务

【概况】 2023年，萧山区有佛教协会、道教协会、天主教爱国会、基督教三自爱国运动委员会和基督教协会5个宗教团体，登记宗教活动场所（寺观教堂和固定处所）121处，其中佛教53处、道教26处、天主教5处、基督教37处。区宗教事务局指导新建“石榴红”系列品牌阵地6个，落实“春风行动”资金31.6万元，筹措其他资金、实物等价值80余万元，开展捐资助学、结对帮扶等公益慈善活动，走访慰问230户困难少数民族家庭。在宗教事务上，推进宗教中国化进程，引导宗教与社会主义社会相适应。组织宗教界开展无偿献血72人次，献血总量2.26万毫升。动员全区宗教界筹集资金28万元，驰援甘肃抗震救灾。在中秋、春节等传统节日，开展民族宗教界人士慰问活动，走访慰问92人次，发放慰问金4.6万元。年内，衙前农民运动纪念馆入选省级民族团结进步教育基地。衙前镇张夏行宫、新塘街道华云寺入选省民间信仰规范化场所。瓜沥镇坎山教堂、北干街道瑞丰寺被确认为省级宗教法治宣传教育基地。

【民族团结品牌培育】 2023年，戴村镇被评为第六批省级民族团结进步创建重点培育单位，衙前农民运动纪念馆被评为第三批省级民族团结进步教育基地，浦阳镇金利浦消防应急救援中心、义桥镇渔浦社区被评为第三批杭州市“之江同心·石榴红”引领单位。

【亚运会服务】 2023年，萧山区制定民族宗教领域突发事件应急处置工作预案和相关保障工作方案，组织专项业务培训和现场指导40余次，完成12家亚运官方接待酒店、1个萧山运动员接待饭店的清真餐饮与宗教服务保障工作，服务涉及6个国家和地区的900余名穆斯林运动员、官员、工作人员及媒体记者。

【宗教中国化实践】 2023年，萧山区民宗局指导各宗教团体深化“圆融萧然”“道行萧然”“融美萧然”“和合萧然”4个宗教中国化实践品牌，开展讲经讲道、书法培训、公益慈善等活动10次，参与人员750余人次。截至年末，所前镇大山庙、闻堰街道莲华寺、闻堰街道先昭寺被命名为省级宗教中国化场所，楼塔镇基督教长山坞教堂、衙前镇东岳庙、新街街道福庆寺被命名为杭州市宗教中国化场所。

【宗教政策法规宣传】 2023年，萧山区民宗局采取线上线下等多种形式，常态化开展政策法规宣传进机关、进场所、进社区等活动，其中线上推出“普法小专栏”8期、组织政策法规知识有奖竞答1次。线下开展宣传教育活动7场次，发放宣传资料1000余份，受教育700余人次。指导瓜沥镇坎山教堂、北干街道瑞丰寺创建为省级宗教法治宣传教育基地。

【宗教活动场所管理】 2023年，萧山区民宗局启动实施宗教及民间信仰场所分类整治三年提升行动，初步创建“6＋1”类（“6”：法治宣传教育示范场所、平安创建示范场所、文化润教示范场所、爱国主义教育示范场所、消防安全标准化管理示范场所、绿色生态示范场所；“1”：规范化管理民间信仰示范场所）区级示范场所36处。指导衙前镇张夏行宫、新塘街道华云寺获评第一批省民间信仰规范化场所。组织开展宗教领域安全生产隐患大排查大整改、燃气安全排查及消防安全等活动20余场次。指导所前镇天乐寺获评2022—2023年度省级平安宗教活动场所，指导宁围街道基督教新华教堂获评2023年省宗教活动场所消防安全标准化管理“百优争创”活动优秀单位。

（俞佳立）

精神文明建设

【概况】 2023年，萧山区持续深化公民道德建设，拓展“萧山优礼”全域文明新实践，不断提升城市文明程度和市民文明素质。完成全国、省、市各类文明指数测评，持续推广“文明云监管”平台。持续推动新时代文明实践阵地建设提档升级，实现文明实践阵地结对共建全覆盖。区文明办获评亚（残）运会省先进集体，亚运文明驿站项目获市宣传思想文化工作创新奖。

【公民道德建设】 2023年，萧山区承办“我们这十年·最美杭州”巡演活动，开展第八届萧山区美德标兵先进事迹巡演巡讲，组织“大咖进社区”文明系列活动5600余场，成立美德标兵工作室4家，选树“萧山好人”60人、区级“文明家庭”100户，获评“浙江好人”2人、杭州市道德模范1人、“杭州好人”6人。组织“美德夏令营”“亚运之夏”等活动2000余场，募集“公民爱心日”善款122万余元，选树区级“美德少年”10人，获评“全国新时代好少年”“浙江省新时代好少年”1人。

【新时代文明实践】 2023年，萧山区推动实践阵地提档升级，创建市级新时代文明实践示范所2个、示范站3个，实现文明实践阵地结对共建全覆盖，获评市级“最美志愿者”6人、“最美志愿服务工作者”6人、“最美志愿组织”4个、“最美新时代文明实践站（点）”2个、“最美亚运文明驿站”1个；开展文明实践活动6.79万场，群众参与17.59万人次；“亚运文明驿站”项目获评市志愿服务项目大赛金奖；制作的《文明观赛　城市添彩》宣传视频，被“学习强国”学习平台、“中国蓝”新闻客户端、亚运会等平台转发，阅读量20余万次。

【文明城市创建】 2023年，萧山区启动“城市文明大提升”十大专项行动，完成市级以上文明指数测评7次，组织镇（街道）公共文明指数测评4次，开展市场、商超等7个类型及周边重点督查1300余次，完成问题整改1.2万余个，开展512个小区、1.36万个楼道、172条背街小巷、46个地铁口、44个公共场所文明整治提升行动。新创建社区文化家园12家、文明单位28家、文明社区13个，获评省级文明村5个、文明单位2家、文明家庭2户、文明校园1所，区级以上文明村镇（街道）覆盖率98%。

（李文香）

责任编辑：余观祥

产业平台

萧山经济技术开发区

【概况】 2023年，萧山经济技术开发区锚定国家级开发区第一方阵目标，对标先进，持续推进“兵团化”会战，聚焦项目、紧扣数字、提升质量，发挥大平台的更大作用。开发区本级实现规模以上工业增加值162.8亿元，比上年增长12.7%；规模以上服务业营业收入1922亿元，增长3.9%；规模以上服务业增加值101.7亿元，增长24%（服务业数据错月考核，数据为1—11月，但为全年考核数据）；规模以上数字经济核心产业增加值82.3亿元，增长22.6%；财政总收入114亿元，增长9.3%；一般公共预算收入59.7亿元，增长0.4%。总投资34.05亿美元的荣盛沙特阿美并购项目成为全省当年最大的外资单笔投资，该项目刷新浙江省民营企业外资合资纪录。招引落地的萧山首个百亿产业项目合盛新能源材料和器件模组制造项目开工。

【招商引资】 2023年，萧山经济技术开发区聚焦“2＋3＋X”（以纤维新材料和智能汽车两大优势产业为主导，以智能物联、生命健康和高端装备等新兴产业为特色，以绿色能源、未来网络、绿色建筑、元宇宙等未来产业为补充的先进制造业集群体系），绘制招商图谱，招大引强，招引龙头企业、“链主”型企业落户开发区。截至年末，完成亿元以上项目备案45个，10亿元以上项目10个，招引落地全市首个百亿级项目——总投资108亿元的新能源材料和器件模组制造项目，实到外资全省第一，实际利用外资32.2亿美元。

【产业集群发展】 2023年，萧山经济技术开发区围绕无忧传媒集团有限公司、浙江希瑞新材料技术有限公司等龙头企业，做好创链建链、稳链固链、强链补链文章，推动“一企一链、一链一园”，加快产业集群壮大发展。“萧山经开区高端新材料特色产业平台”入选首批市级“一园一主业”特色产业平台名单，推动高端新材料产业链延链展链，带动上下游核心材料、装备、系统集成等关键领域企业落地发展。

【产业项目建设】 2023年，萧山经济技术开发区优化“开竣投达”项目推进机制，推行产业项目推进联席会议制度，实行“委领导领衔＋专班推进＋综合督查”三联动，开展项目全生命周期服务管理，及时解决堵点卡点问题，推动项目落地见效。促动浙江大学杭州国际科创中心二期、合盛新能源材料及器件模组制造、传化益迅年产68万吨有机硅新材料及高端精细化学品、希瑞新能源导电涂层新材料二期和萧睿通讯高端锂电池专用设备设计研发中心（杭可总部）等18个拿地产业项目开工建设，新入库产业项目68个，其中工业项目60个。完成固定资产投资176.9亿元，比上年增长4.7%，其中工业投资54.7亿元，增长4.8%。

【产业结构优化】 2023年，萧山经济技术开发区注重巩固优势产业，强化高端产业布局，推动制造业高端化、智能化、绿色化发展，开发区高新技术产业、战略性新兴产业、高端装备制造业增速和贡献度提升。高新技术产业、战略性新兴产业、高端装备制造业的增加值增速，分别比上年增长14.3%、22.2%和11%。

【数实融合发展】 2023年，萧山经济技术开发区加快细分行业数字化转型扩面，总结梳理数字化改造现状，制订制造业细分行业数字化改造扩面计划。截至年末，有300余家企业启动实施数字化改造或轻量化应用，159个技改项目完成立项，33个计划投资500万元以上的技改项目开工并投资入库。推动数字化转型示范样本建设，浙江省大胜达包装股份有限公司、浙江讯飞智能科技有限公司等4家企业获评省级工业互联网平台，占全区比重80%。杭州宏诚食品饮料有限公司、浙江盛达铁塔有限公司等企业入选杭州市“未来工厂”（数字化车间）名单。打造数实融合全球品牌赋能中心，赋能更多有制造实力、产品适销对路的企业通过“制造＋跨境”模式实现数实融合品牌出海。培育自贸创新发展新动能，中国（浙江）自贸创新中心

（萧山自贸大厦）启用，入驻企业营业收入超15亿元，税收超6000万元。“推进新型离岸国际贸易创新发展”“建设全球跨境电商知识服务中心　打造知识服务高地”“跨境电商诚信体系便利跨境电商交易”3个典型案例入选商务部“外贸新业态优秀实践案例”。“助推制造业项目提质增效”“入境特殊物品安全联合监管机制”2个案例入选省、市制度创新案例。

【开发区“腾笼换鸟”】 2023年，萧山经济技术开发区进一步完善《“腾笼换鸟”三年行动方案》，明确连片收储实施方案，建立“腾笼换鸟”专班，摸清企业情况并建立一企一台账，逐家分析研判处置方案。截至年末，完成企业收储签约17家，面积56公顷。围绕产业定位和招商项目入驻需求，建设标准厂房130.6万平方米。

【低效企业整治】 2023年，萧山经济技术开发区对列入年度低效整治企业进行分组分类，全面摸排企业和地块现状，形成“一企一表”档案，按照“跟踪服务、重点帮扶、依法收储、收储退出”进行分类处置。结合企业发展实际，支持企业开展存量招商、数智改造。截至年末，华尔泰国际纺织（杭州）有限公司、索尔机械（杭州）有限公司等24家规模以上企业实现低效企业摘帽，盘活低效工业用地101.5公顷。

【江南科技城】 2023年，萧山经济技术开发区优化江南、科技城管理机制，高起点推进江南科技城建设，海归小镇入选省级合成生物未来产业先导区。引育集聚数字医药核心企业100多家，生物技术产业集聚度为65%。组建包括政府引导基金、生物医药专业投资基金、天使基金在内的总规模近145亿元的产业基金群。完成1133公顷亚运村东侧环境整治提升工程。

【绿色智造产业新城建设】 2023年，萧山经济技术开发区围绕纤维新材料、高端功能性材料两个主链，持续招引服务重大产业项目落地。推进浙江盛元化纤有限公司二期工程、浙江传化益迅新材料有限公司等大项目建设，浙江奥展航空科技有限公司等企业相继上规模，浙江广泰环境技术有限公司、浙江万鼎精密科技股份有限公司、恒宏智能装备有限公司等投产或生产调试。以萧山临江高新技术产业开发区新材料化工园区益农板块为目标，在新材料、新装备、新能源、新印染项目上推动绿色工厂与数字工厂有机结合，加快形成新质生产力。

【数字总部基地建设】 2023年，萧山经济技术开发区加快打造数字总部基地，浙江长龙航空有限公司、杭州无忧传媒有限公司、杭州华澜微电子股份有限公司等12家企业获市总部企业认定。小灿灿新媒体总部、二咖传媒等新消费品优质项目落地。信息港小镇入选全省第一批专精特新产业园创建名单，获评全省第一批示范型数字经济产业园，并连续三年在省级特色小镇考核中获得优秀。信息港七期（西区）竣工，信息港六期北区块等开园。

【企业梯队培育】 2023年，萧山经济技术开发区支持企业高质量发展，杭州东霖染整机械有限公司、拿森汽车科技（杭州）有限公司、凯临钒机械（杭州）有限公司等97家企业获评省级专精特新企业，累计获评省级专精特新企业数量占全区近1/3。杭州雷迪克节能科技股份有限公司、浙江浙能迈领环境科技有限公司、杭州传化精细化工有限公司等11家企业获批国家级专精特新“小巨人”企业，占全区近40%。杭州布雷科电气有限公司、浙江杭可仪器有限公司、杭州国泰环保科技股份有限公司等5家企业入选2023年度浙江省首台（套）装备认定。开发区获评国家级专精特新企业培育园区。杭州湾信息港园区获评省五星级小微园，为全区唯一园区。杭州乐刻网络技术有限公司、万向一二三股份公司、微医云（杭州）控股有限公司等39家企业入选2023杭州独角兽与准独角兽企业榜单。杭州大王椰供应链科技有限公司、浙江华感科技有限公司、杭州乾晶半导体有限公司等80家企业被新认定为国家高新技术企业。杭州镓仁半导体有限公司、高诚生物医药（杭州）有限公司、杭州长河动力技术有限公司等186家企业被新认定为省科技型中小企业。浙江舜为科技有限公司、杭州布雷科电气有限公司、浙江杭可仪器有限公司等91家企业新增为规模以上企业。国泰环保登陆深圳创业板，杭可科技发行的全球存托凭证（GDR）在瑞士证券交易所上市。浙江健盛集团股份有限公司、杭州雷迪克节能科技股份有限公司、浙江兆丰机电股份有限公司等28家企业培育为上市企业（含新三板）。微医控股（浙江）有限公司、杭州华澜微电子股份有限公司、圣奥科技股份有限公司等16家企业被列入区级上市后备企业。

【助企服务】 2023年，萧山经济技术开发区推进“千名干部进千企”活动，开展纾困解难、转型发展等助企服务，审核财政扶持项目130批次，涉及企业900家，兑现扶持资金14亿元。打造365天7×24“零距离”服务圈，构建最优助企服务新生态。设立“信用e站”“营商环境检查e站”，为园区企业提供更优质的增值服务。统筹安全发展，编制并发布《落实企业安全生产主体责任指导手册》，组织召集安全生产主题培训活动13场，培训2400余人次。

【企业回归】 2023年，萧山经济技术开发区探索形成具有开发区特色的总部回归路径，通过开辟贸延工、贸转工新路径，科学运用委外加工新方式，支持创建管理运营新模式等途径，引导产值回归，浙江健盛集团股份有限公司、杭州大王椰智环装饰新材料有限公司、浙江华感科技有限公司等5家总部企业回归产值35亿元。发挥数智楼宇系统作用，加强清单化摸排、网格化梳理，实现41个楼宇、30个园区、1.19万家企业尽数纳入系统管理。截至年末，回迁企业166家，完成46家税务登记在区外的企业转入变更。

【校地合作】 2023年，萧山经济技术开发区推进三大科创平台建设，占地14.6公顷的浙江大学杭州国际科创中心一期项目第一阶段区块完工并交付使用；总建筑面积37.33万平方米的西安电子科技大学杭州研究院，22幢建筑完成主体结顶；总投入资金2.36亿元，建筑面积5.7万平方米的湘湖实验室科研平台启动运行。对接浙江大学科创中心、西电杭研院、湘湖实验室，建立常态化协调机制，创新多元化互动模式，促进校地深度融合。推动三大平台与企业共建创新研究院 5 家，共建联合实验室 57 家，项目合作协议资金近 2 亿元。支持平台建设孵化载体，孵化面积（含在建）6.8 万平方米。

【人才引育】 2023 年，萧山经济技术开发区加大海内外高层次人才、领军型创新创业团队等引育，修订完善《萧山经济技术开发区“5213”项目管理办法》，进一步优化人才项目推进。新增杭州市 E 类及以上高层次人才 606 人，13 名人才入选第 19 批国家级领军人才，比上年增加 5.3 倍，占全区的 65%；18 名人才入选市级领军人才，增长 80%，占全区比重 90%；推荐并最终入选区 2023 年“5213”项目 70 个，占区入选总数的 61.4%；招引“创客天下”总决赛项目落地 3 个，落地项目数量位列全市第一。

【企业创新】 2023 年，萧山经济技术开发区创建科技型企业创新积分系统，以五大维度 34 个指标，为科技型企业建设一套评价体系。开展企业知识产权工作室专题培训，帮助企业健全完善知识产权管理体系和知识产权管理水平。新增发明专利授权 944 项，比上年增长 33.7%；浙江希瑞新材料技术有限公司、杭州中电安科现代科技有限公司、杭州座头鲸科技有限公司等 9 家企业被新认定为杭州市专利试点企业。圣奥科技股份有限公司、开源环境科技集团有限公司、杭州健培科技有限公司等 6 家企业被新认定为杭州市专利示范企业。举办 2023 年度开发区创新创业系列活动发布会，到外地开展高层次人才招引和政策推介活动。

【经开区国控集团改组】 2023 年，萧山经济技术开发区推动政企分离，明晰职责边界，推进杭州萧山经济开发区国有资本控股集团有限公司（简称“经开区国控集团”）组织架构调整及下属公司运营管理模式调整，健全完善管理制度。经开区国控集团推进业务多元化发展，进军绿色能源领域，下属杭州开电能源服务有限公司在萧山区实施的示范村充电桩布局规划建设和项目场景成为全区“光储充”一体化全国范例；搭建集采服务平台，引导项目施工单位向平台公司发布物资采购方案；经营城市物业，运营杭州湾信息港、益农安置房二期等相关物业，承接物业项目合同金额 4478 万元；自主开发房产项目，完成房地产开发资质审批。12 月，经开区国控集团首个自主开发的房地产项目——蓝城·琉翠轩一期工程开工。至年底，拍卖 206 套安置房 5 年租赁权和两家国有企业资产残值，出租固定资产 76 万平方米。

【数字化平台建设】 2023 年，萧山经济技术开发区深化“企安心”建设，数字化平台形成 1 个驾驶舱、5 大业务系统和 1 套数字孪生的“151”主体构架。新建招商引资项目管理、土地收储、政策兑现、水电费管理、停车场管理等 16 个模块，迭代升级公共资源交易管理、企业库等 7 个模块，实现智慧化办公。

【经开区成立三十周年暨半年度“双招双引”项目集中签约仪式】 2023 年 5 月 28 日，萧山经济技术开发区成立三十周年暨半年度“双招双引”项目集中签约仪式举行。8 个重点产业项目和 6 个人才项目集中签约。重点项目涉及高端装备制造和总部型经济，总投资额逾 140 亿元，包括新材料、芯片设计、总部经济、钱湾生物港二期、锂离子电池生产智能设备制造等项目。

2023 年 5 月 28 日，萧山经济技术开发区成立三十周年暨半年度“双招双引”项目集中签约仪式举行

（萧山经济技术开发区管委会　提供）

（张琼　寿璐）

杭州临空经济示范区

【概况】 杭州临空经济示范区成立于 2017 年 5 月 9 日，由国家发展改革委、中国民航局批复设立，拥有杭州保税物流中心（B 型）、中国（杭州）跨境电子商务综合试验区、中国（浙江）自由贸易试验区拓展区杭州片区、空港型国家物流枢纽等多项改革试验点。以“两港两高地”（全球数字贸易创新港、国际航空服务枢纽港、全国临空高科技产业高地、全国临空会展商务新高地）为发展定位，以“一廊两翼、四链五楔”为空间结构，以“2 + 3”现代临空产业体系（做强智能制造、生命健康两大千亿级临空制造业，打造航空服务、数字贸易、会展商务三大千亿级临空服务业）为产业定位。

2023 年，杭州临空经济示范区靖江街道、南阳街道、红山农场、机场全域及瓜沥镇，总面积 142.7 平方千米，户籍人口 86901 人；财政总收入 47.7 亿元，比上年增长 25.5%；一般公共预算收入 26.82 亿元，增长 26.2%；规模以上工业企业增加值 130.2 亿元，下降 0.6%；规模以上工业企业增加值 130.2 亿元，下降 0.5%；规模以上高新产业增加值 94.87 亿元，下降 2.1%；规模以上工业企业利润总额 33.96 亿元，增长 5.0%；规模以上服务业增加值 56.38 亿元，下降 1.1%；规模以上数字经济增加值 40.1 亿元，下降 2.6%；出口额 214.52 亿元，增长 11.4%；限额以上社会消费零售额 17.22 亿元，增长 13.2%；固定资产投资 117.18 亿元，增长 14.9%。

资料：

“一廊两翼、四链五楔”：“一廊”指连接萧山辅城和钱塘辅城的航空都市走廊，依托国际商务港、国际贸易港和临港制造园，集聚航空运输、航空物流、航空服务、航空维修和制造等航空枢纽核心功能。“两翼”指萧山国际机场南北两大特色功能组群，北翼以产兴城，集聚产业创新功能，包括会展板块、阳城板块和红山板块；南翼以城促产，侧重城市配套服务功能，包括瓜沥板块、坎山板块和靖江板块。“四链”指四个方向链接周边区域和主要城市的交通廊道，东、南接绍兴市，西接萧山辅城，北接钱塘区和嘉兴市。“五楔”指五大以山水林田为主体的楔形农业生态空间，承担城市风道、“绿肺”等生态功能，兼顾游憩综合功能，包括瓜沥田园绿楔、航昭山水绿楔、机场快速路绿楔、红山通江绿楔、南阳两山绿楔。

【杭州临空经济示范区国土空间规划】 2023年10月10日，杭州市人民政府关于杭州临空经济示范区国土空间规划作出批复。规划界边东至规划头蓬快速路，南至萧山区瓜沥镇界，西至杭州绕城高速，北至钱塘区界及钱塘江水域，总面积142.72平方千米。规划形成“一廊两翼、四链五楔”的国土空间保护开发总体格局，期限为2021年至2035年。规划基期年为2020年，近期至2027年，远期至2035年。目标定位为全球数字贸易创新港、国际航空服务枢纽港、全国临空高科技产业高地、全国临空会展商务新高地。

【空间要素整合】 2023年，杭州临空经济示范区推进存量高耗低效、不符合产业导向企业有序腾挪，按照“一次评估、一次签约、分步腾挪”原则，农户拆迁1500余户，企业拆迁348家，腾出空间667公顷，其中集中连片产业用地380余公顷。设立总部园区、小微园区，鼓励企业以园区化发展模式在临空经济示范区二次创业。

【营商环境优化】 2023年，杭州临空经济示范区在市区两级审批部门协同下，可审批事项66项，推出“施工图图审优化”等微改革举措，建立“重点项目＋公证承诺＋容缺审批”机制。推进政府引导基金组建，完成管委会下属基金出资主体——杭州临空产业控股发展有限公司实体化运作，设立总规模20亿元的临空产业发展基金。与杭州实业投资集团有限公司基金合作的定向投资南京宽能半导体专项子基金，完成投资2亿元，完成率100%。与杭州贝豪控股股份有限公司、锐钲（杭州）科技有限公司、浙江城开投资建设有限公司等公司签约，落地百亿元以上项目1个，亿元以上项目34个，其中制造业项目20个。

【基础设施建设】 2023年，杭州临空经济示范区完成政府投资46.91亿元。总投资55.77亿元，推进5个安置小区建设，占地31.9公顷，总建筑面积95.81万平方米。总投资63.52亿元，推进阳城大道（萧清大道—红十五线）、南虹路（阳城路—南阳大道）道路拓宽工程、保税大道南伸（永盛路—八柯线）一期、新港路、会展南路、会展北路、南阳大道北伸等12条道路建设，总长26.26千米。围绕第三届数贸会，推进大会展中心及周边104国道地下通道和人行天桥（会展南路段）工程、110千伏会展中心专变。推进示范区内104国道、机场高铁、杭绍甬高速重大交通项目，其中铁路萧山机场站枢纽及接线工程进机场工程，主线4个标段开展实质性施工；104国道河庄街道至衙前镇段工程开展大面积桩基施工；杭绍甬高速年末通车。推进杭州生物科技谷30万平方米生物医药标准厂房建设，其中1号楼、2号楼封顶。

【自贸创新】 2023年，杭州临空经济示范区“数字清关＋复合监管，助力高效便利化通关”入选商务部“外贸新业态优秀实践案例”；“跨关区监管强化口岸功能，助力临空枢纽进出口通关便利化”获评浙江自贸试验区第二批省级制度创新及联动创新优秀案例；“保税集拼整车出口助力数智制造能级提升”被评为杭州自贸片区及联动创新区2023年第一批优秀改革试点经验。为解决进口食品分装难题，定期组织多部门协同会议，协调海关、市监及相关企业，推动“最多检一次”监管创新实践落地。深化全省首个跨境电商品牌指导服务站建设工作，不定期举办专题辅导和讲座，赋能跨境电商企业发展。

【重大项目集中签约仪式举行】 2023年7月12日，杭州临空经济示范区重大项目集中签约仪式举行，全球智慧物流枢纽杭州eHub项目、宁和衡信（杭州）医药科技有限公司制药项目、杭州乾智坤达微晶新材料科技有限公司新材料项目落户示范区，总投资44亿元，涉及智能制造、生命健康和数字贸易等领域。

（陈佳文）

湘湖国家旅游度假区

【概况】 湘湖国家旅游度假区位于杭州市萧山区城西，规划面积53.5平方千米，为首批国家级旅游度假区。自2003年湘湖综合保护与开发工程实质性启动，先后实施湘湖保护与开发一、二、三期工程，累计恢复湖域面积6.1平方千米，有全国重点文保单位1家，国家AAAA级旅游景区4个，形成以湘湖景区为核心，涵盖众多优质文旅产品的生态人文度假目的地。

2023年，湘湖国家旅游度假区以建设“中国视谷”、唱好新时代“西湘记”为发展主线，推进“产城人文湖”深度融合，实现区域社会经济稳进提质。财政总收入24.01亿元，比上年增长38.8%；一般公共预算收入15.24亿元，增长46.7%；全社会固定资产投资60.3亿元，增长71.3%；规模以上工业增加值14.1亿元，增长14%；规模以上服务业增加值8.43亿元，增长13.8%。

【规划引领】 2023年，湘湖国家旅游度假区坚持空间规划、项目策划、开发计划同步推进，持续优化拓展湘湖空间布局。区委常委会会议审议通过《关于湘湖·萧滨合作区体制机制优化方案》，湘湖管委会承担杭州高新区（滨江）特别合作园13.48平方千米范围内的规划、开发、建设和招商等职责；湘湖单元详细规划获市政府批复，湘湖新城范围内首次实现控规全覆盖；闻堰街道水系调整建设与水环境综合治理项目获区政府批复，为众多占水补水项目提供规划依据；戴村单元详细规划（乡村单元）完成杭州市规划和自然资源局技术审查，萧滨特别合作园“腾笼换鸟”实施方案完成方案大纲，有效落实专项规划编制和要素保障工作；湘湖景观提升规划概念方案完成成果稿，制定景观控制、建筑形态等4个专项规划导则，形成规划体系。

【文旅发展】 2023 年，湘湖景区接待国内外游客 855.36 万人次，其中度假游客 111.01 万人次，旅游接待营业收入 11.5 亿余元。签约落地《湘湖·雅韵》实景演艺项目，永久留存亚运会开（闭）幕式演出及主火炬塔等亚运记忆；2 月 24 日，世界旅游联盟总部办公区建成启用，世界旅游博览馆（一期）投入运营；4 月，中国美术学院湘湖校区项目启动建设；10 月 10 日，浙江省油画院落成开放；11 月 3 日，湘湖越界开街营业；年内，保亿开元名都度假酒店建成开业，湘湖自由庄园、柏联酒店进入试营业，朗廷·康得思酒店挂牌，湘湖高端度假酒店集群成型。慢生活街和下孙文化村启动二次招商；承办 2023 之江国际青年艺术周暨中国美术学院毕业季、2023 奥林匹克博览会艺术大展、第十五届文化中国论坛等高能级文化会展；举办第二届杭州湘湖半程马拉松、第六届湘湖年鱼节、“唱响西湘记”夜游、湘湖秋叶艺术节等品牌活动。

【景区治理】 2023 年 7 月，萧山区成立湘湖国家旅游度假区工作领导小组，由区委、区政府主要负责人任双组长，区政协主席任常务副组长，建立 28 个区级部门“一办七组”（办公室，水系提升组、交通提升组、景观风貌组、人文旅游和品牌营销组、商贸与产业提升组、资金保障组、应急保障组）工作体系。湘湖与西湖缔结“姊妹湖”，开展 8 个方面战略合作，建立“西湘”常态化交流机制。成立湘湖智库，开展湘湖 IP 全案编制等重大课题研究，启动“新湘湖八景”评审工作。清水入湖工程，因地制宜采用“多级水净化＋水动力调控”方案，对钱塘江水进行净化处理和沉淀，湘湖水体透明度稳定在 1.5 米以上。对莲华寺等重要景观节点、越王路（萧滨边界）等主要视觉界面等重点整治区块进行形象优化，改造建筑立面 21.3 万平方米，提升景观绿化 12 万平方米。8 月 30 日，湘湖景区派出所挂牌成立。湘湖景区数字驾驶舱功能迭代升级，景区标准化管理、智能化建设、精细化服务水平显著提升。

【产业科技】 2023 年，湘湖国家旅游度假区围绕视觉智能、3D 产业等先导产业，引进一批总部型项目、创新型企业、链属型资源，共签约亿元以上项目 19 个，其中 10 亿元以上重大产业项目 4 个、1 亿元以上制造业项目 10 个、商业服务业项目 5 个，实际利用外资 1.03 亿美元。全面承接“中国视谷”窗口园区建设，引入省视觉智能制造业创新中心，推动出台“中国视谷”市区两级专项政策。举办首届“中国视谷”生态大会暨“中国视谷杯”创新创业挑战大赛，总规模 30 亿元的产业引导基金落地运转，形成“一赛一会一刊”的“中国视谷”品牌标识，加快构建全要素、全链条的“中国视谷”创新生态。

湘湖自由庄园夜景

（湘湖国家旅游度假区提供，摄于 2023 年 4 月 15 日）

【“中国视谷”园区空间筹建】 2023 年，湘湖国家旅游度假区坚持“腾笼换鸟＋连片开发”，统筹谋划“中国视谷”窗口园区产业空间工作，打造高能级产业载体，收储土地约 28 公顷，挂牌出让工业用地 18.2 公顷。至年底，占地面积 4.53 公顷的“视谷之窗”产业综合体、占地面积 4.27 公顷的湘湖 3D 产业园在建，占地面积 4 公顷的湘滨路 TOD 产业综合体与杭州地铁四期工程同步实施。

【湘旅集团改革】 2023 年，湘湖国家旅游度假区深化浙江湘旅控股集团有限公司（简称“湘旅集团”）国企改革，推动湘旅集团从“建设为主”向“建、管、运一体化”发展，建立健全“专班＋管委会＋公司”带动镇（街道）一体化管理运作模式。搭建“六部门＋八公司”（集团办公室、党建纪检部、人力资源部、财务融资部、技术审价部、建设管理部，绿色开发公司、旧城改造公司、新城建设公司、投资发展公司、资产运营公司、旅业投资公司、景区管理公司、湘旅文旅公司）整体架构，新组建成立文旅发展、商业运营、产业服务、园林绿化等 8 家专业型子公司，完成体系重构、人事调整、资产梳理，探索市场化运作模式，增强经营“造血”能力。对接金融机构，战略合作银行拓展至 10 家，开拓理财直融、信托等融资新渠道，完成三江创智新城区块“一委两企”债权债务关系梳理。湘旅集团从财政部地方平台隐债名单中移除，入选全国首批城中村改造专项借款并完成授信。

（金开轶）

钱江世纪城

【概况】 钱江世纪城地处钱塘江南岸，位于杭州绕城公路圈中心位置，东与萧山科技城相邻，南与萧山主城区接壤，西与滨江高新区相连，北与钱江新城隔江相望，形成通江达海、承东启西、贯通南北的立体化交通网络。2023 年，钱江世纪城财政总收入 113 亿元，比上年增长 29.7%；一般公共预算收入 59.74 亿元，增长 8.9%；规模以上企业利税总额 2.49 亿元，下降 25.7%；规模以上工业企业利润总额 2.29 亿元，下降 23.4%；规模以上服务业增加值 95.18 亿元，增长 15.3%；规模以上数字经济增加值 53.74 亿元，增长 9.5%；出口额 39.82 亿元，下降 9.8%；全社会固定资产投资 85.25 亿元，增长 19.4%。

【亚（残）运会保障】 2023 年，钱江世纪城全力做好亚（残）运会保障工作。亚（残）运会期间，钱江世纪城承担杭州奥体中心体育馆、游泳馆、综合训练馆及杭州国际博览中心壁球馆等场馆及亚运村服务保障工作。在杭州奥体中心体育馆、综合训练馆，杭州国际博览中心、杭州世纪中心、亚运村等处，打造世界级滨水灯光带共4.2千米；做好赛时全域绿化景观和河道水质保障，完成钱江世纪公园、亮灯楼宇等重点区域和领域保障任务。赛前组织开展全国游泳冠军赛、中国职业篮球联赛（CBA）总决赛等赛演测试近百场。赛中服务运动员、技术官员、媒体记者2万余名，接待观众约46万人次、中外游客百余万人次。完成亚（残）运会服务保障任务，做到竞赛组织“零失误”、赛事服务“零投诉”。10月26日，杭州奥体中心体育馆运行团队获国际轮椅篮球联合会颁发的“杰出贡献”证书。

【双招双引】 2023年，钱江世纪城签约产业项目25个，实现50亿元项目零的突破。创新“零地招商”模式，引入中核专业性技术总部。飞鹤集团数字化总部、恺英网络股份有限公司总部2个10亿元以上项目落地。传播大脑科技（浙江）股份有限公司杭州分公司项目等10个亿元以上项目入驻。新引育市级及以上领军人才8人，新认定F类及以上人才1300余人。

【土地出让】 2023年，钱江世纪城出让经营性用地5宗，总面积13.7公顷。其中，住宅用地3宗、11.75公顷，商业商办用地2宗、1.93公顷，收入土地出让金56亿元。优化落实“一不变五统一”（留用地指标核定不变，统一合作开发面积、统一容积率、统一返还比例、统一货币化价格、统一实施招商）村级留用地政策，精细化梳理“以房换地”“货币化回购”实施路径，为全区村留地高质量开发当好“试验田”“先行区”。

【民生工程】 2023年，钱江世纪城引进多个优质教育品牌，新建成启用世纪实验幼儿园、世纪新中幼儿园2所，总建筑面积1.5万平方米；婴幼儿成长驿站3处。5月6日，浙江大学医学院附属妇产科医院钱江院区投入运行，占地8.8公顷，总建筑面积约24万平方米，总床位1200张，机动车停车位1600个。开通地铁6号线丰北站、亚运村站。先锋河等河道获评市级“美丽河湖”。亚运主题游线路建成，由16条通勤线路、7条河道、5条公园绿道、32万平方米花海景观等组成。

【亚运林建设】 2023年3月15日，省、市、区党政军领导义务植树活动在钱江世纪城举行。省、市、区机关干部，省军区、武警官兵代表等350余人参加义务植树活动。亚运林是钱江世纪城打造亚运区域的重要景观。2018年起，省、市、区党政军领导在亚运村地块景观绿化带开展义务植树活动5次，经5期建设，栽种树木近万株，完成绿化面积逾13公顷。

【新国企成立】 2023年5月18日，钱江世纪城国资公司揭牌成立，纳入萧山区属国企行列。8月，钱江世纪城国资公司获得中诚信国际AAA主体信用评级，成为萧山区首家获中诚信国际AAA评级的区级国有资本投资运营公司。公司与杭州奥体博览中心萧山建设投资有限公司并表，总资产755亿元。成立杭州世环建设开发有限公司和杭州萧山算能科技有限公司2家合资公司，服务未来总部基地启动区开发和业务拓展。

【图灵小镇共建】 2023年8月18日，萧山区联手新华三集团共建图灵小镇，打造国内AI产业新地标。小镇计划5年内引育100家以上新华三产业链生态型企业，集聚5000名以上AI高端人才，构筑有影响力的AI产业集群，打造浙江省数字经济创新提质新模式。

【钱塘湾未来总部基地启动区产业规划通过评审】 2023年10月27日，钱江世纪城钱塘湾未来总部基地启动区产业规划通过评审。启动区为钱江世纪城扩容区域，东至通城高架，南至机场公路，北至空港高架，规划面积3.54平方千米。重点招引行业龙头新星总部、高成长性总部等高新总部企业。

【钱江世纪城建城20周年暨“双一流”发展规划发布大会】 2023年11月21日，钱江世纪城建城20周年暨“双一流”发展规划发布大会召开。会议聚焦“‘城’长二十年，争创双一流”主题，锚定下一个20年“航向”，打造一流中央商务区和一流赛会核心区。会上，发布钱江世纪城“双一流”发展规划，8个赛会经济类项目和8个总部经济类项目集中签约，著名游泳运动员汪顺受聘担任“钱江世纪城赛会名城品牌官”。

（孙　欣）

位于钱江世纪城的“杭州之门”正式被命名为杭州世纪中心　（周煜程　摄于2023年4月18日）

责任编辑：余观祥

街道和镇（场）

城厢街道

【概况】 城厢街道地处萧山主城区，东连新塘街道，南接蜀山街道，西至滨江区西兴街道，北依北干街道。浙东运河（城河）穿越全境。2023 年，街道行政区域面积 25.63 平方千米，下辖社区 36 个，户籍人口 115500 人。财政总收入 11.15 亿元，增长 41.7%；一般公共预算收入 6.99 亿元，增长 19.5%。规模以上工业企业增加值 5.18 亿元，下降 5.8%；规模以上高新技术产业增加值 4.38 亿元，下降 7.1%；规模以上工业企业利税总额 2.36 亿元，增长 41.3%；规模以上工业企业利润总额 1.54 亿元，增长 86.1%；规模以上服务业增加值 8.18 亿元，增长 7.7%；规模以上数字经济增加值 4614 万元，下降 9.3%；出口额 13.97 亿元，下降 21.1%；限额以上社会消费品零售总额 15.45 亿元，增长 2.8%；固定资产投资 5.33 亿元，下降 21.1%。

年内，中煤科工集团杭州研究院有限公司被认定为杭州市企业技术中心，杭州田涧云工业科技有限公司、杭州恒美环保设备有限公司、杭州无人正飞科技有限公司、浙江邦凝生态环境建设发展有限公司、杭州星悦环保科技有限公司被认定为国家高新技术企业，杭州易靓好车互联网科技有限公司、浙江证优客信息科技有限公司、杭州人民口腔医院管理集团萧山华蔚口腔医院有限公司等 15 家企业被认定为省科技型中小企业。

完成育才西苑 40 幢 1344 户综合改造，推进里横河社区、百尺溇社区、潇湘社区 3 个区块、168 幢房屋、27 万平方米老旧小区改造，拆除各类违章建筑 577 处、1.69 万平方米。推进南门集中安置区，湖头陈社区三、四期，东湘社区二期南北区块及通惠路集中安置区块的安置房建设。完成湖头陈社区 1012 户预分房抽号、东湘社区 611 户预安置工作。推进治危解危，对 138 幢 C 级危房实行 24 小时动态监测和人工巡查，完成 12 处 D 级危房和 7 处 C 级危房解危工作。推进亚运环境整治，拆除涉亚场馆及周边违建 158 处、2185 平方米，拆除凸保笼 1785 个、店铺招牌 44 块。

年末，街道有 80 岁以上高龄老人 4918 人，发放百岁老人津贴 11.21 万元。在册低保户 285 户、312 人，在册困境儿童 17 人，享受低保边缘待遇 8 户 16 人。对 8 户因病因事陷入困境的家庭实施临时救助，发放救助金 20891.6 元。参与市级“助联体”示范建设试点个案帮扶 2 人，开展中小学生、老年人活动 65 次，救助帮扶项目 5 个。实施“焕新家”改造项目，提升改造 5 户困难低保边缘家庭的生活设施。开展第四轮慈善募捐，筹得善款 644.87 万元，留本冠名基金 1850 万元。开展辖区内户籍人员患癌救助工作，救助 405 人，发放救助金 219.6 万元。街道有持证残疾人 2599 人，新发残疾人证 60 本。对残疾人发放护理补贴 1086 人；发放困难生活补贴 231 人；发放助学补贴 175 人。为 6 个“爱心超市”连锁店全年购买各类生活用品总金额 4.5 万元，发放各类物品 796 件，帮扶困难残疾人家庭 156 户。街道未成年人保护工作站获评萧山区优秀未成年人保护工作站，湘湖社区获评“杭州市儿童友好社区”，湘湖社区小伢儿农场获评萧山区未成年人保护特色场景。推出“满城书香”教

2023 年 4 月 27 日，城厢街道“护城和”社会治理品牌发布
（城厢街道办　提供）

育品牌，建立新乡贤“大樟树”育英工程激励机制。湘湖社区党群服务中心推行“党建＋X”治理新模式，全年接待来自全国各地考察学习交流团队120批次、4500余人次，承办各类会务活动200余场，参加8000余人次。

湘湖社区创建首批省级现代社区、第三批引领型未来社区，并成为萧山区唯一入选全国完整社区建设试点社区。潇湘、百尺溇未来社区被列入省第七批旧改类未来社区创建名单，实施方案通过市级评审并备案。家景园小区被省水利厅、省经信厅、省教育厅等评为2023年度省节水标杆单位（小区），以社区为单位组建36支社会治安志愿巡防力量，根据社区实际情况设置“10分钟步巡圈”，实现单位、社区、派出所三级联动。举行“护城和”社会治理品牌发布暨护航亚运“3610”步巡圈大实战大演练。

表60　2023年城厢街道各村（社区）基本情况表

村（社区）	书记（主任）	户籍人口（人）	村民小组（个）	村集体可分配收入（万元）	耕地面积（公顷）
藕湖浜社区	裘文英	4800	—	—	—
陈公桥社区	蔡春倩	2479	—	—	—
东阳桥社区	曹志国	3350	—	—	—
回澜北苑社区	林　琳	4112	—	—	—
回澜南苑社区	孙桂琴	2644	—	—	—
育才东苑社区	王亚芳	3626	—	—	—
燕子河社区	姚国琴	5817	—	—	—
江寺社区	高建素	5349	—	—	—
百尺溇社区	傅美芳	5305	—	—	—
太平弄社区	张冠军	3450	—	—	—
拱秀社区	洪　英	6572	—	—	—
丁家庄社区	高胜权	3420	—	—	—
南市社区	徐海婧	2553	—	—	—
万寿桥社区	蒋宗麟	2959	—	—	—
西河路社区	廖芬锦	4212	—	—	—
俊良社区	章旖莉	3862	—	—	—

续表60

村（社区）	书记（主任）	户籍人口（人）	村民小组（个）	村集体可分配收入（万元）	耕地面积（公顷）
崇化社区	杨　军	3402	—	—	—
潘水社区	周华平	6124	—	—	—
南门江社区	来肖堰	3391	—	—	—
潇湘社区	邬振华	2806	—	—	—
美之园社区	华烟红	3752	—	—	—
休博园社区	王玲玲	2094	—	—	—
天逸社区	朱　靓	2400	—	—	—
湘湖社区	孙革命	4142	—	1405.5	—
东白马湖社区	李叶琴	2442	—	—	—
梅花楼社区	陆筱明	1568	—	1023.1	—
金辰社区	吕家琦	1961	—	—	—
车家埭社区	任彧春	674	—	1751.9	—
新桥头社区	韩永亮	1007	—	1209.1	—
高桥社区	宋正刚	1112	—	1213.6	—
徐家河社区	吕　松	662	—	151.6	—
南门社区	余国建	1456	—	413.2	—
仙家里社区	姚国荣	875	—	321.3	—
湖头陈社区	钱荣法	5410	—	1554.4	—
东湘社区	张永和	3497	—	1511.2	—
杜湖社区	赵灿木	2115	—	1726.0	—

说明：车家埭、新桥头、高桥、徐家河、南门、仙家里、湖头陈、东湘、杜湖9个社区为转制社区

（资料来源：城厢街道办）

【亚运会前环境整治】 2023年，城厢街道对涉亚点位周边19幢房屋外立面实施改造提升工程，总建筑面积约4.6万平方米，涉及居民448户。同步完成南市社区、西河路社区5幢约1万平方米C级危房解危加固。拆除车库53间，拆除违建86处1060平方米，拆除凸保笼1785个。对涉亚重点河道实施水质保障清水入城项目，通过水体净化处理，提升萧山体

育馆周边河道水质和透明度。落实市、区两级抄告单2368件，整治清理卫生死角260余处，裸土复绿90公顷，完成区查区改案卷3.04万件，处理数字城管案卷3717件。完成泰顺公寓通惠路123—149号、南江公寓等“污水零直排区”建设提质增效项目3个，对完成污水零直排建设单元进行日常运维。

【城厢街道社会治理综合中心运营】 2023年，城厢街道社会治理综合服务中心运营。中心位于通惠南路227号，建筑面积8400平方米。入驻单位有街道综合信息指挥室、应急消防管理站（消防专职队）、矛盾纠纷调处化解中心、综合行政执法队、司法所、城厢派出所户籍大厅、城厢楼长工作室等，常驻工作人员200余人，是街道“大平安”工作的物理集成空间。中心建立日常巡查制度，以赋权事项进行综合执法。

【城厢街道应急消防管理站落成】 2023年10月，城厢街道应急消防管理站交付使用。该管理站日常负责应急类综合性工作统筹协调，承担救灾减灾、工业企业、商贸旅游、危化品、消防安全、道路交通安全、建设工程、城市运营、卫生健康、民政教育、宗教安全等领域突发事件的指挥调度和各类数据汇总等工作。同时，联合各专委办开展日常安全生产、消防安全监督检查、风险评估和委托依法查处工作。年内，管理站创建成市达标应急消防管理站。

【2023“棒棒虎”幼儿故事会全国总展演在湘湖社区举行】 2023年12月23日，2023“棒棒虎”幼儿故事会全国总展演在萧山区城厢街道湘湖社区党群服务中心举办。该活动吸引1万多名选手报名，分别来自广西、上海、湖北等10多个省市。经过评委评审，10人获“全国十佳幼儿故事大王”称号、20人获“全国幼儿故事大王”称号、13人获“全国幼儿优秀故事员”称号，共有43位选手登上全国总展演舞台。

（葛梦莎）

北干街道

【概况】 北干街道位于萧山中心城区，东连新街街道，南邻城厢街道，西至滨江区西兴街道，北依宁围街道。2023年，北干街道行政区域面积19.8平方千米，辖村1个、转制社区2个、城市社区37个，户籍人口104842人。2023年，财政总收入22.91亿元，增长4%；一般公共预算收入12.63亿元，下降3.6%；规模以上工业企业利税总额2397万元，增长13.9%；规模以上工业企业利润总额1810万元，增长46%；规模以上服务业增加值31.36亿元，增长10.4%；规模以上数字经济增加值1.96亿元，增长15.5%；出口额77.36亿元，下降6%；限额以上社会消费品零售总额30.56亿元，下降1.8%；固定资产投资15.81亿元，增长44.5%。

年内，北干风情科创区块一期（无限公园）完成投资14.2亿元，并启动招商。杭州华利实业集团有限公司生物医药研发制造中心项目、银隆三期获评市服务业重点项目、兴议村村级留用地项目有序推进；荣庄村0.54公顷村级留用地出让；荣星社区、城北社区、明星社区等村级留用地开展多源推介招引。完成村级拍租项目6个，“村银共建”项目资金2331万元。固定资产投资完成率居全区各镇（街道）第一位。

全年扫楼巡查1369人次，开展助企服务活动63次，楼宇入驻企业增至8828家，去化（出租利用）面积165万平方米。辖区新增限额以上社会零售企业8家、规模以上服务业企业8家，服务业增加值总额居全区第一位。做优做强现代服务业集群，推动银隆—旺角城、华润万象汇、恒隆广场、加州阳光·开元广场等传统消费场所智慧化转型，市心中路商圈创建省级示范智慧商圈。构筑数字经济、科技产业新优势，累计培育规模以上数字经济企业16家，实现数字经济营业收入6.4亿元、增加值2.1亿元，完成高新技术产业投资6.39亿元；认定区级以上专精特新、“骏马计划”、重点支持新兴产业等企业11家，省高新技术研发中心1个，国家知识产权优势企业1家。

完成各级交办亚运风貌专项任务600余件，处置数字城管案卷1万余件，创建节水型小区6个、绿色社区8个，街道获全区村（社区）环境整治大比武一等奖，广德社区获全市“迎亚运”赛马活动第一名。常态化开展亚运通勤道路、保障酒店周边巡查督查，配合完成城市照明设施、轨道交通、桥下空间、城镇燃气等排摸整治，做好7条道路地下安全隐患监测。完成污水零直排二期36个单体清淤排查，完成125家餐饮企业油烟在线监测设备安装，创新建成数字化扬尘、噪声监管体系。

完成高田社区、永久社区465户征迁户抽号分房，荣庄社区两户联建区域234户征迁户签约、腾房，街道城中村改造全域清零，推动北干迈入城市化2.0时代。配合完成地铁15号线、萧邮路、机场高铁、银河初中等项目征迁借地、交地签约等工作，推进星都社区、畈里张社区外部环境整治提升工程，对华达社区、北干一苑社区实施老旧小区改造工程。以“迎亚运文明实践日”为载体，开展“一周一主题”群众性活动500余场，覆盖居民超10万人次。新建北干文化驿站6个，打造全域15分钟品质文化生活圈。“北干·爱阅城”“3V3城市街头篮球赛”等特色文体品牌进一步做优做强。亚运V站青年服务队、“向阳花”巾帼服务队等志愿团体有声有色，东巢公社、五七公社、火车西站历史街区等文化资源用活用好。

成立（换届）业主委员会12家、物业管理委员会9家，引进22个老旧小区专业化物业服务，广德小区通过省“红色物业”

市心中路万象汇商圈（赵文迪　摄于2023年11月22日）

验收，德信君宸、景宸天玺建成市“美好家园”。理顺社区、业委会、物业、物管中心四方关系，全年召开多方联席会议661场次，化解小区重点矛盾纠纷280余起，推动办理各类民生实事130余件。

新建社区食堂2个、老年学堂26个，实现村（社区）居家养老服务照料中心全覆盖。完成老年人助餐服务15万余人次，培育孵化持证养老护理员21人，发放高龄津贴及百岁老人生活补助195万元。新增幼儿园托育部5所，社会办托育机构7家，每千人托位数达6.67个，居全区第一位。完成区级示范型未成年人保护站创建，37个村（社区）实现“儿童之家”落地运行。完成家庭医生签约4.33万人，老年人免费流感疫苗接种4443人次、儿童预防接种59525针次。辖区社区卫生服务站增至18家，全年接待门诊51.5万人次，增长17.8%。

表61　2023年北干街道各村（社区）基本情况表

村（社区）	书记（主任）	户籍人口（人）	村民小组（个）	村集体可分配收入（万元）	耕地面积（公顷）
明星社区	倪文校	3580	15	1715.4	27.5
兴议社区	陈金钢	4468	16	1804.3	34.5
荣星社区	张军飞	3665	16	1735.7	22.2
荣庄村	张惟钦	2974	13	1335.3	17.4
城北社区	余海虹	4226	19	1821.4	27.5
塘湾社区	徐国江	4374	21	914.1	24.7
施家桥社区	沈潮明	1355	4	1187.3	5.7
畈里张社区	葛　剑	1796	3	1014.8	4.3
墩里吴社区	裴庆华	1793	11	326.2	4.9
永久社区	张力平	1295	5	832.9	6.7
高田社区	曹忠民	1027	0	367.3	4.0
荣联社区	潘红萍	1233	6	1286.4	5.2
柳桥社区	韩顺根	869	3	683.9	—
工人路社区	顾　芸	7156	—	—	—
北干一苑社区	曹　凯	3254	—	—	—
北干二苑社区	宋燕华	4659	—	—	—
绿茵园社区	何彩萍	3050	—	—	—
华达社区	徐海燕	2651	—	—	—

续表61

村（社区）	书记（主任）	户籍人口（人）	村民小组（个）	村集体可分配收入（万元）	耕地面积（公顷）
银河社区	俞飞飞	3522	—	—	—
星都社区	李泷啸	2471	—	—	—
萧然社区	朱上林	1942	—	—	—
广德社区	童春燕	3602	—	—	—
金泰苑社区	许　航	2934	—	—	—
中誉新城社区	李　俊	3001	—	—	—
金山西苑社区	单伊娜	1705	—	—	—
湖滨花园社区	严　莹	2215	—	—	—
加德社区	柴　琳	1026	—	—	—
金凤社区	倪炳伟	1795	—	—	—
金稼苑社区	杨玉红	2495	—	—	—
钱塘明月社区	黄安琪	1858	—	—	—
天悦社区	高建瑛	1954	—	—	—
江南星城社区	张立红	4240	—	—	—
风情科创社区	陈　婕	2226	—	—	—
博学路社区	宋小玲	2123	—	—	—
桂语听澜社区	韩　钧	1291	—	—	—
信息港社区	余兰兰	3106	—	—	—
青茵社区	任　健	3156	—	—	—
金江南社区	贾文树	1851	—	—	—
杨时社区	葛晓雪	707	—	—	—
长茵社区	汪伟燕	2197	—	—	—

（资料来源：北干街道办）

【现代社区建设】 2023年，北干街道以“紧凑核心＋开放空间”为原则，塘湾社区、广德社区建成省级未来社区。完成辖区16处党群服务空间标准化改造和功能提升，广德社区入选省首批现代社区名单，街道在全区现代社区“五星三色”考评中居第一名。以“标准化建设＋个性化定制”，创新探索“北干民生坊”

嵌入式服务场景，相关经验被中央广播电视总台《新闻周刊》报道。成立全区首个城市社区强社公司——杭州强社运营管理有限公司，谋划培育强社基金。先行先试“社区合伙人”模式，并在街道全域推广。8 月 11 日，北干街道天悦社区被列入省“无废城市细胞”名单。

【城市智治】 2023 年，北干街道设置网格 220 个、微网格 1281 个。提升警网协同数智水平，依托基层智治综合应用系统接收、流转各类事件 4.12 万起，办结 4.11 万起，办结率 99.8%；接收、处置“110”社会联动指挥中心联动事件 2438 起，办结率 100%。持续推进“大综合一体化”改革，开展餐饮行业、培训机构、流动摊贩等联合执法整治 180 余次，查办赋权内案件 1238 件。出台“123”应急消防管理机制，完成 42 个小区“生命通道”智能预警监控系统安装，实现 4 个区域微型消防站升级改造，组织开展高层消防安全、防汛防台、城市侧突发事件等大型应急演练 6 次。

【“除险保安”工作】 2023 年，北干街道全面推进“平安护航·提质晋位”十二大攻坚行动，做好亚运前后属地保障，开展问题隐患专项排查整治 40 余次，发现并整改消防安全隐患 300 余处、道路安全隐患 685 处。对标销号信访积案 10 件，受理办结一般信访件 1.26 万件；受理调解群众矛盾纠纷 1652 件，涉案金额超 1.5 亿元。成立全区首个街道反诈中心——北干反诈分中心，会诊反诈案件 116 起，涉案金额 627 万余元。累计招募专职巡防力量 511 人、兼职力量 2.21 万人，组建“一小区一巡逻队”134 支，全年组织平安巡防活动 1 万余次。开展进社区、进企业、进学校、进农村、进家庭宣传活动 80 余场。

【慈善总会北干中队成立】 2023 年 5 月 29 日，萧山区慈善总会义工分会北干中队举行成立仪式。成立后，共有义工 170 人，其中女义工 120 人。分成 3 个小队，开展疾病救助、贫困助学义工服务。

【市心路商圈入选省级示范智慧商圈】 2023 年 12 月 5 日，浙江省商务厅公布第二批省级示范智慧商圈创建评审结果，北干街道市心路商圈入选省级示范智慧商圈，万象汇入选省级示范智慧商店。市心路商圈以市心路为核心轴，金惠路—工人路—彩虹大道—育才路组成的区域为四至范围，涵盖 12 个大型商业综合体及商业集聚地，总入驻商户数 3000 余家。

（葛佳佳）

蜀山街道

【概况】 蜀山街道位于萧山城区南部，东连新塘街道、所前镇，南接临浦镇、义桥镇，西至湘湖、闻堰街道、滨江区，北与城厢街道接壤。2023 年，街道行政区域面积 33.7 平方千米，辖村 7 个、社区 25 个，户籍人口 64846 人。财政总收入 14.29 亿元，增长 48%；一般公共预算收入 8.89 亿元，增长 72.7%；规模以上工业企业增加值 16.11 亿元，增长 2.3%；规模以上高新技术产业增加值 9.84 亿元，增长 3.6%；规模以上工业企业利税总额 5.35 亿元，下降 6.4%；规模以上工业企业利润总额 3.47 亿元，下降 11.9%；规模以上服务业增加值 2.52 亿元，增长 16.4%；规模以上数字经济增加值 1586 万元，下降 43.2%；出口额 12.6 亿元，增长 2.4%；限额以上社会消费品零售总额 12.23 亿元，增长 0.5%。

年内，蜀山街道开展迎亚运行动，制定 48 项考核比赛任务清单。加强农村、社区、沿路、沿线等重点区域洁化、序化、美化，开展立面及屋顶整治 4.39 万平方米，完成美丽田园建设 48 公顷，创建美丽家园达标小区 8 个，自查自纠环境问题 2.6 万个。举办 1 万余人参与的“拥抱亚运·文明同行”全民健身运动会暨百场赛事进家园活动。举办各类体育赛事 150 余场，推出“迎亚运”“护航亚运”系列主题报道 120 期。

出台促进经济高质量发展政策意见 28 条，向企业兑现各类扶持资金 1200 余万元。整治挪作他用工业用地 5.33 公顷，24 家低效企业亩均税收比上年增长 6.32 倍。宝山区块作为全区首例国有工业用地，到期未续期案例实现收回。盘活章潘桥皮革厂存量土地 2.4 公顷，助推杭州之江有机硅化工有限公司总部大楼入驻。新增杭州江南石英化工有限公司产业空间 2.75 万平方米。新认定“5213”项目 1 个、高层次高技能人才 252 人。新增省科技型中小企业 18 家、市企业高新技术研发中心 1 家。浙江亚太机电股份有限公司乘用车低拖滞、低噪音高性能制动钳总成关键技术研发及产业化应用项目获评 2023 年度中国汽车工程学会科学技术奖三等奖，杭州之江有机硅化工有限公司工业用有机硅密封胶产品的研发与产业化项目获评省科学技术进步奖三等奖。浙江亚太机电股份有限公司、杭州之江有机硅化工有限公司、杭州正强传动股份有限公司获评市总部企业，浙江亚太机电股份有限公司、杭州之江有机硅化工有限公司获评市制造业百强企业。蜀山未来城被认定为省小微企业园、市级科技企业孵化器。

帮扶重点人群就业 1409 人，城乡居民医疗保险参保率占户籍人口近 100%。新建日间照料中心 6 个，提供老年人政府购买居家养老照料服务 1338 人。创建区级儿童友好社区 1 个，建设

2023 年 1 月 15 日，蜀山街道蜀山南路至市心南路段全线贯通
（蜀山街道办　提供）

街道级未成年人保护中心 1 个，建设婴幼儿成长驿站 3 个，其中湘源社区乐源童真婴幼儿驿站完成市级验收。增设健康服务节点 20 余处，提升公共服务能力和水平。

新建城市社区 6 个，更新社区服务用房 8 个，指导组建小区物业管理委员会 9 个，实施老旧小区微改造项目 6 个。完善红领物联“一心两会”，构建“1132”［1 名联村干部协调指导；1 名网格长或村（社区）二部统筹负责；基础信息、风险隐患、矛盾纠纷 3 大排查全面推进；矛盾纠纷排查执法队、派出所 2 大力量保障支撑］综警网协同工作机制，湖山社区治理品牌和湘源社区、广宁社区工作法入围区优秀社区治理品牌及工作法“双十佳”，房地产纠纷“全周期全链条”解纷工作法被列入省新时代“枫桥式工作法”名单。

组织贺知章文化节系列活动 10 余场。完成埭上黄家桥修缮和黄九皋纪念馆布展，启用蜀山城市会客厅，WAKE UP 创建区文化产业园区。依托黄亚洲书院、城市书房、文化驿站等阵地，组织演出下乡 100 余场、电影下乡 50 余场、图书下乡 2 万余册。建设村（社区）全民健身点 6 个、乒乓球室 5 个，组建文化志愿者队伍 60 余支。

表 62　2023 年蜀山街道各村（社区）基本情况表

村（社区）	书记（主任）	户籍人口（人）	村民小组（个）	村集体可分配收入（万元）	耕地面积（公顷）
知章村	闻水明	2915	12	352.2	114.8
景源社区	洪国彪	3880	13	1023.8	—
湖东村	施春明	1923	10	342.3	40.2
黄家章村	黄永乔	4199	25	447.3	115.1
赵家墩村	王金良	1637	11	307.7	51.7
章潘桥村	赵建国	4269	32	2549.4	78.7
沙里吴村	周　飞	1781	9	359.1	11.6
桥头陈村	陈　勇	1750	13	415.6	37.5
湖山社区	郑　东	1772	7	878.5	—
沈家里社区	沈灿明	647	4	144.6	—
金家埭社区	蔡玉仁	729	3	183.8	4.7
联华社区	王燕风	918	5	470.6	—
严家埭社区	徐云潮	766	4	768.5	—
安桥社区	徐兴潮	876	8	225.8	—
品文社区	蔡国贤	1838	8	377.2	—
晨星社区	蔡正良	1750	8	535.8	—

续表 62

村（社区）	书记（主任）	户籍人口（人）	村民小组（个）	村集体可分配收入（万元）	耕地面积（公顷）
向阳社区	许连法	2079	13	196.5	—
曹家桥社区	曹世俊	2195	13	4420.9	3.1
鲁公桥社区	徐汉平	1500	12	1093.3	—
黄家河社区	邱尧飞	995	8	586.2	—
溪头黄社区	黄银福	761	3	248.0	—
郡乐社区	张建德	2304	4	151.0	—
祝家桥社区	瞿海明	1687	11	399.5	—
朝阳社区	戴传宏	1902	8	3000.6	6.9
山水苑社区	金海霞	11960	20	264.1	—
广宁社区	陈懿敏	1962	23	277.6	—
秀水社区	田　芽	652	9	265.7	—
湘源社区	王　莺	1837	37	348.9	—
晨晖社区	余东栋	1278	18	236.3	—
湘乐社区	王淑华	621	22	247.2	—
越章社区	吴恩丹	788	20	41.0	—
朝闻社区	方柳熠	675	16	60.0	—

（资料来源：蜀山街道办）

【征迁安置】 2023 年，蜀山街道开展地铁 15 号线蜀山车辆段 2 个村、4 个沿线站点征迁工作。启动亚太路东伸、沪昆铁路抬升企业征迁前期工作。启动安置房建设项目 1 个，安置房竣工项目 2 个，完成 3 个安置小区、1572 户分房、预分房和 77 户零星分房工作。

【现代社区创建】 2023 年，蜀山街道实施全域现代社区（未来社区）建设三年行动计划，启动创建郡乐、湘源、朝闻未来社区，集中推进 4 个城市社区办公用房建设。湖山社区获评省第三批未来社区、首批现代社区。推进“十里埭上”共富带建设，启动湖东村、知章村 2 个村城郊接合部示范型现代社区建设，杭州萧山稻之鸿家庭农场创建成市级家庭农场，祝家桥社区、严家埭社区创建成四星级清廉村（社区），向阳社区、曹家桥社区、安桥社区、联华社区创建成三星级清廉村（社区）。

【医康养融合发展】 2023 年，蜀山街道完成 13 家养老服务照料中心与医疗机构签约工作，提供服务活动达 16 万余人次。完成街道卫生服务中心无障碍改造，10 个卫生服务站无障碍设施基本覆盖。联合杭州萧山国投瑞康医学影像中心、浙江萧山老年医院、街道社区卫生服务中心等4家专业医疗机构，开展专家门诊、公益活动212场，服务1.3万人次。针对老年人开展“两慢病一体化”诊疗，签约配药服务1403人，在线办理入院预约及登记手续310例，为212名患者提供上门护理、居家康复指导服务。

【村（社区）书记固定接访日制度】 2023年，蜀山街道实行村（社区）书记通过“固定坐诊、入户巡诊、疑难分诊、提级会诊”四诊合一等方式，三级联动解决群众各类合理诉求，压实基层信访工作责任。村（社区）一级接待来访群众599批次、1200人次，化解矛盾纠纷和信访事项480件次，化解率超80%。

【桥头陈工业园区整治提升】 2023年，蜀山街道对桥头陈工业园区开展“一厂多租”“除险保安”专项整治工作，排查整治出租企业31家、承租单位169家。对影响整体环境及项目实施的违章建筑进行拆除，拆违面积1000余平方米。对工业园区主次干道进行道路翻修、管网完善、河道整治、景观提升等，完善区域路网，改善周边环境。

【蜀山城市会客厅启用】 2023年，蜀山街道蜀山城市会客厅启用。会客厅由蜀山知书馆、展示馆（乡贤馆）、聚贤厅（统战之家）三大板块组成，是集免费借阅、学习交流、品茶读书、聚会沙龙于一体的多元空间。4月23日，蜀山知书馆开馆；11月8日，展示馆（乡贤馆）开馆，聚贤厅（统战之家）启用。年内，蜀山知书馆入选杭州书房，获省“最美公共文化空间”提名、2023年度萧山区优秀城市书房、长三角地区优秀公共文化空间案例奖等荣誉。

【埭上黄家桥修缮】 2023年，埭上黄家桥修缮完成。埭上黄家桥又称黄家大桥，位于蜀山街道黄家章村，南北横跨埭上黄河（现称大汛河）。原为五孔石梁桥，全长约50米，主桥长25米、宽2米，每孔桥面由4条石梁铺成。该桥始建于明嘉靖二十九年（1550），有473年历史，是萧山境内现存为数不多的明代大型桥梁。2022年，街道将修缮此桥列为民生工程，投入资金300余万元进行修缮。

【蜀山路至市心南路段全线贯通】 2023年1月15日，面包树街（铁路下穿—蜀山路）试建地面节点道路试通车，蜀山路至市心南路段实现全线贯通。该段新建道路建设项目为南四路一期西段，西起蜀山路，东至铁路立交，全长643米。

【蜀山街道党外知识分子暨新的社会阶层人士联谊会成立】 2023年12月29日，蜀山街道党外知识分子暨新的社会阶层人士联谊会成立大会举行。大会审议通过《蜀山街道党外知识分子暨新的社会阶层人士联谊会章程》和《蜀山街道党外知识分子暨新的社会阶层人士联谊会理事选举办法》，选举产生第一届班子成员。

（李冰倩）

新塘街道

【概况】 新塘街道东连衙前镇，南接所前镇和绍兴市柯桥区，西邻城厢街道和蜀山街道，西北通北干街道，北依新街街道。2023年，街道行政区域面积34.5平方千米，辖村17个、社区27个，户籍人口83038人。财政总收入22.32亿元，增长48%；一般公共预算收入13.9亿元，增长29.6%。规模以上工业企业增加值17.59亿元，下降0.2%；规模以上高新技术产业增加值7.73亿元，增长2.6%；规模以上工业企业利税总额7.05亿元，增长19.6%；规模以上工业企业利润总额4.36亿元，增长39.9%；规模以上服务业增加值4.65亿元，下降7.6%；规模以上数字经济增加值1.87亿元，下降6.1%；出口额55.83亿元，下降11.4%；限额以上社会消费品零售额25.3亿元，下降10.2%；固定资产投资13.11亿元，增长23.5%；工业投资5.44亿元，下降1.6%。

2023年2月15日，浙江三星羽绒股份有限公司以《跨境电商蓬勃发展》为题，被《人民日报》要闻版报道；3月28日，“跨境电商推动外贸新动能加速成长”事例，被中央广播电视总台《新闻联播》专题报道。杭州吉宝传动设备有限公司加快工业母机产业链步伐，实现亩产税收60万元。中新电力入驻联达高新产业园，预计年营收入达15亿元、税收1亿元，新增就业岗位400余个。排查197家企业低效用地现状，工业用地挪作他用整治完成量居全区第一位；全面推进“一厂多租”专项整治工作，入库出租单位149家、承租单位546家，整改301条；走访126家辖区企业，助企纾困化解难题56个。

推进03省道东复线浙东村段道路改扩建工程、先进大桥配套地块征迁工作。投资6860万元，推进汇宇花园老旧小区改造；投资1843万元，改造建筑面积3.9万平方米的商城西村老旧小区。改造高层住宅二次供水设施小区4个，受惠居民2104户。完成新出让土地前期报批3宗、2.27公顷，补办违法用地4宗、1.6公顷，拆除违章建筑13万平方米，完成违法用地整改26宗、3.07公顷。完成“三块地”（批而未供、供而未用、

2023年7月4日，南秀路便民公交开通

（新塘街道办　提供）

低效用地）消化利用，平均消化率达 152%。

完成 20 个村（社区）、253 项基础设施归档入库，制订涵盖 10 个城市社区、15 项具体内容的公共服务设施补短板计划。推进居民自治，街道在管 45 个小区，成立业委会 25 个、物管会 17 个，建立居民自治组织达 93%。投入 150 万元开展河道保洁，清理河面垃圾 560 余吨；投入 64 万元开展沿河绿化养护，清理杂草和垃圾 70 余吨；巡查辖区内河道 47 条、小微水体 66 处，处理问题 92 处。

完善“1 + 2 + 8”［1 个街道应急消防管理站 + 2 个区域性微型消防站 + 8 个村（社区）微型消防站］应急消防救援布局，投入 500 万元建成街道应急消防管理站。排查“厂中厂”239 家、租赁企业 649 家，处罚 35 家，拆除影响消防安全的违章建筑 1 万平方米，拘留处罚 43 人，化解矛盾纠纷 255 起，化解率 93%。

护航亚运排查 23 万余人、房屋 8 万余间。利用钉管家系统，排查“低慢小”航空器 84 个，发送提醒短信 20 万条；排查辖区内 23 家重点物品企业，开展 LED 屏入侵应急演练，登记备案 159 块。排查金马饭店、杭州南站、萧山体育中心周边重点区域店铺 2000 余家，发现隐患 3120 处。组织 5.2 万人次，开展群防群治平安大巡防，6 名志愿者获评“最美萧山红领人”。

为退役军人、其他优抚对象办理优待证，崇军商家入驻 91 家，慰问烈属、困难退役军人 22 人次。

垃圾分类工作进一步推进，泰和社区牡丹苑、玫瑰苑、海棠苑小区，四季花城社区茶花园、郁金香园、荷花园、迎春园小区，南晖社区汇宇和庭小区，罗婆路社区右岸澜庭小区，站前社区丽华公寓小区，姚江岸社区晶典公寓小区，名望府社区名望府小区 12 个小区被省生活垃圾分类工作领导小组办公室命名为“高标准垃圾分类示范小区”。

表 63　2023 年新塘街道各村（社区）基本情况表

村（社区）	书记（主任）	户籍人口（人）	村民小组（个）	村集体可分配收入（万元）	耕地面积（公顷）	村（社区）	书记（主任）	户籍人口（人）	村民小组（个）	村集体可分配收入（万元）	耕地面积（公顷）
裘江新村	杜坚良	1891	14	671.4	43.6	广泽社区	李水亮	2038	—	—	—
娄下陈村	陈建军	1475	3	223.9	32.6	新南郡社区	吴华祥	52	—	—	—
和平桥村	凌　红	2692	12	1397.4	2.8	罗婆路社区	魏金凤	2715	—	—	—
朱家坛村	韩　军	2211	15	772.8	46.0	南晖社区	郭娅娜	3190	—	—	—
五联村	杨建烽	2473	20	1012.2	16.3	名望府社区	章鸣燕	1498	—	—	—
姑娘桥村	吴正和	1609	6	1362.8	5.8	官河社区	富素娟	1814	—	—	—
涝湖村	蒋烈锋	2990	11	1241.6	72.1	站前社区	寿晶菁	1920	—	—	—
西许村	管清梁	2562	8	1524.6	34.6	井头王社区	王兴根	982	—	333.5	2.8
行头村	蔚陆阳	1795	11	949.8	27.0	半爿街社区	田伟军	1550	—	650.4	1.2
霞江村	许红芳	3027	19	711.1	48.7	文源社区	李国彪	1930	—	1592.1	5.9
联华新村	曹海云	2196	10	654.8	51.0	姚江岸社区	姚利元	2071	—	717.1	4.5
桥南沈村	何国校	2233	16	642.2	50.3	吕才庄社区	于永福	1394	—	1046.3	7.4
傅楼村	裘国平	1555	13	312.8	33.5	王有史社区	王金良	2413	—	858.5	6.5
新丰村	侯潮平	1602	14	878.1	19.7	曾家桥社区	曾佳明	1274	—	511.0	2.8
浙东村	钱利明	2153	17	319.7	15.7	琴山下社区	张志明	762	—	424.3	3.4
一都孙村	俞志明	1721	10	421.5	8.4	畈里童社区	童　明	931	—	624.3	12.6
紫霞村	韩晔军	1488	7	438.0	26.0	金家浜社区	姚金俊	899	—	918.3	3.9
泰和社区	戚　荣	4810	—	—	—	董家埭社区	蒋建伟	1052	—	1593.2	5.0
汇宇社区	王　佳	2411	—	—	—	双桥社区	徐利标	1048	—	779.7	6.5
四季花城社区	屠海峰	3218	—	—	—	下潦社区	富林芳	888	—	553.5	4.1

续表 63

村（社区）	书记（主任）	户籍人口（人）	村民小组（个）	村集体可分配收入（万元）	耕地面积（公顷）	村（社区）	书记（主任）	户籍人口（人）	村民小组（个）	村集体可分配收入（万元）	耕地面积（公顷）
南站社区	张寅通	2345	—	513.3	8.1	塘里陈社区	陈　栋	1662	—	998.8	3.9
前塘社区	陈海洋	1352	—	538.6	4.3	油树下社区	李海荣	1046	—	408.9	6.7

说明：1. 畈里童社区童明为书记并主持居委会工作

2. 南站社区村级集体可分配收入、耕地面积为郎家浜、下畈朱 2 个经济联合社的合计数

（资料来源：新塘街道办）

【拆迁安置房建设交付推进】 2023 年，新塘街道城中村改造安置房建设与交付同步推进。5 月 8—14 日，和平桥村完成和平桥名苑安置房 577 户、2159 套交付。11 月 28 日，行头村、下潦社区完成站文华庭安置房 585 户、1989 套抽号交付。12 月 23 日，姑娘桥村姑娘桥名苑安置房、双桥社区双桥学府安置房，分别完成 321 户、1127 套和 220 户、668 套抽号交付。完成杭州瓷厂德润华庭 68 户安置房预备年后分房。推进金家浜、琴山下社区安置房建设，完成工程量 80%；推进董家埭、油树下社区安置房建设，完成工程量 75%；继续推进井头王社区安置房工程建设。

【亚运通勤道路和通城快速路提升工程实施】 2023 年，新塘街道投资 2500 万元，对萧绍路、商城路、南秀路等 13 条亚运通勤道路两侧的沿街商铺招牌实施提升工程。完成萧绍路至新螺路段通城快速路沿线 29 家企业和租赁户的征迁签约、审计和腾房交地工作。

【未来社区和未来乡村创建】 2023 年，新塘街道罗婆路社区投入资金 1550 万元，建设邻里食堂，增加餐位 80 余个；新建托育园 331 平方米，新增托位 40 个；增设 215 平方米的区青少年宫罗婆路分宫，通过省第三批引领型未来社区验收。汇宇未来社区方案编制被列入省第七批引领型未来社区创建名单。新丰村现代社区（未来乡村）创建投资 1500 余万元，通过区级现代社区验收。

【三大慈善基金设立】 2023 年，新塘街道柳桥集团、汇宇控股集团等 58 家爱心企业捐赠留本冠名基金 1.09 亿元，设立罗婆教育基金、曹娥孝善基金和凤标文化基金。在 9 月 10 日第 39 个教师节，表彰新塘“优秀学子”288 人，“十佳贤母”“十大优秀班主任”“教学改革带头人”和“教育突出贡献奖”各 1 人。投资 546 万元，实施朱凤标故居周边广场、道路、停车场、绿化改建提升工程。投资 30 万元修复浙东运河古桥“万济桥”（俗称涝湖闸桥）。

【学前教育提升工程建设】 2023 年，新塘街道实施学前教育提升工程建设。提升工程涉及 4 所幼儿园、48 个班，项目占地 2.23 公顷，建筑面积 1.7 万平方米，投资 1.3 亿元。其中，新建的旭阳幼儿园、运河幼儿园 9 月开园招生。姑娘桥安置小区配套幼儿园完成土建工程。新塘第一幼儿园扩建项目选址、预审等进入招投标流程。

【社区卫生和养老服务体系建设】 2023 年，新塘街道投入 350 万元，建成以街道社区卫生服务中心为核心，新丰、傅楼、霞江等 11 个社区卫生服务站为分支的基层卫生服务网络，形成 24 个“15 分钟医疗服务圈”。新建智慧健康站、健康生活体验馆 2 个，健康主题公园 2 个；创建健康村（社区）、健康示范基地、健康卫生服务站等场所 29 个。新增 5 家村（社区）级居家养老服务照料中心、1 家街道级康养联合体、1 家四星级居家养老服务照料中心、1 家老年助餐点、2 家老年食堂，实现老年人送餐村（社区）全覆盖。

【金家浜遗址发掘】 2023 年，萧山考古在新塘街道金家浜社区半江陈自然村拆迁区域展开，发掘面积 3000 平方米。发掘区域内文化堆积多为 4—5 层，涵盖春秋战国、唐、宋、元、明、清时期。清理各时期灰坑 59 座、墓葬 9 座、灰沟 13 条，出土各类小件文物 823 件。从中发现罕见的六朝砖窑一座。

【承办第 26 届中国羽绒博览会】 2023 年 3 月 8—10 日，由中国羽绒工业协会和萧山区人民政府联合主办，区经信局、新塘街道办事处承办的第 26 届中国国际羽绒博览会在杭州国际博览中心举行。总展面积 8000 平方米，参展企业涵盖羽绒制品生产商、羽绒原料供应商、羽绒加工设备生产商、面辅料生产商、洗涤剂生产商、检测机构和产业集群等。

【萧山羽绒产业发展论坛暨浙江羽绒展团开幕式举行】 2023 年 3 月 28 日，萧山羽绒产业发展论坛暨浙江羽绒展团开幕式在中国国际家用纺织品及辅料（春夏）博览会首日举行。会议吸引国内外行业组织、知名家纺企业、经销商、采购商代表参与，中国纺织工业联合会副会长杨兆华、中国家用纺织品行业协会会长朱晓红等参加。

【村级新乡贤联谊会全覆盖】 2023 年 12 月 30 日，新塘街道裘江新村新乡贤联谊会成立。至此，该街道 28 个村（社区）级新乡贤联谊会实现全覆盖，共有会员 923 人。乡贤联谊会累计收到乡贤捐赠 226 万余元，开展帮建、帮贫、帮困活动 75 次，慰问困难家庭 400 余户。年内，新丰村、西许村、联华新村等 5 个村分别成立村级新乡贤联谊会基金会。

（金贤生）

闻堰街道

【概况】闻堰街道位于萧山区西南，东连蜀山街道，南接义桥镇，西至钱塘江与西湖区隔江相望，北依滨江区。2023年，街道行政区域面积23.68平方千米，下辖村6个、社区8个，户籍人口38986人。财政总收入6.76亿元，增长15.5%；一般公共预算收入4.17亿元，增长25.3%。规模以上工业企业增加值6.65亿元，增长4.8%；规模以上高新技术产业增加值5.27亿元，增长7.6%；规模以上工业企业利税总额2.39亿元，增长2.2%；规模以上工业企业利润总额14.99亿元，增长15.8%；规模以上服务业增加值1.38亿元，下降6.1%；规模以上数字经济增加值4474万元，增长17.6%；出口额17.68亿元，下降13.3%；限额以上社会消费品零售总额3.2亿元，下降26.2%；固定资产投资5.88亿元，增长41.9%；工业投资1.27亿元，增长68.2%。

年内，闻堰街道完成6项民生实事。提升萧滨一体化核心区域（山河山坳、长安王家里）以及黄山北河入城口区域整体形象，清表覆绿8万余平方米。湘滨小学主体结构完工，完成室内装修80%；开展闻堰三小（暂名）项目用地预审。推进三江未来社区项目建设，改造25个楼栋外立面，加装电梯审批通过9台。打造江澜未来社区，建设使用社区数字驾驶舱，依托社区工单、平台事件、物联感知等3个数据源，实现社区整体智治。完成输水河（湘滨路—湘湖路段）2.1千米整体提升方案设计和报审。完成高层建筑单位消防安全社会化服务和湘湖人家小区智慧消防建设工作，建设安装湘湖人家、云涛名苑、三江名苑等10个住宅小区智能预警监控系统，改造提升街道消防安全体验馆和三江汇·创谷、三江阳光银座、聚望名座等4个微型消防中心站。

杭州精越自动化设备有限公司、米银（杭州）信息科技有限公司、力易（杭州）传感科技有限公司等7家企业被认定为国家高新技术企业，浙江天翰文化发展股份有限公司、杭州昆博动力设备有限公司、杭州稳创科技有限公司等30家企业被认定为省科技型中小企业，杭州精锋园林工具有限公司被认定为省级研发机构，浙江万达集团公司、杭州精锋园林工具有限公司申报为国家级专精特新“小巨人”企业，浙江万达汽车方向机有限公司“智能汽车转向系统关键技术研究与开发”项目申报为区新兴产业重大技术创新项目。新增E类以上高层次人才13人。“视谷之窗”产业综合体开工。3.5万平方米“中国视谷”创新中心建成启用，引入省视觉智能制造业创新中心。浙江德博曼智能制造有限公司认定为规模以上企业，新增工业产值1.8亿元。浙江金诚宝顺行领创宝马4S店完成装修。三江口村、闻兴村、山河村等6个村实现村级集体经济收入7197万元。

2023年6月13日，闻堰街道江澜未来社区通过省级验收
（闻堰街道办　提供）

地铁四期线路地块征迁启动，完成5个站点前期勘探工作。新建停车场3处，累计建成停车位984个。提升市政基础设施建设，修复沥青路面3700余平方米，排查整改雨水管网等潜在隐患50余处。拆除违章建筑39处、811平方米，取缔违规早市2处，查扣夜间无证摊贩车辆92辆，处理垃圾偷倒点37个。

开展居家养老便民服务，新增持证养老护理员5人，上门服务时长突破10万个小时。“全城通吃”智慧助餐场景村（社区）覆盖率100%。新增婴幼儿托位40个，江澜社区婴幼儿成长驿站获评杭州市示范型婴幼儿成长驿站、二星妇女儿童驿站。发挥社会救助服务联合体作用，提供法律援助、心理咨询等4项服务，投入救助金114.7万元。发放低保金76万元。乡贤联谊会发放“奖优助学”58.8万元。街道社区卫生服务中心创建为省预防接种示教培训基地。

表64　2023年闻堰街道各村（社区）基本情况表

村（社区）	书记（主任）	户籍人口（人）	村民小组（个）	村集体可分配收入（万元）	耕地面积（公顷）	村（社区）	书记（主任）	户籍人口（人）	村民小组（个）	村集体可分配收入（万元）	耕地面积（公顷）
三江口村	汪建尧	4497	19	1030.0	10.85	黄山村	孙金高	6904	31	2693.0	20.61
闻兴村	陈建华	4407	19	1363.5	29.5	老虎洞村	张建平	2471	13	760.0	1.87
山河村	孔建锋	2639	13	443.5	11.24	三江社区	汪丽娜	2883	24	—	—
长安村	王泉福	4177	20	786.0	30.04	闻江社区	蔡雪龙	2979	6	—	—

续表 64

村（社区）	书记（主任）	户籍人口（人）	村民小组（个）	村集体可分配收入（万元）	耕地面积（公顷）	村（社区）	书记（主任）	户籍人口（人）	村民小组（个）	村集体可分配收入（万元）	耕地面积（公顷）
南岸社区	楼卫英	994	3	—	—	湘湖南苑社区	吴银标	1086	5	—	—
湘湖人家社区	洪一丹	1946	3	—	—	相墅社区	张伟钊	1701	—	—	—
闻家堰社区	来伊超	2302	4	—	—	郁金香社区	曹水刚	—	—	—	—

说明：郁金香社区为新建社区，公安户籍系统中，人口暂未单独分出，仍在原社区内。山河村由孔建锋主持工作

（资料来源：闻堰街道办）

【“腾笼换鸟”】 2023年，闻堰街道对“中国视谷”核心区块和黄山北河区块的杭州永邦化工有限公司、杭州萧山黄山化工厂、杭州利时化肥有限公司等39家企业推进搬迁腾退工作，签约36家，腾出土地14.93公顷。销号亩均税收5万元以下低效企业7家，低效企业亩均税收增长幅度达4.96倍。消化“批而未供”17.53公顷、“供而未用”62.73公顷，低效用地再开发22.8公顷，盘活低效工业用地8.53公顷。

【安置房分房、预分房】 2023年，闻堰街道完成湘湖三期、东山陈分房和山河预分房工作。5月28日，开展湘湖三期期房分房工作，签约278户、分房房源337套，安置率97.2%，7月9日完成集中交付。12月19日，对陈湘华庭（东山陈）安置房进行分房工作，共安置467户、预分配房源981套。12月28日，开展山河锦旭府（山河）安置房预交房抽号工作，完成抽号547户。

【未来社区建设】 2023年，闻堰街道推进江澜未来社区建设，打造邻里中心、颐养中心、健身房、澜书房、社区食堂等多维立体开放场景。6月，江澜未来社区获评省第三批引领型未来社区；11月，创建成杭州市二星妇女儿童驿站；12月，创建成杭州市第二批儿童友好社区、示范型婴幼儿成长驿站。推进三江未来社区旧改工作，拆除凸保笼约5000个，改造外立面9.8万平方米。

【“平安闻堰”建设】 2023年，闻堰街道开展基层基础大排查，排摸实有人口9.22万人、出租房2.01万间。实施消防安全专项整治，排查沿街商铺、高层建筑、农村自建房等1.1万余处，整改各类隐患7600余个。受理信访3673件，比上年下降10.6%。开展平安建设主题宣传活动30余次，发放宣传资料6万余份。街道应急消防管理站通过市级标准化验收。街道矛调中心通过“ODR”受理案件232件，结案227件，调解成功146件。

【基层治理】 2023年，闻堰街道推动网格实体化运行，设网格75个、微网格388个，报送网格事件7820件。智治分中心流转事件1.8万条，办结处理率98.9%。“杭州智能化数字城管”处理事件1.6万条，按时处理率92.5%。推进“大综合一体化”行政执法改革，办理完结赋权案件458起，其中简易程序案件274起、一般程序案件184起，案件执结率96.9%。开展“综合查一次”18次、“监管一件事”49次。

【文化建设】 2023年，闻堰街道打造“15分钟品质文化生活圈”，升级新时代文明实践阵地场所，村（社区）文化管家服务覆盖率100%。组建文化团队33支，开展迎亚运等文化活动400余场，惠及群众6.5万人次。“闻民悦享”全域宣传品牌获评全区宣传思想文化工作创新奖。莲华寺、先昭寺创建为省级宗教中国化场所。

【闻堰老街改造提升】 2023年9月底，闻堰街道完成老街街区二次提升，通过消防验收；南、北两个停车场交付使用，新增停车位250个；跨湖楼、钱江渔村、献宝餐厅、孙琴饭店等一批本土老牌餐饮企业入驻营业。招商面积约9800平方米，占比44.5%，日均人流量突破2000人次。

【社会工作站获省级荣誉】 2023年，闻堰街道社会工作站完成“双中心”模式实体化落地，获评省五星级社会工作站。街道内有持证社工105人，开展考前培训14次、继续教育128次。开展公益创投，链接爱心企业和商户18家、社会组织268家，捐献物资折合人民币约10万元。组织开展议事协商等社区活动580余场，辐射社区居民4.3万余人次。召集志愿者360余人，孵化志愿服务队12支，开展服务485项，惠及群众1万余人次。

【党群服务中心获省级荣誉】 2023年，闻堰街道党群服务中心占地3600平方米，建筑面积7200平方米，建成“堰科普、堰生活”人气IP。全年开展活动904场，成立社团59个，承办会议227场，接待省、市、区级各类参访60余批次，服务党员群众2.4万人次。年内，被省现代社区建设领导小组办公室、省委组织部、省委两新工委评为2023年度省级示范党群服务中心。

【13个小区入选区儿童友好小区】 2023年12月，闻堰街道共13个小区入选区星级儿童友好小区。其中，南岸社区南岸花城、江澜社区三江名苑、湘湖南苑社区湖风雅园被评为区级三星级儿童友好小区，三江社区云涛名苑，湘湖人家社区湘湖人家，相墅社区东方海岸、相墅花园，郁金香社区郁金香岸，闻江社

区戈雅公寓，湘湖南苑社区湘湖南苑，闻家堰社区江南摩卡、三江花园、隐龙湾被评为区级一星级儿童友好小区。

【“爱萧山·爱亚运”群众性主题活动】 2023年4月1日，萧山区“爱萧山·爱亚运”群众性主题活动暨“村亚运 趣运动”首站（闻堰站）活动在闻堰街道文体中心举行。主题活动由重点责任部门、各镇（街道）、平台分管领导、闻堰街道班子成员以及义桥镇、城厢街道、蜀山街道、闻堰街道市民代表参加。

【萧康两地青少年民族融情交流活动举行】 2023年7月12日，萧山、康定两地青少年民族融情交流活动在萧山湘湖未来学校举行。活动由杭州市民族宗教事务局指导，萧山区委统战部（区民宗局）、闻堰街道党工委、办事处主办。“青少年民族融情交流研学基地”揭牌仪式同步举行。

【“我爱杭州·奉献亚运”乐跑赛暨三江跑团五周年活动举办】 2023年7月30日，闻堰街道“我爱杭州·奉献亚运”乐跑赛暨三江跑团五周年活动开赛。活动由闻堰街道办事处主办，雅莱齿科专科医院、街道三江长跑俱乐部承办，街道科普协会、区红十字湘湖应急救援队协办，共有500余名选手参赛。

【教育综合改革试验区“三年绩效评价”举行】 2023年11月1—3日，教育综合改革试验区“三年绩效评价”在闻堰街道举行。区教育局、闻堰街道办事处、钱江教育指导中心、闻堰中小学校长以及闻堰教育综合改革试验区相关负责人出席项目启动仪式并听取工作成果汇报，专家组成员赴试验区学校走访调研。

【浙江康复医疗中心—闻堰街道社区卫生服务中心康养联合体签约揭牌仪式举行】 2023年11月9日，浙江康复医疗中心—闻堰街道社区卫生服务中心康养联合体签约揭牌仪式在闻堰街道社区卫生服务中心举行。闻堰街道社区卫生服务中心领导班子和相关科室负责人参加。

（李敏璐）

宁围街道

【概况】 宁围街道东靠萧山科技城，东连新街街道，南接北干街道，西至盈丰街道，北依钱塘江，与钱江新城隔江相望。2023年，街道行政区域面积64平方千米，下辖村6个、社区28个；户籍人口58774人。财政总收入22.33亿元，一般公共预算收入14.5亿元。规模以上工业企业增加值24.9亿元，增长12.9%；规模以上高新技术产业增加值24.81亿元，增长12.5%；规模以上工业企业利税总额44.89亿元，增长80%；规模以上工业企业利润总额42.24亿元，增长105.5%；规模以上服务业增加值30.1亿元，增长33.9%；规模以上数字经济增加值5.32亿元，增长126%；出口额25.54亿元，增长88.6%；限额以上社会消费品零售额237.5亿元，增长8.8%；固定资产总投资8.04亿元，增长3.7%。

年内，宁围街道完成6项民生实事。实施明华花园老旧小区改造工程，改造面积2.27万平方米。完成辖区内明辉花园、新华村、天海阳光、通惠丽港、振宁路1号园区5个重点区域消防隐患排查整治，消除消防隐患8078处，集中整治30万平方米；对32个小区安装智能预警监控系统128套。完成市北未来社区现代服务综合体项目“喜柿天地”和水博社区现代服务综合体项目建设，两个项目总面积2800平方米；完成开欣社区、开悦社区和钱农社区公共服务空间改造提升，建筑总面积1700平方米。完成市北区块、集镇区块、科技城区块等29个公共自行车服务点位建设，投放公共自行车1097辆。完成天辰国际、东方一品、通惠丽港、林之语4个老旧高层住宅小区二次供水设施提升改造，惠及居民家庭2200户。水博社区、宁安社区卫生服务站达到三星级智慧站标准。水博社区、市北社区2个综合型居家养老服务照料中心建成并运营，新增托位182个。新建1个街道级博爱家园，新建婴幼儿成长驿站6家，通过区级验收。

引进百度电商项目入驻牧云中心·双碳产业园，引进比亚迪汽车公司旗下方程豹、浙江权晟科技有限公司、杭州恒升文化传媒科技有限公司等高成长型企业4家。万向钱潮股份公司、浙江万向马瑞利减震器有限公司、浙江国丰集团有限公司被新认定为省级企业研究院，恒逸研究院被认定为省级重点研究院，杭州华新检测技术股份有限公司工作站被认定为省级博士后工作站，中睿信数字技术有限公司研发中心被认定为市级研发中心，杭州永超机械有限公司、杭州莱晟汽车零部件有限公司研发机构被认定为区级研发机构。规模以上工业企业研发机构备案率94%。万向钱潮建设为省级工业互联网平台，万向精工入选省“未来工厂”试点企业，万向智造入选国家级专精特新“小巨人”企业。万向集团、传化集团、特斯拉（杭州萧山特斯拉中心）等6家企业入选2023年度杭州市总部企业名单。全年培育和引进领军人才2人、A—F类人才390人，培养技能人才270余人。

推进迎亚运提升行动。集中整治通勤线路、涉亚运点位、市容市貌、市场环境、村（社区）环境、亚运村东侧6个重点领域，8次入围杭州市环境整治街镇优胜榜。围绕105个环境保障重点点位及周边小区、主次干道、背街小巷，制定网格化管控方案。

完成亚（残）运会开（闭）幕式、火炬传递和高教园区场馆赛事服务保障工作。组建亚运总指挥调度中心，设置指挥层和“1办11组”，开展24小时实体化运作。完成辖区内1个比赛场馆、7个训练场馆、1个运动员住宿点和1家官方接待饭店的服务保障任务。

经区政府同意批复，宁围街道新设江潮社区、宁善社区、宁和社区、宁聚社区、宁德社区、兴宁社区6个社区。在23个村（社区）挂牌网格工作室。推进社区民辅警、综合行政执法队执法人员、社区工作人员、网格员等力量下沉到网格工作室，全域网格实体化运行。建立“1＋4＋N”消防救援应急体系[1个街道中心站、4个区域分站、23个村（社区）和80个重点单位微型消防站]，构建“5分钟救援圈”。设置36个早晚高峰劝导点位，组织百名志愿者参与交通违法劝导。对辖区内86个建筑工地、27处沙场堆场进行全覆盖摸排，清退关停违规堆场，整改违规工地，完成区级各类隐患整改。

表 65　2023 年宁围街道各村（社区）基本情况表

村（社区）	书记（主任）	户籍人口（人）	村民小组（个）	村集体可分配收入（万元）	耕地面积（公顷）
新华村	封建华	3999	20	3167.94	110.1
宁新村	朱建华	3429	15	2885.03	122.8
宁牧村	俞筱芬	3270	15	3500.79	103.5
新安村	杨柏连	2823	12	2674.88	67.1
二桥村	李永法	3775	15	977.74	112.5
顺坝村	倪金芳	1776	16	1324.69	92.1
金一社区	赵建定	2428	9	1211.12	30.3
金二社区	周军良	1902	7	3838.46	22.1
宁安社区	戚国瑞	2385	13	1630.05	33.1
宁东社区	徐国明	2966	13	3002.00	36.1
宁税社区	高观良	2541	11	1025.80	35.1
振宁社区	姚　梁	2843	—	—	—
水博社区	胡指红	3691	—	—	—
鸿宁社区	童盈锋	2111	—	—	—
开欣社区	汤　凤	1645	—	—	—
开悦社区	楼　宇	962	—	—	—
前湾社区	王凌峰	1612	—	—	—
钱江社区	方　舒	2898	—	—	—
市心社区	韩旭炜	2354	—	—	—
市北社区	孙裕良	6564	—	—	—
钱农社区	金　杰	638	—	—	0.07
江潮社区	钱海燕	1023	—	—	—
竞潮社区	余淑娴	1139	—	—	—
宁善社区	沈　伟	—	—	—	—
宁和社区	徐小丽	—	—	—	—
宁聚社区	陈　良	—	—	—	—
宁德社区	徐　燕	—	—	—	—
兴宁社区	李文祥	—	—	—	—

说明：宁善、宁和、宁聚、宁德、兴宁 5 个社区为新建社区，公安户籍系统中，以上 5 个社区人口暂未单独分出，仍在原社区内

（资料来源：宁围街道办）

【主题教育研学点建设】 2023 年，宁围街道协同传化集团、万向集团、中国水利博物馆 3 个主体单位，对原展陈场馆、展陈内容进行整体提升改造，建设主题教育研学点。主题教育活动开展以来，3 个教学点接待杭州地区机关、企事业单位 600 余批次、1.4 万人次参观研学。

【杭州和泰机电有限公司上市】 2023 年，宁围街道会同区发改局、住建局、公安局等部门，帮助解决募投前融资、拆迁资料查阅等相关事项，疏通企业上市堵点难点。2 月，该公司在深圳主板上市，成为宁围街道继万向集团、传化集团之后的第三家本土上市企业。

【市场整治提升】 2023 年，宁围街道联合萧山产发集团，联动派出所、消防救援队、综管网格员等成立工作专班，对新世纪市场园区消防安全隐患突出、货物堆积占道、店招店牌破损松动等问题进行整治提升，护航亚（残）运会。处理消防问题 1202 处、园区安全问题 191 起、环境序化问题 748 处，纠纷类警情比上年下降 26%。

【矛盾纠纷大调解中心建立】 2023 年，宁围街道建立矛盾纠纷大调解中心，构建"一心一委多室"的调解格局。全年调解各类矛盾纠纷 1678 件，调解调处案件数和以奖代补金额均居全区第一位，获杭州市调解工作集体嘉奖，获评区年度人民调解先进集体。

【杭州宁实益强村建设发展有限公司成立】 2023 年 1 月，宁围街道 11 个股份经济联合社成立杭州宁实益强村建设发展有限公司，助推村股份经济联合社发展。全年总收入 2.56 亿元，增长 4.6%，其中经营性收入 2.17 亿元，增长 6.3%。

【宁东社区新乡贤联谊会成立】 2023 年 2 月 25 日，宁围街道宁东社区新乡贤联谊会成立大会暨新乡贤文化节举行。宁围街道新乡贤联谊会会长徐传化、常务副会长马小明等 110 余人参加活动。至年底，宁围街道村级新乡贤联谊会实现全覆盖。

【机场高铁项目征迁】 2023 年 3 月，宁围街道新华村机场高铁项目征迁工作推进，7 个征迁工作组进场。至 4 月 15 日，历时 36 天，完成 276 户居民、8 家企业签约工作，签约率 100%。

【亚运村东侧环境整治】 2023 年 4 月，宁围街道启动亚运村东侧环境整治提升工作，完成清表 24.3 万平方米、场地平整 1200 公顷、苗地归整 23.3 公顷。清理菜地 3.7 公顷，拆除违章建筑 40 处，拆除围挡 5.3 千米，清运垃圾 360 吨。

【百度电商引进】 2023 年 5 月 29 日，萧山区政府与百度电商合作签约仪式举行，百度电商落户宁围街道。百度选址牧云中心·双碳产业园，创新布局"直播＋搜索"电商赛道，以百度

App 为核心的移动生态和 AI 技术，建设以用户需求为出发点的“搜推逛”一体化智能电商平台。

【安置房交付】2023 年 7 月，宁围街道完成金一社区、金二社区、宁东社区、宁税社区 4 个社区安置房分房。共分配安置房 6633 套，涉及回迁居民 2066 户，安置 9000 余人。

【市北未来社区建设】2023 年 8 月 15 日，宁围街道举行市北未来社区喜柿文化节开柿典礼。市北未来社区为旧改类未来社区创建项目，社区单元范围约 31 公顷，设置喜柿运动、托育小时光、喜柿餐厅、喜柿书房、非遗体验馆、椿天里等 9 个场景，为社区“一老一小一青”提供品质生活场景。市北未来社区获评省第四批引领型未来社区、第二批未来城市数字化建设优秀案例。

【亚运火炬传递】2023 年 9 月，宁围街道的省人大代表、万向钱潮股份公司技术中心副总经理石伯姝，区政协委员、传化集团副总裁徐迅，参与亚运会火炬传递。9 月 16 日，徐迅为丽水站传递亚运会火炬第 142 棒；9 月 22 日，石伯姝为萧山站传递亚运会火炬第 125 棒。10 月 21 日，传化化学设备技术主任工程师、省首席技师、省优秀职工张纪明，为亚（残）运会萧山站传递火炬第 39 棒。

【智慧健康养老应用试点入选示范名单】2023 年 12 月 5 日，工业和信息化部公布 2023 年智慧健康养老应用试点示范名单，宁围街道智慧健康养老应用试点入选。街道依托“互联网＋养老”服务平台，由专业服务团队向辖区内老人提供基本生活照料、助餐、助浴、助洁、助行、代办等多项养老服务。

【教育高质量发展大会召开】2023 年 12 月 10 日，宁围街道召开教育高质量发展大会。会上，发布宁围街道教育高质量发展暨“教育综合改革试验区”建设三年行动计划，启动宁围街道学校规划建设、鲁冠球奖教基金、教师引育提能等教育高质量发展十大项目，推进宁围教育全域城市化迭代升级。

（姜舒莹）

市北未来社区喜柿天地

（宁围街道办提供，摄于 2023 年 11 月 29 日）

盈丰街道

【概况】盈丰街道地处萧山区北大门，东连宁围街道，南接北干街道，西接滨江区，北临钱塘江，与杭州钱江新城隔江相望。2023 年，街道行政区域面积 23.1 平方千米，下辖 18 个社区。截至年末，户籍人口 50353 人，耕地 575.5 公顷（其中围垦面积 348.6 公顷）；村集体资产总额 33.81 亿元，比上年增长 45.2%，平均每村 3.76 亿；村级净资产 13.15 亿元，增长 15%；村集体可分配收入 2.69 亿元，平均每村 2983 万元，最高为丰北经联社 4201 万元；股民人均收入 60619 元。

年内，盈丰街道完成 6 件民生实事。现代社区建设：创建成奔竞、利一未来社区，均通过省级验收并投入运营；完成奔竞社区、利一社区邻里中心建设，并投入使用；丰二社区邻里中心完成施工图设计。医疗卫生康养服务：新建新中社区、奔竞社区 2 个社区卫生服务站；“120”急救点和红十字会救护站投入使用；街道社区卫生服务中心建设启动。“一老一小”幸福生活圈建设：新增丰二社区、潮韵社区、合丰社区老年助餐点，实现助餐点服务全覆盖；新建奔竞居家养老服务照料中心，建成利丰社区、盈二社区婴幼儿成长驿站。城市精细化管理水平提升：经九路、纬十路建成通车，峪龙路交警完成开口审批手续后即可完工；完成五堡直河、利民河景观带提升；完成济仁华庭、振盈华庭、佳宁华庭等 7 个新交付安置小区垃圾房提升改造；垃圾分类“六全一码”3.0 模式实现住宅小区全覆盖。文体圈建设：完成丰二社区、奔竞社区、和美社区 3 处城市书房建设和奔竞社区、和美社区 2 处百姓健身房建设，“15 分钟生活文化圈”社区覆盖率达 80% 以上。优质教育：君品幼儿园、新中北幼儿园均在秋季开园，新增学位 900 个；飞虹路小学开工建设。

保障亚（残）运会。加强亚运村周边整治、亚运应急体系建设等 66 个重点领域相关工作，组建 7 个作战兵团，编制“137N”（1 个定位、3 件大事、7 张亚运奋斗蓝图、N 个决战项目）任务清单，保障亚运会召开。落实“一馆一路一方案”，建设 16 条亚运通勤线路、7 条河道、5 条公园绿道、135 幢亮灯建筑、32 万平方米花海景观组成的亚运主题游线，激活亚运 V 站 30 个。亚运期间，“公益大篷车”全时段在线运营，“你好广场”观赛空间获评亚运精彩点位，“你好广场”文明驿站及利丰社区文明实践站上榜全市最美榜单。盈丰街道办事处被省委办公厅、省政府办公厅评为杭州亚运会、亚残运会先进集体。

会同钱江世纪城管委会推进村级留用地招商引资、招强引优。利二社区 EIC、利一社区海威项目推进，盈一社区第六空间产业引入，新中社区、丰二社区、合丰社区村级留用地前期招商推进。协同世纪城完成钱塘湾未来总部基地规划选址及经营性用地做地、土地征用等工作，完成高铁以东新中社区、盈一社区、盈二社区 26.67 公顷基本农田建设。

联动钱江世纪城开展海清路、民祥路沿线环境专项整治，

2023 年 12 月 4 日，盈丰街道利一社区创建为省第四批未来社区。图为该社区鸟瞰　（盈丰街道办　提供）

整改失管地块 14 万平方米，复绿 12 万平方米，清洗楼宇外墙 20 余万平方米。完成亚运村东环境整治，涉及农户 74 户、土地 142.9 公顷。提升涉及亚运点位环境 14 个，完成亚运村周边农田土地整理 370.4 公顷，整改酒店无障碍设施 20 余处。完成文明路、盈丰路、平澜路道路提升工程，丰二路、济仁路沥青面层翻修，整治铁路沿线环境，处置私自开垦种地 7000 平方米。创建市心北路、博奥路省级街容示范街 2 条，奥体中心省级高品质示范街区 1 处。城市管理工作获杭州市集体嘉奖，获评市城市环境卫生先进管理集体。

表 66　2023 年盈丰街道各社区基本情况表

社区	书记（主任）	户籍人口（人）	村民小组（个）	村集体可分配收入（万元）	耕地面积（公顷）
新中社区	沈伟国	2961	—	1912	53.8
丰东社区	朱建立	6243	—	3916	45.3
盈一社区	周建成	3965	—	2918	85.5
盈二社区	王张兴	4335	—	3424	146.5
丰二社区	周继江	3349	—	2438	57.7
丰北社区	顾志山	4492	—	4201	90.3
合丰社区	陶柏军	4200	—	3249	24.9
利一社区	许小红	3811	—	2278	23.7
利二社区	徐建芳	2777	—	2516	47.9
佳境社区	谢国伟	2747	—	—	—

续表 66

社区	书记（主任）	户籍人口（人）	村民小组（个）	村集体可分配收入（万元）	耕地面积（公顷）
美哉社区	李敏淑	3111	—	—	—
和美社区	单益明	3637	—	—	—
利丰社区	陈美娟	1144	—	—	—
奔竞社区	陈　亮	3331	—	—	—
潮韵社区	王国燕	250	—	—	—
立涛园社区	张菲菲	—	—	—	—
亚韵社区	赵金标	—	—	—	—
民和社区	赫建锋	—	—	—	—

（资料来源：盈丰街道办）

【楼宇经济】 2023 年，盈丰街道围绕钱江世纪城“3 + 3”（3 大主导产业：金融、科技和总部经济；3 大特色产业：体育、会展和数字内容）产业格局，发布《盈丰街道楼宇服务“一核五芯”（1 个街道楼宇服务中心、5 个社区楼宇服务站）实施方案》，试点大象国际楼宇服务中心，落地博地、望京等 10 个楼宇议事“商量办”，全区首个行政复议“5S”（一线服务、解决纠纷、法治支撑、民意直达、宣传推广）助企工作站落户大象国际。年内，首次产生“10 亿元楼”1 座。

【城市运行维护】 2023 年，盈丰街道强化管网运维，巡查管网 620 余千米，完成地下安全检测 480 余千米，楼宇小区挡水设施全覆盖配备。完成涉及亚运酒店周边路面提升改造 6 处，修复人行道 523.8 平方米；布设桥梁动态在线称重系统，完成桥梁安全检测 49 座。完善城街应急预案，实现突发事件 15 分钟内现场处置，小型事件 30 分钟内完成处置，大型事件 2 小时内完成处置。获评首批浙江省城镇“污水零直排”建设星级镇（街道）。

【生活垃圾分类示范】 2023 年，盈丰街道垃圾分类主题公园投入使用，创建高标准生活垃圾分类示范小区省级 7 个、市级 8 个。8 月 26 日，全国城市生活垃圾分类全民活动颁奖典礼在萧山区盈丰街道垃圾分类主题公园举行。9 月 7 日，“六全一码”（“六全”，即全落地责任矩阵、全品类源头收集、全流程积分激励、全链条智能监管、全体系基层治理、全方位宣传教育；“一码”，即居民电子投放码）垃圾分类 3.0 模式获中央广播电视总台等主流媒体专题报道，并被全市推广。

【平安建设】2023年，盈丰街道加强反诈骗宣传教育，组建反诈联盟32个，发送反诈骗宣传短信200万余条。划细176个最小作战单元，访查出租房屋3.6万余间，排查企业3800余家、沿街店铺2900余家，查出违规无人机211架，整改各类安全风险隐患1.9万处，刑事警情下降25.4%，有效警情下降2.6%，治安警情下降14.1%；开展应急演练52场，覆盖企业4800余家、学校20所、家庭5.3万余户。

【信访调解体系建设】2023年，盈丰街道调处纠纷1041件，涉及协议金额1.46亿元，处置报结信访8208件，接收矛盾纠纷警情205件，化解率89.8%。凝聚38家律所、120余名律师、10余个"老娘舅""盈丰嫂""法律帮帮团"等特色矛调队伍力量，建立街道、社区反家暴联动机制，"盈丰嫂"调解团调解各类家事纠纷170余起。

【综合执法】2023年，盈丰街道设立全区第一个镇（街道）案件管理中心，全年流转事件6.5万件，办结全区首案2件，调解矛盾593件，涉及金额374.6万元，化解率96%。常态化开展"综合查一次"539次，列全区第一位，获评杭州市"十佳执法队"。出台柔性执法"三张清单"，明确40项"首违不罚""轻微不罚""无过错不罚"原则，免予或减轻行政处罚305件次。发放"盈企体检大礼包"500余份，主动引导企业信用修复212家，新增各类主体4417家。

【健康服务设施建设】2023年，盈丰街道启动街道卫生服务中心过渡中心装修，新增社区卫生服务站2处、120急救点1处，在奥体中心体育馆、游泳馆新增红十字应急救护站2处。创建健康细胞24个、健康家庭4332户。新增健康生活体验馆、健康步道、健康主题公园各1处。

【安居工程】2023年，盈丰街道新中、盈二、丰二等9个社区，历时3轮、15批次，盈瑞华庭、振盈华庭、飞虹华庭等安置小区分配房源6164套，成为全区首个全面完成全域安置的镇（街道）。分批对8个老旧安置小区开展物业招标工作，实现住宅小区物业全覆盖。成立业委会15个、物管会18个，杭州顺发美哉美城小区物业获评省级"红色物业"。丰东花苑、盈二佳苑、利一家园等小区增设电瓶车充电位1700个，加装电梯38台。美哉社区美哉美城、合丰社区瑞名邸、潮韵社区奥景名邸小区，创建为市"美好家园"。丰北社区获评市撤村建居社区示范点，奔竞社区获评市国际化社区示范点。

【文化活动】2023年，盈丰街道开展文化宣讲256场、文明主题日活动756场、志愿者活动1000余场。1月10日，举办第二届"薪丰杯"迎新篮球对抗赛。4月6日，承办首届杭州市春日电竞游园会。12月23日，举办首届"盈丰星体杯"网球邀请赛，街道和社区64名网球爱好者参赛。

【奔竞社区创建为省级引领型未来社区】2023年6月13日，盈丰街道奔竞社区创建为省第三批未来社区。该社区面积1.17平方千米，总人口3.57万人，入驻企业1300余家。结合社区人员架构以年轻人为主、"一老一小"为辅的特色，社区做精做细"竞锋采（奔竞社区党建品牌）——未来治理场景""竞友邻——未来邻里场景""竞生活——未来服务场景"三大优势场景，补齐"三化九场景"功能（人本化、生态化、数字化；邻里、教育、健康、创业、建筑、交通、低碳、服务、治理9个场景），提升社区居民认同感、归属感、幸福感。

【新乡贤联谊会、共富基金会成立】2023年3月29日，盈丰街道合丰社区新乡贤联谊会暨合丰社区新乡贤共富基金会成立。5月15日，利二社区新乡贤联谊会暨丰二社区新乡贤共富基金会成立。6月24日，利一社区新乡贤联谊会暨新乡贤共富基金会成立。7月8日，利二社区新乡贤联谊会成立。12月2日、3日，新中社区新乡贤联谊会和丰东社区新乡贤联谊会暨新乡贤共富基金分别成立。

【利一社区创建为省级引领型未来社区】2023年12月4日，盈丰街道利一社区创建为省第四批未来社区。该社区位于钱江世纪城核心区域，紧邻杭州国际博览中心，面积49公顷，由安置房小区利一家园，商品房小区时代奥城、君品名邸和类住宅小区都会山组成，总人口8778人，其中流动人口占56%。新老居民的多元融合，造就"利民暖心"的温馨社区。

【社区建立及区域调整】2023年12月25日，萧山区民政局批复同意盈丰街道建立民和社区、亚韵社区，调整丰东社区四至范围。民和社区东至民和路，南至文明路，西至金鸡路，北至机场城市大道，由济仁华庭、钱江之光名城组成，总户数3915户，总人口9250人。亚韵社区东北至飞虹路，西北至平澜路，南至钱塘湾未来总部基地，由桂冠东方城、日耀之城组成，总户数3442户；亚奥城、宁巢美地公寓，总户数7409户，暂由亚韵社区代管。丰东社区原四至范围，东至永晖路、民和路，南至文明路，西至金鸡路，北至机场城市大道及济仁路，由济仁华庭、钱江之光名城、丰东花苑户、顺丰家园组成，总户数6449户，总人口18900人；调整后社区四至范围，东至永晖路，南至文明路，西至民和路，北至济仁路，由丰东花苑、顺丰家园组成，总户数2534户，总人口9600人。

（李清清）

新街街道

【概况】新街街道位于钱塘江南岸、长山北麓，东邻瓜沥镇，南与新塘街道、衙前镇接壤，西连宁围街道、北干街道，北邻钱塘江。2023年，街道行政区域面积49.6平方千米，辖村15个、社区8个，户籍人口69573人。财政总收入13.84亿元，增长0.3%；一般公共预算收入7.9亿元，增长6.7%；规模以上工业企业增加值20.13亿元，下降2.3%；规模以上高新技术产业增加值11.2亿元，下降21.4%；规模以上工业企业利税总额7.18亿元，下降9%；规模以上工业企业利润总额2.68亿元，下降35.5%；规模以上服务业增加值3.18亿元，增长28.6%；规模以上数字经济增加值8298万元，增长20.3%；出口额17.39亿元，下降3.8%；限额以上社会零售额9.27亿元，下降4%；固定资产投资7.1亿元，增长24%。新增各类人才133人，增长26%。

年内，新街街道落实8项民生实事工程。实施老旧小区改造工程，完成红垦小区改造项目。实施新东名苑40幢房屋、76个单元电梯加装前期工作。实施公共交通优化工程，新增公共自行车站点7个；调整709路、727路、7794路3路公交线路，增设709路香樟路公交站。实施水陆干道沿线美化工程，改造集镇主要道路人行道花箱，铺设北塘河南岸滨水步道2.7千米、大治河西侧（万达路起至万盈路）健身步道2千米。实施美好教育扩容项目，金廷幼儿园于秋季开园，设15个教学班，新增学位450个；新街第五小学新建项目完成"净地交付"工作，下半年开工建设。实施未来社区建设项目，新宜社区完成省级未来社区试点建设，获评省第四批引领型未来社区。实施村（社区）社会综合治理站项目，在23个村（社区），红垦、桥南及新农都3大片区实现"五站合一"（整合原智治站、警务站、交治站、消防站、矛调站资源，提供一站式服务）全域覆盖。实施长山文化公园建设工程，铺设总长5千米登山步道，设置6处文化展览馆，建设5个出入口以及多个瞭望台，形成具有新街辨识度的生态文化长廊。

聚焦环保、机电、家纺、食品等领域，全年引入制造业优质项目18个，新增"5213"计划项目3个、国家高新技术企业20家、省科技型中小企业30家，净增规模以上工业企业3家、规模以上服务业企业3家。

开展全域"迎亚运"环境提升行动，整改第五立面（屋顶）7.8万余平方米，消除17.3公顷土地脏乱差现象，拆除铁路沿线违章建筑1.2万余平方米，新增绿地3万余平方米。

发放救助金201.57万元、慰问金54万元。建成老年食堂1座、示范型居家养老服务中心1座。创建市级儿童友好社区1个、市残疾人文体示范点1个、市"星级助联体服务站"1个、省康养联合体1个，做好困境儿童一户一档管理核查以及日常回访工作。开展辖区1702名残疾人基本状况调查，为6名困难残疾人申报无障碍设施进家庭，为2户低保家庭申报"焕新家"项目。实现老年助餐服务全覆盖、村级慈善工作站全覆盖、新乡贤联谊会全覆盖。

2023年，新街街道26个社会综合治理站建立。图为盛中村社会综合管理站　（沈渊波　摄于2023年2月23日）

开展厂房擅自改建出租专项整治，清退厂房擅自改建公寓1136间、2.8万平方米。拆除厂区违建公寓7个、3.5万平方米，实现厂房擅自改建公寓腾空率100%。开展"一厂多租"专项整治，消除隐患1800余处，存在重大隐患的企业停产25家，取缔5家，立案处罚16家。

推进村级全域低价合同清理，清理低价合同753份。全区首个村级集体全自持项目——江南村发展大厦开工建设，概算投入2.3亿元，建设总建筑面积4.02万平方米。新增村级集体标准厂房、营业房等出租面积18万平方米，全年村级集体经济经营性收入6986万元，增长20%。

年内，区司法局新街司法所被评为浙江省"枫桥式"司法所，新宜社区数字化建设被省城乡风貌整治提升工作专班评为未来社区数字化建设优秀案例，双圩村返乡入乡合作创业村考核案例被省人社厅评为优秀案例。9月，新街街道新辰社区成立；10月，新街街道长山生态文化长廊建成启用；11月，新街街道啤酒广场建成启用；12月27日，新街派出所上榜浙江省公安厅"三能榜样·最美浙警"名单。

表67　2023年新街街道各村（社区）基本情况表

村（社区）	书记（主任）	户籍人口（人）	村民小组（个）	村集体可分配收入（万元）	耕地面积（公顷）	村（社区）	书记（主任）	户籍人口（人）	村民小组（个）	村集体可分配收入（万元）	耕地面积（公顷）
江南村	徐观甫	5626	23	934.29	192.2	新塘头村	徐高祥	2917	16	1164.7	58.3
盈中村	高志明	3009	16	513.94	125.2	长山头村	富培坤	4442	19	787.64	17.3
沿江村	高张先	3613	16	549.23	126.9	新盛村	漏恩来	4171	19	1355.95	114.7
山末址村	周妙江	4239	22	826.76	134.6	盛乐村	鲁国良	3503	18	871.88	59.3
双圩村	戚世泉	3183	16	689.65	119.3	同兴村	李伟栋	3036	15	456.06	103.9
元沙村	周　峰	4224	24	1007.25	154.2	盛中村	袁奕相	4435	26	558.96	176.5
芝兰村	赵华华	1538	8	449.15	27.1	盛东村	王佳明	5296	26	1132.08	167.5
陈家园村	王　斐	2630	12	557.53	110.1	花城社区	应惠良	1343	—	—	—

续表 67

村（社区）	书记（主任）	户籍人口（人）	村民小组（个）	村集体可分配收入（万元）	耕地面积（公顷）	村（社区）	书记（主任）	户籍人口（人）	村民小组（个）	村集体可分配收入（万元）	耕地面积（公顷）
长山社区	富建军	1170	—	—	—	新赏社区	管妙炎	2684	—	—	—
新和社区	陈建林	1548	—	—	—	红垦社区	童红霞	1792	—	—	—
新润社区	徐剑波	1011	—	—	—	新辰社区	陶　杰	41	—	—	—
新宜社区	周海芳	4122	—	—	—						

（资料来源：新街街道办）

【市级共富带、共富村创建】 2023 年，新街街道立足乡村振兴战略，统筹 03 省道东复线以东江南村、山末址村、沿江村 9 个村共创共建共同富裕示范圈，创建成“种苗芯片·醉香花海”市级共富带；双圩村、盛东村创建成市级共富村。

【“六个一”城市品牌发布】 2023 年，新街街道围绕产城人文融合，结合新街特有元素，发布“六个一”城市品牌，即一个城市愿景、一部城市生活宣传片、一本城市画册、一个城市群文品牌、一个城市动漫文创 IP、一组城市组歌。

【重点项目征迁】 2023 年 3 月 14 日，新街街道机场高铁、500 千伏江南输变电工程重点项目征迁工作启动。征迁涉及盛乐村、盛中村、盛东村等 8 个村，厂房 3 处，农户 430 户，总征迁面积 56.53 公顷，比计划提前 10 天完成。

【社会综合治理站建立】 2023 年，新街街道整合智慧治理、警务室、交通治理、矛盾调处化解、微型消防等“五站”资源，在 23 个村（社区）及新潮区块、新海区块、新农都水产批发市场等区块，建成并启用 26 座社会综合治理站，提供信访矛盾调处化解、治理治安事件处置、群防群治力量等一站式服务。全年，全域刑事、治安警情下降 4.1%，矛盾纠纷化解率 99.6%，纠纷类警情联动处置率 100%，信访积案化解率 100%。

【出租房专项整治】 2023 年，新街街道开展出租房专项整治行动。规定每一处出租房必须预留 20% 共享空间，明确人均居住不足 4 平方米或每居室人数超过 2 人，居住出租房内部未采用实体墙分隔且未分别设置独立疏散的，采用三合板、泡沫板等易燃可燃材料分隔或设置夹层阁楼的厨卫、地下室、非居住空间等 10 种情形，一律不得出租。前置入住条件和入住人员审查环节，实行动态管理，拆除违建出租房 367 处，行政拘留 10 人。

【“医防护”儿童健康管理中心启用】 2023 年 6 月初，新街街道全区首家“医防护”儿童健康管理中心启用。该中心建筑面积 951 平方米，配备常驻医务人员 25 人，均经急救培训并取得证书。中心儿童预防保健区建筑面积 588.6 平方米，候诊区毗邻婴幼儿成长驿站。中心婴幼儿成长驿站建筑面积 83 平方米，每月由幼儿教师和儿童保健医生共同开展适合 6—36 月龄儿童养育照护小组活动，为婴幼儿及家长提供亲子互动、健康咨询、科普讲座、急救培训等服务。

【新乡贤联谊会全覆盖】 至 2023 年 6 月，新街街道 15 个村（社区）均成立新乡贤联谊会，各界乡贤 570 余人。设立新乡贤共富基金，筹集资金 840 余万元，用于美丽乡村建设、扶贫救助、公益服务、教育助学等。截至年末，各新乡贤联谊会共开展公益服务 56 次，发放扶贫救助 87 万元；教育助学服务 14 次，发放补助 35.2 万元。

【首届“MIDI·流年”新街音乐节举办】 2023 年 6 月 30 日，新街街道举办首届“MIDI·流年”新街音乐节，5000 余人参加。音乐节期间，除演唱节目，还设有新街传统非遗美食、创意小食展及品牌车展等活动。

【新辰社区成立】 2023 年 9 月，新街街道新辰社区成立。辖区东至塘新线高架，西至长山直河，南至机场城市大道，北至鸿兴路，区域面积 2.51 平方千米，辖 221 家企业、10 个在建工地和 1 个拆迁安置小区，有企业员工与居民 1.2 万人。

【第四届全民运动会暨文化艺术节举办】 2023 年，新街街道第四届全民运动会暨文化艺术节举办。艺术节自 4 月开始至 8 月结束，历时 5 个月，设篮球、田径、乒乓球等 10 个大项，由江南村、花城社区、杭萧钢构等 37 个代表团 3000 多名运动员参赛。参赛涵盖街道全部村（社区）及教育、医卫、金融等系统，线上线下观赛 10 万余人次。

【首届“长山杯”全国中小学生书法大赛举办】 2023 年 5—10 月，新街街道举办首届“长山杯”全国中小学生书法大赛。大赛收到全国中小学生作品 2625 件，评出获奖作品 58 件。其中，金奖 9 人，银奖 12 人，铜奖 18 人，优秀奖 19 人；入展 42 人，展出作品 100 件。

（王逸飞）

靖江街道

【概况】 靖江街道位于萧山区东部，东连党湾镇，南接瓜沥镇，西接萧山机场，北至钱塘区。2023年，街道行政区域面积23.06平方千米，辖村10个、社区7个，户籍人口38119人。财政总收入5.52亿元，增长7.9%；一般公共预算收入3.13亿元，增长9.6%；规模以上工业企业增加值16.33亿元，下降0.9%；规模以上高新技术产业增加值13.57亿元，下降2%；规模以上工业企业利税总额8.03亿元，增长16.7%；规模以上工业企业利润总额6.25亿元，增长21.3%；规模以上服务业增加值1.72亿元，增长80.7%；规模以上数字经济增加值3.93亿元，增长1.7%；出口额17.48亿元，增长1.6%；限额以上社会零售额6133万元，增长5.9%；固定资产投资7.1亿元，增长24%；社会固定资产投资9.99亿元，增长6.6%。

年内，靖江街道加强重大产业项目要素保障，全年新增工业用地6.73公顷，新招引企业6家，新增国家高新技术企业8家、专精特新企业10家、小升规企业（小微工业企业转型从规模以下升级为规模以上工业企业）3家、省科技型中小企业15家。

开展建筑物顶面专项整治行动，完成整治任务26处。完成萧山国际机场东大门周边10.4公顷土地提升改造。完成机场高铁、新港路北伸、保税大道南伸、安置房四期、产业储备等项目用地征迁，征迁农户405户，土地93.33公顷，户货币化安置比率达58%。完成小石桥社区污水零直排区提质增效工程，涉及居民、商户1012户；推进农村生活污水治理提质扩面，实现村（社区）污水治理全覆盖。推进小区生活垃圾分类模式升级，创建省垃圾分类高标准示范小区1个、市垃圾分类示范小区3个。推进农村生活垃圾定点投放、定时收集、定车运输、定位处理和撤桶入户“四定一撤”工作，创建省垃圾分类高标准示范村2个、区垃圾分类示范村1个。

新增普惠性托位80个，新建婴幼儿成长驿站9个，获评区婴幼儿成长示范型驿站2个。依托老年食堂助餐服务，全年为353名老人提供免费助餐7.1万餐。创建五星级居家养老服务中心1个、四星级居家照料中心4个。全年发放各类民政补助820万元，开展大病救助、临时救助、困难学生救助等，救助958人次、245万元。

2023年6月21日，杭州第19届亚运会物流中心启用。图为物流中心外景 （靖江街道办 提供）

表68 2023年靖江街道各村（社区）基本情况表

村（社区）	书记（主任）	户籍人口（人）	村民小组（个）	村集体可分配收入（万元）	耕地面积（公顷）
光明村	邵利军	1784	13	525.4	99.7
东桥村	肖招明	2525	15	661.3	135.0
甘露村	周海根	2346	18	844.7	142.1
协谊村	何　军	2286	19	536.7	127.0
义南村	陈仁良	2554	20	468.1	85.2
靖港村	边建芳	3319	23	1114.9	137.3
和顺村	陈立军	2837	19	690.0	86.7
雷东村	张哲锋	2080	14	657.2	87.0
靖南村	翁荣法	3223	20	439.5	169.9
靖东村	项志军	2544	18	436.1	55.1
伟南社区	朱国忠	1136	8	325.6	16.9
花神庙社区	朱春风	3006	24	535.8	98.7
黎明社区	朱　伟	1806	13	411.2	72.0
安澜桥社区	金　晶	1434	—	—	—
小石桥社区	唐燕丽	3203	—	—	—
靖安社区	屠伟江	881	—	—	—
靖美社区	丁繁超	1155	—	—	—

（资料来源：靖江街道办）

【杭州临空经济示范区社会事务服务】 2023年4月15日起，靖江街道承担空港小镇3.22平方千米、萧山国际机场约10平方千米内的平安综治、卫生健康、城市管理等社会事务管理服务。处置临空劳资纠纷事件，受理劳资投诉案件941起，涉及1425人、1720万元，调处化解率96.5%。协同机场、航站楼派出所，设立省首批法治素养观测点、机场纠纷调解工作室。

【靖江队获全国“村BA”浙江赛区冠军】 2023年6月11日，全国“村BA”农民篮球选拔赛暨浙江省第九届“乡村振兴”杯篮球赛决赛在萧山体育中心举行。靖江街道代表队以 80∶66 的比分获胜，成为浙江赛区总冠军。

【亚运会物流中心保障】 2023 年 6 月 21 日，由浙江圆通速递有限公司承建和运营的亚运会物流中心启用。靖江街道承接中心保障工作，以“24 小时三班两运转”专班勤务模式驻点保障，共承接物资运送任务 180 批次、安检车辆 3251 辆、人员 4.74 万人次、包裹 2.39 万个，检出禁限物品 1382 个。

【新港路北延工程开工建设】 2023 年 8 月 21 日，靖江街道新港路（永盛路—杰牌路段）进行全封闭施工，计划于 2024 年 5 月 1 日完成建设。新港路位于靖江街道东侧，北接钱塘区横一路，南接瓜沥东灵北路，是一条南北向的重要交通主干道。新港路北延工程起点永盛路，终点至横一线，全长 2.5 千米，其中萧山区境内 2.05 千米、钱塘区境内 450 米。按照一级公路兼顾城市道路标准设计，道路宽 42 米，双向 6 车道，设计速度每小时 60 千米。

【靖江街道文化体育公园投用】 2023 年 11 月 17 日，靖江街道文化体育公园开园。公园位于空港新天地东、永盛路南、牛拖湾以北三角形区域，区域面积 6114 平方米。公园内有塑胶篮球场 1 个、羽毛球场 2 个、网球场 1 个、二代健身器材 6 个，并配备夜光塑胶环形跑道、乒乓球区等。公园为街道“老少融合”服务中心，设有定制儿童滑梯、3 个儿童足球射门区。

【靖美社区获评省未来社区】 2023 年 12 月，靖江街道靖美社区获评省第四批未来社区。靖美社区围绕未来社区创建，聚焦辖区内空乘人员独特需求、多村融合总体目标、“一老一小”专项服务，完成新建项目 4 个、提升项目 10 个，提升打造各类服务场景 8000 余平方米。

（庞嘉楠）

南阳街道

【概况】 南阳街道位于钱塘江南岸，萧山国际机场北侧，南接靖江街道，西邻新街街道，东和北均连钱塘区。2023 年，街道行政区域面积（包括钱塘江水域）32.84 平方千米，辖村 13 个、社区 4 个，户籍人口 42723 人。财政总收入 6.29 亿元，增长 15%；一般公共预算收入 3.76 亿元，增长 18.4%；规模以上工业企业增加值 16.47 亿元，下降 8.9%；规模以上高新技术产业增加值 11.92 亿元，下降 7.1%；规模以上工业企业利税总额 4.69 亿元，下降 37.8%；规模以上工业企业利润总额 2.66 亿元，下降 49.2%；规模以上服务业增加值 15.6 亿元，增长 8.2%；规模以上数字经济增加值 2.63 亿元，下降 22.8%；出口额 14.5 亿元，下降 7.1%；限额以上社会零售额 9909 万元，增长 25.9%；固定资产投资 6.38 亿元，增长 34.8%。

年内，根据杭州临空经济示范区规划，完成 300 余户农户、160 余家企业征迁工作，腾出土地空间 213.3 公顷。新增产业空间 2 万平方米，标准厂房用于企业产能扩充。由中建四局承建的杭州大会展中心一期项目中廊钢结构全面封顶。项目占地 35.3 万平方米，总建筑面积 64.32 万平方米，建设钢结构展厅 8 个、中央廊道 1 个以及东西登陆大厅 2 个。其中，一期呈鱼骨式布局，设有展馆 8 个、展厅 10 个，共设置标准展位 5900 个。人才房综合体、酒店、文旅产业园等相关配套设施均完成主体结构施工。艮山东路和杭绍甬智慧高速运行，中环（104 国道）部分区域启动建设，会展南路等项目全面进场，城市框架不断拉大。

以亚运保障为重点，在环境整治、社会治理等方面持续推进，4 次位居市环境整治镇（街道）优胜榜。推动“除险保安”行动，围绕社会治安、消防安全、交通安全等开展专项整治。开展交通安全隐患专项治理，完成隐患整治 1123 处。对重点领域开展消防安全检查，累计检查单位 1109 家，排查和整改隐患 2933 处。深化新时代“枫桥经验”，完善街道群防群治工作架构和平安巡防指挥体系。11 月 12 日，2023 钱塘江竞潮・半程马拉松活动从美女坝出发，为近 1000 名选手做好服务保障工作。结合南阳特色产业，打造“南阳伞・共富坊”，全年放伞 80 万把，线上直播销售 275 万元，入选第一批省级示范“共富工坊”，获评省“巾帼共富工坊”；8 月 9 日，被《浙江日报》等报道；10 月 13 日，分别被中央广播电视总台《新闻联播》、央视网报道；11 月 10—18 日，组织开展制伞技术大比武，16 个村（社区）的 140 名制伞选手参加决赛比武，决出一等奖 3 名、二等奖 5 名、三等奖 8 名。

进一步宣传南阳文化，在中央广播电视总台《新闻联播》等各类媒体播发宣传报道 110 余篇，“南阳伞・共富坊”“涌潮慢”直播被央视网等媒体报道，总浏览量 3200 万次。发行《南阳图说》1500 册，该书用地图语言讲述南阳故事，追溯历史，记录现状，为招商引资和乡村善治等提供翔实、准确的地理信息。举办南阳乡贤胡国荣工笔画展、元宵节活动、首届南阳文化艺术节等文艺活动 160 余场。开展舞蹈、太极等培训 150 余场，惠及群众 6 万余人次。

2023 年 11 月 12 日，南阳街道 2023 钱塘江竞潮・半程马拉松开跑

（南阳街道办　提供）

表69　2023年南阳街道各村（社区）基本情况表

村（社区）	书记（主任）	户籍人口（人）	村民小组（个）	村集体可分配收入（万元）	耕地面积（公顷）
雷山村	高　军	2530	8	723.0	45.8
南翔村	金红萍	3861	20	549.7	89.6
赭东村	金建仁	4201	20	1279.4	100.0
东风村	冯生华	1919	12	430.1	58.2
永利村	冯小飞	1659	10	527.2	59.1
远大村	蒋林军	2270	18	508.1	31.3
红山村	冯利锋	3691	20	1088.1	133.4
坞里村	冯　乔	1651	6	746.5	19.00
横蓬村	金国伟	3514	23	640.9	143.5
岩峰村	诸佳伟	3183	19	2265.4	167.7
南兴村	高志林	2943	17	770.8	70.7
南丰村	高生伟	3590	21	957.0	97.2
龙虎村	叶海英	4508	26	671.3	101.4
南阳社区	冯祥伟	1026	—	—	—
赭山社区	高迪燕	671	—	—	—
潮都社区	高海荣	1506	—	—	—
潮竞社区	冯国伟	—	—	—	—

说明：潮竞社区为新建社区，公安户籍系统中该社区人口暂未单独分出，仍在原社区内

（资料来源：南阳街道办）

【综合治理】 2023年，南阳街道开展沿街商铺集中整治与日常管控，整治出店经营、占道经营3682起，数字城管整治各类抄告1万余件。拆除各类违建4.5万平方米。开展全域秸秆焚烧巡查428次，自查发现28余起，均及时处置。推进全域土地综合整治，完成红山村33.3公顷土地退苗还粮和横蓬村19公顷永久基本农田补划工作。

【平安建设】 2023年，南阳街道实施护航亚运除险保安、城乡治理大比武等专项行动，处置警情2428起，比上年下降2.6%，大平安考核位列全区第一方阵。开展信访突出问题集中治理专项行动，化解处置各类问题和矛盾120起、重大纠纷25起，涉及资金5500余万元。优化调整街道大队、村（社区）中队、网格分队三级架构，完善平安巡防指挥体系。

【民生保障】 2023年，南阳街道优化村（社区）卫生服务站布局，新建南阳社区卫生服务站。街道社区卫生服务中心获评市基层医疗卫生机构规范化慢性病一体化门诊，潮都社区卫生服务站获评市五星级智慧健康站。岩峰村、永利村、潮都社区日间照料中心通过市、区两级验收。实现村（社区）老年学堂全覆盖。新增托育点3个、托位数86个。新建婴幼儿成长驿站3个，通过区级验收。新建老年食堂1个、老年活动中心1个。颐康居家养老服务中心通过康养联合体区级验收。四期安置房一号地块完成分房396套。二号地块、三号地块建设推进，五期安置区块进入土地报批和交地阶段，六期安置区块完成农户征迁并启动建设。潮上云兴雅苑获评市“最美安置房”。

【公共事业建设】 2023年，南阳街道出台教育基金奖励办法，南阳初中通过省现代化学校市级评审，340名考生参加中考，重点高中上线率36.2%，为建校10年来最高。南阳第一幼儿园获评市教科研先进单位和市儿童友好学校。持续开展老年人助餐和居家养老服务，享受高龄普惠老人1200余人，享受电子津贴老人400余人。开展村（社区）养老服务智能终端配备行动，为60岁以上1.37万名老人建立全生命周期电子健康档案，“小病慢病不出村”服务703人次。全年发放各类救助资金1200余万元。

【便民服务】 2023年，南阳街道推进村（社区）便民服务站建设，实现村（社区）全域覆盖，潮都社区便民服务站获评区“十佳示范型村（社区）便民服务站”。街道便民服务中心窗口办件量4.4万件，增长16.8%。新设立“办不成事”反映窗口，提升办件实现率和服务质量。街道党群服务中心出入口完成提升改造，接待服务党员群众近6万人次。

【乡贤大会召开】 2023年6月18日，南阳街道2023新乡贤联谊大会在杭州大会展中心召开。由YOUNG智库、YOUNG基金、YOUNG心愿、YOUNG发展4个部分组成的“南阳YOUNG”高质量发展平台对外发布。来自世界各地的200多位乡贤参加。

【新的社会阶层人士联谊会成立】 2023年12月26日，南阳街道新的社会阶层人士联谊会成立大会召开。会议审议通过《南阳街道新联会章程》《南阳街道新联会理事选举办法》。

（任晓阁）

楼塔镇

【概况】 楼塔镇位于萧山区南部，东南为绍兴市诸暨市，西南为富阳区，西至富阳区，北依河上镇，是一个“水清木华、文脉绵延”的山乡古镇。2023年，镇行政区域面积47.63平方千米，辖12个村、1个社区，户籍人口26626人。财政总收入1.55亿元，增长26.3%；一般公共预算收入8383万元，增长22.9%；规模以上工业企业增加值5.13亿元，增长7.8%；规模以上高新技术产业增加值3.24亿元，增长9.4%；规模以上工业企业

利税总额 1.68 亿元，下降 2.4%；规模以上工业企业利润总额 1.01 亿元，下降 6.5%；规模以上服务业增加值 411 万元，下降 6.1%；规模以上数字经济增加值 3944 万元，增长 15.9%；出口额 7.15 亿元，增长 1.8%；限额以上社会消费零售额 2367 万元，增长 22.8%；固定资产投资 2.42 亿元，下降 8.9%。

年内，楼塔镇推进“华艺智谷”产业园平台建设，一期杭州罗曼智能科技有限公司、浙江佰药汇医药科技有限公司、杭州鸣扬智能电气有限公司等 15 家企业入驻，推动杭州吉达（沃瑞奥）货易有限公司、浙江楼鑫包装科技有限公司 2 个总部项目回归。出台经济发展扶持政策，兑现产业扶持资金 179.56 万元。盘活存量用地近 8 公顷，新增厂房面积近 12 万平方米。新增杭州金亨泰粘扣带有限公司、杭州华申包装有限公司、杭州亮普休闲用品有限公司等国家高新技术企业 9 家；杭州华斌包装有限公司、杭州宽勇五金机械有限公司、杭州菲采薇纺有限公司等省科技型中小企业 10 家。新认定杭州奥风科技有限公司、杭州吉达汽车配件有限公司、杭州瑞凯机电有限公司为省专精特新中小企业。新备案杭州南垚实业有限公司、浙江蓝盾新材料有限公司、杭州亮普休闲用品有限公司为研发机构。杭州辉煌卫生用品有限公司、浙江跃发新材料有限公司投入技改资金 3500 万元，杭州吉达汽车配件有限公司新自动化生产线投入生产。

布局建设普惠性老年食堂 2 个、助餐点 8 个。落实困难人员帮扶，发放各类救助金 720.58 万元。实现老年友好型社区全覆盖，新增三星级养老中心 2 个，惠及老年人 1050 人。楼塔镇获评杭州市敬老爱老助老示范镇。创建区级妇女儿童友好空间 3 个，建立全区首个村级人口奖励基金。

楼塔镇创建为省级园林城镇。大同一村、大同二村、大同三村等 5 个村创建为省级和美乡村，大黄岭村创建为市级美丽乡村特色村，大同三村创建为市级未来乡村。完成东纪坞水库除险加固、雀山岭溪、余元坞溪等综合整治工程，实施“7·22”水毁应急抢险工程。完成大黄岭村、岩山村、萧南村农村生活污水治理提效扩面及 103 省道两侧污水零直排区提质增效工程。

利用“综警网＋微网格”联动体系，排处各类事件 3 万余件。多元化解矛盾纠纷 400 余起。运营好“美美大同”乡村治理小程序，活跃率超过 47%。镇智治分中心受理、流转事件 7406 余条，办结率 99%。非警务类出警 599 次，现场处置 484 件。

2023 年 10 月 17 日，楼塔镇“浪花奶奶”篮球队开展日常训练（严昕妤　摄）

镇中心幼儿园创建为省一级幼儿园，中共保密教育展陈馆（楼曼文故居）创建为省级乡村博物馆，萧南村创建为省级编织村。楼塔细十番体验基地被评为省级非遗体验基地。中国楹联文化传承基地落地管村村。全年开展区内外文化“走亲”16 次，开展有一定规模和影响力活动 16 次，完成文艺赋美活动 56 场。

表 70　2023 年楼塔镇各村（社区）基本情况表

村（社区）	书记（主任）	户籍人口（人）	村民小组（个）	村集体可分配收入（万元）	耕地面积（公顷）
大同一村	俞永明	2387	16	47.01	88.5
大同二村	陈乐明	1908	20	125.8	61.0
大同三村	陈华杰	1779	24	50.4	62.9
管村村	章宝忠	2334	26	167.4	78.7
楼英村	楼铁权	2594	38	155.5	78.5
楼家塔村	毛仕云	2916	44	212.5	74.5
雪环桥头村	楼亦飞	2118	24	66.3	54.7
雀山岭村	楼浩仁	1455	10	146.6	33.1
大黄岭村	俞林军	2514	12	204.0	64.2
萧南村	楼国晖	2595	7	132.8	56.5
岩山村	楼小波	2002	20	119.8	47.33
岩上村	俞国兴	1526	10	91.5	36.9
仙岩社区	楼加女	498	14	—	—

（资料来源：楼塔镇政府）

【永兴河共治行动】 2023 年 1 月，楼塔镇联合河上镇开展永兴河增殖放流活动暨流域共治行动。活动中，放养鱼苗 3 万余尾。利用放养鱼喜食腐泥、有机碎屑等特性来达到净化水质的目的。接着，楼塔镇、河上镇开展永兴河流域共治巡河护水活动，查看水体环境、沿河两岸卫生、岸线管理等情况。

【中共保密教育展陈馆开馆】 2023 年 1 月 4 日，楼塔镇楼曼文故居暨中共保密教育展陈馆开馆仪式举行。该展陈馆位于雀山岭村，坐北朝南，平面布局呈矩形，分正房和东西厢房 10 余间，占地 2000 余平方米，主体建筑 450 余平方米，为多层徽派建筑。该建筑系楼曼文父亲楼卓夫于民国初年前后建成，楼曼文少女时代与家人居住于此。展陈馆重点展示中共保密事业的历史发展进程，展现中共隐蔽战线的斗争史实和百年保密教育的演变进程。

【2023 江浙沪腕力单挑赛举行】 2023 年 2 月 18 日，2023 江浙沪腕力单挑赛在楼塔镇大同一村举行，来自江浙沪三地腕力高手 60 余人参加比赛。比赛设置左手 75 公斤以下级、75 公斤以上级和右手 63 公斤以下级、右手 63 公斤以上级、右手 70 公斤以上级、右手 80 公斤以下级、右手 80 公斤以上级 7 个级别项目。7 位选手获精英称号并获纪念奖牌及奖金。

【第七届"槐清教育奖学基金"颁奖典礼举行】 2023 年 8 月 27 日，楼塔镇第七届"槐清教育奖学基金"颁奖典礼在楼塔镇中学举行，颁发奖学金 20 万元。"槐清教育奖学基金"由楼塔新乡贤——杭州小姐妹康养控股有限公司董事长章忠法先生以其祖父之名，于 2017 年 9 月设立，奖励楼塔本地中考、高考优秀生及优秀教师。至 2023 年，该基金累计奖励优秀学子及教师 180 人，发放奖学金逾百万元。

【魏良参加亚运火炬传递】 2023 年 9 月 20 日，"新时代浙江工匠"——楼塔乡贤魏良在亚运会宁波站火炬传递活动中，传递火炬第 113 棒。魏良任宁海电厂维护部项目组副主任，是楼塔镇雪环桥头村新乡贤联谊会成员。2018 年被授予省"五一劳动奖章"，2019 年被聘为首席检修技师，2020 年获评浙江省省部属企业工会"能工巧匠"。

【余百明参加亚残运会火炬传递】 2023 年 10 月 21 日，杭州山友医疗器械有限公司董事长余百明，在亚残运会萧山站火炬传递活动中传递火炬第 105 棒。余百明是楼塔镇新乡贤，任杭州市工业经济联合会、市企业联合会、市企业家协会"三会"常委，萧山区工商联常委，楼塔镇商会会长，楼塔镇人大代表。

【楼塔镇入选省园林城镇】 2023 年，楼塔镇入选省园林城镇。楼塔镇始建于唐乾宁四年（897），是"水清木华、文脉绵延"的千年生态古镇，是明代名医楼英、革命先驱楼曼文的故里。楼塔镇做深"古韵楼塔·清水小镇"文章，推进园林基础设施建设和生态修复，注重古镇风貌、历史文物、古树名木保护，重视古建活化利用，保留原有古镇风貌，取得成效。

（朱丽丽）

河上镇

【概况】 河上镇位于萧山区南部，东接浦阳镇，南连楼塔镇、诸暨市，西与富阳区隔山相望，北邻戴村镇。2023 年，镇行政区域面积 63.69 平方千米，下辖 15 个村、1 个社区，户籍人口 28756 人。财政总收入 7.06 亿元，增长 7.6%；一般公共预算收入 3.74 亿元，增长 43.1%；规模以上工业企业增加值 27 亿元，增长 10.1%；规模以上高新技术产业增加值 25.2 亿元，增长 13%；规模以上利税总额 16.6 亿元，增长 14.4%；规模以上工业企业利润总额 14.26 亿元，增长 8.6%；规模以上服务业增加值 237 万元；规模以上数字经济增加值 4338 万元，下降 21.7%；出口额 8.38 亿元，下降 4.8%；限额以上社会零售额 2773 万元，增长 8.8%；固定资产投资 6.5 亿元，增长 60.7%。

年内，河上镇完成 6 项民生实事。建设膜材料小镇园区配套工程提升项目，推动"四纵三横"七条道路提升，水电气污等基础设施改造，新增车位 300 余个，新增商业面积 600 平方米，改造立面 11 万平方米。完成膜材料小镇"腾笼换鸟"项目，收储企业 16 家，面积 27.1 公顷，新增产业空间 60 万平方米。招引杭州新青年歌舞团股份有限公司与东山村、众联村、溪头村"村企联办"，成立萧山首个文化强村公司暨"杭州禾鑫强村文化发展有限公司"，投资 360 万元，完成下门墙门群 31 号民居、三联玉泉堂两处文物修缮，修缮面积 1240 平方米；投资 200 万元，完成河上老街 500 平方米非遗馆布展。投资 600 万元，按"四好农村路"标准，对朱坞公路萧中旧址—大坞林道入口段等 6 条（段）道路进行改造提升，总长 5000 米。总投资 1400 万元，实施新一轮地质灾害风险防范及治理项目，对东山村、三联村、朱家村等 4 个村、12 处地灾点进行工程治理。投资 430 万元，实施小流域山洪灾害治理项目，完成三联村共富桥建设，推进下门村泽荣溪综合整治工程。

培育和引进 C 类人才 2 人、D 类人才 5 人、E 类人才 23 人、F 类人才 37 人、高技能人才 73 人。企业拥有各类专利技术 700 余项。胜达集团有限公司获评中国民营企业 500 强、中国制造业企业 500 强、杭州市民营企业研发投入 50 强，杭州科百特过滤器材有限公司获评省科技领军企业、省级重点企业研究院。截至年末，全镇有国家高新技术企业 45 家、国家级制造业单项冠军企业 1 家、国家级专精特新"小巨人"企业 1 家、省级专精特新中小企业 3 家、省级研发中心 5 家。

编制河上镇国土空间总体规划，投入 248 万元，完成河上单元详细规划送市城乡规划委员会审查。完成 54.4 千米骨干林道建设并通过验收。杭州萧绍纸品有限公司、杭州萧波纸业有限公司、杭州双富纸箱有限公司创建为环保 AB 级引领示范企业，膜材料小镇一期入选省级污水零直排区建设。推进"五水共治"，完成 430 个入河排污口排查，开展区小微水体"乡村水客厅"创建，获评 2023 年"美丽河湖""水美乡镇"。

表 71　2023 年河上镇各村（社区）基本情况表

村（社区）	书记（主任）	户籍人口（人）	村民小组（个）	村集体可分配收入（万元）	耕地面积（公顷）	村（社区）	书记（主任）	户籍人口（人）	村民小组（个）	村集体可分配收入（万元）	耕地面积（公顷）
祥河桥村	方金龙	2621	23	416.8	54.3	紫霞村	瞿兴忠	2056	16	375.1	34.3
大桥村	瞿晓峰	2301	17	406.1	49.3	紫东村	胡林锋	1293	11	341.9	71.0

续表 71

村（社区）	书记（主任）	户籍人口（人）	村民小组（个）	村集体可分配收入（万元）	耕地面积（公顷）	村（社区）	书记（主任）	户籍人口（人）	村民小组（个）	村集体可分配收入（万元）	耕地面积（公顷）
璇山下村	孙国栋	1375	10	258.5	41.2	东山村	徐国栋	2806	22	337.9	75.1
众联村	俞伟达	2324	20	312.9	51.3	联发村	俞小中	2045	18	223.9	61.3
下门村	俞巨江	1945	16	251.7	21.2	里都村	王叶玲	2068	12	285.0	53.9
伟民村	朱盈剑	1280	16	251.8	16.8	三联村	黄叶忠	1543	9	316.2	12.6
朱家村	朱雁南	1007	8	236.7	8.3	凤凰坞村	董国强	1749	8	344.7	13.4
溪头村	楼则说	1259	7	368.1	16.4	长春社区	吴华燕	1084	10	—	—

说明：长春社区为新建社区，公安户籍系统中该社区人口暂未单独分出，仍在原社区内

（资料来源：河上镇政府）

【乡村建设】 2023年，河上镇东山村获评省级未来乡村，朱家村、溪头村获评浙江省AAA级景区村庄，“河上镇美丽经济共富带”获评市级共富带。璇山下村引进绿投康养，建设稻田养虾慈善共富基地等共富项目4个，总投资8500万元。东山星空田园小镇、龙出没漂流、爱宝亲子乐园等文旅项目，全年接待游客44万人次，带动就业500余人，创收1000万元。

【社会治理】 2023年，河上镇加强专职网格员队伍建设，网格员呈“村（社区）—网格—微网格”三级架构。16个村（社区）实现“五和众联2.0”治理模式全覆盖。截至年末，全镇志愿者3055人，占常住人口14.6%。各村（社区）发布志愿服务项目1300余个，认领率100%，各村（社区）常规劳务支出下降30.3%。

【文化事业】 2023年，河上镇获评市级文物工作成绩突出集体。国家级非遗“河上龙灯胜会’在亚残运会开幕式、亚运村倒计时200天晚会演出。“河上桔红糕”非遗工坊入选区第二批区级非遗工坊名单。新增紫东村、紫霞村五星级文化礼堂，全年开展文化活动200余场次，受惠群众1万余人次。

【平安建设】 2023年，河上镇深化“大平安”系统集成工作机制，开展平安建设。亚运会期间，各村（社区）开展平安巡防活动1042场，1.3万余名志愿者参与。全年排查消防安全隐患1045处，消防警情下降19.2%；排查道路交通隐患435处，整改率100%；镇村两级调处矛盾纠纷261起，调解率100%，稳控率100%；信访总量下降21.7%。

【“一老一小”服务】 2023年，河上镇新建璇山下村卫生服务站、红十字生命安全健康体验馆。16个村（社区）老年食堂、儿童之家全覆盖。伟民村、长春社区创建为市级示范型婴幼儿成长驿站。探索“医育结合”新模式，建成的5家婴幼儿成长驿站与河上镇中心幼儿园、社区卫生服务中心合作运营。

【膜材料小镇建设】 2023年，河上镇投资1.3亿元，推进膜材料小镇建设。聚焦膜材料产业上下游，开展“链式招商”，到深圳、宁波、湖州等地招商20余次，招引新项目8个，总投资近30亿元。膜材料小镇亩均创造工业增加值213万元，税收40余万元。膜材料小镇获评省级小微企业园三星级A档企业、市“一园一主业”特色产业平台。

【凤凰坞村入选2023年度省级和美乡村特色精品村】 2023年，凤凰坞村被认定为2023年度浙江省和美乡村特色精品村。美丽乡村建设过程中，凤凰坞村按照“红色引动，万绿凤坞”的定位，整治村庄环境，打造和美乡村，加强文明创建、乡村振兴、三治融合，全域推进人居环境美化、乡风文明建设、宜居宜业和美乡村创建实现新飞跃。因地制宜，发展特色农业，凤凰坞南瓜品质优良，瓜形扁圆、柄短而粗、外观红润，所产的南瓜子粒大肉厚，味香爽口，广受好评。是年，凤凰坞村获评浙江省古树名木文化公园、浙江省星级乡村博物馆（三星级）等荣誉。

河上镇建设膜材料小镇（傅春江　摄于2023年12月28日）

【河上市场监管所挂牌】 2023年7月6日，杭州市萧山区市场监督管理局河上市场监督管理所挂牌成立。该所主要职能是工商行政管理、质量技术监督、知识产权保护、食品药品安全监管等。（施沐阳）

戴村镇

【概况】 戴村镇位于萧山区西南部，东靠临浦镇，南连河上镇，西与富阳区以山为界，北与义桥镇接壤，是杭州城市中轴线——时代大道的南起点。2023年，镇行政区域面积62.8平方千米，辖村22个、社区2个，户籍人口39100人。财政总收入3.83亿元，增长28.4%；一般公共预算收入2.15亿元，增长27.4%；规模以上工业企业增加值6.08亿元，增长7.2%；规模以上高新技术产业增加值5.23亿元，增长6%；规模以上工业企业利税总额2.11亿元，下降11.3%；规模以上工业企业利润总额1.38亿元，下降15%；规模以上服务业增加值3430万元，下降10.7%；规模以上数字经济增加值3.06亿元，增长12.7%；出口额5.86亿元，下降2.5%；限额以上社会零售额2.42亿元，增长43.4%；固定资产投资3.57亿元，增长2.3%。

年内，戴村镇完成6项民生实事项目。加强集镇路网建设，提升城市能级品质，完成戴村镇集镇路网建设三年行动计划方案编制，镇中路、华诚路竣工通车，弘学路南延进场施工，锦绣路西伸完成前期工作。助力亚运，强化环境整治，靓化城镇风貌，开展时代大道、戴临路等重点道路沿线环境大整治大提升，打造入镇口节点2处。深化美丽乡村、未来乡村建设，建强共富基本单元，河杨湖村成为全区2023年首个通过区级验收的美丽乡村提升村，张家弄村创建成为美丽乡村提升村。打造一体化健康体检中心，推进全民健康建设，社区卫生服务中心一体化健康体检中心启用，新建大石盖村、佛山村2处村级卫生服务站。完善消防基础设施配套，提升预警和救援能力，改造提升20个村级微型消防站，安装配备2000套智慧烟感报警器。开展林道交通安全隐患整治行动，完善交通安全设施配套，完成林道隐患整治工程，安装林道监控设备8个。

重点项目稳步推进，极电电子高端智能汽车电子零部件项目投产，全年实现产值17.21亿元。中国视谷·智造新城改造

2023年9月1日，戴村镇滨南社区中心幼儿园开园。图为该幼儿园外景（任舒婷 摄）

提升项目纳入区级重点支持类镇（街道）工业园区项目，示范段工程完成改造。时代大道以东21.3公顷连片产业空间重塑工作推进，其中12公顷腾笼区块完成评估。工业园区0.68公顷土地完成土地征收协议签订。新增省级专精特新中小企业9家、国家高新技术企业12家、省科技型中小企业19家。培育和引进A—F类人才57人，比上年增长159.1%。浙江九龙厨具集团有限公司入选省级“隐形冠军”企业名单，杭州伟峰电子有限公司、杭州萧山环宇冲件有限公司2家企业入选市级“未来工厂”数字化车间培育名单，杭州纳智电机有限公司、杭州萧山环宇冲件有限公司2个项目入围市级数字化攻关项目。

推进抱团共富，招引落地共富项目2个。区级抱团项目实现收益727万元，镇级抱团项目佛山共富联合体区块一进场施工、区块二完成图审，完成村级共富项目10个。大石盖村入选市第二批共富示范村。全镇经营性收入4729万元，增长19.9%；22个村年经营性收入均达120万元以上，实现全覆盖，其中19个村达150万元以上。

夯实文旅基石。总投资4.4亿元、占地3.6公顷的市委党校萧山分校开工建设。新增市级和区级非遗工坊各1个。举办第四届萧山乡村文化旅游节、第八届戴村山地马拉松赛、第八届戴村山地越野赛等赛会。优化生态环境，创建浙江省AAA级景区村庄1个、市级美丽庭院示范村1个，新增高标准景观农田40公顷。永兴河流域综合治理工程开工建设，创建区级美丽河湖1条、区级唯美“乡村水客厅”2个，佛山溪入选市“二十佳精品小微水体”。佛山村创建为浙江省第三批未来乡村，获评优秀等次。

完善公共服务。加强健康戴村建设，创建市级健康企业1家、区级健康企业3家。推进学前教育，中心幼儿园滨南园区开园，实现三个片区公办幼儿园全覆盖。推进管道燃气、自来水一户一表入户工程，实现村级通气、通水率100%。推进“一老一小”工作，新建镇级老年助餐服务点1个、村级老年食堂2家，通过助餐服务点配送实现老年人助餐全覆盖；马谷村、八都村、方溪村等6个村创建为区级三星级居家养老照料中心；沈村村居家养老服务中心为省级民生实事项目，完成智能服务终端配置；建成村级婴幼儿成长驿站7个，其中6个被评为市级示范型成长驿站；新增省级妇儿驿站3个、区级儿童友好乡村1个。

推进“迎亚运”村（社区）环境提升行动和比武晾晒活动，获全区环境整治大比武三等奖，落实村级补助资金400余万元。开展文明创建和志愿服务活动，创建市级绿色家庭1户、区级文明单位1家，建立亚运青年V站3个。通过国家卫生镇复评验收。

全年发放残疾人救助910万元、低保低边救助958万元、特困老人和困境儿童救助124万元，募集村（社区）慈善捐助金19.14万元，慰问低保低边、残疾人、困境儿童等1.71万人次，提供居家养老上门服务1万人次，开展助学、就业、无障碍改造等救助帮困185人次。戴村镇新时代文明实践站志愿者获评市级“最美志愿服务工作者”，群鹰救援队获评2023年度“萧山好人”。

表 72　2023 年戴村镇各村（社区）基本情况表

村（社区）	书记（主任）	户籍人口（人）	村民小组（个）	村集体可分配收入（万元）	耕地面积（公顷）
骆家舍村	沈杨云	1534	8	201.0	15.8
尖山下村	姜火祥	1199	8	190.2	8.7
方溪村	鲍文峰	1500	11	158.1	7.4
顾家溪村	顾文法	1241	6	155.2	15.4
枫桥村	袁言兴	1172	8	166.0	22.0
青山村	郁云翔	2515	8	226.5	65.0
沈村村	沈勤建	1382	8	231.8	31.5
佛山村	钟望达	1263	11	408.5	39.0
半山村	汤祖晓	2368	8	223.7	90.3
马谷村	陈炳炯	1256	8	127.6	22.5
八都村	沈伟春	2254	14	329.8	63.3
三头村	任妙良	2616	32	329.8	34.7
南三村	李振江	1934	20	243.6	67.1
戴村村	丁海泉	2092	24	326.8	54.6
上董村	许小明	1066	12	246.1	25.7
大石盖村	周龙达	2165	14	151.7	42.4
石马头村	洪海祥	1977	15	209.4	89.0
河杨湖村	方沫英	1574	12	203.2	70.2
张家弄村	郭　权	1800	18	221.2	86.0
东风村	何国栋	1302	14	185.6	60.0
郁家山下村	郁吾莫	1392	12	177.2	55.1
永富村	施国刚	2379	17	251.3	123.3
凌溪社区	郑红玲	634	12	—	—
滨南社区	沈　薇	485	—	—	—

（资料来源：戴村镇政府）

【共富工坊入选省首批共同富裕基层观察点】 2023 年 6 月 16 日，省委社会建设委员会公布全省首批共同富裕基层观察点（社会组织）名单，戴村镇“映山红”共富工坊入选。“映山红”共富工坊成立于 2019 年，位于戴村镇大石盖村，占地 1200 平方米，吸纳劳动力 1215 人。工坊由镇、企、村合作共建，盘活闲置土地 39.6 公顷、厂房 4000 平方米，安置周边 352 户低收入农户、1600 人就业，促进户均年增收 8000 元。7 月，“映山红”共富驿站营业，实现前店后仓一体化销售模式。

【全国“村 BA”农民篮球选拔赛在戴村镇举行】 2023 年 6 月 6—11 日，全国“村 BA”农民篮球选拔赛暨浙江省第九届“乡村振兴杯”农民篮球赛在戴村镇举行，浙江省 11 个地级市 15 支球队、296 名运动员参赛。戴村镇篮球队获第七名。其间，中央广播电视总台新闻频道《新闻 1 + 1》《朝闻天下》等栏目对戴村镇健身设施、赛事活动进行专项报道。戴村镇有篮球场、羽毛球场等健身点位 288 个，篮球队、登山队及乒乓球协会、羽毛球协会等体育队伍（协会）78 支。

【戴村镇第五届“村 BA”篮球联赛】 2023 年 7 月 15—29 日，戴村镇举办“球冠杯”2023 戴村镇第五届“村 BA”篮球联赛。全镇 20 支村球队、417 名运动员参赛。戴村村队获第一名，八都村队获第二名，青山村队获第三名。顾家溪村队、沈村村队、戴村村队、永富村队获最佳组织奖，三头村队获道德风尚奖。

【戴和府安置房分房】 2023 年 8 月 27 日，戴村镇完成安置房分房抽签工作。11 月 15—17 日，完成交房 668 户、1093 套、车位 951 个，安置率 99.6%。2017 年征迁工作启动，历经 6 年时间、8 轮征搬迁，涉及 6 个村，实现历年安置“一次清零”。安置房小区戴和府总建筑面积 21.4 万平方米，配置生活馆、环形跑道、篮球场等多种功能性公共空间。同期，组建“戴和府”管理工作小组，实施准社区管理。

【《戴村镇旅游项目全过程管理办法》出台】 2023 年 9 月 18 日，戴村镇出台《戴村镇旅游项目全过程管理办法》。办法从监管、运营、体验三个方面建立全周期、全方位的旅游新业态管理规范，填补全区在旅游新业态领域的监管空白，推进区域旅游业健康发展。

【韩雪芳参与亚运火炬传递】 2023 年 9 月 20 日，戴村镇中心小学教师韩雪芳在亚运会萧山站火炬传递活动中，传递火炬第 186 棒。韩雪芳从事小学教育 38 年，曾获省劳动模范、市劳动模范、区“最美乡村教师”等荣誉。

【尖山下村同获两项省级荣誉】 2023 年 9 月 27 日，省住房和城乡建设厅、省美丽宜居办公布 2023 年度全省第一批美丽宜居示范村创建、传统村落风貌保护提升、村庄设计与农房设计落地试点验收结果，戴村镇尖山下村入选省级美丽宜居示范村名单。同时，该村申报的传统村落风貌保护提升项目验收获评优秀等次。

【斯巴达勇士赛杭州站在戴村镇举办】 2023年11月11—12日，2023斯巴达勇士赛杭州站在戴村镇三清园举办，共有7092名运动员参赛，其中外国籍选手764人。杭州站为双级别赛事，设置成人超级赛（9.59千米，25个障碍）和面向4—14岁小选手的儿童赛（2.8—5千米，16—26个障碍）。同时，该站作为2023赛季中国系列赛收官之战，赛道设计结合三清园高低起伏的地理特色，难度和障碍设置均为中国赛区最高规格。

【戴村镇获评省文化礼堂建设示范乡镇】 2023年11月，戴村镇被省委宣传部评为省农村文化礼堂建设工作示范乡镇。该镇22个村实现文化礼堂全覆盖，近年来，创建成五星级文化礼堂4个、四星级文化礼堂5个、三星级文化礼堂13个。

【萧山区金萧支队研究会和永兴河流域文史研究会成立】 2023年11月15日，萧山区金萧支队研究会和永兴河流域文史研究会成立仪式在戴村镇举行。萧山区金萧支队研究会是致力于探究金萧支队在萧山地区历史的社会组织，永兴河流域文史研究会是研究萧山南片永兴河流域历史文化的社会组织。

【戴村镇被列入省民族团结进步创建重点培育单位】 2023年12月19日，浙江省民族宗教事务委员会公布第六批省级民族团结进步创建重点培育单位名单，戴村镇位列其中。戴村镇全域范围内有31个民族，有少数民族2160人，其中以壮族、苗族、土家族、布依族居多，共有1561人，占比72.3%。年内，举办"民族团结一家亲"等系列主题活动78场，参与4000余人次。

【戴村镇被认定为省森林城镇】 2023年12月28日，浙江省关注森林组织委员会公布2023年度"浙江省森林城镇"名单，戴村镇位列其中。截至年末，戴村镇绿地面积201.5公顷，其中公园绿地9.5公顷、附属绿地32.7公顷、防护绿地156公顷、生产性绿地3.3公顷。建成区人均公园绿地面积10平方米，绿化覆盖率31.4%。

（陈君楠）

临浦镇

【概况】 临浦镇位于萧山南部，东连所前镇、进化镇，南接浦阳镇、河上镇，西至义桥镇、戴村镇，北依蜀山街道，属低山丘陵和水网平原交界地区，浦阳江穿镇而过。2023年，镇行政区域面积42.48平方千米，辖村20个、社区14个，户籍人口56642人。财政总收入9.47亿元，下降7.6%；一般公共预算收入5.54亿元，下降4.4%；规模以上工业企业增加值19.31亿元，下降10.4%；规模以上高新技术增加值11.12亿元，下降1.6%；规模以上工业企业利税总额3.74亿元，下降41%；规模以上工业企业利润总额1.03亿元，下降67.1%；规模以上服务业增加值2.39亿元，下降21%；规模以上数字经济增加值1.48亿元，下降9.5%；出口额15.76亿元，下降9.1%；限额以上社会消费品零售总额1.99亿元，增长3%；固定资产投资12.67亿元，增长13.6%；农村居民人均可支配收入52719元，增长7%。

年内，临浦镇完成6项民生实事。投入6400万元，完成峙山北路住宅区、永翔公寓、觉海路住宅区等9个老旧小区改造。完成对西施公园内部配套用房维修和改造，改善集镇居民休闲娱乐环境。完成横一村、运河里社区、高田陈社区3个村（社区）婴幼儿成长驿站建设，满足对婴幼儿照顾的需求。完成33个村（社区）居家养老服务照料中心内设施设备提升改造。提升临浦工业园区形象，开通工业园区至朝阳地铁站公交专线，治理园区停车、设摊乱象，提升园区硬件设施。投入1825万元，完成临浦消防站主体建设，保障和增强南片消防救援力量。

抓"腾笼换鸟"试点机遇，拓展产业发展新空间。柏山陈和临北路北侧2个连片区块纳入当年改造提升项目。柏山陈区块完成24家企业、40.53公顷土地收储，可开发面积49公顷。对亩均税收5万元以下企业，制订"一企一策"方案，完成29家企业整治提升任务。完成4宗、3.09公顷用地整治，确保工业土地用途回归。

聚焦精密智造、数字经济、医疗健康三大产业，全年招引亿元以上投资项目3个，联东U谷·杭州南部智造产业港项目一期主体结顶，完成高新小微企业签约8个，洁雅"未来工厂"项目推进，硅宝新材料、艾铂力、广利幕墙、卓尚环保二期技改4个亿元以上项目完成建设。举办全区首个"专精特新"培训班，召开首次行业数字化改造现场会，杭州杰途传动部件有限公司、杭州之江磁业有限公司新增为国家级专精特新"小巨人"企业。杭州泰尚机械有限公司、杭州海天管业有限公司、杭州旭烈电机有限公司等18家公司被认定为省级专精特新中小企业。落实全区"两清零一提升"（1亿元以上制造业企业无研发活动清零，5亿元以上制造业企业无研发机构清零；提升企业自主创新能力）和规模以上工业企业"高新三年全覆盖"计划。杭州联盛电器有限公司、杭州享念食品有限公司、杭州盛孚交通设施有限公司等20家公司被认定为国家级高新技术企业。浙江浙能中科储能科技有限公司、先高路桥有限公司、杭

2023年9月23日至10月8日，杭州第19届亚运会柔道、克柔术、柔术项目在临浦体育馆举行。图为10月2日比赛现场

（屠吉锋 摄）

州三品塑胶有限公司等43家公司申报浙江省科技型中小企业。浙江环兴机械有限公司被认定为省科技型“小巨人”企业。杭州大天数控机床有限公司的大天数控核电大型水泵五面复合柔性制造单元入选国家级首台（套）。出台《临浦镇支持经济高质量发展的若干政策意见》首个镇级助企政策，兑现各类资金200余万元。

完成亚运会柔道、柔术、克柔术和亚残运会柔道、亚洲克柔术锦标赛等赛事承办任务，扩大临浦“小镇办大赛”知名度。

投入255万元，完成风情大道沿线立面改造和田园整治。推进美丽城镇EPC工程（Engineering、Procurement、Construction，工程总承包企业，承担工程项目的设计、采购、施工、试运行服务等工作，是我国推行总承包模式最主要的一种），“古越风情·雅居临浦”“浦阳溯江·山水乐居”2个城乡风貌样板区通过省级验收。建设浦南未来社区，浴美施未来社区通过第四批省级未来社区验收。投入227.6万元，完成峙山北路、兴商路、苎乐弄修复。义大路改造一期通车，临浦快速路先行段建设启动。投入220.3万元，新建“四好农村路”3.3千米。

跨乡镇全域土地综合整治被列入省级试点，千亩方工程通过区级验收。垃圾分类工作有序推进，广浦公寓、临雅苑、都市春天创建为省级示范小区，大庄村、新港村、南江村、王村村创建为省级高标准示范村。“清水入城”项目完成，北排机泵、白鹿塘机泵改造等美丽水体整治工程有序推进，临浦镇创建为市“水美乡镇”。粮食功能区完成调整，横一村、横二村及浦南村区块高标准农田建设完成区级验收。开展村（社区）环境整治，在全区村（社区）环境大比武中获一等奖。

表73　2023年临浦镇各村（社区）基本情况表

村（社区）	书记（主任）	户籍人口（人）	村民小组（个）	村集体可分配收入（万元）	耕地面积（公顷）
横一村	傅临产	2376	28	380.8	67.1
浦南村	吕妙忠	2441	16	257.3	71.3
横二村	倪尧忠	1300	17	212.4	56.1
新港村	张国虎	1978	34	436.8	40.6
浦二村	韩永尧	1654	10	1085.6	37.0
新联村	郭建红	2033	21	225.0	70.3
南江村	孔春伟	1721	18	273.0	35.8
临一村	孙渭桥	2660	26	623.7	87.7
苎萝村	施焕良	2251	10	233.7	18.4
通一村	戴建江	1510	15	670.7	20.7

续表73

村（社区）	书记（主任）	户籍人口（人）	村民小组（个）	村集体可分配收入（万元）	耕地面积（公顷）
白鹿塘村	鲁伟昌	1870	27	412.3	45.5
苎东村	邱科峰	1598	8	341.3	27.8
通二村	华伟达	2118	14	337.7	22.0
塘郎孙村	孙伟国	1478	9	281.5	13.3
华家村	华伟乔	1140	14	1360.0	34.2
临北村	沈国良	1422	10	224.1	9.1
新河村	王志林	2052	14	378.7	21.9
大庄村	李幼红	1718	15	214.5	35.3
王村村	王　华	1651	17	363.3	39.4
三峰村	周国铭	2136	28	350.5	60.1
临东社区	缪烨超	817	10	276.4	6.9
高田陈社区	王东平	1869	8	148.2	28.9
自由孔社区	孔国祥	1610	12	266.7	4.3
詹家埭社区	孔华超	469	4	124.3	12.2
石塔社区	俞少华	340	2	136.7	2.8
前孔社区	孔荣伟	651	4	385.2	3.0
柏山陈社区	陈利传	1851	14	187.1	3.9
谭家埭社区	朱桂飞	1363	21	726.3	28.8
戴家桥社区	邵忠良	295	2	191.9	0.18
东麓池社区	施洁洁	2143	—	—	—
蔡东藩社区	叶　青	2272	—	—	—
山阴街社区	孙　娴	3036	—	—	—
运河里社区	颜娴娟	488	—	—	—
浴美施社区	诸亚惠	1830	—	—	—

（资料来源：临浦镇政府）

【乡村建设】 2023年，临浦镇横一村被列入全国学习推广“千万工程”经验现场会考察点，《“未来大地”以规划引领“未来”》入选全国“千万工程”经典案例，全年接待考察团队417批次、60余万人次。横二村推进美丽乡村示范村建设，新联村推进基础型未来乡村建设。前孔社区、柏山陈社区等6个城郊接合部整治村（社区）通过区级验收。横山共富带获评市第二批共富带，临浦镇创建为省和美乡村示范镇。29个村（社区）集体经济收入达1.1亿元，比上年增长11.4%；经营性收入达5229万元，增长13.1%。杭州尚田农业开发有限公司、杭州横一农业开发有限公司、杭州富民强村建设有限公司3家强村公司实现收入1500万元。

【公共事业建设】 2023年，临浦镇申报37个区级健康单位、1个区级健康示范基地、2个市级健康社区和20个省级健康村。落实新一轮8个特级教师工作站助学项目，临浦镇中和临浦社区学校省级现代化学校创建通过市级复验。完成32个居家养老照料中心提升工程，新增老年食堂2家、示范型婴幼儿成长驿站3家，浴美施社区创建为市级儿童友好社区，浦二村、华家村、通二村创建为区级老年友好型社区。完成7户残疾人家庭无障碍入户改造，落实各项帮扶政策，累计发放各类补助款1945万元，惠及困难群众6906人。《救助“临”距离》被选为区社会救助服务联合体“一镇品一街特”十大项目之一，临浦镇创建为区级示范型“助联体”。完成2100名重点人员就业帮扶，帮扶率100%。

【乡村风景带建设】 2023年，临浦镇推进“七个一”（一山、一峙、一江、一河、一街、一传说、一条美丽乡村风景带）全域旅游格局建设。完成西施公园改造提升，持续深化老街一期工程，全年街区客流量72万余人次，总营业收入770万余元。横一未来大地接待各类政务、商务人数近万人，接待游客总量达20余万人次。临浦镇创建为浙江省AAAA级景区镇，横一村创建为全区唯一的浙江省金AAA级景区村，横二村、浦二村完成浙江省AAA级景区村验收。

【基层智治】 2023年，临浦镇大平安建设梳理形成9大领域、29项内容分工，完成对全镇范围内沿街商铺、企业标签分类，构建“三位一体”（服务、监管、执法）治理保障体系。村（社区）交通治理工作站100%规范化运作，完成老年人宣教5.16万人次。排查各类商铺、场所2606家次，发现隐患4172处，整改4172处，清退“三合一”场所143处。“临浦·峙山和”调解品牌被《浙江日报》作专题报道。建立镇级数字驾驶舱，沉淀数据1.25亿条，全镇26个智享点兑换工作有序进行，全年产生1543万余份治理积分，参与兑换人数达1万余人次。

【临浦镇入选省“红色根脉”强基示范镇】 2023年6月30日，省委社会建设委员会首批命名全省100个乡镇（街道）为“红色根脉”强基示范乡镇（街道），1000个村（社区）为“红色根脉”强基示范村（社区）。临浦镇被命名为“红色根脉”强基示范镇。

【临浦镇获评省第二批城乡风貌样板区】 2023年9月12日，浙江省住房和城乡建设厅公布2023年度第二批城乡风貌样板区名单，临浦镇创建的“古越风情·雅居临浦”传统风貌样板区和浦阳—临浦—义桥“溯江乐居”县域风貌样板区均榜上有名。

【亚运会、亚残运会柔道类项目在临浦体育馆举行】 2023年9月23日至10月28日，杭州第19届亚运会柔道、克柔术、柔术项目和杭州第4届亚残运会柔道项目在临浦体育馆举行。亚运会柔道项目产生的60枚奖牌、克柔术项目产生的28枚奖牌、柔术项目产生的32枚奖牌和亚残运会盲人柔道项目产生的59枚奖牌，均在临浦体育馆产生。

（俞碧中）

浦阳镇

【概况】 浦阳镇地处萧山区南部，东连进化镇，南接诸暨市店口镇、次坞镇，西至河上镇，北依临浦镇、进化镇，浦阳江、凰桐江、径游江“三江平行”贯穿境域。2023年，镇行政区域面积44.49平方千米，辖村18个、社区2个，户籍人口32859人。财政总收入6.31亿元，增长95.2%；规模以上工业企业增加值10.08亿元，增长7%；规模以上高新技术产业增加值9.18亿元，增长10.3%；规模以上工业企业利税总额5.28亿元，增长9.9%；规模以上工业企业利润总额4.05亿元，增长12.6%；规模以上服务业增加值8840万元，增长10.5%；规模以上数字经济增加值3.29亿元，增长22.7%；出口额12.02亿元，下降7.5%；限额以上社会消费品零售总额4.46亿元，增长10.9%；固定资产投资4.57亿元，增长8.7%；工业投资2.92亿元，增长22.1%。

年内，杭州萧山江海实业有限公司工业总产值首次超10亿元，达到13.35亿元。浙江国泰萧星密封材料股份有限公司、杭州轶拓科技有限公司、萧山科技城浦阳智造工场等6个有机更新项目完工，新增产业空间12.54万平方米。培育杭州天启机械有限公司为国家级专精特新“小巨人”企业。杭州坤利焊接材料有限公司、杭州萧山江海实业有限公司、浙江华南环保

2023年6月18日，浦阳镇谢径安·传化和美乡村奠基仪式举行

（浦阳镇政府　提供）

装备股份有限公司等14家公司被认定为省级专精特新企业，专精特新企业数量占规模以上工业企业31%，产值占68.9%，增加值占68.4%。浙江华南化工装备科技有限公司、杭州坤利焊接材料有限公司被认定为市级研发中心。

谢径安农创村建成开放，3.6万平方米数字种苗工厂投入使用。共富超市开张营业。径游村、谢径安和美乡村共富实践带分别入选全市第三批共富村、共富带。“浦阳伊家·共富工坊”增加至13个工坊点，获评首批省级“巾帼共富工坊”。杭州萧山浦惠乡村发展有限公司招募职业经理人，18个村集体经济经营性收入均超120万元。

完成80公顷高标准农田提升，江西俞村73.3公顷良田实施生态稻鸭共养，申报为市级高效农业生态示范园。仙家坞农事服务中心建成全区首个省级五星级现代化农事服务中心，招引滇荟农业科技、一木禾、硅羿科技、晶香元生物等农业加工和科技企业8家。浦阳镇获评省农业“双强”行动成绩突出集体。

镇森海幼儿园开园，径游小学拆复建主体工程结顶，镇中迁建完成施工招标。桃源卫生服务站启用，社区卫生服务中心新建项目完成前期征地，镇健康生活体验馆开馆。总长6.4千米，8条“四好农村路”完成建设，灵山村“四好农村路”代表萧山区接受全国评估验收。截至年末，杭州兴浦置业有限公司（旭辉），杭州融泓政房地产开发有限公司、杭州融阳政房地产开发有限公司两大房产项目，完成交付7200余户。星浦广场进入招投标前期，径游公墓扩建完成主体工程，径游片自来水管网实现扩容增量。

森海社区成立，金浦社区搬迁，镇党群服务中心更新。径游村“幸福里”老年食堂启动，“三一奶奶”助餐项目全年服务3.19万人次，十三房村“中央食堂”完善功能，村（社区）老年食堂助餐服务实现全覆盖。金浦社区、灵山村、舜湖村等13个村创建成区级养老友好型社区，曹坞村、新河口村、尖山村等4家居家养老照料中心被评为三星级，十三房示范型婴幼儿成长驿站通过市、区两级验收。

成立十大专业安全生产委员会，开展集中检查40余次，发现并整改问题隐患3700余处。承办全省森林防火演练暨护航亚运誓师大会。依托“大综合一体化”行政执法改革，开展“综合查一次”118次，办理案件470余件。开创“周二下村接访”“周五入户夜访”制度，化解信访积案15件。十三房村创建成省级民主法治村。开展“迎亚运”专项行动，推进铁路沿线综合整治，确保161处自查点位100%整改。完成淘汰国Ⅱ以下柴油叉车65辆、国Ⅳ以下柴油汽车167辆。推进桃北新村、临江村、桃湖村实施污水零直排整改项目。

表74　2023年浦阳镇各村（社区）基本情况表

村（社区）	书记（主任）	户籍人口（人）	村民小组（个）	村集体可分配收入（万元）	耕地面积（公顷）
曹坞村	王永忠	1098	10	122.44	44.3
江西俞村	周如宝	2775	35	203.41	118.2
安山村	朱万丰	1844	18	127.35	86.8
径游村	谢银火	2173	16	127.64	90.9
江南村	俞少栋	1649	15	120.24	54.3
浦一村	柴建银	1727	15	146.74	58.0
谢家村	谢周军	2614	25	181.62	88.9
尖山村	朱永风	2042	15	198.41	9.8
临江村	朱军校	2461	28	120.30	81.5
桃北新村	倪丛越	3671	32	627.09	88.2
新谊村	张金根	977	13	134.15	24.9
尖湖村	俞妙根	1369	5	227.06	85.7
桃源村	瞿国忠	1556	22	120.64	72.4
舜湖村	王豪杰	1077	10	140.01	59.5
桃湖村	沈利祥	1823	13	182.50	69.8
灵山村	许刘其	1011	15	157.04	39.9
十三房村	朱海富	983	13	126.88	35.9
新河口村	颜金云	1127	8	120.11	31.1
金浦社区	钱晓晓	444	—	—	—
森海社区	俞洪丰	438	—	—	—

（资料来源：浦阳镇政府）

【美丽乡村创建】 2023年，浦阳镇创建为浙江省AAAA级景区镇、“湖江乐居”省级风貌样板区、省级森林城镇，获省美丽城镇建设突出集体。舜湖村获评省级引领型农村社区，谢家村、新谊村、灵山村等8个村获评省级和美乡村。灵山村完成市级未来乡村建设，桃湖村美丽乡村提升村通过区级验收。桃湖村、安山村、尖山村等6个村完成浙江省AA级景区村创建，尖湖村完成浙江省AAA级景区村创建。

【文化建设】 2023年，浦阳镇建成萧山青少年宫浦阳分宫。完成舜湖村、安山村、谢家村、十三房村“15分钟品质文化生活圈”创建。新建或重建健身点、乒乓球室、塑胶羽毛球场、塑胶篮球场等17个全民健身工程项目完工。十三房村文化礼堂升格为省五星级文化礼堂。尖湖村、江南村、浦一村等5家文化礼堂新增为区三星级文化礼堂。投入资金245万元，完成市级文保单位安山村玉泉堂修缮。组建村（社区）文化团队20余支，启动全区首个艺术乡建“五个艺”工程，挖掘村级特色品牌十余项，在亚（残）运会献演。承办2023年全国“村BA”农民篮球选拔赛暨浙江省第九届“乡村振兴（渔业互保·萧山农商银行）杯”农民篮球比赛、“华南杯”2023年杭州市区（县、市）篮球联赛等省、市级篮球联赛等体育赛事，举办梨花节、蜜梨节、青年歌手大赛等文体活动20余场。

【浦阳镇第三届梨花节】 2023年3月24日，浦阳镇第三届梨花节暨共富实践带启动仪式举行。活动围绕“梨园寻梦、诗画桃源、共富向阳”三个篇幅展开。仪式上，聘任6位新乡贤为乡村共富推广大使。共青团萧山区委、浦阳镇人民政府与浙江传化乡村发展有限公司共同签署区少年宫浦阳分宫建设框架协议，灵山村与杭州明日之星生态农业发展有限公司签约明日之星农旅融合项目，杭州仙家坞农业开发有限公司与浙江省农业科学院签订农业科技服务框架协议，萧山浦惠乡村发展有限公司和舜淇文化传媒有限公司签订电商合作协议。

【谢径安·传化和美乡村奠基】 2023年6月18日，浦阳镇谢径安·传化和美乡村奠基仪式举行。该项目是萧山区、传化集团深化新时代“千万工程”、打造“乡村振兴”浙江的样板，占地面积219公顷。截至年末，1.5万平方米乡创中心建成启用，3.6万平方米数字种苗工厂投入生产，浙江省第三个生物育种试验共享基地等项目均落地，招引浙江滇荟农业科技有限公司、一木禾（杭州）生物科技有限公司、杭州晶香元生物科技有限公司等农业加工和科技企业8家。农业科技人才开始集聚，加速培育农业领域新质生产力。

（黄璐宇）

进化镇

【概况】 进化镇地处萧山南部生态经济样板区，东邻绍兴市柯桥区夏履镇，南接绍兴市诸暨市店口镇，东与所前镇隔山相望，西临浦阳镇，北靠临浦镇。2023年，镇行政区域面积87.1平方千米，辖25个村、1个社区，户籍人口47391人。财政总收入4.5亿元，增长81%；一般公共预算收入2.46亿元，增长74.1%；规模以上工业企业总产值6.22亿元，下降4.4%；规模以上高新技术产业增加值4.72亿元，下降11.9%；规模以上工业企业利税总额2亿元，下降22%；规模以上工业企业利润总额1.15亿元，下降27.2%；规模以上服务业增加值2545万元，下降11%；规模以上数字经济增加值1.26亿元，增长16.9%；出口额9.86亿元，下降26.1%；限额以上社会消费零售额7053万元，增长27.1%；固定资产投资2.83亿元，增长50.4%。

年内，新增杭州久阳塑胶管业有限公司、杭州锦洋包装制品有限公司、浙江蓝达新能源有限公司等国家级高新技术企业18家。杭州通泽实业有限公司、杭州鑫程机械有限公司、浙江顺林家具有限公司升格规模以上企业。杭州合大铸造有限公司等3家规模以上企业完成自动化、数字化改造工作。杭州中祥通讯器材有限公司被认定为省级专精特新企业，杭州宏艺文具有限公司、杭州恒豪钢结构有限公司、杭州新琦密封件有限公司等19家企业被认定为省科技型中小企业，杭州弘丰电子配件有限公司、杭州赛宝涂料科技有限公司研发中心被认定为市研发中心，杭州赛宝涂料科技有限公司、杭州新琦密封件有限公司、浙江蓝达新能源有限公司等6家企业被认定为区级研发中心。完成129家亩均税收3万元以下企业整治工作，推进工业厂房有机更新，更新面积3.13公顷，新增厂房面积4.2万平方米。

农作物种植面积886公顷，总产量1.79万吨，其中粮食1463吨、水果4066吨、蔬菜1.24吨。推动“两梅一茶”特色产业发展，青梅产量991吨，杨梅产量463吨，茶叶产量98吨。推进非粮化整治，清退苗木面积304公顷，建成粮食生产功能区12个，总面积437.3公顷。推进2个千亩方永久基本农田整治，建成高标准农田369.4公顷。

拆除存量违章建筑1.5万平方米，整改补办47宗区级卫星遥感违法用地图斑，复耕面积3.8公顷。墅上王村、下坂底村第五批美丽乡村提升村通过区级验收。启动凤凰山村、平阳村第六批提升型未来乡村规划设计。裘家坞村创建美丽乡村示范村，完成规划及评审。推进云飞村省级历史文化保护利用重点村施工设计。欢潭村入选省级第二批未来乡村、市级数字乡村样板村名单。大汤坞新村入选市级未来乡村创建名单，通过省级和美乡村精品村验收。华家垫村、吉山村、华锋村、天乐村、裘家坞村、城山村6个村推进和美乡村达标村创建工作。10月19日，大汤坞新村、欢潭村在萧山区深化新时代“千万工程”推进大会上被表彰为全区“千万工程”金耘奖乡村。

“热乎饭”计划入选全市十佳创新实践优秀案例。镇域范围内累计建成25家老年食堂，实现老年人助餐服务和老年食堂村全覆盖，日均就餐老人达800人次，食堂累计获得乡贤捐款630余万元，400多名志愿者长期参与帮厨和送餐服务。

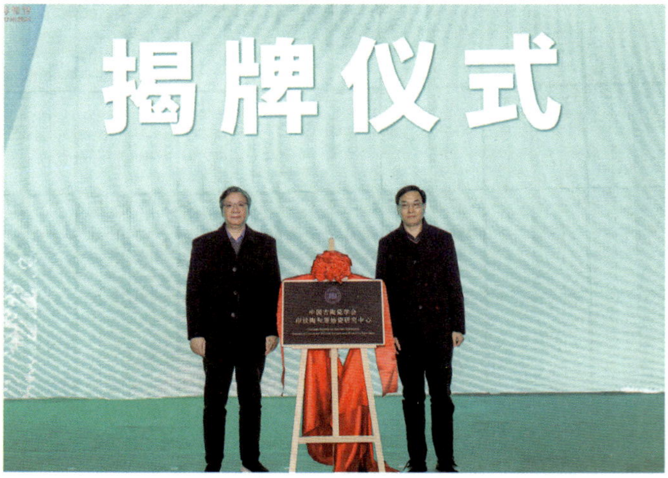

2023年12月4日，中国古陶瓷学会印纹陶和原始瓷研究中心揭牌仪式举行（进化镇政府 提供）

表 75　2023 年进化镇各村（社区）基本情况表

村（社区）	书记（主任）	户籍人口（人）	村民小组（个）	村集体可分配收入（万元）	耕地面积（公顷）
东山村	陈　军	1038	6	186.1	—
吉山村	徐幸锋	1330	8	173.2	31.5
华家垫村	华其国	1814	21	160.3	41.3
天乐村	葛校春	1693	11	180.7	49.9
太平桥村	华高烽	1107	10	217.7	32.9
平阳村	葛春峰	1708	12	219.8	30.4
华锋村	赵振祥	1704	6	185.7	42.3
王家闸村	谢炬锋	2029	15	157.9	66.3
裘家坞村	裘见达	2990	25	164.1	81.5
云飞村	金佳可	1745	20	202.9	42.5
大汤坞新村	汤　校	3294	21	228.2	108.5
沈家渡村	沈正立	1392	8	170.4	34.3
城山村	张　正	2661	8	220.8	86.1
三江村	邵李栋	1265	14	162.5	40.2
凤凰山村	鲁天云	1372	7	176.3	28.3
诸坞村	施飞军	2014	12	167.1	46.2
傅墩村	陈行涛	2273	12	197.8	64.3
墅上王村	王仙明	1895	8	205.4	24.9
下坂底村	李泉忠	1447	11	330.9	42.3
欢潭村	梅李栋	3750	36	248.7	100.0
岳联村	赵伟强	2033	24	192.4	59.2
新江村	孙鑫华	1487	12	179.9	33.0
涂川村	厉坷锋	1591	12	219.8	47.1
祝家村	祝群明	1308	10	193.6	44.5
三浦村	鲍李冬	1999	28	159.3	65.9
鹿鸣社区	裘迪萍	452	7	186.1	—

（资料来源：进化镇政府）

【央视专访直播】 2023 年 2 月 21 日，中央广播电视总台中国环球电视网（CGTN）西班牙语频道主播团队和区融媒体中心直播团队一起，对美丽乡村欢潭村进行专访直播，直播时长 67 分钟。同日，《人民日报》新媒体号、“今日头条”、“萧山发布”、“萧山广电”官微等报道央视记者探访欢潭直播。CGTN、央视海外官方微博、浙江卫视对欢潭村、杭州萧山强村共进建设发展有限公司和“进化飞鸡”作专门报道。

【大汤坞新村入选中国传统村落名录名单】 2023 年 3 月 19 日，住房城乡建设部、文化和旅游部、国家文物局、财政部、自然资源部、农业农村部联合公布第六批中国传统村落名录名单，大汤坞新村位列其中。该村内有全国重点文物保护单位茅湾里窑址，有汤寿潜故居、汤寿潜纪念碑、御史井、汤氏宗祠、马窑头窑址、安山窑址、后山窑址市级文保单位（点）7 处，有古建筑民居 39 处，是省 AAA 级景区村庄。

【迟色杨梅获评长三角精品杨梅金奖】 2023 年 6 月 8 日，在江苏省溧阳市举行的 2023 年长三角精品杨梅推介会上，由区农业农村局推介的杭州鼎金果品专业合作社的大棚种植迟色杨梅获金奖。该杨梅具有果大、核小、汁多、味甜等特点，果重约 23.3 克。2023 年，种植 1 公顷，亩产量 623 千克，平均每千克售价 80 元，亩产值 49840 元，销售额 74.76 万元。

【非遗工坊】 2023 年 6 月 19 日，萧山区第二批区级非遗工坊名单公布，进化镇“传统圆茶”非遗工坊入选。“传统圆茶”始于南宋的古老茶品，该非遗工坊建设主体为进化镇老忠实家庭农场，所涉及非遗代表性项目为传统圆茶制作技艺。工坊占地 150 平方米，有高山生态茶园 1 公顷，可在茶园基地开展茶叶采摘、传统制茶和常规制茶等体验活动。

【汤寿潜故居被列为省级文保单位】 2023 年 6 月 29 日，浙江省人民政府公布第八批省级文物保护单位，汤寿潜故居名列其中。汤寿潜故居位于大汤坞新村，由祖宅和新宅两部分组成，建筑面积 1360 平方米，展陈面积 1128 平方米。镇政府先后投入 500 余万元，将其修缮布展后于 2018 年 12 月 26 日开馆。

【汤寿潜故居纪念馆开馆暨首届乡村博物馆节举行】 2023 年 12 月 10 日，汤寿潜故居纪念馆开馆暨进化镇首届乡村博物馆节启动仪式举行。仪式上，杭州西湖风景名胜区岳庙管理处与葛云飞故居纪念馆及葛理庸、葛树滋故居纪念馆签订共建协议。浙江大学历史学院教育实践基地落户汤寿潜故居纪念馆。该纪念馆原为 2018 年建立的汤寿潜故居陈列馆。

（田何兴）

所前镇

【概况】 所前镇位于萧山南部，东与绍兴市柯桥区杨汛桥镇接壤，南与进化镇交界，西与临浦镇、蜀山街道毗邻，北连新塘街道。2023 年，镇行政区域面积 44.13 平方千米，户籍人口 41433 人，辖村 19 个、社区 2 个。财政总收入 7.81 亿元，增长 9.8%；一般公共预算收入 4.08 亿元，增长 1.5%；规模以上工业企业增加值 12.79 亿元，增长 6.3%；规模以上高新技术产业增加值 10.15 亿元，增长 6.1%；规模以上工业企业利税总额 4.16 亿元，下降 17%；规模以上工业企业利润总额 2.47 亿元，下降 24.3%；规模以上服务业增加值 2.06 亿元，增长 9.8%；规模以上数字经济增加值 24.21 亿元，增长 0.5%；出口额 15.87 亿元，下降 0.6%；限额以上社会消费零售额 2.76 亿元，增长 3.3%；固定资产投资 5.54 亿元，增长 13.5%。

聚焦产业数字化，以金属制品、棉纺、装备制造等行业为重点，推进杭州尚研机械制造有限公司、杭州德克斯机械有限公司、杭州明捷机械有限公司等 7 家金属制品企业，杭州神州纺织有限公司、杭州聚茂纺织有限公司、杭州森宜实业有限公司等 5 家棉纺织企业，实施数字化改造。加强专精特新企业培育，杭州沃凌的机电有限公司、杭州平成机械有限公司、杭州潘工工具有限公司等 10 家公司被认定为省专精特新企业，杭州明日软包装有限公司、杭州向日葵家纺有限公司、杭州以铁精密机械有限公司等 29 家公司被认定为国家高新技术企业，浙江芯微聚源半导体材料有限公司、杭州绿井消防材料有限公司、杭州齐高机械有限公司等 28 家公司被认定为省级科技型中小企业，杭州正元齿轮制造有限公司、杭州沃勒精密机械有限公司、杭州鸿利机械制造有限公司等 7 家研发中心被认定为市企业高新技术研发中心。杭州万腾纺织有限公司、杭州千汇纱线有限公司、源本（杭州）健康食品有限公司等 8 家规模以上研发机构进行研发机构备案。完成改变工业用地用途 7.33 公顷。杭州牛角钢钉有限公司、浙江宽力实业有限公司、杭州宏兴服装有限公司等 23 家低效企业完成销号。杭州萧山所前装潢纸箱厂、杭州萧山恒利制衣有限公司、杭州轩德旺实业有限公司等 8 家公司推进存量工业用地有机更新。摸排存量工业厂房 12 万平方米，制作招商一张图，推动 1 公顷商业用地、1.66 公顷工业用地出让。建立助企纾困专班，点对点联系服务，加快园区污水管网等基础设施建设，推动浙江祥邦科技股份有限公司研发总部落地。汇编助企惠企政策，培育引进 A—F 类高层次人才 65 人。

新增康汇农产品生鲜供应链有限公司、杭州德静佳贸易有限公司、杭州嘉丰农业开发有限公司为区级示范性农民合作社。第二十五届萧山杜家“杨梅节”、第十届“依春红”樱桃节举办。开展“非粮化”整治，清退苗木 43.3 公顷，新建高标准农田 34.3 公顷。杜家村杨梅广场入选省旅游业“微改造、精提升”示范点。做好景区村创建工作，新创建 A 级以上景区村 8 个。开发镇域内纪念馆网上预约系统，上线“畅游所前”小程序，为市民提供一站式旅游服务信息。

“所前镇三王共富体”之一——三泉王村汇星源驿站
（所前镇政府提供，摄于 2023 年 8 月 20 日）

“共富红小二”模式入选全区第二批共同富裕最佳实践案例，东复村、祥里王村入选市级共富村，“青化寻幽 · 茶果飘香”入选市级共富联合体，实现经营性收入 120 万元村级全覆盖。明康汇生态农业集团有限公司签约“一地一品 · 茶果共富”项目，助力杜家杨梅、三泉王红心李、明良樱桃等特色农产品品牌化、网络化销售。三泉王村、祥里王村、山里王村串联成为“所前镇三王共富体”，共富体内村庄具有不同特征与类型，由“来娘线”（路）串联成珠，协调统筹发展。三泉王村依托明康汇、直播带货、“共富红小二”等平台，红心李线下销售 25 吨、线上销售 15 吨，实现农户增收 60 余万元。所前镇获评市绿道建设“最佳配合镇（街道）”。

表 76　2023 年所前镇各村（社区）基本情况表

村（社区）	书记（主任）	户籍人口（人）	村民小组（个）	村集体可分配收入（万元）	耕地面积（公顷）	村（社区）	书记（主任）	户籍人口（人）	村民小组（个）	村集体可分配收入（万元）	耕地面积（公顷）
三泉王村	王海勇	1431	11	395.0	42.7	山联村	何奇操	3181	15	242.6	100.0
山里王村	王晓峰	1783	6	302.8	56.1	金山村	钱春林	2292	6	349.6	58.9
祥里王村	李建江	1311	8	276.6	26.2	信谊村	周仁兴	1774	4	617.6	62.0
李家村	李建明	1593	16	228.1	52.6	东复村	蔡金祥	2293	22	791.8	37.2
传芳村	李民峰	1784	9	325.7	41.5	袄庄陈村	陈国荣	1512	12	194.6	33.1
杜家村	杜华权	1675	12	286.1	49.7	孔湖村	郭　龙	1538	22	430.4	14.5
越山村	徐益红	1633	10	264.7	29.2	来苏周村	李　华	2051	6	219.1	17.6
越王村	夏伟栋	2350	16	189.6	54.9	金临湖村	施剑良	2685	22	523.2	34.5

续表 76

村（社区）	书记（主任）	户籍人口（人）	村民小组（个）	村集体可分配收入（万元）	耕地面积（公顷）	村（社区）	书记（主任）	户籍人口（人）	村民小组（个）	村集体可分配收入（万元）	耕地面积（公顷）
缪家村	缪卿祥	2195	18	789.2	9.9	天乐社区	金兴源	494	—	—	—
城南村	张国潮	3579	12	918.4	49.3	南城社区	徐丽红	1207	—	—	—
联谊村	丁关明	3072	22	551.7	47.1						

（资料来源：所前镇政府）

【“数智所前”三年行动方案出台】 2023年，所前镇编制完成《“数智所前”三年行动方案（2023—2025）》。方案设置党建统领、公共服务、平安法治、经济生态四大跑道，明确四大板块建设任务，即党建统领数字化：完善基层治理平台、培养数字化人才队伍、加强数字化品牌建设；经济生态数字化：推动工业、农业、农文旅数字化，建设低碳乡镇；平安法治数字化：建设一体化公共管理与服务平台、社会治理全量信息视图2.0、基层数字应急体系和灾害预防监测体系；公共服务数字化：推进未来乡村和未来社区建设、强化AI数字小所智脑、数字礼堂的应用。

【所前镇城市书房启用】 2023年1月1日，所前镇首家城市书房启用。书房位于所前里三湖路314号，总面积200平方米，藏书1万余册，内设咖啡吧、阅读区、少儿活动、文化驿站、沙龙活动、读者互动等功能区域，集阅读、休闲文化于一体的复合型生活空间。截至年末，开展各类活动40余次，2200人次参加读书活动。

【祥邦科技股份博士后工作站揭牌】 2023年4月14日，浙江祥邦科技股份有限公司博士后工作站揭牌仪式举行。浙江祥邦科技股份有限公司成立于2006年，主要研究和解决光伏新产品的技术问题，是国内封装胶膜领域的领导型企业之一，是国内最早实现POE胶膜量产的企业。工作站与浙江大学开展合作，联合培养博士后人才，有2名博士后入站。

【蔡东藩故居纪念馆开馆】 2023年4月20日，所前镇蔡东藩故居纪念馆开馆。纪念馆位于金山村娄家湾自然村，开建于1926年，是由门屋、东西厢房、正屋组成的四合院式建筑，占地243平方米。蔡东藩曾在此行医，并开设坤元毛巾厂，最后逝世于此。纪念馆按蔡东藩生前生活和写作的状况布置，为市级文物保护单位。蔡东藩是中国近代演义小说作家、历史学家，撰写《历朝通俗演义》11部、600余万字。

【“山水所前杯”女子足球精英赛举办】 2023年4月29—30日，所前镇首届“山水所前杯”女子足球精英赛举办。所前镇第一小学、杭州市树人小学、杭州师范大学附属仓前实验小学等15支女子足球队参赛。比赛全程进行直播，线上浏览量30余万人次。

【宗谱续修圆谱】 2023年5月7日，萧山郑氏蜀山房宗谱续修圆谱仪式在所前镇城南村举行。所前镇相关领导、区档案馆、图书馆和城南村相关负责人及郑氏各地宗亲代表200人参加。新谱共7册。所前镇城南村郑氏为萧山郑氏的分支，有550余年历史。10月28日，萧山苎萝孙氏宗谱续修圆谱庆典仪式在三泉王村举行。

【城南村蜀彩理昀府安置房分房】 2023年8月26日，所前镇城南村开展安置房分房工作，杭州市湘湖公证处全流程监督。蜀彩理昀府安置房总用地17.3公顷，建筑面积58.6万平方米。城南村2017年启动整村征迁，2019年开工建设安置房项目，2022年10月初建设基本结束。此次分房共安置768户、4300余人。

【所前镇中心幼儿园入围首批浙江省定向运动研学基地】 2023年12月25日，浙江省定向运动协会公布首批浙江省定向运动研学基地名单，所前镇中心幼儿园位列其中。该幼儿园隶属于区教育局，2017年1月开园。幼儿园占地6667平方米，建筑面积4432平方米，户外活动面积2235平方米，绿化面积860平方米，设置中、大班11个教学班，在园幼儿300余人。2021年引进定向运动，创设蚂蚁定向馆、小家定向角。

（李　杰）

义桥镇

【概况】 义桥镇地处钱塘江、浦阳江、富春江三江交汇处，东连临浦镇，南接戴村镇，西至富阳区渔山乡，西北与西湖区隔钱塘江相望，北依闻堰街道，东北为蜀山街道。2023年，镇行政区域面积58平方千米，辖村21个、社区6个（新筹建社区1个），户籍人口63195人。财政总收入11.8亿元，增长2.1%；一般公共预算收入6.29亿元，下降2.5%；规模以上工业企业增加值18.68亿元，下降6.3%；规模以上高新技术产业增加值13.01亿元，下降8.1%；规模以上工业企业利税总额6.28亿元，下降14.9%；规模以上工业企业利润总额3.6亿元，下降14.9%；规模以上服务业增加值1.64亿元，下降3%；规模以上数字经济增加值1.86亿元，增长3.4%；出口额25.87亿元，下降10.9%；限额以上社会消费零售额9.48亿元，下降2.0%；固定资产投资4.68亿元，下降18.3%。

年内，总建筑面积4.46万平方米的三江小学投入使用，首期开设32个班。建筑面积4844平方米的义桥实验学校综合楼投入使用，设有普通教室16间、阶梯教室1间、音乐教室1间、美术教室1间、劳技教室1间。完成许贤幼儿园扩建前期工作、毓秀学校民转公工作，义桥第二初中被列入全区学校建设前期计划。昇光村妇儿驿站被评定为省级三星级妇儿驿站，镇妇儿驿站获评市级二星级妇儿驿站。民湘社区创建为市级儿童友好社区，渔浦社区、民湘社区婴幼儿成长驿站创建为区级婴幼儿成长驿站，实现儿童之家、儿童友好空间全域覆盖。在原“义孝大食堂”基础上，增设老年中心食堂蛟山点位，为1876名老人开展上门服务，实现村级居家养老照料中心、养老助餐服务全域覆盖。持续开展残疾人、低保户、高龄老人等弱势群体帮扶救助工作，发放各类救助金1548万元，帮扶就业2455人次，处置劳资纠纷和欠薪事件237起，发还欠薪2733万元。镇入选省健康乡镇创建名单，民丰村创建为省健康村。

引进杭州康奋威哲匠智能机器人有限公司、杭州创都泓澄材料有限公司、杭州安珀科技有限公司、重药（浙江）中药有限公司4家制造业企业，总投资5亿余元。浙江恒峰铸造有限公司与南京航空航天大学、杭州永谐科技有限公司与西电杭州研究院开展合作，共建联合实验室、创新中心。完成民丰西区块连片腾笼签约工作，腾空土地20.7公顷。清理整治“批而未供”“供而未用”和低效用地58.3公顷。腾退湘南村工业集聚区13家小微企业，腾出土地空间0.67公顷。浙江华浙控股集团有限公司计划投资12.5亿元、建筑面积3.65万平方米的医疗产业园开工建设；浙江中亿豪达实业有限公司计划投资2500万元、建筑面积1.81万平方米的义智医疗产业园开工建设；杭州星丰实业有限公司计划投资1亿元、建筑面积1.43万平方米、年产1000万套美国伊莱克斯高端家电系列专用五金配套项目开工建设；杭州恬悦布艺有限公司计划投资4500万元、建筑面积1.53万平方米的高档床垫成品项目开工建设；杭州杨氏实业有限公司计划投资5000万元、建筑面积3495平方米、年产150万套办公家具的五金配件有机更新项目开工建设；杭州怡威实业有限公司计划投资5000万元、建筑面积1.27万平方米、年产70万套办公家具的五金配件有机更新项目开工建设；杭州之江燃具有限公司计划投资4500万元、建筑面积1.5万平方米的高档办公家具智能制造项目开工建设；杭州百强传动有限公司计划投资7500万元、建筑面积1.15万平方米的智能制造项目开工建设。新增浙江民望农业科技有限公司、杭州民升农业科技有限公司、杭州峡山农业科技有限公司3个企业拿地。出台助企“暖心十条”和综合行政执法优化营商环境“十八条”措施，引导杭州银根新型建筑材料有限公司、杭州佳美上浆厂、杭州瑞贵医疗科技有限公司等11家企业开展信用修复。杭州永谐科技有限公司被认定为国家级专精特新“小巨人”企业，杭州华丰巨箭工具有限公司、杭州龙马五金工具有限公司、杭州凯歌新能源科技有限公司等15家企业被认定为省级专精特新中小企业，杭州安的马科技有限公司、杭州萧山古籍印务有限公司、杭州禹汇环保科技有限公司等38家企业被认定为国家高新技术企业，杭州星城工坊文化传媒有限公司、杭州豪克科技有限公司、杭州舒德实业有限公司等58家企业被认定为省科技中小型企业。

2023年11月5日，“浙江诗词大会”义桥专场诗词竞答大赛举办（义桥镇政府　提供）

完成义桥整体单元控规编制并上报。完成地铁18号线农户征迁工作，征迁农户18户，腾空土地7000余平方米。对时代大道、春永线、云许线等主要道路两侧实施环境卫生综合整治，整治面积10万余平方米。推进时代大道、春永线等路段美丽公路建设，总长13千米。完成新坝村、山后村、罗幕村等村“四好农村路”建设，总长13.21千米。投入350万元，在时代大道江南段、三江创智新城和许贤片村（社区）等，新增公共自行车租赁点11个。投入40万元，建成全市首个镇级水环境治理中心，7月12日，承办全市农村生活污水治理现场推进会。完成“非粮化”整治，整治土地面积320公顷。推进皇天畈、沙地畈永久基本农田连片整治，连片总面积152.2公顷。新建各类高标准农田100.9公顷，建成皇天畈粮食功能区“数字水稻”示范基地场景化应用。

表77　2023年义桥镇各村（社区）基本情况表

村（社区）	书记（主任）	户籍人口（人）	村民小组（个）	村集体可分配收入（万元）	耕地面积（公顷）	村（社区）	书记（主任）	户籍人口（人）	村民小组（个）	村集体可分配收入（万元）	耕地面积（公顷）
义桥村	周海江	3945	36	1429.4	40.3	民丰村	傅江良	2923	9	739.6	15.4
新坝村	张肖林	1945	20	320.3	16.3	富春村	孔万林	2096	5	324.5	23.9
联三村	曹永年	2571	18	418.2	16.5	西山村	谢丽娜	1362	11	359.9	19.5
湘东村	戚华江	2353	7	310.7	22.5	河西村	郑明权	1636	6	254.0	54.7
湘南村	於贤祥	2881	15	1399.0	30.0	罗幕村	王玉桥	3325	10	988.6	30.3
山后村	韩立坚	3575	12	442.5	43.2	蛟山村	吴国祥	2486	9	456.7	20.2

续表 77

村（社区）	书记（主任）	户籍人口（人）	村民小组（个）	村集体可分配收入（万元）	耕地面积（公顷）	村（社区）	书记（主任）	户籍人口（人）	村民小组（个）	村集体可分配收入（万元）	耕地面积（公顷）
田丰村	丁勇	1870	9	293.7	21.4	徐童山下村	郑颂南	2528	39	625.0	15.8
勤里村	陈策	1587	6	621.1	6.8	罗峰社区	韩和阳	3111	—	—	—
云峰村	俞明法	2079	20	600.8	6.2	杨岐社区	李家锋	2564	—	—	—
北坞村	陈樟明	1975	6	347.6	8.2	渔浦社区	韩瑛	5099	—	—	—
昇光村	李灿民	2598	16	1070.3	34.9	民湘社区	俞金丽	2551	—	—	—
復兴村	黄文桥	1924	13	673.0	23.1	锦浦社区	赵燕华	1554	—	—	—
七里店村	肖惠丽	1360	6	338.5	23.7	星荷社区	孙恩姝	—	—	—	—
丁家庄村	戴立伟	1297	13	414.5	41.9						

（资料来源：义桥镇政府）

说明：星荷社区为新筹建社区，公安户籍系统中该社区人口暂未单独分出，仍在原社区内

【**企业数字化改造**】2023 年，义桥镇杭州萧山美信装饰布厂、杭州众木机电有限公司、杭州宏骏汽车零部件有限公司等 47 家规模以上企业纳入数字化改造。其中，杭州渔浦坊纺织科技有限公司、杭州东盛五金电器有限公司、杭州新伟业工具有限公司等 9 家企业推进“N ＋ X”（“N”为细分行业基础数字化应用场景，“X”为企业个性化应用场景）模式改造；杭州天翔机电有限公司、杭州古北智能制造有限公司等 6 家企业完成数字化改造攻关项目申报；杭州宗兴科技有限公司入选市级数字化车间培育企业名单。

【**消防隐患整治**】2023 年，义桥镇抓实消防安全，对高层建筑、出租民房、厂房仓库等重点领域，依托“云治火”平台、“钉管家”系统、“萧消 119”App，展开全量要素排查，组织隐患问题整治。整改小微企业问题 849 个、高层建筑隐患问题 209 个、沿街店面隐患问题 1423 个。发动注册消防志愿者 1226 人；组织学校、企业、村（社区）等单位开展消防技能培训 41 次，开展业务学习、技能训练活动 149 次；关爱孤寡老人，集中上门看护 115 次。

【**罗峰新村老旧小区改造**】2023 年，义桥镇总投资 2000 万元，推进罗峰新村 23 幢住宅和附属设施改造。该老旧小区涉及 346 户居民，建筑面积 3 万平方米，改造涵盖外立面整治、屋面整修、无障碍设施完善、公共空间改造、绿化环境和停车设施整治、环卫设施、智慧小区、标识系统、路面修复、天然气入户、市政管线等。工程于 11 月底竣工。

【**渔浦未来社区建设**】2023 年，义桥镇总投资 1200 万元，推进渔浦未来社区建设。该社区位于钱塘江、富春江、浦阳江三江汇合处东侧，下辖御景蓝湾小区，是萧山区体量最大的融合型小区。社区区域面积 27 公顷，总户数 5403 户，涵盖 18 个民族、6 个国家的群体，直接受益居民 1.4 万人。11 月，渔浦未来社区入选省第四批引领型未来社区。

【**“义心和”调解品牌**】2023 年，义桥镇创建“义心和”调解品牌，调处各类矛盾纠纷 373 起，涉及金额 1578.43 万元，信访总量比上年下降 20.6%，在全区“信访工作大比武”年度评比中获镇（街道）组第一。

【**三江小学周边路网建设**】2023 年，义桥镇总投资 3000 万元，推进纬一路、经一路新建改建工程，道路总长 520 米。路网建设项目涵盖道路、桥梁、交通设施及智能设施、综合管线、给排水、绿化、路灯等。纬一路、经一路，分别于 8 月、12 月完工并交付使用。

【**交通违法联管联治推进**】2023 年，义桥镇推进交通违法联管联治、安全隐患排查治理、源头宣教三项工作，整改区级隐患点 8 处，修复道路设施 851 处，完成率 100%。溯源复盘交通事故点位，道路形成统一安全隐患治理决策机制，提升隐患整治效率。开展道路安全宣传教育 5.18 万人次、电动自行车宣传教育 7.49 万人次。

【**强村公司建立**】2023 年 1 月 3 日，勤里村、云峰村、北坞村等 7 个村联合，共同出资 210 万元，注册成立杭州萧山义起奔富乡村发展有限公司，经营范围涵盖休闲农业、农产品收售、农产品直播、环卫保洁、物业管理、工程项目等。截至年末，实现销售收入 900 余万元。

【**卫生服务提档升级**】2023 年 4 月，义桥镇完成社区卫生服务中心迁建工程，并创建为省级社区医院、三星级糖尿病规范化管理中心、慢性病一体化门诊、市儿童早期发展示范基地。2 月，昇光社区卫生服务站投入使用，创建成三星级智慧化社区卫生服务站。8 月，云峰村社区（南坞）卫生服务站投入使用，创建成五星级智慧化社区卫生服务站。

【**应急消防站启用**】2023 年 6 月，义桥镇投入 670 万元、总建筑面积 2000 平方米的应急消防站启用。该站由原第一专职消防队营地有机改建而成，改建后的应急消防站集消防训练、民兵

物资仓库、防汛防台仓库和存放社会救援物资等功能于一体，同步建成消防科普体验馆。

【区青少年宫义桥分宫建成】 2023年7月13日，萧山区青少年宫义桥分宫建成投用。该分宫总投资600万元，建筑面积4000平方米，有各种教学场室36间，配备教师39人，是全区规模最大、课程最多、功能最完备的青少年宫镇（街道）分宫。设有科体、综合、书画和文艺4类48项课程。截至年末，吸纳学生报名4300余人次。

【多维智治中心投用】 2023年9月，义桥镇总投资1000万元、建筑面积6000平方米的多维智治中心（社会治理综合服务中心）投入使用。中心集政务服务、社会治理、执法监管、指挥调度、党建生活功能于一体，按标准化、智能化、综合性建造，实现政务服务、综合执法、市场监管、司法调解、城市管理、一网统管等部门队伍整体入驻。

【浙江诗词大会】 2023年11月5日，义桥镇承办“浙江诗词大会”（2023）萧山义桥专场诗词竞答大赛。活动由省委宣传部、中华诗词研究院、省文史研究馆指导，浙江诗词大会组织委员会、区委宣传部、区文化和广电旅游体育局、区文联、区融媒体中心、义桥镇政府共同主办。全国各地20名诗词爱好者参加比赛，共决出一等奖3名、二等奖6名、三等奖10名。

（李金娜）

衙前镇

【概况】 衙前镇地处萧绍平原腹地，东邻瓜沥镇，南接绍兴市柯桥区钱清街道、杨汛桥街道，西靠新塘街道，北依新街街道，浙东运河（官河）、杭甬运河（西小江）川流而过。2023年，镇行政区域面积17.92平方千米，辖村11个、社区2个，户籍人口27265人。财政总收入7.3亿元，下降46.5%；一般公共预算收入4.7亿元，下降38.5%；规模以上工业企业增加值55.6亿元，增长5.5%；规模以上高新技术产业增加值19.62亿元，下降1.2%；规模以上工业企业利税总额10.26亿元，下降26.1%；规模以上工业企业利润总额5.45亿元，下降30%；规模以上服务业增加值5.31亿元，下降19.5%；规模以上数字经济增加值2620万元，增长3.1%；出口额91.38亿元，下降8.7%；限额以上社会消费零售额3.74亿元，下降1.3%；固定资产投资5.43亿元，下降20.6%。

年内，衙前镇恒逸集团第三次登榜世界500强，首次跻身榜单前100名，位列中国制造业民营企业前十。有3家企业上榜中国民营企业500强。第五次全国经济普查结果显示，衙前镇在经营企业2516家、个体工商户2116家。新增浙江恒远化纤集团有限公司、浙江裕源纺织有限公司、杭州萧山凤凰纺织有限公司等12家企业为省级专精特新企业。杭州金腾商品混凝土有限公司、杭州郎平纺织有限公司、杭州大栋染整有限公司等5家企业进行研发机构备案。规模以上企业年研发费用支出5.12亿元。9家企业申报国家高新技术企业，11家企业申报省科技型中小企业，2家上市培育企业进入区“智慧金融系统”。小微工业企业升级规模以上工业企业6家，新引育企业15家。浙江恒逸集团有限公司、浙江恒逸石化有限公司、浙江东南网架集团有限公司、浙江东南网架股份有限公司被认定为杭州市总部企业。环橙（国际）科创中心内部装修启动，项漾小微园区12家企业达成入驻意向。20个产业项目和27个城镇高质量发展项目年度工作目标全部完成。

2023年11月2日，浙东运河衙前文化园开园

（衙前镇政府　提供）

完成2个村级卫生服务站升级改造，衙前社区卫生服务中心获评浙江省社区医院。衙前老年学校获评全区首家省级老年教育优质学校，金凤凰智慧助老项目获评市级老年教育品牌。新增市级老年友好型社区1个、区级老年友好型社区3个。老年助餐服务实现村（社区）全覆盖。符合条件的1106名老年人享受政府居家养老上门服务。新增市级儿童友好型社区1个、市级残疾人文体示范点1个、区级儿童友好空间3家。官河历史文化街区获评全区首个文创街区，建成“两馆五点”（“两馆”为衙前农民运动纪念馆、杨之华纪念馆；“五点”为农民协会旧址、李成虎墓、李成虎故居、衙前农村小学校旧址、衙前农村信用社）红色研学线路。依托农运文化开展党史教育、爱国主义教育活动120余次，接待团队2000余批、11万余人次参观。衙前农民运动纪念馆、衙前农小旧址纪念馆（沈定一故居）、浙东运河衙前展示馆被认定为市乡村博物馆。衙前镇老年学校评为2023年浙江省老年教育优质学校。

表78　2023年衙前镇各村（社区）基本情况表

村（社区）	书记（主任）	户籍人口（人）	村民小组（个）	村集体可分配收入（万元）	耕地面积（公顷）	村（社区）	书记（主任）	户籍人口（人）	村民小组（个）	村集体可分配收入（万元）	耕地面积（公顷）
螺山村	夏达杰	1997	18	473.5	30.7	南庄王村	徐国富	1603	10	278.8	32.3
杨汛村	张传金	1722	9	308.1	24.3	新林周村	胡祥云	2737	18	920.5	39.3

续表 78

村（社区）	书记（主任）	户籍人口（人）	村民小组（个）	村集体可分配收入（万元）	耕地面积（公顷）	村（社区）	书记（主任）	户籍人口（人）	村民小组（个）	村集体可分配收入（万元）	耕地面积（公顷）
衙前村	郭林峰	3296	24	1243.8	47.9	山南富村	徐国军（书记）施　展（主任）	2369	20	1465.4	33.7
吟龙村	徐海锋	1840	15	420.1	12.3	凤凰村	沃关良	2298	15	5504.8	49.2
项漾村	项建松	3597	33	2057.1	108.7	毕公桥社区	孔　坚	1112	9	—	—
四翔村	沃海军	2596	25	511.2	77.7	创业新村社区	卫　星	—	—	—	—
明华村	方国平	2098	14	770.2	46.7						

（资料来源：衙前镇政府）

【衙前镇十八里经济长廊共富带获评市级共富带】 2023 年 1 月 10 日，杭州市乡村振兴工作领导小组公布全市第二批共富村、共富带、共富联合体名单，衙前镇十八里经济长廊获评市级共富带。镇十八里经济长廊位于萧明线衙前段，发展有世界 500 强企业 1 家、中国民营企业 500 强 3 家，每平方千米年工业产值达 8 亿余元。

【杨汛村文联成立】 2023 年 4 月 2 日，衙前镇首届美“蛳”节暨首个村级文联成立仪式举行，成立杨汛村文学艺术界联合会，为浙江省首个村级文联组织。文联吸纳会员 120 人，下设龙舟队、象棋工作室、文艺戏曲队等 10 个社团。截至年末，开展活动 5 场，参与活动 300 余人次。

【省公仆乒乓球联谊赛在衙前镇举行】 2023 年 5 月 19—21 日，浙江省第二十一届公仆乒乓球联谊赛在衙前镇文化体育中心举行。比赛由省体育总会支持，省乒乓球协会主办，区文旅局、衙前镇人民政府、区乒乓球协会承办。全省各市、县（区、市）乒乓球协会、省直机关、企事业单位、大中专院校的 39 支队伍、300 余名选手参加比赛。比赛项目设置混合团体、男子单打、女子单打、双打（性别不限）4 个大项，共比出第一名 14 人、第二名 14 人、第三名 25 人。

【恒逸石化跻身中国上市公司 100 强】 2023 年 7 月 20 日，《财富》杂志公布 2023 年中国上市公司 500 强，恒逸石化股份有限公司列第 89 位。排名比上年前移 17 位，首次跻身榜单前 100 名。

【衙前历史文化街区获评区首个文创街区】 2023 年 8 月 5 日，萧山区文化产业园区、文化创意街区认定名单出炉，衙前历史文化街区被认定为区文化创意街区。街区集聚刺绣工坊、金石拓印工作室等文创主体 11 家，浙东运河衙前展示馆、衙前农民运动纪念馆、凤凰村史馆等主题场馆 12 家。

【浙东运河衙前文化园开园】 2023 年 11 月 2 日，衙前镇浙东运河衙前文化园开园暨萧山青少年宫研学基地授牌仪式举行。浙东运河衙前文化园由原衙前镇政府旧址老建筑改造，由石雕文化园、度量衡展示厅、历代瓷标展示厅、萧绍契约展示厅、临展厅组成，总建筑面积 1500 平方米，当年 9 月完成改造。展示萧绍地区传统石雕文化、契约文化等传统文化，园内可开展学术性研究及青少年研学等文旅参观活动。

【4 个村通过省级和美乡村评定】 2023 年 11 月 6 日，萧山区省级和美乡村验收小组到衙前镇项漾村、衙前村、杨汛村、螺山村开展评定工作。验收组对照党建统领、产业兴旺、乡村宜居、生活富裕、治理有效、乡风文明等认定指标检查评定，4 个村均被评为省级和美乡村，其中项漾村被认定为精品村。

【衙前镇大运河（西小江）法治合作带项目入选区法治化营商环境改革“十大品牌项目”】 2023 年 12 月 4 日，萧山区委全面依法治区委员会办公室发布法治化营商环境改革“十大品牌项目”，衙前镇大运河（西小江）法治合作带项目位列其中。大运河（西小江）法治合作带是杭绍经济一体化发展战略中大运河（西小江）人文生态走廊的重要支点，将会推进沿岸三地完备、高效、便民的区域法治合作机制，为 3 个镇（街道）的平安乡村、法治乡村建设提供良好的法治保障。

【乌兹别克斯坦撒马尔罕州和杭州经贸论坛在衙前镇举办】 2023 年 12 月 15 日，乌兹别克斯坦撒马尔罕州和杭州经贸论坛在衙前镇举办。该论坛是中乌双方共商合作新机遇的重要平台，此次论坛得到乌兹别克斯坦驻上海总领事馆、乌兹别克斯坦撒马尔罕州经贸考察团、省贸促会、区商务局以及杭州市企业家代表的大力支持。乌撒马尔罕州副州长贾姆希德，省贸促会、省国际商会副会长应国华，上海乌兹别克斯坦领事馆领事哈米德焦恩等出席。中、乌两国 100 余位工商界人士参加论坛。

（方泽昊）

瓜沥镇

【概况】 瓜沥镇位于萧山区东片，东南接壤绍兴市柯桥区，西连新街街道、衙前镇、南阳街道和红山农场，东邻党湾镇，北靠靖江街道。毗邻杭州萧山国际机场，是杭州地区唯一具备直通空港、高速、国道、省道，并拥有运河码头的交通重镇。2023年，镇行政区域面积126.9平方千米，辖村61个、社区13个，户籍人口165312人。财政总收入25.4亿元，增长11.1%；一般公共预算收入14.02亿元，增长8.3%；规模以上工业企业增加值79.8亿元，增长1%；规模以上高新技术产业增加值54.23亿元，下降1%；规模以上工业企业利税总额30.81亿元，下降2.1%；规模以上工业企业利润总额20.22亿元，下降3.2%；规模以上服务业增加值5.26亿元，增长36.1%；规模以上数字经济增加值3.25亿元，下降9.9%；出口额82.55亿元，增长2.4%；限额以上社会消费零售额9.67亿元，下降10.1%；固定资产投资30.1亿元，下降5.5%。

年内，瓜沥镇组建1个办公室、3个专班、9个小组的亚运保障指挥体系，发动近千人参与“迎亚运”活动。开展迎亚运主题活动300余场，赛时志愿服务时长7500余小时。完成亚运场馆设施设备提升、亚运核心区域夜景灯光亮化工程。镇、村两级开展综合整治、专项整治、区域整治50余场次，覆盖74个村（社区）及机场高架、杭甬高速、青六线、建设四路等16条亚运沿线道路。清除各类垃圾杂物2.8万余吨，修复市政设施4900余处。服务运动员459人次、技术官员203人次、贵宾890人次、媒体1328人次，亚运赛事218场次。

推进大和山、工农、荣新区块专项整治，腾出可用连片空间30公顷，建设智能家居产业园，启动汽车零配件专精特新产业园及高端装备专精特新产业园前期工作。推进存量工业用地有机更新，新增产业空间31.5万平方米。引进10亿元级产业项目1个，亿元级产业项目5个。探索数字化扩面改造，培育入库市级攻关项目10个、数字化车间7个，入选区细分行业数字化改造示范样板企业6家。新认定杭州腾励传动科技有限公司、杭州帝凯工业布有限公司为国家级专精特新“小巨人”企业。杭州友成机工有限公司、杭州永兴化纤有限公司、浙江宏扬纺织有限公司等45家企业被认定为省级专精特新中小企业。开展“千名干部助千企”行动，走访企业3000家次，有效解决突出问题105个。兑现扶持资金815万元，惠及企业203家次。新认定市、区A—F类人才125人、区“5213”计划项目1个。

机场高铁、杭州中环、新港村、保税大道南延等项目涉及11个村、656户农户，安置人口3375人，完成签约、腾房任务，货币化安置率70.9%。推进杭州临空经济示范区企业征迁，涉及5个村、69家企业，总建筑面积9.4万平方米。推进坎山、瓜沥两个区块安置房项目，总建筑面积24万平方米。完成建新路、博兴路、新友路北段路等3条道路的新建、拓宽工程，总长1.25千米，新增机动车停车位650余个。建成“七彩瓜沥·都市副心”“航坞听梵·临空家园”2个省级城乡风貌样板区，获评省新时代富春山居图样板区。推进“大综合一体化”行政执法改革，办理案件1034起。完成小区“六全一码”（“六全”指全落地责任矩阵、全品类源头收集、全流程积分激励、全链条智能监管、全体系基层治理和全方位宣传教育；“一码”指以智能账户为核心，以数智治理为依托，记录居民源头分类收集到积分使用的二维码）试点，升级农村“四定一撤”（农村生活垃圾定点投放、定点收集、定点运输、定点处理和撤桶入户）模式，大义村、开源村、梅仙村等5个村创建为市农村生活污水零直排村。依托“综警网＋”联动机制、“综合查一次”为载体，开展专题检查1042次，整改问题312处。村（社区）“合沥治”小专班巡检2万人次，整治各类风险隐患8860处。镇政府获市政府嘉奖，东恩村获评全国乡村治理示范村。2023年8月11日，浙江省爱卫办印发《关于公布2023年浙江省健康村镇、卫生村样板的通知》，梅林村入选2023年度省健康村样板。6月25日，中央广播电视总台《新闻联播》栏目以《“千万工程”一张蓝图绘到底，造就宜居宜业和美乡村》为题，报道浙江省“千村示范、万村整治”工程，梅林村被作为典型成果报道，时长20秒。

2023年10月23—25日，杭州第4届亚残运会跆拳道项目在瓜沥文化体育中心举行。图为2023年10月23日比赛现场
（王成康　摄于2023年10月23日）

推进“四好农村路”建设，通过验收30千米。开展“五水共治　找寻查挖”专项行动，查出整治点2000处，整治2000处。投入100万元，完成航坞溪西段、大埠头湾北段美丽河道综合整治工程，总长5.5千米。开放公共文化空间106个，组建村（社区）文艺社团队伍222支，实现“15分钟体育圈”全覆盖，“15分钟品质文化圈”覆盖三分之一。投入2866万元，完成坎山幼儿园二期扩建和瓜沥一中报告厅建设项目，建筑面积分别为4270平方米和2188平方米。投入2.69亿元，推进坎山初中、瓜沥三小、长沙幼儿园等园校项目建设，新增建筑面积4.45万平方米。完善“为老为小”服务体系，新增婴幼儿托位260个，千人托位数为4.0个。建成老年食堂8家、助餐服务点2个。落实社会救助兜底保障，全年发放各类救助补贴4800万元。

表79　2023年瓜沥镇各村（社区）基本情况表

村（社区）	书记（主任）	户籍人口（人）	村民小组（个）	村集体可分配收入（万元）	耕地面积（公顷）	村（社区）	书记（主任）	户籍人口（人）	村民小组（个）	村集体可分配收入（万元）	耕地面积（公顷）
航民村	陈国庆	1278	4	11319.6	46.1	东恩村	王建刚	2773	10	3322.0	41.1
明朗村	陈　华	2428	20	1009.9	19.8	如松村	孔惠良	1221	10	179.4	55.3

续表 79

村（社区）	书记（主任）	户籍人口（人）	村民小组（个）	村集体可分配收入（万元）	耕地面积（公顷）	村（社区）	书记（主任）	户籍人口（人）	村民小组（个）	村集体可分配收入（万元）	耕地面积（公顷）
大义村	丁志江	3072	22	446.31	107.0	新港村	赵张林	4099	29	455.8	73.3
东湖村	孔　军	1409	10	242.9	35.0	梅仙村	孙建江	3454	16	21.3	106.4
长巷村	沈汉栋	4021	25	1542.6	96.8	建盈村	赵张仁	2032	14	44.7	67.7
群联村	沈岳泉	918	6	173.1	35.7	三盈村	顾国林	2437	13	141.6	111.1
渔庄村	沈永林	2516	17	56.8	95.1	国庆村	孙立刚	2474	11	221.0	62.1
低田畈村	郑鲁斌	1530	11	364.8	46.9	万安村	徐　峰	2570	16	93.9	82.6
进化村	汪国军	3549	16	812.2	155.5	党山村	倪建峰	1997	11	103.5	37.3
东方村	朱尧军	2642	16	409.8	126.6	信源村	陈铁铭	1544	11	320.8	35.9
运东村	沈建国	2066	16	217.0	84.5	梅林村	孔高敏	2394	17	418.7	116.5
运西村	郭水明	2537	18	205.7	103.1	车路湾村	倪金华	2238	15	299.8	132.5
永福村	於柏良	3033	16	279.6	75.9	八里桥村	胡军其	2303	17	239.7	155.0
友谊村	龚建新	2128	11	573.1	23.1	世安桥村	韩玲丽	1812	16	177.8	112.8
永联村	张利祥	3499	26	624.8	158.7	官一村	潘利明	2695	21	130.3	185.5
沙田头村	丁国琴	3056	20	704.1	128.7	前兴村	邵福平	1886	9	163.8	123.1
横埂头村	陈松根	2965	19	771.3	80.7	群力村	高建华	2055	13	482.7	119.8
渭水桥村	董祥林	4670	30	1087.5	203.2	群益村	陈兴泉	2418	14	824.3	94.3
靖一村	董雪明	2605	18	675.7	123.2	兴围村	沈卫良	1528	16	340.9	194.3
凤升村	庞　威	1062	6	75.9	26.3	长联村	蔡雅文	2565	21	186.8	153.2
勇建村	胡凤奇	1889	11	1666.8	54.1	解放村	高国良	1727	12	99.0	124.2
荣新村	施羔红	1766	10	980.5	31.2	山北村	徐国祥	1750	13	405.9	6.7
工农村	沈国明	3417	22	1207.3	66.9	大池溇村	沈　强	1840	14	180.7	74.2
张神殿村	王海军	2130	11	83.9	68.8	山三村	高　飞	1368	11	150.0	56.7
群谊村	庞伟林	1785	9	370.5	32.5	众安村	徐建华	2424	20	550.5	134.9
东社村	钱越峰	1908	12	67.3	44.5	开源村	董　锋	1854	14	303.2	124.1
孙家弄村	赵棋松	2923	16	176.1	86.7	单木桥村	徐金明	2578	21	198.9	167.0
甘露亭村	吴军良	3105	18	302.0	97.0	中沙村	周　平	2376	23	156.0	129.5
民丰河村	王志山	3135	23	188.6	91.4	张潭村	赵建国	2610	21	29.5	162.2
八大村	陈泽锋	1552	9	370.6	41.9	塘头社区	许亚萍	1639	24	—	—
沿塘村	丁林玲	2187	13	16.2	47.5	芭蕉砚社区	赵　阳	2581	36	—	—
三岔路村	戴维强（书记）徐建丰（主任）	3440	23	50.8	130.3	东灵社区	徐向阳	2316	31	—	—

续表 79

村（社区）	书记（主任）	户籍人口（人）	村民小组（个）	村集体可分配收入（万元）	耕地面积（公顷）	村（社区）	书记（主任）	户籍人口（人）	村民小组（个）	村集体可分配收入（万元）	耕地面积（公顷）
航坞社区	陈飞立	1828	28	—	—	下街社区	徐红方	1641	15	—	—
城中社区	沈伟琴	3326	20	—	—	南大房社区	王美娟	969	16	—	—
新凉亭社区	陈　标	2168	9	—	—	碧苑新村社区	杨珠丹	115	15	—	—
塘上社区	田燕儿	1135	15	—	—	七彩社区	高佳成	374	8	—	—
博文社区	沈丽美	240	26	—	—	隆园社区	邓志兴	1737	8	320.1	38.1

说明：2023 年 2 月 23 日开始筹建博文社区居民委员会

（资料来源：瓜沥镇政府）

【瓜沥位列省十强镇】 2023 年，瓜沥镇位居浙江省十强镇第 4 位，为杭州市唯一入围乡镇。瓜沥镇是萧山工业体量最大的乡镇，有 3000 多家工业企业，规模以上工业企业数量占全区五分之一。该镇通过纺织、印染、化纤三大重点细分行业的数字化扩面改造，实现三大传统行业规模以上企业数字化改造全覆盖。

【书画梅花主题展在梅林村举办】 2023 年 3 月 15 日至 4 月 15 日，由瓜沥镇政府、中国美术学院国画与书法艺术学院、湘湖美术馆主办，梅林村、湘湖书画院、湘湖书画院梅林分院共同承办的中国书画梅花主题展，在梅林村乡村集市举办。该展展出中国美术学院博导卓鹤君、中国美术学院中国画与书法艺术学院院长张捷、西泠书画院副院长韩祖耀、杭州画院副院长缪宏波等名家作品 100 件。

【第二届浙江省“中栋杯”盆景艺术展举办】 2023 年 3 月 25 日，中栋国际花木城室内绿植开园暨第二届浙江省“中栋杯”盆景艺术展在瓜沥举办。该展由省花卉协会主办，中国花卉协会盆景分会、瓜沥镇人民政府支持，省花卉协会盆景分会、区花卉协会、浙江中栋花木城有限公司、杭州绿之梦网络有限公司承办，展出山水盆景、水旱盆景、花草盆景、微型盆景、挂壁盆景及异形盆景等 200 余组。

【全民健身迎亚运活动举行】 2023 年 4 月 2—3 日，第三届浙江省 WWC 实战咏春拳大赛开幕式暨瓜沥镇全民健身迎亚运活动在亚运场馆——瓜沥镇文体中心举行。上海、北京、广东等 8 个省市 27 支代表队的 300 余名选手参赛。杭州义咏堂国术馆获团体总分第一名，上海市实验学校国际部获团体总分第二名，卢文锦咏春拳华东分会杭州支会获团体总分第三名。

【征迁工作】 2023 年 4 月 1—7 日，瓜沥镇开展杭州萧山国际机场高铁项目征迁工作。通过政策指导、资产评估等环节，162 户征迁户全部签约，货币安置率超 50%。5 月 5—10 日，推进杭州中环快速路项目征迁评估工作。中环项目征迁涉及瓜沥辖区新港村、梅仙村、国庆村、八大村、甘露亭村 5 个村、157 户，全部签约，货币化安置率 53.1%。5 月 18 日—6 月 15 日，瓜沥镇完成临空产业区块（新港村）项目征迁。该项目属于整村征迁，涉及农户 315 户，签约率 100%，货币化安置率 57.4%。

【瓜沥镇被授予“中国卡巴迪之乡”称号】 2023 年，杭州第 19 届亚运会期间，瓜沥文体中心承办卡巴迪等运动项目赛事。6 月 1—6 日，亚运会测试赛“韵味杭州·航民杯”2023 年全国卡巴迪冠军赛在瓜沥文体中心举办。8 月 19 日，国际卡巴迪交流活动在上海举行，亚洲卡巴迪联合会秘书长萨瓦尔授予瓜沥镇“中国卡巴迪之乡”称号并颁发牌匾。

【棒垒球赛事】 2023 年 7 月 15—20 日，第二届全国女子棒球俱乐部锦标赛在瓜沥举办。比赛由中国棒球协会主办，是全国女子棒球最高规格赛事。全国各地 110 多名运动员、裁判员参赛。8 月 12—24 日，2023 年中国大学生棒垒球联赛总决赛在瓜沥镇棒垒球场举办。同济大学、华东政法大学、浙江大学等 25 支大学生棒垒球队的 600 余名运动员、教练员参赛，其中棒球组 16 支参赛队伍，垒球组 9 支参赛队伍。

（高益萍）

益农镇

【概况】 益农镇位于萧山最东片，钱塘江与曹娥江的江海交汇处，东面、南面分别毗邻绍兴市滨海新区和柯桥区马鞍街道，西接瓜沥镇、党湾镇，北靠钱塘区。2023 年，镇行政区域面积 46.51 平方千米，辖村 19 个、社区 1 个，户籍人口 43531 人。财政总收入 2.21 亿元，下降 55.2%；一般公共预算收入 1.42 亿元，下降 47.1%；规模以上工业企业增加值 21.15 亿元，增长 7%；规模以上高新技术产业增加值 8.96 亿元，下降 0.6%；规模以上工业企业利税总额 8.2 亿元，下降 63.9%；规模以上工业企业利润总额 4.95 亿元，下降 73.8%；规模以上服务业增加值 3.83 亿元，增长 0.9%；规模以上数字经济增加值 824 万元，下降 63.3%；出口额 5.28 亿元，增长 8.2%；限额以上社会消费零售额4080万元，增长20.7%；固定资产投资11.49亿元，增长106.1%。

年内，益农镇推进10项民生实事工程。投资550万元，开通益农至靖江街道永盛路地铁站接驳专线。投资650万元，完成医疗服务提升工程。投资1350万元，建设弘扬社区“一老一小”服务综合体，建成2个示范型居家养老服务中心，新增3个老年食堂，提升4个四星级居家养老服务照料中心。投资3000万元，完成弘扬未来社区创建，社区单元面积37.34公顷，以社企共建模式，打造未来健康、未来邻里等9大场景。投资3900万元，完成群围村核心区块智慧设施建设项目和光伏集成数字系统建设项目，创建杭州市级未来乡村；推进民围村创建第五批美丽乡村提升村，群英村创建第二批美丽乡村示范村。投资500万元，启动益农公墓二期建设项目。投资730万元，建设植物工厂，打造农作物连续生产、安全高效的智能农业系统；建设共智富农业电商园项目，为全镇农业提供电商运营服务、园区配套、村播孵化、品牌打造、产业配套和数字化供应链等服务。投资800万元，完成农村公路维修提升工程，总里程10千米。投资1000万元，推进三益线弱电“上改下”工程，全长6.1千米。投资300万元，完成平安益农创建工程，实施区域重点道路交安设施“五个一”提升工程，继续延伸临水护栏；启动智慧消防建设，实施独居老年人、失能人员消防安全关爱行动；打造“一村一品”平安建设品牌，推进平安数字工作室建设。

荣盛集团再次列入世界500强榜单，排名升至第136位。协调化解征地腾地矛盾，流转土地690.7公顷，征用土地150.6公顷。帮助解决产业区块280名企业员工住宿问题，沟通协调企业外来职工子女就学问题。

推广“益农四季”农业品牌，开展新型农业经营主体提升行动，面向杭州萧山汇运家庭农场、杭州萧山嘉杰家庭农场、杭州萧山益农镇俞秀林家庭农场等44家农业经营主体，兑现扶持政策152万元。与省农科院建立长期合作，对芹菜产业开展不定期检测，提升农产品质量安全。与无忧传媒合作，推出“E起乡约·共FU美好”融媒直播益农行动，吸引2.4万余人次观看。

2023年10月30日，中国农民丰收节（萧山·益农）在三围村举行
（益农镇政府提供）

创建省级健康乡镇样板，益农镇健康乡镇建设案例入选《健康杭州蓝皮书》。定期邀请省人民医院、浙江大学附属第一医院、邵逸夫医院等知名医院的18位专家到镇社区卫生服务中心坐诊，全年坐诊352人次，惠及群众近3600人次。新建2个养老照料中心，为全镇1800余位老年人提供居家养老服务和高龄普惠服务，居家服务时长超过8.7万小时。开展老年人助餐服务，解决老年人出门难、买菜难、吃饭难等问题，全年送餐约41万份。推进助残助困工作，共发放补贴584万元，惠及残疾人3.89万人次。依托健康关爱基金，开展尿毒症透析免费治疗项目，为58位尿毒症患者提供免费治疗服务。

深化与杭州师范大学合作办学模式，邀请教授、特级教师等到益农学校指导46次，开设研究课73期。投入260万元，发布“平躺式”午睡项目，提升全镇学生午睡环境。投入67万元，完成荣盛幼儿园室外场地改造；投入105.5万元，完成第二幼儿园北侧道路和临时停车场改建；投入46.7万元，完成东片社区学校课堂改造等工程。

表80　2023年益农镇各村（社区）基本情况表

村（社区）	书记（主任）	户籍人口（人）	村民小组（个）	村集体可分配收入（万元）	耕地面积（公顷）	村（社区）	书记（主任）	户籍人口（人）	村民小组（个）	村集体可分配收入（万元）	耕地面积（公顷）
众力村	徐阿校	3836	29	1797.0	253.3	东村村	俞传良	2210	16	232.0	128.7
镇龙殿村	钱文军	2585	19	254.0	173.3	益农村	李国庆	1787	12	166.0	124.5
星联村	俞关秀	2674	24	204.0	140.0	东江村	徐仁根	1439	16	175.0	126.0
五六二村	李金海	3796	26	322.0	221.5	民围村	赵栋梁	1668	16	323.0	117.7
东联村	金传海	2920	26	342.0	181.3	群围村	郑剑锋	2357	18	387.0	123.8
赵家湾村	赵世安	2437	17	235.0	100.0	三围村	周金龙	1646	10	210.0	148.3
久联村	王鹏飞	2228	18	237.0	146.3	兴裕村	俞传峰	1927	18	276.0	74.3
新发村	王国林	2062	14	136.0	128.4	东沙村	周建良	1413	13	168.0	109.5

续表 80

村（社区）	书记（主任）	户籍人口（人）	村民小组（个）	村集体可分配收入（万元）	耕地面积（公顷）	村（社区）	书记（主任）	户籍人口（人）	村民小组（个）	村集体可分配收入（万元）	耕地面积（公顷）
群英村	周明祥	2618	20	337.0	140.7	利围村	韩约色	1451	12	374.0	169.6
长北村	陈建立	2133	17	426.0	107.8	弘扬社区	赵红萍	344	—	—	—

（资料来源：益农镇政府）

【苏台高速益农互通收费站通车】 2023年4月28日，S9苏台高速益农互通收费站通车。该收费站位于杭州第二绕城快速道路重要组成部分——钱江通道南接线益农互通立交处，北面连接沪杭和杭浦高速，南面连接杭甬高速齐贤枢纽，收费站设有五进九出共14个车道，配备出口ETC匝道自由流预交易系统，是萧山东部规模最大的收费站。

【群围村获《人民日报》报道】 2023年6月25日，《人民日报》头版头条刊登《一张蓝图绘到底——习近平总书记擘画浙江"千万工程"带来乡村巨变》的长篇通讯，文中报道益农镇群围村："聚焦益农镇群围村，记录下它从污水沟变风景线，出门菜园和花园；从村集体欠债100余万元，到如今人均年收入5.28万元的变化。"

【区智能家装行业协会成立】 2023年8月4日，萧山区智能家装行业协会成立仪式在益农镇东联村举行。萧山区智能家装行业协会是由萧山从事智能家装行业的企业单位自愿结成的地方性、行业性社会团体，是非营利性社会组织。协会会员由杭州丰贝卫浴有限公司、杭州欣海卫浴有限公司、杭州奥诺威装饰材料有限公司等30家会员单位及20名个人会员组成。在仪式上，广东省佛山市卫浴洁具行业协会和四川省成都市浴室柜行业协会分别与区智能家装行业协会签订友好合作协议。

【益农镇村（社区）环境整治长效管护工作动员会】 2023年9月8日，益农镇村（社区）环境整治长效管护工作动员会暨"勤@益农"品牌发布仪式举行，推动村（社区）环境整治长效管护工作取得实际成效，让人居环境由"一时美"向"长久美"转变。各村（社区）按照"属地管理、条块结合、分工明确"的原则，建立起一张村干部、党员、组长、保洁员组成的"横向到边、纵向到底"的网格管理体系，形成"分片包干、分级管理、网格到底"责任体系，推进全镇人居环境网格化长效管理新模式。会上，同时发布"勤@益农"村（社区）环境整治长效管护品牌。

【中国农民丰收节（萧山·益农）在三围村举行】 2023年10月30日，中国农民丰收节（萧山·益农）暨"红领三农"萧山区农业行业党建推进会在三围村举行。推进会以高质量党建推动萧山农业产业高质量发展为主旨，展现萧山农业农村新风貌和"千万工程"新成就。萧山农商银行向益农镇20个村（社区）整体授信20亿元，区供销联社与镇政府进行乡村振兴合作签约。会上还举行"国家农民合作社示范社"授牌仪式。

（周　涛）

党湾镇

【概况】 党湾镇地处萧山区东部，东连临江高新区，东南邻益农镇，南接瓜沥镇，西至靖江街道，北至钱塘区，苏绍高速公路穿境而过。2023年，镇行政区域面积32.73平方千米，辖村17个、社区2个，户籍人口43682人。财政总收入7.18亿元，增长33.2%；一般公共预算收入4.01亿元，增长32.4%。规模以上工业企业增加值22.74亿元，增长1%；规模以上高新技术产业增加值19.68亿元，增长2.1%；规模以上企业利税总额6.81亿元，下降12.4%；规模以上工业企业利润总额4.7亿元，下降5.6%；规模以上服务业增加值1.13亿元，下降10.4%；规模以上数字经济增加值2788万元，下降12.2%；出口额36.22亿元，下降10.8%；限额以上社会消费品零售总额526万元，增长18.3%；全社会固定资产投资6.59亿元，增长0.5%。

年内，党湾镇实施6项民生实事。投入1500万元，构筑未来社区，推进卫东桥未来社区建设工程，通过省第四批未来引领型社区验收。提升城市面貌，投入2亿元，实施总长1.3千米的民心路建设。投入2600万元，推进美丽河湖建设，对梅林湾（北段）河道实施综合整治，总长3.8千米。提振农业经济，投入6000万元，实施省级现代化农事服务中心建设工程。升级教育体验，投入450万元，实施教育暖心年工程。稳固消防安全，投入400万元，实施应急消防管理站建设工程。

杭州麦爽食品有限公司、浙江博佳包装有限公司、杭州良钰机械有限公司等7家企业被认定为高新技术企业。新认定浙江三元电子科技有限公司为国家级专精特新"小巨人"企业，新认定浙江三元纺织有限公司、浙江蓝天鹤舞控股有限公司、杭州集美印染有限公司等15家企业为省级专精特新企业；新增浙江中景新材料科技有限公司、浙江中南幕墙智造有限公司、杭州易增纺织有限公司等6家企业为规模以上工业企业。全镇累计有省级专精特新以上企业20家、规模以上工业企业55家，实现引领型、科技型、培育型企业梯度化培育。三元控股集团有限公司被中国纺织工业联合会、中国纺织信息中心、国家纺织产品开发中心认定为国家印染产品开发基地，被中国纺织工业联合会评为全国纺织行业技能人才培育突出贡献单位。杭州萧山宝盛宾馆被全国旅游星级饭店评定委员会评定为金树叶级绿色旅游饭店。奥展实业股份有限公司被省市场监督管理局评为AAA级“守合同、重信用”企业，被省经信厅认定为省级服务型制造示范企业（平台）。浙江蓝天鹤舞控股有限公司被中国科学技术研究院核查管理中心认定为省级科技研发机构（含实验室）。

开展迎亚运环境大整治，完成镇级自查自改问题1.53万个，整改“一村（社）一清单”问题2.62万个，在全区村（社区）环境整治大比武中获东片组第一、全区第三。

创建村（社区）三星级居家养老照料中心11个。做好残疾人服务工作，发放重度残疾人护理补贴841人次，发放困难残疾人生活补贴655人次，卫东桥社区创建成市残疾人文体示范点。关心关爱困境儿童45人次。发放80周岁高龄津贴1903人次，开展居家养老上门服务，惠及群众1859人次。全年19个村（社区）慈善工作站共发放救助金163.08万元，受助群众753人次。镇社区卫生服务中心被国家卫健委通报表扬。

表81　2023年党湾镇各村（社区）基本情况表

村（社区）	书记（主任）	户籍人口（人）	村民小组（个）	村集体可分配收入（万元）	耕地面积（公顷）
幸福村	周国祥	3359	23	417.0	145.5
大西村	李国峰	2840	20	340.7	157.6
裕民村	陈国军	2375	17	435.4	113.2
德北村	周建忠	1924	12	347.9	99.2
老埠头村	孙建华	2444	20	262.0	88.9
团结村	沈忠良	2348	18	302.1	107.5
曙光村	高建恩	3313	20	401.6	180.0
新梅村	章惠江	2361	19	357.4	104.4
新前村	李国信	1930	16	355.1	116.7
梅东村	施国军	3045	24	415.6	102.4
永安村	方万土	1844	16	439.8	92.5
永乐村	詹国军	2477	19	374.9	70.5
先锋村	倪才国	1508	4	206.3	82.9
勤联村	赵国英	2875	24	486.0	144.7
红界村	潘永昌	1799	14	446.2	113.9
镇中村	王大军	4126	29	771.2	154.6
庆丰村	倪增员	1889	17	289.4	115.3
卫东桥社区	马佳丽	877	—	—	—

续表81

村（社区）	书记（主任）	户籍人口（人）	村民小组（个）	村集体可分配收入（万元）	耕地面积（公顷）
幸福里社区	李　萍（主持工作）	148	—	—	—

（资料来源：党湾镇政府）

【林森商贸中心开业】 2023年5月2日，党湾林森商贸中心开业。该商贸中心历时3年建设，投资3亿余元，总建筑面积5万平方米，是集休闲、购物、餐饮、娱乐、居住等多功能于一体的商贸综合体，由智慧农贸、活力街区、SOHO公馆、城市酒店等功能区组成。截至年末，入驻肯德基、发到家超市、开元颐居酒店等企业93家。

【第四届全民运动会暨“村亚运·趣运动”活动】 2023年5—8月，党湾镇举办第四届全民运动会暨“村亚运·趣运动”活动。运动会设羽毛球、乒乓球、飞镖、拔河、五人制足球、篮球和田径7个比赛项目。全镇133支队伍的926名运动员参赛，羽毛球、拔河、足球、篮球比赛取团体前八名，乒乓球、飞镖比赛取男、女个人前八名，田径比赛取个人前八名。

【党湾镇首届围垦稻虾生活节】 2023年6月3—4日，党湾镇举办首届围垦稻虾生活节，主会场设在庆丰村稻虾共养基地，分会场设在林森商贸中心。活动设有“稻田钓虾”“亲子趣味运动会”“造集轰趴”等项目，布置酱菜、预制菜、本地农产品、庭院植物等特色摊位24个，两天销售小龙虾1150千克。活动上发布省级现代化农事服务中心、美好生活青年公寓、强村共富加油站三大建设项目。庆丰村、镇中村、团结村、红界村分别与绿发集团乡村振兴公司签订农田托管协议，萧山供销联社和庆丰村签署稻虾湾共富餐厅协议。党湾镇为庆丰村“稻虾厨房”的5位农户代表授牌。活动邀请百万网红现场直播，线上观看超过28万人次，得到中华网、央广网、《中国旅游报》等国家级媒体报道，各类媒体浏览量达500万人次以上。

2023年6月3日，党湾镇首届围垦稻虾生活节启动

（王啸虎　摄）

【省级现代化农事服务中心烘干服务启用仪式举行】 2023年11月2日，党湾镇举行省级现代化农事服务中心烘干服务启用仪式。镇省级现代化农事服务中心是全省首批省级现代化农事服务中心，占地0.8公顷，总投资5000余万元，由党湾镇强村发展公司和亚太中商（浙江）科技有限公司共同建设运营，提供一站式、全产业链的综合性农事服务。中心有10台全自动大型烘干设备，主要为农户提供稻谷、小麦、油菜籽等多类谷物烘干服务，日烘干量可达300吨。

【党湾镇全民终身学习活动周】 2023年11月27日，党湾镇举行2023年全民终身学习活动周活动。区教育局成教科、萧山社区学院、东片教育指导中心、空港教育指导中心相关负责人及各村（社区）书记、全区社区学校校长、党湾辖区各校（园）长和市民代表等215人参加活动。活动表彰萧山区“优质老年学堂”“百姓学习之星”“书香之家”“学习共同体”“终身学习品牌项目”“优秀社区教育工作联络员”“学习型村（社区）”等先进组织和个人。

（杨佳瑶）

红山农场

【概况】 红山农场东连南阳街道，南靠新街街道、瓜沥镇，西邻萧山科技城，北依钱塘江，全域位于杭州临空经济示范区西部中心区块。2023年，农场区域面积7.4平方千米，辖同舟、同心、同德3个社区，户籍人口6059人。财政总收入3.05亿元，增长20.4%；一般公共预算收入1.64亿元，增长21.9%；规模以上工业企业增加值15.28亿元，与上年持平；规模以上高新技术产业增加值15.15亿元，增长0.9%；规模以上工业企业利税总额7.66亿元，增长169.7%；规模以上工业企业利润总额4.26亿元，提增3.89倍；规模以上服务业增加值616万元，下降15%；规模以上数字经济增加值8197万元，增长1.1%；出口额3.1亿元，下降6.4%；固定资产投资1.64亿元，下降23.6%。

年内，为拓展发展空间，推进临空经济示范区建设，按照“一次评估、一次签约、分步腾挪”的原则，完成同德社区、同舟社区170户农户征迁。开展大规模企业征迁，从12月5日开始签约，完成16家企业签约，腾出土地空间52.4公顷，其中重大产业项目和重点线性工程涉及的企业签约完成。协助临空经济示范区等办理土地农转用手续93.3公顷，其中25.6公顷完成清苗交地、农户安置工作。完成空港新城城市示范村（红山区块）一期项目用地和104国道河庄至衙前段项目用地，征用土地12.53公顷，签约率100%。服务保障亚（残）运会，农场成立亚运保障指挥部，并成立各专项领导小组，制定各项方案21个。农场全域划分成25个微网格，开展亚运保障各项工作。开展平安巡逻3607次，开展志愿服务171次。同时，根据亚运会赛事总指挥部安排，成立萧山国际机场外围保障团队，开展“赛时一天”外围保障演练2场。

表82 2023年红山农场各社区基本情况表

社区	书记（主任）	户籍人口（人）	村民小组（个）	村集体可分配收入（万元）	耕地面积（公顷）
同舟社区	俞亚玲	2157	9	—	78.0
同心社区	章益民	2011	9	—	63.0
同德社区	严柯达	1891	9	—	95.0

（资料来源：红山农场）

【产业发展】 2023年4月18日，位于红山农场萧清大道4128号的杭州临空经济示范区发展服务中心启用。中心成立后，主要负责示范区内投资项目服务的综合指导和协调，打造投资项目“管家式”代办服务，围绕智能制造、生命健康、航空服务、数字贸易、会展商务五大临空产业，建立“事前介入、事中陪同、事后跟踪”的项目审批全流程管理体系。配合杭州临空经济示范区引进浙江永太科技股份有限公司、杭州酷必科技有限公司，完成建设用地审批。浙江正达纺织科技有限公司年产5000万米差异化户外面料项目一期工程通过竣工验收。开展“走访＋服务”助企纾困，走访企业230余家次，帮助落实各项助企帮扶政策，发放纾困帮扶资金120余万元。亚运期间，协助企业办理亚运通行白名单291辆次。杭州大路实业有限公司、杭州红山热电有限公司、杭州之江开关股份有限公司等10家企业被认定为国家高新技术企业，杭州之江开关股份有限公司、杭州恒安交通设施工程有限公司等8家企业被认定为省级科技型中小企业，杭州纽曲星生物科技有限公司、杭州红山热电有限公司、浙江协和薄钢科技有限公司等公司7项实用型专利通过受理。培育认定A—F类人才26人，其中D类人才3人、E类人才6人、F类人才17人。浙江协和集团有限公司入围2023中国民营企业500强、2023中国制造业企业500强。

【民生服务】 2023年，红山农场第39个教师节暨第七届“园丁奖”表彰大会举行，表彰余丽文、杨红佳、周雪丽等8位教师。同德社区树德家园小高层一期4幢住户入住。位于创业桥东南侧的红山（过渡）农贸市场开始启用。为12户低保户13人发放低保金22.15万元。开展慈善救助活动，共救助250人次，其中助学20人次、助医24人次、助困83人次、助老11人次、助教112人次，发放慈善救助70.13万元。

【社会治理】 2023年，红山农场召开安全生产专题会议12次，制定安全生产应急预案1个，宣传和教育培训活动5场，开展安全生产大检查50余次，检查社区、企事业单位1100家次，并实现100%整改闭环。推进高层建筑综合整治，对辖区3幢高层建筑进行消防安全大检查，落实高层建筑消防车通道统一标识化管理，所有高层被纳入“云治火”平台，落实单位每月自查、网格员每季度排查工作，全年排查48次，整改率100%。

（陈永卫）

责任编辑：余观祥

人物·荣誉

先进人物

王李超 男，1993年11月出生，浙江萧山区人，中国残疾人游泳运动员。2023年，王李超在杭州第4届亚残运会男子100米自由泳S5级比赛获1枚金牌，并创造亚残运会新的纪录（APGR）；在50米蝶泳S5级比赛中获1枚金牌，男子50米自由泳S5级、男子200米自由泳S5级比赛中各获1枚银牌，50米仰泳S5级比赛中获1枚铜牌。

徐海蛟 男，1994年5月出生，浙江萧山区人，中国残疾人游泳运动员。2021年，徐海蛟在东京残奥会游泳男子200米个人混合泳SM8级比赛中获银牌。同年10月，在全国第十一届残疾人运动会暨第八届特殊奥林匹克运动会获4枚金牌和3枚银牌。2023年，在杭州第4届亚残运会游泳男子200米个人混合泳SM8级、游泳男子400米自由泳S8级、男子100米自由泳S8级、男子100米蛙泳SB8级和混合4×100米混合泳接力–34分比赛中，各获1枚金牌。2018年，在杭州市第二届“最美杭州人”评选活动中，徐海蛟获评“十佳残疾人”。2023年12月，徐海蛟入选2023年度“最美浙江人·浙江骄傲”候选人名单。

姚依楠 女，2001年12月出生，浙江萧山区人，中国残疾人跆拳道运动员。2023年，在杭州第4届亚残运会女子K44—65KG决赛中获1枚金牌。

集体荣誉

表83　2023年萧山区获评全国（含系统）先进集体一览表

单位名称	荣誉称号	授予单位
萧山区	全国首批县域商业领跑县	商务部
萧山钱江世纪城管理委员会	杭州第19届亚运会、第4届亚残运会先进集体	国家体育总局、中国残联、省委、省政府
区文化和广电旅游体育局	杭州第19届亚运会、第4届亚残运会先进集体	国家体育总局、中国残联、省委、省政府
临浦镇	杭州第19届亚运会、第4届亚残运会先进集体	国家体育总局、中国残联、省委、省政府
瓜沥镇	杭州第19届亚运会、第4届亚残运会先进集体	国家体育总局、中国残联、省委、省政府
杭州奥体中心体育馆运行团队	杭州第19届亚运会、第4届亚残运会先进集体	国家体育总局、中国残联、省委、省政府

续表 83

单位名称	荣誉称号	授予单位
杭州奥体中心游泳馆运行团队	杭州第 19 届亚运会、第 4 届亚残运会先进集体	国家体育总局、中国残联、省委、省政府
杭州奥体中心国博壁球馆运行团队	杭州第 19 届亚运会、第 4 届亚残运会先进集体	国家体育总局、中国残联、省委、省政府
杭州萧山钱江世纪城开发建设有限责任公司	杭州第 19 届亚运会、第 4 届亚残运会先进集体	国家体育总局、中国残联、省委、省政府
杭州萧山亚运场馆投资建设有限公司	杭州第 19 届亚运会、第 4 届亚残运会先进集体	国家体育总局、中国残联、省委、省政府
萧山临浦体育馆运行团队	杭州第 19 届亚运会、第 4 届亚残运会先进集体	国家体育总局、中国残联、省委、省政府
瓜沥文化体育中心运行团队	杭州第 19 届亚运会、第 4 届亚残运会先进集体	国家体育总局、中国残联、省委、省政府
区人民检察院	2023—2024 年度全国维护青少年权益岗创建单位	团中央、中宣部、政法委中央网信办等 15 个部委
区气象局	全国气象部门创建模范机关先进单位	中国气象局
区信访局	2023 年度人民网“网上群众工作民心汇聚单位”	人民网
区科协	2023 年“表现突出的科普中国组织单位”、2023 年全国科普日活动优秀组织单位	中国科协办公厅
区社科联	全国社科组织先进单位	全国大中城市社科联工作会议主席团
区行政审批服务管理办公室	第九批国家级社会管理和公共服务综合标准化试点	国家标准化管理委员会
区文化和广电旅游体育局体育科	全国工人先锋号	中华全国总工会
区侨联	全国侨联系统先进组织	全国侨联
区工商联	2022—2023 年度全国“五好”县级工商联	全国工商联
宁围街道	智慧健康养老应用试点创建项目	工业和信息化部
萧山图书馆	第七次全国县级以上公共图书馆评估定级一级图书馆	文化和旅游部
钱江世纪城派出所	全国第三批“枫桥式公安派出所”	公安部
萧山区第一中等职业学校	全国青少年校园足球特色学校	教育部
萧山区回澜小学	全国中小学国防教育示范学校	教育部
萧山区湘师实验小学	首批全国健康学校建设单位	教育部
潮都社区少先队“潮·影”中队	全国“红领巾中队”	全国少工委

续表 83

单位名称	荣誉称号	授予单位
城厢街道休博园社区团支部	全国“五四红旗团支部”	团中央
盈丰街道盈二社区	第九批全国民主法治示范村（社区）	司法部、民政部
瓜沥镇东恩村	第三批全国乡村治理示范村	农业农村部、中宣部、司法部
河上镇社区卫生服务中心、临浦镇社区卫生服务中心、进化镇社区卫生服务中心、新街街道社区卫生服务中心	2023 年度“优质服务基层行”活动表现突出服务优质机构	国家卫生健康委办公厅、国家中医药局综合司
杭州萧山国际机场有限公司	国际卫生机场	世界卫生组织
杭州萧山国际机场有限公司	无障碍环境认证三星级证书	国家市场监管总局、中国残联
杭州萧山国际机场有限公司地勤公司	“民航服务助力行业恢复年”主题活动先进单位	中国民用航空局
航民集团职工书屋	全国工会职工书屋示范点	全国总工会
杭州萧山商业城开发有限公司	中国商品市场功勋市场、中国商品市场综合百强	国家市场监管总局、省政府
浙江申通快递有限公司工会爱心驿家	全国“最美工会户外劳动者服务站点”	全国总工会
沈蕾家庭	2023 年度全国“最美家庭”	全国妇联

表 84　2023 年萧山区获评浙江省先进集体一览表

单位名称	荣誉称号	授予单位
萧山区	省营商环境优化提升最佳实践案例	省委全面深化改革委员会办公室
萧山区	浙江制造天工鼎	省委办公厅、省政府办公厅
萧山区	建筑工业化省级考核优秀	省建设厅
萧山区	全省第一批“百千万”永久基本农田集中连片整治省级优秀项目	省自然资源厅
区纪委区监委	杭州第 19 届亚运会、第 4 届亚残运会先进集体	省委办公厅、省政府办公厅
区委政法委	杭州第 19 届亚运会、第 4 届亚残运会先进集体	省委办公厅、省政府办公厅
区卫生健康局	杭州第 19 届亚运会、第 4 届亚残运会先进集体	省委办公厅、省政府办公厅
钱江海关驻萧然办事处	杭州第 19 届亚运会、第 4 届亚残运会先进集体	省委办公厅、省政府办公厅
区第一人民医院	杭州第 19 届亚运会、第 4 届亚残运会先进集体	省委办公厅、省政府办公厅
区第二人民医院	杭州第 19 届亚运会、第 4 届亚残运会先进集体	省委办公厅、省政府办公厅

续表 84

单位名称	荣誉称号	授予单位
区第三人民医院	杭州第 19 届亚运会、第 4 届亚残运会先进集体	省委办公厅、省政府办公厅
盈丰街道	杭州第 19 届亚运会、第 4 届亚残运会先进集体	省委办公厅、省政府办公厅
临浦镇区域发展办	杭州第 19 届亚运会、第 4 届亚残运会先进集体	省委办公厅、省政府办公厅
杭州萧山环境投资建设集团有限公司	杭州第 19 届亚运会、第 4 届亚残运会先进集体	省委办公厅、省政府办公厅
杭州萧山钱江世纪城国有资产经营集团有限公司	杭州第 19 届亚运会、第 4 届亚残运会先进集体	省委办公厅、省政府办公厅
萧山公共交通有限公司	杭州第 19 届亚运会、第 4 届亚残运会先进集体	省委办公厅、省政府办公厅
杭州国际博览中心有限公司	杭州第 19 届亚运会、第 4 届亚残运会先进集体	省委办公厅、省政府办公厅
中国移动通信集团浙江有限公司萧山分公司	杭州第 19 届亚运会、第 4 届亚残运会先进集体	省委办公厅、省政府办公厅
区社会治理中心	杭州亚运会、亚残运会浙江省“五一劳动奖状”	省总工会
区住房和城乡建设局	杭州亚运会、亚残运会浙江省“五一劳动奖状”	省总工会
区市场监督管理局	杭州亚运会、亚残运会浙江省“五一劳动奖状”	省总工会
浙江长龙航空有限公司	杭州亚运会、亚残运会浙江省“五一劳动奖状”	省总工会
萧山邮政管理局	杭州亚运会、亚残运会安保工作先进集体	省邮政管理局
萧山钱江世纪城管理委员会办公室	杭州亚运会、亚残运会浙江省“工人先锋号”	省总工会
萧山钱江世纪城管理委员会建设管理局	杭州亚运会、亚残运会浙江省“工人先锋号”	省总工会
公安萧山区公安分局宁围派出所	杭州亚运会、亚残运会浙江省“工人先锋号”	省总工会
区文化和广电旅游体育局体育科	杭州亚运会、亚残运会浙江省“工人先锋号”	省总工会
临浦镇人民政府城市建设（规划）办公室	杭州亚运会、亚残运会浙江省“工人先锋号”	省总工会
瓜沥镇人民政府萧山瓜沥文化体育中心运行团队	杭州亚运会、亚残运会浙江省“工人先锋号”	省总工会
杭州萧山亚运场馆投资建设有限公司工程物业部	杭州亚运会、亚残运会浙江省“工人先锋号”	省总工会
第 19 届亚运会杭州奥体中心国博壁球馆运行团队	杭州亚运会、亚残运会浙江省“工人先锋号”	省总工会
杭州萧山国际机场高速公路建设开发有限公司安全养护部	杭州亚运会、亚残运会浙江省“工人先锋号”	省总工会

续表 84

单 位 名 称	荣 誉 称 号	授 予 单 位
国家电网萧山区供电公司钱江供电所	杭州亚运会、亚残运会浙江省“工人先锋号”	省总工会
杭州萧山国际机场有限公司信导部导航电子中心	杭州亚运会、亚残运会浙江省“工人先锋号”	省总工会
杭州萧山国际机场有限公司飞行区中心	杭州亚运会、亚残运会浙江省“工人先锋号”	省总工会
杭州萧山国际机场有限公司航站区中心	杭州亚运会、亚残运会浙江省“工人先锋号”	省总工会
杭州萧山国际机场有限公司地勤区中心	杭州亚运会、亚残运会浙江省“工人先锋号”	省总工会
杭州萧山国际机场有限公司“温暖畅行”志愿服务队	杭州亚运会、亚残运会浙江省“工人先锋号”	省总工会
区委宣传部、区委文明办	杭州亚（残）运会浙江省先进集体	省委办公厅、省政府办公厅
杭州萧山国际机场有限公司应急部急救中心	杭州第19届亚运会、第4届亚残运会华东民航保障先进班组	民航华东地区管理局
杭州萧山国际机场有限公司地勤公司旅客服务部	2023年浙江省迎亚运民航服务技能竞赛最佳配合团体奖	省总工会
区政协	全省政协联谊报宣传工作先进单位	政协省委办公厅
区委网信办	省网信工作先进集体	省委网信办
区委网信办	全省网络生态“瞭望哨”工程建设成绩突出集体	省委网信办
“未来警校”青少年网络普法宣传教育中心	浙江省普法示范基地	省委网信办
区总工会（推进新时代萧山产业工人队伍建设改革工作协调小组办公室）	2023年新时代浙江产业工人队伍建设改革成绩突出集体	省委、省政府
区妇联	浙江省妇联系统先进集体	省妇联
区工商联	2023年上规模民营企业调研先进单位	省工商联
区工商联	2023年“中国民营企业500强”申报先进单位	省工商联
区委政法委	浙江省2023年平安护航系列重大活动成绩突出集体通报表扬	省委建设平安浙江领导小组办公室
区委政法委反邪协调科	浙江省反邪教工作成绩突出集体	省委建设平安浙江领导小组
区教育局	浙江省教育工作业绩考核先进单位	省教育厅
萧山区公安分局	2022年度全省公安机关执法质量优秀单位	省公安厅
萧山区公安分局	浙江省“扫黄打非”工作成绩突出集体	全省“扫黄打非”工作领导小组

续表 84

单位名称	荣誉称号	授予单位
萧山区公安分局	第二批公务员考核工作省级示范点	省委组织部
萧山区公安分局	2023 年度全省公安机关执法质量优秀单位	省公安厅
萧山区公安分局治安大队	集体二等功	省公安厅
萧山区公安分局环食药大队	浙江省卷烟打假打私工作成绩突出集体	省烟草专卖局、省公安厅
萧山区公安分局法制大队	浙江省公安机关信访突出问题攻坚化解专项工作成绩突出集体	省公安厅
新街派出所	“三能榜样・最美警队”	省公安厅
钱江世纪城派出所	浙江省清廉建设成绩突出单位	省委办公厅
区司法局	浙江省指导人民调解工作先进集体	省委、省政府
区司法局	浙江省司法行政系统公共法律服务工作成绩突出集体	省司法厅
区司法局新街司法所	浙江省“枫桥式司法所”	省司法厅
区人力资源和社会保障局	2023 年度浙江省人社系统绩效考核优秀单位	省人社厅
区商务局	浙江省粮食物资重点工作推进优秀单位	省粮食和物资储备局
区商务局	2023 年度中国（浙江）自由贸易试验区建设工作业绩突出集体	中国（浙江）自由贸易试验区工作领导小组办公室
区商务局离退休干部第二党支部	浙江省首批离退休干部“三强六好”示范党支部	省委老干部局
区文化和广电旅游体育局	2023 年度应急广播体系深化建设工作成绩突出集体	省应急广播体系建设工作专班办公室
区市场监管局	2023 年浙江省药品检查工作成绩突出集体	省药品监管局
区市场监管局空港分局	“双百”行动示范所	省市场监管局
区市场监管局益农所	三星级规范化市场监管所	省市场监管局
区市场监管局市郊所	清廉基层所	省市场监管局
市规划和自然资源局萧山分局	全省城市地下市政基础设施普查工作成绩突出集体	省自然资源厅、省住房和城乡建设厅
区气象局	2022—2023 年度全省气象部门先进基层党组织	省气象局
区气象局	浙江省气象部门创建模范机关先进单位	省气象局
区信访局	省级“无信访积案县（市、区）”	省信访局
区信访局	省级“治重化积及依法维护信访秩序工作成绩突出集体”	省信访工作联席会议办公室、省信访局

续表 84

单 位 名 称	荣 誉 称 号	授 予 单 位
国家税务总局萧山区税务局第一税务所（办税服务厅）	浙江税务系统 2023 年新时代“枫桥式”税务所（分局、办税服务厅）	国家税务总局省税务局
党校萧山分校	浙江省首批“标杆引领类”县级党校	省委组织部、省委党校
区消防救援大队	2023 年度全省消防救援队伍安全工作先进大队	省消防救援总队
区消防救援大队	2023 年度全省消防救援队伍先进基层单位	省消防救援总队
区消防救援大队党委	2022—2023 年度全省消防救援队伍示范基层党组织	省消防救援总队委员会
区消防救援大队	2023 年度全省消防救援队伍集体嘉奖	省消防救援总队
区消防救援大队	浙江省平安护航系列重大活动成绩突出集体	省委建设平安浙江领导小组
区消防救援大队萧山消防救援站	2023 年度全省消防救援队伍先进基层单位	省消防救援总队
区政务服务中心	“浙江有礼·四个一百”——有礼窗口	省文明办
区政务服务中心	2023 年度浙江省示范政务服务中心	省委全面深化改革委员会办公室
区档案馆	浙江省档案工作成绩突出集体	省委办公厅、省政府办公厅
萧山经济技术开发区总工会	省“安康杯”竞赛成绩突出组织单位	省总工会
萧山钱江世纪城管理委员会建设管理局	浙江省“五一劳动奖状”	省总工会
萧山钱江世纪城管理委员会办公室	浙江省“五一劳动奖状”	省总工会
萧山区老年电视大学	第四届浙江省敬老文明号	省老龄委
萧山区第五高级中学	浙江省教科研先进集体	省教育厅
萧山区第一中等职业学校	浙江省职业教育信息化标杆学校	省教育厅
萧山区第三高级中学委员会	浙江省首批中小学校示范性党组织	省委教育工作委员会
萧山区第二中等职业学校、萧山区湘湖小学	第二批浙江省清廉学校建设示范校	省委教育工作委员会
萧山“信息港湾·数字创新谷”特色产业风貌样板区、萧山区蔔前—瓜沥“航坞听梵·临空家园”县城风貌样板区	浙江省 2023 年第三批城乡风貌样板区（县域风貌）	省建设厅
城厢街道湘湖社区服务综合体	浙江省五星级社区服务综合体	省民政厅
城厢街道紫橙家庭教育实践基地	浙江省家庭教育创新实践基地	省妇联

续表 84

单 位 名 称	荣 誉 称 号	授 予 单 位
城厢街道紫橙家庭教育实践基地	浙江省家庭教育创新实践基地	省妇联
北干街道广德社区服务综合体	浙江省四星级社区服务综合体	省民政厅
北干街道食安办、新街街道食安办、盈丰街道食安办、闻堰街道食安办	省五星级乡镇（街道）食（药）安办	省食安办
蜀山街道湖山社区、新塘街道罗婆路社区、新街街道新宜社区、盈丰街道盈二社区服务综合体	省三星级社区服务综合体	省民政厅
新塘街道四季花城社区“四季同心”侨胞之家	省四星级侨胞之家	省侨联
鲁冠球精神展陈馆	省关心下一代教育基地	省关工委
宁围街道退役军人服务站、益农镇退役军人服务站、所前镇退役军人服务站、蜀山街道退役军人服务站	省“新时代枫桥式退役军人服务站”	省委退役军人领导小组
宁围街道新华教堂	宗教活动场所消防安全标准化管理“百优争创”活动优秀单位	省民宗委、省消防救援队
区慈善总会宁围街道宁新工作站	第四批省级示范慈善工作站	省慈善总会
盈丰街道	全省宗教工作先进集体	省宗教工作协调小组
新街街道	省综合发展型现代化美丽城镇	省住房和城乡建设厅
新街街道陈家园村	省文明村	省文明办
新街街道双圩村	2023 年度浙江省返乡入乡合作创业村考核优秀单位	省人社厅
新街街道“侨新里”“侨胞之家”	省三星级侨胞之家	省侨联
南阳街道南阳伞·共富坊	第一批省级示范共富工坊	省委组织部、省委两新工委
南阳街道潮都社区党群服务中心	省级示范村（社区）党群服务中心	省现代社区建设领导小组办公室、省委组织部、省委新经济与新社会组织工委
南阳街道潮都社区	第二批文艺赋美·浙江省美育村（社区）	省文旅厅
南阳街道南丰村，河上镇紫霞村、朱家村	省善治示范村	省委农村工作领导小组办公室
河上镇东山村	2023 年度浙江省历史文化（传统）村落保护利用示范村	省“千村示范、万村整治”工作协调小组办公室
河上镇凤凰坞村	省古树名木文化公园	省林业局
河上镇河上店旅游驿站、凤凰坞旅游驿站	省二级旅游驿站	省文旅厅
河上镇萧山抗战纪念馆	省乡村博物馆	省文物局、省博物馆学会

续表 84

单位名称	荣誉称号	授予单位
河上镇溪头村、益农镇群围村	省卫生村样板	省爱卫办
戴村镇	第六批省级民族团结进步创建重点培育单位	省民宗委
戴村镇尖山下村	省传统村落风貌保护提升村	省建设厅、省城乡环境整治工作领导小组美丽宜居村镇示范办公室
戴村镇、浦阳镇	2023 年度“浙江省森林城镇”	省关注森林组织委员会
戴村镇东风村	2023 年度浙江省和美乡村特色精品村	省农业农村厅
临浦镇、党湾镇	2023 年度浙江省和美乡村示范乡镇	省“千村示范、万村整治”工作协调小组办公室
临浦镇	省“红色根脉”强基示范乡镇（街道）	省委
临浦镇横一村	省粮食生产功能区“非粮化”整治优化和高标准农田建设先进集体	省农业农村厅
临浦镇横一村实践教学点	省村（社区）干部基层实践教学点	省委学习贯彻习近平新时代中国特色社会主义思想主题教育领导小组办公室、省委组织部
临浦镇总工会“爱心驿家服务站点”	2023 年浙江省最美工会户外劳动者	省总工会
所前镇王华炎纪念馆、衙前镇浙东运河衙前展示馆	省第二批乡村博物馆	省文物局
所前镇天乐寺	2022—2023 年度省级平安宗教活动场所	省民宗委
瓜沥镇	2023 年度浙江省示范便民服务中心	省委全面深化改革委员会办公室
瓜沥镇梅林村	2023 年浙江省健康村样板	省爱卫办
瓜沥镇明朗村游步道公厕、众安村众兴公园公厕	2023 年度省级五星级农村公厕	省农业农村厅
益农镇	省健康乡镇样板	省爱卫办
益农镇群围村、河上镇溪头村	省卫生样板村	省爱卫办
党湾镇	省级示范慈善分会	省慈善联合总会
党湾镇庆丰村	省文明村	省文明办
区慈善总会党湾分会	第四批省级示范慈善分会	省慈善总会
杭州萧山国际机场有限公司	省服务业龙头企业	省发改委
杭州萧山国际机场有限公司	省国资国企新风尚基层深化典型样本	省国资委党委

续表84

单位名称	荣誉称号	授予单位
杭州萧山国际机场有限公司飞行区中心“创新空港服务劳模工匠创新工作室联盟”	2023年度优秀省劳模工匠创新工作室联盟	省总工会
杭州萧山国际机场有限公司党员“初心站”	全国百强志愿服务组织	省志汇公益发展中心
浙江杭州湾信息港高新建设开发有限公司	2023年新时代浙江产业工人队伍建设改革成绩突出集体	省委、省政府
杭州萧山环境投资建设集团有限公司	省“五水共治”工作先进集体	省委、省政府
杭州湾信息港高新建设开发有限公司信息港创新服务中心	浙江省“五一劳动奖状”	省总工会
杭州萧山亚运场馆投资建设有限公司工程物业部	浙江省“五一劳动奖状”	省总工会
杭州萧山国际机场高速公路建设开发有限公司安全养护部	浙江省“五一劳动奖状”	省总工会
国网浙江区供电有限公司凤凰运维班	浙江省“五一劳动奖状”	省总工会
杭州萧山国际机场有限公司信导部网络安全管理中心	华东民航“五四红旗团支部”	民航华东地区管理局团委
杭州萧山国际机场有限公司航站区管理中心团支部	华东民航“五四红旗团支部”	民航华东地区管理局团委
杭州萧山国际机场有限公司飞行区中心机坪塔台	华东民航“青年突击队”	华东民航青年工作联席会、民航华东地区管理局团委
杭州萧山国际机场有限公司“温暖畅行”志愿服务队	华东民航“青年文明号”	民航华东地区管理局团委
国网区供电公司瓜沥供电所高压供电服务班	省质量信得过班组典型经验一等奖	省质量协会、省总工会、省妇联、省科协、省工商联
杭州萧山环境投资发展有限公司设计研究院	省“五水共治”工作先进集体	省委、省政府
萧山区建设工程质量安全监督站	2023年度浙江省工程质量安全监督机构考核优秀单位	省建设厅
浙江萧山农村商业银行股份有限公司	2023年省服务业领军企业	省发展改革委、省服务业高质量发展“百千万”工程建设工作专班
杭州奥体中心主体育馆、游泳馆、综合训练馆	2023年度省建筑施工安全生产标准化管理优良工地	省建设厅
浙江恒逸石化有限公司	浙江省十佳外贸（含跨境电子商务）企业	省委、省政府
浙江申通快递有限公司“客户服务岗”	浙江省“三八红旗集体”	省妇联
杭州奥体中心国博壁球馆运行团队	浙江省“五一劳动奖状”	省总工会

续表 84

单位名称	荣誉称号	授予单位
胜达集团有限公司	浙江省“五一劳动奖状”	省总工会
杭州科百特过滤器材有限公司金属车间管理团队	浙江省“五一劳动奖状”	省总工会
浙江长龙航空有限公司客舱部“翎龙”示范组	浙江省“五一劳动奖状”	省总工会
浙江长龙航空有限公司“萤火虫”班组	浙江省“安康杯”竞赛优胜班组	省总工会
浙江东南网架股份有限公司吴志新劳模工匠创新工作室	第十三批省级劳模工匠创新工作室	省总工会
杭州无忧传媒有限公司运营管理中心	浙江省“五一巾帼标兵岗”	省总工会
杭州杰牌传动科技有限公司职工书屋	2023 年省级职工书屋	省总工会
杭州杰牌传动科技有限公司	2023 年新时代杭州产业工人队伍建设改革成绩突出企业集体	省委、省政府
奥展实业股份有限公司	浙江省第二批供应链创新与应用示范企业	省商务厅
浙江万鼎精密科技股份有限公司	浙江省企业研究院	省科技厅
萧山市场建设开发有限公司德圣农贸市场、萧山开发区启慧农贸市场、杭州国际珠宝城、萧山红宝石家居博览城	浙江省四星级文明规范市场	省市场监管局
萧山区散装水泥发展中心	2023 年度浙江省散装水泥发展和应用工作优秀单位	省商务厅

（资料来源：各供稿单位）

个人荣誉

表 85　2023 年萧山区获评全国（含系统）先进个人一览表

姓名	性别	工作单位	职务	荣誉称号	授予单位
瞿　虎	男	区政协、民建萧山基层委	副主席、主委	杭州第 19 届亚运会、第 4 届亚残运会先进个人	国家体育总局、中国残联、省委、省政府
张刘佳	女	区妇联	办公室主任	杭州第 19 届亚运会、第 4 届亚残运会先进个人	国家体育总局、中国残联、省委、省政府
瞿立立	男	萧山钱江世纪城管理委员会	总部基地办公室主任	杭州第 19 届亚运会、第 4 届亚残运会先进个人	国家体育总局、中国残联、省委、省政府
余　刚	男	区文化和广电旅游体育局	局长	杭州第 19 届亚运会、第 4 届亚残运会先进个人	国家体育总局、中国残联、省委、省政府

续表85

姓　名	性别	工　作　单　位	职　务	荣　誉　称　号	授　予　单　位
倪明珠	女	区文化旅游体育发展服务中心	副主任	杭州第19届亚运会、第4届亚残运会先进个人	国家体育总局、中国残联、省委、省政府
马一婷	女	区文化和广电旅游体育局	体育科科长	杭州第19届亚运会、第4届亚残运会先进个人	国家体育总局、中国残联、省委、省政府
陈霄源	女	区文化和广电旅游体育局	计划财务科科长	杭州第19届亚运会、第4届亚残运会先进个人	国家体育总局、中国残联、省委、省政府
朱　赟	女	区文化和广电旅游体育局	组织人事科科长	杭州第19届亚运会、第4届亚残运会先进个人	国家体育总局、中国残联、省委、省政府
谢小娟	女	南阳街道办事处（杭州第19届亚运会组委会办公室文秘挂职）	文员	杭州第19届亚运会、第4届亚残运会先进个人	国家体育总局、中国残联、省委、省政府
周建民	男	盈丰街道办事处人大工委	主任	杭州第19届亚运会、第4届亚残运会先进个人	国家体育总局、中国残联、省委、省政府
汪良忠	男	临浦镇	党委副书记	杭州第19届亚运会、第4届亚残运会先进个人	国家体育总局、中国残联、省委、省政府
边程程	女	临浦镇	党建办主任	杭州第19届亚运会、第4届亚残运会先进个人	国家体育总局、中国残联、省委、省政府
邵　威	女	临浦镇	文化站站长	杭州第19届亚运会、第4届亚残运会先进个人	国家体育总局、中国残联、省委、省政府
徐　湘	男	临浦镇	平安办主任	杭州第19届亚运会、第4届亚残运会先进个人	国家体育总局、中国残联、省委、省政府
陶　炬	男	瓜沥镇	党建办主任	杭州第19届亚运会、第4届亚残运会先进个人	国家体育总局、中国残联、省委、省政府
高怡宁	女	瓜沥镇	党政办副主任	杭州第19届亚运会、第4届亚残运会先进个人	国家体育总局、中国残联、省委、省政府
何　峰	男	瓜沥镇	副主任、城投公司总经理	杭州第19届亚运会、第4届亚残运会先进个人	国家体育总局、中国残联、省委、省政府
周雪莲	女	瓜沥镇	党政办副主任	杭州第19届亚运会、第4届亚残运会先进个人	国家体育总局、中国残联、省委、省政府
张　婷	女	瓜沥镇	党委副书记	杭州第19届亚运会、第4届亚残运会先进个人	国家体育总局、中国残联、省委、省政府
高　玲	女	萧山区少年儿童体育运动学校	党支部书记、校长	杭州第19届亚运会、第4届亚残运会先进个人	国家体育总局、中国残联、省委、省政府
陈　崎	男	杭州萧山国际机场有限公司	安护部质量监察中心质量监察员	杭州第19届亚运会、第4届亚残运会先进个人	国家体育总局、中国残联、省委、省政府
王银秀	女	区纪委区监委	宣教室主任	2023年度网宣工作优秀通讯员	中央纪委国家监委新闻传播中心
张越朵	女	浙江申通快递有限公司	综合管理部经理	全国“五一巾帼标兵”	全国总工会
方　芸	女	区人民检察院	政法委员	第三届全国检察机关未成年人检察业务竞赛标兵（第一名）	最高人民检察院

续表 85

姓　名	性别	工　作　单　位	职　务	荣　誉　称　号	授　予　单　位
孙　超	男	区司法局	瓜沥司法所所长	全国模范人民调解员	司法部
俞世民	男	区市场监管局	党委委员、执法队副队长	民生领域案件查办“铁拳”行动突出贡献个人	国家市场监管总局
汪柏遂	男	区慈善总会	会长	优秀慈善工作者	中华慈善总会
董子博	男	萧山区北干初级中学	学生	全国“新时代好少年”	中央文明办三局
莫路姣	男	区第一人民医院	医生	全国无偿献血奉献奖银奖	国家卫健委、中国红十字总会、中央军委后勤保障部卫生局
宋　磊	男	萧山医院	党政办副主任	全国无偿献血奉献奖银奖	国家卫健委、中国红十字总会、中央军委后勤保障部卫生局
欣生林	男	萧山医院	党政办驾驶员	全国无偿献血奉献奖铜奖	国家卫健委、中国红十字总会、中央军委后勤保障部卫生局
任吉锋	男	萧山医院	总务科空调组组长	全国无偿献血奉献奖铜奖	国家卫健委、中国红十字总会、中央军委后勤保障部卫生局
赵佳阳	男	新街街道长山社区	民兵连连长	全国第一批次优秀退役军人事务员	退役军人事务部
邹家辉	男	杭州萧山国际机场有限公司	飞行区中心管制室副队长	全国民航优秀共青团员	中国民用航空局
张湘茜	女	杭州萧山国际机场有限公司	飞行区中心机场运控室副队长	首届全国民航机场运行指挥员职业技能大赛个人综合成绩二等奖	民航工会全国委员会、民用航空局人事科教司、民用航空局机场司
张湘茜	女	杭州萧山国际机场有限公司	飞行区中心机场运控室副队长	全国民航金牌员工	中国民航工会全国委员会
张湘茜	女	杭州萧山国际机场有限公司	飞行区中心机场运控室副队长	全国民航“青年岗位能手”	中国民航团委
宋丙伟	男	杭州萧山国际机场有限公司	应急部防火中心防火员	第十四届中国青年志愿者优秀个人奖	团中央
周　彦	男	杭州萧山国际机场有限公司	信导部通信导航科经理	全国交通技术能手	交通运输部
祝雨晨	女	杭州萧山国际机场有限公司	安护部团委书记	全国民航优秀共青团干部	中国民航团委
赵俊杰	男	杭州萧山污水处理有限公司	职工	2023 年全国行业职业技能竞赛——第七届全国残疾人职业技能大赛 3D 打印项目第二名、“全国技术能手”	第七届全国残疾人职业技能大赛组织委员会
邱建林	男	浙江恒逸集团有限公司	董事长	爱心企业家	中华慈善总会

表86　2023年萧山区获评浙江省先进个人一览表

姓　名	性别	工　作　单　位	职　务	荣　誉　称　号	授　予　单　位
孔　宇	男	区投资促进局	办公室主任	杭州第19届亚运会、第4届亚残运会先进个人	省委、省政府
郝俊毅	女	区投资促进局	综合业务科科员	杭州第19届亚运会、第4届亚残运会先进个人	省委、省政府
王　兵	男	区商务局	电子商务科（商贸发展科）科长	杭州第19届亚运会、第4届亚残运会先进个人	省委、省政府
沈　建	男	区商务局	行业管理科科长	杭州第19届亚运会、第4届亚残运会先进个人	省委、省政府
萧善良	男	区数据资源管理局	发展规划科科长	杭州第19届亚运会、第4届亚残运会先进个人	省委、省政府
丁卓成	男	杭州萧山国际机场有限公司	飞行区中心标准室助理	杭州第19届亚运会、第4届亚残运会先进个人	省委、省政府
孙雪婷	女	杭州萧山国际机场有限公司	场区中心运行管理模块业务主管	杭州第19届亚运会、第4届亚残运会先进个人	省委、省政府
孙　峰	男	杭州南站新城管委会	城市管理科科长	杭州第19届亚运会、第4届亚残运会先进个人	省委、省政府
傅　臻	男	区人大办	综合科科长	杭州第19届亚运会、第4届亚残运会先进个人	省委办公厅、省政府办公厅
王晓锋	男	区政协委办	宣传理论科科长	杭州第19届亚运会、第4届亚残运会先进个人	省委办公厅、省政府办公厅
蒋宝荣	男	区纪委区监委	派驻第四纪检监察组组长	杭州第19届亚运会、第4届亚残运会先进个人	省委办公厅、省政府办公厅
张德良	男	区纪委区监委	派驻第十纪检监察组副组长	杭州第19届亚运会、第4届亚残运会先进个人	省委办公厅、省政府办公厅
胡永兴	男	区纪委区监委	派驻第十纪检监察组三级调研员	杭州第19届亚运会、第4届亚残运会先进个人	省委办公厅、省政府办公厅
韩　炜	男	区纪委区监委	党风室副主任	杭州第19届亚运会、第4届亚残运会先进个人	省委办公厅、省政府办公厅
许可达	男	区纪委区监委	派驻第十纪检监察组正科级副组长	杭州第19届亚运会、第4届亚残运会先进个人	省委办公厅、省政府办公厅
陈　冬	男	区纪委区监委	河上镇纪委副书记	杭州第19届亚运会、第4届亚残运会先进个人	省委办公厅、省政府办公厅
张　琦	男	区纪委区监委	临浦镇纪委副书记	杭州第19届亚运会、第4届亚残运会先进个人	省委办公厅、省政府办公厅
杨国超	男	区纪委区监委	城厢街道纪工委副书记	杭州第19届亚运会、第4届亚残运会先进个人	省委办公厅、省政府办公厅
胡轶凯	男	区委政法委	维稳协调科科长	杭州第19届亚运会、第4届亚残运会先进个人	省委办公厅、省政府办公厅
瞿　澄	男	萧山经济技术开发区管委会服务监管局	二级调研员	杭州第19届亚运会、第4届亚残运会先进个人	省委办公厅、省政府办公厅

续表 86

姓 名	性别	工 作 单 位	职 务	荣 誉 称 号	授 予 单 位
章 尧	男	萧山钱江世纪城管理委员会	重点项目办公室主任	杭州第19届亚运会、第4届亚残运会先进个人	省委办公厅、省政府办公厅
陈欢欢	女	萧山钱江世纪城管理委员会	市政园林局副局长	杭州第19届亚运会、第4届亚残运会先进个人	省委办公厅、省政府办公厅
朱晓雁	女	区文化和广电旅游体育局	党委副书记	杭州第19届亚运会、第4届亚残运会先进个人	省委办公厅、省政府办公厅
汪春霞	女	区文化和广电旅游体育局	党委委员、副局长	杭州第19届亚运会、第4届亚残运会先进个人	省委办公厅、省政府办公厅
王凯军	男	区文化和广电旅游体育局	工会副主席	杭州第19届亚运会、第4届亚残运会先进个人	省委办公厅、省政府办公厅
薛 辰	男	区文化和广电旅游体育局	资源开发科科长	杭州第19届亚运会、第4届亚残运会先进个人	省委办公厅、省政府办公厅
王柏忠	男	区文化和广电旅游体育局	四级调研员	杭州第19届亚运会、第4届亚残运会先进个人	省委办公厅、省政府办公厅
蒋校明	男	区文化和广电旅游体育局	政策法规科科长	杭州第19届亚运会、第4届亚残运会先进个人	省委办公厅、省政府办公厅
董玉刚	男	区文化旅游体育发展服务中心	党支部书记、主任	杭州第19届亚运会、第4届亚残运会先进个人	省委办公厅、省政府办公厅
裘伟伟	男	区文化旅游体育发展服务中心	文化发展科科长	杭州第19届亚运会、第4届亚残运会先进个人	省委办公厅、省政府办公厅
朱 勇	男	区文化旅游体育发展服务中心	副主任	杭州第19届亚运会、第4届亚残运会先进个人	省委办公厅、省政府办公厅
林 波	男	区文化旅游体育发展服务中心	场馆运营科科长	杭州第19届亚运会、第4届亚残运会先进个人	省委办公厅、省政府办公厅
来尧明	男	区卫健局	党委副书记、副局长	杭州第19届亚运会、第4届亚残运会先进个人	省委办公厅、省政府办公厅
蔡立斌	男	区卫健局	医政医管科科长	杭州第19届亚运会、第4届亚残运会先进个人	省委办公厅、省政府办公厅
王 君	女	区应急管理局	综合协调科科长	杭州第19届亚运会、第4届亚残运会先进个人	省委办公厅、省政府办公厅
陈华锋	男	钱江海关驻萧然办事处	副主任	杭州第19届亚运会、第4届亚残运会先进个人	省委办公厅、省政府办公厅
潘 婷	女	萧山区博物馆	副馆长	杭州第19届亚运会、第4届亚残运会先进个人	省委办公厅、省政府办公厅
蔡海滨	男	萧山绍剧艺术中心	主任	杭州第19届亚运会、第4届亚残运会先进个人	省委办公厅、省政府办公厅
董 伟	男	萧山绍剧艺术中心	副主任	杭州第19届亚运会、第4届亚残运会先进个人	省委办公厅、省政府办公厅
高飞飞	男	萧山图书馆	副馆长	杭州第19届亚运会、第4届亚残运会先进个人	省委办公厅、省政府办公厅

续表 86

姓　名	性别	工　作　单　位	职　务	荣　誉　称　号	授　予　单　位
陈　萍	女	萧山图书馆	党支部委员、办公室主任	杭州第19届亚运会、第4届亚残运会先进个人	省委办公厅、省政府办公厅
徐忠明	男	区医学会	副会长兼秘书长	杭州第19届亚运会、第4届亚残运会先进个人	省委办公厅、省政府办公厅
田小玲	女	区第一人民医院	干事	杭州第19届亚运会、第4届亚残运会先进个人	省委办公厅、省政府办公厅
杨建民	男	区第一人民医院	副医督员	杭州第19届亚运会、第4届亚残运会先进个人	省委办公厅、省政府办公厅
李　峰	男	区第三人民医院	医生	杭州第19届亚运会、第4届亚残运会先进个人	省委办公厅、省政府办公厅
孙炬星	男	临浦镇	党委委员	杭州第19届亚运会、第4届亚残运会先进个人	省委办公厅、省政府办公厅
沈亚妮	女	临浦镇	党委委员	杭州第19届亚运会、第4届亚残运会先进个人	省委办公厅、省政府办公厅
钱瑛洁	女	临浦镇	妇联主席	杭州第19届亚运会、第4届亚残运会先进个人	省委办公厅、省政府办公厅
杨　琼	女	临浦镇	党政办主任	杭州第19届亚运会、第4届亚残运会先进个人	省委办公厅、省政府办公厅
何霞玲	女	临浦镇	党群服务中心主任	杭州第19届亚运会、第4届亚残运会先进个人	省委办公厅、省政府办公厅
张　琦	男	临浦镇	纪委副书记	杭州第19届亚运会、第4届亚残运会先进个人	省委办公厅、省政府办公厅
俞潇彬	男	临浦镇	城管办副主任	杭州第19届亚运会、第4届亚残运会先进个人	省委办公厅、省政府办公厅
王斯栋	男	临浦镇	综合信息指挥室副主任	杭州第19届亚运会、第4届亚残运会先进个人	省委办公厅、省政府办公厅
沈凌凯	男	临浦镇	城建办副主任	杭州第19届亚运会、第4届亚残运会先进个人	省委办公厅、省政府办公厅
陈　沸	男	临浦镇	农办副主任	杭州第19届亚运会、第4届亚残运会先进个人	省委办公厅、省政府办公厅
韩　锋	男	临浦镇	平安办副主任	杭州第19届亚运会、第4届亚残运会先进个人	省委办公厅、省政府办公厅
孔丽芳	女	临浦镇	宣传统战员	杭州第19届亚运会、第4届亚残运会先进个人	省委办公厅、省政府办公厅
俞珊珊	女	瓜沥镇	综合指挥中心主任	杭州第19届亚运会、第4届亚残运会先进个人	省委办公厅、省政府办公厅
俞向尉	男	瓜沥镇	纪委书记	杭州第19届亚运会、第4届亚残运会先进个人	省委办公厅、省政府办公厅
朱红锋	女	瓜沥镇	党建办副主任	杭州第19届亚运会、第4届亚残运会先进个人	省委办公厅、省政府办公厅

续表 86

姓　名	性别	工　作　单　位	职　务	荣　誉　称　号	授　予　单　位
焦玉婷	女	瓜沥镇	党建办副主任	杭州第19届亚运会、第4届亚残运会先进个人	省委办公厅、省政府办公厅
钱斌楠	女	瓜沥镇	党建办副主任	杭州第19届亚运会、第4届亚残运会先进个人	省委办公厅、省政府办公厅
张　超	男	瓜沥镇	信访办副主任	杭州第19届亚运会、第4届亚残运会先进个人	省委办公厅、省政府办公厅
徐星辰	男	瓜沥镇	招商办副主任	杭州第19届亚运会、第4届亚残运会先进个人	省委办公厅、省政府办公厅
高佳锋	男	瓜沥镇永福村	村委会委员	杭州第19届亚运会、第4届亚残运会先进个人	省委办公厅、省政府办公厅
高宇杰	男	新塘街道办事处	区域发展办公室科员	杭州第19届亚运会、第4届亚残运会先进个人	省委办公厅、省政府办公厅
施　琦	女	杭州萧山国际机场有限公司	航站区中心品质控制模块副经理	杭州第19届亚运会、第4届亚残运会先进个人	省委办公厅、省政府办公厅
唐震坤	男	杭州萧山国际机场有限公司	航站区中心运行管理模块经理	杭州第19届亚运会、第4届亚残运会先进个人	省委办公厅、省政府办公厅
朱　伟	男	杭州萧山国际机场有限公司	航站区中心运行协调员	杭州第19届亚运会、第4届亚残运会先进个人	省委办公厅、省政府办公厅
孟栋栋	男	杭州萧山国际机场有限公司	信导部综合办公室助理	杭州第19届亚运会、第4届亚残运会先进个人	省委办公厅、省政府办公厅
黄　伟	男	杭州萧山国际机场有限公司	地勤公司旅客服务部队长	杭州第19届亚运会、第4届亚残运会先进个人	省委办公厅、省政府办公厅
王　炜	男	萧山公共交通有限公司	行政第六党支部书记	杭州第19届亚运会、第4届亚残运会先进个人	省委办公厅、省政府办公厅
吴青青	女	杭州萧山污水处理有限公司	职工	杭州第19届亚运会、第4届亚残运会先进个人	省委办公厅、省政府办公厅
胡专松	男	杭州萧山长途汽车运输有限公司	客运分公司副经理	杭州第19届亚运会、第4届亚残运会先进个人	省委办公厅、省政府办公厅
孙力淼	男	萧山邮政管理局	邮政业发展中心主任	杭州亚运会安保工作先进个人	省邮政管理局
周　彦	男	杭州萧山国际机场有限公司	信导部通信导航科经理	杭州亚运会、亚残运浙江省“五一劳动奖章”	省总工会
陈　崎	男	杭州萧山国际机场有限公司	安护部质量监察中心质量监察员	杭州亚运会、亚残运浙江省“五一劳动奖章”	省总工会
任　铿	男	区纪委区监委	第六纪检监察室副主任	浙江省纪检监察机关分析研判应用实战能手大比武一等奖	省纪委省监委
胡轶凯	男	区委政法委	科长	2019—2023年度全省政法系统先进个人	省委政法委、省人社厅
周大庆	女	区妇联	副主席	浙江省妇联系统先进工作者	省妇联
吴贞科	女	区妇联	组宣部部长	浙江省妇联系统先进工作者	省妇联
瞿仕龙	男	萧山区公安分局	经侦大队民警	个人二等功	省公安厅

续表 86

姓　名	性别	工　作　单　位	职　务	荣　誉　称　号	授　予　单　位
许列锋	男	萧山区公安分局	城厢派出所民警	2022年度“三能榜样·最美警察”	省公安厅
袁更生	男	萧山区公安分局	交警大队宁围中队指导员	2023年度“三能榜样·最美警察”	省公安厅
王剑栋	男	萧山区公安分局	治安大队民警	浙江省卷烟打假打私工作成绩突出个人	省烟草专卖局、省公安厅
金　芳	女	萧山区公安分局	新塘派出所民警	浙江省平安护航中共二十大成绩突出个人	省委建设平安浙江领导小组
孟锣鸣	男	萧山区公安分局	治安大队教导员	浙江省平安护航中共二十大成绩突出个人	省委建设平安浙江领导小组
沈冠军	男	区人民法院	法警	2023年度全省法院司法警察实战教官教学技能竞赛二等奖	省高级人民法院司法警察总队
吴明达	男	区司法局	新街司法所所长	全省优秀人民调解员	省委、省政府
张清媛	女	区司法局	秘书科工作人员	全省“八五”普法中期成绩突出个人	省委全面依法治省委员会守法普法协调小组
田林火	男	区教育局	政策法规科科长	浙江省单位内部经济体检先进工作者	省审计厅
郑乐婷	女	区商务局	综合协调科科长	2023年度中国（浙江）自由贸易试验区建设工作业绩突出个人	中国（浙江）自由贸易试验区工作领导小组办公室
金伟权	男	区市场监管局	餐饮科科长	“浙江省市场监督管理卫士”先进个人	省市场监管局
俞国林	男	区市场监管局	医疗器械监督管理科工作人员	2023年度浙江省药品检查员“尖兵50”	省药品检查中心
漏佳伟	女	区市场监管局	市北管理所工作人员	2023年度浙江省药品检查员“尖兵50”	省药品检查中心
华正江	男	区气象局	党组书记、局长	浙江省优秀县气象局局长	省气象局
王　君	女	区应急管理局	综合协调科科长	浙江省平安护航系列重大活动成绩突出个人	省委建设平安浙江领导小组
方俊飞	男	区应急管理局	工会主席	浙江省平安护航系列重大活动成绩突出个人	省委建设平安浙江领导小组
徐　军	男	区应急管理局	减灾救灾科副科长	浙江省自然灾害综合风险普查工作成绩突出个人	省第一次自然灾害综合风险普查领导小组办公室、省应急管理厅
童　惠	男	区消防救援大队	教导员	优秀党务工作者	省消防救援总队
申屠石磊	男	区消防救援大队	副大队长	2023年度优秀基层干部	省消防救援总队
陈东海	男	区消防救援大队	副教导员	2023年度优秀基层干部	省消防救援总队

续表 86

姓　名	性别	工　作　单　位	职　务	荣　誉　称　号	授　予　单　位
李　青	女	区消防救援大队	初级专业技术职务	2023 年度优秀基层干部	省消防救援总队
周　甜	女	区消防救援大队	初级专业技术职务	2023 年度优秀基层干部	省消防救援总队
张　宇	女	区消防救援大队	中级专业技术职务	2023 年度优秀基层干部	省消防救援总队
杨建新	女	区消防救援大队	初级专业技术职务	2023 年度优秀基层干部	省消防救援总队
胡永号	男	区消防救援大队市北消防救援站	站长	2023 年度优秀基层干部	省消防救援总队
章　寅	男	区消防救援大队萧山消防救援站	副站长	2023 年度优秀基层干部	省消防救援总队
蒋　琰	女	萧山经济技术开发区管委会	创新创业局创新服务科科长	2023 年度浙江省高新技术产业园区建设成绩突出个人	省委科技强省建设领导小组办公室
屠丽儿	女	萧山区第二高级中学	党委委员、副校长	浙江省农村教师突出贡献奖	省教育厅、省人社厅、省财政厅
俞玲玲	女	萧山区文博小学	教师	浙江省师德楷模	省教育厅、省人社厅、省财政厅
莫建忠	男	萧山区宁围小学	书记、校长	浙江省教科研先进个人	省教育科学研究院
赵　怡	女	萧山区崇文世纪城实验学校	学生处副主任	浙江省优秀少先队辅导员	团省委、省教育厅、省少工委
董子博	男	萧山区北干初级中学	学生	浙江省“新时代好少年”	省文明办
韩国平	男	浙江萧山医院	副院长	2023 年度浙江省社会组织领军人物	省民政厅
高建瑛	女	北干街道云悦社区居委会	书记、主任	2023 年度浙江“社区工作领军人才”	省民政厅
丁伟力	男	宁围街道	平安法制办主任	浙江省平安护航系列重大活动成绩突出个人	省委建设平安浙江领导小组
傅临产	男	临浦镇横一村	书记、主任	浙江省“担当作为好支书”	省委学习贯彻习近平新时代中国特色社会主义思想主题教育领导小组办公室、省委组织部
郑剑锋	男	益农镇群围村	党总支书记、主任	浙江省百名数字新农人	省农业农村厅
马　驭	男	杭州萧山国际机场有限公司	飞行区中心场务室副经理	杭州第 19 届亚运会、第 4 届亚残运会华东民航保障先进个人	民航华东地区管理局

续表 86

姓　名	性别	工　作　单　位	职　务	荣　誉　称　号	授　予　单　位
高俊杰	男	杭州萧山国际机场有限公司	应急部消防中心经理	杭州第19届亚运会、第4届亚残运会华东民航保障先进个人	民航华东地区管理局
孙　劼	男	杭州萧山国际机场有限公司	机务公司工程二部维修员	杭州第19届亚运会、第4届亚残运会华东民航保障先进个人	民航华东地区管理局
朱陈行	男	杭州萧山国际机场有限公司	地勤公司副总经理	杭州第19届亚运会、第4届亚残运会华东民航保障先进个人	民航华东地区管理局
何银波	男	杭州萧山国际机场有限公司	基建部工程管理一部副经理	杭州第19届亚运会、第4届亚残运会华东民航保障先进个人	民航华东地区管理局
钱亚娟	女	杭州萧山国际机场有限公司	食品公司市场部一级助理	杭州第19届亚运会、第4届亚残运会华东民航保障先进个人	民航华东地区管理局
易　昕	女	杭州萧山国际机场有限公司	飞行区中心管制室队长	华东民航“五一巾帼标兵”	民航华东地区管理局工会
唐文欣	女	杭州萧山国际机场有限公司	运行管理模块运行协调员	华东民航优秀共青团员	民航华东地区管理局团委
高　祺	女	杭州萧山国际机场有限公司	安护部团委副书记	华东民航优秀共青团干部	华东民航青年工作联席会
鲁　颖	女	杭州萧山国际机场有限公司	安护部行检科安检员	华东民航优秀共青团员	民航华东地区管理局团委
王　莺	女	杭州萧山国际机场有限公司	审计部业务经理	浙江省单位内部经济体检先进工作者	省审计厅
陈　平	男	杭州萧山国际机场有限公司	飞行区中心航务室经理	2023年度省春运工作成绩突出个人	省春运工作领导小组办公室
唐　田	女	杭州萧山国际机场有限公司	场区中心公共服务模块经理	浙江省志愿服务工作突出贡献个人	团省委、省志愿者协会
严　成	男	杭州萧山国际机场有限公司	信导部通信导航管理员	“浙江金蓝领”	省总工会
叶文涛	男	杭州萧山国际机场有限公司	信导部通信导航管理员	“浙江金蓝领”	省总工会
赵晨欣	女	杭州萧山国际机场有限公司	信导部网络安全管理中心助理	2023年度浙江省网络与信息安全信息通报先进个人	省网络与信息安全信息通报中心
王自立	男	萧山交通投资集团有限公司	资运部副经理	2022—2023年忠实践行“八八战略” 奋力打造“重要窗口”立功竞赛先进个人	省政府
胡　漂	女	萧山区第一人民医院	感染科副主任	浙江省“五一劳动奖章”	省总工会
潘　兴	男	杭州前进齿轮箱集团股份有限公司	零部件事业部维修组组长	浙江省“五一劳动奖章”	省总工会

续表 86

姓 名	性别	工 作 单 位	职 务	荣 誉 称 号	授 予 单 位
赵国伟	男	杭州奥体博览中心萧山建设投资有限公司	场馆运营部部长	浙江省“五一劳动奖章”	省总工会
牛 杰	男	万向钱潮股份公司	技术中心经理	浙江省“五一劳动奖章”	省总工会
张纪明	男	浙江传化化学集团有限公司	设备技术主任	浙江省“五一劳动奖章”	省总工会
戴琴雅	女	杭州杰牌传动科技有限公司	高级经济师	浙江省“五一巾帼标兵”	省总工会
王玲娟	女	浙江金迪控股集团有限公司	董事长	浙江省“三八红旗手”	省妇联
叶沣仪	女	杭州天缘布艺有限公司	工艺美术师	浙江省“三八红旗手”	省妇联
唐 雪	女	杭州国际博览中心	总经理	浙江省“三八红旗手”	省妇联
赵俊杰	男	杭州萧山污水处理有限公司	职工	第七届全国残疾人职业技能大赛浙江省选拔赛3D打印项目第一名	省残疾人综合服务中心
张越朵	女	浙江申通快递有限公司	综合管理部行政板块负责人	2023浙江快递从业人员先进“红色力量”	省邮政管理局、省快递行业协会
王梁华	男	萧山技师学院	车工高级技师	浙江工匠	省人社厅、省总工会、团省委
曾启全	男	浙江万龙机械有限公司	工艺组组长	浙江工匠	省人社厅、省总工会、团省委
王昆仑	男	中国重汽集团杭州发动机有限公司	铣工高级技师	浙江工匠	省人社厅、省总工会、团省委
俞文生	男	萧山长运特种设备检验检测有限公司	汽车维修工高级技师	浙江工匠	省人社厅、省总工会、团省委
徐卫锋	男	杭州萧山琴美美容美发有限公司	美发师高级技师	浙江工匠	省人社厅、省总工会、团省委
汤永味	男	杭州厨宝科技有限公司	中式烹调师高级技师	浙江工匠	省人社厅、省总工会、团省委

（资料来源：各供稿单位）

责任编辑：余观祥

加快中国视谷建设，深化萧滨一体化的思路举措研究

萧滨一体化是杭州市推动区域协作实现产业共富的重要战略。2021 年 11 月，萧山区和杭州高新区（滨江）（以下简称“滨江区”）签订了萧滨一体化框架协议；2022 年 3 月 3 日，杭州高新区（滨江）特别合作园（以下简称“特别合作园”）在杭州市委市政府主要领导的见证下开园。“中国视谷”是杭州通过塑造产业地标领跑数字经济新赛道的重要部署，2022 年 10 月 8 日，“中国视谷”建设启动仪式在萧山湘湖院士岛举行；2022 年 11 月支持杭州建设“中国视谷”纳入工信部和浙江省政府新一轮合作协议，杭州在世界互联网大会乌镇峰会上发布“中国视谷”建设蓝图；2023 年 4 月，杭州市实业投资集团有限公司（简称“杭实集团”）联合萧山区、滨江区人民政府共同发起设立总规模 30 亿元的“中国视谷”产业投资基金；2023 年 9 月 3 日，“中国视谷”首个专项政策《杭州市人民政府办公厅关于高标准建设“中国视谷”高质量发展视觉智能产业的实施意见》开始实施；2023 年 9 月 5 日，《杭州市萧山区建设“中国视谷”加快推进视觉智能产业高质量发展政策实施细则》发布。

萧滨一体化和“中国视谷”建设两大战略的有机结合，为萧山区和滨江区合作明确了产业方向，指出了关键着力点，导入了高能级资源。为进一步明晰相关思路举措，特开展本课题研究。

杭州高新区（滨江）萧山特别合作园空间示意图

一、萧滨一体化发展及“中国视谷”建设现状

（一）萧滨一体化发展基础

萧山区、滨江区两区地缘相近、人缘相亲、文化相同，在产业结构、发展基础、资源禀赋等方面互补性很强，相互融合、协同发展空间巨大。自 2022 年两区提出萧滨一体化合作发展战略以来，以特别合作园为重点，以“中国视谷”建设为主线，以体制机制创新为抓手，一体化发展取得了积极成效和示范效应，入选全省高质量发展建设共同富裕示范区最佳实践和浙江省数字经济创新体质“一号发展工程”优秀案例。

1. 园区共营，精心建设特别合作园。特别合作园规划面积 13.48 平方千米（先行区 4.5 平方千米），包括湘湖未来产业社区、三江创智新城和湖头陈—紫橙—蓝橙产业园三个区块。园区“产城人文”加速融合，产业空间加速盘整，梳理存量空间 36 万平方米，在建空间 99 万平方米，规划产业用地 226 公顷，核减永久基本农田保护地 101.8 公顷；园区交通一体化成效显

著，滨江核心区到合作园的平均通勤时间从40分钟缩短至20分钟，两区共同投资16亿元的6个互联互通项目顺利推进；园区公共配套健全完善，闻堰高端商业综合体、浙江大学附属第二医院滨江院区、湘湖公学、杭州国际学校HIS、邻里中心等设施相继落地。

2. 产业共兴，精准推动产业项目落地。两区具有较好的产业发展基础，在资源要素上具有互补优势，滨江和萧山“研发总部＋合作园核心制造＋周边配套制造”产业生态加速构建。滨江企业加速在萧山裂变布局，萧山区与新华三集团签署战略合作协议共建图灵小镇，吉利汽车在萧山设立极氪汽车研发总部，大华股份在萧山注册华感科技、智慧物联运营服务等企业。特别合作园成立至2023年末，签约引进亿元以上项目18个，总投资161亿元。

3. 机制共建，精细落实统筹推进模式。全面建立“1＋4”工作推进机制，市级层面建立由常务副市长为组长的领导小组，两区建立联席会议、领导小组、日常协调、集中办公等制度。建立利益分配机制，按照“合作导入”和“整体迁入”两种项目落地方式约定两区税收分成比例①；经济指标双统，在地区生产总值等主要经济指标上按属地原则由萧山区统计核算，在国家高新区序列考核时将特别合作园内经济指标纳入杭州高新区统计；扶持政策互通，对于导入的高层次人才项目，萧山区可参照滨江区的人才政策，实现人才创新创业“同城待遇”。

4. 要素共享，精益推进资源高效配置。萧山区、滨江区布局建设有浙大杭州国际科创中心、北京航空航天大学杭州创新研究院等科研机构14家，促进了创新要素的集聚和有序流动。萧山区建设有省CMOS集成电路成套工艺与设计技术创新中心、AI＋高性能智能计算平台、长三角（杭州）制造业数字化能力中心等公共服务平台，滨江集聚了包括国家安防质检中心滨江实验室在内的电子信息类公共服务平台29家。两区和杭实集团共同出资组建总规模30亿元的“中国视谷”产业投资基金，首期备案金额10.1亿元（实际出资2.1亿元）。滨江区11.07公顷②新增建设用地指标调剂至萧山区使用，首次实现用地指标共享。

萧山、滨江两区科研机构一览表

序号	名　　称
1	北大信息技术高等研究院
2	浙大杭州国际科创中心
3	西电杭州研究院
4	浙大计算机创新技术研究院
5	巴顿焊接技术高等研究院
6	湘湖高新技术应用研究院
7	湘湖实验室
8	北航杭州创新研究院
9	杭州极弱磁场重大科技基础设施研究院
10	浙大滨江研究院
11	白马湖实验室
12	杭州长光产业技术研究院
13	浙工大网络空间安全创新研究院
14	杭州中科国家技术转移中心

（二）“中国视谷”建设推进情况

市级层面提出“中国视谷”“一园窗口、双核引领、四区协同、全域联动”发展格局，将萧山和滨江作为双核，将特别合作园作为窗口园区。“中国视谷”与萧滨一体化相辅相成，萧滨一体化为“中国视谷”战略落地提供了实体承载和具象空间，“中国视谷”为萧滨一体化指引了战略定位和产业导向，提供了高能级资源导入。

1. “中国视谷”建设牵引萧滨一体化战略提升。“中国视谷”从战略提升的角度为萧滨一体化提供了支撑，有利于两区向上争取更多政策倾斜。“中国视谷”建设纳入新一轮工信部和省政府战略合作协议，工信部明确支持浙江建设“中国视谷”，依托“中国视谷”打造具有国际竞争力的数字产业集群；浙江省提出加大对视觉智能企业和项目支持力度，引导产业化项目向“中国视谷”集聚。杭州市提出加快打造“中国视谷”产业地标，在《关于高标准建设“中国视谷”高质量发展视觉智能产业的实施意见》《“中国视谷”产业发展规划》等政策文件中明确将支持窗口园区建设作为重要内容。

2.“中国视谷”建设牵引萧滨一体化资源整合。两区对于“中国视谷”建设达成了共识，有利于整合资源推进建设，特别是推进“中国视谷”窗口园区建设。萧山区2023年政府工作报告在纵深推进“萧滨一体化”中提出，加快“中国视谷”建设，建设“视谷之窗”产业综合体等一批重大项目。滨江区委六届二次全会提出，巩固提升世界级数字安防产业集群，不断扩大产业影响力，全力打造“中国视谷”核心区。自“中国视谷”启动建设以来，各类资源集中向特别合作园导入，新一轮全市国土空间规划“三区三线”划定中特别合作园13.48平方千米范围基本划入开发边界内集中建设区，容积率上限由3.5提升至4.5。

3. “中国视谷”建设牵引萧滨一体化产业聚焦。“中国视谷”进一步明确了萧滨一体化“萧山打造空间、共同导入产业”

的合作内涵，促进了产业的聚焦发展。2022年，两区智能物联产业实现营业收入3753.1亿元，约占全市的48%，分别入选省“浙江制造”数字安防与网络通信特色产业集群。以视觉智能产业为纽带，建设“中国视谷”能够更好地打破两区行政体制、地理空间的限制，实现优势互补、要素互通，产生协同效应。目前在特别合作园已落地云尖信息新型基础设施智造基地、矽力杰芯片测试、先临三维3D扫描等视觉智能相关产业项目。

4.“中国视谷”建设牵引萧滨一体化名片打造。“中国视谷”为萧滨一体化提供了打造国家产业地标的契机。“中国视谷”新闻发布会在2022年世界互联网大会乌镇峰会上召开，吸引了全球关注。杭州通过“中国视谷”入选工信部区域（城市）产业名片打造计划首批试点城市，承办了工信部虚拟现实产业政策华东片区宣贯会、省“十链百场万企”视觉智能产业链专场等部省级活动。《人民日报》、新华社等权威媒体发布有“中国视谷”和萧滨合作的新闻及相关报道70余篇，累计阅读量1000余万人次，中央广播电视总台在亚运期间对“中国视谷”进行了多视角专题报道。

二、知名产业地标（园区）建设的经验借鉴

本研究对武汉“中国光谷”、合肥“中国声谷”、东莞松山湖科技产业园、杭州城西科创大走廊等园区进行比较分析，重点对其发展历程、管理体制、创新策源、产业发展、区域联动、“产城人文”融合等开展分析研究，并总结其经验借鉴。

（一）各园区的基本情况

1.武汉“中国光谷”。“中国光谷”位于武汉市东南部的东湖新技术开发区，是我国光通信产业的发源地，也是国内最大的光纤光缆生产基地，生产规模居全球第一位；建有国内最大的光电器件研发生产基地、最大的激光产业基地，国内市场占有率达40%；拥有国内最大的光通信技术研发基地和我国唯一的光电子领域国家研究中心——武汉光电国家研究中心。2022年，光谷地区生产总值2643.81亿元，比上年增长6%。

2.合肥“中国声谷”。“中国声谷”位于合肥市高新技术开发区，由工信部与安徽省政府共建，是我国首家定位于语音和人工智能领域的国家级产业基地，创建有国家智能语音制造业创新中心，打造有首批国家级众创空间人工智能众创平台“粒子空间”。依托“中国声谷”，智能语音产业集群入选工信部先进制造业集群。至2022年末，园区入驻企业总数达2005户，实现关联带动产值2050亿元。

3.东莞松山湖科技产业园区。松山湖位于东莞中部，坐落于粤港澳大湾区的黄金腹地，与大朗、大岭山、寮步等镇接壤。松山湖科学城以高新区部分区域为主体，整合大朗、大岭山和黄江等周边三镇相关战略地段，规划总面积90.5平方千米，坐拥全球材料科学领域最先进的重大科技基础设施——中国散裂中子源。2022年，东莞松山湖实现地区生产总值771.18亿元，规上工业增加值646.04亿元。

4.城西科创大走廊。杭州城西科创大走廊位于杭州城市西部，东起浙江大学紫金港校区，西至浙江农林大学，东西长约39千米，下辖紫金港科技城、未来科技城、青山湖科技城，规划总面积约416平方千米。逐步向南北两翼拓展，联动发展区包含西湖区、余杭区、临安区部分区域和滨江区、富阳区等地；探索将德清相关区块纳入规划建设管理。

（二）主要做法总结

总体来看，武汉“中国光谷”、合肥“中国声谷”、松山湖科技产业园等均依托国家高新技术产业开发区建设，在前期得益于高新区政策倾斜支持[③]，高新技术产业快速集聚发展。在近年来的深化发展中，园区积极强化创新策源和区域协作，不断完善发展生态。主要做法总结如下：

1.向上借力，争取高层级资源倾斜支持。武汉“中国光谷”、合肥“中国声谷”、松山湖科技产业园等园区建立之初就通过高新区获取了国家政策的倾斜支持。“声谷”“光谷”等地建设得到了国家部委支持，如“声谷”在部省合作协议的牵引下，获得了工信部的政策倾斜，先后创建为国家先进制造业集群、国家制造业创新中心、国家新一代人工智能创新发展试验区。松山湖则在大湾区综合性国家科学中心的建设导向下，布局建设“科研重器”。城西科创大走廊核心区杭州未来科技城（海创园）被中组部、国务院国资委列为全国四大未来科技城之一。

2.与邻协同，通过产业溢出、合作共建带动发展。武汉“中国光谷”、合肥“中国声谷”、松山湖科技产业园逐渐拓展与周边区域的产业联动发展，形成了相互关联、相互支撑的空间布局。周边城市主要承接创新资源与成果外溢，承担科技成果转化、产业链配套、科技企业生产制造、产业转移等功能。在生产协作上，主要通过在周边区域共建产业园，共同引进相关领域产业化项目，并与核心区块重大项目对接配套，形成上下游的精准配套协作。

3.向新进军，坚持把创新作为园区建设的核心动力。武汉、合肥作为创新资源集聚地，光电子信息、智能语音产业发展得益于高校和科研院所创新成果的转化。近年来，也在不断加强国家级创新平台的建设和资源导入。如声谷创建有合肥量子国家实验室、国家智能语音制造业创新中心等平台，持续强化自主创新能力。松山湖科技产业园作为“制造重镇”，建设初期科创资源布局较少，经过20多年一以贯之的“科技共山水一色，新城与产业齐飞”发展理念，实现了由“产业园”到“科学城”的飞跃。2020年7月，松山湖科学城纳入大湾区综合性国家科学中心先行启动区，落地松山湖材料实验室，建设（筹建）有中国散裂中子源、南方光源研究测试平台、先进阿秒激光等大科学装置，加快香港城市大学（东莞）、大湾区大学（松山湖校区）建设，打造重大原始创新策源地。

4.以融为要，“产城人文”深度融合提升区域吸引力。各园区在规划建设时充分考虑经济环境、生活环境、教育环境等人才所关注的关键要素。武汉光谷和合肥声谷地处市区，拥有城市优质的资源配套，更多遵从城市化与产业化相互推动、城市功能与产业功能耦合发展原则，完善城市功能配套。松山湖科技产业园“南山北湖”，依山环湖布局科技研发功能，营造一流的科研环境与氛围，推进打造科技引领建设运转高效的智慧城市、生态优先打造山水特色的公园城市、以人为本营造人文宜居的科学家园。

（三）存在的问题

通过研究武汉“中国光谷”、合肥“中国声谷”、松山湖科技产业园等国家高新技术产业开发区的管理体制、创新策源及产业发展等方面，“中国视谷”的建设进程中，还存在着一些短板与问题。

1. 有战略指引但缺少战术落地。一是部省合作有待细化。虽然“中国视谷”纳入了部省合作协议，但相较于合肥“中国声谷”，部省具体支持事项有待落细落实。在“中国声谷”建设中，工信部给予专项资金并共同成立领导小组。工信部除了在2013年和2014年每年安排1亿元专项资金外，还通过签订两轮《安徽智能语音产业发展备忘录（合作协议）》明确了共同推进创建软件名城、举办世界声博会、成立部省领导小组等具体合作事项。其中，领导小组每年至少召开1次会议，部省领导共同商议合作重点事项。安徽省省市协同每年安排8亿元专项资金支持产业发展。安徽省以省政府名义先后出台《支持中国声谷建设若干政策的通知》《支持中国声谷创新发展若干政策》，2015年和2016年，安徽省战新基地[④]及各级财政配套资金5亿元。从2017年起，到2025年，每年安排2亿元人工智能及智能语音产业发展和推广应用扶持资金，合肥市每年安排6亿元资金，有效推动优质创新创业企业的集聚。二是市区合力有待深化。“光谷”、“声谷”、松山湖科技产业园区等地建设均依托高新区，管理权责较为明晰。“中国视谷”建设则是以协调为主，在市级层面成立由分管副市长任组长的专项工作组；窗口园区建设分别由萧山区中国视谷·萧滨一体化专班和滨江区特别合作园管理局协调推进。相较于同样为跨区协作的城西科创大走廊（成立杭州城西科创大走廊管理委员会，并安排城西大走廊专项资金[⑤]），“中国视谷”统筹领导亟须强化。

2. 有链主企业但缺少产业生态。一是“链主”企业带动作用相对有限。杭州以滨江为核心集聚了以海康威视、大华股份等为代表的“链主”企业，但“链主”企业本地配套水平相对较低，对区域产业链的集聚带动作用有限，例如大华股份产业链上游本地配套化率仅有15%[⑥]。从产业链关键环节来看，专用芯片、存储器件、镜头等器件主要由上海、苏州、北京等地供给（武汉光电子信息产业和东莞新一代电子信息产业的本地配套率分别达到70%和90%）。同时，“链主”企业将扩张发展的重心放到了省外，如海康威视在重庆、武汉、成都、西安等地布局了研发中心，在重庆、武汉建设了生产基地。二是两区产业合作仍有提升空间。从两区合作来看，数据双统、税收分成模式仍处于探索初期，实际推动作用有待进一步深化；产业合作上，地理相近的外溢效益尚未完全显现，据不完全统计，近五年滨江区外迁至杭州市内其他区县的企业5492家，海康、大华、中控、大立等企业均在市内外建设了大规模生产基地。而萧山区仅承接20%左右的滨江外迁企业[⑦]。

3. 有创新策源但缺少成果转化。“光谷”“声谷”均依托大学和科研机构的创新策源形成技术优势产业集群。如光谷区域内集聚有武汉大学、华中科技大学等42所高等院校、56个国家及省部级科研院所，烽火通信前身为武汉邮科院，华工科技脱胎于华中科技大学。虽然萧山、滨江两区为促进创新要素聚集，布局建设了科研机构和公共服务平台，但一方面视觉智能核心战略科技力量较少，缺少国家级科技创新载体，承担关键核心技术攻关并进行产业转化的资源集聚能力相对有限。另一方面，科研机构成果转化作用尚未完全显现，区域内科研机构多为域外高校异地科研机构，成立时间集中在近5年，构建融“应用研究—技术开发—产业化应用—企业孵化”为一体的科技研发创新链条仍有待加速。

4. 有产城人文但缺少鲜明标识。产城人文融合是促进新型工业化和城镇化融合发展的有效着力点。“中国视谷”窗口园区周边初步集聚产城人文融合发展的基本要素，但对标科技园区仍缺少鲜明标识。一是缺少标识性项目引领。重大项目特别是总部项目对于区域发展具有重要牵引作用，如松山湖科技产业园区突出华为终端业务总部的引领作用，招引华为200亿元以上投资，带动松山湖新一代电子信息产业形成了超千亿产值规模。而目前窗口园区项目多为生产制造基地，视觉智能重大项目招引尚未实现突破。二是缺少标志性重大活动。各地通过举办高层次大会论坛等活动提升产业影响力。武汉于2002年开始已举办19届“中国光谷”国际光电子博览会暨论坛，合肥举办了6届世界声博会，东莞松山湖举办有华为开发者大会。“中国视谷”建设目前还缺少具有国际影响力的大型活动。三是缺少高品质配套设施。松山湖科技产业园区坚持以“科技共山水一色”为城市内涵，将高品质城市配套作为提升城市品质的重要抓手，建成万象汇、滨湖万科里、佳纷天地等商圈以及松山湖未来学校等高品质城市配套。同时积极构建面向大湾区各主要创新平台的“一小时交通圈”和“半小时科研圈”，四大高速环绕、六大轨道汇聚。相较而言，窗口园区及周边生产生活氛围、高品质配套、交通路网布局仍存在局限性，融合发展瓶颈有待破解。

三、总体定位和对策建议

（一）总体定位

坚持走中国特色新型工业化道路，将建设全球先进制造业基地同推进数字经济创新提质“一号发展工程”（浙江省部署实施创新、改革、开放三大领域三个“一号工程”之一）有机结合，把“中国视谷”建设作为深化萧滨一体化的关键着力点，深化部省市区四级联动和萧滨合作的机制创新，强化产业链、创新链、资金链、人才链、空间链“五链融合”，建设城东智造大走廊数字经济新赛道的增长极，加快打造国内知名的视觉智能产业发展高地、创新资源集聚高地、产业名片展示高地、产业共富示范样板。

（二）对策建议

1. 坚持高举高打，争取高层级资源导入。一是落实落细《工业和信息化部 浙江省人民政府关于共同推进工业互联网创新发展合作协议》，争取工信部通过新一轮先进制造业集群专项[8]对“中国视谷”及园区窗口建设给予资金支持。二是推动召开部省联席会议，制定部省共同支持“中国视谷”建设实施细则，明确由省经信厅作为“中国视谷”建设的省级管理部门，提出部省在发展规划、重大活动、试点示范、国际合作、项目协调、载体建设等方面的具体支持。三是重点推动部省共同支持举办“一会一赛”，即世界视觉智能产业大会和“中国视谷杯”创新创业大赛。四是争取萧山区一般公共预算收入纳入杭州市本级统筹的部分予以返还，专项用于“中国视谷”主阵地建设。

2. 坚持合作共赢，加快导入优质企业和项目。一是持续深化萧滨产业合作模式，探索完善两区利益分成和共同支持企业的机制，充分调动两区合作的主动性和积极性。二是聚焦海康威视、新华三、大华股份、宇视科技、恒生电子等企业创新业务板块和产业链供应链上下游关键环节企业开展专项盯引，引进一批产业生态项目。加强对市域内视觉智能优质企业外迁预警分析，及早发现企业外迁迹象，促进区域合作留企。三是面向世界500强、全国科技创新企业500强和央企、国企，重点盯引一批总部型、平台型项目，招引区域总部、视觉智能事业部、企业研究院等落地。四是强化对视觉智能新技术、新模式、新业态、新产业跟踪，编制视觉智能产业链图谱，围绕自动驾驶、工业视觉、智能生活及办公、医学影像等赛道，综合考虑市场前景、关键技术替代、产业匹配度等因素，重点招引工业机器视觉平台及应用、车载传感器及多传感器融合应用等细分领域项目。五是梳理视觉智能创新创业人才图谱，绘制形成人才关系网，用好市“西湖明珠”人才计划、领军型创新创业团队、高层次人才创业创新“5213”“5050”等政策，加强人才项目的招引。

3. 坚持创新驱动，强化创新成果转移转化。一是规划布局视觉智能创新成果应用转化基地，鼓励两区科创平台、新型研发机构、创新型企业开展前沿研发和成果转化等产学研合作，推动萧山、滨江两区科研院所整体迁移或组建视觉智能产业研究院至窗口园区。针对视觉智能领域优势科研机构开展定向盯引，优先在窗口园区及沿时代大道周边布局新引进的科研机构，强化窗口园区创新策源和成果转化能力。充分对接“国际零磁科学谷”建设，围绕超高灵敏极弱磁场与惯性测量装置等科学装置，合理布局科创空间、工业用地等产业承载空间，打造“众创空间—孵化器—加速器—产业化基地”全链条孵化体系，建立科技成果“沿途下蛋”高效转化机制。二是探索建设视频开放创新实训基地，基于数据平台打造视觉智能概念验证中心、开放社区、成果展示推广中心、数据产品检测交易平台和行业标准体系等平台，构建产业发展生态。三是发挥杭州科创基金引导作用，设立和完善视觉智能创投基金[9]、天使基金，联合投资机构、银行、园区、平台组建科技企业投融资联盟，坚持“投早、投小、投科”，为视觉智能人才创业、中小企业创新、专精特新企业发展、科技成果转化提供政策性、市场化投融资服务。

4. 坚持窗口先行，擦亮“中国视谷”产业名片。一是唱好“西湘记”，打通湘湖、白马湖周边山系、水系，使其紧密融合，并强化钱塘江生态带与湘湖、白马湖生态核心的联系，构成连续的、区域性生态景观系统。秉持“科技共山水一色”原则，全力塑造科技园区形象，加快推动“视谷之窗”产业综合体等楼宇建设，打造彰显科技感的楼宇簇群。在窗口园区及周边规划建设人才专项租赁住房、蓝领公寓、共有产权房等，推动两区人才共享可用。二是依托获批国家首批区域（城市）产业名片试点的有利契机，持续举办“中国视谷”系列活动，形成“月月有活动”的发展氛围。合理运用亚运会宣传体系和资源，加强对“中国视谷”的宣传，重点在窗口园区、滨江物联网小镇、机场、车站等地展出“中国视谷”形象标识。三是推进视觉智能首创应用场景建设，以湘湖景区环线等为试点，开展L3/L4级自动驾驶车辆上路测试和示范应用，加快打造一批视觉智能技术在工业制造、文旅休闲等方面示范应用场景。

注：

①“合作导入”模式下，企业税收地方净贡献按照萧山、滨江7∶3分成。“整体迁入”模式下，以企业迁移时点的前三年税收（地方留成部分）平均实绩为财政基数，每年基数内完成部分萧山、滨江按3∶7比例分成；每年超基数部分的地方净贡献，萧山、滨江按7∶3比例分成。

② 2022年调剂3.6公顷，2023年调剂7.47公顷。

③“高新技术企业，减按15%的税率征收企业所得税”最初仅限于高新技术产业开发区辖区内的高新技术企业才可享受。《国家高新技术产业开发区税收政策的规定》1991年3月6日发布。

④ 2015年安徽省人民政府下发《安徽省人民政府关于加快建设战略性新兴产业集聚发展基地的意见》，战略性新兴产业集聚发展基地简称战新基地。

⑤ 2021—2025年，省、市财政每年各安排4.5亿元支持建设。

⑥ 根据对企业的调研评估。

⑦ 据萧山区市场监管局2020年萧山区企业迁移情况分析测算。

⑧ 工信部将面向45个国家先进制造业集群开展专项资金申报，杭州视觉智能产业集群位列其中。每个集群资助力度预计5000万元。

⑨ 现有“中国视谷”产业投资基金以成熟项目为主要投资方向。

（区委政研室）

萧山区推动总部经济高质量发展的路径和举措

总部经济是指企业根据不同地区的比较优势，将不同的职能、业务跨区域布局，同时将价值链向总部所在区域集聚的现代都市经济形态。至2023年，萧山区拥有世界500强企业2家、中国企业500强5家、中国民营企业制造业500强12家、上市企业33家；外贸出口突破900亿元，入选“浙江省十佳外贸强县（市、区）”。但对比国内外先进城市，萧山区总部经济发展还存在一定差距，特别是相较于高水平走出去的规模，高质量留下来的潜能还存在很大的挖掘空间。立足实际、对标找差，针对总部经济发展情况和思路举措展开系列调研，通过企业家座谈会、发放调查问卷、咨询专业智库、研究文献专著等形式，先后走访企业25家，形成以下调研报告。

一、国内外总部经济发展概况

总部经济是伴随着世界经济全球化而来的，经济全球化要求“最经济原则”，即成本最小化、利益最大化。一些区域由于特有的优势资源吸引企业总部集群布局，形成总部集聚效应，并通过“总部——制造”功能链条辐射带动生产制造基地所在的区域发展，由此实现不同区域分工协作、资源优化配置。

（一）国际知名的总部经济集群

以跨国公司和金融财团为主体的总部经济，离不开CBD作为区位空间的支撑。纵观世界上成功的CBD，往往都是大公司总部聚集地。

1. 纽约CBD。纽约集中了全球500强企业中的46家总部和美国许多大公司的总部，如著名的华尔街、百老汇、帝国大厦、联合国总部等，银行、保险公司、交易所云集，是世界上就业密度最高的地区。总部集群对于纽约经济的发展起到巨大的促进作用，主要表现在：一是依靠总部集群影响，一批国际性和跨国性的行业组织得到发展，纽约国际城市形象得以确立；二是带动其他产业的发展，形成完备的生产性服务业体系；三是政府税收增加，纽约的住宅和商业用房成交额，占美国房地产市场中此类成交额的40%；四是促进城市的繁荣，每年接待超五千万的外来客商及游客。

2. 曼彻斯特CBD。曼彻斯特是英国中部地区工商业、金融和文化中心。作为英国工业革命的故乡，曼彻斯特是纺织业和制造业的国际中心，在第二次世界大战中，其军事重工业产量占据当时英国的30%。从20世纪初开始，曼彻斯特的工业结构逐渐发生变化，纺织工业衰退，机械、电子、化学等产业迅速发展，并以强大的制造业基础和较低的综合成本吸引以数字科技公司为代表的产业“新贵”，政府通信总部、BBC、亚马逊、劳斯莱斯SMR（小型模块化核反应堆）纷至沓来。总部经济助推曼城保持高速的经济增长，成长为欧洲领先的数字技术中心之一。

3. 东京新宿CBD。新宿是东京市内主要繁华区之一，被称为除东京之外的“副都心”。已建成的商务区总占地16.4公顷，商业、办公及写字楼建筑面积200多万平方米，并形成东京的一大景观——超高层建筑群，共有40栋大厦，其中百米以上8栋。金融保险业、不动产业、零售批发业、服务业是新宿的主要行业，仅在以新宿站为中心、半径7千米的范围内，就聚集了160多家银行，使新宿成为日本“银行战争”的缩影。据统计，新宿商务区的日间活动人口已超过30万人次。

（二）国内总部经济发展概况

中心城市总部经济的形成是市场机制作用的结果，发展总部经济符合中心城市资源禀赋特点。2023年，全国有142家企业入围世界500强，其中北京53家、上海12家、深圳11家、杭州7家。中国企业500强总部所在地选择的前十名分别为北京、广东、江苏、山东、浙江、上海、天津、辽宁、河北和河南。此外，上海拥有347家跨国公司地区总部，数量居内地之首。近年来，不仅仅是一线城市，郑州、三亚、太原等一些二三线城市也将发展总部经济作为推动城市转型升级、加快经济发展方式转变的重要战略，其主要原因在于总部经济作为发展区域经济的一种新的经济形态，不仅可以促进区域经济的快速、健康和可持续发展，还能对区域税收作出巨大贡献。

1. 闵行：依托高能级平台打造总部经济集聚发展新高地。作为虹桥国际开放枢纽建设、上海科创中心建设、长三角一体化发展和临港新片区开发建设等国家战略的叠加承载区，闵行通过统筹国际国内两个市场，培育和引入贸易型、研发型总部企业和总部机构，目前已聚集跨国公司地区总部47家、民营企业总部23家、上市企业33家。其总部经济发展重点围绕“国际”“开放”“枢纽”等关键词，以所得税双15%的产业政策和国家级园区的综合人才政策为基础，充分释放临空优势，对标国际化中央商务区，搭建跨贸服务一站式平台，打通跨境结算关键节点，支持境外商协会组织落地，为跨国总部企业的回归与培育提供便捷、高效、优质的强力支撑。

2. 东莞：从加工制造业为主转向总部经济的探索。东莞市通过承接先进国家和地区的产业转移，以两条路径探索总部经济的发展以及经营层次的提升。第一，利用市场吸引力，引导外资企业建总部。开展内销是东莞外资企业新的发展方向，引导外资企业把研发机构转移到东莞，并面向国内市场创建品牌，开拓营销渠道建立总部，实现从“生产车间”向“企业总部”的转变，既可以增强企业的竞争力，又可以有效增强企业的根植性。第二，根植本土发展力，培育民营企业强总部。一批优秀的“两自”（自主创新技术、自有品牌）型民营企业逐步摆脱单纯的生产型企业模式，政府引导企业将研发办公、管理总部与生产部门逐步分离，进一步降低营运成本，有效推动企业做大做强。目前，东莞市以南城国际商务区、松山湖高新区、滨海湾新区、水乡新城等为代表的总部经济集聚区已粗具规模。

（三）总部经济的发展条件

对企业而言，按照总部经济的模式进行区域布局，把总部布局在发达的中心城市，将生产加工基地布局在欠发达地区，可以实现以较低的成本同时取得中心城市的战略资源（信息、人才、科研成果等）和欠发达地区的常规资源（土地、能耗、环境容量等）。这不仅能降低企业资源配置综合成本，还使得总部所在的中心城市密集的人才、信息、技术资源得到最充分的效能释放，同时使得加工基地所在的欠发达地区密集的制造资源得到最大限度的发挥。这种三方利益都能得到提升的“帕累托改进”，是总部经济发展的内生动力。

通过国内外总部集群案例，可以看到，总部经济能够给中心城市带来诸多明显的外溢效应，如价值集成效应、产业关联效应、生态聚集效应、消费带动效应、就业乘数效应、资本放大效应等，造就一座城市源源不断的发展动力。如何让城市具备总部经济茁壮生长的最优条件，承载总部经济的最大效益，真正成为总部经济的中心城市，有五大必要条件：

1. 高标准的规划布局和城市功能设计。从纽约的曼哈顿到长岛，东京的东京都到新宿，总部经济的集群都是在规划先行的引领和产业空间的布局下，有计划有目标地推进和实施的。科学精准的谋划布局，是中心城市发展总部经济的基石。

2. 高素质的人力保障和科研教育资源。发展总部经济需要国际化人才和开放式的知识创新氛围。丰富的人力资本和教育资源，可以满足企业总部知识密集型价值创造活动的特定需要。

3. 高能级的城市建设和综合服务体系。发展总部经济除了城市建设等硬件要达到较高标准，更要具备适应现代化城市管理的制度，营造一流的投资发展环境，使城市达到最佳的综合营运成本。

4. 良好的区位优势和交通运输网络。比如纽约、香港、新加坡等城市，天然的港口为总部物流提供了便利，丰富的交通网络，有利于公司总部与子公司、加工基地之间的各种联系互动。

5. 便捷的信息获取和异地沟通渠道。便捷的信息、网络可以大大节约公司总部与制造加工基地分离导致的空间成本，进而有力地吸引集团公司总部的落户。

二、萧山发展总部经济的基础和原因

早在2005年萧山区就提出了“外建基地，内强总部”的发展战略。经过十多年的发展，萧山区的制造业本底不断夯实，一大批优质民营企业脱颖而出，成长为行业龙头，甚至跻身世界500强之列。新兴产业粗具规模，一大批高成长的中小科技型企业落地生根，成为支撑萧山经济后劲的中坚力量。近年来，随着G20和亚运会带来的历史性机遇，萧山区进入城市能级全面跃升的快车道，一体化综合交通枢纽体系加速形成，科教文卫体等综合配套能力大幅提高，各大平台对总部企业的吸引力不断增强，为总部经济发展奠定了良好基础。

（一）发展的现状和亮点

1. 总部企业贡献较为凸显。2023年回归营收3531.66亿元、回归工业产值150.38亿元、回归税收26.26亿元，新招引总部类项目15个，总部企业新引进或回归F类以上高层次人才837人。其中，恒逸集团、荣盛控股集团、传化集团、万向集团公司四大重点企业积极响应总部经济回归，实现财政收入20.6亿元，比上年增长55.5%；实现规模以上工业总产值424.25亿元，增长7.8%，占全区规模以上工业总产值14.2%，规模以上工业增加值61.74亿元，增长2.3%，占全区规模以上工业增加值10.8%，彰显了头部企业担当。

2. 潜力总部队伍持续壮大。萧山区已初步形成以科百特过滤器材、先临三维科技股份等行业领军企业为引领，之江股份、奥展实业等37家上市后备企业、67家上市培育企业为基础，8家隐形冠军企业和61家独角兽和准独角兽企业等多类型企业为支撑的潜力总部企业集群。新兴产业在总部经济的引领下蓬勃发展。科百特过滤器材实现功能性总部及研发人员的回归。正在规划打造的267公顷膜材料小镇，将以科百特过滤器材为核心开展相关产业的引商选商，实现产业链、供应链、创新链的强链、延链、补链。华澜微科技作为国家级专精特新企业，通过联动西电杭研院，招引杭电、成电、桂电等高等院所科研机构来萧，共同打造中国集成电路联合实验室和产业园，未来10年将建成产业规模达300亿元的产业高地。这些集聚在数字经济、智能装备、生命健康、纤维新材料、金融服务等领域的潜力总部企业，是萧山区总部企业孵化培育的核心后备力量，将成为持续驱动萧山区新兴产业发展的重要引擎。

3. 总部发展氛围不断优化。2023年，萧山区总部经济专班紧紧围绕“回归、做强、培育、招引”的既定路线，谋划顶层设计、探索实施路径，推动萧山区总部经济发展由单点“破题”向全面“破局”的提质升级。2023年4月，发布新一轮总部经济政策《关于加快推动萧山区总部经济高质量发展的实施意见》，涵盖人才、用地、金融等多个方面，对经认定的总部企业实施星级评价，给出星级培育奖励、突出贡献奖励、价值回归补助等11个“政策礼包”，建立3亿元的资金池，鼓励总部企业提质增效。9月召开全区总部经济工作培训会，通过专班、部门、企业、专家等深入讲解，宣讲总部经济发展理念和具体措施，帮助全区镇（街道）、平台及相关部门的经济负责人聚焦总部经济，深化理解共识，持续营造总部经济发展氛围，共同促进总部经济更好更快发展。

4. 总部经济集聚粗具雏形。随着十多年的产业升级发展和城市化建设推进，萧山区“两翼齐飞、多轮驱动”的发展新格局已逐步构建，以钱江世纪城—市北区块为核心，临空经济示范区和中国视谷·萧滨一体化特别合作园为东西两翼的总部经济集聚生态正逐步形成。其中，钱江世纪城位居杭州市核心CBD，是企业上市总部、投融资总部等高能级总部的必然之选。投入楼宇项目63个（约800万平方米），在建商办25个（约400万平方米），区域内累计注册企业1.7万余家，其中规模以上企业144家，上市企业3家，准独角兽企业10家。近期规划东部拓展区块，新增333公顷发展空间，规划未来总部基地、未来总部社区两块总部企业集聚区块，打造引领全区总部经济发展的优质承载平台。

（二）存在的问题和短板

1. 产业结构不够合理，战略性新兴产业和高技术产业比重偏低。在全区现有62家总部企业中，从行业来看，本土传统制造业企业偏多，占比近50%；高附加值、广具影响力的高端都市经济型总部、高科技型总部、服务业总部、新模式新业态总部数量偏少。从能级来看，央企国企区域总部偏少，产业链“链主”企业、隐形冠军企业、高科技独角兽企业比例偏低。

2. 空间分布较为零散，总部集群效应不够强。总部企业对“邻居”的要求较为看重，这就需要在加强公共服务配套的同时，更加注重行业分类、产业集聚。集群带来的基础设施、人才、技术和信息共享能够为总部企业有效降低创新成本、形成规模效应。目前萧山经济结构呈现块状化，总部企业布局较为分散，产业集群化、现代化水平较低。目前，开发区、杭州临空经济示范区、钱江世纪城、湘湖旅游度假区等平台之间，亟须进一步统筹谋划，要围绕整合构建“总部＋创新＋智造”的总部经济全产业链承载能力，根据制造业、物流业、金融业、高新产业、文创产业等不同产业的实际需求，真正实现产业生态的互相融合、互相赋能。

3. 管理机构较为传统，总部企业对地方经济社会发展的贡献水平有待提升。62家总部企业在萧山区营业收入占集团营业收入平均比例为29.97%，其中4家营业收入超千亿的总部企业，在萧山区营业收入占比为21.83%。虽然总部企业对地方经济有较大支撑和贡献，贡献的绝对值也在逐年增长，但增幅普遍低于集团发展的整体增速。这里面不排除有各地产业政策的虹吸带来的短期作用，但更多的是企业内部管理架构对外部利润和风险的控制能力存在隐患，这需要引起高度关注。在调研走访中可以发现，很多企业不是不想回来，而是难以实现。企业有在杭州扎根发展的意愿，也希望通过利润集成的规模效应争取到更多关注和资源，但传统的管理架构决定了它对外部利润的控制力弱。所以企业总部架构的顶层设计，能够直接影响它本身的健康发展，也决定了它对地方贡献的规模与质量。

三、萧山区发展总部经济的探索和实践

总部经济是萧山区深入学习贯彻习近平总书记“不断提升工业化，加快推进城市化，率先实现现代化”发展要求的重要抓手，是全面落实省委三个“一号工程”（浙江省部署实施创新、改革、开放三大领域三个工程）的系统实践，是对市委奋力打赢“两场硬仗”的主动担当，也是区委打造“产城人文”深度融合的中国式现代化区（县）范例的关键路径。持续发展壮大总部经济，要把握好三对辩证关系：

1. 快和慢。风口布局要快，抢抓“后峰会前亚运”的发展机遇和长三角区域协同一体化的国家战略，对周边地市的产业结构与溢出效应做可行性分析，充分释放城市能级和总部布局的虹吸效应。培育引导要慢，要保持久久为功的战略定力和历史耐心，全面提升城市功能配套，推进民企架构改善搭建，坚定不移地用总部经济发展战略推动萧山区从县域经济向都市经济的转变。

2. 高和低。平台能级要高，萧山区将依托临空经济示范区、浙江自贸试验区杭州片区萧山区块、钱江世纪城、江南科技城以及中国视谷等战略平台叠加优势，围绕杭州湾大湾区、杭州大都市区发展战略，争取国家和省市支持，聚焦谋划以总部经济为核心的创新高地，蓄势待发，将平台势能充分转化为发展动能。综合成本要低，要加快打造便利高效的总部运营环境，推出“全球服务商计划”（扩大“萧山服务”品牌辐射力和影响力），集合投资咨询、数字贸易、知识产权保护、综合金融等系统服务，打响民营总部集聚品牌，充分放大萧山区大商务、大会展、大交通融合发展优势，全面提升高端资源配置和辐射引领能力，形成总部企业运营综合成本“洼地”。

3. 内和外。内要修炼内功，围绕以纤维新材料和智能汽车两大优势产业为主导，以智能物联、生命健康和高端装备等新兴产业为特色，以绿色能源、未来网络、元宇宙等未来产业为补充的“2＋3＋X”先进制造业集群体系，鼓励总部企业作为链主，通过牵头建设企业园区、补强产业链关键环节等手段，聚焦招引一批上下游生态优质项目，进一步推动萧山特色产业链高端化、集群化发展。外要招大引强，大力吸引具有实体性功能的500强企业、上市公司、大型央企、“独角兽”、“准独角兽”总部落地，积极争取“链主型”集团创新事业部、区域性功能性总部落户，推动机构和贡献“双落地”，打造总部创新能力集聚高地。

（一）厚植土壤，做优发展总部经济的生态环境

政策带来的红利仅是一时的，城市能级和产业生态才是最终的决胜关键。针对总部企业和企业家个性化需求，萧山区努力从政务服务和市场服务两个维度着手。

一方面，优化政务服务能力。进一步完善“总部企业服务绿卡”功能并拓展使用范围，开创性地将本地服务跟随“藤蔓”向外蔓延，集成政策兑现、跨省通办、需求提报等政务服务功能，通过“全程网办＋代收代办＋多地联办”的方式为企业发展开绿灯、谋便利，提高政务服务开放程度。2023年末，顺发恒业上市主体从长春市回归，萧山区从前期沟通、过程跟踪、跨省协同、落地规划等方面提供全周期支持和服务，帮助企业顺利“回家”，为企业在转型新能源领域提供优质保障。

另一方面，强化市场服务供给。构建由通信、传媒、咨询等组成的信息服务业，由银行、证券、信托、保险、基金、租赁等组成的金融服务业，由会计、审计、评估、法律服务等组成的中介服务业，由会议展览、国际商务、现代物流等组成的新型服务业所构成的社会化服务体系，围绕促进技术与产业紧密结合、制造业与服务业双向赋能、生产性服务业与生活性服务业耦合联动，打造欣欣向荣的总部服务产业生态。海盟控股集团凭借以国际货代为核心的综合服务能力，2023年代理货运总量超100万吨，近两年平均增速达40%，为区内万向集团、恒逸集团、荣盛控股集团、奥展实业、兆丰机电等许多集团企业提供定制化、一站式国际物流解决方案，助力本土制造业企业降本增效。还自研搭建“供应链魔方一键订舱系统”，累计接入企业1.5万余家，通过与企业、船舶公司、集装箱公司、海外仓和海关等数据的共享，以最快时间协助企业完成订舱、装箱、清关、装船、出运全流程，其中企业从询价到确认舱位的等候时间由线下50小时缩短至1—2小时。

（二）强健块茎，探索发展总部经济的萧山路径

总部的组织架构需要进行系统设计。资源依赖型企业在外建厂，容易面临利润被瓜分的问题；技术依赖型企业人才波动，容易导致关键技术和核心科技泄露。这些都需要企业以总部经济的理念，推动组织架构的优化，从顶层设计强化控制能力。萧山区聚焦“存量做强回归、增量培育招引”两大主线，坚持功能集成、管理集成、金融集成、规模集成、系统集成，通过以商引商、以链引商、以地引商、以智引商、以资引商，推动总部经济高质量发展。

对存量总部，实行功能集成、管理集成、金融集成、规模集成、系统集成的“做强五法”。

1. 模块剥离、功能集成。功能性总部的聚焦和突破，是去年以来萧山区总部经济工作的重要成果。以恒逸全球研发中心为例，首先最直接的是2000名研发人员，按人均50万元的年薪，约2.5亿元的个税贡献；其次是高端研发人才集聚带来的产业结构和消费层次的溢出效应；最重要的是，研发中心能够通过技术转让包、收取技术服务费等形式，将分散在区外、甚至海外的生产加工环节创造的利润集成回归到萧山，成为价值回归最有效的途径。除此之外，供应链中心、商贸中心能够带来贸易数据的最大集成，投融资中心、结算中心能够形成金融财务的创新高地，总部经济在之前的区域性分类、行业性分类基础上，深化到功能性分类。优质企业可通过功能性总部的设立，为人才、技术、产值、利润等“价值”向总部汇聚打通全新路径，实现总部能级的提升。如恒逸全球创新中心、荣盛大宗贸易及研发总部、传化化学全球研发总部、科百特管理总部及研发中心等相继新设或回归萧山，有效促进上下游协同发展，进一步补强优势行业的产业链。

2. 数字赋能、管理集成。数字化为总部企业管理半径的拓展和管理能力的提升提供了最有效的解决方案。萧山区进一步深化“长三角制造业数字化能力中心”的服务能力，推动制造业企业智能化改造与数字化转型，支持总部企业深化新一代信息技术与制造业的融合发展。依托数字化平台与手段，进一步推动制造业生产质量变革、管理效率提升、发展动能转换，从而提升制造业总部企业产业链、供应链的现代化管理水平。如大王椰的“云端工厂”模式，作为数字经济赋能制造业总部的典型案例，以一网互联实现外地产能的整合与调配，企业总部牢牢掌握品牌与渠道，通过数字平台向上游输出工艺和质控，向下游输出物流和客户，精准管控，加强产供需多方综合资源利用，实现产业链上的价值回归和企业总部能级的强化提升。

3. 上市培育、规模集成。在调研中发现，部分拟上市企业在萧山区已经没有或者只保留了很少的生产基地，但上市主体能够牢牢地留在萧山区，这里面除了基层政府积极跟进、密切服务之外，最根本的原因是在上市筹划过程中，券商、会所、律所等辅导机构提前帮助企业规划规模效益集成的最优路径，实现总部架构的搭建和利润的回归。如祥邦科技，国内首家光伏POE胶膜生产企业，目前行业内综合排名第二位，今年IPO主板申报，浦江建有6.7公顷生产基地。天易成环保，国内动力电池回收设备行业领军企业，为锂电池大型回收企业的最核心设备供应商，今年申报北交所IPO，有望成为区内登陆北交所第一股，目前在江西抚州有6.7公顷生产基地，在安徽有在建的8公顷电池回收厂。这类企业对于总部经济发展主要有三点启示：一是鼓励优质企业上市，上市的辅导过程就是总部架构的搭建过程，能够帮助企业实现利润和规模的有效集成；二是对上市主体在内、生产基地在外的企业，鼓励以生产基地委外加工的形式将工业产值回归到萧山区总部，把“微笑曲线”两端都留在萧山的同时引入制造业增值部分，实现“总部＋云端工厂”；三是瞄准市外省内的上市筹备企业，通过辅导机构，对照产业结构和生态布局，建立精准招引清单。

4. 基金协同、金融集成。充分借力政府基金的政策性、市场化双向赋能，全生命周期助力总部企业茁壮成长，打造“总部企业接力跑”，建立政企深度协同。第一棒，聚焦“起跑”，助力初创型企业实现开局快起跑。建立早期创新基金，配合办公空间、研发投入补助等初创型总部激励政策，广度扶持一批中小微科技企业，如慧晶新材料、一知智能等，助力潜力企业发展壮大。第二棒，聚焦“加速”，助力成长期企业实现途中加速跑。对一些孵化成功、行业领先的企业，建立总部经济赋能基金，从总部用地、高管优质经营奖励、价值回归奖励等多方面进行政策对接，缓解扩张期资金压力，如帮助江海实业等企业扩建全国性生产营销网络。第三棒，聚焦“扩张”，助力成熟期企业实现后程优势跑。对于恒逸集团、荣盛集团这样的500强，东南网架集团、开元旅业集团等上市企业，产业基金探索参与企业二级市场再融资，带动龙头企业横向的规模扩张；并计划采取政企合作成立并购基金的方式，支持龙头企业整合上下游资源。

5. 梯队建设、系统集成。根据不同能级，我们将全区总部企业划分为四大重点企业、行业龙头企业和镇街重点企业三级梯队，针对不同层次予以精准破局。一是重点企业挖深挖透。通过绘制四大企业架构树状图，分析可行回归路径，对具有回归潜力的核心路径挖足、挖透，针对瓶颈再突破、再创新，力争取得重大标志性成果。目前通过对荣盛集团的分析挖掘，已找出荣盛控股集团能源作为集团能源保供集采中心，可将各地项目供能渠道统筹回归，预计年营收可新增300亿元。二是行业龙头做大做强。持续推进第二梯队行业龙头企业的战略合作，建立东南网架、杭萧钢构、奥展实业、开元旅业、永盛集团等20家重点名单，围绕“GDP五年翻一番”的核心思路制定做强总部的系统性目标，根据企业拟回归的板块和路径，对接资源精准赋能。三是镇街平台群策群力。充分释放萧山民营企业量大面广的基础优势，在挖潜强基方面形成区镇两级有效联动，积极发挥萧山人大会的辐射带动效应，构建利益共同体，实现项目回归、资金回流、技术回援、人才回乡。

对增量总部，实行以商引商、以链引商、以地引商、以智引商、以资引商的“招引五法”。

1. 以商引商。积极支持本土头部企业向产业上下游与生产性服务业不断延伸，对重点总部项目在用地、能耗、环评、金融等政策上予以保障，发挥龙头总部企业的产业虹吸效应，带动关联企业落户。荣盛石化将浙石化销售公司、荣通化纤、

荣盛能源等关联企业回归萧山，2022年实现回归营收超1200亿元。

2. 以链引商。结合萧山区产业发展现状，建立符合产业链需求的总部项目招商目录，推行总部经济招商责任分工和协调推进制度，加强对国内外大企业投资趋势动态分析和产业研究，强化应用场景优势，吸引总部企业来萧共促产业链集聚融合。矽力杰汽车半导体芯片测试项目、极氪新能源汽车核心部件项目、恒生电子全球研发中心等新兴产业功能性总部相继落地，进一步夯实巩固萧山区“总部＋创新”链式发展基础，实现新兴产业之间的“同频共振”。

3. 以地引商。依托临空经济示范区、自贸萧山区块等高能级平台和国内巨大市场优势，积极招引跨国企业的销售中心、结算中心、研发中心等区域性总部；抢抓亚运红利，依托钱江世纪城、萧山经济技术开发区等高溢价区块，以土地、办公空间、生产空间等多样化物理空间为载体，积极招引央企国企区域总部企业、省内外大型制造业企业集团、高科技独角兽企业、新主板上市公司。2023年5月，钱江世纪城全面探索推进总部类商业商务用地“带条件”出让新模式，充分利用政策窗口，积极向上沟通对接，以创新性、突破性的政策支持破解制约项目落地的难题，成功招引飞鹤奶粉总部，未来五年预计税收超过12亿元、引入外资超1亿美元。

4. 以智引商。依托北京大学信息技术研究院、浙江大学杭州科创中心、西安电子科技大学杭州研究院等创新平台，积极培育和招引科百特过滤器材研发中心、舜宇光学科技（集团）中央研究院、杭州易加三维3D研究院等一批新兴产业研发总部，借助技术高地的影响力，加快萧山区新兴产业总部经济生态集聚，从而推动关联技术和人才在萧山区不断融合促进，共同形成产教良性互动、校企优势互补的新格局。如2023年萧山区落地总投资130亿元的新能源材料和器件模组制造项目，该项目将与浙大杭州科创中心、西电杭研院合作开展技术开发，通过建立联合实验室、技术研发联盟和人才协作培养，推动形成技术与产业携手共进的双赢模式。

5. 以资引商。产业引导基金联合银行、券商、信托投资等金融及资本机构，为意向来萧山区企业提供宽松的融资环境，并通过金融顾问工作室积极为企业防范金融风险，解决融资需求。与杭实集团、杭州高新金投控股集团共同设立30亿元规模的“中国视谷”产业投资基金，充分发挥“四两拨千斤”的作用，通过“以投促投、以投促引、以投促产”的模式打造更高效的招商引资工具，加速“资本活水”流入视觉智能产业，打造视觉智能产业总部新高地。

（三）延展藤蔓，提升发展总部经济的开放水平

当今世界正经历百年未有之大变局。对市场和资源“两头在外”（原材料供应和产品销售放到国际市场上）的浙商而言，势必在跨海出征时面临更严峻的狂风巨浪，而总部经济的科学架构和管理理念，是企业乘风破浪的最好武装。在此基础上，萧山区鼓励企业坚定不移走出去，使“藤蔓”不断延伸向全球产业链、经济分工链，充分发挥地区比较优势和资源集成效应，推动萧山区总部的市场版图越拓越广、发展根基越站越稳。

1. 开拓多元国际市场。丰富跨境电商贸易、国内国际展会等国际交流新平台，打造化纤新材料、汽车零部件、钢结构等一批产业基地。开展跨境贸易便利化专项行动，深化跨境贸易智能监管创新，创新应用浙江国际贸易“单一窗口”。建设区对外贸易能力中心，打造“Xiao往全球”外贸服务品牌，引导无外贸业务的企业开展外贸业务，有外贸业务的进一步做大出口，推动“跨境＋制造”成为萧山区总部企业最强有力的线上“藤蔓”。作为“中国羽绒之都”，萧山区羽绒产业通过“品牌打造＋产品研发＋柔性供应链改造”升级，产品出口至全球100多个国家和地区，年均出口额突破50亿元。科百特过滤器材建设全省首个专精特新类工业品产品跨境独立站，利用半年时间，触达全球60多个国家，近5400个询单，近2万余次会话，直接敲开了哈佛生物医药实验室，默沙东、辉瑞等知名机构的大门，为推动本土工业品高质量出海提供示范效应。

2. 提升产业竞争实力。以民民联合、民外合作等模式，与更多的境外优秀企业构建利益共享、风险共担的命运联合体，实现从地理意义上的简单“走出去”向高附加值、高端方向升级的高水平“走出去”转化。持续推进恒逸文莱大摩拉石油炼化工业园区等项目建设，打造国际产能合作样板，鼓励更多企业共建“一带一路”国家（地区）布局境外经贸合作园区。加快推动境外工业园区建设，利用RCEP累积原产地规则以及东盟与欧美的优惠贸易协定“走出去”，在全球延伸产业链。

3. 支持企业外建基地。积极帮助企业寻找国内外地区比较优势，应不同企业需求以成本导向、政策导向、产业导向等帮助企业“吸收阳光雨露”，不断提升总部企业的综合实力。强化公共海外仓布局，支持本土商贸物流企业“走出去”开展全球业务，建立跨境物流分拨配送和营销服务体系；支持要素依赖型企业向外拓张，如新塘羽绒企业在安徽宣城集中规划建设羽绒产业园；支持规模企业争取政策红利，如荣盛集团、恒逸集团在海南建设逸盛石化，享受国内最好的自贸港政策惠及；支持民营企业全国布局，如万向钱潮根据各大汽车主机厂的服务半径，配套区域生产基地。在总部架构健康稳定的前提下，一切有利于企业做大做强的外部竞争都可以放心支持，因为总部企业掌握对风险和利润的控制能力，最后的效益规模都会最终回到总部、回到中心城市。

（区委政研室）

责任编辑：余观祥

2023年萧山区区级领导变动

李　军　1977年2月出生，浙江杭州人，汉族，省委党校研究生学历，1997年8月参加工作，1999年11月加入中国共产党。历任临安团市委副书记，临安市太阳镇党委副书记、纪委书记，临安团市委书记、党组书记，临安市高虹镇党委副书记、镇长、党委书记，浙江省监察厅驻省国土资源厅监察专员办公室副主任，杭州青山湖科技城党工委委员、管委会副主任，临安天目山国家级自然保护区管理局局长，天目山镇党委书记，杭州市林业水利局党组成员、副局长，杭州市上城区委常委、组织部部长。2023年3月起，任杭州市萧山区委副书记。

邵　艳　女，1977年11月出生，浙江杭州人，汉族，中央党校研究生学历，1997年8月参加工作，2000年11月加入中国共产党。历任江干区委组织部部务会议成员、办公室主任，江干区闸弄口街道党工委副书记、纪工委书记，杭州市纪委党风廉政建设室副主任，杭州市纪委党风政风监督室副主任，杭州市纪委第五纪检监察室副主任、主任，杭州市纪委常委，市纪委市监委第五监督检查室主任。2023年12月起，任萧山区委常委、纪委书记。

吴　斌　1977年5月出生，浙江仙居人，汉族，大学学历，1999年7月参加工作，1997年6月加入中国共产党。历任杭州市委组织部干部一处副处长，杭州市委党建工作领导小组办公室正处长级专职副主任，杭州市委组织部办公室主任，杭州市委组织部部务会议成员、办公室主任，杭州市委组织部部务会议成员、干部综合处处长。2023年2月起，任萧山区委常委、组织部部长。

（胡　昊　朱森誉）

2023年萧山区组织机构及主要负责人

【中共杭州市萧山区委】

书　记：王　敏
副书记：姜永柱
　　　　吴炜炜（至2023年3月）
　　　　李　军（2023年3月始）
常　委：许　昌
　　　　周萍英（女，至2023年12月）
　　　　费林建（至2023年2月）
　　　　陈龙宁
　　　　邵　艳（女，2023年12月始）
　　　　周胜华
　　　　程晓东
　　　　倪世英
　　　　姜永华
　　　　吴　斌（2023年2月始）

【杭州市萧山区人民代表大会常务委员会】

主　　任：赵立明
副 主 任：蒋金娥（女）
　　　　　李国梅（女）
　　　　　魏大庆
　　　　　徐建中
　　　　　钟华成
　　　　　古　涛
党组书记：赵立明
党组副书记：蒋金娥（女）

【杭州市萧山区人民政府】
区　　长：姜永柱
副 区 长：程晓东
罗林锋
张　亮
朱国军（2023年2月始）
吴为东（至2023年1月）
杨新程（女）
王润东
李国平
辜应强（挂职，2023年11月始）
党组书记：姜永柱
党组副书记：程晓东

【政协杭州市萧山区委员会】
主　　席：叶建宏
副 主 席：童一峰
黄晓燕（女）
施利君（女）
陈金良
汤　卫
瞿　虎
党组书记：叶建宏
党组副书记：童一峰
倪世英
秘 书 长：叶阿洪（至2023年2月）
高家萍（女，2023年2月始）

【区纪律检查委员会（区监察委员会）】
书　记：周萍英（女，至2023年12月）
邵　艳（女，2023年12月始）
副书记：高家萍（女，至2023年1月）
邵刚亮（2023年1月始）
王永伟
主　任：周萍英（女）
副主任：高家萍（女，至2023年1月）
邵刚亮（2023年1月始）
王永伟

【区人民法院】
党组书记、院长：何　敏

【区人民检察院】
党组书记、检察长：王玉珹

【区委工作机关】
办公室
主　任：孙建平
组织部
部　长：费林建（至2023年2月）
吴　斌（2023年2月始）
宣传部
部　长：周胜华
统战部
部　长：倪世英
政法委员会
书　记：吴炜炜（兼，至2023年4月）
李　军（兼，2023年4月始）
全面深化改革委员会办公室
主　任：丁　裕（至2023年11月）
区委机构编制委员会办公室
主　任：傅嘉宾
巡察办、巡察组
主　任：徐　杰
组　长：余华英（女）
凌兰芳（女）
盛学锋
马列火（至2023年11月）
顾立军（2023年11月始）
区委区政府信访局
局　长：周志军
老干部局
局　长：陈文红（女，至2023年6月）
杨沥军（2023年6月始）
区档案馆
馆　长：金　飞
党史研究室（地方志办公室）
主　任：徐燕锋（女）
市委党校萧山区分校
校　长：费林建（兼，至2023年2月）
吴　斌（兼，2023年2月始）
常务副校长：顾华铭

【区人大常委会各工作机构和工作委员会】
办公室
主任、机关党组书记：吴立平
监察和法制司法工作委员会
主　任：吕吉良（至2023年6月）
马列火（2023年11月始）
财政经济工作委员会
主　任：易伟光
代表工作委员会
主　任：沈泽峰（至2023年11月）
毛莉玫（女，2023年11月始）
教科文卫和民宗侨工作委员会
主　任：顾水均
城建环保工作委员会
主　任：陈伟方（至2023年11月）

邵生华（2023 年 11 月始）

农业和农村工作委员会

主 任：胡国创

社会建设工作委员会

主 任：董茶仙（女）

【区政府工作部门】

办公室

党组书记、主任：郑建明

发展和改革局

党委书记、局长：俞万昌（至 2023 年 6 月）
骆 军（2023 年 6 月始）

对口支援和区域合作局

局 长：俞万昌（至 2023 年 6 月）
骆 军（2023 年 6 月始）

金融工作办公室

主 任：俞万昌（至 2023 年 6 月）
骆 军（2023 年 6 月始）

国防动员办公室（2023 年 1 月始）

主 任：俞万昌（2023 年 1—6 月）
骆 军（2023 年 6 月始）

经济和信息化局

党委书记、局长：来和平

教育局

党委书记、局长：章建平

科学技术局

党组书记：吴金炉

局 长：汪新来（至 2023 年 2 月）
吴金炉（2023 年 2 月始）

杭州市公安局萧山区分局

党委书记、局长：张 亮

民政局

党委书记、局长：柳玉华（女）

司法局

党委书记、局长：楼向东

行政复议局

局 长：楼向东

财政局

党委书记、局长：杨月万

人力资源和社会保障局

党委书记、局长：吴琴芳（女，至 2023 年 6 月）
何 佳（2023 年 6 月始）

住房和城乡建设局

党委书记、局长：邵生华（至 2023 年 11 月）
鲍燚婷（女，2023 年 11 月始）

人民防空办公室

主 任：邵生华（至 2023 年 1 月）

民防局

局 长：邵生华（至 2023 年 1 月）

交通运输局

党委书记、局长：李书春

农业农村局

党委书记、局长：夏利明

林业水利局

局 长：夏利明

商务局

党委书记、局长：王艳萍（女）

粮食和物资储备局

局 长：王艳萍（女）

文化和广电旅游体育局

党委书记：陆 敏（至 2023 年 11 月）
袁勇刚（2023 年 11 月始）

局 长：余 刚

文物局

局 长：余 刚

卫生健康局

党委书记、局长：王 斌（女）

退役军人事务局

党组书记、局长：华建东

应急管理局

党委书记、局长：董 梁

审计局

党组书记、局长：汪志均

市场监督管理局

党委书记、局长：沈秋羊（至 2023 年 11 月）
吕 意（2023 年 11 月始）

知识产权局

局 长：沈秋羊（至 2023 年 11 月）
吕 意（2023 年 11 月始）

统计局

党组书记：沈鸿科（至 2023 年 11 月）
孙行军（2023 年 11 月始）

局 长：胡 敏（女）

综合行政执法局

党委书记、局长：倪国锋

城市管理局

局 长：倪国锋

投资促进局

党组书记、局长：骆 军（至 2023 年 6 月）
高 伟（2023 年 6 月始）

数据资源管理局

党组书记、局长：李 力

大数据管理服务中心

主 任：李 力

社会治理中心（2022 年 8 月，由社会矛盾纠纷调处化解中心更名）

党组书记：周长青（2023 年 8 月始）

主 任：周长青（2023 年 6 月始）

城市智治中心
主 任：周长青
杭州市医疗保障局萧山分局
党组书记、局长：张云发（至2023年11月）
鲍 宋（2023年11月始）
杭州市生态环境局萧山分局
党组书记、局长：沈德潮（至2023年5月）
莫勤恒（2023年5月始）
杭州市规划和自然资源局萧山分局
党委书记、局长：沈柏潮（至2023年11月）
王冠丰（2023年11月始）

【区政协工作部门】
机关党组书记：高家萍（女，2023年1月始）
办公室
主 任：戴爱民
提案委员会
主 任：屠友祥
经济科技委员会
主 任：陆 峰
城建交通资源环境委员会
主 任：罗松巍（至2023年11月）
沈柏潮（2023年11月始）
社会法制和港澳台侨委员会
主 任：喻建林（女）
文史和教文卫体委员会
主 任：许宝良
委员和基层工作委员会
主 任：高汉明

【区民主党派和工商联】
中国国民党革命委员会萧山区基层委员会
主 委：陆佳伟
中国民主同盟萧山区委员会
主 委：陆 峰
中国民主建国会萧山区基层委员会
主 委：瞿 虎
中国民主促进会萧山区委员会
主 委：陈金良
中国农工民主党萧山区基层委员会
主 委：顾水均
中国致公党萧山区基层委员会
主 委：方 军（至2023年4月）
施利君（女，2023年4月始）
九三学社萧山区基层委员会
主 委：汪新来
区工商业联合会
党组书记：王建涌
主 席：方能斌

【群众团体】
区总工会
党组书记：顾云杰
主 席：蒋金娥（女）
中国共产主义青年团杭州市萧山区委员会
书 记：汤 旸（女）
区青年联合会
主 席：汤 旸（女，2023年2月始）
区妇女联合会
党组书记、主席：庄月红（女）
区科学技术协会
党组书记：徐光伟
主 席：许益飞（女）
区归国华侨联合会
主 席：孔鑫贤
区文学艺术界联合会
党组书记：沈焕军（2023年1月始）
主 席：黄勇芳（女）
区残疾人联合会
党组书记、理事长：王国伟
区红十字会
党组书记：姚 蓉（女）
会 长：杨新程（女，至2023年4月）
王润东（2023年4月始）
区社会科学界联合会
主 席：韩梦龙

【其他机构】
杭州临空经济示范区管理委员会
党工委书记：王 敏（兼）
主 任：朱党其
萧山钱江世纪城管理委员会
党工委书记：秦剑云
主 任：鲍燚婷（女，2023年3—11月）
韩赵炎（2023年11月始）
浙江萧山湘湖国家旅游度假区管理委员会
党工委书记：张文波
主 任：张文波（至2023年11月）
王伟东（2023年11月始）
区行政审批服务管理办公室
党委书记：程晓东（至2023年3月）
王润东（2023年3月始）
主 任：陈燕红（女）
区供销合作社联合社
党委书记、主任：倪晓锦
杭州南站枢纽（杭州南站新城）管理委员会
党工委书记、主任：诸捍良（至2023年6月）
何英军（2023年6月始）

杭州住房公积金管理中心萧山分中心
主　任：凌　云
萧山金融控股集团有限公司（至2023年4月）
董事长：裘国平（兼，至2023年3月）
总经理：许　丹（至2023年3月）
萧山国有资本运营集团有限公司（2023年4月始）
党委书记：胡妙生（2023年2月始）
董 事 长：胡妙生（2023年3月始）
总 经 理：许　丹（2023年3月始）
萧山国有资产经营集团有限公司
党委书记：裘国平（至2023年2月）
董 事 长：裘国平（至2023年3月）
总 经 理：吴水忠（至2023年3月）
萧山产业发展集团有限公司
党委书记：吴水忠（2023年2月始）
董 事 长：吴水忠（2023年3月始）
总 经 理：蒋海芸（女，2023年3月始）
萧山环境集团有限公司
党委书记：胡妙生（至2023年2月）
董 事 长：胡妙生（至2023年3月）
总 经 理：江　峰（至2023年3月）
萧山城市建设投资集团有限公司
党委书记：许广文（至2023年2月）
董 事 长：许广文（至2023年3月）
总 经 理：夏国燕（至2023年3月）
萧山环境投资建设集团有限公司（2023年4月始）
党委书记：徐宁军（2023年2月始）
董 事 长：徐宁军（2023年3月始）
总 经 理：孔　乐（2023年3月始）
萧山交通投资集团有限公司
党委书记：夏柏林（至2023年2月）
　　　　　夏国燕（2023年2月始）
董 事 长：夏柏林（至2023年3月）
　　　　　夏国燕（2023年3月始）
总 经 理：徐宁军（至2023年3月）
　　　　　韩朋朋（2023年3月始）
萧山经济技术开发区国有资本控股集团有限公司（2023年3月始）
党委书记：江　峰（2023年2月始）
董 事 长：江　峰（2023年3月始）
总 经 理：汪乃俊（2023年3月始）
区融媒体中心
党委书记：赵　青（女）
主　　任：赵　青（女）
萧山广播电视台
台　　长：赵　青（女）
杭州萧山文化传媒集团有限公司（2023年9月始）
党委书记：赵　青（女，2023年8月始）
董 事 长：赵　青（女，2023年9月始）
总 经 理：赵　青（女，2023年9—12月）
　　　　　郑杰夫（2023年12月始）
［2023年8月，撤销区融媒体中心党委，新建区融媒体中心（文化传媒集团）党委］
国家税务总局杭州市萧山区税务局
党委书记、局长：杨永钟
国网浙江杭州市萧山区供电有限公司（至2023年8月）
党委书记、执行董事：徐巍峰（至2023年2月）
　　　　　　　　　　刘家齐（2023年2—8月）
国网浙江省电力有限公司杭州市萧山区供电公司（2023年8月始）
总经理：刘家齐（2023年8月始）
党委书记：戴瑞海（2023年8月始）
区烟草专卖局（杭州市烟草公司萧山分公司）
党组书记、局长（经理）：陆英豪
区气象局
党组书记、局长：华正江
萧山邮政管理局
局　长：俞芳华（女）
中国邮政集团有限公司杭州市萧山区分公司
党委书记、总经理：潘羽华（至2023年9月）
　　　　　　　　　韩慧静（女，2023年9月始）
中国电信股份有限公司杭州萧山区分公司
党委书记、总经理：余兆鹏
中国人民银行萧山支行
党组书记、行长：朱华明
浙江银保监局萧山监管组
组　长：张益锋
中国工商银行萧山分行
党委书记、行长：陈　迪
中国农业银行萧山分行
党委书记、行长：李　良
中国银行萧山分行
党委书记、行长：侯力辉（至2023年1月）
　　　　　　　　林圣宽（2023年1月始）
中国建设银行杭州萧山支行
党委书记、行长：谢信军
浙江萧山农村商业银行股份有限公司
党委书记、董事长：林时益

【镇、街道主要机构及负责人】

中共萧山区楼塔镇委员会
书　记：袁勇刚（至2023年11月）
　　　　王晓川（2023年11月始）
楼塔镇人民政府
镇　长：郑　红（女）
楼塔镇人民代表大会主席团
主　席：来惠民

中共萧山区河上镇委员会
书 记：柴宇东
河上镇人民政府
镇 长：汤盈楠（女）
河上镇人民代表大会主席团
主 席：孙玲玲（女，至2023年7月）
周海祥（2023年7月始）

中共萧山区戴村镇委员会
书 记：俞国燕（女，至2023年1月）
陈红丹（女，2023年1月始）
戴村镇人民政府
镇 长：华小平
戴村镇人民代表大会主席团
主 席：莫万根

中共萧山区临浦镇委员会
书 记：陈龙宁
临浦镇人民政府
镇 长：王 鑫
临浦镇人民代表大会主席团
主 席：周纪忠

中共萧山区浦阳镇委员会
书 记：徐汉军
浦阳镇人民政府
镇 长：郭建达
浦阳镇人民代表大会主席团
主 席：俞利松

中共萧山区进化镇委员会
书 记：鲍 宋（至2023年11月）
顾欢军（2023年11月始）
进化镇人民政府
镇 长：洪 波（至2023年6月）
张 丹（女，2023年6月始）
进化镇人民代表大会主席团
主 席：张伟根（至2023年1月）
陈 列（2023年1月始）

中共萧山区所前镇委员会
书 记：来巧玲（女）
所前镇人民政府
镇 长：顾利江
所前镇人民代表大会主席团
主 席：刘稼英（女，至2023年1月）
孔 旭（2023年1月始）

中共萧山区义桥镇委员会
书 记：莫勤恒（至2023年6月）
陈 钢（2023年6月始）
义桥镇人民政府
镇 长：陈 钢（至2023年6月）
陈徐锋（2023年6月始）
义桥镇人民代表大会主席团
主 席：蔡 雁（女）

中共萧山区衙前镇委员会
书 记：杨 芳（女）
衙前镇人民政府
镇 长：周益峰
衙前镇人民代表大会主席团
主 席：陈 虹（女）

中共萧山区瓜沥镇委员会
书 记：姚 鉴
瓜沥镇人民政府
镇 长：顾欢军
瓜沥镇人民代表大会主席团
主 席：钟祥明

中共萧山区益农镇委员会
书 记：李世豪（至2023年3月）
洪 波（2023年3月始）
益农镇人民政府
镇 长：王晓川
益农镇人民代表大会主席团
主 席：王国祥（至2023年1月）
沈 阳（2023年1月始）

中共萧山区党湾镇委员会
书 记：孙行军（至2023年11月）
孔美华（女，2023年11月始）
党湾镇人民政府
镇 长：史 飞
党湾镇人民代表大会主席团
主 席：陈伟忠

中共萧山区城厢街道工作委员会
书 记：邵刚亮（至2023年1月）
俞国燕（女，2023年1月始）
萧山区人民政府城厢街道办事处
主 任：金潮江（2023年1月始）
萧山区人民代表大会城厢街道工作委员会
主 任：郭益丰

中共萧山区北干街道工作委员会
书　记：王冠丰（至2023年11月）
　　　　丁　裕（2023年11月始）
萧山区人民政府北干街道办事处
主　任：徐玉利（女）
萧山区人民代表大会北干街道工作委员会
主　任：沈燕平（女，至2023年6月）
　　　　孙玲玲（女，2023年6月始）

中共萧山区蜀山街道工作委员会
书　记：施海勇
萧山区人民政府蜀山街道办事处
主　任：施　超（女）
萧山区人民代表大会蜀山街道工作委员会
主　任：吴志刚

中共萧山区新塘街道工作委员会
书　记：於东明
萧山区人民政府新塘街道办事处
主　任：邵意丽（女，至2023年11月）
　　　　陈　东（2023年11月始）
萧山区人民代表大会新塘街道工作委员会
主　任：杨建东

中共萧山区闻堰街道工作委员会
书　记：张文波
萧山区人民政府闻堰街道办事处
主　任：王　勇
萧山区人民代表大会闻堰街道工作委员会
主　任：葛仲欢

中共萧山区宁围街道工作委员会
书　记：王大林（至2023年3月）
　　　　李世豪（2023年3月始）
萧山区人民政府宁围街道办事处
主　任：肖中扬（女）
萧山区人民代表大会宁围街道工作委员会
主　任：倪国远

中共萧山区盈丰街道工作委员会
书　记：何铁峰
萧山区人民政府盈丰街道办事处
主　任：孔美华（女，至2023年11月）
　　　　李程利（2023年11月始）
萧山区人民代表大会盈丰街道工作委员会
主　任：徐利锋（至2023年6月）
　　　　周建民（2023年6月始）

中共萧山区新街街道工作委员会
书　记：张　波
萧山区人民政府新街街道办事处
主　任：鲍燚婷（女，至2023年3月）
　　　　葛　峰（2023年3月始）
萧山区人民代表大会新街街道工作委员会
主　任：王国祥

中共萧山区靖江街道工作委员会
书　记：屠杭钢
萧山区人民政府靖江街道办事处
主　任：谈智君
萧山区人民代表大会靖江街道工作委员会
主　任：李　宏（女）

中共萧山区南阳街道工作委员会
书　记：吕　意（至2023年11月）
萧山区人民政府南阳街道办事处
主　任：潘丹阳
萧山区人民代表大会南阳街道工作委员会
主　任：施炬兴

（胡　昊　朱森誉）

萧山区重要文件目录

表87　2023年中共杭州市萧山区委重要文件一览表

序号	文　件　标　题
1	中共杭州市萧山区委关于全面学习贯彻党的二十大精神　持续推进“产城人文”深度融合　奋力打造中国式现代化区（县）域范例的决定
2	中共杭州市萧山区委　杭州市萧山区人民政府关于萧山区加快建设现代化产业体系的若干政策意见

表 88　2023 年中共杭州市萧山区委办公室重要文件一览表

序号	文　件　标　题
1	中共杭州市萧山区委　杭州市萧山区人民政府关于命名 2022 年度萧山区百强企业的决定
2	中国共产党杭州市萧山区第十六届委员会第四次全体会议关于深入实施“八八战略”　奋力冲刺亚运攻坚在新的历史起点上书写中国式现代化区（县）域范例新篇章的决议
3	中共杭州市萧山区委办公室印发《关于坚决落实大兴调查研究部署深化推进调查研究工作规范化制度化的实施方案》的通知
4	区委办公室　区政府办公室关于印发《2023 年度萧山区百强企业评选办法》的通知

（资料来源：区委办）

表 89　2023 年萧山区人大常委会重要文件一览表

序号	文　件　标　题
1	杭州市萧山区人民代表大会常务委员会关于召开杭州市萧山区第十七届人民代表大会第二次会议的决定
2	杭州市萧山区人民代表大会常务委员会关于重点督办“打赢经济翻身仗　实现发展高质量”系列代表建议的决定
3	关于批准杭州市萧山区 2022 年财政总决算和区级财政决算的决定
4	杭州市萧山区人民代表大会常务委员会关于同意 2023 年全区和区级预算调整及政府新增债务预算方案的决定
5	杭州市萧山区人民代表大会常务委员会关于同意萧山区 2023 年政府新增债务预算调整及政府性基金预算调整方案的决定
6	杭州市萧山区人民代表大会常务委员会关于召开杭州市萧山区第十七届人民代表大会第三次会议的决定

表 90　2023 年萧山区人大常委会办公室重要文件一览表

序号	文　件　标　题
1	关于印发《关于贯彻落实“人大代表作表率　助力发展显担当”主题活动决议的实施方案》的通知
2	关于 2023 年区人大常委会组成人员走访联系四级人大代表的实施意见
3	关于印发《杭州市萧山区人大代表联络总站管理办法》的通知

（资料来源：区人大办）

表 91　2023 年萧山区人民政府重要文件一览表

序号	文　件　标　题
1	杭州市萧山区人民政府关于做好第五次全国经济普查的通知
2	杭州市萧山区人民政府印发《关于推动经济高质量发展的若干政策》的通知
3	杭州市萧山区人民政府关于加快推进气象高质量发展的实施意见
4	杭州市萧山区人民政府关于动态调整城厢街道、瓜沥镇等二十二镇（街道）综合行政执法事项目录的公告

表92 2023年萧山区人民政府办公室重要文件一览表

序号	文 件 标 题
1	杭州市萧山区人民政府办公室关于印发《杭州市萧山区公共场馆科普化改革试点工作实施方案》的通知
2	杭州市萧山区人民政府办公室关于印发《萧山区电力保供三年行动方案（2022—2024）》的通知
3	杭州市萧山区人民政府办公室关于印发《萧山区卫生健康事业发展“十四五”规划》《萧山区教育发展“十四五”规划》《萧山区“十四五”社会治理体系建设规划》等规划的通知
4	杭州市萧山区人民政府办公室关于印发《萧山区“十四五”产业空间高水平布局规划》《萧山区“十四五”重大建设项目规划》《萧山区“十四五”区域融合发展规划》等规划的通知
5	杭州市萧山区人民政府办公室关于印发《萧山区“十四五”人才发展规划》《萧山区“十四五”文化和旅游发展规划》《萧山区“十四五”文化产业规划》等规划的通知
6	杭州市萧山区人民政府办公室关于印发《杭州市萧山区农业标准地改革实施方案》的通知
7	杭州市萧山区人民政府办公室关于印发《杭州市萧山区镇（街道）综合行政执法事项目录清单动态调整管理办法（试行）》的通知
8	杭州市萧山区人民政府办公室关于印发《杭州市萧山区企业国有资产监督管理暂行办法》的通知
9	杭州市萧山区人民政府办公室关于印发《杭州市萧山区体系化推进“十项重大工程”工作实施方案》的通知
10	杭州市萧山区人民政府办公室关于印发《杭州市萧山区高质量推进公共文化服务现代化建设的实施意见（2022—2025年）》的通知
11	杭州市萧山区人民政府办公室关于印发《杭州市萧山区城市社区配套用房建设使用管理实施办法》的通知
12	杭州市萧山区人民政府办公室关于印发《杭州市萧山区亚运环境空气质量提升攻坚工作方案》的通知
13	杭州市萧山区人民政府办公室关于印发《杭州市萧山区财源建设和税费共治工作实施方案》的通知
14	杭州市萧山区人民政府办公室关于印发《杭州市萧山区农贸市场及农副产品销售集散点改造提升三年行动实施方案（2023—2025年）》的通知
15	杭州市萧山区人民政府办公室关于印发《杭州市萧山区加快打造国际性综合交通枢纽城市暨“补链强链”实施方案》的通知
16	杭州市萧山区人民政府办公室关于印发《杭州市萧山区“决胜二季度、打赢翻身仗”经济攻坚实施方案》的通知
17	杭州市萧山区人民政府办公室关于印发《杭州市萧山区工程项目全生命周期监管系统管理办法（试行）》的通知
18	杭州市萧山区人民政府办公室关于印发《杭州市萧山区全面加强新时代文物工作推进文化遗产保护利用实施意见》的通知
19	杭州市萧山区人民政府办公室关于印发《杭州市萧山区环境空气质量提质进位三年行动方案（2023—2025年）》的通知
20	杭州市萧山区人民政府办公室关于印发《杭州市萧山区存量优质企业供地管理办法（试行）》的通知
21	杭州市萧山区人民政府办公室关于印发《杭州市萧山区区级行政事业单位公物仓管理办法（暂行）》的通知
22	杭州市萧山区人民政府办公室关于印发《杭州市萧山区生产安全事故应急预案》的通知

续表 92

序号	文件标题
23	杭州市萧山区人民政府办公室关于印发《萧山区招大引强三年攻坚行动计划（2023—2025年）》《萧山区“腾笼换鸟·凤凰涅槃”三年攻坚行动计划》等行动计划的通知
24	杭州市萧山区人民政府办公室关于印发《杭州市萧山区违法用地清存控新长效管理机制》的通知
25	杭州市萧山区人民政府办公室关于印发《杭州市萧山区落实消防安全责任制实施办法》的通知
26	杭州市萧山区人民政府办公室关于印发《杭州市萧山区加快金融创新发展助力构建现代产业体系的实施细则》的通知
27	杭州市萧山区人民政府办公室关于印发《杭州市萧山区政府投资项目否定与完善实施细则》的通知

（资料来源：区政府办）

表 93　2023 年萧山区政协重要文件一览表

序号	文件标题
1	关于“发挥产业基金作用，促进企业创新创强”的对策建议
2	关于完善我区城市社区物业管理的对策建议
3	关于加快推进杭州南站新城开发建设的对策建议
4	关于发展社区社会组织，助力现代社区建设的对策建议
5	关于增强外贸竞争力加速赋能全区发展的对策建议
6	关于打造“传承性特色历史文化公园”的对策建议

表 94　2023 年萧山区政协办公室重要文件一览表

序号	文件标题
1	关于召开政协第十五届杭州市萧山区委员会第二次会议的决定
2	关于表彰区政协 2022 年度各类先进的决定
3	关于印发《区政协“同心迎亚运·委员作贡献”活动实施方案》的通知
4	关于印发《政协第十五届杭州市萧山区委员会常务委员会 2023 年工作要点》的通知
5	关于印发《区政协领导督办十五届二次会议重点提案分工安排》的通知
6	关于印发区政协各专门委员会（工作组）2023 年活动计划的通知
7	关于开展区政协“同心筑亚运·同行向未来”委员集中履职月活动的通知

（资料来源：区政协办）

责任编辑：王　鸣

说明：

1. 本索引采用主题分析方法，主题词按汉语拼音字母（同音字按声调）顺序排列。

2. 主题词后的数字表示内容所在的页码，同一主题内容在文中多次出现的，在其后标不同页码。

3. 表格索引按表序排列。

主题索引

A

B

C

D

E

F

G

H

J

K

L

N

P

Q

R

W

X

Y

Z

数字和字母

表格索引